国家民族语言文字资金资助项目（2017年）

贵州省民族古籍研究基地项目成果

贵州工程应用技术学院民族学（彝学）重点学科成果

贵州工程应用技术学院彝学创新团队成果

爨文丛刻研究（上）

王明贵　王小丰／著

贵州大学出版社
Guizhou University Press

图书在版编目（CIP）数据

爨文丛刻研究：上下 / 王明贵，王小丰著. -- 贵阳：贵州大学出版社，2022.11
ISBN 978-7-5691-0563-6

Ⅰ.①爨… Ⅱ.①王… ②王… Ⅲ.①彝族－民族学－研究 Ⅳ.①K281.7

中国版本图书馆CIP数据核字(2022)第211344号

爨文丛刻研究（上、下册）

著　　者：王明贵　王小丰

出 版 人：闵　军
责任编辑：陈　丽　任苗苗　李　厅
装帧设计：陈　艺

出版发行：贵州大学出版社有限责任公司
地址：贵阳市花溪区贵州大学北校区出版大楼
邮编：550025　电话：0851-88291180
印　　刷：贵州思捷华彩印刷有限公司
开　　本：710毫米×1000毫米　1/16
印　　张：46
字　　数：496千字
版　　次：2022年11月第1版
印　　次：2022年11月第1次印刷

书　　号：ISBN 978-7-5691-0563-6
定　　价：129.00元（上、下册）

序

挖掘彝文古籍内涵，丰富中华文化大系

——《爨文丛刻研究》序

孙伯君

中国是一个多民族、多语言的国家，55个少数民族使用着或曾经使用过80种以上的语言，分属于汉藏、阿尔泰、南亚、南岛、印欧五大语系。自古而今，曾经有近40种民族古文字在我国境内流行使用过，其中存世文献比较多的文种有古藏文、傣文、蒙古文、满文、方块壮字、西夏文、察合台文、彝文、纳西东巴文等。这些用民族文字记载的历史典籍、藏经、文书等，向世人展示了中华民族大家庭丰富多彩、博大精深的文化底蕴，反映了中国各民族之间的交往、交流、交融。

彝文起源于汉代或更早一些，据《滇系·杂载》记载："汉时有纳垢酋之后阿畸者，为马龙州人，弃职隐山谷，撰爨字如蝌蚪，二年始成。字母千八百四十有奇，号书祖。"《大定府志·风土志》载："阿畸，唐时纳垢酋，居岩谷，撰爨字，字如蝌蚪，三年始成，字母一千八百四十，号曰韪书，即今夷字。文字左翻倒念，亦有象形、会意诸义。"彝文典籍在晋代已经有非常大的影响，晋代常璩《华阳国志》记载："（夷人）有夷经，皆爨字，状类蝌蚪。今南人言论，虽学者亦半引夷经。"

彝文古籍蕴涵着丰富的历史、天文、历法、医药、织造、建筑等内容，是极为珍贵的民族语言文字、历史文化宝藏。与其他民族的古籍不同，彝文古籍在近代以前多散落于民间，除了布摩有一些相对集中的收藏外，官方未曾进行大规模整理。其传承形式主要还是师传徒受，手工抄写流传。正因如此，知晓这些典籍内容的人群相对有限，尤其是包含历史、医药等知识内容的典籍，如《西南彝志》《夜郎史传》《宇宙人文论》《医病好药书》《水西大渡河建石桥记》等，受众范围更窄。

1936年，由我国著名地质学家丁文江先生搜集整理、翻译家罗文笔先生主译的《爨文丛刻·甲编》出版，这部丛书可以说是首部集中翻译、公开出版的彝文古籍，一经面世，便引起了闻宥、王力（王了一）、董作宾等专家的高度重视。他们纷纷撰文，给予了很高的评价。日本学者认为《爨文丛刻·甲编》是彝学走向世界的标志。20世纪80年代，鉴于《爨文丛刻·甲编》所收彝文古籍有所遗漏，个别选本不甚精良，马学良和罗国义先生组织编纂了《增订〈爨文丛刻〉》，将《爨文丛刻·甲编》中没有翻译的《玄通大书》全部翻译，增加了个别碑刻，替换了一部经籍，使得全书更加完整、丰满。该书出版后，任继愈先生在《文献》杂志上专门撰文给予高度评价。

最近，王明贵、王小丰等撰写的《爨文丛刻研究》将付梓出版，该书对《爨文丛刻》这部价值极高的彝文古籍丛书进行了系统研究。同时，该书也是"贵州省民族古籍研究基地"相关研究项目的终期成果。全书共分为3章，第一章是《爨文丛刻》总论，分为《爨文丛刻·甲编》与《增订〈爨文丛刻〉》、丁文江及胡适著《丁文江的传记》补遗、翻译家罗文笔与《爨文丛刻·甲编》、《爨文丛刻》的5个版本及其特征、《爨文丛刻·甲编》的整理与翻译、《增订〈爨文丛刻〉》的主要贡献者等6个部分，主要对《爨文丛刻》的版本、修订、重版等情况进行了总体评述，对《爨文丛刻》的搜集者、整理者、翻译者和翻译质量、增订内容、修订情况等，以及该部著作的贡献者等进行了全面介绍。第二章和第三章分别对《爨文丛刻》所编纂翻译的古籍内容进行了研究。第二章是《爨文丛刻》非经书研究，包括彝族哲学与道德伦理思想的一种表达、两种文献所记奢香彝名考辨、彝汉史志参证的吴三桂剿水西、多元文化交错并置的成化钟铭文、水西君长职位的传承与安万铨的贡献、《水西大渡河建石桥记》与标准正体䞨书等 6 个部分。非经书古籍是《爨文丛刻》中最有价值的内容，集中体现了彝族古代宇宙观、人生观、世界观、伦理观，生动再现了彝族古代历史记述方式，深刻反映了历史进程和文化变迁，以及多元文化在水西彝族地区引起的交融互动与思想变革。这些内容除了在纸书古籍中有记载之外，彝文金铭《成化钟》、摩崖《新修千岁衢碑记》、石刻《水西大渡河建石桥记》等也有记载，可以相互印证。第三章是《爨文丛刻》经书研究，包括“百经之首”《献酒经》研究、仪式传统中科学知识的理解与传递、《指路经》的科学内涵与文学特色、自然生境对彝族传统经籍传承的影响、归序·比类·象征：《玄通大书》的文学人类学分析、奇特经籍诸多存疑的研究、经籍通神祈请功用与文学性研究等 7 个部分，从生态人类学、文学人类学、宗教人类学等视角，分别对彝族传统仪式中常用的经籍《献酒经》《解冤经》《指路经》《祭龙经》《武定罗婺夷占吉凶书》《玄通大书》《呗麾献祖经》等 7 部古籍进行了研究，以新的解释方法对古老的经籍内涵进行了科学挖掘，阐释了这些古籍之所以能够指导彝族千百年来与自然既和谐相处又斗争发展的道理。

书中还插入了《爨文丛刻》各种版本照片、已经出版的古籍和在民间传承的古籍对照的图片、与内容相关的拓片、图片等，作为补充和辅助印证，增强了论述的说服力，具有很强的时代感。最为难得的是，该书下册影印了采用“四行对译法”对彝文文本加以翻译，包括原文、标音、直译、意译，同时还有较为详细的注释的原件，为彝语研究者提供了丰富的语料库。

民族古籍整理与翻译研究，是传承优秀传统文化的重要基础，是推动中华文明创新性发展的力量源泉。中国历史上出现的色彩斑斓的民族古文字所记录的历史文化是中华传统文化的有机组成部分。民族文字记载的文献不仅能够构建本民族的历史文化，而且能为研究周边民族历史文化、建构中华民族各民族之间交往交流交融的历史提供重要的参考。从这个意义上说，《爨文丛刻研究》所挖掘的彝文古籍中蕴含的民族文化交往交流交融的历史、揭示的中华文明交流互鉴的实情，定会为当前“铸牢中华民族共同体意识”提供有力的支撑并作出重大的贡献。

2021年3月29日于北京

（孙伯君，中国社会科学院民族学与人类学研究所民族文字文献研究室主任、研究员，中国社会科学院大学教授、博士生导师，中国民族古文字研究会副会长兼秘书长）

前　言

20世纪30年代，上海商务印书馆出版了一套由丁文江先生编纂、罗文笔先生主译的彝文古籍汇编《爨文丛刻·甲编》，一举轰动学术界，语言学家王力先生等纷纷撰文评介。日本学者看到这部古籍汇编之后，称之为彝学走向世界的标志。由于条件所限，这部彝文古籍中最长的一部《玄通大书》却没有能够翻译，而译本之中还有误译等诸多问题。20世纪80年代，马学良先生组织对此书进行增订，出版了《增订〈爨文丛刻〉》，从多个方面扩展了该书的内容，纠正了一些谬误，补译了未译内容，学术价值大大提升，得到学术界的广泛认可，大大扩展了《爨文丛刻·甲编》的影响。《增订〈爨文丛刻〉》是国内外学术界了解和研究彝学的一部重要的古籍汇编，是国内外了解彝族传统文化特别是彝族历史和宗教的重要资料。

截至目前，对《爨文丛刻·甲编》和《增订〈爨文丛刻〉》的研究有出版之初的一般介绍和个别评介，有丁文江先生的《〈爨文丛刻〉自序》和闻宥、董作宾、王力等的研究，还有马学良先生的《增订〈爨文丛刻〉序言》和任继愈先生的介绍文章等。对这部重要彝文古籍研究的缺乏极大地限制了国内外学术界对彝族的认识，特别是对彝族传统文化的认识。时至今日，对这部影响很大的彝文古籍汇编，其语言学、历史学、翻译学、文学等多方面的重大价值除了陈世鹏教授在他的《黔彝古籍举要》和前述极少数人的几篇文章中进行过介绍外，多数人提到它时都只是引用或者简单介绍，很少有人认真开展系统性、深层次的研究，这让彝文古籍的宝贵价值未能显露，无法利用，留下了许多空白、许多遗憾，亟待研究者去挖掘、开拓、研究。

目录

001 第一章 《爨文丛刻》总论

001 第一节 《爨文丛刻·甲编》与《增订〈爨文丛刻〉》

011 第二节 丁文江及胡适著《丁文江的传记》补遗

025 第三节 翻译家罗文笔与《爨文丛刻·甲编》

027 第四节 《爨文丛刻》的5个版本及其特征

038 第五节 《爨文丛刻·甲编》的整理与翻译

052 第六节 《增订〈爨文丛刻〉》的主要贡献者

064 第二章 《爨文丛刻》非经书古籍研究

066 第一节 彝族哲学与道德伦理思想的一种表达

095 第二节 两种文献所记奢香彝名考辨

107 第三节 彝汉史志参证的吴三桂剿水西

115 第四节 多元文化交错并置的成化钟铭文

132 第五节 水西君长职位的传承与安万铨的贡献

143 第六节 《水西大渡河建石桥记》与标准正体彝书

157 第三章 《爨文丛刻》经书研究

158 第一节 “百经之首”《献酒经》研究
177 第二节 仪式传统中科学知识的理解与传递
209 第三节 《指路经》的科学内涵与文学特色
226 第四节 自然生境对彝族传统经籍传承的影响
245 第五节 归序·比类·象征：《玄通大书》的文学人类学分析
262 第六节 奇特经籍诸多存疑的研究
271 第七节 经籍通神祈请功用与文学性研究

286 结语 《爨文丛刻》的研究与展望

288 参考文献

294 王明贵作品目录

第一章 《爨文丛刻》总论

第一节 《爨文丛刻·甲编》与《增订〈爨文丛刻〉》

随着党和政府对民族文化的进一步重视，民族文化建设得到了进一步加强。就彝族来说，作为彝族历史文化传承人的布摩[①]也越来越得到社会的尊重，在民间的地位不断提高。同时，一些著名的历史人物由于过去对彝族文化特别是彝文古籍搜集、翻译、整理等作出了贡献，往往被人们误认为是彝族布摩。例如，凉山的岭光电先生、贵州的罗文笔先生等。其实，事实往往不是这样。本部分通过对《爨文丛刻·甲编》布摩经书的选择依据进行研究，对此提出自己的一孔之见，也对《爨文丛刻·甲编》与《增订〈爨文丛刻〉》进行简要介绍。

（一）《爨文丛刻》，从无到有

《爨文丛刻》作为书名，是与《爨文丛刻·甲编》的出版同时出现的。

《爨文丛刻·甲编》是“中央研究院”总干事、地质学家丁文江（在君）先生在20世纪30年代搜集了黔、川、滇三地的彝文古籍十一种，又请贵州大定的罗文笔先生翻译了大部分彝文后进行编纂的，作为“‘中央研究院’历

① 布摩，亦称毕摩、呗耄。在本论著中，根据行文、引文原文、原译文情况三者均有使用。

史语言研究所专刊之十一”，于 1936 年在上海商务印书馆出版。[①] 这部书的实体冠以“甲编”之名，丁文江先生显然考虑了还要出版乙编、丙编乃至癸编，也就是说，它是一套系列丛书，然而这套丛书只出版了第一本。因此，就是丁文江先生肇始了《爨文丛刻》作为一套丛书名和一部书之名的混用。他写的《〈爨文丛刻〉自序》中一开篇就说“《爨文丛刻》共十一种”[②]，那时就开始使用《爨文丛刻》的书名。然而由于丁文江先生的去世，再没有后续的《爨文丛刻》丛书出版，而只有 20 世纪 80 年代马学良先生主编的《增订〈爨文丛刻〉》[③]。因此，《爨文丛刻》作为一系列丛书是不存在的，作为一本实体的书也是不存在的。现在所能看到的实体的书，只有《爨文丛刻・甲编》和《增订〈爨文丛刻〉》。

但是，正是因为丁文江先生首先使用了《爨文丛刻》这一书名，致使许多专家也跟着他使用这一书名。例如，闻宥先生在此书出版之后，随即在《图书季刊》1936 年第三卷第 4 期发表了《读〈爨文丛刻〉——兼论倮文之起源》一文（倮文即彝文）。即便如此，严谨的学问家在写书评或者使用这个书名时，却是有严格区分的。例如，王了一先生 1936 年 7 月 16 日在天津《大公报》（图书副刊）第 139 期上发表了《爨文丛刻・甲编》[④] 评介此书，其冠名仍然用“甲编”加以限定。就是到了 1956 年，董作宾先生在台北《“中央研究院”院刊》（第三辑）上发表与此书有关的文章时，用的还是《关于丁文江先生的〈爨文丛刻・甲编〉》的题目，不过，在文章中，已经多处使用《爨文丛刻》代指《爨文丛刻・甲编》了。因此，在后来马学良先生主编《增订〈爨文丛刻〉》时，也没有在书名上再加上“甲编”之名，因为再也不可能有以后的续编了。至此，《爨文丛刻》就是指《爨文丛刻・甲编》，并逐渐被学

① 丁文江编《爨文丛刻・甲编》，上海商务印书馆，1936。

② 欧阳哲生主编《丁文江文集》（第五卷），湖南教育出版社，2008，第 1 页。

③ 马学良主编，罗国义审订《增订〈爨文丛刻〉》，四川民族出版社，1986。

④ 凉山彝族自治州编译局选编《彝族语言文字论文选》，四川民族出版社，1988，第 213 页。

术界认同。于是，逐渐用《爨文丛刻》之名代替了《爨文丛刻·甲编》之名。在《增订〈爨文丛刻〉》出版后，又把代指《爨文丛刻·甲编》的《爨文丛刻》与《增订〈爨文丛刻〉》相区别，如余宏模先生就发表过《〈爨文丛刻〉与〈增订爨文丛刻〉》[⑤]评介两部书的区别。

随着《增订〈爨文丛刻〉》逐渐被学术界所接受和认可，现在在多数人的潜意识中，只要提到《爨文丛刻》，就会认为是《增订〈爨文丛刻〉》，因为《增订〈爨文丛刻〉》全部包括了《爨文丛刻·甲编》的内容，而且进行了增订工作。更为普遍的情况是，在多数学者的潜意识里，《爨文丛刻》既是指《爨文丛刻·甲编》，也是指《增订〈爨文丛刻〉》。也就是说，在丁文江先生作序的时候，既准备用《爨文丛刻》指称一部“甲编”，同时也准备用它指称一套系列丛书。但是后来再也没有“续编”，而只有“增订”，于是《爨文丛刻》就成了《爨文丛刻·甲编》和《增订〈爨文丛刻〉》的总代称。

所以，可以肯定地说，《爨文丛刻》只是书名，并没有《爨文丛刻》这部书，而只有《爨文丛刻·甲编》和《增订〈爨文丛刻〉》两部书。因此，在使用《爨文丛刻》这个名称时，要认真分辨它所确指的是哪一部书，还是一个约定俗成的泛指。

2011年，贵州大学出版社出版了名为《爨文丛刻》的书，认真阅读这部书的内容，其只是《爨文丛刻·甲编》的影印版。

（二）《爨文丛刻·甲编》和《增订〈爨文丛刻〉》收录的彝文古籍与彝文经书

1.《爨文丛刻·甲编》的收录情况

《爨文丛刻·甲编》中，除了丁文江先生的《〈爨文丛刻〉自序》，还收

⑤ 张和平主编《彝语文集》，贵州民族出版社，1993。另见余宏模：《余宏模彝学研究文集》，贵州大学出版社，2010，第334—342页。

录了彝文古籍即丁氏所称“爨文”11种：《千岁衢碑记》拓片和《说文》《帝王世纪》《献酒经》《解冤经（上卷）》《解冤经（下卷）》《天路指明》《权神经》《夷人做道场用经》《玄通大书》《武定罗婺夷占吉凶书》。这11种彝文古籍，除了前3种，后面8种都是彝文经书，而其中的两卷《解冤经》其实是一部，因此实际上只有7部彝文经书。这7部经书，“《夷人做道场用经》是谭锡畴先生从四川西部带回来的”[①]，《武定罗婺夷占吉凶书》是丁氏从云南搜集的，其余5部（罗氏称“六种”“七册”，[②] 是除了不是他所有的《玄通大书》，而加上另外两种即《说文》和《帝王世纪》）则都是合作者兼翻译者罗文笔先生所搜集和收藏的贵州大方彝文古籍。

2.《增订〈爨文丛刻〉》的收录情况

《增订〈爨文丛刻〉》收录的主要是《爨文丛刻·甲编》中的彝文古籍，共12种，分别为：《训书》《古史通鉴》《金石彝文选》《献酒经》《祭龙经》《解冤经（上卷）》《解冤经（下卷）》《指路经》《玄通大书（二卷）》《呗耄献祖经》《武定罗婺夷占吉凶书》。[③]

3.《增订〈爨文丛刻〉》如何增订《爨文丛刻·甲编》

《增订〈爨文丛刻〉》增订《爨文丛刻·甲编》的方式主要体现在改、补、增、减、换、调6个方面。

（1）改：改原注音字母为国际音标。

（2）补：补译了原“甲编”中未曾翻译的《玄通大书》和《千岁衢碑记》。

（3）增：增编了《水西大渡河建石桥记》和《明成化钟铭文》，并与原编《千岁衢碑记》编成《金石彝文选》，列为《增订〈爨文丛刻〉》的一个独立单元。

---

① 欧阳哲生主编《丁文江文集》（第五卷），湖南教育出版社，2008，第1页。

② 欧阳哲生主编《丁文江文集》（第五卷），湖南教育出版社，2008，第273页。

③ 马学良主编，罗国义审订《增订〈爨文丛刻〉》（上册），四川民族出版社，1986，第1页。

（4）减：把《解冤经（上卷）》中内容与《指路经》(即原编中的《天路指明》）重复的部分删掉。

（5）换：四川的《夷人做道场用经》一篇，文章质量较差，换为《呗耄献祖经》。

（6）调：按《爨文丛刻·甲编》中各类经书的内容调整了篇目顺序。如《千岁衢碑记》原载篇首，后与《水西大渡河建石桥记》和《明成化钟铭文》合编成《金石彝文选》后，便列在《古史通鉴》后面。[①]

这样，“增订本”比原“甲编”不仅在字数上增加了三倍，译文也更加准确、明白，尤其是随文注释，可以加深对文义的理解，科学性大大提高，是研究彝文古籍的宝贵资料。

实际上，除了“增”这一项对《爨文丛刻·甲编》的内容有实质性的增加外，其他五项都是在改、补、减、换、调，即改换注音符号，补充翻译，删除重复内容，更换同一古籍中质量较差文本为质量较好文本，调整全书的单元结构和目录次序。因此，《增订〈爨文丛刻〉》较之《爨文丛刻·甲编》，只是增加了《水西大渡河建石桥记》和《明成化钟铭文》两篇石刻彝文古籍与金铭彝文古籍。

这就是说，从《增订〈爨文丛刻〉》中彝文经书的情况来看，《爨文丛刻·甲编》中的经书部分的内容并没有什么增减（删除重复的是另外一回事）。也就是说，《增订〈爨文丛刻〉》对《爨文丛刻·甲编》进行的增订，不是彝文经书部分，《增订〈爨文丛刻〉》中经书部分的内容，还是《爨文丛刻·甲编》中经书部分的内容。因此，可以确定，研究《增订〈爨文丛刻〉》中的彝文经书，也是研究《爨文丛刻·甲编》中的彝文经书，二者在实质上并没有什么区别。为此，本文将集中探讨《爨文丛刻·甲编》中彝文经书的选择依据问题。这些经书分别是：《献酒经》、《解冤经》(上、下卷)、《天路指

① 马学良主编，罗国义审订《增订〈爨文丛刻〉》(上册)，四川民族出版社，1986，第3页。

明》（即《指路经》）、《权神经》（即《祭龙经》）、《夷人做道场用经》、《玄通大书》、《武定罗婺夷占吉凶书》，共 7 种。

（三）《爨文丛刻·甲编》中彝文经书搜集情况的考察

《爨文丛刻·甲编》应该说是丁文江先生作为一个科学家用其敏锐的眼光在特殊时期、特殊地方搜集编纂而成的。20 世纪 30 年代，战乱频仍，他听说赵亚曾先生在云南被害，没有心绪工作，又要在贵州大定（今大方）等候约定在这里会面的黄汲清先生，所以在大定停留下来。贵州大定，这里曾经是水西阿哲家族从蜀汉时期到清朝康熙年间以家族世袭方式进行统治的地方，统治了 1400 多年，虽然从“改土归流”以后水西阿哲家族失去了统治地位，但是这里保留了深厚的彝族历史文化，遗存了许许多多的彝文古籍。丁文江在“哀悼懊丧”中经人劝说，着手研究“罗罗”（即彝族）的文化，搜集他们的书籍。“第一部搜集到的是《玄通大书》，是内地会教士斯密特小姐（Schmidt）替我用八元钱买来的。”[①] 然后辗转认识了时已七十高龄的罗文笔先生，“我于是给他约定，请他把他所藏的七部书全数翻译出来。……费了三年的功夫（工夫——引者），才把七部书译完，陆续邮寄给我”[②]。翻译了的这七部书，包括《说文》和《帝王世纪》，不包括《玄通大书》。这是《爨文丛刻·甲编》彝文经书的主要部分。

另外的两部彝文经书，一部搜集自四川。在《〈爨文丛刻〉自序》中，丁文江先生说：“我第一次看见罗罗文（彝文），是民国三年。那时我从云南到四川，经过武定县环州，李土舍的夫人送了我一本《占吉凶

① 丁文江：《〈爨文丛刻〉自序》，转引自欧阳哲生主编《丁文江文集》（第五卷），湖南教育出版社，2008，第 4 页。

② 丁文江：《〈爨文丛刻〉自序》，转引自欧阳哲生主编《丁文江文集》（第五卷），湖南教育出版社，2008，第 5 页。

书》。”[①] 这就是《武定罗婺夷占吉凶书》。而另外一部，是“谭锡畴先生从四川西部带回来的”，[②] 这就是《夷人做道场用经》。

可见，《爨文丛刻·甲编》中彝文经书来自三个地方，即云南、四川和贵州，这些地方属西南彝族地区，在这里搜集到彝文古籍实属必然。同时，这些彝文经书来自三种身份的人：谭锡畴先生是专家学者；李土舍夫人是彝族土官，算是官僚阶级；罗文笔先生则是现代彝族知识分子，既通晓彝文，也通晓汉文。

然而，作为占据了《爨文丛刻·甲编》绝大部分内容的彝文经书，却不是从传承和使用这些经书的布摩手中搜集到的，这是一个奇怪的事情。当然，在此还得先对罗文笔先生是不是彝族布摩展开一些考证，以便进一步加以证实。

（四）罗文笔先生的身份问题

据丁文江先生在《〈爨文丛刻〉自序》中介绍：罗文笔先生“自己说是白夷家，本不懂罗罗文，50 岁以后信了耶稣教，想驾轻就熟翻译《圣经》，才发愤学起来”[③]。可见，罗文笔先生没有家传经书的渊源，不是世袭的布摩。

据罗文笔先生的后裔介绍：罗文笔（1868—1947 年），男，彝名相多阿伦（查彝文，准确一点的读音是“拟努阿乃”。——引者注），自号郇山居士，贵州省大方县东关乡人，祖辈以耕牧为生，家境清贫。罗文笔早年在塾馆就学，寒窗十载，通读六经。正当应试之期，因科举废，未遂成名之志，

---

① 丁文江：《〈爨文丛刻〉自序》，转引自欧阳哲生主编《丁文江文集》（第五卷），湖南教育出版社，2008，第 4 页。

② 丁文江：《〈爨文丛刻〉自序》，转引自欧阳哲生主编《丁文江文集》（第五卷），湖南教育出版社，2008，第 1 页。

③ 丁文江：《〈爨文丛刻〉自序》，转引自欧阳哲生主编《丁文江文集》（第五卷），湖南教育出版社，2008，第 4 页。

乃在家乡开设塾馆，从事乡村教育近30年，培育了不少乡土人才，成为贵州民族地区教育事业的开拓者。罗文笔从小生活在贫瘠落后的彝乡，亲眼见证了彝族古老文化受封建统治者歧视摧残而衰落的过程。1915年，罗文笔受业于彝族布摩扬腓力，专修彝文，历时数载，造诣日深。民国十八年（1929年）冬，结识丁文江，丁文江请他翻译彝文典籍，罗文笔欣然同意。从1930年至1932年，整整3年时间，他采用彝文、注音、直译、意译四行对译法，翻译、整理了自己珍藏多年的7部彝文古籍，并在各卷首加了说明。[①]

以上介绍基本反映了罗文笔先生的身份，即他不是彝族世袭布摩，学习彝文也不是为了成为彝族布摩。

（五）《爨文丛刻·甲编》与《增订〈爨文丛刻〉》对彝文经书的选择及其依据

《爨文丛刻·甲编》与《增订〈爨文丛刻〉》中的彝文经书的选择，实际上经过了三个轮次。

第一轮次的选择比较复杂。一是民国三年（1914年）云南武定环州彝族土舍选择送给丁文江先生一部《武定罗婺夷占吉凶书》，在这里选择的主动权在李夫人，而她认为这是对丁先生最有用的书。二是谭锡畴先生从四川西部带来的《夷人做道场用经》，这部书的情况没有说明，如果是谭锡畴先生购买，他为什么要买这么一部经书？抑或是别人送给他的呢？尚不可考证。不过，这部书的选择权也不在丁文江先生。三是教会的斯密特小姐帮助购买，可能是应丁文江先生的要求，她购买了彝文经书中最大的一部，即《玄通大书》，这部书应该是丁先生选择的。四是罗文笔先生的藏书，丁先生也没有选择权。因此，可以说，不论情况如何，第一轮次的彝文经书选择中，丁先生

① 罗正仁：《早期彝文翻译家罗文笔》，载沙玛·加呷主编《彝族人物录》，内蒙古教育出版社，1997，第168—169页。

只主动选择了一部《玄通大书》。

从第一轮对彝文经书的选择可以看出，这一轮次的选择依据或标准，一是选择大而全的经书，以便研究彝文；二是以人为主，不选择身份，就是说不一定是向收藏经书最多的布摩去寻访、购买；三是发行量多，越多越好，不择质量，不问来处。

第二轮次的选择权完全属于丁文江先生。可是不知道什么原因，他对搜集到的所有彝文经书只是进行了编纂工作，没有进行任何选择，就是说没有什么增加或减少，而不是像寻访《千岁衢碑记》那样一次又一次地花工夫和钱财找人去拓片，因此，可以说，他对彝文经书的重视程度，远不如对彝文碑刻的重视。

从第二轮次对彝文经书没有选择的“选择”，结合丁文江先生在《〈爨文丛刻〉自序》中把“爨文”与白狼王唐蔹的《远夷乐德歌诗》、保乐·维亚尔的《法罗字典》及伯希和等关于罗罗文的观点对比研究中可以看出，这一轮次的选择依据是珍视这些所有搜集到的彝文古籍包含的语言学价值。

第三轮次就是马学良先生主编《增订〈爨文丛刻〉》对彝文经书的选择。应该说，从主体内容上看，也没有什么大的增减，但是在《增订〈爨文丛刻〉》中，对重复出现在《解冤经》中的《指路经》给予删除，调换了质量较差的《夷人做道场用经》而代之以内容相同但质量较好的《呗耄献祖经》。同时，这一轮次的增订，对误译的《权神经》更正为《祭龙经》，把《天路指明》校正为彝族的称呼《指路经》。

第三轮次对彝文经书的选择所依据的标准，是去粗取精、去伪存真。

（六）几点思考

通过上述考察和讨论，笔者有以下几点思考。

第一，作为彝族历史文化传承人的布摩，一般不转让自己的经书，也不转让自己所收藏的其他彝文古籍。即便出于种种原因必须转让，也最多转让一两本，且耻于卖书。这一点在丁文江先生所搜集的经书没有一部出自彝族布摩之手可以得到印证。直到 2012 年 7 月，笔者在贵州省纳雍县左坭戛乡坡其村田野调查，通过反复动员，才在坡其布摩那里收到一本彝文经书，而这只是一个布摩 20 多本常规藏书中的一本。

第二，如果布摩家庭，或者收藏有彝文经书、古籍的彝族人已经改信其他宗教，放弃了自己的传统信仰，那么布摩或彝文经书、古籍的收藏人对转让彝文经书、古籍则没有禁忌。这从上述教士斯密特小姐能够买到《玄通大书》、罗文笔先生因为信耶稣教而帮助翻译、转让彝文古籍的情况中得到印证。2012 年 5 月，笔者在贵州省威宁县板底乡田野调查时遇到赫章县妈姑村的阿维布摩，他一家已经改信其他宗教，全家动员他烧掉他的经书，在笔者的动员下，他同意将经书转让给博物馆，后来也兑现了诺言。

第三，《爨文丛刻·甲编》的搜集、翻译和编纂具有很大的偶然性，因此对彝文经书乃至全部彝文传抄本古籍的选择比较宽泛，编辑出版也比较宽松，不论翻译与否、有没有详细的注释，便作为“粗疏的材料”[①]给予出版了。这也许体现了丁文江先生发现新材料的喜悦，也许还有他的难言之隐。

第四，《爨文丛刻·甲编》最初主要考虑其语言学的价值而出版，但现在其价值大大超出了语言学的范畴，把彝族介绍到国外，成了彝学走向世界的标志。日本上智大学粟源悟博士在《从明代彝族土司看民族联合纽带——彝族民族史研究报告之一》一文中，把《爨文丛刻·甲编》的出版称为（彝族历史）新研究阶段的开始，是研究彝族的重要资料。[②]

第五，《增订〈爨文丛刻〉》对《爨文丛刻·甲编》进行的增订，通过去粗取精、去伪存真和其他大量的注释、翻译工作，大大提升了《爨文丛刻·

① 丁文江：《〈爨文丛刻〉自序》，转引自欧阳哲生主编《丁文江文集》（第五卷），湖南教育出版社，2008，第 9 页。

② 沙玛·加呷主编《彝族人物录》，内蒙古教育出版社，1997，第 168 页。

甲编》的价值，提高了《爨文丛刻·甲编》的影响，使其成了一部更加具有学术渗透力的彝文古籍巨著。

第二节 丁文江及胡适著《丁文江的传记》补遗

（一）民国大家丁文江

丁文江（1887年4月13日—1936年1月5日），字在君，江苏泰兴人，地质学家、社会活动家。他创办了中国最早的专门地质教育机构——农商部地质研究所，并出任所长。他在动物学、古生物学、地理学、地图学、考古学、人种学、历史学、少数民族语言文字学和中国古代科技文献整理等领域都有不俗的贡献。

丁文江的身上，恰到好处地集合了专门科学家、科学事业的组织者和科学思想的传播者等多重角色。丁文江之精于科学、长于办事，不仅表现在他在我国早年科学事业的组织、管理方面，还表现在他后来的传奇经历中：担任北票煤矿公司总经理约5年，出任孙传芳治下淞沪商埠督办公署总办约8个月，做过“中央研究院”的总干事，且都作出过影响深远的实绩。

1. 少年留学与回国任教

1887年，丁文江出生于江苏省泰兴县的一个书香世家。1902年秋，东渡日本，不过未进正式学校，与反清的留学生多有接触，过着“谈革命，写文章”的生活。1904年夏，受吴稚晖影响，由日本远渡重洋前往英国。1906年秋，在剑桥大学学习。1907—1911年，在格拉斯哥大学攻读动物学及地质学，获双学士学位。1911年5月，离英回国，回国后在滇、黔等省调查地质矿产。

1911—1912年，在上海南洋中学讲授生理学、英语、化学等课程，并编著动物学教科书。1911 年 9 月，应京师学部留学生考试，与中国早期地质事业创始人章鸿钊相识。1913 年 2 月，再次赴北京担任工商部矿政司地质科科长，其后不久，与章鸿钊等创办农商部地质研究所，培养地质人才，并任所长；1914 年，辞去所长职务，再度于 1914 年 2 月至 1915 年 1 月赴云南进行野外调查。1916 年，与章鸿钊、翁文灏一起组建农商部地质调查所，并担任所长。1917 年，随梁启超赴欧洲考察，并列席巴黎和会。同年，向北京大学校长蔡元培建议聘请美国地质学家葛利普及当时在英留学的李四光到该校任教。1921 年，辞去地质调查所所长职务后，兼任名誉所长，担任北票煤矿公司总经理。

2. 学术贡献

1922 年，丁文江与胡适等人创办了《努力周报》，发表大量文章力促“好人”出来从政。1929 年春，负责对西南诸省的地质调查，并开始兼任地质调查所新生代研究室名誉主任。1931 年，任北京大学地质学教授。1933 年 6 月，离开上海赴华盛顿出席第 16 届国际地质大会，与葛利普、德日进同行；其后再次到欧洲考察；9 月至 10 月访问苏联。“九一八”事变后，一度消沉的丁文江深受刺激，再度振作，并与胡适等人创办了《独立评论》。丁文江在《假如我是蒋介石》一文中苦心劝诫：立刻与共产党商量休战，休战的唯一条件是在抗日期内彼此互不相攻击。但这只是一厢情愿。

丁文江在创办及担任地质调查所所长期间，非常重视野外地质调查、提倡出版物的系列化、积极与矿冶界协作和配合，并热心地质陈列馆及图书馆的建设。他担任《中国古生物志》主编长达 15 年，在地质学界极有影响。丁文江为中国地质学会创立会员，1922 年 1 月在北京西城兵马司 9 号主持召开了第一次筹备会议，1923 年当选第二届会长。

3. 考察与调查

丁文江一生中曾多次成年累月地在野外奔波劳碌，搜罗第一手材料，并以此著书立说。他早年带领学生实地考察时，就力倡“登山必到峰顶，移动必须步行”和“近路不走走远路，平路不走走山路”之准则，为中国地质学者树立了实地调查采集的工作典范。1913年，丁文江与梭尔格（F.Solgar）、王锡宾一同调查正太铁路沿线地质矿产，很有收获。

1914年初，丁文江又奉命单独去云南、四川、贵州调查地质，1915年初才返京。丁文江是一位卓越的探险家，他随身带着《徐霞客游记》，处处以徐霞客为榜样。

1916年，丁文江应上海黄浦江水道总局之邀，去江苏、安徽、浙江三省调查扬子江下游地质，其成果于1919年以《芜湖以下扬子江流域地质报告》之专著形式面世。

1918年，丁文江在陕西、河南交界附近的三门峡发现第四系下部一个好剖面：最上为黄土、中为砾石层、下为砂层、最底为泥沙层，其中含双壳动物化石，经美国古生物学家W.H.多尔（Dall）鉴定，其时代为早更新世。他把这些成果交瑞典地质学家J.G.安特生（Andersson）汇总研究，后来，安特生于1923年出版了专著《中国北方之新生界》，其中全面引述、介绍了丁文江的研究结论。自此，丁文江就被中国地质学界公认为“三门系”的创立者。

1928年，丁文江受国民党政府铁道部和广西当局之邀，到广西去调查拟议中的川广铁路线及沿线地质矿产。他着重研究了富含化石的马平灰岩，他采的化石经葛利普描述，撰成专著——《中国西南部二叠纪马平灰岩动物群》。

西南地质调查是他的重要事业。1928年，地质调查所组织力量再度到西南进行地质调查，丁文江任总指挥。他亲率曾世英、王曰伦等由重庆入贵州桐梓，西抵毕节，长途步行，看石绘图，用极严格的科学方法努力工作。这是丁文江一生中最大，也是最后一次进行的大规模地质调查。这次调查历时之长、项目之多样、成就之辉煌，真是前所未有。

回北平后，丁文江积极从事室内整理，撰文发表。1931年，他发表了《丰宁系地层学》一文，指出丰宁纪（早石炭世）地层在广西、贵州分布最普遍，而黔南独山一带层序最清楚，化石最丰富。他将它自上而下分为：上丰宁纪——上司统（石灰岩），中丰宁纪——旧司统（石灰岩），下丰宁纪——汤耙沟统（砂岩）及革老河统（石灰岩）。这个层序至今仍为广大地质工作者所沿用，只不过随着研究的发展，有所归纳而已。

4. 英年去世及影响

1936 年 1 月 5 日，时任“中央研究院”总干事的丁文江在湖南谭家山煤矿考察时因煤气中毒遽然长逝。消息传来，知识界为之震动。其后，便是一片冷寂。除胡适在 20 世纪 50 年代匆匆写就《丁文江的传记》以慰追思之情和偶有几篇零星文章外，这个名字逐渐被人淡忘。丁先生的墓地在长沙岳麓山西麓（后山）半山腰，普普通通地呈圆形馒头状，没有一代大家的风范，和岳麓前山的黄兴墓、蔡锷墓反差极大。

作为中国地质学的开山大师，丁文江不仅建造了中国地质学的基础，还擘画了学科健康发展的路径。在中国地质事业初创时期，丁文江扮演了“学术界的政治家”之角色。他创办了中国最早的专门地质教育机构——农商部地质研究所，创办了中国最早的地质调查机构——地质调查所，确立了绵延至今的地质科研精神。在丁文江的领导下，中国地质学成绩卓著，早在 20 世纪 20 年代就获得了世界声誉。除地质学以外，丁文江在地理学、人种学、优生学、历史学、考古学、少数民族语言学等领域也有独特贡献，是一位典型的百科全书式的人物。

温源宁曾这样评价他：应该把丁博士看作一部百科全书。傅斯年也慨叹道：在君确是新时代最良善最有用的中国人之代表，他是欧化中国过程中产生的最高的菁华，他是用科学知识作燃料的大马力机器；他是抹杀主观，为学术为社会为国家服务者，为公众之进步及幸福服务者。

2016 年 5 月 8 日，《中国现代科学家（第七组）》纪念邮票首发式在中国科技会堂举行。由中国地质学会推荐的著名地质学家丁文江先生入选《中国现代科学家（第七组）》纪念邮票，成为继李四光后第二位入选的著名地质科学家。[1] 搜集和编译出版《爨文丛刻·甲编》，翻译和介绍彝文古籍，只是丁氏诸多贡献中的一个方面。

（二）胡适著《丁文江的传记》

1. 引语

英国哲学家罗素曾说："丁文江是我见过的最有才干的中国人。"丁文江少年即赴日本求学，后到英国学习地质学，回国考取末代进士、创办地质研究所；与胡适创办杂志评论时事；与友人创办煤矿成为企业家；受聘孙传芳规划"大上海"计划、参加指挥北伐军作战；在蔡元培邀请下任"中央研究院"总干事。在现代中国复杂的社会形势中，丁文江是当官、赚钱、做学问三条人生大道全都走通的奇人。胡适是丁文江的好友，丁文江 1936 年去世后即计划为他作传。1956 年 3 月 12 日凌晨，胡适终于完成了《丁文江的传记》，1956 年 11 月在《"中央研究院"院刊》（第三辑）发表，1960 年由台湾启明书局出版单行本[2]。2012 年出版的纪彭著《民国干才：丁文江传》中[3]，吸收了此前中国和美国出版的包括胡传在内的丁文江的传记、年谱、文集和重要资料等 14 种成果，其信息包容量是最大的。胡传重在作丁氏的学术梳理，纪传长于记丁氏的事迹，然而两传都没有涉及丁文江在云南、贵州、四川等地测量彝族体格，特别是搜集、整理、出版彝文古籍的事。2009 年出版的宋广波编著的《丁文江年谱》，资料宏富，对此事有所记载，[4] 惜因纪年所限，未能记事之本末。

---

① 根据相关资料，并参考丁文江传记、年谱资料整理。

② 毛子水：《丁文江的传记·后记》，载胡适：《丁文江的传记》，北京师范大学出版社，2014。

③ 纪彭：《民国干才：丁文江传》，中国友谊出版公司，2012。

④ 宋广波：《丁文江年谱》，黑龙江教育出版社，2009，第 348 页。

图1　关于丁文江传记的著作

（全书图片除明确标明拍摄者外，其余均为王小丰拍摄或提供）

丁文江对西南地区彝族的关注与研究，源自他15岁时拜见当地官员龙璋（字研仙），龙璋通过出题“汉武帝通西南夷论”测试他后，赏识他的才华，竭力动员和支持他出国留学，对他的一生影响很大。1925年，他拜谒龙研仙墓时曾留下“十五初来拜我师，为文试论西南夷，半生走遍滇黔路，暗示当年不自知”的诗句。从胡传重学术的角度来看，丁氏对彝文古籍搜集整理的贡献不应埋没。今根据《爨文丛刻·甲编》《〈爨文丛刻〉自序》和其他一些资料，以胡传为基准，以丁氏搜集、整理、出版《爨文丛刻·甲编》为主线，整理出胡适著《丁文江的传记》补遗，在补充胡传所遗的同时，校正丁氏《〈爨文丛刻〉自序》中的3处失误，冀对读者有所裨益。

2. 胡适著《丁文江的传记》

民国三年（1914年），丁文江先生从英国学成归来后，在从云南省到四川省的途中，着手测量云南彝族体格。经过武定县环州时，彝族土舍夫人李氏，送给丁文江先生一本彝文《武定罗婺夷占吉凶书》。书是先用朱墨写在草纸上，朱字上又盖了一层黑墨。丁氏屡次请教倮倮“师傅”（即彝族布摩），他们都说是占吉凶用的，但是他们只会读，不会讲。丁氏请教彝族“师傅”

彝文的来历，他毫不犹豫地告诉丁先生：是孔夫子造的！孔夫子右手造的是汉文，所以汉文自右向左；左手造的是夷文，所以夷文自左向右！丁氏研究了彝文之后指出：东方的象形文字大抵与中国文（即汉字——引者注）有关。如西夏文、朝鲜文、日本的假名，都是从汉文化出来的。我们细看倮倮文，却没有丝毫汉字的痕迹。

民国十八年（1929 年）冬天[①]，丁文江带领地质考察队成员从四川到了贵州省大定县（今贵州省大方县），听到另外一队赴云南省考察的地质队成员赵亚曾先生在云南省昭通境内的大关遭土匪杀害，丁文江作为这次大西南地质考察总负责人，没有心绪再做地质工作。由于约好了同另外一位地质专家黄汲清先生在大定县会合，只能在大定等待。同行的曾士英先生见丁先生闲居无事，哀悼懊丧，极力劝他想法子做事情。于是丁先生再次着手研究倮倮（即彝族），一面测量彝族的体格，一面搜集彝族的书籍。丁先生在大定搜集到的第一部彝文古籍是《玄通大书》，是大定县基督教内地会教士斯密特小姐（Schmidt）替丁文江用八元钱买来的。大定县基督教内地会里有一位倮倮“师傅”，能够阅读经典，可惜他不通汉文，不能翻译经典的内容。

后来，有人给丁文江介绍了罗文笔先生。丁文江于民国十八年冬月十五日（1929 年 12 月 15 日）夜约见了罗，罗文笔在其翻译的第一部彝文经籍《权神经》（即《祭龙经》）的“序引”中记叙道：

兹夷书夷文自前清康熙年间水西失败之后，各文士已消没，各类书已荒废，迄今二百余年。时局变迁，礼义转移，人人有革故鼎新之志。但因革损益，我国圣人有云：其或继周者，虽百世可知也。因民弗忍，全然废弃，只得常常向着虚空祈祷天神，有何存留之念。幸蒙神之允准，于去岁阴历冬月

① 《〈爨文丛刻〉自序》中记为：“民国十九年冬天。”根据胡适著《丁文江的传记》和《爨文丛刻·甲编》中罗文笔译《权神经·序引》所列日期校正。

十五夜，民在定邑旅馆开夜课，讲福音，祷告方毕，适逢地质调查部队长丁君大委员文江大人鸿恩广大，爱及苍生，不存鄙夷之念，特命使者召民至贵寓，试问夷族还有何种书籍？民告之曰：现存者无几矣！因民家藏古卷只有六种，分为七册，略提书之名目，以便可得而知。一、宇宙源流；二、历代史记；三、解冤经；四、献酒求福经；五、天路指明；六、即权神经。现译成者，是此本权神经也。

民国十九年译于三月初九日夷民罗文笔著[①]

民国十八年（1929 年），罗文笔已经 70 岁，少年时代应过县考，他自己说原来是白夷（白倮倮）人家，本来不认识彝文，50 岁以后信了耶稣教（先在内地会，后来转入安息会），想用彝文来翻译《圣经》，才开始发愤学习彝文。罗文笔先带了一本《帝王世纪》给丁氏看，丁氏请他逐字讲解，才知道大部分是水西安家的历史。大定原是水西土司的地方，所谓水西，是指乌江（实为鸭池河）之西[②]，是明朝最有权力的土司，最后为吴三桂所灭。《帝王世纪》从宇宙开辟讲起，到吴三桂攻灭水西为止。罗文笔懂得注音字母，丁氏即与他约定，请他把他所收藏的 6 种 7 册彝文古籍全数翻译出来。翻译的方法是：先抄写彝文为第一行，再用注音字母注音为第二行，然后用汉文逐字对照直译为第三行，最后一行乃用汉文意译。

就在民国十八年（1929 年）冬天，丁文江在大定听到县城西南 40 里处有一块千岁衢碑，是彝汉文合璧的，就到处寻找人去拓，全县竟无人会做这项工作。最后有一位书店店主自告奋勇去拓，拓回来的拓片张张都是反的。原来书店店主只会印书不会拓碑，他用印书的方法把墨刷在碑上，所以全部拓反了。但是从这些拓反的字迹中，丁文江发现这碑文确实是彝汉文合璧。

① 《权神经》，载丁文江编《爨文丛刻·甲编》，上海商务印书馆，1936。

② 王明贵、王继超主编《水西简史》，贵州民族出版社，2011，第 1 页。

丁氏年底回到贵阳，托人四处寻找拓工到大定去拓碑，因为在旧历年底，没有人再肯出门。最后找到一位，再三和他商量，同意先付一半钱给他做安家费，工钱之外，送他从贵阳到大定往返十天的轿钱和在大定的饭食、纸墨费另付，拓工才勉强答应前行。拓工去了一个月才回来，丁文江此时已经离开贵阳去了广西。

民国十九年（1930 年）三月初九日，罗氏用四行对译的方法翻译完第一本彝文古籍《权神经》，寄给了丁文江先生。

民国十九年（1930 年）五月，丁文江再到贵阳，把拓工拓回来的拓片拿来看，每张都是模糊的！原来拓工技术不高，加上天气寒冷，墨容易冻，拓工不小心把从贵阳带去的墨胭脂盆踢翻，没有别的办法，只好掺水，墨又淡又冻，拓片的效果极差。

民国十九年（1930 年）七月一日（以下日期，因为罗氏未注明是农历还是公历，只能原文照引），罗氏在翻译完第二本彝文古籍《帝王世纪》之后，在稿子的后面列了一个字式表来解说他的翻译方法：

字式表

表云

此书内有字音：国音不能拼者，拣有同类或半音或七分音之字以代之，看表式即知了。内列有十五字的音表：

* * * * * * * * * * * * * * *[①]

* * * * * * * * * * * * * * *[②]

半音　同上　四分音　四分音　半音　半音　七分音　四分音　半音

① 此行为彝文 15 个，参见《爨文丛刻研究》(下)，第 93 页。

② 此行为民国时期用的对应 15 个彝文的拼音字母，即文中所称“国音”，参见《爨文丛刻研究》(下)，第 93 页。

四分音　半音　全音无中文字　四分音　半音　半音[①]

这十五个字只有第十一字（*）[②] 国音能拼、但无中文。不过“哈”字找不着下平的音，余十四字不但国音不便，即舌头亦难舒转了，祈阅者不要拘泥字音，任其讹者仍讹，正者仍正，照以上国音字读就是了。但书中旨意，按第四行义文读去，明若指掌。

译文表式

一行本文

二行注音

三行译字，人名地名二行相同

四行意译，讲道地方字义各别[③]

随后，罗氏于民国十九年（1930年）八月十四日翻译完《献酒经》，寄给了丁文江先生。[④]

民国十九年（1930年）十月二十三日翻译完《天路指明》，寄给了丁文江先生。[⑤]

民国二十年（1931年）六月四日翻译完《解冤经（上卷）》，寄给了丁文江先生。[⑥]

---

① 此行为对应15个彝文和拼音的15个音标说明，参见《爨文丛刻研究》（下），第93页。

② 括号内系彝文，参见《爨文丛刻研究》（下），第93页。

③ 《帝王世纪》，载丁文江编《爨文丛刻·甲编》，上海商务印书馆，1936，第46页。

④ 丁文江编《爨文丛刻》，贵州大学出版社，2011，第135页。

⑤ 丁文江编《爨文丛刻》，贵州大学出版社，2011，第269页。

⑥ 丁文江编《爨文丛刻》，贵州大学出版社，2011，第177页。

民国二十年（1931年），丁文江先生看了中山大学研究彝文的杨成志先生出版的《云南罗罗族的巫师及其经典》一书，说杨氏搜集的材料很多，可惜大部分还没有付印。

民国二十一年（1932年）四月二十五日动笔，[①] 民国二十一年（1932年）七月六日翻译完《解冤经（下卷）》，寄给了丁文江先生。[②]

民国二十二年（1933年）五月二十四日翻译完《说文》，寄给了丁文江先生。[③]

民国二十四年（1935年），丁文江编纂完成《爨文丛刻·甲编》，收录了从贵州省大定县搜集到的彝族古籍8种：未经翻译的《千岁衢碑记》，罗文笔先生翻译的《说文》《帝王世纪》《献酒经》《解冤经（上卷）》《解冤经（下卷）》《天路指明》《权神经》；谭锡畴先生从四川西部搜集来的业已翻译了的1种：《夷人做道场用经》；在贵州省大定县搜集到的没有翻译的1种：《玄通大书》；从云南搜集来的未经翻译的1种：《武定罗婺夷占吉凶书》；共11种。丁氏认为，《千岁衢碑记》是倮倮文最古的文献，所以把它列在卷首，希望有人注意，另拓佳本。其他的文本也没有按照罗氏译完的先后顺序来排列，而是以丁氏认为重要的程度来加以编纂。八月十六日，丁氏写成《〈爨文丛刻〉自序》后，将书稿交给“中央研究院”历史语言研究所，联系出版。

民国二十五年（1936年）一月五日，丁文江去世。同月，丁文江编、罗文笔译（部分）的《爨文丛刻·甲编》，以“‘中央研究院’历史语言研究所专刊之十一”的形式，由上海商务印书馆出版发行。该书出版后，王了一在1936年7月16日的天津《大公报》图书副刊第139期发表了《爨文丛刻·甲编》，闻宥在1936年《图书季刊》第3卷第4期发表了《读〈爨文丛

① 丁文江编《爨文丛刻》，贵州大学出版社，2011，第181页。

② 丁文江编《爨文丛刻》，贵州大学出版社，2011，第13页。

③ 丁文江编《爨文丛刻》，贵州大学出版社，2011，第13页。

刻〉——兼论倮文之起源》的评介、研究文章。遗憾的是，丁氏于 1935 年 12 月 9 日因煤气中毒和感冒住进了医院，直到去世，他都没有看到新书出版！

（三）丁文江《〈爨文丛刻〉自序》三处失误校订

第一处是丁文江在其“自序”中所记时间的错误。他说：“民国十九年冬天，我从四川到了贵州大定。”① 而罗文笔的第一部彝文古籍翻译完成的时间却是在“民国十九年三月初九”，两人所记载的时间不同。查阅胡适著《丁文江的传记》，书中写道：“民国十八年，地质调查所发起做一个调查西南全部地质的大计划，分作几段进行。由在君（即丁文江的字——引者）做总指挥。……在君从西南调查回到北平，是在民国十九年的夏季。”胡传还引了黄汲清的叙述：“民国十八年，组织西南地质调查队，……于十九年（1930 年）复返北平。”② 丁氏的“自序”写于民国二十四年（1935 年）八月十六日，虽然离他到贵州省大定县的时间不长，只有将近六年，但他写序的时候，日本已经侵略中国东北，华北告急，丁氏的注意力都在呼吁东北军、华北军保卫国家这件大事上去了，可能未仔细考订序文中的时间问题。三处文献相校，可见丁文江在大定开始搜集彝文古籍的时间应该是民国十八年（1929 年）冬天。他与罗文笔的第一次接触，是在民国十八年（1929 年）的“冬月十五夜”，③ 正是 1929 年 12 月 15 日，星期天。因此罗文笔翻译完第一本彝文古籍的时间，是民国十九年（1930 年）三月初九。宋广波《丁文江年谱》亦对此有校正，是民国十八年（1929 年），但没有校正具体的日期。

第二处失误是丁文江在其“自序”中所说的“大定原是水西土司的地方——所谓水西，是指乌江之西”④。我们在《水西简史》中对此已经有明确的

① 丁文江编《爨文丛刻》，贵州大学出版社，2011，第 5 页。

② 胡适：《丁文江的传记》，北京师范大学出版社，2014，第 107—109 页。

③ 丁文江编《爨文丛刻》，贵州大学出版社，2011，第 273 页。

④ 丁文江编《爨文丛刻》，贵州大学出版社，2011，第 5 页。

考证："水西，是宋末元初以来，对贵州省毕节地区以大方县为中心区域的毕节东部地区的大方县、黔西县、织金县、金沙县和毕节市（今七星关区——引者）、纳雍县，六盘水市水城县、六枝特区的部分地域的一片地方的称呼，水西古代属于卢夷国、夜郎国、罗甸国、罗氏国方国区域之内。此前及宋、元、明、清初皆为阿哲家即水西安氏统治，习惯上也称安氏统治地区为'水西'。但是水西安氏的统治区域，还包括今贵阳市的修文县、清镇市以及安顺市平坝县、普定县的大部分地方。'水西'与'水东'相对称呼，两者的划分是以鸭池河（六广河）为界，鸭池河以东为水东，鸭池河以西为水西。水西地方政权的彝语称谓叫作'慕俄格'（也称为'慕卧勾'等），系由其第27代君长毕额抹勿在蜀汉时期所建。"[①] 因此，"水西"之"水"，与乌江无关。

第三处是丁氏在其"自序"中说"倮倮的经典大抵四个字（有时三个字）一句，文法与俗语不同，所以没有师傅，不能讲解"。[②]"四个字一句也是爨文的特色。"[③] 这是一个误解，其原因可能是丁氏根据他在"自序"中所引的《后汉书·西南夷传·莋都夷》中白狼王唐菆的《远夷乐德歌诗》三章的四字一句的格式作出的判断或得到的印象。彝族经籍的主要句式是五个字一句，不是四个字一句。关于这个特点，古代彝族文艺理论家们早就有总结。魏晋南北朝时期的彝族文艺理论家举奢哲在《彝族诗文论》中指出："一定要搞清，彝族的语文，多是五字句，七言却很少，三言也如此，九言同样是，也是少有的——五言占九成，其余十之一。在这五言中，上句扣下句，句句扣整齐。"[④] 同时代的阿买妮在《彝语诗律论》中也指出："诗有各种体，多为五言句。五言是常格，也有三言的，三言句不多，见于各种体。七言诗句少，各

---

① 王明贵、王继超主编《水西简史》，贵州民族出版社，2011，第1页。

② 丁文江编《爨文丛刻》，贵州大学出版社，2011，第6页。

③ 丁文江编《爨文丛刻》，贵州大学出版社，2011，第9页。

④ 举奢哲、阿买妮等：《彝族诗文论》，康健、王子尧、王治新、何积全翻译整理，贵州人民出版社，1987，第8页。

书中去找。”[①] 阿买妮没有说五言诗句占彝语诗歌句式有多少比例，而举奢哲则直接指出五言诗句式占了彝语文的90%。宋代文艺理论家布麦阿钮在《论彝诗体例》中多处指出：“五言诗当中，五音三字合，五音三两合，五音三不合。五言诗当中，五声三音合，五声五不合，五声五相合。”[②]“五言诗当中，五句有五连，五连有五声，五声出五韵。”[③] 虽然他没有直接说五言诗句是彝族诗歌的主要句式，但是却没有对别的三言、七言等句式进行专门的分析和理论总结，可知他也将五言句式当作了彝族诗歌句式的“常格”。明清之际的彝族佚名诗歌理论家在《论彝族诗歌》中也多次提出：“各种诗歌呀，它都有框架，它都有界限。有的五言诗，五言诗当中，只要你细看，在那诗句中，字有字的扣，句有句的连，意有意的美，境有境的妙，写得真是好。”[④]“上下句当中，五个字之间，各有各的连，各有各的意。”[⑤] 从这些论述中也可以窥探到，在《论彝族诗歌》的作者的理论中，五言诗同样是主要的分析和研究对象，可见他也将五言诗句式当成了彝语诗歌的主流。这也印证了笔者在《彝族古代文学总观》中提出的彝语诗歌句式的“以五言为形式”的观点。[⑥] 其实，丁先生只要认真浏览一下他所编纂的《爨文丛刻·甲编》，除了没有翻译的三篇和《夷人做道场用经》一篇外，都是以五个字一句为主的。而其他以《玄通大书》为代表的占卜、预测类经籍，总数只占到彝族经典的10%，这些部

---

① 举奢哲、阿买妮等：《彝族诗文论》，康健、王子尧、王治新、何积全翻译整理，贵州人民出版社，1987，第63—64页。

② 布麦阿钮、布阿洪：《论彝诗体例》，王子尧翻译，康健、王冶新、何积全整理，贵州民族出版社，1988，第70页。

③ 布麦阿钮、布阿洪：《论彝诗体例》，王子尧翻译，康健、王冶新、何积全整理，贵州民族出版社，1988，第106页。

④ 漏侯布哲等：《论彝族诗歌》，王子尧翻译，康健、王治新、何积全整理，贵州民族出版社，1990，第38页。

⑤ 漏侯布哲等：《论彝族诗歌》，王子尧翻译，康健、王治新、何积全整理，贵州民族出版社，1990，第43页。

⑥ 王明贵：《彝族古代文学总观》，《民族文学研究》1999年第3期。

分是散文体的，但也不专门是三字句和四字句。

丁文江先生是博学多能的大家，这三点小小失误，只是无心之失而已！

第三节 翻译家罗文笔与《爨文丛刻·甲编》

罗文笔（1868—1947年），男，彝名尼努阿乃，又称相多阿伦，自号郁山居士，贵州省大方县东关乡人，祖辈以耕牧为生，家境清贫。罗文笔早年在塾馆就学，寒窗十载，通读“六经”。正当应试之期，因科举废，未遂成名之志，乃在家乡开设塾馆，从事乡村教育近三十年，培育了不少乡土人才，是贵州民族地区教育事业的开拓者。他对彝文古籍翻译的贡献主要体现在对彝文史籍、经籍的翻译中，1936年1月上海商务印书馆出版发行的《爨文丛刻·甲编》搜集的11部文献中他翻译了7部。

从小生活在贫瘠落后的彝乡，他切身体会到彝族古老文化受封建统治者歧视摧残导致的衰落，遂决心抢救发掘面临失传的彝族文化。罗文笔1915年受业于彝族布摩扬腓力，专修彝文，历时数载，造诣日深。

民国十八年（1929年）冬，中国科学院地质调查所地质学家丁文江，业余研究彝族文化，在从凉山经云南到达贵州大定（即今大方县）等待同事之余，在同行的建议下搜集彝文古籍，寻访彝文翻译人才，经人介绍找到罗文笔，请他翻译彝文典籍，罗文笔欣然同意。从1930年至1932年，整整3年时间，罗文笔采用彝文、注音、直译、意译四行对译法，翻译、整理了自己珍藏多年的7部彝文古籍，并在各卷首加了说明。丁文江审定并写了序言，亲自题书名为《爨文丛刻·甲编》，于1936年由商务印书馆出版发行。

《爨文丛刻·甲编》是对彝族历史文化具有综合研究价值的一部巨著，它的问世实为彝文汉译史上的创举，受到国内外有关学者的重视。经过后来人的努力，编纂为《增订〈爨文丛刻〉》，全书包括彝文、汉文和注音近 100 万字。日本上智大学博士粟源悟在《从明代彝族土司看民族联合纽带——彝族民族史研究报告之一》一文中，把《爨文丛刻·甲编》的出版称为“（彝族历史）新的研究阶段的开始，是研究彝族的重要资料”。

在翻译该书期间，丁氏曾有推荐罗文笔到政界任职之意，他推辞不受，唯愿政府资助在家乡办一所彝族学校，以改变彝乡落后面貌。此愿望得到丁氏许诺，1936 年元月，丁氏在湖南因为煤气中毒逝世，未能如愿以偿。

罗文笔一生甘于淡泊，不慕荣利，追求真理，爱憎分明。1936 年 2 月，红军长征过大方，他听到了宣传的革命政策，思想境界为之一新，欣然作了欢迎红军的贺诗，托金正安、陈永贞等三位至亲带到城里，面送红军指挥员陈希云、朱长青。

罗文笔对彝文的翻译、传授起到了承先启后、继往开来的作用，对继承和发展彝族文化有着不可磨灭的功绩。

在他翻译的《爨文丛刻·甲编》中，《献酒经》、《天路指明》（《指路经》）和《权神经》（《祭龙经》）等都是很好的彝文文学作品。

罗文笔先生不但精通彝汉双语翻译，还会写诗。他 1931 年在翻译完《解冤经（上卷）》之后，写了《翻译〈解冤经（上卷）〉终赋律诗一首》：

此经原维禳祸灾，未到之先梦兆来。
降祥降殃皆由己，消灾消咎祈神排。
贤良诸君请查考，聪明契友早开怀。
礼仪既备言辞准，洗净身心上瑶台。

——民国二十年六月四日贵州大定东瓜林[1]

① 丁文江编《爨文丛刻》，贵州大学出版社，2011，第 177 页。

这首诗是对彝族《解冤经》内容的一种概括，用七言近体诗的形式劝诫人们不要作恶，多做善事才能消灾消祸，祸殃多是自己为恶所取，要洗净身心方能到达理想的瑶台。现今看来，诗歌的道德宣讲意味浓厚，但诗味稍显不足。

第四节 《爨文丛刻》的5个版本及其特征

《爨文丛刻》的版本问题，从1936年1月上海商务印书馆出版《爨文丛刻·甲编》到2017年12月修订出版《增订〈爨文丛刻〉》，一共出版了5个版本。现对这5个版本作些介绍，同时，为了方便，笔者为各种版本分别约定了一个简称。

（一）甲编版

"'中央研究院'历史语言研究所专刊之十一"、丁文江编、1936年上海商务印书馆发行的《爨文丛刻·甲编》，简称为"甲编版"或"甲编本"[①]，这个版本是正宗原版、原本。

这个版本的封面竖排印有"丁文江编"和"'中央研究院'历史语言研究所专刊之十一"字样，说明该书是研究所长期印行的丛书或辑刊类型出版物。在书的封面正中楷体毛笔竖书"爨文丛刻"四个大字，并在大字右下方毛笔竖书"甲编"两个小楷；左边是出版单位名称，印有"上海商务印书馆发行"字样（当时商务印书馆的总部在上海，后来才搬迁到北京）。在书的扉页印制了一个方框，方框中用篆字书写"爨文丛刻"四个大字，紧随其下印有宋

① 丁文江编《爨文丛刻·甲编》，上海商务印书馆，1936。

体字“甲编”二字，又竖排了“丁文江编”和“‘中央研究院’历史语言研究所专刊之十一”字样，在方框之外，印制有“上海商务印书馆发行”字样。在书的版权页印有一方框，大方框右面大字标示“中华民国二十五年一月初版”，大方框上中部用星号再列一小方框，小方框内为“版权所有　翻印必究”，大方框中下部标示“‘中央研究院’历史语言研究所专刊之十一　爨文丛刻甲编一册　每册定价国币拾元　编纂者　丁文江　发行人　王云五（上海河南路）　印刷所　商务印书馆（上海河南路）　发行所　商务印书馆（上海及各埠）”等内容，大方框外左下方有“二七一上”宋体小字。

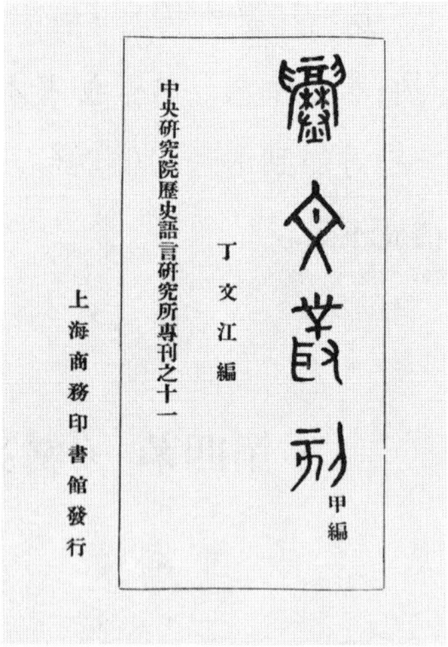
爨文叢刻 甲編
丁文江編
中央研究院歷史語言研究所專刊之十一
上海商務印書館發行

图2 《爨文丛刻•甲编》扉页
（上海商务印书馆）

这个版本的《爨文丛刻・甲编》前面有丁文江先生于民国二十四年（1935 年）八月十六日撰写的《〈爨文丛刻〉自序》，丁文江对本书搜集、整理和翻译的过程作了介绍，对彝族的历史进行了简要考证，对彝文与汉书中记载的《白狼王歌》进行了比较。丁先生认为这还是一个“粗疏的材料”，因为其中的《玄通大书》还没有翻译出来就出版了。该书原本是当年“中央研究院”历史语言研究所作为系列出版物出版发行的，丁氏专门对当时的历史语言研究所所长傅孟真（傅斯年）先生表示了感谢。可惜的是，丁文江先生已经在 1936 年 1 月 5 日就去世了，而他花费了许多心血的《爨文丛刻・甲编》也于同年同月出版。

（二）文集版

欧阳哲生主编、2008 年湖南教育出版社出版的《丁文江文集（第五卷）》，简称为“文集版”或“文集本”，它的内容和版式与“甲编版”是一样的。不过，开本形式是现代书籍装帧的样式，左侧装订，因而更符合传统彝文古籍装帧的方式。

图3　《丁文江文集》（第五卷）
（湖南教育出版社）

这个版本的图书有图书在版编目（CIP）数据可查。正文之前依次有一幅丁文江先生遗像，一幅“1936年《爨文丛刻》初版书影”三张合一的照片（一张封面、一张有译文的内文和一张没有翻译的内文），一幅“1914年丁文江在云南调查时与彝族向导摄于鲁南山。右立者为丁文江，中间为彝族向导”的照片，一幅“1927年4月20日丁文江为首次发现北京猿人牙齿举行庆祝宴会上的菜单”的照片，一幅“丁文江先生地质调查区域路线图”的照片，一幅“丁文江使用过的名片（丁安如教授提供）”三张合一的照片（一张是汉字版，一张是英文版，一张是汉字版加手写英文），一幅“1922年丁文江（前排右一）在南通参加中国科学社第七次会议合影”的照片，这些照片都是珍贵的资料，个别照片就是在已经出版的三种丁氏传记中也不易见到。接下来是“第五卷说明”，内容为：“《爨文丛刻》一书系‘中央研究院’历史语言研究所专刊之十一，由上海商务印书馆于1936年1月出版。书名原题为《爨文丛刻·甲编》，可见作者还有意续编，因丁文江先生当年去世而未果。现据该版收入本文集，另将闻宥先生的《读〈爨文丛刻〉》、董作宾先生的《关于丁文江先生的〈爨文丛刻〉甲编》和马学良先生的《增订〈爨文丛刻〉序》三文作为附录收入，裨读者参考。”[①]

① 欧阳哲生主编《丁文江文集》（第五卷），湖南教育出版社，2008。

（三）贵大版

贵州大学出版社 2011 年 5 月第 1 版第 1 次印刷 1000 册、根据“甲编版”影印的《爨文丛刻》简称为“贵大版”或“贵大本”，内容与“甲编版”的一样，装帧形式与“文集版”相同。

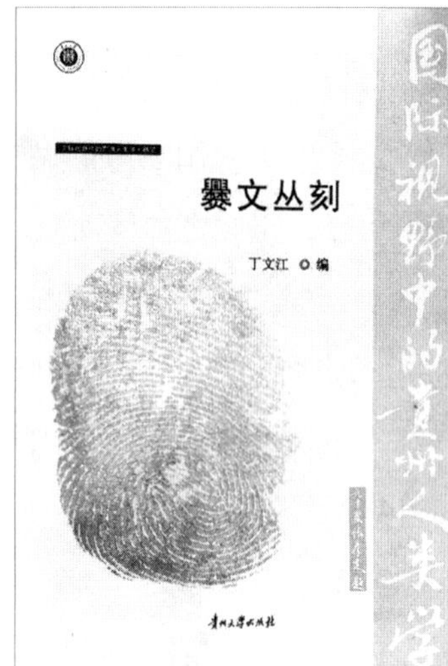

图4 《爨文丛刻》
（贵州大学出版社）

这个版本封面左上有“贵州大学”校徽，左上接着标注“国际视野中的贵州人类学·彝学”；黑体大字横排“爨文丛刻”，没有继续把原书上有的“甲编”二字印在书上；书名下是四号宋体字“丁文江◎编”，最下面正中是“贵州大学出版社”。扉页标注“本书获贵州出版发展专项资金资助”。这个版本的图书也有图书在版编目（CIP）数据可查。版权页的内容如下——策划：张三白，学术顾问：安毅夫、余宏模，责任编辑：立道、张辉，字数：480 千。正文之前有《国际视野中的贵州人类学·编者的话》；有《国际视野中的贵州人类学·彝学部分·出版前言》；有中共贵州省委原副书记、贵州省政协原主席、十届全国人大代表、贵州省史学会原会长，彝族，龙志毅的《国际视野中的贵州人类学·彝学部分·序》。安毅夫是贵州民族学院原院长，余宏模是贵州省民族研究所原所长，龙志毅是著名作家，出版社聘请了贵州省内彝族专家学者参与其中，共襄其成，可见出版社对这套“彝学丛书”的高度重视。接下来，排印了“丁文江（1887—1936）”遗像，照片似乎是从《丁文江文集（第五卷）》转载而来的，但是加上了生卒年份。该书的“按”是从《丁文江文集（第五卷）》抄录而来的，只修改“现据该版收入本文集”为“现据该版收入本丛书”。和《丁文江文集（第五卷）》一样，该书收进了闻、董、马三位先生的文章。

由于龙志毅在“序”中重点谈到了彝文古籍，内容也不长，移录于次：

彝族是中国西南的主要世居民族之一。彝族悠久的历史、丰富的文化，是中华民族重要的、丰富的文化遗产组成部分，需要我们珍惜、保护、研究并传承下去。

以彝文文献典籍为例，就涉及彝族的历史、宗教、哲学、政治、经济、社会、军事、文学、医学等诸多领域，其中大多数具有不菲的学术价值。改革开放以来，彝文文献迎来了新的发展机遇，党和政府以及民间有识之士纷纷投入极大的人力物力进行抢救、保护与整理。三十年来，彝文古籍整理和出版工作取得了很大的成就。

与此同时，彝学研究也同样日益发展深入，不仅取得了大量的学术成果，而且，在学术界也产生了深远的影响，彰显出彝学研究的勃勃生机。在其中，贵州彝学界有大量优秀的彝族学者和彝学研究著作。此外，历史上与现当代的许多海外学者也有不少值得参考借鉴的彝学研究著作。

在适当的时候，对这些优秀彝学研究进行整理、出版，是一件很有意义的事。贵州大学出版社将贵州彝学若干重要著作结集出版，是一项很可喜的文化工作。我希望出版社、学者以及有识之士将这类工作持续下去，为贵州文化建设作出新的贡献。

是为序。①

① 丁文江编《爨文丛刻》，贵州大学出版社，2011，第6页。

（四）增订版

马学良主编、罗国义审订，1986 年至 1988 年由四川民族出版社出版的上、中、下 3 册《增订〈爨文丛刻〉》，[1] 简称为“增订版”或“增订本”，是对《爨文丛刻·甲编》的增订。《增订〈爨文丛刻〉》的封面为栗色，以增订内容中的《成化钟铭》拓片半幅彝文为背景，右上为姚体繁体字“主编　马学良　审订　罗国义”，中间宋体横排小字“增订”，中间为竖排姚体大字“爨文丛刻”，大字之下为竖排姚体小字“上册　中册　下册”，左下边署姚体“四川民族出版社”字样。上册的版权页内容为：右上为“责任编辑：严毓祖，封面设计：魏词国（中册和下册标注为魏诗国），技术设计：张少普（中册和下册标注为张绍普）”。左下为“增订《爨文丛刻》(上)(中)(下)，马学良、罗国义；四川民族出版社（成都盐道街 3 号），四川省新华书店发行，内江新华印刷厂印刷；开本 787×1092 毫米，1/16。”其中，“（上）累计 574 页，印张 36.75，字数 250 千；1986 年 3 月第 1 版，1986 年 3 月第 1 次印刷，印数 1—700 册；书号：11140·26；定价 35.00 元。”相应地，“（中）累计 1156 页，印张 36.5，插页 4，字数 253 千，1988 年 1 月第 1 版，1988 年 1 月第 1 次印刷，印数 1—700 册，书号：ISBN 7-5409-0078-4/Z·4，定价 35.00 元。”相应地，“（下）累计 2028 页，

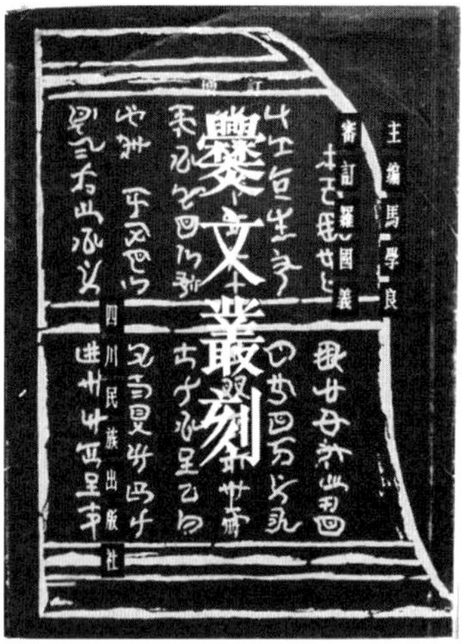

图5 《增订〈爨文丛刻〉》
（四川民族出版社）

---

① 马学良主编，罗国义审订《增订〈爨文丛刻〉(上册)》，四川民族出版社，1986；《增订〈爨文丛刻〉(中册)》，四川民族出版社，1987；《增订〈爨文丛刻〉(下册)》，四川民族出版社，1988。

印张 54.5，1988 年 2 月第 1 版，1988 年 2 月成都第 1 次印刷，印数 1—700 册，书号：ISBN 7-5409-0079-2/Z • 5，定价 40.00 元。”从版权页体现的信息来看，这三部书的出版时间是 1986 年 3 月至 1988 年 3 月，前后经历了三年时间，书号也不是一个，字数近百万字，马学良先生专门作序，介绍了增订的情况。从其体量与所做工作来看，其中的辛苦与努力是巨大的。

（五）修订版

贵州省毕节市民族和宗教事务委员会修订，2017 年 12 月由四川党建期刊集团、四川民族出版社出版的《增订〈爨文丛刻〉》（修订版），全 3 册，有图书在版编目（CIP）数据可查。出版人为泽仁扎西，责任编辑是阿克克的、李卫红，装帧设计为魏诗国和四川胜翔数码印务设计有限公司；出版社地址是成都市青羊区敬业路 108 号，与“增订本”出版时地址已经不在一处。该书的“成品尺寸：185mm×260mm，印张：127.25，字数：1596 千字，版次：2017 年 12 月修订第 1 版，印次：2017 年 12 月第 1 次印刷，书号：ISBN 978-7-5409-7240-0，定价：480.00 元（上、中、下）”。封面署“《增订爨文丛刻》（上册、中册、下册），主编 马学良，审订 罗国义，修订 贵州省毕节市民族和宗教事务委员会”，这个版本简称为“修订版”或“修订本”，与《增订〈爨文丛刻〉》的内容、版式是一样的。

《增订〈爨文丛刻〉》出版的时间较早，1986 年至 1988 年上、中、下三册全部出齐之后，再也没有重印或者再版。随着彝文古籍研究的加强，彝族研究的拓展，彝文古籍翻译的成果也需要不断丰富，因此，市场对《爨文丛刻 • 甲编》和《增订〈爨文丛刻〉》的需要也更强烈了。在《爨文丛刻 • 甲编》由贵州大学出版社以《爨文丛刻》之名出版之后，原来参与《增订〈爨文丛刻〉》工作的贵州省毕节地区彝文翻译组（今贵州省毕节市彝文文献翻译研究中心）的部分专业人员和贵州民族研究院的专业人员在贵州省毕节市民族和宗教事务委员会的组织领导下，于 2017 年对《增订〈爨文丛刻〉》进行修订，并将成果交付四川党建期刊集团、四川民族出版社于2017年12月重新出版。

“《增订〈爨文丛刻〉》（上、中、下）修订说明”中这样写道：“《爨文丛刻》是1930年我国著名地质学家丁文江先生（汉族）在贵州省大定县（今贵州大方，很少部分来自云南、四川）搜集，由大定彝族经师罗文笔翻译，1936年由商务印书馆出版的彝文经典巨著。1981年由中央民族学院邀请贵州省毕节地区彝文翻译组（毕节地区民委所属）共同协作，在原书的基础上增订。组织以毕节地区彝文专家为主的编译团队，历时八年，于1988年由著名民族学家、民族语言学家马学良（原中央民族学院民语系主任）主编，罗国义（罗文笔之子）审定，四川民族出版社出版（其中，上册在北京完成，中、下册在毕节地区彝文翻译组缮写拼版制作）。是迄今为止中外出版彝文经典著作中的第一部具有合成性质的巨著，有很高的史学研究价值。由于这套书有很少人收藏，社会需求较大，应广大读者的建议和实际需求，2017年2月，毕节市民族和宗教事务委员会决定，组织专家对原书的错漏进行纠错、补充和完善，修订《爨文丛刻》（上、中、下），作者署名仍用‘马学良主编 罗国义审订’。在四川民族出版社的鼎立（力）支持下，在罗显仁（罗国义之孙子、贵州省民族研究院副研究员）、王继超（原书绘图，原毕节市彝文文献翻译研究中心主任、译审）等专家配合下，修订工作得以顺利完成。”①

《爨文丛刻》（上、中、下）修订编委会名单如下：

顾　问：禄文斌　李玉平

主　任：陈　萍　王丽佳

① 马学良主编，罗国义审定，贵州省毕节市民族和宗教和事务委员会修订《增订〈爨文丛刻〉》（上册），四川民族出版社，2017，第9页。

副主任：禄亚权 刘田向 沈 允 王天军 袁正义

委 员：时景勋 彭洪生 黄文荣 王 栋 钱 飞 钱 松

杨 帆 罗京平

修 订：禄亚权 王继超 罗显仁

校 对：袁顺华 熊 梅 文 丰[①]

除了在封面上标注修订单位“贵州省毕节市民族和宗教事务委员会”，写作“修订说明”，组建“修订编委会”外，修订版《增订〈爨文丛刻〉》还在目录上标注了各个部分内容的起讫页码，如“训书/1—64”“古史通鉴/85—158”“金石彝文选/159—214”“献酒经/215—293”“祭龙经/295—341”“解冤经上卷/343—406”“解冤经下卷/407—507”“指路经/509—574”“玄通大书（一）/578—1156”“玄通大书（二）/1161—1935”“武定罗婺夷占吉凶书/1937—1958”“呗耄献祖经/1959—2019”等，便于读者查找和阅读。

编委和修订专家对此书进行修订时，没有加以说明，再加上对两个版本校查工作量很大，所以很难查对哪些作了修订，哪些未作修订。一些明显有区别的地方，例如，原书用汉字“一、二、三、四”等计数的修改为阿拉伯数字的“1、2、3、4”。对汉文译文，也有不少地方作了修订，如“作”修改为“做”，“师人”修改为“祭师”。对一些容易引起歧义的表述也作了比较详细和明确的解说。也就是说，汉文译文的修改是这次修订的重点，纠正了个别明显错误和不当翻译，补充、解释了一些表述不明白的词语，对《增订〈爨文丛刻〉》译文质量的提升是有贡献的。不过，仔细审读《金石彝文选》中的《水西大渡河建石桥记》《福寿千岁衢碑记》可以发现，《增订〈爨文丛刻〉》中的一些错讹在修订版《增订〈爨文丛刻〉》中还保留着。如，《增订

---

① 马学良主编，罗国义审定，贵州省毕节市民族和宗教和事务委员会修订《增订〈爨文丛刻〉》（上册），四川民族出版社，2017，第10页。

〈爨文丛刻〉（上册）》第165页末一句“其龙目所视”至第166页第一句“为主地位高”，两句的彝文顺序是颠倒的，在修订版《增订〈爨文丛刻〉（上册）》第164页末一句至第165页第一句，情况一仍其旧，没有纠正。又如，《增订〈爨文丛刻〉（上册）》第170页第二句“渡洛淤大河”[①]，在修订《增订〈爨文丛刻〉（上册）》第171页也如前版照旧保留“渡洛淤大河”[②]。查“洛淤”的“淤”原彝文，其字形与“则溪”的“则”即彝文的“仓库”——两者彝文形象相似，“淤”是误写、误抄，“则”是正字，因此“洛淤大河”实际上是“洛则大河”，即今贵州省大方县境内的落折河。清朝道光二十九年（1849年）付梓的《大定府志·疆土志·五》中记载：“落折河出毕节县北而东南流，南屈过其城东，屈而东流。……落折河，夷书谓之录遮逸。逸者水之讹传，故夷语谓水为逸；遮则州之双声；录遮逸即禄州水也。唐有禄州，盖置于此水之上，杜氏《通典》谓之禄火州，盖禄水之坏字，此水殆本谥禄水也。禄水出县北三十里龙官箐之龙洞，东南流至城东北五里出大桥下，又东南，至城北三里，两岸束缚，自上趋壑，三叠而下，激石转流，声如隐雷，故又氏以响水也。龙洞届此，行三十里矣。折而南流，径东门外，民梁其上，谓之济川，亦号晏公桥也。（又南、又南、又南、又东、又东南）又南，有桥，大定赴毕

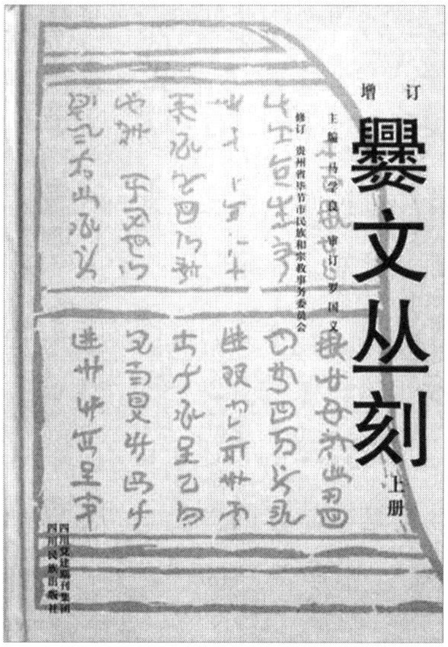

图6 《增订〈爨文丛刻〉》（修订版）（四川民族出版社）

① 马学良主编，罗国义审定，贵州省毕节市民族和宗教和事务委员会修订《增订〈爨文丛刻〉》（上册），四川民族出版社，2017，第170页。

② 马学良主编，罗国义审定《增订〈爨文丛刻〉》（上册），四川民族出版社，1986，第170页。

节道之所出也。其旁地亦氏曰落折河，东去府二十里。……落折河在大定境约行百里。经毕、大二邑，共百五六十里。或以当《汉书》之鳖水，非矣。响水、的沟、南加、打鸡、拉鲁、比乌六水同归，故又为之六归水。六归决入乌江，江又其目焉。"①再如，《增订〈爨文丛刻〉(上册)》206页第三句"言及洛启呢"与第五句"传之于受者"②，其彝文顺序也是颠倒的，修订版《增订〈爨文丛刻〉(上册)》③也没有纠正过来。从《增订〈爨文丛刻〉(中册)》之《玄通大书》(一)第(47)"占受牛好坏"④，与修订版《增订〈爨文丛刻〉(中册)》之《玄通大书》(一)第(47)"占受牛好坏"⑤的比较中也可以发现，这里的彝文是误抄第(48)"占金门银门生"的，两书也是完全一样的⑥，可见，修订版对此也没有作校正。因此，这次修订可以算作是重印或再版，主要是为了满足社会对《增订〈爨文丛刻〉》一书的需求。

截至2017年底，已经公开出版的版本，就有以上5个版本，这些版本可以简称为"甲编版""文集版""贵大版""增订版""修订版"，也可以简称为"甲编本""文集本""贵大本""增订本""修订本"。

就形式来看，《爨文丛刻》这一汇编彝文古籍，从1936年到2017年，已经先后由上海商务印书馆于1936年、四川民族出版社于1986年至1988年、湖南教育出版社于2008年、贵州大学出版社于2011年、四川党建期刊集团

---

① 贵州省毕节地区地方志编纂委员会点校《大定府志》，中华书局，2000，第322—323页。

② 马学良主编，罗国义审定《增订〈爨文丛刻〉》(上册)，四川民族出版社，1986，第206页。

③ 马学良主编，罗国义审定，贵州省毕节市民族和宗教事务委员会修订《增订〈爨文丛刻〉》(上册)，四川民族出版社，2017，第206页。

④ 马学良主编，罗国义审定《增订〈爨文丛刻〉》(中册)，四川民族出版社，1988，第1048页。

⑤ 马学良主编，罗国义审定，贵州省毕节市民族和宗教事务委员会修订《增订〈爨文丛刻〉》(中册)，四川民族出版社，2017，第1048页。

⑥ 参见马学良主编，罗国义审定《增订〈爨文丛刻〉》(中册)，四川民族出版社，1988，第1052页；马学良主编，罗国义审定，贵州省毕节市民族和宗教事务委员会修订《增订〈爨文丛刻〉》(中册)，四川民族出版社，2017，第1052页。

和四川民族出版社于 2017 年出版了 5 个版本。就其内容及学术价值来看，实际上只有两个系统的版本：一个是《爨文丛刻·甲编》及其重印、再版本，包括“甲编本”“文集本”和“贵大本”3 种形式；一个是《增订〈爨文丛刻〉》及其修订本，包括“增订本”和“修订本”2 种形式。在这 5 种形式的《爨文丛刻》中，学术价值最高的是《增订〈爨文丛刻〉》。

第五节 《爨文丛刻·甲编》的整理与翻译

中国历史悠久与民族多样，其形成是一个从古到今、自今往后的长期的过程，文化的交流、交融与认同，也是在这个漫长的历史过程中形成的。在先秦时期的中国大地上就有许多建立过小国家的族群，在统一整合为大国的过程中发生了文化交流与交融。周武王伐纣时，就得到过庸、蜀、羌、髳、微、泸、彭、濮等“八国”联合组成的“巴蜀之师”的支持，其中的语言互译、文化交流就是一个问题。当年怎样解决这一问题，缺乏历史记载，尚无法考证。而有关语言、文字的互译，历代史书中均有记载。《后汉书》中记载了用汉字记译《白狼王歌》（三章）的情况。晋人常璩在《华阳国志·南中志》中记载了晋代“南人言论，虽学者亦半引夷经”。《新唐书》中也记载了西南地区“其语四译乃与中国通”的情况。宋代范成大在《桂海虞衡志》记载了西南地区水西夷人到广西贩马交易的情景，有生动的生活场景和文化交流的描述。明代的《华夷译语》附录有《倮倮译语》，收录了 700 个古彝文词汇的对照互译。清代也继承明代的做法，保留了《华夷译语》。在一些志书，如由林则徐作序、道光二十九年（1849 年）付梓的名志《大定府志》中专门收录了清代彝文词汇《夷字释略》。可见，创造了自己文字体系的少数民族同胞在语言、文字、经籍与文化的外译与交流方面有一套从古至今都没有断绝的方法。民国时期，上海商务印书馆出版的《爨文丛刻·甲编》名声大噪，其影响甚至迅速传播到了国外，并把彝文典籍的译介推向了一个新的高度。究其原因，与其编纂者丁文江先生独特的个人经历高度相关，尤其是其作为科学家的文化视角起到了独特的作用。与此同时，对《爨文丛刻·甲编》中存在的问题的关注与研究也是一个必须解决的问题。

（一）《爨文丛刻·甲编》及其搜集编纂

丁文江编、罗文笔翻译绝大部分内容的《爨文丛刻·甲编》，作为"'中央研究院'历史语言研究所专刊之十一"，于民国二十五年（1936年）1月由上海商务印书馆出版发行。[①]这部丛书出版之后，在学术界迅速引起了关注，产生了很大的影响，遗憾的是，该书的编者丁文江先生没能见到这部书的出版。由于原书上"甲编"二字用字较小，又因为丁先生去世后再无续编，以及为了书写和称谓方便等，该书也常常被研究者、评论者简称为《爨文丛刻》。此书的彝汉翻译成就很大，问题也不少，但还没有引起足够的重视与研究。

《爨文丛刻·甲编》一共收入彝文古籍11种，分别是《千岁衢碑记》《说文》《帝王世纪》《献酒经》《解冤经（上卷）》《解冤经（下卷）》《天路指明》《权神经》《夷人做道场用经》《玄通大书》《武定罗婺夷占吉凶书》。其中，《千岁衢碑记》是摩崖，彝文、汉文两种文字合刻，没有翻译；《玄通大书》也没有翻译，《夷人做道场用经》是原有的彝汉对译；其余7部都作了比较科学的注音与彝汉对译，由于用的是当时最先进的翻译方法，翻译内容比较准确、可信，因而影响很大，流传到日本后，被日本学者称为"彝学走向世界"的标志性成果。2011年，贵州大学出版社把此书作为"国际视野中的贵州人类学"丛书第三辑"彝学"中的一部，重新影印出版，取名为《爨文丛

---

① 丁文江编《爨文丛刻·甲编》，上海商务印书馆，1936，第1页。

刻》(丁文江编),未出现翻译者罗文笔的名字。[①] 正是因为还有 3 种彝文古籍没有完成翻译,丁文江也称这部丛刻是“粗疏的材料”。[②] 为了弥补这些“粗疏”,马学良在 20 年 80 代又组织力量对《爨文丛刻·甲编》中没有翻译的部分进行翻译,并对全书进行了改、补、增、减、换、调几个方面的工作,1986 年增订工作全部完成,经罗文笔的后裔罗国义审订,四川民族出版社于 1986 年出版了《增订〈爨文丛刻〉(上册)》,1987 年、1988 年分别出版了《增订〈爨文丛刻〉(中册)》和《增订〈爨文丛刻〉(下册)》。[③]2008 年,由欧阳哲生主编的《丁文江文集》由湖南教育出版社出版,其中第五卷重印了《爨文丛刻·甲编》。该卷“说明”称:“《爨文丛刻》一书系‘中央研究院’历史语言研究所专刊之十一,由上海商务印书馆于 1936 年 1 月出版。书名原题为《爨文丛刻·甲编》,可见作者还有意续编,因丁文江先生当年去世而未果。现据该版收入本文集,另将闻宥先生的《读〈爨文丛刻〉》、董作宾先生的《关于丁文江先生的〈爨文丛刻〉甲编》和马学良先生的《增订〈爨文丛刻〉序》三文作为附录收入,裨读者参考。”[④] 多次重印和再版,加上修订和增订,《爨文丛刻》这部名扬海外的彝文古籍丛书得到了更广泛的传播和应用。

1.《爨文丛刻·甲编》的搜集简况

20 世纪 30 年代,作为地质学家的丁文江为什么会在贵州省的大定县(即今贵州省大方县)来搜集、研究彝文古籍?在《爨文丛刻·甲编·自序》里他说得很清楚,是因为他与同仁约好一起到云南、贵州搞地质调查,同仁中的赵亚曾在云南被土匪所害,心情不佳,又要在大定等黄汲清,受同行曾士英的劝慰,他在测量当地彝族人体格的同时搜集研究彝文古籍,并在此期

① 丁文江编《爨文丛刻》,贵州大学出版社,2011,第 1 页。

② 丁文江编《爨文丛刻·序言》,贵州大学出版社,2011,第 10 页。

③ 马学良主编,罗国义审订《增订〈爨文丛刻〉》(上册),四川民族出版社,1986,第 1 页。

④ 欧阳哲生主编《丁文江文集》(第五卷),湖南教育出版社,2008,第 1 页。

间认识了翻译者罗文笔。其实，丁文江从英国学成归来、初入云南时就研究过云南的地质情况，民国三年（1914 年）接触过云南省武定县环州的彝族土舍夫人李氏，并得到一本彝文的《占吉凶书》。根据丁氏在“自序”中说明的情况，《爨文丛刻·甲编》中这些书籍、拓片的来历一共分为 4 种：

（1）“《夷人做道场用经》是谭锡畴从四川西部带回来的”，《夷人做道场用经》的“译文及标题都是原来有的”；

（2）《玄通大书》是贵州大定县“内地会教士斯密特（Schmidt）小姐替我用八元钱买来的”；

（3）其他 6 种、7 本是罗文笔家藏的典籍；

（4）《千岁衢碑记》则是丁氏费尽周折从贵阳找人到大定县城郊 20 千米外的地方拓来的。

2.《爨文丛刻·甲编》的编纂

从丁文江编辑的顺序来看，书稿并没有按照罗文笔完成翻译时间的先后顺序来排列，而是以这些彝文古籍的内容来编排的，并且以已经翻译的为主、没有翻译为次。首先是反映彝族古代哲学思想的《说文》，其次是反映彝族历史的《帝王世纪》，再次是反映彝族宗教信仰的几部，最后是没有翻译的《玄通大书》和《武定罗婺夷占吉凶书》。同时，还要看到，丁文江重金石文物而轻纸书文献，所以他把已经获得拓片的还没有翻译的《千岁衢碑记》放在了全书的最前面，“因为这碑上是有年代的，是倮倮文最古的文献，所以把它列在卷首，希望有人注意，另拓佳本。”①

各部古籍在《爨文丛刻·甲编》中的顺序如前所列，而罗文笔翻译完成的情况如次：

《权神经》，“民国十九年译于三月初九日”②，即 1930 年翻译完成；

---

① 丁文江编《爨文丛刻·序言》，贵州大学出版社，2011，第 6 页。

② 丁文江编《爨文丛刻》，贵州大学出版社，2011，第 273 页。

《帝王世纪》，“民国十九年七月一日”[①]，即 1930 年翻译完成；

《献酒经》，“民国十九年八月十四日”[②]，即 1930 年翻译完成；

《天路指明》，“民国十九年十月二十三日”[③]，即 1930 年翻译完成；

《解冤经（上卷）》，“民国二十年六月四日”[④]，即 1931 年翻译完成；

《解冤经（下卷）》，“民国廿一年四月二十五日动笔”[⑤]，“民国二十一年七月六日”译完[⑥]，即 1932 年翻译完成；

《说文》篇：“民国二十二年五月二十四日”[⑦]，即 1933 年翻译完成；

《夷人做道场用经》，有原译本，不是罗文笔所译，没有标明翻译完成的时间。

另外，在罗文笔翻译第一部《权神经》的时候有一篇“序引”，并对他“家藏古卷”中的“六种”“七册”列了一个“名目”：“一、宇宙源流，二、历代史记，三、解冤经，四、献酒求福经，五、天路指明，六、即权神经。”[⑧]其中，《解冤经》后来被分为上卷和下卷翻译。应该说，这个排列给丁文江后来对《爨文丛刻·甲编》的编排是有重要启示的，因为从成书出版的排序情况看，罗氏的这个名目排序与丁氏的目录排序相比，只有《献酒经》和《解冤经》的次序颠倒过来了。不过从彝族传统丧祭礼仪中经籍使用的前后顺序上来看，丁氏的排序显然更符合彝族传统礼仪程序，这可能是询问过罗文笔的，也体现了一个科学家的认真和细致态度。

---

① 丁文江编《爨文丛刻》，贵州大学出版社，2011，第 47 页。

② 丁文江编《爨文丛刻》，贵州大学出版社，2011，第 135 页。

③ 丁文江编《爨文丛刻》，贵州大学出版社，2011，第 269 页。

④ 丁文江编《爨文丛刻》，贵州大学出版社，2011，第 177 页。

⑤ 丁文江编《爨文丛刻》，贵州大学出版社，2011，第 181 页。

⑥ 丁文江编《爨文丛刻》，贵州大学出版社，2011，第 13 页。

⑦ 丁文江编《爨文丛刻》，贵州大学出版社，2011，第 13 页。

⑧ 丁文江编《爨文丛刻》，贵州大学出版社，2011，第 273 页。

笔者之所以把上面这些译书译完的年月列举出来，是要校正丁文江先生在其“自序”中所记时间的一处错误。他说：“民国十九年冬天，我从四川到了贵州大定。”而罗文笔的第一部彝文古籍翻译完成的时间却是“民国十九年三月初九”，两人所记载的时间不同。查阅胡适著《丁文江的传记》，其中指出：“民国十八年，地质调查所发起做一个调查西南全部地质的大计划，分作几段进行。由在君（丁文江的字——引者）做总指挥。……在君从西南调查回到北平，是在民国十九年的夏季。”胡适所作的传记还引了黄汲清的叙述：“民国十八年，组织西南地质调查队，……于十九年（1930年）夏返北平。”[①]丁氏的“自序”写于民国二十四年（1935年）八月十六日，虽然离他到贵州省大定县的时间相隔不长，但那时日本已经侵略中国，华北告急，丁氏的注意力都在呼吁东北军、华北军保卫国家这件大事上去了，可能未仔细考订序文中的时间问题。三处文献相校可见，丁文江在大定开始搜集彝文古籍的时间，应该是民国十八年（1929年）冬天。他与罗文笔的第一次接触，是在民国十八年（1929）的“冬月十五夜”。[②]因此，罗文笔翻译完第一本彝文古籍的时间，是民国十九年（1930年）三月初九。

（二）罗文笔对《爨文丛刻·甲编》的翻译

现在来具体讨论罗文笔对6种7部经书的翻译。

1.《爨文丛刻·甲编》为什么没有全部翻译

罗文笔为什么只翻译了《爨文丛刻·甲编》中的7部而没有译其他4部？丁文江在该书的“自序”中已经说明了原因：其一，谭锡畴从四川西部带来的《夷人做道场用经》本身已经是翻译出来了的，当然不必再翻译。其二，《千岁衢碑记》虽然早就听说有，但是在与罗文笔“约定”翻译7部书的

① 胡适：《丁文江的传记》，北京师范大学出版社，2014，第107—109页。

② 丁文江编《爨文丛刻》，贵州大学出版社，2011，第273页。

时候，拓片还没有获得，无从下手。其三，两人“约定”翻译的只是罗文笔提供的7部书，没有包括斯密特小姐帮助代购的《玄通大书》，这部书书名虽然是罗文笔拟定的，“但是没有经过师傅，不能翻译全书”①。“没有经过师傅”，大约有两个原因：一是没有受过师傅专业的传授，即罗文笔没有跟布摩学习过，未能全部弄通内容，不能翻译；二是没有经过师傅的允许，译书或用书有一些禁忌，或书中有些篇章不能乱动、乱用，不能翻译。丁氏在“自序”中提到罗所指的师傅，多半是原来拥有此经书的布摩，而不是罗的师傅。

由于《权神经》是罗文笔汉译的第一部彝汉文对照的经籍（目前，也是完整意义上的第一部彝文翻译成汉文的经籍），意义非同一般，罗氏非常谨慎，因此，他在翻译此经籍之时，在前面写了一篇“序引”② 专门说明此书翻译的缘由。从这篇“序引”中可以看到两个重要的信息：一是罗文笔当时是一个信仰基督教的信徒，那个时候贵州省的大定已经有基督教，是基督教的内地会一脉。③ 二是因为罗有神灵信仰，所以他在翻译家藏的“六种”“七册”古籍的时候，首先选择了《权神经》。

2. 关于翻译的方法和体例

这7部彝文古籍的翻译方法，是丁文江与罗文笔制定的：“翻译的方法，是先抄倮倮文为第一行，再用注音字母译音为第二行，然后用汉文逐字对照直译为第三行，最后一行乃用汉文意译。”④ 显然，在丁文江看来，这一批古籍翻译出版后，主要是要让读者、研究家能够读懂其内容，而不仅仅是公开一批彝文古籍而已。因此，他在寻找翻译人员的时候，特别选择了“懂得注音字母”的罗文笔。翻译稿排列的格式是根据彝文传统的字式、行款进行的，

---

① 丁文江编《爨文丛刻·序言》，贵州大学出版社，2011，第6页。

② 《权神经·序引》，载丁文江编《爨文丛刻·甲编》，上海商务印书馆，1936；丁文江编《爨文丛刻》，贵州大学出版社，2011，第273页。

③ 毕节市地方志编纂委员会编《毕节地区志·宗教志》，方志出版社，2017。

④ 丁文江编《爨文丛刻·序言》，贵州大学出版社，2011，第5—6页。

即字与字之间从上到下排列，另外起一行时则从左到右排列，这是传统彝文古籍的排列格式。丁氏在“自序”中对排列格式有说明，他引用了当地倮倮师傅（即布摩）的说法，认为彝文“是孔夫子创造的！孔夫子右手造的是汉文，所以汉文自右向左；左手创造夷文，所以夷文自左向右！”[①] 遵循这一传统格式，罗文笔在翻译写作时也全部采用传统彝文古籍的排列格式，左起第一行为彝文，第二行为注音，第三行为汉字对彝文的直译，第四行则是意译，这也是当时能够采用的最为科学的方法了（当时采用的是汉语注音音标，而没有采用国际音标注音）。

关于这种对译方法，罗文笔在民国十九年（1930 年）七月一日翻译完成《帝王世纪》之后，也许是受丁文江的嘱咐，或是为了便于读者理解译稿中的注音，专门在这一部经书的末尾列了一个“字式表”，来解释彝文、注音与翻译之间的对应关系。[②] 关于这种注音的格式，也许是受到《后汉书·西南夷传·莋都夷》所录《远夷慕德歌诗》《远夷乐德歌诗》《远夷怀德歌诗》[也称为《白狼王歌》（三章）] 的影响。这三章歌诗四字一句，前面一句是汉文，与汉文对照的是用汉字注明的夷音。丁氏在“自序”中对此也专门作了列举。当然，这也给丁氏对彝文古籍句式的判断造成了误导，认为“倮倮经典大抵是四个字（有时是三个字）一句，文法与俗语不同”，“四个字一句也是爨文的特色”。[③] 从罗文笔所译的 7 部经籍来看，实际上句式绝大多数都是彝族传统古籍五字一句的句式。这也符合彝族古代文艺理论家举奢哲在《彝族诗文论》中总结的彝族诗歌“五言占九成，其余十之一”[④] 的说法。《爨文丛刻·甲

① 丁文江编《爨文丛刻·序言》，贵州大学出版社，2011，第 6 页。

② 《帝王世纪 人类历史》，载丁文江编《爨文丛刻·甲编》，上海商务印书馆，1936，第 46 页；丁文江编《爨文丛刻》，贵州大学出版社，2011，第 93 页。以上原文皆为旧版式竖排。

③ 丁文江编《爨文丛刻·序言》，贵州大学出版社，2011，第 6、9 页。

④ 举奢哲、阿买妮等：《彝族诗文论》，康健、王子尧、王治新、何积全翻译整理，贵州人民出版社，1987 年，第 8 页。

编》中的这 7 部经籍，实际上都是以五言诗句为主的一种诗歌体经籍。这种四行体的翻译方法，也可以称为“丁－罗四行译法”。这一翻译方法经过后来人的发展完善，加上注释部分，又把民国注音改为国际音标，就成了现在通行的彝文古籍的翻译方法——“四行加注法”。

3.《爨文丛刻·甲编》翻译的技巧与问题

（1）翻译的技巧

使用注音符号、字母对彝文注音。民国时期就有一套注音符号，中华人民共和国成立以后编纂的《新华字典》《现代汉语词曲》后面所附的《汉语拼音方案》中也都有，这个方案的上边是“字母”，与“字母”对应的是“名称”，这个“名称”就是民国时期的一套注音符号，相当于是民国时期的《汉语拼音方案》，同样有声母、韵母等，但其采用的不是英文字母，而是一套自创的符号。丁、罗《爨文丛刻·甲编》所采用的对彝文的注音符号（字母），就是这套当时最科学的“方案”了。与现在的汉语拼音相对应，声母的“J”为“ㄐ”、“q”为“ㄑ”、“x”为“ㄒ”，韵母的“a”为“ㄚ”、“i”为“丨”、“u”为“ㄨ”。[①]

采用彝文注音与汉字直译，同时采用了同音、近音直译。罗文笔在“字式表”中讲述清楚了的，也就是“人名、地名二行相同”，就是彝文对译汉文的直译这一行与汉字意译这一行，两行是相同的，包括有的是音相同、相近，而用了同音、近音的字。例如《帝王世纪》末尾部分：属于“字”即直译的一行为“武祖慕雅考，砟祖慕雅怯，雾祖慕雅哉，衡祖慕雅卧，起祖慕客客，末祖慕七七，渎母俄子孙”，而“义”即意译的一行为“武祖慕雅考，砟祖慕雅谦，露祖慕雅色，衡祖慕雅卧，起祖慕克克，美祖慕齐齐，渎母俄子孙”。[②]这一部分的两行对照基本上符合“人名、地名二行相同”“人名相同”等原

① 中国社会科学院语言研究所词典编辑室编《现代汉语词典（第 7 版）》，商务印书馆，2018，第 1797—1798 页。

② 丁文江编《爨文丛刻》，贵州大学出版社，2011，第 92 页。

则，但也小有不同，如“雾”与“露”，“哉”与“色”。彝文与汉字之间采用字义直译，则是普遍的方法。

翻译时，字译与句译相辅相成。前述罗文笔所列“字式表”在对人名和地名进行翻译时，主要是以音译为主。但是，《爨文丛刻·甲编》中的翻译却不完全是这样的，为了便于读者阅读与理解，罗氏在翻译人名时通常采用字译（即直译），尽量把彝文的意义翻译出来，而在句译（即意译）时则尽量与彝文原文同音。例如《帝王世纪》中的这几句，字译（即直译）时为：“阿训裔是，得垮水滨，二家渎坐脚”，相对应地，句译（即意译）时为：“阿欣之裔，得垮一尊，二家此处居”[①]。两相比较，反而是直译照顾了意义，而意译照顾了读音。这也是罗氏体谅读者在不同文化背景下准确理解彝文经典而想出的一个比较妥帖的翻译技巧，他希望利用两行相较的优势，尽量让读者既能读通彝文的音又能理解彝文的义，是一个颇费心思的创造，应该给予肯定。读者在阅读这个特殊的翻译文本时，一定要把直译部分的音与义和意译部分的音与义两者进行比照，才能体味其中的苦心与妙用。

（2）存在的问题

由于土语注音与官话、普通话的差异，无法标注贴切的彝文原音。民国时期虽然还没有统一的普通话，但是政府公职人员流行讲“官话”(相当于“西南官话”），当时的“官话”接近现在的普通话，却与各地的“土话”即方言、土语区别较大。因此，罗文笔虽然用注音字母为彝文标注读音，但是他也许对当时的“官话”不甚熟悉，在翻译的时候，经常用大定县的土话来标注彝文读音的情况，从而造成了一些不准确的标注。如《帝王世纪》中的“一衢卜宜五九，卜宜阿义六十，阿义阿洛六一，阿洛阿冬六二”，[②]“卜宜”之“宜”，彝语念“ni”即“泥”，由于大定土话中“宜”与“泥”都读为“ni”，

① 丁文江编《爨文丛刻》，贵州大学出版社，2011，第 87 页。

② 丁文江编《爨文丛刻》，贵州大学出版社，2011，第 58 页。

译者翻译时注音是“泥”即“ni”音，而用汉字对译时却成了“宜”即“yi”。同样地，“洛”字也是这种情况，大定土话“洛”“诺”都读“luo”，译者翻译时就把彝语文中的“诺”即“nuo”翻译成了“洛”即“luo”。“阿义”之“义”应该为“尼”，也是如此。同时，由于彝语至今也没有规范的相当于普通话的标准音，所以罗文笔只能以大定县当地的彝语读音来标注彝文古籍的音韵。另外，可能是当时罗文笔没有学习过国际音标，无法克服这种土语注音与当时“官话”读音（如果是当代，就是与现在的普通话读音）之间差异的问题。时代所限、学力所限，这在当时确实是一个无法克服的困难。不过，此类情况在后来的《增订〈爨文丛刻〉》中得到了很大的改善。

抄写或原文错误导致注错音。有形近、异写、通用、假借、错写而造成的误译，也有彝文原文之间形近造成的误译。这种由形近字造成的误译，《爨文丛刻·甲编》比较多见，如《帝王世纪》末尾：“沽宜仪之女……义宜能之女……本宜蚩之女”[①]三句中的“宜”，彝文本字应该是念“涩”（“涩”有“君、主”的意思，这也是这三句的本意，即沽君呢之女、呢君能之女、呗君蚩之女），因为与彝文“尼”（即译文中的“宜”）字形近似，被误写或抄写成了“尼”（宜），结果成为另外的字（“尼”有“坐”“太阳”等意思）。

彝文与汉文意译中的问题。有的是理解错误造成的误译，如《权神经》之书名，彝文“lu”字可以译为“权”，也可以译为“龙”。《权神经》之彝语为“鲁洛确，lu luo quo”，可以译解为“权神经”，但是在实际情况中，这却是一部《祭龙经》。可能是因为罗文笔信奉的是基督教，没有参加过“祭龙”“祈福”等仪式，没有听过《祭龙经》的念诵，没有看到过布摩使用这部经籍，没有从事过彝族布摩这一职业。幸运的是，这一误译在《增订〈爨文丛刻〉》中得到了校正。另外，因为对彝族古代政权形式不了解，所以将“慕

① 丁文江编《爨文丛刻》，贵州大学出版社，2011，第92页。

俄格”直译成“天命归”，意译成“往前进”。[1]“格”也就是“勾”，是彝族古代政权的指称，这在彝文古籍《白分七勾则》《策尼勾则》等中都有明确的记载。除此之外，人名翻译也比较混杂，音译与意译交互出现。近音错误有时也与理解错误一块出现，如将代表彝族家支姓氏加籍贯地的“能益”翻译成为同音而意异的“二家”，就出现了“毕部能益”翻译成“毕部二家”，“龙杜能益”成为“龙杜二家”，“同余能益”成为“同余二家”的误译。[2]当然，这也是不了解彝族传统家支文化导致的。

前面提到丁氏感谢傅斯年允许他以“中央研究院”历史语言研究所的名义发表“粗疏”的《爨文丛刻·甲编》，的确，该书在翻译上存在着许多比较“粗疏”的地方。丁文江虽然有时不免会有忘记或疏漏，但以他作为科学家的严谨，他做学问还是十分认真的，从他的“自序”中可以看出，他列举了古代史书中《白狼王歌》（三章）的对译和引用了法国人保禄·维亚尔的《法倮字典》等当中的字词来与《爨文丛刻·甲编》中的彝文作比较研究，如此细致和博学的他是不会发现不了此书中存在的翻译问题的。1928年，丁文江给中山大学语言历史研究所周刊编辑写信时，批评当时该所办的周刊发表的许多文章“大抵出于编译，错误极多，例如贵州之仲家实与僮人言语相同，与苗无关……专号中所言皆非科学也。”[3]可见，丁氏对编译的要求是非常之高的，“粗疏”之说，既是编纂者对翻译者的担待，还包括了许多其他的内涵。

4. 关于《增订〈爨文丛刻〉》对原本翻译的纠正

《爨文丛刻·甲编》翻译上存在的问题，在马学良主编、罗国义审订的《增订〈爨文丛刻〉》中大部分得到了纠正。主要体现在以下两个大的方面：一是用国际音标来给彝文注音，避免了用方言、土语注音引起的多种歧义。

① 丁文江编《爨文丛刻》，贵州大学出版社，2011，第59页。

② 丁文江编《爨文丛刻》，贵州大学出版社，2011，第59页。

③ 辛树帜：《编者的话》，转引自王建民《中国民族学史·上卷·1903—1949》，云南教育出版社，1997，第112—113页。

虽然彝语还没有统一规范的标准音，但是用大定县（今大方县）的彝语音作为标注国际音标的依据，大抵能够符合原文的情况。二是直接纠正了原文中误译的情况，如前引的三句分别译为“沽君尼之女……呢君能之女……呗君蚩之女”，先是从字形上给予纠正，然后再从字的读音与标注上给予纠正。[④]前面所说的“往前进”纠正为“慕俄格”，[⑤]姓氏加籍贯的“二家”也纠正为“能液”，[⑥]《权神经》也纠正为《祭龙经》。[⑦]“增订本”对“甲编本”的诸多订正，大略如此。

（三）《爨文丛刻·甲编》及其翻译取得的成就与贡献

《爨文丛刻·甲编》一经出版，就引起了王了一[⑧]、闻宥[⑨]等专家的重视，于是立即撰写文章给予评介和肯定；20年后董作宾[⑩]又给予关注和研究；50年后出现了“增订本”，得到任继愈[⑪]等专家的重视和介绍。后来研究《爨文丛刻》的文章也时有发表，影响力十分深远。[⑫]

《爨文丛刻·甲编》是第一部彝文古籍汇集，是以经籍为主的基本上“以类相从”的第一部彝文古籍丛书。在此之前的彝文古籍虽然很多，但都是以单本的形式存在，没有以编辑成丛书的形式展现给世人。明清时期曾经编纂过《华夷译语》之类的字书，但从来也没有编纂过有关彝文古籍的丛书。《爨

---

④ 马学良主编，罗国义审订《增订〈爨文丛刻〉》（上册），四川民族出版社，1986，第113页。

⑤ 马学良主编，罗国义审订《增订〈爨文丛刻〉》（上册），四川民族出版社，1986，第142页。

⑥ 马学良主编，罗国义审订《增订〈爨文丛刻〉》（上册），四川民族出版社，1986，第133页。

⑦ 马学良主编，罗国义审订《增订〈爨文丛刻〉》（上册），四川民族出版社，1986，第295页。

⑧ 王了一：《爨文丛刻·甲编》，《大公报》（天津）图书副刊1936年第139期。

⑨ 闻宥：《读〈爨文丛刻〉：兼论倮文之起源》，《图书季刊》1936年第3卷第4期。

⑩ 董作宾：《关于丁文江先生的〈爨文丛刻·甲编〉》，《“中央研究院”季刊》（第三辑）。

⑪ 任继愈：《彝族文化研究的重要资料〈爨文丛刻〉（增订版）》，《文献》1990年第2期。

⑫ 余宏模：《〈爨文丛刻〉与〈增订《爨文丛刻》〉》，载张和平主编《彝语文集》，贵州民族出版社，1993；王小丰：《〈爨文丛刻〉经书选择依据的标准研究》，《贵州工程应用技术学院学报》2014年第1期。

文丛刻·甲编》的搜集来源于三个省四个方面，搜集起来的文献具有一定的代表性，体现了汇编或者丛书的代表性特点。

《爨文丛刻·甲编》是第一部公开对外出版的彝文古籍丛书。此前，彝文古籍的传播方式非常传统，比较古旧，一般都是通过手抄的形式，或是布摩的徒弟从布摩的古籍中传抄，或是花钱从摩史处租借过来誊抄。通过这种比较原始的方式对古籍进行誊写、传抄，不仅费工、费力、费时、费钱，而且抄写本数量极其少，非常不利于传播。在《爨文丛刻·甲编》出版发行之前，有《法罗字典》出版，但它是字书；也有《纳多库瑟》出版，但它是用彝文编写的《圣经》教义问答，它们都不是彝文古籍。

《爨文丛刻·甲编》是第一部经过翻译对外介绍彝文古籍的丛书。史书中记载的《白狼王歌》，即丁氏所引《远夷慕德歌诗》《远夷乐德歌诗》《远夷怀德歌诗》三章，有学者认为是古代彝语翻译的，但是这三章歌诗一来是用汉字记录，二来还没有定论。所以，确凿地说，《爨文丛刻·甲编》才是第一部经过科学翻译对外介绍彝文古籍的丛书。单就这一点而论，它在彝汉翻译史上就具有独特的地位，其功绩更是不可磨灭的。

“丁－罗四行译法”开创了彝文古籍汉译的科学方法，再加上注释一项成为“四行加注法”，现在已经成为翻译彝文古籍普遍使用的最佳方法。丁文江是第一个系统搜集和对外介绍彝文古籍的科学家，罗文笔是第一个将彝文古籍系统翻译成汉文的翻译家，他们在彝汉文化交流史上创造了互相合作的典范，是值得后学们学习的！

（四）余论

丁文江英国留学归来，在云南、贵州等地测量栗苏、青苗、罗婺、罗倮等的体格，并开展地质调查，在取得重大科学成果的同时，也了解了不少人文历史，改变了他早年对西南民族的一些肤浅认识。回国后，在拜见龙研仙老师时，他写了一首诗：“十五初来拜我师，为文试论西南夷。半生走遍滇黔路，暗示当年不自知。”从中可见，他对西南民族的关注是从少年时期就开始的，罗文笔也从他们之间的交往中体会到这一点。丁氏少年时期讨论西南民族，可能存在一些偏见，但在他日本游学、英国留学回到中国之后，多次在西南民族地区的调查、考察让他重新认识了彝文古籍和民族文化，他的地质学考察也增加了人文的因素。留学经历与世界眼光，末代进士的汉族学者视角，以及作为“他者”的存在，显然让他少了许多“夷夏”区隔的成见、偏见，因而更容易发现被他人所忽视的人类文化的价值，把一些被常人熟视无睹的彝文典籍搜集归类、整理、翻译、出版，进而推介出去。因此，他搜集、整理、编纂和出版《爨文丛刻·甲编》并不是一件偶然的兴趣所致之事，这一段彝汉翻译学术史上的佳绩完全是他作为一个眼界开阔、思想民主、学风扎实的现代科学家长期积累所取得的成果，也成了民国翻译学术史上特殊而闪亮的一页。这是一个对“夷夏”文化认同具有特殊意义和价值的个案。《爨文丛刻·甲编》这部书在民国时期影响很大，以致后人还出版了“增订版”，它的编译出版是彝汉文化合作交流的典范，今后仍然会产生十分深远的影响。

第六节 《增订〈爨文丛刻〉》的主要贡献者

（一）马学良

马学良（1913—1999年），字蜀原，汉族，中共党员，山东省荣成市成山卫镇四村人。著名语言学家、民族语言文学家、民族教育家，中央民族大学民族语言文学学科奠基人、终身教授。1938年毕业于北京大学文科研究所，1941年北京大学文科研究所研究生毕业。曾在西南大学、中央大学、中央民族学院担任教授，并兼任少数民族语言研究所所长、研究员、会长等职。

1951 年调至中央民族学院（即今中央民族大学），为该校少数民族语文系教授、系主任、博士生导师。曾历任少数民族语言研究所所长、中国社会科学院少数民族文学研究所副所长、中国民间文艺研究会副主席、全国民族院校汉语教学研究会会长、民族语言研究会副会长、中国社会科学院民族研究所学术委员等。

马先生在 1938 年跟着闻一多徒步西南风光旖旎的崇山峻岭时，第一次全面接触和搜集各少数民族村寨的民歌、语言、风俗、神话等，从此就和少数民族结下了不解之缘。这种少数民族情结促使他选定描写语言学大师李方桂作为研究生导师，并且跟着李方桂实地调查云南的撒尼彝语，和当年跟闻一多实地采风时一样，深入少数民族家中记音。师生不畏生活的艰苦，不辞生活的辛劳，与少数民族结下了深厚的友谊。1941 年，马先生的毕业论文《撒尼倮语语法》（后来以《撒尼彝语研究》为名出版）是中国第一部用现代语言学理论研究实地语料的少数民族语言学著作。

图7 马学良先生像

20 世纪 80 年代初，马先生主编出版了《语言学概论》。20 世纪 90 年代初，主编出版了《汉藏语概论》。1997 年，主编出版了《普通语言学》。

马学良先生在少数民族语言方面的贡献是多方面的。他对彝语文献有专门的研究，凝聚 50 年心血写出的《彝文经籍文化辞典》就充分体现了他耐得住寂寞，埋头苦干，为少数民族文化默默奉献的崇高精神。另外，主持编纂了《中国少数民族文学史》《中国少数民族文学比较研究》等经典著作，构架了中国少数民族文学富有特色的体系。在这期间，他还发表了大量关于民族文学理论的学术文章。20 世纪 80 年代中期以来，他成为全国民族院校的首批博士生导师，更加关心青年教师和博士生的培养。

马学良先生长期从事汉语与少数民族语言的教学与研究，尤其是对彝语的研究更具有开拓性。他的《撒尼彝语研究》（商务印书馆，1951 年）是一部系统深入研究彝语语音、词汇、语法的著作，也是我国学者研究彝语的第一部较全面的学术著作。他最早指出彝语有松紧元音的对立。他研究彝文注意结合彝族的风俗习惯、神话传说、社会历史、生活习俗、宗教信仰等来进行；发表了《从彝族氏族名称中所见的图腾制度》《茂莲社区的男女夜合》等一系列论文；翻译了《倮文作斋经译注》（《历史语言研究所集刊》1949 年第 14 本）、《倮文作祭献药供牲经译注》[《历史语言研究所集刊》1948 年第 20 本（上）]，这两部著作是研究彝文和了解彝族社会历史及宗教的重要文献。他写的《彝语“二十”“七十”的音变》（《民族语文》1980 年第 1 期）一文，从音变现象入手，通过与同语族的藏缅语进行比较，认为古彝语的“二”和“七”可能也有辅音韵尾，现在彝语支语言没有辅音韵尾，是后来语音演变脱落的结果，文章引起了国内外藏缅语族研究者的重视。他曾参加和指导对苗族、瑶族语言的调查工作，并帮助苗族创制拼音文字。

图8 马学良参与编著的《彝族文化史》

此外，他还出版了《语言调查常识》（合著，中华书局，1956 年）、《语言学概论》（主编，华中工学院出版社，1981 年）、《普通语言学》（合编，中央民族大学出版社，1997 年）等许多论著。1999年，中央民族大学出版社出版了《马学良民族语言研究文集》。

马学良先生是国际著名的汉藏语系语言学家，是当今中国民族语文界的泰斗，是中央民族大学民族语言文学学科的奠基人、博士生导师、终身教授，这些是全国民族语文学界人人皆知的，但他更是优秀知识分子服务少数民族文化事业的榜样，尤其是兢兢业业地为少数民族文化发展无私奉献的崇高精神值得歌颂和弘扬。总而言之，马学良为少数民族文化奉献了60多年，是中国各民族团结奋进的光辉榜样。

马学良先生长期从事彝族语言文学研究，早在民国时期就开始了彝文古籍搜集、整理和翻译工作，他对《爨文丛刻·甲编》的多重价值与历史意义十分重视，也看到了这一文献的缺点，所以决定对其进行增订，特别是他所做的补译工作使《爨文丛刻》的价值得到了大大的提升。

（二）罗国义

罗国义（1910—1986年），彝名拟陇·阿哲，《爨文丛刻》翻译者罗文笔的幼子。早年随父研读《诗经》《尚书》，兼习彝文典籍。因信仰基督教，15岁时经教会介绍到重庆华西三育学校勤工俭学，历时三载。因家贫休学，受教会指派到云南省的昆明、大理等地传教12年。1942年春，为赡养父母返回贵州。1943年，任家乡富乐彝民小学校长。

1951年5月，以费孝通为团长的中央民族访问团到大方，县民委请罗国义手书彝文锦旗为赠品，这是1949年后，古老的彝族文字第一次在大方引起了人们的注目。

1955年5月，中国科学院费孝通教授偕王静如教授率领贵州民族研究工作队到毕节，为了研究彝族历史，他们在毕节筹建了地区彝文翻译组，罗国义受聘主持翻译工作。经过11年的时间，他与赫章的王兴友先生共同翻译了《阿者后裔迁移考》《水西传》《水西制度》《泸组记略》《吴三桂入黔记》《水西地理城池考》《洪水泛滥史》等彝文典籍以及50余万字的誉驰中外的彝族历史重要文献《西南彝志》。

1966 年，“文化大革命”开始，翻译组解散，罗国义被迫回家务农，但他仍未放弃继承和发展彝族文化遗产的事业，劳动之余，自励奋学，整理了在翻译工作中积累起来的 7000 多古彝文单字，这为以后编纂《滇川黔桂彝文字典》创造了有利条件。

1977 年秋，应中国科学院编写《凉山彝族奴隶制》的需要，毕节民委恢复了地区彝文翻译组。罗国义先生再次受聘主持翻译工作，译就了《奴仆工匠记》及彝族哲学名著《宇宙人文论》，编写了历史上具有开拓性的第一本《滇川黔桂彝文字典》和收入了 3000 多个常用词的《彝汉常用词语》等工具书，承担了《西南彝志选》（汉文版）的总编工作。

1981 年 4 月，应中央民族学院的邀请，罗国义先生赴北京整理由北京图书馆及民族文化宫等单位搜集的彝文藏书 2000 余部。1982 年 4 月至 7 月，在京完成《爨文丛刻》（增订本）和《宇宙人文论》两书的校对、审定工作。同年 9 月，被中央民族学院聘为彝族历史文献班的教师。在此期间，他还为国内外学者译释了不少彝文考古资料。

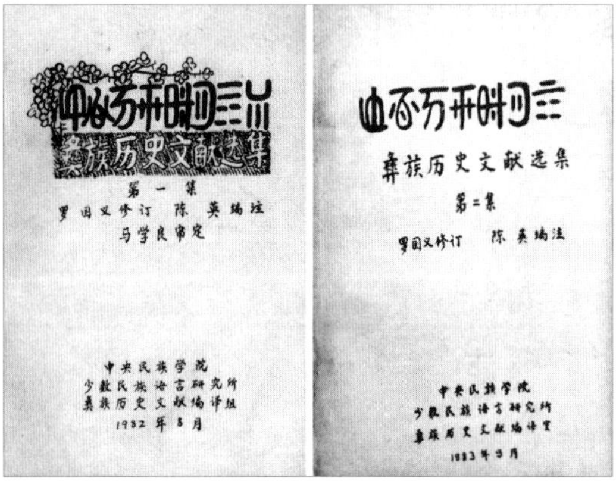

图9　罗国义参与修订的《彝族历史文献选集》

图10　罗国义参与翻译的《宇宙人文论》

1984年8月，罗国义由北京返回贵州途中患了疾病，后于1986年3月逝世。罗国义生活严谨，禀性淳朴，不计个人得失。自20世纪50年代从事彝文翻译工作以来，他以继承和发展彝族文化为己任，以自强不息的精神学习业务知识，从他遗留下来的工作及生活日记看，历历皆然。[①]

（三）陈英

图11 陈英参与主编的《通用彝文字典》

陈英（1922— ），贵州省大方县人。1949年毕业于贵阳师范学院国文系；1950年起在中共福泉县委工作10年，在黔南人民出版社工作2年；1962年调大方县一中任教；1977年退休，并加入了恢复成立的地区彝文翻译组，从事彝文古籍翻译、研究工作。1981年应聘到中央民族学院协同创办民族语言文学系，办彝文大专班。1992年至1996年在昆明参与整理一套超方言通用古彝文，为彝文"书同文"努力奋斗。2000年至2011年应聘到毕节师范高等专科学校（2005年升格为毕节学院）任彝文古籍研究所所长、研究员。陈英先生搜集整理了民间花灯剧《逼婚记》，参与翻译了《宇宙人文论》，合编出版了《简明彝汉字典》（贵州本），参加编写了《增订〈爨文丛刻〉》，合作主编了《滇川黔桂彝文字典》《滇川黔桂彝文字集》《通用彝文字典》等，公开发表学术论文30多篇。

2004年，贵州人民出版社公开出版了《陈英彝学研究文集》。该书集中收录了他从事彝学研究的文章34篇，其成果在以下几个方面体现得尤为突出。

① 根据彝族人网资料整理。

第一，致力于彝文“书同文”的研究与实践，贡献巨大。陈英先生经过深入研究后发现，传统彝文与规范彝文同出一源，根据彝文本身固有的超方言的功能，应该将彝文进行“书同文”的统一，这也是数百万彝族同胞的共同心愿。20世纪80年代末，滇川黔桂四省区共同协作的彝文“书同文”工作开始，他就是这项工作的旗手之一。他主持合编了《简明彝汉字典》（贵州本），参与主编了《滇川黔桂彝文字集》，主编出版了《滇川黔桂彝文字典》。此外，他还带领同仁整理出版了2600多字的超方言通用《滇川黔桂彝文字典》（光碟版）。有了这部《滇川黔桂彝文字典》以及光碟版，四省区彝文“书同文”的车轮终于启动了。最后，所有成果汇集为《通用彝文字典》。

第二，致力于彝汉文同源研究，成就卓著。对古彝文的研究和彝汉文同源研究是陈英先生的学术长项。他选取了1942个彝文字与汉文字进行深入研究对比，并得出结果：读音、意义相同或相近者315字，占16.13%。在这当中，名词、代词、数词146字，占总数的46%；动词119字，占总数的38%；形容词、副词、连词、语气词50字，占总数的16%。他的这项成果发表后，影响很大。中国社会科学院易谋远教授在其68万字的巨著《彝族史要》中对这项成果全部进行了录用。此外，陈英先生用彝文识读古陶文也取得了突破性的成果：（1）西安半坡刻画符号陶文共计50个，其中22个可作彝文辨识，占总字数的44%。（2）威宁中水陶文共计13个，有8个可作彝文辨识，占总字数的61.5%。（3）盘县普古陶文计有42字，有23字可作彝文辨识，占总数的54.7%。半坡陶文是古文字学大师郭沫若等人都无法用古汉字全面进行释读的，而他这一成果的学术价值之高不言而喻。

第三，致力于彝文古籍的教学、翻译和研究，成绩显著。1977年，陈英先生从大方一中退休后即应聘到毕节着手恢复地区彝文翻译组的工作；1980年，应聘到中央民族学院任教；1985年，应聘到贵州民族学院参加开办民语系；耄耋之年又应聘担任贵州工程应用技术学院彝文古籍研究所所长。他不但教授给学生彝学专业知识，还继续对彝文古籍进行翻译和研究。他参与翻译了《西南彝志选》《宇宙人文论》，参与增订了《爨文丛刻》《彝族创世志》，参与审定了《红白杜鹃花》。其中，《蕴藏中华远古文明的另一宝库——彝文古籍》等2篇文章分别入选《世界学术文库》《中国当代思想宝库》。

第四，以古彝文为门径深入研究彝族古代文化，对彝、汉文进行深入的比较研究。对此，《求是》杂志原总编、著名彝族哲学家王天玺教授为陈英的文集作序时概括为五点：（1）论证彝族先民古夷人部族对中华历史文化所作的贡献；（2）论证彝族先民用发展变化观点认识天、地、人和万物产生和发展的“变”哲学；（3）发现彝汉古语中有20%左右的同源词；（4）揭示彝、汉文古籍对远古人、事、时、地、物的记载有相同、相通、相互关联和相互补充之点，而最古老、原始的文化内涵，即中华远古文明的老根子，在彝文古籍记载中有留存；（5）提出对各地彝文古籍进行深层次研究，实现“书同文”的倡议并具体实践。同时，他还对彝文古籍进行“锤炼”使之迸发出八朵“彝族科技史上的火花”：首创文字、发明天文历算、创制彝族八卦、总结彝族医药学、冶炼铜铁与制盐、发明葫芦飞雷、创制筰桥、耕田邑聚善畜牧。这些“火花”有的并非彝族首创，但反映了彝族古代文明的进程，且不大为外界所知晓。

第五，陈英还是第一个提出彝学学科建设的人。他把彝学初步分类为11个学科，即彝族历史学，彝族古地名学，彝族文字学，彝族语言学，彝族文学，彝族音乐、舞蹈、艺术，彝族古代哲学，彝族宗教、礼俗，彝族天文、历算，彝族农、牧学，彝族医学。他还提出了“梳辫子”“四结合”等进行彝学学科建设的6条方法、道路，首开彝学学科建设之门径。

陈英先生早年从事中学教育，退休后潜心钻研彝文古籍并从事大学教育，成果丰硕，贡献巨大，闻名海内外。观其一生的贡献，可谓是“晚晖更比早霞”红。直至百岁，仍然奉行学为人师的行为准则，为我们树了一个终身学习、终身奉献的好榜样。

《增订〈爨文丛刻〉》是他在中央民族学院工作期间的一个重要成果。

（四）王继超

王继超（1957—2022年），男，彝名阿洛兴德，贵州威宁人。贵州省毕节地区彝文文献翻译研究中心主任、译审。1984年毕业于中央民族学院彝文文献大专班，1986年1月从威宁县民委调入毕节地区彝文翻译组（现贵州省毕节市彝文文献翻译研究中心）工作。中国民族古文字研究会会员，贵州省少数民族语言文字学会、贵州省翻译工作者协会常务理事，贵州省古籍保护专家工作委员会委员，贵州省彝学研究会副会长，毕节学院（2014年更名为贵州工程应用技术学院）和曲靖师范学院的特聘教授、客座研究员等，贵州民族大学兼职教授、硕士研究生导师。王继超从事彝文古籍整理翻译研究20年，成就卓著，并创作了大量的彝文文学作品。

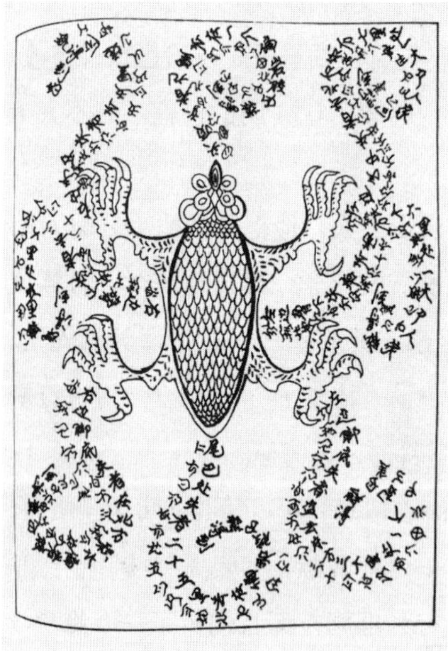

图12 王继超为《增订〈爨文丛刻〉》画的插图之一

图13 王继超为《增订〈爨文丛刻〉》画的插图之二

多年来，王继超整理、翻译、公开出版彝文古籍26部58卷。其中，1989年至1998年出版《彝族源流》7部27卷（国家重点项目，5至8卷于1992年获国家民族图书二等奖；9至12卷于1994年获国家民族图书提名奖），计254.1万字；1990年至1993年出版《物始纪略》（贵州省重点项目）；1994年至1997年出版《彝文典籍目录》、《彝族指路丛书》（全国重点科研项目，前者于1997年8月获国家图书提名奖、国家民族图书一等奖、贵州省社科优秀成果二等奖，后者获2000年贵州省社科优秀成果三等奖）；1994年至2002年出版贵州彝族咪古丛书《曲谷精选》（1997年获部级民族图书三等奖）、《曲谷走谷选》（1996年获省民语学会优秀奖）；1998年至2001年出版彝文文献丛书《苏巨黎咪》、《估哲数·农事篇》（1999年获国际彝学奖）、《黔西北彝族美术》（获1993年至1994年贵州省优秀图书二等奖）；1988年至2004年主持完成了14部20卷435.3万字彝文古籍的公开出版，即《增订〈爨文丛刻〉》（中、下）、《西南彝志》（国家重点项目，第一集于1992年获省社科三等奖，第三集于1996年获贵州省优秀图书二等奖）、《彝文金石图录》（国家重点项目）、《简明彝汉字典》（四家合作，1992年获贵州省社科一等奖），合作主编出版了《中国少数民族古籍总目提要·贵州彝族卷（毕节地区）》（2012年获得贵州省哲学社会科学优秀成果二等奖），主编出版了《彝文典籍集成·贵州卷》（50卷，四川民族出版社）。

在翻译出版彝文古籍的同时，王继超还撰写发表论文40余篇30万字，并集为《彝文文献翻译与彝族文化研究》①，对如何弘扬民族文化、实现大文化的整合与交融提出了许多建设性的意见，引起了国内外的关注。他的专著《彝族传统信仰文献研究》②（合著）对有关彝族传统信仰的文献进行了系统的梳理和研究。他的翻译作品，如《曲谷精选》《曲谷走谷选》《阿买恳》等，以

① 王继超：《彝文文献翻译与彝族文化研究》，贵州民族出版社，2005。

② 王继超、余海：《彝族传统信仰文献研究》，贵州民族出版社，2010。

及以“咪谷”为总题的丛书中，许多都是优秀的彝文文学作品。[1]

《爨文丛刻·甲编》没有插图，王继超在《增订〈爨文丛刻〉》(中、下)里，除了参加编译工作，主要是负责插图绘制。王继超不但是翻译家、研究家，还是一名画家，他的画参加过全国性画展。他的一些翻译著作如《物始纪略》等，都是自己绘画插图的。他还编辑出版有《黔西北彝族美术》(二卷)。

（五）其他专家

根据马学良先生 1982 年 10 月在北京写的《增订〈爨文丛刻〉序》中最后部分记载:“彝族历史文化是一部珍贵的民族文化遗产，必须做好继承发展的工作。增订《丛刻》的工作是从 1981 年春开始，由中央民族学院邀请贵州省毕节地区彝文翻译组、四川省岭光电和云南省张兴、唐承宗等同志与中央民院少数民族语言研究所彝族历史文献编译室和少数民族古籍整理出版规划领导小组协作，制订增订计划，分工负责，历十年余。先后参加增订和讨论工作的有果吉·宁哈、黄昌寿、王桂馥、王仕举、罗正仁等同志，始终其事者有马学良、罗国义、陈英、范慧娟，全部稿子由罗国义同志阅正。他是原《丛刻》译者罗文笔先生的长子，家学渊源，对彝文经籍有较深的造诣，是（这）增订本最适当的主力。王世忠抄正彝文并作部分断句，王继超绘制插图。伍文珍、宾万聪、李生福等同志担任部分注音和抄写工作。”[2] 这里对每位专家参与的工作进行了详细的说明，显示这是一项集体合作的成果。

---

① 贵州省民族宗教事务委员会、贵州省科技教育领导小组办公室编《贵州世居少数民族文学史·彝族卷》(下)，贵州民族出版社，2017，第 227—228 页。王明贵撰写原文，有删节。

② 马学良主编，罗国义审订，贵州省毕节市民族和宗教事务会修订《增订〈爨文丛刻〉》(上册)，四川民族出版社，2017，第 8 页。

王世忠是贵州省毕节地区彝文翻译组的专家，后来任毕节地区民族研究所所长，主编、合作主编出版《毕节民族研究（3）》《彝文金石图录（第三辑）》等著作。他书写的彝文字体开阔疏朗，用笔顿断分明，笔画劲健有骨力，墨色浓重。他的彝文书法作品参加过多次全国彝文书法展览，被收入《中国彝文书法选》等集子中公开出版。

第二章　《爨文丛刻》非经书古籍研究

开展对《爨文丛刻·甲编》和《增订〈爨文丛刻〉》的多方面研究，是引领学界进入彝文古籍广阔天地的基础和门径，比研究任何一部单一的彝文古籍更有价值、更加便捷。选取某一方面开展深入的研究，也是认识彝文古籍价值的重要突破口和视角。本章以《增订〈爨文丛刻〉》中的非经书类古籍为研究对象，对《训书》中的哲学思想与伦理道德观念、《古史通鉴》中的历史与文化、《金石彝文选》中的彝文摩崖、碑刻、金铭等历史与艺术内容开展研究，开辟一个认识和研究彝文古籍的新途径，让学术界从更加宽广的视野中重新认识数量巨大、品类繁多的彝文古籍的价值。

研究的主要内容如次：关于《爨文丛刻·甲编》非经书古籍的概述；《训书》即《说文》的8个部分——《天生经》《地生经》《人生论》《治国论》《婚姻传》《治丧吊丧》《悼念父母》《杉台记》中关于天地产生、宇宙起源与人类起源的内容研究，特别是关于哲学思想、治国安邦经验、道德伦理的叙说等的研究，这是本课题的重要内容。水西政权以家支世袭的方式，从蜀汉建兴三年（225年）到康熙三十七年（1698年）共计统治水西地区1474年，其中有什么政治智慧？政权结构如何？君长传承的方式有哪些？为什么能够传承千年之久，并获得“没有百年皇帝，却有千年土司”的称誉？有什么是政治经验值得借鉴的？有哪些是必需摒弃的？在《古史通鉴》5个部分——《笃慕源流》《君代母系》《德施氏》《土地民奴和则溪的管理》《吴三桂入侵彝地》的研究中，结合同类历史古籍，研究彝族历史特别是贵州彝族历史的发展情况，看有什么值得吸取的历史经验与教训。在《金石彝文选》3个部分——《千岁衢碑记》《水西大渡河建石桥记》《成化钟铭文》的研究中，结合已经拓片和出版的《彝文金石图录》中的金铭、碑刻图片，通过对有代表性的三种金石彝文作品的研究，探索彝族古代文字传承、彝文书法等方面的问题，这也是本研究的一个重点。《爨文丛刻·甲编》在彝族古籍编纂历史上的地位和在彝族古籍出版历史上的地位，也要结合上一课题的研究和本课题的研究，给予符合实际的总结和评价。

研究的基本思路和研究方法：本课题研究采取阅读彝文原文，参照汉文译本，对照彝文古籍特别是彝文碑刻原件或者拓片，参考历史、哲学理论，以及汉字书法理论与实践，采取理论联系实际的基本思路，采用文献法梳理已有研究成果，必要时采用田野调查方法勘查《增订〈爨文丛刻〉》非经书类彝文古籍的人文生态，加强研究的深度。

研究的重点、难点：重点介绍《增订〈爨文丛刻〉》非经书类古籍的内容，包括对《训书》《古史通鉴》和《金古彝文选》三大部分彝文内容和已经翻译成汉文的内容进行认真的比较，并结合彝族历史发展和社会发育的情况，参照彝族风俗习惯的变迁，较为准确地概括出它们的内容，特别是要充分总结水西政权能够传承1474年靠的是什么，有哪些至今仍然有借鉴价值的经验，这是重点之一。另外，开展对彝族古代金铭石刻的书法艺术研究，也是一个新的切入点和重要内容。本研究的难点在如何运用人类学、文艺学的新方法研究彝文古籍中的历史与碑刻等的价值。此外，彝文书法古代情况的理论探索也是一个新的课题，没有可供参考的现成材料。

研究的基本观点：《训书》中包含了丰富的彝族哲学思想和伦理道德思想，其哲学思想与《宇宙人文论》《宇宙生化》等的彝族哲学思想基本相同；《古史通鉴》记录了彝族特别是贵州彝族的历史发展进程，是研究贵州彝族历史的重要史料，其中的治国理政经验至今仍然值得借鉴；《金石彝文选》所选有岩刻、碑记与金铭，代表了贵州彝文碑刻的最高水平，是传统彝文正字的重要范本。《增订〈爨文丛刻〉》中的非经书类古籍，是彝族哲学、历史和艺术类古籍的重要代表文献，其中包含的丰富思想在彝文古籍中有很强的代表性。《爨文丛刻·甲编》在彝族古籍编纂的历史上具有开创性的意义，在彝文古籍和翻译出版上也有开创性的地位，是彝文古籍出版史上的开篇之作。

第一节　彝族哲学与道德伦理思想的一种表达

《爨文丛刻·甲编》中，专门分出了“《说文》(宇宙源流)”部分，这部分在《增订〈爨文丛刻〉》中改称为《训书》，其彝文读音是“把署”，“把”是说、教、训、谈等意思，在具体的语境中有细小的语义差别；“署”有书、文即书籍、文章等意思。因此，《爨文丛刻·甲编》翻译为“说文”，而《增订〈爨文丛刻〉》翻译为“训书”，都符合“把署”的文意。不过从这些称为“把署”的具体篇章看，《爨文丛刻·甲编》中分别是：第一章《天文论》、第二章《地理论》、第三章《论人道》、第四章《治国论》、第五章《婚姻传》、第六章《慎终追远》、第七章《父母劬劳》、第八章《论圣台》。《丁文江文集（第五卷）》[①] 保留了《爨文丛刻·甲编》的篇目与内容（第一章缺少第一页)。《增订〈爨文丛刻〉》保留了全部，译名则有所不同，八章分别是：第一章《天生经》、第二章《地生经》、第三章《人生论》、第四章《治国论》、第五章《婚姻歌》、第六章《治丧吊唁》、第七章《悼念父母》、第八章《杉台记》。《增订〈爨文丛刻〉》(修订版）保留了《增订〈爨文丛刻〉》的篇目与内容，没有增减。

---

① 欧阳哲生主编《丁文江文集》(第五卷)，湖南教育出版社，2008，第14页。

关于《训书》形成的历史时期，伍雄武、普同金认为：“《训书》……应是唐宋以后的作品，其时限大体和宇宙人文论相近，是水西地区封建领主时期的重要著作。”“《训书》已不是零散的论断，而是对自然、社会、人生的系统思考，因而是有一定深度的哲学著作。在书中虽然肯定有神人耿纪（策耿纪），并借用耿纪的口气来说话，但其内容倾向唯物主义，神的观念不过是一种宗教的外衣。”[①] 袁清云以《关于彝族哲学思想的研究——以〈训书〉为例》[②] 为题，完成了硕士学位论文。

《训书》中有丰富、深刻的彝族古代哲学思想，如，天地如何产生，自然如何运行，人类怎样诞生，统治者怎样治理国家，人类的婚姻有什么制度，彝人如何处理死亡，如何对待已经去世的父母，等等。可以说，一部《训书》，浓缩了彝族古代的世界观、人生观和价值观，是一部彝族古代的简明哲学经典。

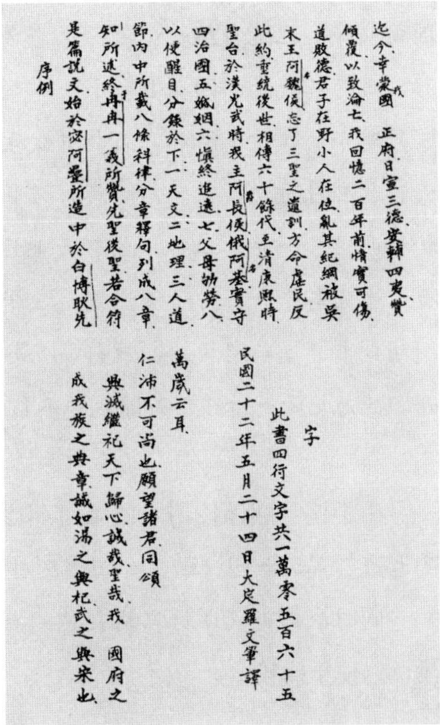
迄今幸蒙國 正府日宣三德、安輯四夷、賞
傾覆、以致淪亡、我回憶二百年前、情實可傷、
道敗德、君子在野、小人在位、亂其紀綱、被吳
末王阿魏侯忘了三聖之道訓、方命虐民、反
此約重統後世、相傳六十餘代、至清康熙時、
聖台、於漢光武時、我主阿長侯、俄阿娄實守
四治國、五婚姻、六慎終追遠、七父母劬勞、八
以使醒目、分錄於下、一天文、二地理、三人道、
節、內中所載八條科律、分章釋句、列成八章、
知所述、終冉冉一義所贊、先聖後聖若合符
是篇說文、始於密阿婁所造、中於白博耿先
序例
字
此書四行文字共一萬零五百六十五
民國二十二年五月二十四日大定羅文筆譯
萬歲云耳、
仁沛不可尚也、願望諸君同頌
興滅繼祀、天下歸心、誠哉聖哉、我 國府之
成我族之典章、誠如湯之興杞、武之興宋也、

图14 《爨文丛刻·甲编》部分内容

（一）自然是演化生成的思想

《训书》的开篇就是《天生经》（即《天文论》），第二章就是《地生经》（即《地理论》）。人类产生的时候，天地已经存在，天地先于

① 伍雄武、普同金：《彝族哲学思想史》，民族出版社，1998，第159页。

② 袁清云：《关于彝族哲学思想的研究：以〈训书〉为例》，硕士学位论文，浙江大学，2011。

人类产生在宇宙之中。人类有意识且能够认识事物的时候，首先要面对的就是天、地、日、月、星和大地上的万物。如何认识宇宙、认识世界、认识天地万物，是人类首先要解决的问题。而关于天地如何产生的问题，显然是这些重大哲学问题中重要的问题之一。

为了了解《爨文丛刻·甲编》中关于天是如何产生的内容，现在把《天文论》五言意译抄录于后。

太初匆始候，上帝自然在。首吩咐一言，清气向空浮，天覆他来张，天国白明净。他造自然造。圆圆天覆俦，荣日过度清，朗月行宫快，星辰按轨移，日月二光是，朔望自回旋。早晚他来分，岁月是他定，寒暑是他移。春三月时令，春晴本融融，万物并发生。夏三月时令，夏日乃炎炎，万物正茂荣。秋三月时令，秋晴乃辉辉，万物方成实。冬三月时令，冬日本烈烈，万物尽归宗。一年十二月，三百六十日，荣日功轮轮，一日行一度，一月三十天。十五与十六，月弓圆满满；三十和初一，月魄晦冥冥。五星天国照，天国明朗朗，星行路挨路，辰行轨而轨。天穹九倍星，移去又移来，一轨不得错。此乃上帝天道经，天国权是矣！[①]

由于这一翻译使用了民国时期比较流行的书面语言，又采用了彝文特有的五言句式，一句汉语、一句彝文对译，有的语句仍然不好理解。

同时，再把《增订〈爨文丛刻〉》中的这一章的散文体汉语翻译抄录于后，以便于比较。

却说在远古的时候，从来就有个耿纪。他开口说道：天气浮游于上方，就形成天盖子，白皑皑的天空产生了，圆圆的天覆盖着。天上分出太阳、月

① 丁文江编《爨文丛刻·甲编》，上海商务印书馆，1936，第1—3页。

亮、星辰运行的轨道，日、月两个大星球周而复始地运行着，它们司天空（主持意），分岁月，辨寒暑。春季三个月，春晴日融融，万物初生了。夏季三个月，夏晴日炎炎，万物生长茂盛了。秋季三个月，秋晴日晖晖，万物结实有收成了。冬季三个月，冬日晴淡淡，万物潜伏收藏了。一年十二个月，有三百六十天，一轮红日，一天运行一度。一月三十天。每逢十五与十六，月亮是一轮圆圆的；每逢三十和初一，月魄是暗昏昏的。（金木水火土）五星映在天空里，闪耀着光辉。各种星辰永远缔结在天上，常常运转着。天空里无数的星辰，都周而复始地运转着，一度也不错乱。以上乃耿纪《天生经》关于认识、掌握天文规律的说法。①

在这里，彝族传统文化中经常出现的“耿纪”（也称为“策耿纪”），是统管天上与世间一切的天君。由于罗文笔先生信奉的是基督教，他把彝族的“耿纪”翻译成了基督教创造一切的“上帝”。上帝与耿纪是不同的，上帝创造一切，而耿纪只是统管一切。对于天的产生来说，上帝说要有光就有了光，上帝说要有什么就有什么。而在彝族传统的哲学思想之中，天地与万物的产生却不是这样，而是自然产生的。其产生的过程，是先有相当于“气”的“啥”和相当于“态”的“额”，“啥”与“额”结合之后产生相当于“影”的“哎”与相当于“形”的“哺”，“啥”与“额”、“哎”与“哺”互相结合，产生了太阳、月亮，又产生了苍天顶、大地壳，产生了新的“哎”与“哺”，产生了各种天象，产生了清风、大地、暖风、雾团、露水、彩虹、闪电、星星、太阳、银河、霜。在此之后，由“啥额”“哎哺”及其他新产生的两两相对的特质元素互相结合，进一步产生了世间万物。

彝族古代哲学著作《宇宙人文论》中《一股气一路风》记载：“却说天地产生之前，清气熏熏的，浊气沉沉的。清、浊二气互相接触，一股气、一路

① 马学良主编，罗国义审订《增订〈爨文丛刻〉》（上册），四川民族出版社，1986，第7页。

风就兴起了；两者又接触，形成青幽幽、红彤彤的一片，青的上升为天，浊的下降为地。有了天地，哎和哺同时出现，且与舍一并产生。天地之间，日月运行，高天亮堂堂，大地分为南、北、东、西四方。”① 在这里，气与风是最早产生的物质，气分为清气和浊气，而气还有颜色分别，参考其他文献，清气是青幽幽的，浊气是红彤彤的，清青之气上升形成了天，浊红之气下降而形成大地，青赤二气是形成天地的前置物质元素，这些气体就像风云一样，是运动和变化着的，而不是静止不变的。

《西南彝志·卷一》之《天象生金锁》（也译作《打开金锁生天象》）中记载：上古时期，天没有形成的时候，哎、哺也还没有产生，先有啥、额②。啥出现时青油油的，额出现时红彤彤的；青又变化成黑黝黝的，红又变化成明朗朗的。黑黝黝的啥、明朗朗的额形成以后，啥的影好像穿着华服，额的影好像生出美辫，出现太阳亮晶晶的影子，出现月亮金晃晃的形态，出现雾穿着青衣的形象，出现霭系着红带子的景象。啥额没有产生的时候，什么都没有。啥额产生以后，啥的影如同绾着的美髻③，额的影好像生出的美辫④，苍天显现出美丽的影像了。银晃晃的月亮，金灿灿的太阳，日月都显现出美丽的影形，太阳好像穿着青衣，月亮好像系着红带，接着出现了会动的美丽形象。哎阳与哺阴，又发生变化，再产生银晃晃的新哎，产生金灿灿的新哺。新的哎与新的哺又结合，再产生像苍天顶一样的十五层哎，由天臣努娄则⑤来管理。新旧哎哺又发生变化，产生黄色的哎，黄哎显现的是太阳的影形，月亮的影形也同时产生。这些产生以后，又产生了大地壳子一样的十五层哺，也由天臣努娄则来管理。接着又发生变化，白的哎遍布天地各方，就好像太

① 罗国义、陈英翻译，马学良审订《宇宙人文论》，民族出版社，1984，第11页。
② 啥、额，最基本的物质元素。
③ 髻，古时彝族男子的发髻。
④ 勒，古时彝族妇女的头饰。
⑤ 努娄则，彝族先民传说中管理天地的天臣。

阳一样，又如同月亮一般。努娄则口中讲述天文，心中思考知识，手里拿着金锁、金钥匙。天、地、日、月的金锁都由他来开，他打开天地的银门，打开（采）东门、（舍）西门，打开南门、北门[①]。知识逐渐丰富了。出现这些情况以后，银晃晃的哎，金灿灿的哺又结合，哎变化成青油油的，太阳得到了适合的位置，如同眼珠一样转动。又出现各种天象，一是哎成为清风，二是哺成为椭圆形的大地，三是暖和的风，四是团团雾，五是角一样的彩虹，六是猛烈的闪电，七是密集的星星，八是晶莹的太阳，九是伸长得长长的银河，十是道路般宽阔的霜，这些就是这样传说的。[②]因此，关于事物产生的根源，彝族古代思想认为并非都来自"天君""策耿纪"的安排，而是自然形成的物质元素之间互相结合、发展与变化的结果。

苏克明等研究凉山彝族哲学思想时指出："世界的本原是物质。凉山彝族先民认为，在天地之先，弥漫于宇宙之内、充塞于六合之中的是一种混沌之物，《勒俄特依·天地演化史》对此作了具体论述，并进一步论述到了众仙子仙女还未开辟天地时，这些混沌物就在不停运动变化着。其实就是众仙子仙女所使用的工具和他们所分开的天地也是原本就存在的物质。"[③]凉山地区虽然与贵州大方即《爨文丛刻·甲编》文献来源的主要地方有距离，然而作为彝族，两地彝族的传统思想是相通的，许多地方也有相同之处。

"啥"与"额"，是彝族传统思想中最早出现的两个物质元素，"啥"是"气"和像气一样的物质，"额"是"形"或者"态"一样的物质，它们是宇宙之前的存在或者说是宇宙之前最先产生的物质元素。至于是什么气、什么形，这在《爨文丛刻·甲编》及其他《爨文丛刻》版本中没有具体所指，在《西南彝志》《宇宙人文论》等彝文历史、哲学著作中也没有具体说明。

---

① 采、舍：彝族八卦的卦爻名称，卦位为东西位。后来又成为氏族名称。

② 这一段由王明贵翻译。

③ 苏克明等：《凉山彝族哲学与社会思想》，四川人民出版社，1999，第4页。

（二）对立统一思想

“对”的思想在单独的《天文论》(即《天生经》）一章中体现得还不明显，但与《地理论》(即《地生经》）一章共同比较探讨时，则明显一些。“对”指的是共同产生的一对事物，这些事物有的是相互并存、相互并行、共同变化发展的，有的则是此消彼长、此存彼亡、此兴彼灭的。《爨文丛刻·甲编》及“增订本”所体现的彝族古代思想更倾向是共同并存、共同发展的对立统一，而非后者。

为便于比较，现将《爨文丛刻·甲编》之《地理论》五言意译抄录于后。

太初勿始候，上帝自然在，次吩咐二言，浊气下凝结，地载他来组，地国广而坚，他成自然成。后土如仰盂，五帝各司命，地国掌权衡。甲乙树茂青，青帝司东令，寅卯共同居，七十二天分，春木乃青嫩，春花艳乃红。丙丁火焰红，红帝司南令，巳午共同居，七十二天分，夏木乃阴阴，夏禾乃荣荣。庚辛金耀白，白帝司令西，申酉共同居。壬癸水元黑，黑帝司北令，亥子共同居，七十二天分，平原白雪降，高山凝成冰，林木风刁刁，林草碎纷纷。中央土色黄，黄帝兼司令，辰戌与丑未，七十二天同，四宫兼作用，辰宫十八日，辰与巳同分；未宫十八日，午与申同分；戌宫十八日，(戌宫十八日——此处重句)，酉与亥同分；丑宫十八日，子与寅同分。地球十二位，周而复始兴。地极且论详，山岭高低列，红崖大小方，江水曲直注，海底有浅深，地块坚且硬，此乃上帝成，谈与贤明听。[1]

这一部分的浊气、地与上一章的清气、天是成“对”的，只是分开在两章中表述而已。其实，在其他彝文古籍中，这往往是共同标举而对称的。

---

① 丁文江编《爨文丛刻·甲编》，上海商务印书馆，1936，第 4—7 页。

在《宇宙人文论》的《天是青的地是赤的》一章中记载："天地是怎样产生的呢？先产生清气与浊气，清气变成蔚蓝色的这高天，浊气凝成美丽的大地，高天映着红日，一派青光缭绕，青天高高的，赤地沉沉的——这些都不必说啰。当那阳气未升，阴气未降的时候，清、浊二气如海水漫溢，清气熏熏，浊气沉沉，清、浊二气运行，就像和煦的仙风吹拂着。它们又起了变化，清变成青色，浊气变成赤色。青清之气上升，青天就产生了；赤浊之气下降，赤地就形成了。东南角的地块不满，西北角的天盖不合，可是天地的根生了，六祖的本源好了。"[①] 这里的天与地，清与浊，青与赤，阳与阴，西北与东南，地块与天盖，青清与赤浊，升与降，等等，都是以"对"出现的事物，它们是共同存在的，没有先后之分，也没有轻重、好坏等的区别，作为同时出现并发展变化着的事物，它们深化形成宇宙万物产生的本源。

《西南彝志·卷一》的《鹤与鹰》一章里，有关于物质元素和其他事物的"对"的记述：且、舍[②] 形成后，活生生的且与旺盛的舍是一对，他们相互交合，产生且中的尼与舍[③] 中的能这一对，新的一对又相互交合，形成了像花老虎[④] 一样的高空。尼和能的威力很大，整齐的尼覆在上面，旺盛的能盖在下面。且中的尼与舍中的能这一对，阳上升成为青天，阴下降成为大地；天最大，地最宽。天地产生后，阴带银日影，阳生金月像。它们又相互交合，阴生长出青雾辫，阳生长出红霭髻。阴如白辫，阳如黄髻。雪变化成江。阴生长青雾辫，雾汇集在江上，雾的汇集是因为阴而生。阳生长的红霭如髻，霭聚集在山谷里，霭的汇集由阳而产生。阴产生的白雾如辫，成了高天之上的阴，占据了高位。阳产生的黄霭如髻，盖在大地上面成为大地之上的阳。阳上升，位于高天之上，阴带银日影。阴下降，位于大地之上，阳带金月象。

---

① 罗国义、陈英翻译，马学良审订《宇宙人文论》，民族出版社，1984，第 19 页。

② 且、舍：此处指由最基本的物质元素啥额派生出来的物质。

③ 尼、能：且舍派生出来的物质。

④ 花老虎：指青、红两种物质元素。

青青的且与黄黄的舍这一对，形成了天下的群山。群山呈现出花花绿绿的彩色，所有的山岭形成了。所有的湖泊，并不是黄色来照映着，也不是山间的青色来掩映，是湖泊自己呈现出的青色。由这段文字可知，“且”与“舍”，是“哎”与“哺”互相结合产生的一对。“且”与“舍”互相结合后，产生且中的“尼”与舍中的“能”，“尼”是彝语的青，“能”是彝语的赤即红。“尼”“能”一对中，有阳与阴一对，之后产生天与地一对。天地产生后，有银日影与金月像一对，又有了雪与雾，青雾与黄霭，髻与辫，等等，成对出现的事物。之后，又有了山岭和湖泊一对。

这些成“对”的思想，来源于彝族古代万物分为公母、分为雌雄的观念。王天玺、李国文等专家认为：“彝族先民讲事物无不分公母，万物都由公母‘成对’‘相配’而构成，就是北宋时代大哲学家程颐讲过的那种‘万物莫不有对’的辩证法。”①“公母雌雄观是彝族先民对自然的观察中所得出的原始朴素辩证法，它虽然很幼稚，但它是合乎客观自然界存在和发展规律的宇宙观，并随着彝族社会实践和思维发展而发展。”②

从这些不断结合、交融、变化、产生循环往复的事物的情况来看，《爨文丛刻·甲编》里面《训书》类古籍中体现出来的彝族古代哲学思想中的“对”，作为对立、统一两个方面中的一个重要范畴，“对”是矛盾的主要方面，不是对立、对消、对灭，而是对接、对交、对融、对生、对化，这也是彝族古代思想中“对”的哲学观念的特色。“对”在产生时体现的是均势其成，均分其半，是势均力敌、共融共生的事物，而不是相互对立、互相抵消的事物，它有着与其他思想观念不同的彝族古代相生共长的哲学思想的特质。这种对立统一思想，对立面少而统一多，是相生相合的统一而分出来的“对”。

① 王天玺、李国文：《先民的智慧——彝族古代哲学》，云南教育出版社，2000，第53页。

② 王天玺、李国文：《先民的智慧——彝族古代哲学》，云南教育出版社，2000，第54页。

（三）人类产生于自然的思想

世界上各个民族对人类的产生，都有各式各样的传说。《圣经》秉持的思想是上帝创造了人，而汉族古代传说中有“女娲抟黄土以造人”的说法。中国的各少数民族当中，也有各种各样的传说，彝族也有关于人类起源的相关传说。对于宇宙、万物和人类的产生，彝族古代哲学思想中有多种起源说，其中有代表性的有：一是“人类起源神造说”[①]，这些在彝族创世史诗《查姆》《阿细的先基》之中，都有记载。二是“人类起源自然演化说”[②]，这些在《勒俄特依》《阿赫希尼摩》之中，都有体现。

《增订〈爨文丛刻〉》的第三章《人生论》即《爨文丛刻·甲编》的《论人道》中，记载了人类的起源。其中虽然还有“耿纪如何说”的神创说的影子，但其基本的思想还是人类是从自然演化的——即由清气、浊气凝聚演化而成的。《爨文丛刻·甲编》中，可能是遗漏的原因，对此只有简短的几句：“太初勿始世，上帝自然在，末吩咐三言：人气向空吸，他造自然造，身体赋灵魂，血与气攸分。希母公岗居，希母公岗是，荣耀二木生，荣耀二水泉，荣果昭所食，耀水穆所饮。智慧融融长，聪明计心祥，阿翁老还童，昔面仁荣美，今荣似少然。彼地住且长，人根传万代，地极万民交，根乃从天降，造乃地相似。”[③] 这里的记载中少了关于始祖希慕遮的记述，又因为有些文言文的特色，因此文义不是太明了。这在用散文体翻译的《增订〈爨文丛刻〉》中说得明白：“据说在远古时期，从来就有个耿纪。他三次开言道：清、浊二气凝聚，形成人的身体，先出现希慕遮等祖妣二人。他们有身体和灵魂，有血有气，居于希慕古戛。在希慕古戛，长着荣树耀树，淌着荣水耀水。祖先们先吃了荣树上的果子，喝了荣水耀水（就变得很聪明），懂得许

① 伍雄武、普同金：《彝族哲学思想史》，民族出版社，1998，第 159 页。

② 伍雄武、普同金：《彝族哲学思想史》，民族出版社，1998，第 45 页。

③ 丁文江编《爨文丛刻·甲编》，上海商务印书馆，1936，第 7—8 页。

许多多文史知识（又是长生不老），永远焕发着童年神采。比方古时是咋样的面貌，今天还是那样的面貌。他们居住在大地之上，万世万代地传下来，主管着大地四方。他们生以天为根，长以地为法，祭奠好天地福禄。”[①]在这里，人类是由此前产生的清气和浊气二气凝聚而生成的。世界上最早生成的人不是一个，而是两个，他们分别是彝族的始祖希慕遮及祖妣，这就是一对最早的彝族人。

还不止于此，彝族始祖的诞生，不是一蹴而就的浑圆一体的生成物，就像女娲抟黄土造人那样一捏就是一个，一甩绳子就是一串，彝族始祖有一个身体逐渐生长成形的过程。彝族人认为肾是人的先天之本，所以“人生肾先生（肾为先天之本）。肾属水，黑色，壬与癸来抚养”。[②]然后依次生出肝、心、脾，与木、火、土等五行相对应。取法天地自然，生出头顶、两眼、气、血、毛、心脉、筋脉，顺应五行，顺应自然和四季。专家认为，《人生论》中有“人体气凝成，由五行决定，取法于天地”[③]的思想。这些思想中，有着“天人合一”的思想因素，与彝族理论家阿买妮所说的“人是天所生，生人天之恩”的思想有相同之处。

在宇宙之间的时间维度上，人是清气与浊气长期凝结的结果，而在现实的维度上，具体的人则是从肾逐渐生成发育而来，就像一个胚胎渐渐成长变大。这个思想，与彝族创世史诗《阿赫希尼摩》中记载的鱼从海里爬到陆地上变成猴子，猴子又从树上下到地上变化成人的思想，以及彝族古戏《撮泰吉》中表达出来的当地人在历史长河中是从猿人变化而来，在空间上是从云南东川迁徙而来，而在当下则从两性婚育而来的思想，有不谋而合之处。这

---

① 马学良主编，罗国义审订，贵州省毕节市民族和宗教事务会修订《增订〈爨文丛刻〉》（上册），四川民族出版社，2017，第23页。

② 马学良主编，罗国义审订《增订〈爨文丛刻〉》（上册），四川民族出版社，1986，第23—24页。

③ 伍雄武、普同金：《彝族哲学思想史》，民族出版社，1998，第159—162页。

些关于人类起源的思想，有总体的人类生成的思考，有具体的个人生成的思考，其中体现出来的是彝族古代朴素的唯物主义思想，具有其合理的内核。

（四）君民一体与以仁治国的思想

《爨文丛刻》各版本《训书》（即《把署》）中的《治国论》一章，通过汉代光武年间阿纪君长（文中实为勿阿鼐，即通常所译的勿阿纳，"甲编本"译作"阿列"）与两位大臣伊佩徒忠义和什益咪阿佐在宫殿中讨论如何治国的问题，反映了彝族古代政治思想中治国、处理君长与民众的关系问题，体现了高尚的政治理念与民众情怀。

《爨文丛刻·甲编》的《说文·治国论》中记述："阿昔中古世，汉光武时代，忽有一日间，世子俄阿基（即阿纪君长），公堂列席坐。伊佩徒忠义，什一命阿从（'增订本'译为'什益咪阿佐'），他等三君臣，治国商，定国议的宝。君阿列乃问，出言很谦和：'云其因讲论，治国如何治，安邦如何安？问尔圣明师。'伊佩徒忠义，言谦理正答，三呼万岁君：'昔时明阿叠，《治国安邦经》，他已略论咯。后世君和臣，伊等掌权衡，君民本一体。不是仁君主，民讼不能清；不是良民勇，君位守不牢。君恩春露似，民命草生然；君是民元首，民乃君百体，此乃不相离，一离身命休。'伊佩徒忠义，议论至此完。次座一贤佐，什一命阿从，口称谦谦语，三呼万岁权：'君王要治国，阿初天先知，遗有宝训文。仁美濮夷治，恩义万民安。贤者居高位，愚者化忠良。君权不相应，一德势相依；君民不相悦，一德便相悦；惟德天感应，列国尽皈依。阿初昔时代，君正、臣贤，师圣、民清等，诚心奉上帝，上帝将福降，方国献奇珍，命令不虚文。圣人有言云：智者当谨慎，切莫要失机。万民水中溺，贤士如火焚，战战无哀告，何不早施仁？民都引领望，如时雨降然，等得心深恸，如此似燃眉，治国如反掌，易然乘此机，先知明命清。'君阿列听后，称赞二贤臣：'箴言如金玉，君国兼民治，君命民来清。'伊佩徒忠义，位列左贤臣，什一命阿从，位列右贤臣。一代又一代，君都名阿札（阿哲），传六十四代，阿格王祚终。”[①]

在这一篇论述当中，历史时代跨度比较大。一是两位贤臣的论述都提到了先贤明阿叠（通常译为“密阿迭”），他是至圣的先知，他先年就有《治国安邦经》流传于世。这就像后人常常转述的支格阿鲁的经典《俄莫咪》一样，是深刻地影响着彝族政治思想的经典。这是很早时代的治国安邦思想的流传，说明两位贤臣言之有据，并非虚构，其中有来自“子曰”“易云”的思想。二是中间即当下的汉光武帝时代，这是他们讨论国家政治治理的时间。三是文后记述了从君长勿阿纳到君长阿格这一段历史时期，阿哲氏族方国统治了水西六十四代，这是在回忆和追述前人治国安邦措施得当，因为民众服从，所以才能传位这么多、时间这么长，这也说明汉代光武年间他们君臣三人继承前人的治国安邦理论和自己的实践是成功的，为后代君长的治国安邦树立了好的榜样。

这篇《治国论》的核心思想，主要有两点，一是君民一体，二是仁政统治。君民一体思想由伊佩徒忠义提出，而且提得很形象，他认为君长就像民众的头脑，是民之元首，民众就像君长的手足等身体器官，互相之间相依互存，谁也离不开谁。没有清明的君长做主，民众的诉求、诉讼无人能够解决，没有勇敢的民众守卫，君长的大位也保持不住，国家也保卫不了。民众如同生生不息的草，需要君长春露般的恩泽润育。民众是君长身体上的各种不可或缺的器官，君长离开民众就不能生存，就会失去生命。伊佩徒忠义的论述生动具体，形象可感，还有密阿迭先师的理论渊源，说服力很强。虽然他也提及了以仁为政，但是仁政的思想主要由什益咪阿佐来论述。什益咪阿佐虽然也借助先知留下的《宝训文》的名义发言，但是其“仁美濮夷治，恩义万民安。贤者居高位，愚者化忠良”的观点，是他向君长提出的仁政思想的核心，“君正、臣贤，师圣、民清”互为条件和结果。他还提出了施行仁政的最

① 丁文江编《爨文丛刻·甲编》，上海商务印书馆，1936，第12—17页。

好的时机，即民众溺于水、焚于火的最为困难的时期，这个时候正是民众哀告相求、急需相救、燃眉待解、引领盼望的关键时间，君长要及时抓住时机，在这个时候施行仁政，要突出一个“早”字，及时解决倒悬之苦。君长阿列对于他的两位贤臣所进的忠言，给予了高度的肯定。从君位传六十四代的情况看，这些治国安民的思想，是得到了充分的贯彻执行的。

伍雄武、普同金等专家认为，《治国论》的思想体现出“‘君民一体’和‘修德’是治国的原则的思想”[①]（“修德”是“增订本”的翻译词语）。这篇《治国论》的思想与儒家的治国安邦思想有相似之处，也有一些不同。孔子的“仁者，爱人”，孟子的“民为贵，社稷次之，君为轻”，以及体现君臣关系的“君视臣为手足，臣视君为腹心；君视臣为犬马，臣视君为国人；君视臣为草芥，臣视君为寇仇”等思想，与《治国论》的思想既有相似之处，也有不同之处。相似之处，就是重视民众，摆正君与民的关系，君民一体，君臣共治。而不同之处，如具体的君民关系，孟子分出了主次，并且强调君长如何看待大臣会影响到他们之间的君臣关系，而《治国论》中充分强调了君民一体、君臣共治。同时也要看到，《治国论》对治国安邦、君民关系等的论述，还只是一个“箴言”似的概要，没有充分地展开和细致地论说。伍雄武、普同金认为：“不仅《治国论》，而且前述《天生经》《地生经》《人生经》等篇，都明显地有着内地诸家思想影响的印迹，如五行的思想、五行和五方相配的思想，等等。而总的来说，不论前面各篇的‘天人合一’或《治国论》的‘君民一体’都是一种有机整体论的思想，而这种思维模式，是整个中国传统思想的一大特征。这说明在《训书》的时代彝族和汉族思想的相互影响和渗透已十分深入，中华各族的共同精神传统已经形成。《训书》在彝族思想史和中华各族思想史上都有着重要的地位。”[②]

① 伍雄武、普同金：《彝族哲学思想史》，民族出版社，1998，第163页。

② 伍雄武、普同金：《彝族哲学思想史》，民族出版社，1998，第165页。

（五）传统道德伦理思想

《训书》中有丰富的古代彝族传统道德伦理思想，集中体现在收入《爨文丛刻·甲编》版中的第五章《婚姻传》（“增订本”译为《婚姻歌》）、第六章《慎终追远》（“增订本”译为《治丧吊唁》）、第七章《父母劬劳》（“增订本”译为《悼念父母》）三篇之中。

1.传统婚礼中的道德伦理思想的体现

在《爨文丛刻·甲编》中，婚礼习俗中的道德伦理思想在《训书》第五章《婚姻传》中有所体现。虽然这只是彝族古代婚姻礼俗中极为个别的一首礼俗歌曲，但也能够反映出一些彝族传统礼俗中道德伦理思想，特别是彝族媒妁得到了主客双方的尊重与感谢的情况。

第五章《婚姻传》的内容，是彝族传统婚姻礼仪中一个程序里面的一首歌曲。“甲编版”的翻译稿如下：

阿初昔时候，白博耿先知，莲花树已结，婚规与嫁礼，传与贵客听。一朵一朵莲，日光一朵莲；二朵二朵莲，月光二朵莲，位虽分两地，合光照一处。今天日已往，明天月又来，日回见日线，日线紫绿红；月回见月线，月线不返光。不过日心爱，月情深如然。星辰来作证，日月方配合。一朵一朵莲，松开一朵莲；二朵二朵莲，杉开二朵莲；松杉二圣木，原生于二处，移来一处栽。此年松花弄，松花弄香香；他岁杉花放，杉花放浓浓；不过松心爱，杉情厚如然。梧桐不作证，松杉不配合。一朵一朵莲，青鸾一朵莲；二朵二朵莲，白鹤二朵莲。此二只鸾凤，身分投二地，和鸣一乔松。今日鸾回去，明天凤又来。鸾相鸾栖所，鸾栖仍故日；凤相凤栖所，凤栖一同然。不过鸾心爱，凤情深如然。青鸟不作证，鸾凤怎和鸣。一朵一朵莲，少男一朵莲；二朵二朵莲，处女二朵莲。此二位男女，生虽居二地，完婚是一家。此年行聘礼，他岁又成婚。男也思女意，女也恋男情，媒妁不作证，秦晋怎成婚。婚规与嫁式，一篇歌完成，亲友明师听！[①]

彝族关于婚姻的礼仪歌曲，是丰富多彩的。在婚姻结成之前，有男女之间对唱的情歌“曲谷”“洒岔”（学习汉族情歌而发展起来的彝族情歌）。订立婚约之后，到了去新娘家迎娶的时候，还有“初初吼”“府启戛”“玛伟努”“卢古卜”“陆外”“阿买恳”“阿硕”“许姑恳”等各种礼节上唱的婚礼仪式歌曲，前后有十多道礼仪程序，每一道礼仪程序都有礼仪歌，少一环节，就不能进入下一礼仪，歌曲不对，也不能顺利进行以后的程序。因此，彝族传统的婚礼礼仪歌曲，可能是最繁复的礼仪文化了。《爨文丛刻·甲编》中的《训书》（即《说文》）中收录的，只是千千万万首婚礼歌曲中的一篇。

这篇被命名为《婚姻传》的优美的诗歌，全篇分为6个部分，开头介绍婚嫁礼仪是白博耿先知讲述传承的，末尾点明婚嫁礼仪歌是唱给客人及客人家的耄史听的，从中可以看到，其核心要义，第一部分表达的是太阳与月亮的恋爱，其婚配则要星星作媒证；第二部分表达的是松树与杉树的恋爱，其婚配要梧桐（“增订本”译为“椆树”）作媒证；第三部分表达的是青鸾（“增订本”译作“青鸿”）与白鹤（“增订本”译作“银雁”）的恋爱，其婚配要由青鸟做媒证；第四部分“曲终奏雅”点明主题，少男和处女的恋爱，其婚配要有媒人来做媒证。有了媒证，他们的恋爱才能最终完成为婚姻。

清朝道光二十九年（1849年）付梓、林则徐作序的《大定府志·疆土志·四》中风俗部分，有对水西地区彝族古代传承下来的婚礼的记述：“婚礼，自媒妁通言后以鸡卦为定，卦者杀鸡取两髀骨，插小竹签于骨之细孔，数其签以卜吉凶，所谓鸡骨卜也。鸡卦吉则藏其骨以为征。迨将嫁时始议财礼，土目用金银及马为聘，黑种白种等而下之，亦任其家以纳聘也。女家则各称聘之轻重，以赍送，亦有以仆、马从嫁者。初嫁三日，不拜翁姑，然必

① 丁文江编《爨文丛刻·甲编》，上海商务印书馆，1936，第17—21页。

出陪客也。”这是一个十分简要的记述，具体到婚礼和各个程序，没有细致的记述，因此，在这一则记述中还不能发现《爨文丛刻・甲编》中的这一首婚礼歌是在女方出嫁时或男方迎娶时唱的歌。就当代还在传承的彝族传统民俗来看，这首婚礼歌，是男方接亲队伍到女方家接亲时，女方家的歌手即毫史唱的歌。由于这首歌有通用的性质，有时候，女子出嫁到男子家的进亲即第一天、正酒即第二天，在主客双方或来参加婚礼的客人也可以参加的“阿买恳”即婚礼歌舞时，也有歌手会唱这首歌曲，或作伴舞，或作助兴。

彝族传统的婚姻观念坚持的是民族内婚，跨民族不婚；等级内婚，跨等级不婚；姑舅表优先婚，姨表不婚；女子可以招婿，男子可以入赘；妇亡可以续弦，夫死可以转房；恋爱可以自由，婚姻不能自主。正是恋爱自由、婚姻不自主的特殊情形，或者说是社会传统形成的这种风俗，导致了男娶女嫁需要有媒有证才能完婚。所以在民国社会，这个还属于彝族传统社会普遍留存的时代，1936年出版的《爨文丛刻・甲编》所选择的关于彝族传统的婚礼歌曲中，就有一首谢媒歌。不过这类谢媒歌，只有在主人家的毫史与来迎亲的主宾家的毫史对接礼仪中或者女方出嫁到男方家时进行“阿买恳”的礼仪中才会偶尔出现，而在其他礼仪程序中，很少出现谢媒一类的歌曲。因此，在公开出版的《阿买恳》[①]里，就没有发现谢媒一类的婚礼歌曲。

虽然毫史传唱的婚礼歌中有谢媒歌一类的内容，并且为传统彝族社会广泛认可和接受，但是也要看到，彝族女性在出嫁时所哭唱的《哭嫁歌》中也有不少骂媒人的内容，这是因为并非所有的婚嫁都是女方满意的。有些女性的恋爱对象并没有成为结婚对象；有些女性被父母包办的婚姻所困没有获得自己满意的郎君，而是经媒人介绍嫁给自己并不喜欢的男人或者是嫁到自己并不喜欢的家庭。出嫁女性及其家人往往把各种不顺心、不满意或者被逼无奈的事情都一股脑推到媒人的身上，媒人成了出气筒，并形成了在“哭嫁”

① 王继超、文朝志主编《阿买恳》，贵州民族出版社，2002。

中“骂媒”的独特现象。同时，这些《哭嫁歌》当中也会出现抱怨父母与亲属不能体谅女子心情、满足女子需求的情况，父母及其亲属为了财物、地位、社会关系等其他非女子本人所需而将女子嫁给她并不喜欢的对象，这种种抱怨在日常生活中是不允许出现的，但是在女子出嫁时的“哭嫁”中则可以出现，因为此时木已成舟、米已成饭，结局无法改变，家人也就不以为意了。然而这样的《哭嫁歌》似乎是一种“负能量”，很少被文人学士所重视，在传统的文本中也很少能看见，故而我们所读到的《爨文丛刻》文本中，也就不会出现这一类的歌曲记载。实际上，有的哭嫁已经只是一种遗留的风俗，有的骂媒也只是哭嫁的一种遗留的内容，随着社会不断发展，这些哭嫁风俗和骂媒内容已经只剩下徒有形式的躯壳，没有实质性的意义了。

不管社会如何发展变迁，风俗习惯的变化都是比较慢的，文化转型甚至是最慢的，它承载的历史信息也是最多的。《婚姻传》记载了主客应答的对歌形式，保留了传统的彝族婚礼礼制。主家的歌师（即耄史）要与主客家的歌师（即耄史）互相对答，完成从古到今都还流行的礼规。同时，还要反复感谢第三方对婚姻缔结的重要作用，这体现了一种尊重父母之命、媒妁之言的婚配思想，也是当时传统社会普遍遵守的道德规范与伦理规约。

2. 丧祭礼仪中的伦理道德思想的体现

诞生礼、婚礼、丧礼，是人生的三大礼仪。这三个关键的时刻，也是人生最重要、最受重视的时刻。婚姻的意义不只是繁衍，它还有社会、经济、政治、文化等方面的考量，因此传统的婚姻虽然固守着民族内婚的古礼，但是由于政治需要、社会发展与经济因素等，跨民族的婚姻与婚配，自古以来也不鲜见。然而，作为人生最终的礼仪的丧礼，却是所有的人生礼仪中最顽强地保存一个民族传统文化内涵的礼仪。从一个民族的丧祭仪式中，往往可以发现最多的本民族的传统文化内涵，其表层的礼仪形式及较为深一层的道德、伦理观念，往往在各种程序、用物、习俗、交流、表达与表演中源源不断地展现出来。

《大定府志·疆土志·四》中，有《爨文丛刻·甲编》收入的有关彝族丧祭习俗方面相关的记载：

病不延医，惟用鬼师以牛若羊豕鸡禳之。鬼师又号净眼，殆即巫也。将死，着衣蹑草履，屈其膝，以麻绳缚之。乃杀羊取其皮，既死，则以覆尸，覆已，用竹席裹之。用木二，长皆丈余，横合之以短木，若梯状。别为竹编，以柴为经，竹纬织之，广二尺许，长若梯。铺之于梯侧，置其尸于上，男则面左，女则面右，不葬而焚。将焚，族党咸来，则为翁车，亦曰瓮车。瓮车者，高四丈，四隅各竖木为柱，覆之以草，若亭状，而可舁之以行。用布或帛，绘鸟兽花卉于上，悬之瓮车之柱，曰祭轴。祭轴广二丈余，长称之。瓮车之中置矮床，而置尸及梯于上。瓮车之次，又有一架，鬼师披虎皮坐其上，作法念咒，谓之作戛。杀一豕，令人负之，随死者之子哭泣绕瓮车三匝。群媳披袍立于其旁而哭泣，朝暮行之，即朝夕奠也。瓮车行，会者千人，披甲胄驰马若战状，马者前，步者后，瓮车居中，死者之子随瓮车。皆骑马。别有魂马，魂马者，备鞍鞯而空之，置之瓮车前，若古之魂车也。又令数人负死者平日之用器，随魂马之后，盖亦古陈衣服之遗意。丧行前，吹长筒喇叭为号。至焚所，又有跳脚之俗，将焚之前，姻党群至，咸执火以来，至则弃火而聚其余炬于一处，相与携手，吹芦笙吹唱达旦，谓之跳脚也。及焚之日，鬼师祝告，椎牛数十头为祭。凡焚必先择地，择地之法，以掷鸡子于其所而不破者为吉。得吉，筑土为台，高二尺许，覆大釜于其上，聚柴为九层楼，舁尸其上，横陈而侧置之，男面南而女面北，已乃举火，既焚，以麻布为帐覆之，守之三日，乃去，焚余及其灰不复掩葬也。子婿之送妇翁也，牵牛负酒，率步骑数十人，各执长竿，竿上悬白纸若旗，至于瓮四之侧，绕之二匝，及行，送至山，已，乃与其徒执枪向空击刺而去，名曰役鬼。此其旧俗也。[1]

---

① 贵州省毕节地区地方志编纂委员会点校《大定府志》，中华书局，2000，第308—309页。

《爨文丛刻·甲编》所选择的两篇文献《慎终追远》(“增订本”译为《治丧吊唁》)和《父母劬劳》(“增订本”译为《悼念父母》),正是彝族古代传统丧礼中的祭祀词。

“甲编本”第六章《慎终追远》全文译稿如下:

阿初昔世代,水绕桐盘(益额古帕——地名),卜巧独贤(彝文原文语序是“独贤卜巧”)死,卜巧独贤祀,祭礼如此具:奠仪日期到,东方来祭者,末街箐(茂耿箐)里扎;西方来祭者,濯足门口(濯朵俄各)扎;南方助祭者,石头崖(洛杓岩)上扎;北方助祭者,水湾竹林(益弓茂布)扎。引魂旛旋绕,红了半边天。主者乃如然,人死修斋大,报恩理本然,孝子超恩父,贤媳荐婆魂,云亡空忆谋。是以诚是以,诚是以仙登![1]

这篇祭祀词讲述的是在益额古帕这个地方有位名叫卜巧独贤的人去世后所进行的丧祭礼仪中的一个程序,即如何安排前来参加吊唁的亲戚。在祭奠日期到来的这一天,东方来祭祀逝者的客人被安排在末街箐,西方的来客被安排在濯朵俄各,南方来的被安排在洛杓岩,北方来的被安排在益弓茂布,先把四方的来客安顿下来。到了正式祭祀仪式开始,各家客人都要到灵前来,引魂旗旛到处招展,并开展各种祭祀礼仪。通过这些形式,为死去的父母进行追悼,报答父母的养育之恩。

从这篇祭祀词的整体情况来看,它是一篇象征性的祭祀词。其中东、南、西、北来的客人,分别安排在不同的地方,其所代表的含义是无论哪方来的亲戚,都要找一个地方来安顿,这个地方就是彝族称为“火塘”的专门处所。按照彝族传统习俗,丧礼上安顿吊唁客人是有规定的秩序的,处所最上方安顿的是逝者的舅舅家,民间称为“老外家”,这是最尊贵的位置,对“老外

① 丁文江编《爨文丛刻·甲编》,上海商务印书馆,1936,第21—22页。

家”一点都不能怠慢。然后，再根据亲戚的辈分大小从上到下逐一安排，长辈不能安排在晚辈的下方，反之，晚辈也不能安排在长辈的上方，以免混乱秩序、破坏规矩。所以，这篇祭祀文中东、西、南、北所指的方位，并不能代表吊唁来客真正的位置，它是一个象征性的指称。因此，如果把茂耿箐、濯朵俄各、洛杓岩、益弓茂布等这些地点直接翻译出它们的内涵，会发现它们所指的箐边、河边、岩边、竹林边等地点，既有可能是实际的地点，也有可能是一些处所的泛称。

办丧礼时，儿女媳婿都应该尽孝道，丧礼仪式也是体现他们如何来尽孝送终的最关键的仪式之一。社会大众会根据儿子、媳妇、女儿、女婿等如何办理父母的丧礼来评价他们有没有遵守社会伦理道德规范，是真正尽力，还是敷衍了事。这是子女们今后在社会上立足的一件重大事情，社会的评判将监督和约束他们尽最大努力来完成这件大事。

彝族十分重视丧祭礼仪，这也是彝族人一生中最后、最大的一次耗费，所谓“死人不吃饭，家产去一半”形容的就是平常的丧礼耗费，这还算是普通人家能够支撑的情况。一些比较贫困的人家往往会因为一场丧礼欠下许多债务，有些甚至终身都难以还清欠款。但是这在古代的彝族社会中，却是人们所赞同的事情。如果事主有一个大的家支，家支会合力出钱、出力帮忙办理丧事，这样可以减轻当事人的财力、物力和人力负担。

彝族谚语说：“人生有三靠，少小靠父母，老年靠子女，死时靠布摩。”前面两种依靠都比较好理解，所谓“死时靠布摩”指的是人去世之后，要请布摩举行祭祀仪式。布摩要帮助死者解除一生所遭遇、犯下的冤孽，进行洁净仪式并火化，指引亡灵回归到祖先的发祥地，与祖先团聚。如果不能回归祖地，死者的灵魂会变成孤魂野鬼，为患人间，长期遭到世人的驱逐、禳祛，不得安宁，不能重新转化为新的灵魂，得到子孙的祭祀和礼敬。因此，彝族人的父母去世，子女最大的礼敬就是要延请布摩为去世的父母举行祭祀典礼，把父母的亡灵指引回归祖先发祥地。彝族谚语说：“父母欠子女的，是为其娶妻婚配；子女欠父母的，是为其养老送终。”一个人如果不能正常地在家里去世，即使死于非命，作为彝族人也是希望能够被火化而归宗的。汉族古籍上有记载古代彝族人的这种心理说：“不忧其系累，忧其不焚也。”实际上，焚化是形式，其核心的内容是对一生进行总结、定案，对灵魂进行指引、升华，从人间的一员转变成为祖先的一员，在想象中重生、再生，在另外的世界完成对家族集团的回归，落实人间的归属感并正式成为被后人祭祀的家族祖先成员。祭祀去世的父母，是这种转换关键阶段的第一步，具有不可替代的价值和非凡的象征意义。正因为如此，对父母去世的追念，才会成为社会普遍关注的重大事件。在彝族传统习俗中，为悼念父母举行的各项仪式与活动，留下了许多活态的程序与祭祀词，《爨文丛刻·甲编》所收录的这一篇，是其中有代表性的一种。

“甲编本”第七章《父母劬劳》的译稿内容如下：

阿初昔世代，白云山间（代吐博卧——地名），世祖从世（实祖楚实）死，圆土山夹（楚维山下），寿妣卧老（勺宗卧蒙）殁。又有一日间，白云九曲山，世阿武孝子，爱父才设斋，爱母方修醮。木台（色吞）二子遣，访师经院去，阿祖白翁，神坛宫前问：“阿祖在在否？卧龙座座否？经文多多否？龙马肥肥否？阿祖白翁：称你是是否？”他如此问了。“阿祖不是我，卧龙不坐此，经文不赞此，龙马不拴此。”“木台二使者，你们来请我，世阿武之子，昔有一日间，人言传，我亦听着是，他是忠义子，纯孝同类人。人言真称赞，天城一孝名。”阿祖白翁：“称者就是我，卧龙在此座，经文在此赞，龙马在此拴。忽逢昨夜晚，我屋当门前，黄犬吠连连，黄犬因此吠，人死请师临；忽逢今早候，我屋后头面，鸡栖乱蓬蓬，非因鸡栖乱，人死请师临，鸡栖乱是因。人师我一位，经座别来坐，孤竹（竹卦）别来哭，经冤（维妥——法器）负于师，神冠库内拿，圣服仪箱掏。”高山荣作矩，树生白仁果，云野父许实，石阶金叶明，经堂上面坐，他已到此地。开宣那一夜，晚斋献先老，解冤死复生，鸣金天路显，锦文老衣衾，马牛焚三圣，明早献先灵。诵经并礼忏，早饭送前行。指路归仙界，辞世往天游。师乃师荣耀，主乃主吉祥。送死当大事，孝子追恩父，贤媳恸母灵，是以诚是以，诚是以仙登！①

从这篇被“增订版”翻译为《悼念父母》的文字来看，它已经脱离了原来的文化语境只剩下文字而没有了唱诵的音乐及其文化氛围。此段文字记叙了古代实氏（“甲编本”译为“世祖”，为古代彝族实氏族的简称）祖先中的一人、勺氏（“甲编本”译为“寿妣”，为古代彝族勺氏族简称）祖先中的一人去世，实氏之孝子实阿武派遣色吞（“甲编本”译为“木台”，实系彝族古代的一个氏族名称）二子延请著名布摩前来举行祭祀典礼的情况，以及布摩到来后举行典礼的情况。

迎请布摩，是彝族举行祭祀活动的一个重要的前置程序。能不能请到著名的布摩，是事主政治身份、社会地位、经济实力和人缘关系的一个重要体现。因此，请哪一位著名布摩，派遣谁作为使者，能否顺利请到，这些都是充满变数的。在《支嘎阿鲁传》中，专门有一个部分是描述支嘎阿鲁完成英雄业绩之后，虔诚地去迎请著名布摩为去世的父母举行祭祀典礼，其中去延请布摩的过程，描写得十分详细。而在彝族地区广泛流传的洪水泛滥神话中，实勺氏为了举行祭祀典礼，派遣不同的使者，反复三次，最后才请到著名的布摩来主持祭祀典礼的内容占据了相当多的篇幅。这一内容也是洪水泛滥神话中极其精彩的部分。其中，流传下来的解释雉鸡为什么花脸、蜘蛛为什么细腰等的起源神话，至今仍然为彝族人所熟知。在延请布摩、迎接布摩等这些祭祀的前置程序中，还有专门的经典《迎请布摩经》。由此，即可解释为什么这一篇以“父母劬劳”或“悼念父母”为题目的祭祀词中，牵涉到父母的内容较少，而描述去寻访和延请布摩的过程的内容较多，强调了迎请布摩是

① 丁文江编《爨文丛刻·甲编》，上海商务印书馆，1936，第22—27页。

一个曲折而坎坷的过程，突出了事主为请到著名的布摩而不怕艰难曲折的精神，从而表现出事主是虔诚地把父母的祭祀典礼当作头等大事来抓。

彝族传统的丧礼祭祀，有小祭、中祭和大祭。小祭就是一般的丧礼祭祀，彝语称为“塔雨斗塔仇煮”，一般是三天。中型祭祀一般要举行七天，中祭的礼仪中有“赠”的程序。大型祭祀，要举办四十九天，所有祭祀的程序和礼仪都要做到，所有的亲戚都要请到。大型祭祀有的地方叫作“尼目”，祭祀历代没有联合祭祀过的祖先，然后就可以举行家族的“分支”仪式，分支后的两家就可以成为亲戚，也可以开亲联姻了。

从《父母劬劳》这篇祭祀词所保留的内容来看，这是一篇小型祭祀仪式的祭祀词：“开宣那一夜，晚斋献先老，解冤死复生，鸣金天路显，锦文老衣衾，马牛焚三圣，明早献先灵。诵经并礼忏，早饭送前行。指路归仙界，辞世往天游。师乃师荣耀，主乃主吉祥。”举行“晚斋”献祭，就是彝语所称的“塔仇煮”“献祭一顿晚餐”，即举行正祭的当天夜晚布摩念诵《晚祭经》，子女和亲戚为亡灵献供的晚饭。各个亲戚家牵来祭祀亡者的牛、羊、猪等牺牲，都要在这个礼仪程序中逐一点名是哪一家亲戚或媳婿所献祭、供奉，通常是要在点名供奉之后全部打死，意思是让亡人领走这些全部属于他的牺牲。为此，彝族经籍中经常有“打牛遍坡红，打羊遍山白，打猪遍坝黑，打鸡遍地花”的记载，这反映的就是祭祀礼仪中用牲很多的情况。“解冤”是晚饭献祭以后必须举行的程序，是一道每个亡人都要经历的仪式，它的目的是解除亡者生前有意、无意犯过的禁忌、错误，例如杀生等，这些都会给亡者带来污秽、不洁，与仇怨对象结下冤愆，而受过污染的灵魂是不能回归祖先的发祥地的，也不能享受后裔的祭祀，因此要请布摩举行仪式，念诵专门的经籍《解冤经》进行“解冤”，祓除不洁，解开冤债，让亡者洁净且毫无负担地回归祖地，这就是彝语“塔雨斗”的内涵。词文中的“早饭”，彝语称为“抽煮”，实际上就是给亡灵献早祭，给亡灵供奉早饭同样与前夜的晚祭一样，需要布摩念诵《早祭经》。这个程序完成之后，就可以为亡灵举行“指路”仪式，此时布摩要给亡者用一只绵羊作为祭牲，念诵《指路经》，指引亡灵回归祖地。举行完指路仪式，这一场称为“塔雨斗塔仇煮”的日常祭祀仪式基本完成。事主将亡者的遗体送到火葬场进行火化（后来改变为土葬），在火葬地砍一根竹子来制作亡灵的灵牌并作为供奉，整个丧礼就全部结束了。

丧礼祭祀是彝族古代人生礼仪中最重要的仪式。亡人的政治身份、社会地位、经济实力与文化地位等，都会通过为其举行的丧礼祭祀的隆重程度、时间长短、人员多少、耗费多寡、主持布摩是否著名等体现出来，同时这也是对亡人子女的一次最终考验，其所有的社会关系、人力物力、财产与经济耗费情况等也都会通过举行丧礼得以体现。因此，彝族古代社会对丧礼的重视超过了其他所有礼节。就是在当代社会，凉山彝族自治州等彝族聚居地，为了举办隆重的丧礼而不惜耗尽积累的情况也还时时可以看见，甚至出现了有的女婿去参加岳父、岳母的葬礼因所送牛牲、财物较少而不敢面对亲戚的尴尬场面。《爨文丛刻·甲编》收入进来的《慎终追远》和《父母劬劳》两篇相关的丧祭词，只是这些传统风俗习惯当中一个文字的侧面的反映，它体现出来的是彝族自古以来重视死亡的礼仪超过重视生的礼仪的一种传统道德伦理思想，也传递了一种思想观念，即报答父母主要体现在为其举行盛大丧祭礼以彰显其哀情。

（六）长者为大遵守秩序的公德意识

社会的稳定和谐，需要法治、公德、秩序与良俗，法治包括传统习惯法与现代法律，缺少法治、道德和秩序，社会就要动乱、扭曲、偏离正轨，无法维持正常运转，所谓“乱世”就出现了。彝族传统社会也是靠彝族习惯法、约定俗成的公德、良俗和一定的秩序来维持正常运转的。《爨文丛刻·甲编》收录的《论圣台》(“增订本”翻译为《杉台记》）中记载，耿纪君长狩猎发现奇树之后，十分高兴，于是请工匠砍来制成三张圣台，供给天上的天君、地上的地君和人间的人君使用，让他们能够好好地研究文史、发号施令、办事为民。这体现了彝族古代长者为大为尊的伦理思想，也告诫民众要有遵守社会秩序的公德意识，还透露了彝族古代工匠与工艺的一些信息。

“甲编本”第八章《论圣台》全文翻译稿如下：

上古昔时代，上帝（耿纪）十全主，一家先赐福，如日长永远。他先蒙大恩，议会（猎官——下同）日以往，犬吠不闻声，人唱不见形，议会日以来，犬吠如钟鸣，人唱似猿声。此地他先住，珍禽奇兽居。一个奇先兆，一个并非奇，青青一怪树，生于东山阳，头顶齐天界，根扎地已深。圣树看得清，望后心中喜，返家请匠人。南方去请匠，阿能大工师，北方去请匠，阿德大工师，中央去请匠，命来工子机，三工人同造。手斧亮如银，金树本末钜，不造物要造，造三座圣台。首造第一座，造成君圣座，天城上面设，天后、天君，元元君臣坐，他要谈天经，论天文会殿。次造第二座，九泉师圣座，阴（地，下同）间下以护，阴君、阴相，元元正以座，他要阴传经，谈阴（地）道（理）会殿。末造第三座，人生世情座，京都邑内设，圣君、圣相，元元正同坐，他要传仁义，施恩等会台。设天堂，设地府，设皇宫，三界圣座设，天国士，地府君，人类超群坐，天玄地黄景，人类紫荣荣，真神设世界，万世世相倚。[①]

社会秩序的建立，一个重要的方面体现在社会分工上。从这篇《论圣台》中可以发现，彝族古代的社会分工在渔猎时期已经有出现。在这篇文章当中，君长耿纪之下设有专门的猎官负责狩猎，既然有猎官，当然就有专门从事狩猎的猎人。有专门的工匠，无论是在南方、北方，还是中央彝地，都有总称为“构葛”、通称为“构阿娄”（阿能）和“葛阿德”的工匠，这是一个专门的职业阶层，是彝族古代社会中的一个社会阶层，其从事的专业技术工作自

① 丁文江编《爨文丛刻·甲编》，上海商务印书馆，1936，第28—31页。

古就有并传承了下来。另外，天上有天君、天臣，地上有地君、地臣，人间有君长、大臣，他们的社会分工就是讨论事务、商议决策、领导人民。

秩序的建立，产生于人们在社会实践中汲取的经验教训和不断探索实践的结果。有秩序时可能无法体会到它的存在以及带来的好处，而没有秩序显然会产生各种问题，因此，建立秩序往往有一个曲折的过程。有时也是因为社会没有尊卑、长幼、先后等的秩序，出现了许多问题不能解决，人们在汲取这样的教训之后，建立起了秩序与礼仪，使一切顺畅起来。这在《爨文丛刻·甲编》中收录的《献酒经》(“增订本”翻译为《献酒经》)中，也体现出来了。“增订本”《献酒经·给神献酒》中有这样的内容：

从前不曾献酒。……赤叩君、皮聂君不能施政；必于臣、必迭臣不能行令；实楚师、乍穆师不能祭祖；工匠阿娄、阿迭，有口说不清，有心不灵便。姑娘们不会织布，小伙子们不会打铜。……传到这一世，开始来做酒。有哎哺的男子、女子，从宇宙的后边，转到宇宙的前边，采摘酒曲香花，作成药曲以酿美酒。用银缸酿酒，用金盅接酒，安放于宇宙之中。策耿纪喝了，获得长寿；亥堵府喝了，获得高龄。献酒的礼仪多么兴盛，献酒的效用可真灵验啊。如今有了完备的献酒礼仪。献了酒之后，……赤叩君皮聂君来施政了；必于臣必迭臣来行令了；实楚师、乍穆师来祭祖了。工匠阿娄和阿迭，能说会道、手巧心灵。姑娘们会织布，小伙子们会打铜。这一切好处，就是给诸神献酒的灵验。①

同类型的情况，在彝族古籍《献茶经》等之中也有记述。人类没有发现茶的时候，一切都很不好，君不施政，臣不断事，布摩不祭祀，工匠不做工，男女不劳作。人类发现了茶，培养出好茶树，制作出好茶叶，先敬献给君长，

① 马学良主编，罗国义审订《增订〈爨文丛刻〉》(上册)，四川民族出版社，1986，第227页。

君长喝了之后能够施政了；敬献给大臣，大臣喝了之后能够断事；敬献给布摩，布摩喝了之后能举行祭祀；敬献给工匠，工匠喝了之后能制作工艺品；敬献给男男女女，他们喝了之后开始劳作。类似的情况，在许多彝族经籍中都有记载。

从这些记述中可以发现，无论是《爨文丛刻·甲编》中的《论圣台》，还是《献酒经》，还是其他彝文古籍的记述，都反映出了尊敬尊长、建立和维护公序良俗是古代彝族重要的社会伦理道德观念。苏克明等专家研究凉山彝族社会道德思想后指出："敬重长老，既是凉山彝族的传统美德，又是一种民族文化心理和普遍认同的道德信念，还是人人践履的道德行为。"[①] 这与贵州彝族地区的道德观念是相同的。这些伦理道德思想的产生时期很早，也许在彝族还处于游牧、渔猎社会的时期就已经逐步建立起来了。这些伦理道德思想的建立，也许并不是一朝一夕，它经历了一个比较长的历史时期，其中不乏是在经历了很多次深刻教训之后才一步一步建立和完善起来的。因此，《献酒经》《献茶经》等经籍之中，都还记载有人类在不知道酿酒、制茶，不知道向尊长者敬酒、敬茶，一切都处于昏暗、混乱、无序、无法发展的状态，而只有在经历过不断的实践、选择、建立起公序与良俗，懂得尊敬尊长的时候，社会才有序、和谐。这些反复出现在多部经籍中的内容，也在多种场合使用，因此对不断强化受众对伦理道德的遵守，对公序与良俗的不断巩固，是有益的、长期的、反复进行的，其效果也是良好的。

被译为《说文》《训书》等名称的彝文典籍《把署》，包含了天生、地产、人类诞生、治国安邦、婚姻礼俗、治丧吊唁、悼念父母、圆桌议事、治理天地人世等方面的内容。从内容所涵盖的宽广、深刻等方面来看，这是一部浓缩了的彝族古代哲学与伦理道德经典。关于天地如何产生，彝族认为是由清气与浊气的发展变化而产生的，人类也是由清气与浊气的发展变化而来的。

---

① 苏克明等：《凉山彝族道德研究》，四川大学出版社，1997，第574页。

同样地，在万物产生的过程中，许多事物都是以“对”的数量与关系同时产生、同时发展演变，并因此而产生新事物、发展新关系，这也体现出了对位、并立、同时与互应的思想。这是比较典型的自然演化成天地万物的朴素唯物主义哲学思想，也有对立统一的朴素的辩证法思想，它虽然不是彝族古代哲学思想的全部，但其中包含的科学合理的因素是明显的。在部落方国产生之后，如何治理国家，不但是统治者要考虑的重大问题，也是国民十分关心的重大事情，因此，治国安邦的内容成为《把署》必须关注的部分。《治国论》体现出来的君臣一体、君民一体、施行仁政的思想，与儒家坚持的仁政与爱民思想、民贵君轻等思想，大部分相同，但也不完全相同，个中体现出彝族古代思想与古代儒家思想之间相互有交流和互鉴，彼此各自取长补短，各取所需。为了突出人生三大要事婚配、生育与丧祭的重要性，《把署》选择了《婚姻传》《治丧吊唁》《悼念父母》并收录进了《爨文丛刻·甲编》，这些文辞虽然只是浩如烟海的彝族婚礼歌、丧祭歌的一篇两篇，但作为代表，也从一个侧面反映出彝族古代重视婚姻、重视丧祭的社会人伦的情况。代表人生三大事件中的婚与丧两个大事，作为《爨文丛刻·甲编》中讨论人生问题不可或缺的内容，保证了此部经籍的完整性。《论圣台》作为一部描述古代社会政治生活的图景，记述了古代狩猎时如何组织围猎的壮观场面，君长在发现巨大的树木之后，延请各地工匠把它砍伐回来制成巨大的议事圆桌，供给天君、地君和人君组织群臣议事，这也体现了建立社会秩序与培育道德伦理等的情况。

总之，《训书》即《把署》中的彝族古籍，其内容涵盖了彝族古代的宇宙观、人生观、价值观，比较全面地介绍了彝族古代哲学思想、伦理道德思想、社会秩序、民族风俗习惯等各个方面的情况，浓缩了彝族传统思想文化，是一部具体而微的彝族古代哲学著作，具有丰富的内涵，有十分重要的知识价值和研究价值。

第二节 两种文献所记奢香彝名考辨

电视连续剧《奢香夫人》在中央电视台播出之后，奢香夫人的名字在中华大地上广泛传扬开来。关于奢香夫人和水西的历史文化也引起了学术界的再一次关注。但是，奢香夫人的彝语名字是什么？许多人不得而知，只是看到电视连续剧上的“阿期买待舍兹”六个彝文和贵州省大方县奢香博物馆前树立的奢香夫人铜像上的六个彝文相同，有的信以为真，有的不甚了了，也不知道对还是不对。在此前一些研究奢香夫人的文章（包括笔者的《论奢香精神》等文章）中，都把奢香的彝名说成是“舍兹”①。这是一个沿袭的惯例，但有一些情况需要辨明，有一些内容需要纠偏。

奢香生于明初，其后家是四川永宁土司奢氏，她的丈夫是明朝贵州宣慰使、阿哲部君长霭翠。霭翠老，子阿的年纪尚小，不能袭职，奢香代夫摄政，处理了若干关系到水西命运的大事，维护了国家统一和民族团结，开发了西南边疆，推进了水西地区经济、文化的发展。由于功绩巨大、贡献至伟，奢香去世后，明洪武皇帝朱元璋遣使吊祭并谥封她为“顺德夫人”。她的爱国主义精神，被明清以来的历代政府所肯定。1996 年，奢香墓修葺和奢香博物馆落成，塑造了一尊奢香夫人铜像。2006 年，奢香博物馆被命名为全国民族团结教育基地。

（一）奢香彝名出现了“舍兹”与“舍红”的分歧

对奢香夫人的彝名最直观的认识：一是 1996 年塑造奢香夫人铜像时，刻

① 王明贵：《论奢香精神》，《彝族文化》1996 年第 2 期；罗焰：《彝族女杰奢香夫人》，《中国民族》2011 年第 8 期；等等。

在铜像的基座上的彝文“a^{21}tɕhi^{55}me^{55}te^{13}sə^{33}tsɿ^{55}”（译为“阿期买待舍兹”），意思是“阿期的夫人舍兹”；二是与同名电视连续剧剧名排列在一起的彝文，同样也是“阿期买待舍兹”。“阿期”就是陇赞阿期，即霭翠。根据彝族父子连名谱系，陇赞是父名，阿期是本名。阿期之名，被讹译为汉语的近音字“霭翠”。“买待”是彝语，即正妻之义。元代李京的《云南志略》在叙述彝族婚姻状况时写道：“其正妻曰‘耐德’。”“耐德”也即“买待”，都是正妻之义，而舍兹正是她的夫人之名。但这并不是最早见之于汉文史志和彝文史籍中奢香夫人的名字。

奢香之名，见于汉文史籍最早者，是《明实录・太祖高皇帝实录》，洪武二十年（1387 年）“贵州宣慰使霭翠妻奢香等进马二十三匹。”由此可知，在明朝初期，“奢香”的汉名已经见于史籍。《明史・贵州土司》记载：“时霭翠亦死，妻奢香代袭。”明史为清朝所修，清代人也在沿用“奢香”的汉语之名。

而见于彝文史籍者，有《西南彝志》《爨文丛刻・帝王世纪・君代母系》《爨文丛刻・帝王世纪・土地民奴和则溪的管理》。《爨文丛刻》是 20 世纪 30 年代由著名地质学家丁文江先生搜集、罗文笔先生翻译的一部影响很大的彝文古籍辑录。《帝王世纪・君代母系》被丁文江收入《爨文丛刻・甲编》，并于 1936 年由上海商务印书馆出版。欧阳哲生亦将《爨文丛刻》搜集在《丁文江文集》（第五卷）中。《君代母系》中所记录的水西历代君长的母系谱系，是从道慕尼（希米遮之后十四代）一直到奋老陇古（安坤之曾祖）各代君长的母系谱系。所以，这部彝文古籍编纂的时间可能很早，但纂成的最后年代应该是清朝初年。《爨文丛刻・帝王世纪・君代母系》中记载：“老乃老在母，卜巧苏中乃；老在阿妻母，卜乃沙兄乃；阿妻老乃母，卜得沙珠乃；老乃卜质乃，阿大沙衣母；卜宜沙鸡乃，那考本尊母；本衡苏古乃，本尊老知母；非洛沙治乃，老知老铺母；洛宗沙帝乃，老铺部处母。”① 这段记述中的“卜

① 欧阳哲生主编《丁文江文集》（第五卷），湖南教育出版社，2008，第 74—75 页。

乃沙兄”“卜得沙珠”，在后来的马学良先生主编《增订〈爨文丛刻〉》(《帝王世纪》改名为《古史通鉴》，也收入了《君代母系》）时，被译成了“濮勒舍红”(phu^{21}lɣ^{21}sə^{33}ʔhʊ^{21})，“濮迭舍珠”(phu^{21}ɖie^{21}sə^{33}nʥu^{55})，① 并且直接在译文作了注明：“濮勒舍红（即汉文史书所记载的奢香)，是霭翠陇弟的母亲。濮迭舍珠（汉文史书称奢助)，是陇弟濮直的母亲。” ②《爨文丛刻·帝王世纪·土地民奴和则溪的管理》中又有记载：“阿婆沙雄美，书中、飞野；贤君纳考义，镇守水妖城；阿母沙宗义，镇守杉松城；阿可部主义，镇守龙山城；阿母沙知义，镇守水曲城。” ③《增订〈爨文丛刻〉·古史通鉴·土地民奴和则溪的管理》对这一段进行了订正和新的翻译：“舍红阿婆贤，署仲、于底；君长纳考贤，管以着则溪；阿蒙舍宗（珠）贤，管杓史大城；阿阔不局贤，管陇垮则溪；阿蒙舍知贤，管液过则溪。” ④ 在意译中翻译为：“舍红祖母很能干，她坐镇署仲、于底。纳考君长很能干，他管过液坐则溪。贤能的阿蒙舍宗，镇守杓史大城。贤能的阿阔不局，管过陇垮则溪。贤能的阿蒙舍知，管理过液过则溪。” ⑤ 针对这则史料，《增订〈爨文丛刻〉》还专门加了注释：“舍红，彝名濮勒舍红，即汉文史书上所记载的奢香，明初人，袭其夫霭翠为贵州宣慰使，谥封明顺德夫人。” ⑥

《西南彝志》的记载却与此大不相同。在《西南彝志·第八卷》中，专门有《舍兹赴北京》一章，翻译者将“舍兹”翻译为“奢香”，讲述了奢香如何到北京去找明皇帝的事情。明朝开基时，朱元璋定都南京而不是北京，因此如果奢香赴京城去诉讼也只能去南京而不是北京。单就奢香的彝名而言，就

① 马学良主编，罗国义审订《增订〈爨文丛刻〉》(上册)，四川民族出版社，1986，第 103 页。

② 马学良主编，罗国义审订《增订〈爨文丛刻〉》(上册)，四川民族出版社，1986，第 108 页。

③ 欧阳哲生主编《丁文江文集》(第五卷)，湖南教育出版社，2008，第 77 页。

④ 马学良主编，罗国义审订《增订〈爨文丛刻〉》(上册)，四川民族出版社，1986，第 117 页。

⑤ 马学良主编，罗国义审订《增订〈爨文丛刻〉》(上册)，四川民族出版社，1986，第 137 页。

⑥ 马学良主编，罗国义审订《增订〈爨文丛刻〉》(上册)，四川民族出版社，1986，第 139 页。

出现了《君代母系》中的“舍红”与《西南彝志》中的“舍兹”的分歧。

《西南彝志》彝语原名为《哎哺啥呃》，它被后人称为“百科全书似的彝文史籍”，因而它的影响要比《君代母系》这部彝文古籍大得多。从《西南彝志》的内容来看，这是一部经过多人之手连续若干年代才编纂而成的一部彝文史籍，其最后撰成的年代，应该是清朝初年。据说总纂成此书者是水西热卧土目家的慕史益果那埃拔。[1] 清朝定都北京，因此最后总纂成此书者作为清代人也许想当然地认为“舍兹”进京告状的事情自然是在北京。如果不是这样，只能理解为“舍兹”是比奢香更晚的人。可见，写作者的历史地理知识是相当局限的。后人以讹传讹，也许就认为奢香就是“舍兹”。如此一来，奢香彝名“舍兹”的记载就被广泛接受，传播开去，流布很广。

（二）“舍红”与“舍珠”“舍兹”之间的辈分问题

从《君代母系》的叙述中，可以分辨出“舍红”与“舍兹”的辈分关系。“舍红”被称为“阿打舍红”，“舍兹”被称为“阿蒙舍兹”，同时被称为“阿蒙”的还有“舍珠”。在彝语中，“阿打”是“祖母”的意思，“阿蒙”是“伯娘”的意思，按照辈分关系，祖母显然比伯娘长一辈。如果“舍珠”是“奢助”，那与“舍兹”是一辈的，都是“阿蒙”一辈，两人都比“阿打舍红”晚一辈；从称谓上看，都是“阿打舍红”的儿媳一辈。据《贵州通志》记载，洪武二十五年（1392 年），奢香的儿子安的从太学学成归来，朱元璋厚赏安的并赐给三品服，“（奢）香感上厚待意，十月，遣子妇奢助及把事头目允则、陇住入贡，进马六十六匹”。这里明确记载奢助是奢香的“子妇”，符合奢助是奢香的儿媳妇的情况。那么以此为依据倒推回去，“舍珠”即奢助的婆婆正是“舍红”，就是说，奢助的婆婆是奢香，这样，她们之间的婆媳关系才得以成立。

---

① 沙玛·加甲主编《彝族人物录》，内蒙古教育出版社，1997，第 298 页。

（三）“舍兹”是谁?

既然奢助是奢香的儿媳妇，“舍珠”即奢助与“舍兹”又是同一辈分的人，那么“舍兹”又是谁呢?

从“舍兹”管理过“液过”则溪的记述来分析，她也是一个不平凡的女子。与奢香同时而齐名的女子，除了她的儿媳妇奢助和她的侍女朵妮，另外一个，就是同样代子摄职的水东土司刘淑贞（也作刘淑珠）。据《明史·贵州土司》记载:“（洪武）十四年，宋钦死，妻刘淑贞随其子诚入朝。”宋钦是贵州宣慰使司宣慰使霭翠的“同宣慰”，也就是后来常说的“宣慰同知”，他死后，其子宋诚年少，因此其妻刘淑贞才与儿子宋诚一起入朝。刘淑贞是水东土司的实际掌权人，有管理过“液过”则溪的经历。“液过”在彝语中是“河湾”“河岸上的地方”等意思，与水东土司管理地在鸭池河（六广河）畔相符合。按理说，奢香与刘淑贞既然是同朝之臣，又同在贵州宣慰使司为官，应该是平辈关系，为什么一个成了“阿打”（祖母），一个成了“阿蒙”（伯娘）?这与彝族古代等级制度森严的历史相关，同时也是撰写史籍者以我为大的观念使然。因为“舍兹”只是“同宣慰”之妻而且没有正式代袭的册命，她只是“垂帘听政”似的代管，显然比“舍红”矮了一级。同时，这位“舍兹”不是彝族人，因此彝族著史者把她放到了比“阿打舍红”矮一辈的辈分中，让她与“舍珠”成了同辈，这点也可从《君代母系》中没有出现“舍兹”是“舍红”孙辈的母亲的记述得到印证。因为“舍兹”是外族人，自然不会成为讲究血统纯正的水西彝族君长的母亲，也不会进入君长母系的谱系。在《君代母系》中，“舍红”以后的第六辈出现了一个“扉洛舍兹”，她是“陇知陇铺母”，[①] 与“阿打舍红”与“阿蒙舍兹”的辈分差得远，显然不会是刘淑贞这个“舍兹”。

---

① 马学良主编，罗国义审订《增订〈爨文丛刻〉》（上册），四川民族出版社，1986，第104页。

（四）“舍红”如何成“奢香”？

彝语人名，在翻译为汉语时，通常都用同音直译的方法，古今皆然。但是，由于第一个翻译者所用汉语方言的不同，个人口音、喜好、认真程度的不一样，以及后来传承者不同的翻译方法等诸多原因，会造成同一彝名翻译成不同汉字的情况。例如，彝族六祖之父“笃慕”，又有“笃米”等译名，在汉文古籍中又记成“杜宇”等。为诸葛亮献粮通道有功，而被蜀汉政权封为罗甸国王的妥阿哲，被汉文古籍翻译、记载为“火阿济”“火济”“济火”等。但是无论如何，他们之间还是有一点关联。“妥阿哲”与“火阿济”，“妥”与“火”是同韵，“哲”与“济”近音。“笃慕”与“杜宇”，“笃”与“杜”同音，“慕”与“宇”同韵。不过，这些译名都有一个共同点，即这些翻译都符合彝语没有鼻韵的特点。

那么“舍兹”是如何才会被翻译成“奢香”的呢？从彝语没有鼻韵的特点来看，基本没有可能。“兹”与“香”在声母上不相同也不相近，在韵母上也不相同不相近。同时，“兹”没有鼻韵，而“香”却有明显的鼻韵，而且是后鼻韵。“舍红”有没有可能会翻译成“奢香”呢？有。因为“舍红”的“红”，彝语语音为“ʔhʊ^{21}”。在汉语的粤方言中，“香”被念为“hong”，例如，“香港”被读为“hongkong”。彝语的“ʔhʊ^{21}”与汉语的“hong”读音非常接近，于是“舍红”就被翻译为汉语的“奢香”了。也许当年“舍红”进京诉讼时，向朱元璋皇帝奏事的官员正好是一个操粤语的朝臣，他把“舍红”读成“奢香”了。

（五）结语

综上所述，奢香在汉文史籍中只有“奢香”这个名字，没有其他的名字。而在彝文史籍中却出现了两种记载，同时出现了两种翻译：一是《西南彝志》中记载的“舍兹”，被翻译成了“奢香”；一是《君代母系》中记载的

“舍红”，也被译成“奢香”。通过上面各种史籍记载中的情况的对比和分析，笔者认为，虽然奢香的彝名有“舍兹”与“舍红”两种记载，而且大多数人（包括笔者）也都曾经认为奢香的彝名是“舍兹”，但是奢香真正的彝名应该是“舍红”。《西南彝志》中的记载及翻译是错误的，《君代母系》中的记载及翻译是正确的。

附录一：德施氏君代母系谱表

德施氏君代母系谱表

母系上一代	母系（女儿）名	生子（君长）名	备注
密考姆	考姆舍楚	道慕尼	《笃慕源流》记载此前还有十三代。
考姆宗	宗雅洪课	慕尼赤	
宗阿武	阿武赫车	赤雅索	
谷武宗	谷武宗之女	索雅德	
	德索赫佩	德喜所	
沽考母	沽考母之女	喜所朵	
哲考姆	哲考姆之女	朵必额	
妥列通	妥列通之女	必额堵	
通武恒	通武恒之女	堵洗显	
	阿格能昌	洗显陀	
	阿保能冬	陀阿大	
	额以合各	大阿武	
	笃笃娄乌额	阿武补	
	耐额娄通福	补珠娄	
	迫娄舍节	娄珠武	

续表

母系上一代	母系（女儿）名	生子（君长）名	备注
	阿毕吐堵	武洛撮	
	娄额舍主	撮珠笃	
	卧启能冬	笃慕	
沽君尼	尼以咪哺	慕齐齐	
尼洪老	洪老阿更	齐雅洪	
洪老显	显额能冬	洪雅德	
显忍德	忍德尼慕	德武沙	“武”与下一代的“乌”彝文同字。
	迫勒舍知	乌（武）穆纠	“乌”与上一代的“武”彝文同字。
	忍额咪能	纠雅脑	
忍额佐	额佐能冬	脑雅洛	
	恩雅叶赫	洛雅杓	
	细额能仰	杓雅默	
	显额咪录	默阿德	
鲁歹妥	妥雅尼查	德阿施	
	阿慕勒赫	施默武	
	格以咪录	默武孟迭	
格直额	直额鲁吐	孟迭杂	
格必索	必索濮亨	朵阿于	
	卧不慕则	于俄索	
	哲扎咪作	俄索必额	
木默遮	默遮舍物	必额勿	
	索波阿呢	勿阿纳	
默遮却	却以尼已	纳阿宗	
却默默	梅梅鲁吐	宗阿补	

续表

母系上一代	母系（女儿）名	生子（君长）名	备注
	俄以尼勒	补雅勺	
	俄以尼梯	勺雅妥	一姓嫁去二人。
鲁歹壳	壳以咪蚩	妥阿哲	
	古俄咪纳	阿哲必额	
	赫以能珠	必额莫	
	鲁雅能冬	莫翁说	
	阿取尼明	勺阿迭	
	咪勒鲁吐	迭雅物	
	额匹舍赛	物额尼	
	妥德格汝	额尼阿赤	
	安禄舍赛	阿赤阿笃	
	阿迫额赤	笃阿迭	
	鲁歹咪怯	迭雅纪	
	达以合珠	纪雅德	
	腊史咪底	德雅堵	
	借莫乃诺	堵阿达	
	腊所勒恩	阿达朵	
	达额合铺	朵阿塔	
	纳更路节	塔阿基	
	耿俄舍赛	基阿辅	
	呗末能无	阿辅纳知	
	鲁昆合吐	纳知笃贤	
	阿匹卧吐	笃贤阿更	
	阿施赫汝	阿更阿外	

续表

母系上一代	母系（女儿）名	生子（君长）名	备注
	阿施糯颇	阿外阿施	
	迭德能灿	阿施洛纳	
	节厄铺宏	洛纳阿阔	
恩娄雅卧家	阿甫不息	阿阔额迭	
	哪典赫忍	额迭纪启	
	额迭舍拐	纪启仁额	
	苏能尼堵	仁额濮叶	
	布甫舍巧	濮叶额则	
	赫直洛巧	额则陇勺	
	鲁淑舍姑	陇勺笃仁	
	鲁所赫吐	笃仁阿宗	
	濮娄苏主	阿宗额果	
	耿恒苏克	额果濮贤	
	陇勺婆立	濮贤阿尼	
	呗乌阿勺	阿尼阿脑	
	阿各舍珍	阿脑阿画	
	陇忍舍娄	阿画大俄	
	鲁索益匹	大俄老内	
	鲁淑舍宗	老内陇赞	
	濮巧苏珠	陇赞霭翠	
	濮勒舍红	霭翠陇弟	
	濮迭舍珠	陇弟濮直	
	阿大舍衣	濮直纳考	
	濮贤舍局	纳考本哲	

续表

母系上一代	母系（女儿）名	生子（君长）名	备注
	呗恒苏古	本哲陇知	
	扉洛舍知	陇知陇铺	
	糯宗舍底	陇铺不玖	
	陇亨舍诺	不玖直罢	
	通陇额赫	直罢安钟	
	阿亨鲁蒙	安钟直俄	
	鲁依舍诺	直俄陇则	
	阿亨舍鲁	陇则保习	
	阿匹卧吐	保习奋老	
娄米省古家	本局舍纽	奋老陇古（三兄弟）	《笃慕源流》记载此后还有四代，补充于后。
		陇古陇德	
		陇德陇迭	
		陇迭额奋	
		额奋明宗	

附录二：有关史籍与传说中笃慕之前的三十代

希慕遮

遮道古

古珠诗

诗雅立

立雅密

密喳拐

喳拐作

作雅且

且雅宗

宗雅贤

贤雅已

已迫勒

迫勒道

（《笃慕源流》之前的十三代）

道慕尼

慕尼赤

赤雅索

索雅德

德喜所

喜所朵

朵必额

必额堵

堵洗显

洗显陀

陀阿大

大阿武

阿武补

补珠娄

娄珠武

武洛撮

撮珠笃

第三节 彝汉史志参证的吴三桂剿水西

水西阿哲政权，建立于蜀汉建兴三年（225 年）。后来，彝族君长妥阿哲（也被称为“济火”“火阿济”“火济”等）受封为罗甸国王，建立罗甸国，开始以朝廷承认的方式掌握政权，直到康熙三十七年（1698 年）末代君长安胜祖去世，乏嗣停袭后“改土归流”，以家族世袭的方式统治水西地区长达 1474 年，是中国政权史乃至世界政权史上的奇迹。因此，关于水西阿哲政权以及统治者安氏家族的研究，是研究西南历史的一条十分重要的主线。《爨文丛刻·甲编》作为一部重要的彝文古籍汇编，不收录这方面的历史文献，显然是不行的也是不可思议的。因此，其中收录的有关水西相关历史的《帝王世纪（人类历史）》是自然而然的事情。当然，篇章名虽然是这样，但这些文献所叙述的不是整个人类，也不是整个彝族的历史，而是在彝族政治、历史中占据重要地位的彝族水西家族的历史。直至水西统治政权完全退出历史舞台，吴三桂剿水西是关键的历史事件。

《帝王世纪（人类历史）》是《爨文丛刻·甲编》中收录的有关水西家族统治历史的内容，书中没有再细分篇目。《增订〈爨文丛刻〉》对这一部分内容重新进行了编纂、命名和编目。“增订本”的内容简介中写道：

本书在原《丛刻》中名《帝王世纪（人类历史）》。经修订后，按其记载内容更为《古史通鉴》。分五个部分：（一）《笃慕源流》，记载彝族远祖希慕遮至笃幕三十一世以及笃慕之后“六祖”（武祖、乍祖、糯祖、恒祖、布祖、默祖）分支；具体叙述彝族第六支默部慕齐齐后裔，直到罗甸水西安胜祖的八十五代。（二）《君代母系》，记载从道慕尼至笃慕的十八世母亲的名字，以及默部慕齐齐至奋老陇古的八十世母亲的名字。（三）《德施氏》，简略记叙彝族德施氏的阿于德、阿哲、阿旺热、芒部四家的历史。(四)《土地民奴和则溪的管理》，记载彝族罗甸水西王国的仓库地址及有关军事、政权机构。(五)《吴三桂侵占彝地》，记载吴三桂平水西，杀安坤，以至其后坤妻禄氏、子胜祖反攻获胜，直至安胜祖死后“改土归流”为止。修订中按历史事件发生的顺序，将原《丛刻》中第一部分抽出，列为本编的第五部分。书末附《彝族远祖及罗甸水西世系表》。①

吴三桂是明将，后来背叛了明朝；吴三桂也是清臣，后来又反叛了清朝。他反复无常，人格卑下，因此，历史学家对吴三桂的评价不高。吴三桂统治过云南、贵州，在西南地区关于吴三桂的传说很多，特别是吴三桂剿灭水西，对水西彝族的屠杀给彝族人民留下了巨大而深刻的惨痛记忆。在许多彝文古籍、史志等中，都有关于吴三桂剿水西的记载。所以，《爨文丛刻·甲编》当中，自然不会遗漏关于吴三桂平定水西的内容。

在《爨文丛刻·甲编》中，关于“吴三桂入侵彝地”一事并没有专门的题目，在叙述了《笃慕源流》至其后的八十四代谱系“到主君阿客的时候而已”之后，接着就是：

天运甲辰年，云南吴三桂，往前进，主君阿卫呀，权位与荣名，密云将日暗，生命如金宝，难保永安宁；国权并宝座，一切都囫囵。至于癸丑年，主君阿卫移，君心被臣讳，一心怀二意，高位永无望，雁鸿栖我树，豹虎饮我泉，回来无所归，遍天飞，同民住，神魂常失守。天山百丈高，君殿臣阁废，晴光被雾遮，遍地黑暗暗，前归无路行，索隐慢慢走，麋鹿径中行，逃遁在森林。阿沓歹位子，奸臣卖主人，谋朝夺位计。阿乍岩头上，吴兵四面围，好比捉鸡雏，古卫大城，吴宗国里去。主君阿位哩，天国耀日轮，忽然

① 马学良主编，罗国义审订《增订〈爨文丛刻〉》(上册)，四川民族出版社，1986，第66页。

坠落西，到这样地步，仁君归了义，贤臣也尽忠。主君阿善，主君阿客，君臣母子分。天国耀日轮，出又出，地国平原树，生又生萌芽，孟坐能洛，阿常阿武裔，臣贤君继位，民良守国风，戊午己未年，国民庆主君，天山百丈高，耳朵、贵州、平远、安平，天命归而复，道场白能底，三殿九经堂，九救阿常苦，庚申辛酉年，同能以那戛，灵殿建二所，选择法拉垮，在此开议会。到丁丑年间，主君阿善等，荣日与耀月，反照天外去，至戊寅年间，主君阿锦等，天国耀日轮，被蚀晦无光。至于丁亥年，厘金税银款，纳给满清库。制度国权事，归满清治理。从那时代起，夷人变归夏，此章至此完。①

从历史顺序上讲，这部分内容接续《笃慕源流》是完全正确的。因为接着这一部分的，正是《君代母系》，要把君长继承政权的谱系叙述完毕，再来叙述君长婚姻及其配偶的谱系。“甲编本”从接续《君代母系》之后，又专门有一个部分来叙述《德施氏》，感到这又不是一个逻辑严密的体系，因此《增订〈爨文丛刻〉》把这一部分独立出来，放在整个部分的末尾也是可以的，毕竟原来的《帝王世纪（人类历史）》的编纂体例也有一些可以商榷之处。两书的编纂都各有一定道理，加上“甲编本”在翻译上还有一些欠妥之处，有的词语翻译不够准确，读者对这一部分阅读、理解还有诸多困难之处。因此，“增订本”的处理，特别是新译，就格外有价值了。

《增订〈爨文丛刻〉》中《古史通鉴·吴三桂侵入彝地》一章，翻译文字如次：

康熙三年甲辰，云南昆明城的吴三桂，像洪水灾害那样侵入彝族地区。慕俄格的阿卫君长啊，权令难行，处境困难，如雾里失马，找不到方向，可贵的生命，也难保安康。他急忙奔向德歹濮卧，往舅舅家走去。他却六神无

① 丁文江编《爨文丛刻·甲编》，上海商务印书馆，1936，第12—17页。

主，二心不定，又不想去舅家。/鸿雁栖我树，虎豹饮我泉——阿卫君长啊，又转身回来，眼看我慕俄格的土地，破碎不堪，慕块白札戈的君基臣业都毁了。/阳光被大雾遮蔽，林地一片漆黑，阿卫君长无处归宿，悄悄地走过鹿獐路径，躲到箐林里。/阿塔德额的后裔叉戛拉，违背了臣子之道，（充当内奸），居心害死我阿卫君长。/在比里岩前，吴三桂的兵四面围追。他们从古卫大城驰来，团团围到阿卫君长藏身之处，擒住了他。顿时天日昏暗，可够伤惨啊。/贤君归了义，贤臣尽了忠——（阿卫君长被吴三桂杀害。他的军师皮熊被俘，绝食而死）。/天空又亮开，太阳又出现。地面上雨露滋润，新芽萌发了。阿娜君长和阿格君长母子二人（起兵复仇）。/在卖左娄洛，有阿哲阿武的后裔，他是贤臣，他响应、归附了君长，领兵保卫君长的疆域。到戊午、己未年（清康熙十七、十八年），百姓们都为君长庆幸，从慕块白札戈果（大方），到洛波古珠（黔西）、必纳（织金）、液底（水城）、各地都（向吴兵）反攻。在白勒底，三天打九仗，阿哲家九战九胜。/庚申、辛酉年（清康熙十九、二十年），阿哲家在朵能、以那戛二地建立深宫二幢；又在法哪跨修建宫廷和议事堂。/到了辛未（原本作丁未，疑误）年（清康熙三十年），阿娜君长的住处，如荣日耀月，照映到天外，（兴盛于一时）。/戊寅年（清康熙三十七年），阿格君长的住地，天日暗淡，（他去世了）。/丁亥年（清康熙四十六年）以后，谷租、牲租、茶租，直接缴给武达子（清朝），职权与政令交给武达子。从此以后，彝权属于汉。……讲到此为止。①

民国时期赵尔巽主编的《清史稿》虽然还有许多值得商榷的记录，但是仍然是目前清史文献中最为重要的正史。书中对吴三桂剿水西安氏和乌撒安氏的记载十分简略："（康熙）三年，遣之复及总兵李世耀率兵出大方、乌蒙，

① 马学良主编，罗国义审订《增订〈爨文丛刻〉》（上册），四川民族出版社，1986，第149—150页。

攻水西土司安坤、乌撒土司安重圣，并击斩之，以其地设府：陇纳曰平远，大方曰大定，水西曰黔西，乌撒曰威宁。”而究其实，水西地方“改土归流”的具体时间是康熙四年（1665 年）。《清实录・圣祖仁皇帝实录》也有记载：“（康熙四年）五月壬子，吏部议复，平西王吴三桂平定水西，请设流官一疏：‘水西地有十一则溪，应设三府：将胧胯、的都、朵你、阿架四则溪设为一府，建府于比剌；将法戈、火著、木胯、架勒四则溪设为一府，建府治于大方；将以著、则窝、雄所三则溪设为一府，建府治于水西城。原设分巡毕节道应改为整饬三府分巡贵宁道，兼管永宁、赤毕等卫，驻扎比喇。三府应设知府一员、通判一员、经历一员、司狱一员、儒学一员。比喇再设推官一员，承理三府刑名大案。其三府应易新名。’即令该藩拟定具题。从之。”

水西地区的这次“改土归流”，其结果并不理想，没有彻底推行流官制度。究其原因，由于思想基础和群众基础均不扎实，改革过程中多有反复。尤其在平定吴三桂叛乱之后，又重新回归土司制度。直到康熙三十七年（1698 年），水西宣慰使安胜祖乏嗣且其近亲也乏嗣后即停袭土司之职后，水西地区才顺利地“改土归流”。《清实录・圣祖仁皇帝实录》记载：“（康熙三十七年）十月甲寅，兵部议复：云南贵州总督王继文疏言：‘贵州水西宣慰使安胜祖病故，承袭无人，请将宣慰使停袭。其水西土司所属地方，改归大定、平远、黔西三州流官管辖。’应如所请，从之。”这次“改土归流”之后，再无反复。

道光二十九年（1849 年）付梓的《大定府志・旧事志》中有《水西安氏本末第四下》的相关内容，其中对吴三桂平水西一事有比较详细的记载：

（康熙）三年，（安）坤自归附以后，数擒叛将有功。皮熊藏匿山谷，屡遣人说坤，坤亦不从。时三桂欲专滇黔，恐祸乱平而己兵权解，数激叛土司。坤有妾，美而体香，三桂求之，不得，三桂以此衔坤。常金印之就擒也，三桂使引坤。坤惧，三年二月，遂与其甥乌撒土司安重圣谋反，招皮熊使之将兵，而土目察革刺、慕魁周室、把总高揆复和之，踪迹颇露。巡道刘芳声、总兵刘之复令朱世爵往侦，得实，归以报总督杨茂勋。茂勋曰："水西地方沃野千里，地广兵强，在滇为咽喉，于蜀为牖户，若黔则腹心之蛊也。夫今不讨，譬之养痈，为害必大。"乃与三桂合疏请剿。三月，坤、重圣及皮熊反。三桂率云南十镇兵，自毕节七星关入果勇城，令四川总兵刘之复驻兵大方，遏其逸走之路；令贵州提督李本深率四镇兵，至六归河会剿。屯粮于三岔河，首尾夹击。布置既定，而檄黔文书误书六归为六广，于是，川、贵兵粮皆屯六广，三路声息不通。三桂入水西境，坤率众御之，佯败走，三桂乘胜轻追，皮熊以兵断其后，坤反兵攻之，遂围三桂。三桂不能进退者两月，食将绝而外援不至。永顺总兵刘安邦战死，三桂益困。水西土目阿布黑者，约诸目谋劫本深营。王可臣知之，夜约诸镇兵伏于化乍而空营以待，贼劫营无所获而返。至化乍，伏发，贼惊溃，斩首数百。又追，败之于搭寨、箐口，擒黑者之子受，斩之。土目安如鼎遣人侦贵州军，本深获之，始知三桂被围，乃使之向导。四月，本深率诸军赴援，使王可臣别由箐涧进。可臣至雪棚遇贼，败之；贼据阿哈箐以抗大军。贼奔黄沙渡，可臣攻之，斩贼数百。坤闻东境失守，得遣贼目率后拒贵州军，副将白世彦突其阵，斩贼中之骁者，以其首徇，贼遂败走，官军遂进达三桂所。总兵李如碧率精兵陷阵先入，贼皆披靡。三桂闻喧呼声，知外援至，鼓噪而出，贵州诸军自外夹击，坤、熊皆败走。本深运粮入三桂营，营中有二日不举火者。六月，三桂遣总兵王会剿陇纳，总兵王友进、副将王可臣剿雄所，总兵李如碧剿渭河，总兵李世辉剿乌撒，而自率兵追坤、熊，败之于阿合硐，又败之得初硐。王友进、王可臣自台石坝进，遇贼于阿合、木江箐，友进击之，贼败走。追逐四十里至明家渡，杀贼千余，获其马数千，器械称是。李如碧破贼寨十余。七月至渭河与王可臣会，遂由渭河之七山进克高家坡及法中、石丛山等八硐，杀土目九人，贼千余人。八硐地皆北邻遵义，为水西城之东北隅也。九月，三桂攻克红岩。坤闻红岩破，率其妻禄氏逃于木弄箐。十一月，目把陈老善聚众据东隆箐，可臣攻之。坤遣兵迎战于鱼孔，可臣突其阵，贼溃走箐上。可臣乘之，贼又溃。斩老善及其党二百余，获器械称是。千总张起凤追至大木厂，擒贼目阿市等三人，余众皆散。王会亦剿平陇纳。十二月，三桂及总兵刘之复、李世辉攻木弄箐，坤自上下木石击之，三桂不能进，别分兵为两队，从间道袭其后，而自率兵于其前佯攻之。坤悉力御前而不虞二队之袭己也。越三日，二队自后薄坤营，坤败走至乌蒙，乌蒙不纳。遣汉把曾经投降，不许。坤与熊逃匿大方之杓里箐，禄氏走乌撒。三桂搜杓里箐，获坤、熊及其党数人。遣李世辉攻乌撒，四年正月，重圣遣禄昌贤凭险拒之，世辉不能进。三桂又遣马宝袭其后，获昌贤。世辉乘势进攻，乌撒克之，获重圣及其弟重乾。三桂欲生降熊，遣人说之，不听；与之食，不食。七日，三桂释其缚而诱之降。熊至三桂所，背立大骂。积十三日不食，十四日乃死，三桂戮其尸。熊婿赵然亦被戮，临刑，索纸笔书绝命词。于是水西遂亡。①

这一段记述了吴三桂对安坤美妾起私心索之不得，对朝廷解除他的兵权的恐惧，独霸滇黔的野心，以及其他一系列的作为，是所有史志叙述中最为详尽的。此外，有关安坤不反、不被策反，到被逼反，最后反叛吴三桂的过程也有明确的记述。在《大定府志》中，紧接着还叙述了吴三桂叛清之后，阿那与阿格君长母子率领水西各地人民积极开展反对吴三桂的斗争，经过多年的努力，在向清朝廷报告之后，朝廷封阿格君长为水西宣慰使。直至阿格君长逝世，因为没有子嗣继位，总督王继文上疏，水西地方全面“改土归流”，结束了阿哲水西安氏家族长达 1474 年的世袭统治。

“吴王剿水西”是普遍流传于贵州西部的重要民间传说，但是因为民间传说的变异性大，其所述史实的准确性相对较差，因此许多民间文学形式的内容只能作为研究历史的参考，不能作为确证。付诸文字记载的书面文献，则

① 贵州省毕节地区地方志编纂委员会点校《大定府志》，中华书局，2000，第 972—973 页。

要可靠得多。然则，彝文史籍《西南彝志·卷十》对这一段历史的记载，却很简略。

武达子顺治，是吴王引来，带来掌权的。甲申那一年，武达子兴后，侵入了彝地，来征税派租。戊子与己丑，直到庚寅年，康熙皇掌权，戊戌己亥年，沙亚（恶人）吴三桂，坐在昆明城，到甲辰年呢，沙亚吴三桂，额绯君长啊，被他擒拿了；又到乙巳年，乌撒君长，和着二婆媳，又被他擒拿；壬子癸丑年，沙亚吴三桂，反叛康熙帝；戊午年三月，湖广荆州（一作衡州）府，吴三桂死了，不见踪迹了。[①]

在彝文古籍《水西全传》中，吴三桂平水西、吴三桂反清和水西反抗吴三桂恢复旧地的内容占据了很大的篇幅。《水西全传》共20章内容，从第六章开始全部是关于平水西与复水西的内容，如第六章《康熙甲辰年吴三桂出兵攻打阿者》(阿者即水西)、第七章《阿者君给祖宗还愿解冤》、第八章《兵帅叉戛那出卖阿者君长》、第九章《叉戛那遭冤报》、第十章《禄夫人计划收复水西》、第十一章《平西王反清》、第十二章《阿者大土目追击吴三桂残兵》、第十三章《以那垮大战》、第十四章《土目与阿者君同打汉军》、第十五章《化拉米战役》、第十六章《君长阿那君想念夫君》、第十七章《六归之役》、第十八章《木柯白札果大战》、第十九章《洛柏法米之战》、第二十章《君长阿那与君长阿格转回慕卧格》，[②]一共有15章之多。其余5章的题目分别是：第一章《陇澄君主统治水西地方》、第二章《阿者芒布两兄弟争业》、第三章《芒布阿者再

---

① 参见贵州省民族研究所、毕节地区彝文翻译组编《西南彝志选》，贵州人民出版社，1982，第313页。

② 贵州省毕节专署民委会彝文翻译组翻译，贵州省民间文学工作组整理编印《民间文学资料第三十四集 彝族洪水泛滥史 水西制度 水西全传》，中国民间文艺研究会贵州分会翻印，1986，第226—323页。

战》、第四章《芒布打败后回去还愿》、第五章《陇迭额非掌握阿者权》，[①]只占全传的四分之一，内容也只涉及芒布与阿者两家之间的问题。

吴三桂作为明朝将领而背叛明王朝，引领清军入关直接导致了明王朝的覆灭；作为清朝的重臣、藩王又反叛清朝，导致了自身的覆灭；明将叛明、清臣反清的行径使其被钉在历史的耻辱柱上。当年康熙对他剿灭水西一事发表过看法，作为对吴三桂的历史评价，具有一定的代表性。《清实录·圣祖仁皇帝实录》记载："（康熙二十五年）正月甲戌，上谕大学士等曰：'……前逆贼吴三桂亦因需索水西，不遂贪欲，捏奏水西反叛，竟自发兵剿灭，尽取其利，以为己有。'"这说明当年朝廷准奏吴三桂剿灭水西之时，就看到了他的野心、私心。只是历史发展到一定的时期，土司的存在必然要退出历史舞台，清王朝是借吴三桂之手来完成这一任务，嗣后把这个责任推到吴三桂的头上而已。水西并没有反叛的事实，但是"改土归流"有其历史的逻辑。

第四节　多元文化交错并置的成化钟铭文

明朝永乐年间，贵州正式建省，成为明王朝的第十三个省。与此同时，佛教正式大量传入贵州境内。在这个多民族长期世居的地区，少数民族文化丰富多样，以儒学为代表的汉文化占据着统治地位，正在传入的佛教文化与其交错并置，形成了巨大的文化混融、转型，推动了人们的思想裂变。文化多元性在当时的贵州宣慰使司宣慰使安贵荣的身上表现得淋漓尽致，特别是在他撰写的《成化钟》彝汉铭文、《象祠记》以及与王阳明的交往书信。

① 贵州省毕节专署民委会彝文翻译组翻译，贵州省民间文学工作组整理编印《民间文学资料第三十四集 彝族洪水泛滥史 水西制度 水西全传》，中国民间文艺研究会贵州分会翻印，1986，第209—226页。

（一）成化钟与佛教在水西地区的传播

图15　存放在奢香博物馆的成化钟（王明贵 摄）

图16　成化钟拓片

在贵州省大方县奢香博物馆内，收藏有明代成化年间铸造的一口铜钟，称为“成化钟”，上有彝文和汉文两种铭文，其铭文被称为《成化钟铭文》。据汉文铭文显示，此钟铸于“成化二十一年乙巳岁四月十五日丙寅吉旦”。成化钟及其铭文比云南省“镌字岩”摩崖石刻早48年，比贵州省大方县的《新修千岁衢碑记》早61年。成化钟钟体全高135厘米，口径110厘米，重约300千克。钟顶高36厘米，有一只六脚钟耳，两面中柱脚均铸饕餮头形象。钟耳两旁原各有钟角一只，均被折毁。上部高18厘米，四方各有一幅八卦铭文。八卦四周的云纹、雷纹间夹有两对日、月图案。中部高56厘米，彝文、汉文铭文分布在周围，共有8幅，上面4幅、下面4幅，每幅高19厘米，长54厘米，其中仅上3幅的文字基本完整，彝文占二分之一弱，汉文占二分之一强。彝文130字，行款疏朗，相互呼应，书法线条硬朗，劲健有力，如强弓硬弩，箭在弦上，有剑戟森森，战阵严严之感。[①] 成化钟钟体上

① 王明贵：《彝书编年史》，贵州人民出版社，2018，第63页。

还有“法轮常转，丰盈吉庆；佛日增辉，天下太平”的汉字联语，这表明佛教已经在贵州水西地区传播。

据有关史料记载，佛教自唐宋以来陆续传入贵州，但都没有越过乌江。元代才开始向乌江以南传播，而寺庙仍然十分稀少。到了明代，不惟府、州、县、卫皆有佛寺，而且土司地区也不例外，深入到穷乡僻壤。[①] 明代管理宗教的机构，中央设置僧录司，为专门机构，置左右善世，左右阐教，左右讲经，左右觉义各一人，掌管全国佛教；府设僧纲司，置都纲、副都纲各一人，掌管一府僧人、寺庙，一府之内僧人不得超过40人；州设僧正司，由僧正掌管一州僧人、寺庙，一州之内僧人不得超过30人；县设僧会司，由僧会掌管一县僧人、寺庙，一县之内僧人不得超过20人。府、州、县的僧纲、僧正、僧会没有独立的机构办事，其办事机构一般设置在大寺庙中。永乐八年（1410年），明王朝设立了贵州宣慰司僧纲司，是贵州最早设立僧纲司的地方之一。

《御制玄教立成醮仪文序》记载：“朕观释、道之教，各有二徒：僧有禅有教，道有正一有全真。禅与全真，务以修身养性，独为自己而已；教与正一，专以超脱特为孝子慈亲之设，益人伦，厚风俗，其功大矣哉！”由此可见，明代初年出现过抑禅扬教的倾向，然而贵州的情况却有所不同，在贵州之外受到排挤的禅宗，反而在贵州找到了安身之所，因而禅与教并行不悖，往往相互混杂。及至晚明时期，则是禅宗大盛。[②] 因此，王阳明在浙江时没能格物成功，可能与其地抑禅有一定关系。在贵州龙场反而能格物致良知，与贵州当时的宗教氛围也有一定的关系。王阳明贬谪到贵州时，撰写了《重修月潭寺建公馆记》，文中写道：“天下之山，萃于云贵，连亘万里，际天无极。”后来又应安贵荣之请，为水西地区修建的象祠写了《象祠记》。据明朝释幻轮《释氏稽古略续集》的记载：“洪武二十五年（1392）三月，僧录司奉

① 《贵州通史》编委会编《贵州通史·第2卷·明代的贵州》，当代中国出版社，2003，第367页。

② 《贵州通史》编委会编《贵州通史·第2卷·明代的贵州》，当代中国出版社，2003，第370页。

旨行文各处僧司，有讨度牒的僧二十以上者，发去乌蛮曲靖等处，每三十里造一庵，自耕自食，化他一境人民。”乌撒卫的能仁寺即是在明朝洪武年间所建。而水西地区即贵州宣慰使司属地，安贵荣于成化二十一年（1485 年）建立起一座佛寺——永兴寺，并且仿照贵阳的大兴寺浇铸了一口铜钟，这就是著名的成化钟。其后，安国亨在双麟山建了报国寺，在九龙山建了毗卢寺，还建了慈化寺。在安氏土司的提倡和践行中，佛教在贵州宣慰司属地兴盛起来，僧人们常到水外六目之地往来弘扬佛法，其中以著名的西望山和南望山最为突出。[①]

图17　成化钟彝文铭文拓片

（二）贵州宣慰司地区的多元文化

1. 本土与本民族文化：传统祖先崇拜

明代之前，贵州宣慰使司属地范围内的主要居民是少数民族，而其统治阶级是以彝族为主的统治集团。而这一地区的人口和民族结构发生了重大变化，道光二十九年（1849 年）付梓出版的《大定府志》中记载：“改土归流”之前是“夷多汉少”，“改土归流”之后是“汉多夷少”。在“夷多汉少”的时

① 《贵州通史》编委会编《贵州通史·第 2 卷·明代的贵州》，当代中国出版社，2003，第 376 页。

代，在佛教等宗教信仰传入之前，此地夷民信奉的是传统民间信仰也就是原始宗教，以祖先崇拜为主，间有一些图腾崇拜和自然崇拜。神灵崇拜特别是偶像崇拜，是佛教等宗教传入以后才兴盛起来。祖先崇拜在彝族中是主要的宗教信仰形式，祖先去世以后，举行完葬礼祭祀，就接着举行招灵仪式，把去世的祖先的灵魂招来附着在竹制的偶像上，然后装入特制的木桶，这个木桶称为灵筒，其中有已经去世的祖先及其配偶的彝文名字、有模仿实物制作的微型的生活、生产用具等。

《大定府志·疆土志·六》记载：“鬼筒箐，在城西三十里。茂林丛棘，崭绝难登。夷民以竹筒盛木主，谓之鬼筒。今岩上安宣慰鬼筒存焉。”[①] 可见，这正是安氏祖灵筒的安放之所。彝文古籍中有“德布省布达，德施舵灯俞”的记载，意思是彝族德布氏的祖灵名字是写在木板之上，德施氏的祖灵写下来之后装入筒子里面。安氏是德施氏的后裔，因此祖灵经过招灵等仪式之后，写在 木板上并装入祖灵筒，送到人迹罕至的“鬼筒箐”安置起来。也许此地原先并没有正式的地名，安氏安置了神灵筒之后，称之为“鬼筒箐”了。

2. 信仰佛教：佛教传入的影响

外来宗教传入的一个标志，就是兴建寺庙。据有关史志书籍记载：“明代贵州土司流官铸钟崇佛已成风气，故贵州历代铸造佛钟之多，无有逾明代者。”[②] 安贵荣修建永兴寺，就是其中的一个重要标志性事件。永兴寺中浇铸的一口铜钟上面铸造了有关佛教的联语以及汉字与彝文相关内容，体现了彝汉文化的交融，体现了彝族传统宗教信仰与外来佛教信仰的交流，也体现了安氏统治集团已经接受多元文化，也体现了彝族文化与外来文化的交流互动。正德年间，贵州宣慰使安万钟（安贵荣之孙）在黔西观音阁铸造了一口铁钟，世称“正德铁钟”。万历年间，贵州宣慰使安国亨修建了慈化寺，其地址在今

① 贵州省毕节地区地方志编纂委员会点校《大定府志》，中华书局，2000，第 334 页。
② 贵州省宗教学会编《贵州宗教史》，贵州人民出版社，2015，第 32 页。

贵州省息烽县境。[1]可见，贵州宣慰使司所辖地区，基本上都有了佛教寺庙，而且从安贵荣到安国亨，上下至少四代三位宣慰使都在修建佛教寺庙，有的寺庙中还铸造了铜钟、铁钟。明代初年，朱元璋倡导利用佛教等宗教信仰来引导、开化、转变人民的思想传统，致使佛教在贵州地区深入、持久地开始传播，其效果是明显的。

3. 儒家文化：象祠与祀舜祀象

在水西的土地上，还有象祠等这一类与当时中原地区主流文化不相协调的独特文化现象。象是舜同父异母的弟弟，史籍与传说中，舜的生母去世后，其父娶后母而生象，一家三口经常迫害舜，都被舜躲过。尧禅让于舜，舜不计前嫌，封赐象于有鼻，使之有封国与土地，并孝顺父亲与继母，成为人伦敦孝的典范。象去世后，有一些地方曾经建立象祠。但是到了唐代，人们认为象是不孝不悌之人，掀起一场毁坏象祠的运动，柳宗元还专门撰文对象进行批判。可是，象祠却在贵州宣慰使司的属地保留了下来。安贵荣重新修葺了象祠之后，请贬居于其属地龙场驿的王阳明为此而写了一篇《象祠记》。这一名篇，被清代著名选家吴楚材和吴调侯遴选收入《古文观止》中。著名文章选集《古文观止》，只选择了古今名篇222篇，王阳明的作品就被收录了3篇，是入选作品最多的作家之一，而3篇文章中又有2篇是关于贵州的（另外一篇是《瘗旅文》）。在《象祠记》的开篇，王阳明询问安贵荣请他作记的象祠是要毁坏掉还是重新修葺呢？当得到的是修葺的答复后，引起了王阳明的深入思考。因此，王阳明提出了祀象其实是祀舜，是舜德感化了象使之成为新的可敬之人，并由此而提出了“天下无不可化之人”的著名论断。

《象祠记》这篇文章写作的起因当中，有一点常常被研究者忽视，但这却是关系到水西安氏统治者思想与文化在内外交流中得以混融与裂变的重要因素。修建永兴寺，浇铸彝汉文大铜钟，修葺象祠，三者的交互作用造成了水

---

① 贵州省宗教学会编《贵州宗教史》，贵州人民出版社，2015，第31页。

西安氏统治者的思想在交流互融的过程中出现了裂变与转向。《象祠记》文章不长，为了方便比较，现录全文如下：

灵博之山，有象祠焉。其下诸苗夷之居者，咸神而祠之。宣慰安君，因诸苗夷之请，新其祠屋，而请记于予。予曰："毁之乎，其新之也？"曰："新之。""新之也，何居乎？"曰："斯祠之肇也，盖莫知其原。然吾诸蛮夷之居是者，自吾父、吾祖溯曾高而上，皆尊奉而禋祀焉，举而不敢废也。"予曰："胡然乎？有鼻之祀，唐之人盖尝毁之。象之道，以为子则不孝，以为弟则傲。斥于唐，而犹存于今；坏于有鼻，而犹盛于兹土也，胡然乎？"

我知之矣：君子之爱若人也，推及于其屋之乌，而况于圣人之弟乎哉？然则祀者为舜，非为象也。意象之死，其在干羽既格之后乎？不然，古之骜桀者岂少哉？而象之祠独延于世，吾于是盖有以见舜德之至，入人之深，而流泽之远且久也。

象之不仁，盖其始焉耳，又乌知其终之不见化于舜也？《书》不云乎："克谐以孝，烝烝乂，不格奸。"瞽瞍亦允诺，则已化而为慈父。象犹不弟，不可以为谐。进治于善，则不至于恶；不抵于奸，则必入于善。信乎，象盖已化于舜矣！《孟子》曰："天子使吏治其国，象不得以有为也。"斯盖舜爱象之深而虑之详，所以扶持辅导之者之周也。不然，周公之圣，而管、蔡不免焉。斯可以见象之既化于舜，故能任贤使能而安于其位，泽加于其民，既死而人怀之也。诸侯之卿，命于天子，盖《周官》之制，其殆仿于舜之封象欤？

吾于是盖有以信人性之善，天下无不可化之人也。然则唐人之毁之也，据象之始也；今之诸夷之奉之也，承象之终也。斯义也，吾将以表于世，使知人之不善，虽若象焉，犹可以改；而君子之修德，及其至也，虽若象之不仁，而犹可以化之。[1]

---

① 吴楚材、吴调侯编选《古文观止》（全二册），中华书局，1959，第554—556页。

图18　王守仁《象祠记》书法手迹

图19　王守仁像

王守仁（1472—1529年），汉族，幼名云，字伯安，别号阳明，浙江绍兴府余姚县（今属宁波余姚）人。因曾筑室于会稽山阳明洞，自号阳明子，学者称之为阳明先生，亦称王阳明。弘治十二年（1499年）进士，任刑部主事，因得罪权臣，被贬任贵州龙场驿丞，复职后任庐陵知县、右佥都御史、南赣巡抚、两广总督等职，晚年官至南京兵部尚书、都察院左都御史。他因为平定“宸濠之乱”，军功卓著而被封为新建伯，隆庆年间追赠新建侯；谥文成，故后人又称“王文成公”。他是明代著名的思想家、文学家、哲学家和军事家，陆王心学集大成者，精通儒学、道学和佛学。他与孔子（儒学创始人）、孟子（儒学集大成者）、朱熹（理学集大成者）并称为孔、孟、朱、王。他的思想被称为“王学”或“阳明学”等，是明代影响最大的哲学思想。其学术思想传至日本、朝鲜半岛以及东南亚。他集立德、立功、立言于一身，成就冠绝有明一代。他的弟子众多，成为一著名的学派。其文章博大昌达，行墨间有俊爽之气，著有《王文成公全书》。

王阳明被贬谪贵州，是因为在明武宗正德元年（1506年）冬，他反对号称“八虎”之一的宦官刘瑾，被廷杖四十，贬谪到贵州龙场驿（今位于贵阳市西北部，属贵阳市修文县管辖）当驿丞。正德五年（1510年）初，王阳明谪戍期满，复官庐陵县（今江西省吉安）知县，在贵州的时间前后三年多一点。

（三）多元文化的交错并置碰撞的影响

《象祠记》开头写道：“宣慰安君，因诸苗夷之请，新其祠屋，而请记于予”，明白地讲述了安贵荣作为宣慰使受“诸苗夷”之请而“新其祠屋”。从时间先后来看，修建永兴寺在先，是成化年间的事情，而修葺象祠在后，是弘治年间到正德年间的事情。永兴寺的修建是新生事物，引起了当地各民族的不适。不论是祖先崇拜而修建家族祠堂的夷苗，还是崇拜孔子而修建文庙一类文化建筑的汉族，都没有接触过佛教，而作为领袖、首脑的安贵荣却因信仰佛教而修建了永兴寺。这一不适，自然引起他们对此前已经有的象祠——一个作为信仰象征的建筑的重新关注，于是，向安宣慰提出重新修葺象祠而重塑人民传统信仰的要求，也就在情理之中了。

但是要看到，安贵荣作为多元文化交融时期的一个彝族君长，他的多重身份、多元信仰反映在他的思想和感情上，他是十分矛盾的统一体。这一点，从成化钟的彝文铭文与汉文铭文内容就可以看出。从现有的材料来看，汉文铭文是安贵荣所写。

成化钟铭（汉文）：

大明国贵州宣慰使司水西□革信官宣慰使安贵荣，同缘夫人奢脉，男安佐。伏为（惟）：贵荣叨承世禄，职守边疆，扪心有自，报谢无由；是以夫妇言又（谨）发诚心，就于本境内□永兴寺一所，喜舍赀财□塑佛像，铸造铜钟一口于本寺，朝暮□鸣，以镇一境，尚祈佛祐，俾我子孙代代绵远，宗亲目把世□□宁，风调雨顺，五谷丰登，民□安生，诚为□王，瞻仰万古，□□□言又（谨）□。成化二十一年乙巳岁四月十五日丙寅吉旦。舍银一百两，罗铜□斤，花锡一百六十斤，工匠银二十两。[①]

首先，这篇铭文介绍了建寺塑佛与铸钟者是安贵荣、妻子奢脉与儿子安佐。其次，说明了自己为报谢朝廷和祖先，就采取修建一座寺庙、塑造佛像、铸钟等形式，祈请佛的保佑，一求子孙绵远，二求宗亲安宁，三求丰收时顺，四求民众安生，五求王业万古。最后，记录了建寺铸钟的人员、花费与时间。这一篇铭文，从内容上看与此类其他铭文通属一体，属于呆板的八股文形式，没有什么独特之处。但是，把它与彝文铭文比较起来看就可以发现，其中有一些大不相同的点。汉文中写的一般情况，在彝文的翻译中出现了不一样的内容。

成化钟铭（彝文翻译）：

畅恳默纳，与贤嗣归来。不是立祠庙，而是铸钟以安慰祖灵。

权士悬念已久。伏维天祖降寿佛铸钟于纳娄，立其祠庙。安氏若不修祀于祖宗昭穆，恐其不获庇佑啊。

诸陀尼皆欣愿为安氏塑佛铸钟，钟是他们所造。用锡百六十斤，铜□□斤，纹银一百两，掺和铸钟。付技师工价银二十两。

时当阿基君长执政十二年，岁在乙巳，四月十五日丙寅吉旦。[②]

这篇彝文铭文，开头也叙述了铸钟的缘由："不是立祠庙，而是铸钟以安慰祖灵"，这与建寺塑佛铸钟以求保佑的意图大不相同，而是彝族传统信仰中建祠堂（不是修建寺庙）安顿神灵的惯制是一致的。铭文接着写"悬念

① 马学良主编，罗国义审订《增订〈爨文丛刻〉》(上册)，四川民族出版社，1986，第214页。

② 马学良主编，罗国义审订《增订〈爨文丛刻〉》(上册)，四川民族出版社，1986，第213页。

已久”，为何有这么长久的“悬念”？其中最重要的原因之一就是要处理修建祠庙塑造佛像和“修祀于祖宗昭穆”之间的矛盾，否则，如果获得佛的庇佑，又恐怕得罪祖宗而“不获庇佑啊！”思想上的矛盾源自文化的冲突，即两种文化传统的不同。明太祖朱元璋支持利用佛教教化人民，佛教在贵州境内大为兴盛之时，作为贵州宣慰使的安贵荣也不能没有呼应，因此建寺塑佛也是一种政治响应。但是这个与彝族传统的祖先崇拜是很不一致的，因此他在铸钟的时候，在汉文铭文上不好说明的事情，就只好在彝文铭文上给予申明：塑造佛像是需要的，“铸钟以安慰祖灵”也是需要的。这一犹疑、矛盾的心理，在接下来的这一句话中，也得到一些印证：“诸陀尼皆欣愿为安氏塑佛铸钟，钟是他们所造”，这里没有把重大事件的建寺与塑造佛像作为主要对象来强调，而是强调了铸钟之事，因为铸钟才是为了安慰祖灵，这是中心思想。铭文的后面部分，同样载明铸造钟的花费、人员、时间等情况。不过值得注意的是，汉文铭文载明时间时用的是“成化二十一年”，是明宪宗的年号，所奉的是中原王朝的正朔，而彝文铭文载明的时间却是“时当阿基君长执政十二年”。从皇朝正统的礼制来说，这是大逆不道的行径，在皇朝统治之下只能奉皇朝之正朔，而把自己执政的时间类比于皇帝执政的年号，这是不允许的。这一篇彝文铭文的内容，与汉文铭文有诸多不同之处，甚至有很大的政治问题，也许并不是安贵荣所作，但是无论其作者是谁，肯定都是安贵荣过目准许，至少是默许，所有的事情当然都要记在他的账上。这种做法，体现的正是安氏统治者的代表安贵荣的矛盾心理：他既要传承有悠久历史的传统彝族文化，又要熟悉并融入中原王朝以儒学为代表的汉文化，还要接受皇帝支持的外来佛教文化。成化钟的汉文铭文体现出来的是对儒家文化的熟悉与运用，同时也体现了对佛教文化的初步接受；彝文铭文体现出来的是对彝族传统文化的坚守与无奈，以致在内容上出现了非常危险的政治问题。

这两篇内容有很大差异的彝文和汉文铭文所体现的，除了普通意义上文化差异在交流初期的生硬碰撞，还有人类学视域中的文化并置现象。明代贵州虽然已经建省，但是黔西北地区对外来文化接受的拒斥力量依然很强大，甚至会影响地方对中央的认同感。

在王阳明与安贵荣交往期间，除了《象祠记》记载的文化理解不同之外，有些政治分歧也反映在王阳明拒绝安贵荣的部分礼物，制止他减驿与升职的要求，主动出兵平叛等问题上。这些在王阳明给安贵荣的三封重要书信之中都有迹可循。

在建永兴寺铸成化钟之后的第21年，王阳明被贬谪到贵州龙场当驿丞，开启了安贵荣与王阳明之间的交往。在王阳明到达龙场之初，与当时贵州官员派人羞辱王阳明不同，安贵荣派人给王阳明送去各种生活用品，有的已经超过了当时的礼规。为此，王阳明在接受一部分礼物的同时，也退回了另外一部分礼物，并写信说明情况和表示感谢。王阳明给安贵荣的第一封信写于明武宗正德三年（1508年）四月，全文如下：

与安宣慰（一）[①]

某得罪朝廷而来，惟窜伏阴崖幽谷之中以御魍魉，则其所宜。故虽夙闻使君之高谊，经旬月而不敢见，若甚简伉者。然省愆内讼，痛自削责，不敢比数于冠裳，则亦逐臣之礼也。使君不以为过，使廪人馈粟，庖人馈肉，园人代薪水之劳，亦宁不贵使君之义而谅其为情乎！自惟罪人何可以辱守土之大夫，惧不敢当，辄以礼辞。使君复不以为罪，昨者又重之以金帛，副之以鞍马，礼益隆，情益至，某益用震悚。是重使君之辱而甚逐臣之罪也，愈有所不敢当矣！使者坚不可却，求其说而不得。无已其周之乎？周之亦可受也。敬受米二石，柴炭鸡鹅悉受如来数。其诸金帛鞍马，使君所以交于卿士大夫

① 吴光、钱明、董平、姚延福编校《王阳明全集》（第三册），浙江古籍出版社，2011，第839—840页。

者，施之逐臣，殊骇观听，敢固以辞。伏惟使君处人以礼，恕物以情，不至再辱，则可矣。

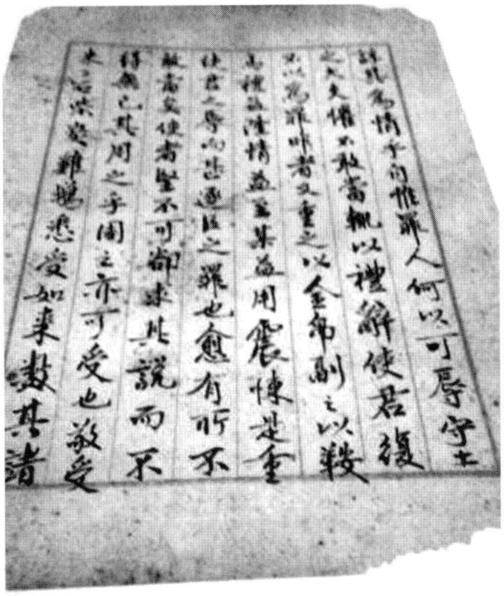
謝其高情乎而惟罪人何以可辱守土
之大夫惟不敢當輒以禮辭使君復
以為罪昨者又重之以金帛副之以鞍
馬禮益隆情益至某益用震悚是重
使君之辱而益逐臣之罪也愈有所不
敢當矣使者堅不可卻求其說而不
得無已其用之乎固亦可受也敬受
米二石柴炭雞鵝悉受如來數其諸

图20　王阳明给安贵荣的第一封信手稿

第二封信写于明武宗正德三年（1508 年）五月，与第一封信的时间相隔只有一个月，可见此时安贵荣与王阳明的交往是比较密切的，有什么事情，可以随时派遣人员联系，听取王阳明的意见。这封信透露了安贵荣想减置驿站和升职的想法，这两大意图一是涉及朝廷多年来的制度改变；二是涉及宣慰使官职作为土司官职的根本基础，即在于世长其土、世有其民，而其他流官则处于随任所使、居无定所、职无常处的情况。安贵荣意识到驿站的设置是对他的监督与钳制，减驿的意图显然与朝廷的意旨相悖。安贵荣因为有一些功劳就要求升官，这又与他作为土司要履行的守土职责相悖，而一旦升官离开本土，也是他所不愿意的，既要当土司又要当比参政更大的流官是矛盾的，因此在王阳明对他进行规劝和提醒之后，他不仅打消了减驿的念头，也不再申请朝廷给他加官升职。在这些涉及重大政治问题的决策上，王阳明无疑给安贵荣提出了宝贵的意见，避免了可能出现的祸患。

与安宣慰（二）[①]

减驿事非罪人所敢与闻，承使君厚爱，因使者至，闲问及之，不谓其遂达诸左右也。悚息悚息！然已承见询，则又不可默。凡朝廷制度，定自祖宗；后世守之，不可以擅改，在朝廷且谓之变乱，况诸侯乎！纵朝廷不见罪，有司者将执法以绳之，使君必且无益，纵幸免于一时，或五六年，或八九年，虽远至二三十年矣，当事者犹得持典章而议其后。若是则使君何利焉？使君之行先，自汉、唐以来千几百年，土地人民未之或改，所以长久若此者，以能世守天子礼法，竭忠尽力，不敢分寸有所违。是故天子亦不得逾礼法，无故而加诸忠良之臣。不然，使君之土地人民富且盛矣，朝廷悉取而郡县之，其谁以为不可？夫驿，可减也，亦可增也；驿可改也，宣慰司亦可革也。由此言之，殆甚有害，使君其未之思耶？所云奏功升职事，意亦如此。夫划除寇盗以抚绥平良，亦守土之常职，今缕举以要赏，则朝廷平日之恩宠禄位，顾将欲以何为？使君为参政，亦已非设官之旧，今又干进不已，是无抵极也。众必不堪。夫宣慰守土之官，故得以世有其土地人民；若参政，则流官矣，东西南北，惟天子所使。朝廷下方尺之檄，委使君以一职，或闽或蜀，其敢弗行乎？则方命之诛不旋踵而至，捧檄从事，千百年之土地人民非复使君有矣。由此言之，虽今日之参政，使君将恐辞去之不速，其又可再乎！凡此以利害言，揆之于义，反之于心，使君必自有不安者。夫拂心违义而行，众所不与，鬼神所不嘉也。承问及，不敢不以正对，幸亮察！

① 吴光、钱明、董平、姚延福编校《王阳明全集》(第三册)，浙江古籍出版社，第840—841页。第841—842页。

第三封信写于明武宗正德三年（1508年）七月，与上一封信的时间相隔也只有两个月。这封信的内容牵涉一个重大问题，水东宋氏辖地发生叛乱，朝廷派遣安贵荣平叛，他却迟疑不出，以致有议论认为水东的叛乱本来就是由他挑起的。王阳明写信给安贵荣说明利害，安贵荣最终出兵平息了叛乱，避免了一次重大的变故。这封信为安贵荣设想、考虑了许多可能出现的问题，也是曾经在朝廷任职过的王阳明从朝廷的角度提出的可能性最大的问题，这些可能的事实促成了安贵荣主动平叛的行动。

与安宣慰（三）[①]

阿贾、阿札等畔宋氏，为地方患，传者谓使君使之。此虽或出于妒妇之口，然阿贾等自言使君尝锡之以毡刀，遗之以弓弩。虽无其心，不幸乃有其迹矣。始三堂两司得是说，即欲闻之于朝；既而以使君平日忠实之故，未必有是，且信且疑，姑令使君讨贼；苟遂出军剿扑，则传闻皆妄，何可以滥及忠良；其或坐观逗留，徐议可否，亦未为晚；姑且隐忍其议，所以待使君者甚厚。既而文移三至，使君始出；众论纷纷，疑者将信。喧腾之际，适会左右来献阿麻之首，偏师出解洪边之围，群公又复徐徐。今又三月余矣。使君称疾归卧，诸军以次潜回，其间分屯寨堡者，不闻擒斩以宣国威，惟增剽掠以重民怨，众情愈益不平。而使君之民罔所知识，方扬言于人，谓："宋氏之难当使宋氏自平，安氏何与而反为之役？我安氏连地千里，拥众四十八万，深坑绝坉，飞鸟不能越，猿猱不能攀。纵遂高坐，不为宋氏出一卒，人亦卒如我何！"斯言已稍稍传播，不知三堂两司已尝闻之否？使君诚久卧不出，安氏之祸必自斯言始矣。使君与宋氏同守土，而使君为之长。地方变乱，皆守土者之罪，使君能独委之宋氏乎？夫连地千里，孰与中土之一大郡？拥众

---

① 吴光、钱明、董平、姚延福编校《王阳明全集》（第三册），浙江古籍出版社，第841—842页。

四十八万，孰与中土之一都司？深坑绝坉，安氏有之，然如安氏者，环四面而居以百数也。今播州有杨爱，恺黎有杨友，酉杨、保靖有彭世麒等诸人，斯言苟闻于朝，朝廷下片纸于杨爱诸人，使各自为战，共分安氏之所有，盖朝令而夕无安氏矣。深坑绝坉，何所用其险？使君可无寒心乎！且安氏之职，四十八支更迭而为，今使君独传者三世，而群支莫敢争，以朝廷之命也，苟有可乘之衅，孰不欲起而代之乎？然则扬此言于外，以速安氏之祸者，殆渔人之计，萧墙之忧，未可测也。使君宜速出军，平定反侧，破众谗之口，息多端之议，弭方兴之变，绝难测之祸，补既往之愆，要将来之福。某非为人作说客者，使君幸熟思之！

安贵荣是一个功名心重的人，所以在后来的政治行动中付出了惨重代价。在王阳明离开贵州之后，他再也找不到这样高瞻远瞩的高明人物在重大问题上进行咨询，犯了错误，在死后也被追夺职衔。据《明实录·武宗毅皇帝实录》记载："正德八年六月壬寅　宥贵州致仕宣慰使宋然死。然分管陈湖等十二马头地方，贪淫科害，激变苗民阿杂等，而程番宣慰使安贵荣复诱之，遂作乱，众至二万余，署名立号，攻陷寨堡，杀掠不可胜计，袭据然所居大羊场，然仅以身免。先是，贵荣欲并然地，故诱阿杂等，复屡以然变状上，冀令己安抚之。会阿杂余党泄其情，官军进计，贵荣惧，自率所部为之助。及贼平，贵荣已死，以赏有功准赎罪，追夺参政职衔，然坐斩。既而，然奏世受爵土，因贵荣力并所管地，诱贼令反，今贵荣止削衔而身坐重僻，乞分释。下都察院议：然本远夷，难尽以中国之法治之，且阿杂之乱虽然所激，而贵荣乘机煽惑，厥罪亦钧，然宜从未减，依土俗量纳米谷赎罪，仍革去冠带为民，庶情法两尽。诏如议。"这里所记述的，正是安贵荣思想犹豫、行为迟缓所造成的危害与恶果，这也是他在多元文化交错并置的影响下形成的一种既想独立而又不能正确选择的错误价值观使然。

成化钟铭文里面彝文与汉文内容不相符，甚至有很大的出入，其深层次的原因正是安贵荣在多元文化交错并置的影响下出现了思想与行动的重大偏离，甚至出现矛盾和乖张的语言与行动。有研究者认为，“历史上皇权势力对贵州一直实行‘羁縻’政策，故朝廷推行的‘正统’文化，在贵州的流布不仅范围狭窄，而且信息含量递减，越是外扩，内容越走样。贵州官民之间向来有隔膜，一是少数民族文化得不到统治阶级的承认，社会主流文化也排斥少数民族文化。二是迁入贵州的汉族民众，绝大部分是下层劳动人民、产业破落者、触犯刑律者，这些人对官府均无好感，反叛心理特别强。而官府亦轻视他们，无形中形成凡官府推行的思想文化，民间便置若罔闻。这为佛教的传播提供了条件。因此在贵州流布较广、影响较大的思想文化形态，往往是从民间开始而不是直接来自官方的灌输。如后来在贵州影响很大的儒家的心性儒学是这样，佛教的禅宗是这样，到清末民初的基督教亦是这样。”[①] 从官方与民间思想的不同轨、不同步，感情的隔膜，正统文化与少数民族文化相龃龉、不协调，触犯法律者与贬臣对官方的反感等方面看，这个论点基本是正确的。但是从明代贵州宣慰使司辖地的情况，以及安贵荣、安万钟、安国亨等几代宣慰使都相继建造寺庙、铸造佛钟的情况看，佛教在贵州地区的传播也有官方支持、官员力行等重要的推动力量。多元文化交错并置造成的思想裂变与人格压迫，在安贵荣身上体现得比较突出。这也是佛教传入贵州后，与本土少数民族传统信仰与文化长期交流互动而产生的奇异文化果实。

研究贵州宗教史的专家认为，“（佛教）自传入之时就进入少数民族的生活中，并在传播过程中，与道教、儒家文化以及地方民族、民间文化互相影响和渗透，不断吸收本土巫教某些神祇、咒术、礼仪和民族民间信仰，以充实和改变自己的内容和形式，使之逐渐成为适应当地的世俗化宗教。贵州佛教对原始巫教的适应和吸收，并不表现为佛、道、儒、巫的‘混一’或‘水乳交融’，而只是对原始巫教的适应、让步和某些内涵的吸收。这与藏传统佛

① 贵州省宗教学会编《贵州宗教史》，贵州人民出版社，2015，第 39 页。

教的‘佛苯融合’和云南佛教的‘佛巫合一’有着明显区别。贵州佛教文化中佛、道、儒、巫的混杂合流，表现为多元交杂，并呈现出民族性、地域性、多元性和混杂性的特点。因此，贵州佛教文化包容了极为丰富的地域文化和民族文化，在贵州多民族的传统文化中占有极其重要的地位，在促进贵州地方文化发展方面发挥了积极作用。”[①] 这些在安贵荣作为彝族首领和贵州宣慰使司的宣慰使，建造永兴寺（贵阳的大兴寺也有可能是他建造的，因为流官的任期制度，不一定能够在任期内完成一座寺庙的建造），铸造大铜钟，在大铜钟上镌刻汉文和彝文铭文而两种铭文的内容又不统一等方面都得到了较好的印证。同时，多元文化的交流、并置、交错、互融造成的文化碰撞以及思想的裂变，对贵州宣慰使司辖地的影响巨大的，对作为代表人物的安贵荣的影响更甚，乃至他有一些不符合传统文化要求的作为、离经叛道似的举动和影响政治安危的行动。

第五节　水西君长职位的传承与安万铨的贡献

《千岁衢碑记》在收入《爨文丛刻·甲编》之初有6幅拓片，但既没有彝文抄录，也没有翻译。这些是丁文江先生先后两次请人反复拓片而获得的彝文摩崖作品，他对彝文摩崖刻石的重视相对于其他的纸本彝文文献似乎更加在意和上心，这反映在他撰写的《爨文丛刻·甲编》的“自序”中，事情前后经过及反复折腾都记述得很清楚。丁氏对此碑记之所以格外重视，显然是由于此碑不同于其他纸本文献的载体材质，他所搜集到的其他文献都是纸质的抄本，而只有这一件是石刻。纸本文献因为容易损坏，大多数保存的时

① 贵州省宗教学会编《贵州宗教史》，贵州人民出版社，2015，第1页。

间不长，再加上反复的抄写造成了这些纸书文献形成的年代必然不会很久远。而石质载体则不同，上千年的也不少见，例如先秦时期的《石鼓文》和汉代的《熹平石经》等。另外，纸本抄写的文献因为抄写者的不同，往往会有一些改易，石质文献则不同，一旦上石，几无更易的可能。因此，作为历史年代保存久远的遗物，它的史料价值显然要高于纸本文献。加上当年认识"爨文"即彝文的人十分稀少，除了纸本文献的展示之外，如果有石质文物载体文献一并出版以供世人参照阅览和专家研究互证，那么爨文的丰富多样性就会得到很好的展示，在其"丛刻"之"丛"里就不只是数量众多，还体现了形式多样。这些都是丁先生作为一个学术名家必须考虑到的，也是他愿意花大价钱和许多精力关注并拓印《千岁衢碑记》的原因。

（一）千岁衢及其碑记

《千岁衢碑记》虽名为碑记，实际是摩崖刻石，搜集在《爨文丛刻·甲编》之中的一共有6幅拓印的图片。第1幅是碣顶形式的全碑拓片，圆形碣顶弦部有两行汉字大字楷书从右向左横书，顶行为"福寿"2字，次行为"新修千岁衢碑记"7字；摩崖的右半部分为从右向左竖书楷书汉字，左半部分为从左向右竖书正书彝文。第2幅是经过割裱的碑额文字，从左向右，第一行为"福寿"2字，第二行即中间行为"新修千岁"4字，第三行为"衢碑记"3字。第3、4幅是经过割裱的碑记的汉字内容。第5、6幅是经过割裱的碑记的彝文内容。在《丁文江文集》（第五卷）中，编者把第2幅和第3幅、第4幅和第5幅的顺序弄颠倒了。在《彝文金石图录》（第一辑）中，编者把此摩崖命名为《新修千岁衢碑记（岩刻）》①。

① 贵州省毕节地区民委、六盘水民委、大方县民委编，贵州省毕节地区彝文翻译组、大方县彝文翻译组译《彝文金石图录》（第一辑），四川民族出版社，1989，第24页。

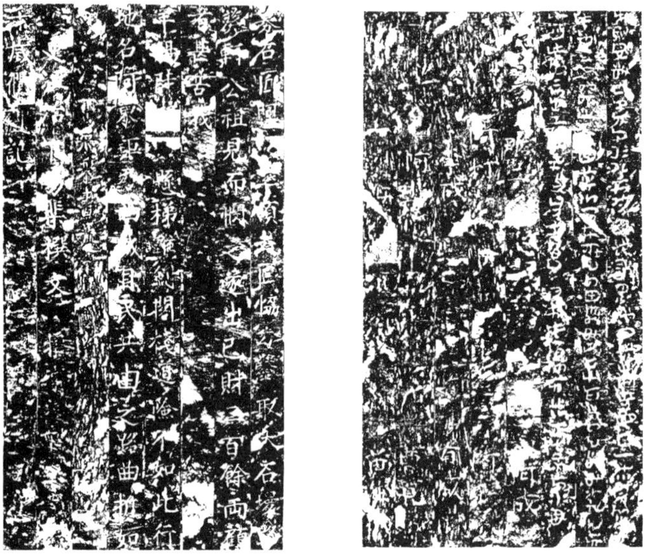

图21 《千岁衢碑记》拓片

《新修千岁衢碑记（岩刻）》在《赫章彝族辞典》中被加了一个彝语名称，即“亥杜课糯苦洛匹”，意为“新千岁衢善行碑记”。[1] 另有彝语名为“堵课菊倮哲摩”，意为“千岁衢大岩刻”。这一摩崖书刻于明嘉靖二十五年（1546年），在今贵州省大方县马场镇白布河畔洛启坡，版面高176厘米，宽88厘米，彝汉文合璧，右下部残损漫漶，有可识读彝文311字，彝文竖书6行，行款规整，布白亭匀，书法线条匀称、绵韧，结构端庄。[2]《福寿千岁衢碑记》彝文的撰写、镌刻人是阿载默布摩和希阿则，经毕节地区彝文翻译组（今毕节市彝文文献翻译研究中心）翻译，内容如下：

勿阿纳是很贤能的；妥阿哲富强于一世，他们如鸿雁凌空般的统治着这

① 龙正清主编《赫章彝族词典》，贵州民族出版社，2002，第190页。

② 王明贵：《彝书编年史》，贵州人民出版社，2018，第60页。

些地方，人才济济，多如罢第羊群。

阿基君长呢，他想了又说："自古以来，要修通道路，财赋方能得到。"

许多修路民工，都汇集在洛启坡，观察了地形，就动工修路，此且不再赘述……

慕格洛启坡的小道，是头目和民众必经之路。阿鲁有名言："修通道路，能传播文化于后学，然后有发展，可以百废俱兴。"在洛启坡修路，就是这个道理。彝族的六祖……修路行善事，修路则寿长，人都这样想。我主闻知，此慕格岩前要修通了路，有祖宗保佑，龙君如日月照临。老臣和文士，以及众亲戚都有福禄。

君长阿基，倡修慕格岩前一条，筹集他的财富，全族人拥戴，众亲戚相助。路修好了，为文赞颂："君长万世其昌，荣华长寿考。"思……

修路工程是阿武们承包的。乙巳年七月初二日兴工，丙午年四月初十黄道吉日竣工，费银三百六十两。时嘉靖二十五年。[1]

汉文连同碑名《千岁衢碑记》与正文楷书竖书14行，正文之下有与刻碑凿石相关的人员落款。《千岁衢碑记》的汉文内容是易棐所撰，内容如下：

阿东巨，乃城西险路，曲折如羊肠，陡峻如悬梯，虽剑阁栈道，不过如此，行者甚苦。昭勇将军葵轩公见而悯之，出白金三百余两，募夫修凿，砌石路六百二十丈有奇，坦若大道。工起于嘉靖乙巳岁七月壬午，告成于次年夏四月己未。喜今日往来之便，免昔日扳援之劳。过者相与仰天祈公寿，愿公千岁，因名之为千岁衢。公敬贤乐善，节用爱民，百废俱兴。忠孝仁让之举，其事虽细，抑亦善心之所发与！为善获庆，不在厥躬，必在子孙矣。公

① 马学良主编，罗国义审订《增订〈爨文丛刻〉》(上册)，四川民族出版社，1986，第210页。

名万铨，字天宠，葵轩其别号也，任贵州宣慰使，封昭勇将军。嘉靖丙午年四月吉日泐石，易棐撰文。[1]

这一摩崖石刻的彝文和汉文碑记内容写道，洛启坡下临大河，上有高崖，而这里又是民众缴纳租税、商旅交流、人员来往的必经之道，悬崖上的羊肠小道陡壁如挂，十分危险。当时的水西首领“阿基君长”就考虑在此修建一条大道，供行人往来和民众交租。即使在几百年后的今天来看，要依靠人力来修筑这条道路仍然是一项艰巨的工程。而主持这项大工程的“阿基君长”，是曾经两度摄任贵州宣慰使职务的安万铨。

图22 《新修千岁衢碑记》彝文碑记（局部）（李玉平 摄）

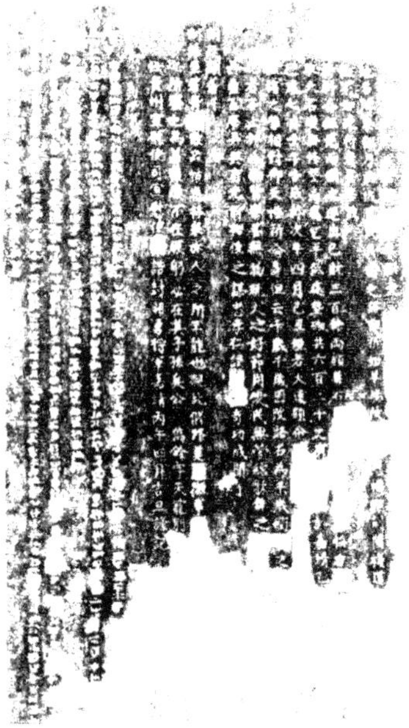

图23 《新修千岁衢碑记》拓片

① 马学良主编，罗国义审订《增订〈爨文丛刻〉》（上册），四川民族出版社，1986，第210页。

（二）安万铨见诸史籍记载的责任与功绩

安贵荣老病，请求朝廷让他的儿子安佐代袭一段时间的职务，时间是弘治十四年（1501年）至正德六年（1511年）。后安佐去世，安贵荣复任。安贵荣去世后，其孙安万钟袭职。安万钟喜好游猎，被土目乌挂及属民张纯等引诱，酒醉之后常常射人为戏，又鞭挞左右随从角药、抹鬼、阿内、抹葱四人，后来被这四人暗杀取去头颅。《大定府志》记载安万钟无子（《明实录·世宗肃皇帝实录》记载其子阿写尚幼），其三弟安万镒应该袭任。安万镒以还没有抓获杀安万钟的凶手为由辞位不就，想让朝廷出面解决这件事情。不料乌挂等人与张纯等人把安氏疏族中的普者更名为安万钧，诈称是安万钟的亲弟上报告袭。朝廷派遣胡永远、朱蕃、祖勋前前后后考察三次，三人受了贿赂后信以为真，镇巡官及布政使赵文奎也相信了，但是认为安万钧还年幼，让安万钟的妻子奢播摄宣慰使职。愤怒的安万镒向云南女土官奢爵借兵，与自己所领的兵一起准备攻击乌挂等，乌挂也招募兵丁与安万镒互相攻击。二人不断向朝廷上疏，上司派遣官吏审勘后，根据巡按御史胡玉的报告，分别处罚了乌挂、安万镒，流放张纯，削夺了胡永远、朱蕃、祖勋的官爵，仍然以安万镒袭任宣慰使之职。安万镒袭任后，又以奢播为妻，于是称雄于各地方土司。不久，安万镒去世，因其子阿写年幼，朝廷命安万铨借袭宣慰使。

安万铨于嘉靖七年（1528年）借袭贵州宣慰使，次年正式上任。《明实录·世宗肃皇帝实录》载："嘉靖七年十二月乙未，命水西宣慰土舍安万铨借袭兄职，免其赴京。先是，宣慰使安万钟死，子阿写尚幼，久未承袭。至是，提督尚书伍文定请授万铨以管摄夷民，俟阿写稍长替袭。兵部议万铨且有解围杀贼功，因以保障毕节。上乃许之。"这是安万铨摄职的最早记载。《明实录·世宗肃皇帝实录》载："嘉靖八年十二月庚午，贵州宣慰使司土官宣慰使安万铨袭职，遣冠带舍人安玉等贡马六十匹。给赏如例。"这是关于安万铨正式袭职的记载。《明实录·世宗肃皇帝实录》载："嘉靖八年十二月辛巳，贵州土官宣慰使安万铨求钑花金带、彩色品服，礼部议例有带无服，诏如例给之。”这是安万铨根据惯例要求朝廷按宣慰使官衔给其服带的记载，时间与他袭职相隔很近。此后，《明实录·世宗肃皇帝实录》就有关于安万铨的一些记载：“嘉靖九年十月壬申：贵州宣慰使安万铨、宋储遣舍把安儒、宋绘等进马来贺万圣节，……各给赏如例。”“嘉靖十三年正月乙酉，贵州土官宣慰使安万铨自陈功伐，乞蟒衣升级。赐敕下礼部复言：‘安万铨顷年颇效勤劳，所部安静，宜量加恩以慰土人之心。’上命赐以应得服色二表里。”“嘉靖十三年十二月乙卯，贵州宣慰使安万铨及四川、广西所属土官衙门各遣通人把事等贡马，赉赏如例。万铨母死，请守制终丧如文臣比，礼部以土官守制无故事，请下守臣勘处，诏可。”安万铨之所以能够得借袭，是因为他曾经帮助官军平定王阿向叛乱有功，又有提督伍文定为他向朝廷申请。安万铨袭任后又自己向朝廷陈述他的功绩，欲申请加封为贵州参政，还想要蟒袍、玉带等物，朝廷批准了他的请求，并给予他宣慰使应该享受的各种待遇。嘉靖十六年（1537年），王阿向残部王聪等又起兵作乱于都匀，攻夺凯口屯。巡抚汪珊攻打三个月都没有取胜，汪珊又调集安万铨率兵合剿，安万铨努力攻战，大破贼兵，王聪等头领全部伏诛。有关记载充分显示了安万铨的指挥才能、军事能力，如：“嘉靖十六年九月乙卯，贵州凯口苗平，赏都御史汪珊等银币有差。先是，都御史陈克宅既平阿向之乱，余党王聪、杨免等复夺而据之，官兵与之战，辄败。都御史汪珊遣使抚谕再三，终不降。乃调安万铨兵至，以指挥李木佐之、都指挥朱文协谋，前后土汉官兵三万有奇，皆集囤下。万铨亲率花枪手与贼相距，贼败走，渡河，万铨兵尾其后，朱文等三面并进，因树招降旗，贼党走旗下者五百余人。贼据险下矢石，我兵殊死战，遂破其囤，斩免等。聪冒雨溃围出，为万铨部兵所执，已而贼酋王祐等复入据囤，随执之，前后虏首二百六十三级，降苗洞一百五十余寨、夷民男妇二万余口。捷闻，上嘉其功，赏都御史汪珊及宣慰使安万铨各银三十两，彩币三表里。”这段文字记述了安万铨身先士卒、率军战斗的具体情形。

安万铨在任期间，播州宣慰使杨应龙之祖父因内乱走水西而死于其地，安万铨趁机要挟播州给水西乌江两地六百里才准其归丧。

阿写长大后改名为安仁，安万铨即把宣慰使职权归还于他。《明实录·世宗肃皇帝实录》载："嘉靖十九年七月丁巳，四川播州宣慰使杨相差长官孙焕等，贵州宣慰使安仁差舍人安边等各补贡万寿圣节。宴赍如例。"这是关于安仁任贵州宣慰使的最早的记载，可见此时安万铨已经还政于安仁。安万铨退位后，自己出资、筹资修通了慕俄格城西最为难行的阿东钜之路（今大方县马场洛启坡），时人感谢他的功德，把这条路命名为"千岁衢"，希望修筑这条路的人寿命长千岁。嘉靖二十五年（1546 年），水西名士易棐撰文刻石、梁永书丹篆额以为纪念，于是，就有了用彝文、汉文合璧刻立的《新修千岁衢碑记》岩刻。彝文盛赞了"阿基君长"（即安万铨）流芳千岁的功德，而彝文的撰写、镌刻人是阿载默布摩和希阿则。[①]

安仁袭任后，又被加封为参政，不久就去世了。《明实录·世宗肃皇帝实录》最后一次关于安仁的记载是："嘉靖二十七年二月壬戌，贵州宣慰使安仁差舍把安乐等来贡马。给赏如例。"据《续安氏家传序》的记载："嘉靖十八年，铨致仕，以职事归钟之子仁承袭。……（仁）于嘉靖二十六年调征铜，平叛苗，归后卒。万铨复任。"安仁在任的时间是嘉靖十八年（1539 年）至嘉靖二十六年（1547 年）。

安仁去世后，他的儿子安国亨还很小，所部夷民仍请安万铨出来代替安国亨执政。《明实录·世宗肃皇帝实录》中又出现了关于安万铨的记载："嘉靖三十一年二月戊寅，贵州宣慰使安万铨差官贡马贺万圣节。以过期给半赏。"嘉靖三十二年（1553 年），播州阿项作乱，贵州总兵石邦宪率七千兵在磨子崖攻破阿项，阿项向播州求救，石邦宪所部诸将都很害怕。石邦宪说：

---

① 贵州省毕节地区民委、六盘水民委、大方县民委编，贵州省毕节地区彝文翻译组、大方县彝文翻译组译《彝文金石图录》（第一辑），四川民族出版社，1989，第 24—31 页。

“水西宣慰安万铨历来是播州人所惧怕的，我立即调遣水西兵攻打乌江，声讨播州，播州自救不暇，哪能再来救阿项？”不久水西安万铨的兵马前来，石邦宪率领水西兵进攻阿项大本营，先乘风纵火，破关攀登而上，擒拿住阿项父子，斩获 470 多人，平定了播州之乱。据《明实录·世宗肃皇帝实录》记载：“嘉靖三十五年十月丁酉，论川贵湖广讨平播州苗贼卢阿项等功。升总督军务侍郎冯岳为右都御史兼兵部右侍郎，总兵官石邦宪署都督同知、总督镇守如故，湖广参政林懋和、四川副使雷逵各一级，贵州副使刘望之等，参将李英等各俸一级，参将徐效节、宣慰安万铨而下各赏银币有差。”在《明实录》的记载中，安万铨的事迹止于嘉靖四十年（1561 年），那是因为嘉靖三十九年（1560 年）“四川东川军民府土官知府禄庆死，子位幼，妻安氏摄其府事，有营长阿得革者颇擅权，谋夺其官”而引起了一场内乱，“贵州宣慰安万铨故与禄氏姻连”而起兵帮助禄氏。次年，夺权者被杀，《明实录·世宗肃皇帝实录》载：“嘉靖四十年五月乙亥，于是贵州宣慰使安万铨取东川府印藏之，以府经历印畀罗雄土官者浚，而以宁著女妻者浚子，仍留水西兵二千于东川为宁著防卫。水西与东川邻，万铨本水西土官，故议者籍籍，谓万铨有阴据东川之志。巡按云南御史王大任以诛阿堂闻，因言东川地方伤残，而该府三印悉为土官么相布置，请通敕川贵总督及各按抚官按究土官私擅摽署实迹从公更正；访禄氏的派为土人所信服者而立之，招抚流亡，赈恤伤困，并议所以处阿哲（叛者之子）者。部复报可。”这一事件引起了朝廷的注意，也许就是安万铨卸任的一大诱因。

嘉靖四十一年（1562 年），安万铨摄政结束，安国亨长大袭任。安万铨退位时有两个儿子，分别是安智和安信，安智出居织金、阿魏，安信留下来辅佐安国亨。①

安万铨的卒年（一说退位）约在嘉靖四十一年（1562 年）。

---

① 王明贵、王继超主编《水西简史》，贵州民族出版社，2011，第 47—49 页。

（三）水西彝族政权主官传承制度的科学性与价值

阿哲部水西彝族政权，从蜀汉建兴三年（225 年）建立罗甸国开始，到清朝康熙三十七年（1698 年）“改土归流”，以家族世袭的方式传承了 1474 年，这在世界政权史上是一个奇迹。创造这一奇迹有方方面面的因素，从其君长袭替的角度进行考察可以发现，一些先进、合理、适应时代发展的官员袭任制度直到今天仍然有很大的借鉴价值。

“安氏世长水西，其受命于中朝，为蛮长，为罗甸王，为姚州刺史，为顺元宣抚使，为贵州宣慰使，为水西宣慰使，号凡六更，而于其国常自称趣慕。”[①] 在这近 1500 年的历史上，其主官一任连接一任地袭替，没有发生过重大篡夺事件，也没有引起过外来政权的争夺、战争，其中，推举、选拔、任用贤能官员十分关键。

单是其君长的袭替方式，就很能说明问题。

父子传承。子袭父位的传承方式，是水西君长更替的主要方式，也是历史上许多政权都采用的方式。但是，父子传承大位，各个民族却有具体的不同。中原汉族政权中皇权主要是传给大儿子即太子，无子或太子出了问题才会选择其他适合的人选。水西政权的传袭却没有明确地规定传承给大儿子或者小儿子，无论儿子排行如何，都会选择最有德行和能力的那一个来接替大位。另外，由于彝族君长们的继嗣观念，一般不多生孩子，生育一至两个儿子后就不再生子。之所以有这样的思想观念，一是他们认为要培养的是狮子而不是羊群，二是为了避免在传承大位的过程中出现不必要的斗争与流血事件。这些做法，保证了水西君长位置的传承基本上能够稳定、长久。在后期，虽然也出现过一些争位的情况，但是都未能直接影响主要传承方式的接续。

---

① 贵州省毕节地区地方志编纂委员会点校《大定府志》，中华书局，2000，第 977 页。

夫妻传承。这在明代的水西政权中就有多次。如霭翠妻奢香，因为儿子年幼尚不能袭职，便代袭贵州宣慰使职。《明实录·太祖高皇帝实录》记载："洪武二十二年十一月壬午，云南水西土官奢香遣使贡马。赐其使人、把事、通事钞有差。"同样地，安万钧的妻子奢播也曾经因为儿子年幼代袭摄事；安尧臣妻奢社辉也代理过一段时间的宣慰使职责。

兄弟传承。这在安万钟兄弟之间最为明显。根据《明实录》的记载，安万钟死而无子（一说是安万钟子阿写尚幼），"其三从弟万镒宜袭"，结果在权力斗争中被掌权人物以族中他人冒名安万钧告袭，经过一番周折之后，安万镒才得以袭职。嘉靖七年（1528年），安万铨借袭；嘉靖八年（1529年），正式袭职。阿写即安仁于嘉靖十八年（1539年）任宣慰使至嘉靖二十六年（1547年）卒，安万铨又第二次任贵州宣慰使。安疆臣与安尧臣之间，也是兄弟传承。

叔侄传承。前述安万铨与安仁为叔侄，他们传承贵州宣慰使职的情况，属于叔侄传承，也是归其原位。另外，安仁死后无子，传位于安万铨之孙安世，也属于这种情况。《明史·土司传》载："（崇祯）十年，安位死，无嗣，族属争立。"《大定府志·水西安氏本末》：载"（崇祯十年四月）（朱）燮元及巡按御史冯晋卿至大方，相其形势，乃罢十二州及诸堡。乃令万铨之孙世袭职以延恩，世寻卒，子承宗袭宣慰使。"这都是发生在1637年的事情。

宗支传承。芒部和水西是兄弟分支，各掌一方。根据彝族谱牒记载，笃慕的24代孙杓雅妥生三子："长为妥取汝，次为妥芒部，幼为妥阿哲。妥取汝早逝，妥芒部居左，妥阿哲居右。"妥阿哲就是水西阿哲部祖先，与芒部是兄弟。因此，两支一宗在出现乏嗣的情况下，可以互相派遣亲属前往承袭职位。四川省凉山彝族自治州也有水西安氏的宗亲，那里土官乏嗣时，水西也曾经派遣亲属前往继承职位。

有坚持宗支内部亲属传承的原则，又有比较灵活、以德和能为主的主官推举和选任方式，水西彝族政权的传承制度既符合朝廷的规章制度，也适应地方稳定发展的要求，因此，水西主官推举选拔基本上是以选贤任能为主要标准的。同时，水西彝族土官甚至是整个彝族土官多以少子、优育为目标而不崇尚多子，这也较好地避免了兄弟之间为争夺权位而可能发生的相互残杀。如乏嗣，则从亲支中选择继承人。这一做法更有利于选出有德行和能力的人来主持大局，也避免了众多无谓的纷争。

这些制度与文化，保证了水西彝族阿哲部的政权能以家族世袭的方式传承1474年，而安万铨能两次袭任贵州宣慰使之职，甚至其孙辈还被推举为宣慰使，就不奇怪了。千岁衢的修筑体现了安万铨独到的长久眼光和发展战略，錾刻《千岁衢碑记》颂赞其有千岁之福寿也是人心之所向和历史的必然。

第六节 《水西大渡河建石桥记》与标准正体韪书

彝族创造了彝文，古彝文、传统彝文常常被称为"韪书""爨字""爨文""书组"等。本文所说的"韪书"，主要是指传统彝文书法，包括字形、字体等方面的内涵。传统彝文是指现在还在传承和使用的古彝文，它区别于1980年颁布的凉山规范彝文。彝文有几种书写字体，有没有标准字体，有没有书法系统，这是至今都没有认真系统地研究过的课题。

明代的《水西大渡河建石桥记》是目前发现的彝文字数最多的石刻文献，共有彝文1972个。作为最有权威性的彝文载体，它的字体也是古代彝文文字的范本。

（一）对标准与规范文字的追求

人类创造文字的最初目的是记录语言，以便跨越时空的局限性进行思想交流。文字的发明和创造被人类学家摩尔根视作人类进入文明社会的主要标

图24 《水西大渡河建石桥记》彝文碑额
（王明贵 摄）

图25 《水西大渡河建石桥记》汉文碑额
（王明贵 摄）

志之一。在中国的古老传说中，仓颉造字时发生了非常激烈的事件：“天雨粟，鬼夜哭。”孔子是中国的文化圣人，被许多代帝王封赐之后成了“大成至圣先师”，然而他也有认不得的字，民间传说“仓颉造字是一石，孔夫子读了九斗六”。彝族创造自己的文字“彝文”，是中国的“两个半”自源性文字之一。彝文至少在汉代就已经是成熟的文字体系。彝族用彝文创作了大量的彝文古籍，包括纸质文献、金铭、石刻、碑记、摩崖等。目前，能够见到的最早的彝文实物有发现于赫章县的汉代的《祖祠手碓》和发现于大方县的蜀汉时期的《妥阿哲纪功碑》等。

文字在使用过程中，会发生一些变形、异化等现象，进而造成各个地方使用的文字存在很大的差别。因此，秦始皇在统一六国之后，就实行“书同文，车同轨”，把不同国家使用的异形文字全部用官方使用的小篆统一起来，完成了中国第一次文字规范与改革。随着历史的变迁和文字的发展，汉字的写法也在发展变化着，到了汉代，朝廷根据当时使用汉字字体的实际情况，錾刻了《三体石经》立于京城，作为标准字供学习者临习。汉字有系统的书法发展历史，专门就楷书体系而言，晋代的王羲之之于楷体字、唐代的颜真卿之于宋体字、宋代的秦桧之于仿宋字等都作出过贡献。直到现代，于右任还编写了《标准草书》。可见，对文字标准的规范，是人们一直追求的目标。

彝文也出现过类似的情况。根据有关专家的研究，彝文的创制和规范大致经历了六个时期：原始母系社会时期的恒也阿默利是“第一次搜集、整理、研究和发展彝文的代表”；吉禄是“第二次搜集、整理、研究和发展彝文的代表”；娄师颖是“第三次搜集、整理、研究和发展彝文‘书卷’的代表”；密阿迭是“字圣”，是“第四次搜集、整理、研究和发展彝文的代表，对彝文发展的影响极为深远”；汉晋时期的举奢哲是“第五次搜集、整理、研究和发展彝文的代表”，唐代的阿畸“是彝史上第六次搜集、整理、研究和发展彝文的代表”。[①] 但是，由于彝族历史上没有统一的国家政权，也就没有强力推行“书同文”或者刻立“三体石经”来规范统一文字的政治基础和国家机器，所以，直到中华人民共和国成立后的1980年才有了第一个由国务院颁布实施的《凉山彝文规范方案》。规范彝文只有819个字（包括一些辅助符号有1165个），而据《滇川黔桂彝文字集》的统计，彝文（包括这819个字）一共有87046个字。[②]

那么，在上千年的传承发展过程中，就没有一个标准的彝文规范？确实没有。有没有一个能够代表传统彝文的书法作品呢？有，这就是《水西大渡河建石桥记》，碑刻的拓片被收入了《增订〈爨文丛刻〉》，后来又被收进了《彝文金石图录》（第一辑）、《明清彝文书法汇辑》和《𨸏书编年史》等书之中。

---

① 易谋远：《彝族史要（上）》，社会科学文献出版社，2000，第36—49页。

② 滇川黔桂彝文协作组编《滇川黔桂彝文字集》，云南民族出版社，2004。

（二）各种载体彝文字形发展考略

彝文从创制发展到当代，从长短、方圆、高矮、横竖等字形上看，有地域上的明显变化。但是如果参照汉字书法中篆书、楷书、隶书、行书、草书等书体的标准来考察，则变化不大，主要还是以楷书形式的字体为主。《水西大渡河建石桥记》的彝文字体，就是类似于汉字楷书的彝文正体字。

从载体实物上的彝文发展变化来考察，金铭、碑刻、木刻与铜版、手抄与印刷直至电脑彝文，有一个纵向的连绵不断的承续过程，从中可以探看彝文字形发展演变的情况。

从《彝文金石图录》和《彝文刻石译选》中收录的金铭彝文来看，可以对彝文字形的发展演变有一个整体的印象。

如，秦汉时期的益那印（也称“夜郎王手印”）的字体，西汉时期的《祖祠手碓》铸文上的彝文，明代成化二十一年（1485 年）铸刻的《成化钟铭》彝文，彝文字体的变化不大，都是方中带圆的彝文正体书。

从摩崖、碑刻、石刻上的彝文来看，汉代时期的《俄索尼摩崖》，明代时期的《新修千岁衢碑记》《水西大渡河建石桥记》，民国时期的《李氏碑记》等，其彝文书体仍然是以方形为主，个别字体还有圆形样子。

从刻本出版物上的彝文来看，清代木刻本《摩史苏》、清末民初《法倮字典》与《纳多库瑟》上的彝文，字体也是方形为

图26 《水西大渡河建石桥记》彝文全碑拓片

主，圆形字形已经很少。

从手抄本古籍的彝文来看，今存清代的《西南彝志》抄本与当代布摩的手抄彝文古籍，清代的抄本以方正彝文为主，当代的抄本中云南以横扁形为主、贵州以正方形为主、四川以竖立形为主，字形上有比较明显的区别。

从古彝文发展到今天彝文计算机输入法软件的开发成功，首先是四川凉山的规范彝文进入电脑彝文制作时代，其次云南、贵州也分别开发出了适用于本区域的电脑彝文输入法软件。彝文字形的变化，也进入了以各地传承的彝文为基础的快速发展时期。同时，基本形成了云南的扁体、四川竖体和贵州方体的字形。①

从以上简要的梳理中可以发现，彝文在创制时期和使用的早期，字形基本上以正方形为主，略带一些圆形。经过两千多年的发展，字形有了地域上的区别。也就是说，从早期的基本的“书同文”演变成了现在的“书不同文”。

（三）《水西大渡河建石桥记》在彝文演变史上的历史方位

《水西大渡河建石桥记》是收入进《增订〈爨文丛刻〉》中的名字，它在《彝文金石图录》（第一辑）中则被命名为《水西大渡河建桥碑》，其原彝文碑名直译为《黄岩啸雾罩河建桥碑》，在《赫章彝族辞典》中又名《糯努溢抖匹》《大渡河桥碑》等。碑记刻立于明万历二十年（1592 年），在贵州省大方县鸡场和黔西县林泉交界处的大渡河桥北，有彝文和汉文碑各一通，现在两碑皆收藏于大方县奢香博物馆。彝文、汉文碑形制相同，高 178 厘米、宽 73 厘米。彝文为著名布摩阿哲遮麦书写，汉文为贵州宣慰使司宣慰使安国亨撰文。行款精准若绳墨规范，竖行横排略无差错，排列十分精当；彝文结体疏密有致，形体端庄，用笔灵走飞动，方折圆融兼备，顾盼生姿，如井田中茁壮成长之禾苗，又如方形体育场中大型表演方阵；书法标致生动，寓刚于柔，

① 王明贵：《彝书简史》，载《奥吉戈卡彝学研究》，中国文史出版社，2013，第 193 页。

亦庄亦谐，当奉为彝文正书圭臬。有论者认为这是彝文隶书，实为不经之论。

图27 《水西大渡河建石桥记》碑额拓片

图28 《水西大渡河建石桥记》拓片之一

从彝文字体演变、书法发展的历史方位上来讨论《水西大渡河建石桥记》，有以下三点是必需彰明的。

一是此碑正处于彝文字体承前启后的发展时期。在宋代以前的彝族发展史中，中原正统朝廷对彝族地方的统治，主要采取的是“羁縻”制度，到了元代以后则主要采取土司制度，而土司制度的正式建立实际上是在明朝时期。明代是彝族历史发展的重要时期，因此，这一时期的彝族文化发展中吸收汉族文化的元素渐渐增多。这些汉文化中，自然会有汉字书法的影响，《水西大渡河建石桥记》是彝、汉文各一通的情况，正好是一个有力的注脚。而从现在发现的彝文碑刻的单碑字数数量来看，《水西大渡河建石桥记》有 1972 个彝文单字，比名列第二的《李雨铺四棱碑》的 1856 个彝文单字要多 116 字，至今也还没有发现比此碑字数更多的碑刻。单从这一点上来说，它是一座高峰，而从彝文字体或书法的角度上看，它是一个关键点。此后，彝文正方形字体的发展，都是此碑的字形，没有什么大的改变，它作为承前启后的关节点是十分突出的。

二是此碑对彝文字体的发展有起横框竖的作用。根据孔祥卿《彝文的源流》及其他专家的研究，黔西北、滇东北一带是彝文的发祥地，也就是说古彝文是从这里产生的，这也得到贵州省威宁彝族回族苗族自治县的中水考古遗物中发现的殷商时期的陶刻符号可以用彝文来进行识读以及夜郎时期遗留的铜印上有古彝文的留存等情况的佐证。[①] 而《水西大渡河建石桥记》发现于黔西北的大方县，它的字体主要是正方形、正体，属于古彝文发祥地的正宗传承。换句话说，流传到滇东北之外的云南省的其他地方的彝文，和四川省、广西壮族自治区等地的彝文，都是从这里发展出去的，属于支脉、异体。因此，要书写正宗的彝文正体字的时候还要以黔西北地区和滇东北地区的传统彝文作为准绳，它对云南省传承的横体形式的彝文有起横的重任，对四川省传承的竖体彝文有框竖的大责，而此碑正是彝文正体的代表作品。

图29　《水西大渡河建石桥记》彝文开头部分（王明贵 摄）

三是此碑有“左顾右盼”的作用。它的地位一旦确立，作用一旦突显出来，可以对滇、川、桂等西南彝族地区的彝文字体和书法的发展演变进行“左顾右盼”式地纠误、匡正，也就是说，凡是要书写正体彝文，必须以黔西北地区的《水西大渡河建石桥记》为模范和评判标准，才可以判断出字体是否偏离正宗，出现偏差和错误，一

① 孔祥卿：《彝文的源流》，民族出版社，2005。

旦发生谬误，就要对照此碑的字形、书法给予纠正。虽然历史已经发展到当下，此碑地位还没有完全确立，因此它的历史方位也还没有被人们所认识，这就是今天要对其进行深入研究的必要性所在。

图30 《水西大渡河建桥碑》拓片之二

图31 《水西大渡河建桥碑》拓片之三

图32 《水西大渡河建桥碑》拓片之四

图33 《水西大渡河建桥碑》拓片之五

当然，以上三点所说明的，还只是外在的因素。真正能够确立《水西大渡河建石桥记》作为标准正体韪书地位的，是它的字形与字体。

（四）《水西大渡河建石桥记》作为标准正体韪书的基本要素

传统彝文是表意方块字类型。根据丁椿寿等专家的研究成果，彝文有象形、形声、指示、会意等造字方法，有通用、假借等用字方法。[1]

由于此前没有关于彝文字体、书法专门研究的理论，从书法的角度来讨论标准彝文书法中的正体字，还有许多理论障碍。但是，一切理论都是在实践的基础上提炼和思考出来的成果。彝文正体字正是因为没有标准，才需要从《水西大渡河建石桥碑》的写字、书法实践中去探求、总结、提炼并加以升华。

构成一个字的基本要素，首先就是线条，就是平常所说的笔画。有了笔画即线条，还要把它转化成各种各样的形状，再把这些形状不同的线条按照一定的规则搭配起来，形成一定的框架结构，这就形成了文字。文字的首要任务是实用，但是还必须美观。实用方面的研究是文字学、语义学的任务，美观方面的研究，就是书法学的任务。这里主要从书法学的角度，来探讨《水西大渡河建石桥记》作为彝文正体字的标准与规范问题。因此，在这里将选择此碑文字的笔画的样式问题、线条的粗细问题、搭配的疏密问题、结构的松紧问题、字形的方圆问题、字样的大小问题等几个方面，来对照《水西大渡河建石桥碑》的彝文进行研究，再参照一些其他的碑刻、纸质文献，来说明此碑能够成为彝文正体字标准与规范，也就是书法意义上韪书正体字标准的理由。

字形方正。这是最为突出而重要的字体形象。全碑字体形象基本上是正方形，有少数是正方形外围略带圆形。参照其他明代的摩崖刻石，如《新修千岁衢碑记》，也是整篇字体以正方形为主，略带圆形。参照明代成化二十一

---

① 丁椿寿：《彝文论》，四川民族出版社，1993。

年（1485年）铸刻的《成化钟铭》的彝文，字体也是以正方形为主略带圆形。可见，正方形字体是明代韪书的主流形象。再往前追溯，秦汉时期的《益那印》、西汉时期的《祖祠手碓》等金铭，也是这一类型的字体。顾及云南明代文献，《劝善经》木刻本的字体虽然已经有扁平形态，但是离正方形字体的形态还很近，而国家图书馆馆藏的《献药经》还是正方的形体。[①]四川的清代木刻本《玛牧特依》也是正方形的字体。只不过因为云南和四川的这些文献上的字体，方形的形体特征更为突出，较少带圆形的意味，因此美观的程度远不及《水西大渡河建石桥记》，当然品鉴时韵味就要差一些。所以，《水西大渡河建石桥记》的正方形字体，无论是在历史的方位上还是在地理的区位上，都具有广泛的代表性。

图34 《水西大渡河建桥碑》拓片之六

图35 《水西大渡河建桥碑》拓片之七

① 国家图书馆古籍馆主编，杨怀珍编《国家图书馆藏彝文典籍目录（附图录）》，中华书局，2010。

图36 《水西大渡河建桥碑》拓片之八

图37 《水西大渡河建桥碑》拓片之九

笔画多样。《水西大渡河建石桥记》中的笔画多样，由于它的文字是彝文碑刻类作品中字数最多的，可以说彝文所具有的笔画都能在其中找到。根据丁椿寿、席克定、王正贤、王明贵等的研究成果，彝文的笔画有点、横、直、折、撇、捺、弧、曲等基本笔画，而以弧和曲两种笔画为最多。① 而这八种笔画在此碑中都具备而且十分丰富，没有缺少的笔画。

线条匀称。组合成字的线条尖嘴阔尾、头重脚轻、横轻直重等情况不突出，线条整体上不过粗或过细，但是能够看出有精细的波磔变化。起笔和收笔，能够体察到用笔变化有致，不是齐头齐尾，或放任笔墨而成飞白、墨猪、蜂腰、鹤膝等病态笔画。云南的一些手抄本文献字体，其笔画的横轻直重十分突出。而四川的手抄文献字体，则多有始终粗细不变如刷漆般湿重的笔画，墨色过分浓重，这也许与所用的不是毛笔而是竹笔等自制笔有关。

① 王明贵：《贵州古彝文书法刍议》，载《奥吉戈卡彝学研究》，中国文史出版社，2013，第251页。

疏密适当。没有所谓的疏可走马、密不透风的情况，笔画之间没有过疏或过密，距离适中，没有参差不齐、疏阔无垠、拥挤不堪的情况。一字之中，大多数笔画之间是等距离的。

结构紧凑。偏旁部首之间和笔画部件之间的长、短、偏、斜、堆、插、重、并、向、背、孤、单等结体协调，框架稳重，不松散偏斜，敧歪敧散。

大小适合。一篇字的大小，从开头第一个定型，一直写到中间和末尾，最大的字和最小的字之间不出现比例过大的情况，字形大小变化不明显，没有过大或过小的字体。这也是正体字书体的一个重要特征。

（五）为什么可以将《水西大渡河建石桥记》树立为正体彝书标准

除了以上诸多内因和外因外，把《水西大渡河建石桥记》树立为正体彝书的标准，还有以下几点考虑。

一是水西地区处于黔西北腹地，是彝文专家们确认的古彝文发祥地的核心区域，这里传承的彝文是彝文发展的直系真传，它是由著名的布摩书写。同时，由于有传承人布摩的神圣职能为匡正的准则，传承正宗。这在前面已经有所论及。

图38 《水西大渡河建桥碑》拓片之十（落款部分）

二是这一碑刻以石刻的形式留存，不易发生字体的改变。而中国古代有把正体文字刻石作为模范供人们学习文字的传统，例如汉代的《熹平石经》也就是《三体石经》，它就是为了人们方便学习汉字。此前，秦代的《石鼓文》也有为人们方便学习小篆而刻石的考虑。

三是此碑是目前发现的字数最多的彝文碑刻。字数多，一是单字数量上的字多，二是各种各样不同的字体的涵盖面广，字形多样，写进这一碑刻中的字样也多。没有一定的数量，提供学习、参照的字必然有限。《大定府志》中记载的“韪书”数量是“一千八百四十有奇”，这是唐代时期韪书的数量，发展到了明代，肯定已经不止 1840 字。如果除去重复的部分，《水西大渡河建石桥记》的单字数量，可能还不到 1840 个，但是它已经是现在发现的明代的碑刻中最多的了。

四是此碑的内容，记载水西阿哲氏族的历史发展，从开天辟地、六祖分支、默德施发展默部、妥阿哲开创基业，水西家族收缴租赋有“木刻竹简，多如柴堆”的壮观景象，一直到安国亨时期修建大渡河桥的壮举，内涵十分丰富。这就好比王羲之写《兰亭集序》，不但其书法是行书的范本，而且其内容也是文学作品名篇，互彰其美，流传千古。

五是水西彝族政权在贵州中西部地区统治时间长达 1474 年，而明代正是政权稳定、文化繁荣的时期。政权的持续稳定保证了文化的平稳发展，这也是这一地区彝文字体发展变化较少的一个重要的外部因素，因而保存了较多的古代文字字样，是正宗字体得以传承的政治保证。体现在韪书的形成与传承方面，就形成了权威性的字体字形，即以《水西大渡河建石桥记》为标准的正方形字体。

图39 《水西大渡河建桥碑》末尾部分

（王明贵 摄）

丁文江先生编纂、罗文笔先生主译的《爨文丛刻·甲编》中，所搜集的唯一的彝文碑刻是千辛万苦得来的《新修千岁衢碑记》，这一碑记是明代水西地区的产物，也是彝文碑刻中较有代表性的一种。然而，在马学良、罗国义先生编审的《增订〈爨文丛刻〉》中，除了保留已有的一通碑刻之外，只增加了《水西大渡河建石桥记》一通，其中重要的考虑，显然就是这一通碑刻的极高的历史文献价值、书法艺术价值，以及它有极高代表性。通过与同时期其他碑刻，以及与滇、川等省的彝文文献的比较，这一碑刻作为标准的彝文正体字，包括正体彝文书法即题书的作品是适宜的。

《爨文丛刻·甲编》作为第一部搜集、整理、翻译和公开出版的大型彝文古籍汇编，其学术价值和在学术史上的开创意义是极高的。《增订〈爨文丛刻〉》作为《爨文丛刻·甲编》的升级本，提升了原版本的学术价值。从目前情况看，《爨文丛刻》公开出版的版本有5个，但究其实，只有两个本子，即“甲编本”和“增订本”。《爨文丛刻》收录的内容大略可以分为经书类和非经书类，内容十分丰富而深厚，有丰富的历史、哲学、宗教、文学和艺术等方面的研究价值。本课题的研究只是其中的一小部分，其多元、丰厚的内蕴还有待各方面的专家深入开掘。

第三章　《爨文丛刻》经书研究

开展对《爨文丛刻·甲编》和《增订〈爨文丛刻〉》的多方面研究，是引领学界进入彝文古籍广阔天地的基础和门径，比研究任何一部单一的彝文古籍更有价值、更加直截。选取某一方面开展深入研究，也是认识彝文古籍价值的重要突破口和视角。本研究以《增订〈爨文丛刻〉》中的经书为研究对象（暂时不含其他的碑刻、史籍等），通过对其中的《献酒经》《祭龙经》《解冤经》《指路经》《呗麾献祖经》等以五言诗歌句式为特征的诗体经书和《玄通大书》《武定罗婺夷占吉凶书》等散文体经书的形式和内容的研究，从文学特别是文学人类学的新角度，开辟一个认识和研究彝文古籍的新途径，让学术界从更加宽广的视野中重新判断和认识数量巨大的彝文古籍的价值，这对丰富文学人类学的材料和理论具有十分重要的学术意义。同时对发掘彝文古籍的多方面价值对地方经济的发展与和谐社会的建设也具有重大的现实意义。

本研究的主要内容包括：《爨文丛刻·甲编》和《增订〈爨文丛刻〉》概述、《增订〈爨文丛刻〉》经书的类别、《增订〈爨文丛刻〉》经书的主要内容、《增订〈爨文丛刻〉》经书使用的人文生态、《增订〈爨文丛刻〉》的文学价值等。

本研究的基本思路和研究方法：本课题研究采取阅读彝文原文，参照汉文译本，对照诗歌体裁和文学人类学理论的基本思路，采用文献法梳理已有研究成果，必要时采用田野调查方法勘查《增订〈爨文丛刻〉》经书的人文生态。

本研究的重点难点：重点在介绍《增订〈爨文丛刻〉》经书的内容，特别是要对《献酒经》《祭龙经》《解冤经》等的彝文内容和已经翻译成汉文的内容进行认真比较，结合彝族历史发展和社会发育的情况，参照彝族风俗习惯的变迁，较为准确地概括出它们的内容；难点在如何运用人类学特别是文学人类学的方法研究彝文古籍中的经书的价值。

本研究的基本观点：认为《增订〈爨文丛刻〉》的研究还没有从多方面展开，其中的经书具有多方面的价值，从新学术视角看，除了已经做过介绍的价值外，特别具有文学的价值。随着人类学学科的发展，研究者越来越重视地方性的知识，学术界的东方转向和人类学转向给研究少数民族古籍带来了新的视角——从文学人类学的角度研究古籍和民族文化。因此，创新思维方式，用新的方法和工具开展对《增订〈爨文丛刻〉》的研究特别是发掘其文学价值是一项创新性的课题。

第一节 “百经之首”《献酒经》研究

彝族几乎所有重要的仪式都会把吟诵《献酒经》置于首位，《献酒经》作为一种重要的彝文经籍堪称“百经之首”，但是至今没有专门对《献酒经》的研究，只是在一些著作中有少数介绍性的文字。作为一种重要的经籍，《献酒经》被搜集在《爨文丛刻·甲编》中，该书于20纪30年代由上海商务印书馆出版发行，影响很大。20世纪80年代出版的《增订〈爨文丛刻〉》，体例上更加完善，内容上更加充实、精练，却又保持了《爨文丛刻·甲编》的内容。因此，在研究以“爨文丛刻”为名的这两部彝文经典著作的时候，只选择《增订〈爨文丛刻〉》就可以全面反映它们的内容。

《增订〈爨文丛刻〉》在出版时被分为上编、中编和下编三大册，上编中的彝文古籍有《训书》《古史通鉴》《金石彝文选》《献酒经》《祭龙经》《解冤经上卷》《解冤经下卷》《指路经》，中编里的彝文古籍有《玄通大书（一）》，下编中的彝文古籍有《玄通大书（二）》《武定罗婺夷占吉凶书》《呗耄献祖经》。这些彝文古籍，除了《训书》《古史通鉴》《金石彝文选》三个部分外，都是彝族传统宗教经籍。其中，《玄通大书》占据了2/3的篇幅。

《玄通大书》是彝族日常占算、预测、择吉、祈福、禳灾等所用的一部通书。彝族日常生活或者重大的事务，如婚姻、丧葬、造屋、祭祀等，都要根据已有的基本情况、条件等去对应地查找《玄通大书》中相应部分的指示，并最终得出办理这些重大事务或日常事务的日期、用物、牺牲等。因此，《玄通大书》主要是帮助彝族选择办事吉日、吉期的。从主流文学研究的角度看，价值并不突出。但是，从文学人类学的角度上看，具有很大的研究价值。本研究重点放在《增订（爨文丛刻）》的其他经书上，即《献酒经》《祭龙经》《解冤经上卷》《解冤经下卷》《武定罗婺夷占吉凶书》《指路经》《呗耄献祖经》。

本文以《增订〈爨文丛刻〉》中的《献酒经》为主要对象，与其他《献酒经》进行比较研究，既对它们进行分类，也分析它们的主要特点。

（一）《献酒经》的概念及其翻译、研究现状

《献酒经》彝语为“直吼署”（dʑʅ^{21}xɤ^{33}su^{33}）、“直吼”（dʑʅ^{21}xɤ^{33}），是彝族日常生活、传统信仰（包括原始宗教信仰）和一般生活仪式中，给祖先、神灵等敬献祭酒时所吟诵的献辞。这类献辞有口头传承的口语形式，也有写作成彝文经籍形式的《献酒经》。口语形式的《献酒经》，有民众经常使用的，也有彝族宗教专职人员布摩使用的。也就是说，这是彝族中不分职业身份都可以使用的普遍的献辞。彝文经籍形式的《献酒经》则主要是布摩使用，使用的场合一般是比较庄重、严肃、正式的，而且多数情况下是在正规的家庭仪式和中型、大型仪式上使用的。

从人类文明史发展的一般情况看，语言的产生早于文字的出现。因此，

口语传承的《献酒经》应该早于彝文文本形式的《献酒经》。而口头形式的《献酒经》是在彝族有祖先祭祀观念、神灵观念的时候，就伴随着彝族的原始宗教仪式和日常生活祭祀而产生了。

口头形式的《献酒经》，即一般的“直吼”，在古代彝族家庭中，几乎所有的家长都会。例如，贵州省纳雍县新房苗族彝族乡河头村，共有 4 个村民组，是一个纯彝族村寨。这里的彝族每年过节特别是过彝族十月年或者春节的时候，在除夕夜吃晚饭之前、初一天亮前和初三天亮之时，都举行一个小型的供饭仪式。在供饭之前，先要选取五种树枝、一块洁净的石灰石烧烫，用五倍子树搭个门，摆上祭品，燃上香烛。男性户主舀一瓢清水在烫石上进行洁净仪式之后，即开始献酒，一边祭洒，一边念诵《献酒经》，对天、地、火、门、祖先、年神及有关神灵进行祭祀。这种口头形式的《献酒经》根据各地、各家族、各个具体家庭的情况不同，内容会有一些变化，特别是祭献本家祖先的部分，往往区别很大。而开头祭献天、地、火、门等神灵的部分则大致相同。这也是这类口承形式的《献酒经》变异性大、不容易形成固定的文字文本的一个主要原因。

随着彝文的发明应用，以及对日常应用的口头知识的重视和记录，《献酒经》从口头的传承向文字记录本形式发展，形成了口承《献酒经》与文字《献酒经》两种形式共同存在的现象，一直流传到当代，仍然广泛地在彝族聚居地区存在。同时，历史发展到清代以后，彝族布摩从统治集团中“兹、莫、毕”三位一体的结构中失去了统治政权，成了专门的传统知识的主要传承人，特别是传统宗教（包括原始宗教和日常民间信仰）的专职人员，文字形式的《献酒经》几乎成了布摩专用的经籍，而且是应用最为广泛的经籍。因此，在收录比较全面的《中国少数民族原始宗教经籍汇编·毕摩经卷》[①] 中，除了

① 黄建明、巴莫阿依主编《中国少数民族原始宗教经籍汇编·毕摩经卷》，中央民族大学出版社，2009，第 2、4 页。

滇南地区的经籍中收录有一部《献酒经》[①]和黔西北地区的有一段关于《献酒经》简介文字外[②]，其他地区的经籍中都没有收录《献酒经》。这一方面是因为归类的问题，一方面是因为《献酒经》的使用场合极为普遍，几乎所有与祭祀祖先和神灵相关的仪式中都首先有一个献酒的仪式，而且都需要念诵《献酒经》。《彝族原始宗教研究》第八章《宗教文化论——彝族原始宗教祭仪祭经研究》之“滇南彝族原始宗教祭仪祭经概述”中的“献祭类”一节对滇南地区的《献酒经》作了简介。[③]《彝族传统信仰文献研究》在“布摩经书”部分的第一章《丧事祭祀时布摩用的迎布摩与献酒经类经书》之“献水、献茶、献酒经书举要”一节中对东部方言区黔西北地区的一种《献酒经》作了简介。[④]这些都是专著类作品对《献酒经》的介绍，多是出于文献分类和内容简介的形式。作为提要类型的著作中，一些关于彝族的辞书中对《献酒经》有介绍，例如《彝文典籍目录·贵州卷（一）》[⑤]《彝文经籍文化辞典》[⑥]《中国少数民族古籍总目提要·贵州省卷（毕节地区）》[⑦]《国家图书馆藏彝文典籍目录》[⑧]等。但是，直到目前为止，还没有一篇专门研究彝族《献酒经》的论文或者研究报告。

① 黄建明、巴莫阿依主编《中国少数民族原始宗教经籍汇编·毕摩经卷》，中央民族大学出版社，2009，第696—700页。

② 黄建明、巴莫阿依主编《中国少数民族原始宗教经籍汇编·毕摩经卷》，中央民族大学出版社，2009，第545页。

③ 张纯德、龙倮贵、朱琚元：《彝族原始宗教研究》，云南民族出版社，2008，第282页。

④ 王继超、余海：《彝族传统信仰文献研究》，贵州民族出版社，2010，第11页。

⑤ 贵州省毕节地区彝文翻译组搜集整理《彝文典籍目录·贵州卷（一）》，四川民族出版社，1994。

⑥ 马学良主编《彝文经籍文化辞典》，京华出版社，1998。

⑦ 陈乐基、王继超主编《中国少数民族古籍总目提要——贵州彝族卷（毕节地区）》，贵州民族出版社，2010。

⑧ 国家图书馆古籍馆主编，杨怀珍编《国家图书馆藏彝文典籍目录（附图录）》，中华书局，2010。

最早以翻译形式向外界介绍彝族《献酒经》的是丁文江编纂、罗文笔翻译的《爨文丛刻·甲编》，这部经典彝文古籍翻译名著把《献酒经》作为彝族宗教经籍的第一部来进行编纂、翻译，不是毫无根据的编排，而是根据《献酒经》在彝族传统宗教生活中往往是开篇所用的经籍的实际情况作出的合理决定。同时，这也反映出了《献酒经》使用的首要性质和普遍情况。关于首要性质，指的是几乎所有的献祭仪式开头都是献酒仪式；就普遍情况而言，指的是所有的布摩几乎都有一部《献酒经》，而且口承形式的《献酒经》在传统彝族社会中家家户主都会、个个男人能诵。因此，也可以毫不夸张地说，《献酒经》是彝文经籍中数量最多的一类。

其后的翻译，有《彝族传统信仰文献》中收录的一部，有《中国少数民族原始宗教经籍汇编·布摩经卷》的一部，有《彝族原始宗教研究》的一部。在其他一些经书如《载苏》等之中，也有专门用《献酒经》的翻译。

（二）《献酒经》使用的仪式场合及使用方法

1. 通用《献酒经》与专用《献酒经》

口承的《献酒经》在一般的家庭祭祀和家族祭祀中用得最多，或者是年节祭祀时念诵，或者是做寿时念诵，或者是订婚礼仪、共同在过年时献祭同一祖先时使用，没有固定严格的文本，因事而定。在此略而不论。

文字文本的《献酒经》，几乎每一个布摩都有一部，如果算上各种仪式经籍中所包括的“献酒”内容的经籍，可以说有的也有数部、数十部，根据仪式的不同选择不同的《献酒经》使用。一般来讲，每个布摩都有一部比较通用的文本。同时，在不同仪式所用的经籍中又含有“献酒”的内容，这些“献酒”也是另外一种形式的《献酒经》。

从《献酒经》使用的仪式场合来看，可分为通用《献酒经》和专用《献酒经》两种。

从布摩们所拥有的《献酒经》的类型来看，通用《献酒经》用于一般的日常祭祀、仪式，用于婚礼、节庆、祭祀山水等，属于“红事”和一些普通祭祀。而夹在其他经籍中的《献酒经》则根据所使用的情况的不同而不同，例如丧葬仪式有许多程序，则每一道程序都有一段“献酒”的经文，这一类型的《献酒经》要与具体的《丧祭经》等经书结合起来才有意义，而且必须请布摩主持丧祭等大型、中型仪式时才能使用。例如，在丧祭大经《载苏》中，就有专门的一节“丧事献酒”。① 在丧礼中念诵的这种类型的《献酒经》，是非常庄重严肃的献酒仪式，必须由布摩来主持和念诵，而且往往有助手“布汝”一起帮助念诵。特别是举行大型的“尼目”即祭祀分支大典时，还要请多个布摩共同主持，每一道程序一般“献酒”的内容与经籍内容紧密结合。这类《献酒经》也称为“白事”用《献酒经》。第一种类型的《献酒经》，大多数会合订为一部，可以称为“通用《献酒经》”；第二种类型的《献酒经》，可以称为“专用《献酒经》”，有单独为一册的，也有合订为一部的。

“红事”用一类“献酒经”，有《进新房献酒》《招魂献酒》《年节献酒》《吉禄谷献酒》《苟哺漏献酒》等。“白事”用一类“献酒经”，有《用牲献酒》《献早饭酒》《献晚饭酒》《丧祭献酒》《丕筛献》《指路献酒》《祭祖献酒》（其中又有用于“尼目”“法替”“丕筛”的区分）、《禳解家园献酒》，具体祭祀各路自然神灵如山神、地神等的“献酒”。②

通用的《献酒经》少则有十几章，多的有几十章。专用的《献酒经》，有的就是一章，有的则根据仪式程序的多少和需要献酒的次数而定，结合经籍的内容，有的有数十章。

2.《献酒经》的使用方法

《献酒经》的使用方法，根据仪式情况决定。从仪式情况看，丧葬祭典、“尼目”大典所用的《献酒经》都是专用形式的《献酒经》，而婚礼和日常祭

---

① 王子国、王秀旭、王秀旺：《载苏》，贵州民族出版社，2006，第 17 页。

② 黄建明、巴莫阿依主编《中国少数民族原始宗教经籍汇编·毕摩经卷》，中央民族大学出版社，2009，第 545 页。

祀所用的《献酒经》则是通用《献酒经》。专用《献酒经》一般都与所使用的经籍一并念诵完整，不得掐头去尾、断章取义。而通用的《献酒经》，由于其中的每一章包括一种仪式所需要的内容，所以可以根据具体的仪式进行选择使用。

因此，专用《献酒经》必须结合仪式、祭祀物品和仪式经籍使用。专用《献酒经》往往在仪式程序中需要配合一些必要的祭祀物品使用，有的程序还有献茶、献水，特别是丧祭中的献早饭、献晚饭等是一种早祭、晚祭的代称，因此这时结合早祭和晚祭所念诵的"献酒经"，往往被称为《早祭献酒》《晚祭献酒》等。在给祭祀对象献牺牲时，还有《献牲献酒》等。

而通用《献酒经》则根据仪式要求选择一种适合的单独篇章使用，这是用全文和用单篇的区别。同时，在通用《献酒经》的作用过程中，还可以根据事主的要求，专门用开头部分，或者中间的一部分，或者用开头部分和结尾部分。

3.《增订〈爨文丛刻〉》中的《献酒经》的归类

《增订〈爨文丛刻〉》中的《献酒经》，是一部比较完整的传统经籍。这部经籍的原件现在已经无法找到，其原作是当年随同翻译本子一起寄给丁文江先生的，还是由罗文笔先生保存在自己手中的，已不可得知。罗文笔先生曾经信奉基督教，根据基督教的有关要求，这部彝文经籍会不会被毁掉了，也不能确证。即使这部经籍与《爨文丛刻·甲编》的其他经籍一起被保存下来，除非是进入国家馆藏之中，否则恐怕在历经将近80年的历史后，也已经毁坏了。

从《增订〈爨文丛刻〉》中的《献酒经》的内容来看，这是一部通用类型的《献酒经》。整部经籍一共分为22章：第一章，追叙酒的起源，颂扬献酒礼仪的兴起，对比描述不献酒之时和献酒之后的黯淡转为光明，夸耀献酒的好处。第二章，向年神、月神献酒，叙述彝族先民开始定年月，分四季。第三章，向灵君、灵臣、灵师、灵男、灵女等"灵神"献酒，彝族先民认为有

"灵神"庇佑，就事事顺利，所以要奉献灵神。第四章，向天神、地神、山神、原神、树神、石神、岩神、水神、雨神、淫神、光神、雾神、洞神献酒。第五章，向天、地、日、月、星、云、风、雨、山、水、树、石的十二位女神献酒。第六章，向山神、原神献酒。第七章，向屋后的靠背山、屋前的脚踏山、左方的青龙山、右方的红虎山献酒，以"求权势，守疆域"。第八章，向武神"卡苦乖骂色"（英武大元帅）献酒，祝告战斗胜利。第九章，向猎人的祖师道觉觉道朵朵献酒。第十章，向主宰消灾的神灵献酒。第十一章，向接受祈福许愿的神灵献酒。第十二章，向天神耿努献酒。第十三章，向威荣神献酒。第十四章，向有知识的密奢哲、特莫广、堵喏哺、密哪塔诸神献酒。第十五章，为祈求做生意顺利而献酒。第十六章，为祈求狩猎有好运而献酒。第十七章，向主管农时节令和保护庄稼的神献酒，祝愿农业丰收。第十八章，向庇护人的余娄神献酒。第十九章，向司主福门的楚苦神献酒。第二十章，向主管吉祥的神灵献酒。第二十一章，献酒祝告，不让病害危及人、畜和庄稼。第二十二章，向福禄神献酒。①

4.《增订〈爨文丛刻〉》中的《献酒经》与其他《献酒经》比较

《增订〈爨文丛刻〉》中的《献酒经》，属于彝语东部方言区。与同一方言区的其他同类经籍或者其他方言区同类经籍相比，既有共同之处，也有不同之处。

例如，与同属于东部方言区的贵州省威宁彝族回族苗族自治县李荣林布摩抄写的《献酒经》② 比较，李荣林抄本对没有献酒之前的各种不良情况的描述较为细致，特别是对要献酒的对象策更纪、黑堵府、武阿匹、额阿匹等都有交代；对献酒之后出现的各种良好现象和改观也有生动的描述，其中还有许多关于乌撒地区彝族君长历史的记述。而《增订〈爨文丛刻〉》中的《献酒

① 马学良主编，罗国义审订《增订〈爨文丛刻〉》（上册），四川民族出版社，1986，第216页。

② 现收藏于贵州省毕节市彝文文献翻译研究中心。

经》则是直接对祭祀对象献酒，没有过多地交代文献发现地水西的历史状况。这是水西文献的《献酒经》与乌撒文献的《献酒经》的一个重要区别。

又如，《增订〈爨文丛刻〉》中的《献酒经》与南部方言区的《献酒经》比较，南部方言区的《献酒经》之前，有很长的一段描述因为没有采到好茶，献茶给君长、大臣、布摩、人民喝，结果君长不行令、大臣不办案、布摩不祭祀、人民不耕种。后来采来好茶献给君长、大臣、布摩和人民喝，君施政、臣理案、师祭祀、民耕种。布摩再献酒和盐、粮、蒜等给山神、坝神等诸神，它们才庇佑人类，驱除病疫、邪秽、灾难、风暴等。[①] 其中，献茶的内容占据了整部《献酒经》的很大一部分内容，把献茶的对象和献酒的对象进行了对比。

在以上两例中，第一例的比较是属于通用类型的《献酒经》的比较，而第二例中南部方言的《献酒经》则是选择自流传于滇南彝族尼苏人的《祭龙经》之中。[②] 然而可以发现，其中对诸神献酒的内容部分是大同小异的，但在结构形式上的区别，就是说第二例中的《献酒经》是一部专门仪式即祭龙时所用的经籍中的一个部分。但是，滇南彝族人凡是举行祭祀活动，只要献酒献饭，布摩都要吟诵此经书。这就说明此部《献酒经》可能是从单独的通用类型的形式，被搜集编纂进了专门仪式所用的《祭龙经》当中。可见，《献酒经》在一定的情况下，通用的类型可以转变为专用的类型。

（三）从《增订〈爨文丛刻〉》中的《献酒经》与其他经籍的比较中探看《献酒经》的特点

《爨文丛刻·甲编》因为出版的时间较早，在20世纪30年代一出版就获得了广泛的赞誉，其影响扩展到海外，被日本学者认为是彝学走向世界的标

---

① 黄建明、巴莫阿依主编《中国少数民族原始宗教经籍汇编·毕摩经卷》，中央民族大学出版社，2009，第696页。

② 马立三、普学旺主编，普学旺、杨六金、梁红、普璋开、罗希吾戈译注《云南民族古籍丛书·祭龙经》，云南民族出版社，1999。

志。而《增订〈爨文丛刻〉》比《爨文丛刻·甲编》又更加充实、完善、经典，其影响力不言而喻。因此，从《增订〈爨文丛刻〉》中的《献酒经》分析彝族《献酒经》的特点，无疑具有很广泛的代表性。

第一，彝族《献酒经》根据所祭祀的对象不同，相应地分为不同的内容，这些内容可以合并在一起形成一部适用面广泛的经籍。对其中的不同祭祀对象，可以单独列出一章、一节或者一个标题，供祭祀具体的对象时念诵。一个个具体对象所使用的“献酒经”汇集在一起，去除在“白事”场合中使用的专门经书，就形成了通用的《献酒经》经籍。

第二，在各种专门的祭祀仪式上，要使用专门的《献酒经》。这类《献酒经》可以从通用的《献酒经》中转变而来，但一般不能将专用的《献酒经》转换为通用的《献酒经》。专用的《献酒经》也有两种形式：一种是在大型的丧祭大典和“尼目”大典上使用的经书中的“献酒”，这类“献酒经”往往与专门的经籍如《丧祭大经》(《载苏》等)、《尼目大经》结合在一起，没有独立的文本。一种则是有独立文本的《献酒经》，如前述的《用牲献酒》《献早饭酒》《献晚饭酒》《丧祭献酒》《丕筛献酒》《指路献酒》《祭祖献酒》等。

第三，《献酒经》是一种诗歌形式的文本，句式是标准的五言一句句式，通篇基本上都用五言诗歌体写成，文本形式整齐，有音韵格律。

第四，凡举行正式的祭祀活动，特别是要献各种食物、牺牲等的时候，都要吟诵《献酒经》。凡正式使用《献酒经》，一般都要由布摩来主持使用、吟诵。凡使用《献酒经》，都要用吟诵的方式。造诣高深的布摩，往往可以用吟唱的腔调来唱诵《献酒经》。

第五，通用类型的《献酒经》，可以只选用其中的一章、一节，即与祭祀对象所需要的那一部分的内容，或者加上开头和结尾部分。

《献酒经》内容丰富，可以从多个角度进行研究，从新的学术视野挖掘其深厚的内涵。但是对《献酒经》专门的研究极其稀少，需要引起学界的重视，并进行深入广泛的研究。

附录：《增订〈爨文丛刻〉》中的《献酒经》译文[①]

（一）

献酒啊献酒，哎里出现了知识，献酒的礼仪传遍天下。高大的银树花蓬蓬，广阔的金海浪滔滔，随着奠仪兴起之后，打开了封锁着的知识，迎来百花盛开、禾苗畅茂、谷穗丰实的好景象，酿酒的方法就此传开了。

从前不曾献酒。昂首望高天，日月不发光，星辰不闪亮，黑漆漆一团，昏沉沉一片；举目观大地，寒暑不调和，一年四时的气候反常，夏秋二季分清楚，直博的山顶，莫博的山腰，林岩笼着雾罩。先种了果树、果子不成熟；后种了桑树，也不能养蚕收茧。池里养鱼呢，鱼苗也不繁殖。热蒙妥体的杉树和椆树，枝叶互相拥挤，都凋谢垂头了；尼姆耿根的尼、能二家，却互相闹起纠纷起来。拜谷楷戛的歌舞场上，舞蹈者们束手不展了。赤叩君、皮聂君不能施政；必于臣、必迭臣不能行令；实楚师、乍穆师不能祭祖；工匠阿娄、阿迭，有口说不清，有心不灵便。姑娘们不会织布，小伙子们不会打铜。

当初造天的老祖说：搞不好是因为有冤愆。远古的人类、先出现实氏。实道妥一世，妥梅梅二世，梅梅知三世，知雅俄四世，俄赫赫五世，赫赫汁六世。传到这一世，开始来做酒。有哎哺的男子、女子，从宇宙的后边，转到宇宙的前边，采摘酒曲香花，作成药曲以酿美酒。用银缸酿酒，用金盅接酒，安放于宇宙之中。策耿纪喝了，获得长寿；亥堵府喝了，获得高龄。献酒的礼仪多么兴盛，献酒的效用可真灵验啊。

如今有了完备的献酒礼仪。献了酒之后，昂首望高天，日月放光辉，星辰也闪亮；放眼观大地，寒暑调和了，四季分明了，夏、秋二季相适应了。

---

① 马学良主编，罗国义审订，贵州省毕节市民族和宗教事务会修订《增订〈爨文丛刻〉》（上册），四川民族出版社，2017，第227—293页。

直博山顶与莫博山腰的雾罩散了。先种的果树，树大果成熟；后种的桑树、桑茂蚕多丝；池中养了鱼，水深鱼繁殖。热蒙妥体的杉树和椆树，枝叶舒展开来，不相拥挤了。尼姆耿根的尼、能二家不闹纠纷了。拜谷楷戛的舞伴们，挥手起舞了。赤叩君、皮聂君来施政了；必于臣、必迭臣来行令了；实楚师、乍穆师来祭祖了。工匠阿娄和阿迭，能说会道、手巧心灵。姑娘们会织布，小伙子们会打铜。这一切好处，就是给诸神献酒的灵验。

（二）

年神月神啊！清酒奉献给你们。当远古之世，哎产于天内，尼、能的根底很好。呗博耿奢哲从树木的开花结果去观察季节的推移，看年月由旧换新，分辨大月小月；又看年界和春、夏、秋、冬四季的司主。旧年过后新年来，春三月到了，青帝尼慕纪主管东方。春去夏又来，夏三月到了，赤帝能米府主管南方。夏去秋又到，秋三月来临，白帝吐慕塔主管西方。秋去冬又来，冬三月到了，黑帝哪慕根主管北方。一年分四季，四季轮回转。

亥支恒的任务是定年界，划月界，分昼夜，辨时刻。年君想好条理，月臣来定名目，一年四分明，这是献酒获得的尊荣。

（三）

祝年之后又祝灵，献酒到此啊。

灵君密赤叩，灵臣密必于，灵师密实楚，灵工告阿勒，还有灵女痂亥作，灵男作给启。

灵树生在天上，树枝伸延布于地上。

在麻力俄戛，灵马行如飞，直跑到立姆妥钟。灵甲，穿起来令人精神振奋。

天成佳偶娶灵妇，人道发迹生灵子。有神灵庇佑，才得安居乐业。有所作为，都是灵的作用；有所生长，都是灵的根源。呗耄掌握主人获得吉祥的事，以此获得吉祥。先有当家的主妇，是贤美的儿媳，戴着亮煌煌的凤冠，又有强力的儿子，披着光闪闪的坚甲。圈里拴着马，骑灵马以代步；栏内关着牛，使灵牛以耕地。女的管事务，男的去打仗，骑着灵马飞奔，穿起灵甲格外威武，使着锋芒锐利的灵戟，无往而不胜。灵灵乃奠其基，耕乃享其业。

用清酒一盅，奉献给灵神沽神。

（四）

请到十二神，向诸神献酒。天神俄阿普，地神俄阿妣，山神吐姆物，原神舍勒斗，树神吐纠觉，石神舍乌勿，岩神昂哪笃，水神卑鲁厄，淫神哺齐齐，雨神洪寡寡，光神珠梅梅，雾神闹叩克，洞神啥渠渠。请诸神享受献酒。

（五）

母啊十二母，清酒奉献与你们。天母姆敌宏，地母启鲁打，日母局迫勒，月母宏米呢，星母姐寡寡，云母迭舍舍，风母恒楚楚，雨母洪叶叶，山母博宏鲁，水母液和卦，树母舍武珠，石母裸喳垮。

母啊十二母，天地给人们的威福，日月给人们的光明。热热闹闹的，又是轻轻松松的。舅舅出门，外甥跟着找袋子，装的满袋子，就是这样做的啊！清酒奉献给诸神。

（六）

山神原神啊，献酒给你们。人类还没产生的时候，山和原先产生；人类还未形成的时候，山和原先形成。山好比人类之父；原好比人类之母。山儿生在山里，抬头望高山，山生得不错；原儿生在原里，放眼望平原，原生的不差。山生山儿，原生原儿，应该祭奉，到明天后天，有祭牲奉献，给山神喝热血，给原神吃肥肉。

山君实阿武，原臣勺鲁谋，山师博实吐。

山女吐姆物，原男舍佐瓦。九山是男家主，八原是婆与媳。

山神原神啊，献酒给你们。

（七）

山神与石神，献酒到此啊。

高的靠背山，低的踏脚山，左有青龙仙山，右有红虎灵山。青山点头含笑，红石迎面相识。蛇蟠伏在石墙洞里。权势有所求，疆域有所守，有荣耀可喜。

山神石神啊，献酒到尊前。

（八）

英武大元帅，献酒到此啊。

在麻力俄戛，天军和地军，日日夜夜的，两军驻扎于营垒。天军巡高地，地军查坝上。男打仗女管事之时，众妖埋头潜伏了，地洞里闹喧喧的，诸怪纠尾不动了，只听到流水潺潺；黑脸的鬼祟，和许许多多的魑魅以及凶神恶煞，都远远避开，转到日月边上去。他能避开枪头，他能封住弓箭，就是这样做的啊！

请享受献酒。

（九）

古老时候的道觉觉和道朵朵二位，献酒到他们啊。

所有的土地上，一切狼都不让进来；所有的土地上，一切虎都不让通过。若是狼来了，道觉觉蹲在诺娄岸，嗖嗖地发出银箭，狼个个倒了；若是虎过呢，道朵朵伏在诺娄岩，嗖嗖地发出金箭，虎个个倒了。

在山上坝上，不分白昼与黑天，有这两位大猎手相伴地把守着，该给他们献酒啊！

（十）

掌握解冤大权的主宰，你可要关照这一家，镇守着庭院，使一家庆吉平安。一切瘟疫疾病，教它们远远离开；一切明灾暗灾和罪孽过错，教它们远远退避。打官司闹口舌的事要消除。牛死猪瘟的事远远避开啊，人病长眠的事远远离去啊。

在洼地谷地，在山中坝上，不让猛虎嚎叫、经过；不让毒蛇在那里爬行。豺狼要到那里来叫，就不让它来叫。老鹰降到地面，叫它爪子脱落；野猫跑出洞来，叫它嘴巴梗塞。

爬得快的蛇要把头碰伤，偷盗的要断脚，骗人的烂舌头，贪色者要被挖眼睛。很会置家业的财产多，勤于耕种的粮食足，牛马羊遍山岗。生的猪仔如鱼苗成群，孵的小鸡如蚨蚨纷飞。一母生十仔，十母生百仔，百母生千仔，千万数不清，就是这样啊。

灾祸消除了，福寿来临，献酒以祝告。

（十一）

一切许愿，献酒以酬。你愿神为大，愿坛首先受到称颂。许愿要天知地晓，望风调雨顺。树子力量薄弱，有藤子缠住就牢实了。人的力量不大，许愿有神灵保护，就兴旺起来了。

许愿的头绪可多。有许岩上钉桩方便行人的愿，钉桩要稳。有许水岸上点火利于夜渡的愿。爬行岩路愿我顺利通过，横渡长江愿我顺利渡通。许愿希望娶妻生；许愿希望娶媳抱孙，还希望奴仆繁衍。又有治山辟坝愿，骑马登镫愿，金银财宝愿，延年益寿愿。还有妇女坐月、卧房平安愿。还有年灾月灾消除愿。一切许愿，献酒以酬。

（十二）

耿努和耿糯，献酒到此啊。从前有且末末和舍物物一对，在天宫里辅佐策耿纪，其后下降到凡间，就是耿努和耿糯。

天与地的耿努，到二层天来，到二层地来；福与禄的耿努，到福三门来，到禄三门来；沽与能的耿努，到密洪鲁来，到特壳液来；土与地的耿努，来到好地，来到乐土。这里杀牲的场地很宽，祭荐的场地很广，请耿努吃佳肴，请耿努饮美酒。耿努耿糯啊！献酒给你们。

（十三）

威荣的神灵，献酒到此啊。

在麻力俄戛，以天威为首。银威高伸着银项，金威大展着金翅。威荣消除疾病，驱除疫病。

我方威荣如老鹰，对方威荣如雏鸡，老鹰抓雏鸡，一个也挣不脱。我方威荣如猛虎，对方威荣如野鹿，猛虎吃野鹿，一个也跑不掉。

在力姆妥钟，我威高如大山，深如溪谷，善于经营的财物充裕；勤于耕种者粮食富足。是这样做啊。（托庇佑于威荣的神灵），献酒到尊前。

（十四）

他们有启口权，献酒到此啊。

知识的启口权，如银色花瓣，如金色花朵。荣权花朗朗的，华权嫩葱葱的。身体之权端端正正的。

文神与武神，是一对权神。长寿比神龟，遐龄如青松。（他们是）密奢哲、特莫广、堵喏哺、密哪塔。在他们当中，尽管是自己没有到过的地方，人们不知道的他知道，人们没听到的他听到；人们不认识的他认识。要这样才好啊。献酒以祝福。

（十五）

买卖要顺利，献酒以祝福。明天和后天，在集市的四处，买方和卖方当面议价，做成了一桩桩生意。双方议定价钱，有立文约为据的。

买卖关系载于文史。别人尊敬我的威荣，是因我有金银财帛，家大业大，十全十美。

买卖讨价还价，卖主心软了，买主就可以择优购买了。

别人不到之处，买卖归我把持，谁也竞争不过我。比方摔跤教他折腿，角斗教他脱角，识货教他眼瞎，议价教他结舌，想不想买卖，教他倒向我方。要这样做啊！献酒以祝福。

（十六）

狩猎望好运，献酒到此啊。

过一些日子，狩猎的一天，在高山上设置窝弓，让弓杆弹起来，锁住野兽；在深谷里设置套索，套子收口能把野兽套住。或者安着大弩，弩发如天空火闪，或者用锋利的梭镖刺杀野兽。

猎人运气好，猎获活的野兽，把它杀来祭古弓，给弓上涂热血，又将煮熟的肉去祭。这由于虎豹中了箭，獐麂落了网。是猎人左手张银弓、右手搭金箭而猎获的。树上的小鸟，云里的老鹰，都给射中了。就是这样做的啊！献酒来祝告。

（十七）

司主农时节令的神，向你献酒啊。

过了些日子，到耕种的季节。但愿坳上的庄稼不遭风灾，坝上的农作物不缺雨露。地边不让蛇来蟠伏，田边不让鼠来打洞。保护庄稼的神，望你好好保护，使庄稼茂盛，不遭虫害，看守庄稼的神，望你好好看守，雀鸟见到有神看守，它就不敢来害庄稼。

大田稀株莫费秧，以免插秧手的腰部发疼。

禾苗长起来就出穗，出穗就结籽，结籽就成实。收割要遇晴天，扬干簸净要顺风行的方向。

大仓小仓都装满了，大房小房都足实。种得多、收得多就经得吃，吃陈粮要接上新粮。必须这样做啊。

主管农时节令的神啊，请享受献酒。

（十八）

所有的余娄神，都向你们献酒。请到余娄九十九，请到余娄六十六，请到余娄三十三。

在麻力俄戛，余娄除掉病魔，余娄退了瘟神，余娄压倒豺狼的威势，掩住老虎的咆哮。

呗耄操持着主人获得吉祥的事，主人以此得到吉祥。一切伟大的、崇高的福运，要把一切围拢来的守住，收拢来的管住，该首先祭献你。献酒的言辞为你祝寿，献酒的声音给你颂威。因此献了酒，万事都通顺。献酒给你啊。

（十九）

楚苦福门神，荣华而美丽。你可以看见三道福门：寿考的福门，爵禄的福门，哎哺的福门。在德本城内，有金银的福门；在姆左于底，有茶米的福门；在能沽城内，有丝帛的福门；在呢米阿左，有牛羊的福门；在能法阿左，有盐椒的福门。九十道福门，由乃慕君长主管；六十道福门，由署舍臣子主管；三十道福门，由洪约师主管。另有福门十道，在自由民和奴隶居住的地方，但普通老百姓不是人人都能享受的。

有福运的人家，青燕栖止在福门上，呢喃地叫着。福门大大开，财宝拥进来。若是老鼠钻到福门框上，吱吱地叫着，福门紧闭，就不出财啰！有六神把门将和四司守关兵镇守着的。就是这样做的啊！特为此献酒。

（二十）

福门的吉祥之神，给你献酒啊。

在河山壮丽的境域里，君施政，臣行令，都吉祥顺利，他们是博学广识者，治国有良策。师人祭祖也吉祥顺利，有高大的威荣。百姓和奴隶们也是吉祥顺利的。总之，所作所为，一切都好。就是这样的啊，在此献酒，向吉祥之神祝告。

（二十一）

吉祥之后遇到病害，这里要说到病害。

策耿纪、亥堵府，将病害到处撒播。若是病害撒播到人间，奴仆百姓们的头不要疼痛；病害撒播到家禽家畜，鸡犬也不要互相斗殴；病害撒播给禾苗，庄稼不要长枯萎。必须这样做啊，献酒以祝告。

（二十二）

病祸去了福禄来，福禄神啊，献酒到此了。

福树有三株：一株在高处，给慕吐铺享福。一株在低处，给楚哪蒙受禄。一株在库钟，君来不敢折，臣来不敢攀，民来不敢摸，师人来折了呢，却是福禄。师人的口很灵，所讲的门门应验。典范不移动，典范不变更。献酒以祝福。

第二节 仪式传统中科学知识的理解与传递

20世纪，在人类学逐渐占据了人文学科的中心地位之后，以西方科学为一统的人类知识领域开始出现倾斜。在科学统治人类思想界之前，宗教曾经统治着人类的信仰，无论在西方还是在东方，宗教信仰都曾经是人类精神和知识的主要体系。科学成为人类指导思想的主流之前，宗教的力量长久地固植在人类的精神信仰的血脉之中，无论是系统的宗教信仰的追求，还是民间自动的濡化和多样的涵化。科学知识的创新、学习和普及，再加上宗教的改革和发展，一度成就了西方强国几个世纪的殖民统治。然而，一个意外的反弹，在殖民统治时期形成的人类学，却改变了西方科学知识一统的体系，让以文化为主要认识工具的思想与西方以科学为主要认识工具的思想出现了一次新的抗衡。许多科学无法解释的事象，必须用文化的解释才能得到合理的答案。具有反讽意味的是，它使科学反对宗教的潮流，重新取得了一种用宗教来弥补科学的功能。以人类学文化解释为主的人文科学与以科学实证为主的自然科学一起，重新建立了一种各自的话语体系，成了人类知识的两大主流。同时，许多科学知识的理解和传递，却又是在人文生态语境中，在对各种仪式及其经籍的传承中获取，而这些过程常常是一种濡化而非教化。“神话的科学基石”的论点[①]，正是从这样的事实中得来的。对彝族《解冤经》的仪式与经籍的考察，可以加深对这个过程的理解，证明科学与人文之间的递相互补，在传统的生态仪式之中，是完全可以同时出现的。

---

① 潘定智：《神话的科学基石——马克思神话理论的意义》，《贵州民族学院学报》1983年第1期。

（一）彝族对人与神灵之间反常关系的认识与《解冤经》的产生与分布

万物有灵的思想，是对神话、仪式和风俗进行研究之后，由西方学者泰勒提出来的。弗雷泽在《金枝》中的研究，使万物有灵思想有了一个全面的展示。在彝族传统社会中，万物有灵的思想至今仍然具有强大的社会基础，是彝族传统信仰的根基，因此彝族的传统宗教表现为原始宗教的形式。即使在今天，外来的宗教占据了彝族社会中很大的一部分信仰空间，万物有灵的宗教信仰形式也还具有很大的群众基础和传承空间。[1] 在彝族万物有灵思想中，万物之灵与人之灵的完全对应的体系，是两种生命世界之间的对应，是在世界这个巨大的生态系统之中的平等的灵物。因此，他们之间是完全可以影响对方的生存与死亡、快乐与疾病、生活与转移等各个方面的。因此，一个人的生存、病痛、反常、恐惧、怪梦、死亡等各个不平常的事象，都有与相对应的事物、灵怪、神明或者鬼魂有直接的关系。遇到什么样的奇怪事情，就要寻找引起这一反常现象的原因，是这个完整的世界系统中的什么事物导致了这些异常事件的发生。在寻找原因、消灭这些根源的时候，就有了请布摩、苏尼等神职人员，或者日常生活中能够与神灵沟通的人，及时消除引起异常事件的根源或者已经出现的祸患，让人恢复到正常的人间生活中来。彝族的许多仪式和经籍，都是为了解决具体的事件而产生和使用，不是一般的读物，也不作平常的消遣。《解冤经》就是这样的一种经籍。

彝族认为，人有不幸的遭遇和发生不寻常的事情，是受到鬼祟的纠缠，是与鬼魅灵怪结下了“冤愆”，要举行相应的仪式，念诵相关的经文来禳解。这类经籍通称为“以陡署”，即《解冤经》。《解冤经》从大类上分，可以分为“丧事禳解类”和“日常禳解类”。“丧事禳解类”是人去世后，为把亡灵在人间所结冤愆解除，或祓除所受污染，而举行“解冤仪式”念诵的《解冤经》。

① 张纯德、龙倮贵、朱琚元：《彝族原始宗教研究》，云南民族出版社，2008。

“日常禳解类”则是彝族在日常生活中遇到异常事件发生、遭遇病痛等非正常情况时，延请布摩举行仪式解除冤业或所受污染时念诵的《解冤经》。这两类《解冤经》不能混用。

“日常禳解类”《解冤经》一般又分为两类：一类是禳解经，彝语称为“漏署”，是为个人消灾而念诵的；一类是扫送经，彝语称为“斗署”，是为一个家庭乃至家族清扫灾异而念诵的。[①] 例如《爨文丛刻·甲编》和《增订〈爨文丛刻〉》中的《解冤经》，是搜集于20世纪30年代的贵州水西地区的经籍，现在已经很难找到原件。这部《解冤经》是目前向外界介绍出去的最早的彝文经籍之一，全书分为两卷，上卷属于“漏署”即禳解类经籍，共有17章；下卷属于“斗暑”即清扫类经籍，共有22章。

在具体所受到的各种不同的灾异、不幸、冤业、鬼魅等时，还要选择使用不同的针对具体怪异事件、灾难事件的《解冤经》，这些《解冤经》又有具体不同的名字。因此，《解冤经》既是这类经籍的通称，有时候也是这类仪式用书的具体的名称，而作为通称使用的时候居多。这是因为各部《解冤经》的章节内容不完全一致，有的收入了各种具体解冤仪式的经籍，有的则只是一种解冤仪式用书。这就造成了彝语各个方言区的《解冤经》，虽然功用相同，却有不同的称谓。有的把解冤功用与其他功用混合在一起，有的则又是单独的解冤功用的用书。所以这一类经籍的内容丰富，称谓多样，不同地区的称呼又与不同功用的称呼相混杂。

例如，北部方言区的驱邪禳鬼类的《解冤经》有《解冤愆》《解冤孽》[②]《除秽经》《洁净经》《驱鬼经》《防癞经》等。[③] 东部方言区的驱邪禳鬼类的《解

---

① 马学良主编，罗国义审订《增订〈爨文丛刻〉》（上册），四川民族出版社，1986，第344页。

② 黄建明、巴莫阿依主编《中国少数民族原始宗教经籍汇编·毕摩经卷》，中央民族大学出版社，2009，第303页。

③ 黄建明、巴莫阿依主编《中国少数民族原始宗教经籍汇编·毕摩经卷》，中央民族大学出版社，2009，第1页。

冤经》有《移灾经》《局卓布数》《家园禳解经》《消除灾难经》《排灾解难经》《排解灾难经》《禳解灾难经》《解灾经》《去灾经》《消灾经》《退灾经》，[1] 以及《实勺以陡数》[2]《赫大以陡数》等。[3] 南部方言区的驱邪禳鬼类的《解冤经》有《祛禳经》《驱妖秽经》《驱死邪经》《驱射乍弄经》《驱死魔邪经》《驱邪经》《驱诘邪耐邪经》《驱病疫经》《埋葬吵骂神经》《反击咒语经》《驱害虫经》等。[4] 东南部方言区的驱邪禳鬼类的《解冤经》有《召沽经》《驱村寨瘟疫神经》《祭地气经》《甩邪经》《赶邪经》《祭柱经》《解邪法事经》《解凶邪法事经》《邪与洁隔离经》《殴打横阻邪经》《祛污经》《驱体内污秽经》等。[5]

各种灾异与不幸所需要使用哪一种具体的仪式和具体的经籍，一是根据事主的具体遭遇而定，二是根据布摩对事主遭遇的判断而选择相应的经籍，两相结合，才能选出有针对性的经籍，进而起到相应的作用。其中，当然也不乏选择一部通用的《解冤经》来解决一类事件的情况，例如“漏署”类通用于禳解，而“斗署”类通用于清扫。但是这种情况，只有在道行较为浅的神职人员中才会出现，这也是检验布摩水平的一个重要方面。

（二）解冤仪式与《解冤经》的应用

“日常禳解类”《解冤经》的两大功用，即“漏”——禳解和“斗”——清扫，是用于生活在世间的人类的活态仪式用经籍。功用不同，其仪式用物也不相同。

这两大类经籍，由于其所产生和使用的地域不同，内容也有区别，有的

① 王继超、余海：《彝族传统信仰文献研究》，贵州民族出版社，2010，第 203—213 页。

② 陈大进译著《实勺以陡数》，贵州民族出版社，2009。

③ 陈大进翻译《赫大以陡数》，贵州民族出版社，2013。

④ 黄建明、巴莫阿依主编《中国少数民族原始宗教经籍汇编·毕摩经卷》，中央民族大学出版社，2009，第 5 页。

⑤ 黄建明、巴莫阿依主编《中国少数民族原始宗教经籍汇编·毕摩经卷》，中央民族大学出版社，2009，第 6—7 页。

多一些，如，贵州省威宁彝族回族苗族自治县猴场镇阿铺氏李布摩旧抄本、今存贵州省毕节市彝文文献翻译研究中心的475号藏书《局卓布数》(意为“这家园作禳解”)，有47章之多。[①] 又如，贵州省威宁县板底乡雄英村龙天福布摩家清朝道光二十四年（1844年）借法戈氏抄本、贵州省毕节地区彝文翻译组藏书529号《家园禳解经》，全书共49个标题，总书名后又分为两大类，借神力总述下有向布摩神、三大根源、三天神左右、与所祭神、祖灵、家神、宗祠神、山坝神、土地神、布摩神、宇宙神借神力，经有手段的布摩，对祸祟、恶行、败坏、疾病、犯哭、癫狂与诅咒、犯重丧、落荒鬼、饿鬼、畜鬼、不祥之兆、凶星、行为不端、冬季不祥之兆、缠身鬼、年月克星、年月煞、年月关口、年月污秽、年丧月丧犯灾难、犯禁忌日期、盔矛灾、寿命灾、精神灾、威势灾、福禄灾、知识灾、命运灾、魂魄灾、富贵灾、刺眼灾、凶杀灾、神位灾、本命年灾等进行禳解、破除、驱赶，反映彝族旧时万物有灵观念与化解灾祸习俗。[②] 有的少一些，直接不分标题或者章节的《解冤经》也不少见，只有几个章节的也有。

1. 解冤仪式的两个案例

（1）**解身**

在彝族传统社会，个人遇到不祥事件，要举行俗话所说的“解身”仪式，这就是“漏”的仪式，要用的经籍就是“漏署”。《黔川彝族扯勒土司掌坛师陈作真回忆录》中有一个“解身”的实际案例。

一个人久病不愈，或梦见、遇见不祥之事，如牛羊产怪胎、狗无故绕着房屋狂吠、牛尾绕树、蛇交尾等，必须请布摩解身，驱除邪魔。先请布摩选择期辰，请自己的一个外亲上山去砍盐肤木叉备用。解身时，布摩在需要解身人家堂屋设一法桌，上放香升，里面装一升苞谷，再放上一碗米，米上挽

① 王继超、余海：《彝族传统信仰文献研究》，贵州民族出版社，2010，第204页。

② 王继超、余海：《彝族传统信仰文献研究》，贵州民族出版社，2010，第209页。

一个茅草束插上，米碗下压例市钱，法桌上放一碗水，香升里插三炷香和三根全削皮的小盐肤木条，法桌两边插三对盐肤木叉，第一对全削皮，第二对半削皮，第三对不削皮，最后横搭一根全削皮的。在盐肤木叉前依次用两根五六尺长的倒挂刺、芭茅草、冬青枝、白蒿搭成四道弓形的门，连同前面三对盐肤木叉称“七道门”。在第一道全削皮的盐肤木叉下插一把张开刃口的向上的剪刀，其余六道依次放弯刀、杀猪刀、切猪草的刀、斧头、尖刀等，刀刃都朝上，用茅草扎一个六尺多长的茅人，用红绿丝线缠在茅人的手上，将茅人放在第一道门下。被解身的人怀抱自己穿过的旧衣服、旧鞋，用茅草挽五个小茅草圈给他套在四肢和头上，将茅人手上的红绿丝线扯出来套在被解身的人的肩上，布摩右手执法棍，法棍拄手处用一张白麻布包起，左手握二三寸长的小盐肤木棍，一根等长的茅草和一根冬青枝，一根长一寸的茅草和冬青枝，木棍上用茅草挽一个草圈，将捆鸡脚的绳子吊在上面，这只手就提起鸡，站在法桌前，将法棍穿在鸡的两脚之间，将鸡定在地上。被解身的人取三片小盐肤木屑在嘴前呼三口气，将其放在法桌上的水碗中看吉凶。如三片都沉下去了，则布摩不高兴，认为法事做了都不起作用，此人被邪魔缠得太紧。如三片都浮在上面，则布摩会很高兴，认为此人被缠得很轻，法事做后就会好。布摩取鸡在手中，把鸡在被解身的人头上从左到右转三圈，意为将邪魔引在鸡身上，然后把鸡定在法棍下。主人向布摩递酒，布摩接酒后向法桌上祭酒，之后开念《献酒经》，念毕，开始念诵《漏署》(《解身经》，即《解冤经》的一种）。此时，帮忙人员去七道门下设一醋坛（洁净仪式用物），布摩用剪刀剪断被解身人身上相连的红绿丝线。将套在人身上的五个茅草圈解下来，给茅人套起，将怀中的旧衣、旧鞋捆给茅人背起，帮忙人员将茅人抬到最后一道门下放起。布摩边做边说：“人人都有过失，人人都有病，今天用茅人替人过失。”念毕就把鸡杀死，取其血从茅人头上淋下。被解身的人就在一道门下打一个醋坛，进一道门就用脚象征性地踏刀刃一下，一直过完七道门。这个过程要重复做三次，第三次才用鞋踏在刀刃上将刀踏翻。然后布摩到法桌前会神，请神归原位。帮忙人员将盐肤木叉等扫出去，被解身人从外进门，在门口打一醋坛后进房休息。[①]

（2）**清彻**

在同一个文本中，还有一个“斗”即清扫——“清彻”（彝语称呼为“斗糯”）的实例。主人认为自己家中总是有人三灾两病的，是邪魔作祟，就请布摩来清彻房屋，驱赶邪魔，家里才得安宁。在堂屋中间设一法桌，上放两碗净水，上用茅草设祖师、师爷的神位，下设一香升，香升里装一升苞谷，上放一碗米，米上插一茅草束把，香升里插三炷香，例市钱压在米碗下。香升两边插上三对盐肤木叉，第一对全削皮；第二对半削皮，削皮方向朝向门外；第三对不削皮，上放一根全削皮的盐肤木棍。在门外院子里设一法桌，下放香升，两边也插三对盐肤木叉，插法同上，只是半削皮的那对削皮的方向朝内。在一个距主人房不远，但又看不见主人房屋处选择一块平地，在平地上设一香升，装一升苞谷，上放一碗米，米上挽一茅草束插在上面，香升上插三炷香，香升下方插三排九根半削皮的盐肤木叉，削皮的方向朝主人房屋的反方向，每对下面都插一根冬青枝，在距此二三米处的右上方，插三根全削皮的四尺长的盐肤木叉和一根当地的小灌木刺老苞，两头削皮，同盐肤木叉一样长。第一根从头削一刀，在中间夹一块石头；第二根刺老苞两头削皮；第三根与第一根同；第四根在头上开一口，夹一小盐肤木棍。传说第一根和第三根代表金瓜（兵器），第四根代表戟。在它下面用二尺六七寸左右的盐肤木做一张弓，用一尺四五的盐肤木做一支箭放在下面，箭搭在弓上，方向朝向远方。布摩叫其徒弟一同到主人灵房前，烧纸祭酒，安慰祖灵说：“今天我要帮助你的子孙清彻屋子，你们不要惊慌，要帮助我一同清彻，将作祟的邪魔清扫出去，保佑你的子孙安宁。”回来后布摩即上法桌，主人半跪向布

---

① 罗勇：《黔川彝族扯勒土司掌坛师陈作真回忆录》，转引自陈世鹏：《黔彝古籍举要》，贵州民族出版社，2004，第 149—150 页。

摩递酒，布摩接酒后即用酒献祖师告秉要做法事，请祖师保佑，然后回递一杯酒给主人，并说道：“主人家心诚，做了这次法事后，一切都会顺利。”主人接酒到法桌前，并半跪饮下。布摩开始念诵《献酒经》，其徒弟则用小盐肤木屑把主人家的箱柜都打开一条缝后塞起，表示把躲藏的各种邪魔都放出来。布摩在法桌上一碗水中烧一张纸钱，左手握两根二三寸长的小盐肤木棍，一根与盐肤木棍等长的茅草和冬青枝，一根长一两寸的茅草和冬青枝，右手执法圈，法棍拄手处蒙一张白布，然后将两手交叉在碗上划几下，转几圈，表示此碗水有法力。主人家均取三块很小的盐肤木屑，从大到小，依次从右手面走向法桌，先用嘴向手中木屑呼三口气，然后把手中一块木屑轻轻地放在水碗中，看是否沉下去，如沉下去，则认为已经被邪魔缠身，但不太深。接着又向手中的木屑呼气，又把木屑放进水碗，看是否沉下去，然后再吹气再放下去。这个放完，下个接上，如三块都沉下去，则严重被邪魔缠身，生命将不保，连布摩见了都不高兴，认为这次法事做了以后不一定会好。如一家人的木屑都漂在水上，布摩就会很高兴，认为邪魔只要清除后，就会安宁的。主人在大门槛外，面朝外半跪，右手端一杯酒反放在肩膀上，布摩执法棍，走到其身后门槛内，伸手取酒，然后转身回到香升前，帮忙人员递给布摩一只捆好的白公鸡，布摩用法棍穿在其捆脚的绳上，然后把法棍插在法桌前，布摩将取来的酒进行祭献，又念《献酒经》，念毕，回递一杯酒给主人，并说主人如何心诚，又如何好，做了这场法事后，一切都能如意了等等吉祥语，主人半跪接酒后到法桌前半跪饮下。布摩开念《清彻经》即“斗署”。念毕，布摩的徒弟手拿一个装有准备好的小盐肤木屑和锤碎的砂锅碎片，布摩同徒弟从厨房开始，从左面到右面追打邪魔，边走边用手取盐肤木屑和锤碎的砂锅碎片打在前，口中要念道：“各种邪魔赶快出来，赶快走，不走我不饶。”各间屋都追打，一起追打到堂屋，认为邪魔已经附在一块木上，成为邪木，然后取二根三寸大小的盐肤木块，一头削尖，一头不削尖，捆在一起。主人的一个姑表亲戚就一手拿着斧头，一手拿半头削尖的盐肤木，在堂屋中央左面搭起梯子，爬到楼上中柱梁上，用斧头背敲中柱三下，边敲边喊主人的乳名："某某某的魂魄出不出？某某某家的魂魄出不出？"下面帮忙的人员要齐声答："出！"上面又象征性在中柱上砍三下，然后把邪木（即一头尖尖的小盐肤木块）从上面丢下来，下面布摩的徒弟用一个竹簸接住，看盐肤木块是否尖端朝向门外，如朝向门外，证明邪神已出；如朝内，则证明未出，要重新上梯子，重来一遍，一直要等到朝向门外才可。看后，又将簸箕盖起，上面又丢下斧头，斧头也要刃口朝外；如朝内，又要重新丢，直到斧头口刃朝外为止。然后簸箕上放主人一家老小的旧衣襟缠成的一小布圈，放一碗饭，将法桌上那碗净水取来放在簸箕上，斧头也放上。主人一家从老到小，从大门右边开始围着簸箕坐成一圈，布摩的徒弟取反搓的麻绳将主人一家老小的手依次象征性地捆在一起，来回捆三次，到最后一个最小的时候，便将线头交到坐在其旁家中最年长者手里。这期间，布摩要说，为什么这样围？这是祖宗的规矩，围起来就能驱走邪魔。布摩念毕，就抽起在法桌前的法棍，其徒弟解开鸡脚的绳子，把白公鸡放在围坐着的右边第一个人处，让鸡围着人走一圈，主人一家老小都依次地取簸箕里的饭和水，在嘴里嚼几下，吐在地上喂鸡。都吐完后，主人取簸箕上的布圈套在鸡脖子上，又取三张纸在自己头上、身上拂三次后从中破一小洞套在鸡脖上，此时布摩要念经籍中的相关内容道："鸡骨十三节，人骨十二节，为人不能没有错，有错怎么办，有错鸡来带。为人不能没有病，有病怎么办，有病鸡来带，病依鸡带去，以后都吉利。"念完，就用剪刀将捆主人老小的麻绳剪成三段，揭起簸箕，将三段麻绳捆在邪木上，其徒弟抓住鸡，布摩把邪木和三炷香捆成"十"字型背在鸡身上，然后让鸡走在前面，后面帮忙人员手执用白盐肤木做成的长尺余的小扫帚（称为金扫帚），在鸡后面象征性的挖、铲、扫到大门外，主人家把斧头丢出来，然后把门虚掩起。帮忙人员在院坝里法桌前三对盐肤木叉下各设一个醋坛，在大门前设一个醋坛。布摩拾起斧子，象征性地用斧子敲门，边敲边说："金银珠宝来，子孙满堂来，福禄寿喜来，六畜兴旺来，此门才打开；邪魔妖怪来，此门不打开。”连说三遍，连敲三次，才将门打开，主人一家老小出门来，依老小在三对盐肤木叉下，打三遍九次醋坛，用那碗净水打，最后每人又在大门口打一次醋坛后就进家，并将大门关起休息。布摩右手拄法棍，左手提鸡，和帮忙人员一起到插有二十七对盐肤木的平坝上，徒弟解下鸡身上的邪木，把它放在弓箭对准的不远处，回来在香升里插三炷香，点一对烛，烧一些纸钱，布摩向神位祭酒，先念《献酒经》，接着念《送邪经》（即“斗署”中解送吃人害人的冤鬼部分的内容）。念毕，把白公鸡杀死，将其血淋在代表武器的刺老苞上（若是土司家做这种法事，则在这里需祭一只绵羊或者一头猪），帮忙人员将鸡肠取出挂在代表武器的刺老苞木上，然后把鸡放在开水里烫一下取出来祭献，又取早准备好的一只猪下巴骨和一只羊角挂在代表武器的刺老苞木上，布摩边挂边说：“这是做的，没有猪用猪下巴代，没有羊用羊角代，并用鸡来祭献你。”念毕，布摩在香升前祭酒，并请诸神归位，回完神，就去休息，帮忙人员则取出预先放在那里的米饭、碗、锅、豆腐、盐、酒等，将祭祀用过的鸡煮吃，并将原来的盐肤木叉捆在一起，用绳捆在附近的大树上，意为这是用过了的法木，不准乱丢。帮忙人员用过的锅、碗、筷子等，不准当天拿回家，用过翻扑在地上，三天后才能取回去。[1]

图40　贵州省毕节市彝文文献翻译研究中心收藏的《解冤经》复印件

① 罗勇：《黔川彝族扯勒土司掌坛师陈作真回忆录》，转引自陈世鹏：《黔彝古籍举要》，贵州民族出版社，2004，第150—154页。

2.《增订〈爨文丛刻〉》中的《解冤经》内容摘要

《解冤经》所产生之地不同，使用的区域不同，内容的差异也较大。现以《增订〈爨文丛刻〉》中所收录的《解冤经》为例，概述一下其主要内容。

《解冤经》(上卷）一共17章，属于“漏署”，它的各章主要内容如次：第一章：怎么会有冤愆，追寻冤愆的根源，是鄂女、莫郎作祟。第二章：收解梦祸与梦灾，禳解不祥的梦兆。第三章：禳解年灾月灾，祈求避免年灾月难。第四章：禳解单双山克灾，因单山克男，双山克妇，所以要禳解。第五章：禳解立惧特罢，因立惧特罢是凶神，要禳解、远避。第六章：禳解白棍黑棍，因妖怪鲁朵用白棍、黑棍打着生人，就发生病痛，要禳解、远避。第七章：禳解迫勒和旺额兴起的灾祸。第八章：祈求南天神灵解除灾祸。第九章：向南天的鲁朵、喜替赎魂，因人的灵魂被妖怪鲁朵、喜替捉去了，就保不住庆吉平安，得念经向它们“赎魂”。第十章：祈求西天神灵解除灾祸。第十一章：向西天的鲁朵、喜替赎魂。第十二章：祈求北天神灵解除灾祸。第十三章：向北天的鲁朵、喜替赎魂。第十四章：祈求东天神灵解除灾祸。第十五章：向东天的鲁朵、喜替赎魂。第十六章：收解一切冤愆。第十七章：用净水清涮冤愆。[①]

《解冤经》(下卷）一共22章，是属于“斗署”，它的各章主要内容如次：第一章：冤祸要解除，意思是指彝族家中出现一切不祥之兆所预示的冤祸，都要很快地禳解、扫除。第二章：解牲畜冤愆，念此经文，希望六畜兴旺，不遭瘟疫。第三章：禳解消除宗冤，指禳解消除祖宗积下来的冤愆。第四章：禳解土地权荒废，指消除农牧业灾害。第五章：禳解立惧特罢，这章经文在上卷中给个人消灾时要念诵，在禳解扫送全家灾祸时也要念诵。第六章：解送吃人害人的冤鬼，祈求远避了它。第七章：解送仇敌冤，祈求克敌

① 马学良主编，罗国义审订《增订〈爨文丛刻〉》(上册)，四川民族出版社，1986，第344页。

制胜。第八章：解送鲁朵的白棍、黑棍，本章在上卷中给个人消灾要念，这里给全家扫送也要念。第九章：禳解癣疥冤愆，希望全家大小不遭癣疥病患。第十章：禳解邪恶冤愆，祈求不遭邪恶。第十一章：禳解鼠冤，祈求消除鼠患。第十二章：禳解穷冤，有一种穷鬼叫“舍署”，人逢了它要“受穷”，要禳解扫送出门。第十三章：禳解祸患冤愆，避免一家遭祸患。第十四章：禳解口舌咒愿，以免“遭官司”或“惹是生非”。第十五章：倔呗搜冤愆，倔呗是彝族先民当中一位“法力”最大、能搜冤除祟的呗耄，要给他许愿、还愿，请他搜索、扫除冤愆。第十六章：收冤祟，把一切冤祟都收了。第十七章：鸡命换人命，用公鸡扫送冤鬼，使凡人清吉平安，叫作“凡人不死，雄鸡替死”。第十八章：驱逐冤愆，呗耄举起杉棍，念此经文以驱逐冤祟，把它驱逐出门。第十九章：割冤索，边念经边割绳子，象征把一切冤愆“割掉”，不让它作祟。第二十章：转扫冤愆，呗耄边念经文，边带着主人一家老小在屋内转圈儿，示意转扫冤愆。第二十一章：关门户，在扫送冤祟之后，把大门关起，念此经文，意思是“人来有门，鬼来无门”“福来有门、祸来无门”。第二十二章：回师，呗耄作完法事，要念此经文，把祖师密实楚、特乍木、密阿迭等诸神送回去。[1]

3. 解冤仪式与《解冤经》的部分阐释

仪式与经籍是一种文化中两个互相不能割裂的部分。经籍依赖仪式而念诵，因为仪式而存在和传承；仪式需要经籍充实和深化，通过经籍得以传达要旨。同时，仪式与经籍共同传承一种完整的文化，在这个文化系统中，要让整个族群或民族理解其中丰富的内涵，或者哪怕只是其中的一部分需要传递的主要内涵。这是一个濡化的过程，在这个过程中，濡化只是一个阶段，

① 马学良主编，罗国义审订《增订〈爨文丛刻〉》（上册），四川民族出版社，1986，第408页。

接受了这个文化的族群或民族成员，要将这些作为一个可以确信、使用和延续的文化传统，无论是科学的、宗教的、迷信的，都要完整地传承下去。这些东西有的是可以理解的、解释的，有的则完全是一种信仰的传承，无须理解也完全没有可能在当时条件下加以理解。因此，相对于科学的解释和论证，许多也许科学的内容却是在宗教或迷信的外衣包裹之下，不加区分地传承下来。对于这些内容，无论是进行科学的理解还是文化的阐释，都是将它们解剖开来，以利于传承下去。

（1）**结怨与解冤**

结怨是人类社会中人际关系的一种不良情况，这种不良情况在彝族传统社会中，还表现为人与神、人与鬼、人与世间生物或无机物之间的关系不良情况。彝族认为，各路神灵与各种生物及其灵魂形成的鬼怪都可能致怨于人。这些致怨有时是人类自己的不良行径、道德缺陷、恶劣心智等引致，也可能是神灵鬼怪无端致祸，索取人类的歆享或报偿。这些结怨可能以某种预兆告诉本人、本家，也可能是已经出现不幸事件才引起重视。为此，既然结怨，为改善生存，身体与灵魂挣脱束缚与怨尤，解冤就是一种通常的选择。这种情况即使在生时没有被发现，也没有举行仪式，在死亡之时，进入祖先发祥地之前，成为家庭祖灵和氏族祖宗之前，必须予以解决。

（2）**罹难与消灾**

罹难是人与邪魔等接触后，已经受到侵害造成灾难事故，但是灾难的根源还没有得到清除，排解灾难是必然的选择，否则还会造成更严重的后果，乃至不断地销蚀财物，危害生命。这是在各种侵害已经明显地危及人类生命与财产之时，进行的解冤、消灾、除难、避祸，它是有明确目的和直接功用的，在举行完成仪式和念诵解冤经籍之后，可以直接使人心情愉悦，从心智上引导本人或者家族积极转向，努力奋斗，创造新的生活。

图41　贵州省毕节市彝文文献翻译研究中心收藏的《解冤经》（王继超 摄）

（3）**污染与洁净**

污染包括遭遇各种神灵鬼怪等无形的污染和遭遇直接可见可接触的各种有形污染。无形的污染需要有各种兆头或者出现异常事件后进行占算；有形的污染是根据常识或者传统文化进行判断，无须测算与占卜，当事人自己就可以决定进行解冤——如举行解身仪式等。污染的直接危害不仅只是身体的，还有灵魂的、道德的、心智的、情绪的。例如，偶遇他人野合，这不但在当时会引起身体的反应，对道德、情绪和习惯法等的破坏也是存在一定的作用的。因此，野合者需要给偶遇人一只公鸡“解身”，去除洁，还其清白，恢复洁净。

（4）**受过与替死**

受过本身就是一种冤屈，这种冤屈的产生是没有来由的。例如《增订〈爨文丛刻〉》中的《解冤经》（上卷），在开头第一章就开宗明义地叙明冤愆的根由是鄂女、莫郎作祟的结果。重大的冤愆会导致人的死亡，而受冤屈而死则是明显的冤枉，因此，解冤的一种重要形式，就是寻找替死的牺牲。这种牺牲可以是实在的生物，如牛羊猪鸡，也可以是一个赋予特殊身份的茅草人。当替死的牺牲是活物的时候，斩杀牺牲时那种血淋淋的场面，必然引起当事人心理和身体的各种反应。一种解放的感觉会直接影响当事人的生理和心理，长舒一口冤枉气，身心健康的期待会转化成一种现实。

（三）理论阐释的局限与解冤仪式及其经典的当代意义

用人类学的理论解释人类文化中的仪式，万物有灵论或泛灵论（animism）和象征人类学具有很强的说服力。人类行为的许多仪式是象征，这些仪式并不具有实际的效用，在文化的传承过程中，这些习俗和仪式，只是过去文化的“残存”[①]（survival），是一种习俗或者习惯的“遗留”。作为一种理论，象征理论被广泛接受。然而，这些理论在解释彝族解冤仪式以及经典知识中合理、科学内核的传承等内容时有明显的局限。

但是，通过考察彝族《解冤经》及其仪式可以发现，除了一般的象征理论能够解释的部分外，其中的一些东西被彝族认为是真实有效用的。也就是说，它不仅仅是一个象征仪式，举行这个仪式，念诵《解冤经》，对当事人有实实在在的作用。笔者在田野调查时发现，在举行解冤仪式时，其中的一些事物是被彝族群众深信不疑的。例如，打醋坛可以获得洁净；被理解为火即被烧红的石灰石，是可以消灭物体的；而舀来泼洒在滚烫的石头上的水，比一般清洗所用的水，洁净效果更好。此外，布摩拥有让这些物品取得神力的能力。这是科学知识的一种异样的理解和思考，即对水与火的洁净功能的彝族的解释。同时，在田野调查中经常听到举行各种解冤仪式取得身体的疗效，不止一桩，这些事情有的发生在几年之前，有的已经几十年了。[②] 仪式与经籍并用所发挥的禳灾与治疗功效，在许多人类学的研究中，都得到不同程度的

① 庄孔韶主编《人类学概论》，中国人民大学出版社，2006，第 38 页。

② 1993 年笔者在贵州省纳雍县新房彝族苗族乡河头村的田野调查。

证实。即使单单是把经籍作为文学作品来看待，它的禳灾与治疗功效也为文学人类学家所证实。[1] 通过上文关于彝族传统经籍《解冤经》及其仪式的解析，我们可以看到，这种仪式及其经籍的使用，内涵是丰富多彩的，功用也是多个方面的。单纯把它看成一个宗教的仪式或者传统的习俗，难以包含它的方方面面。因此，从不同的角度对其进行研究可以发现不同的新内涵。然而，作为解除冤愆、祛除污秽、消解灾难的主要功用，仍然是解冤仪式与《解冤经》经籍传承的动力。仪式的举行和经籍的念诵，如果没有一定的作用，是不可能长期传承下来的。文学人类学的解释，特别是关于文学禳灾与文学治疗的解释，比象征人类学的解释更加符合彝族解冤仪式与经籍《解冤经》使用的实际。

在彝族传统社会，解冤仪式和《解冤经》一类的传统经籍的使用是一项经常性的活动。因此，《解冤经》的内容也被彝族所熟知。这种熟悉经籍及其仪式的现象，也是彝族对仪式的深信不疑，是从仪式与经籍多重内涵的反复、深化的理解中得来的。在对解冤仪式和《解冤经》的考察和解释的过程中，蕴涵彝族生时要干净和死后要清洁的文化理念也反映了彝族自古以来对身体必需健康和灵魂不能污染的深层的观念。这种文化传统中的比较科学合理的内涵在彝族社会中有广泛地横向传播，滇川黔彝族居住区都熟知其事。同时，解冤仪式与《解冤经》能够千百年来一直纵向地传承到当代，其中的合理内核可以为当今人类提供道德净化和社会治理的参照。

---

① 叶舒宪主编《文学与治疗》，社科文献出版社，1999；叶舒宪：《文学人类学教程》，中国社会科学出版社，2010。

附录：《增订〈爨文丛刻〉》中的《解冤经》译文

解冤经（上卷）[①]

怎么会有冤愆

冤愆啊，移给梯启尼，冤愆啊，移给诺武费。

白生生的喜所，是一个穿白衣、着白裙翩翩起舞的少妇，住在妥额物洛，是梯启尼的母亲。金晃晃的娄娥，是一个穿黄衣、着黄裙翩翩起舞的少妇，住在体额欲洛，是诺武费的母亲。梯启尼口验手灵，此冤何所冤？

怎么会结上冤愆哇？

是高处来的冤愆么？高天有慕吐铺，就是慕吐铺；是低地来的冤愆么？大地有楚哪蒙，就是楚哪蒙；他们都没有结冤。

若是权令有冤愆呢，权限在高天，令蒂在地下，他们没有结冤。祠若有冤呢？巧觉来传令，降于祠堂后，它不管祠堂，他也没有结冤。

是舅家有冤愆么？那是迎娶贤媳所由之处；是甥家有冤愆么？那是淑女于归所往之处；他们都没有冤。

宗亲有冤愆么？怕是觉苏宗亲（行猎），在松林脚呐喊追野猪那天遭受的哟？族有冤愆么？又怕是舅家住的勒朋冲，竖柱建房的日子，是族戚们来参加竖柱（该不是他们带来的吧?）不是，他们都没有冤。

万事都察看了，怎么会有冤愆哇？

冤愆之所由来，是鄂女和莫郎，在阿妥洛则集结而成的。鄂女好耍花招，莫郎惯使心眼。鄂女来修犁，修梨乃丁丁，莫郎来拉犁，拉犁花朗朗。（人们）把它绘成图案，定了名称。绘了笃与沽的图案，绘上死病影；绘了兽与畜的

---

① 马学良主编，罗国义审订《增订〈爨文丛刻〉》（上册），四川民族出版社，1986，第354—406页。

图案，绘猛虎图形，绘了禾与穗图案，绘上虫鼠图形。

呗耄掌管主人的吉祥，主人就获得吉祥，凶灾以此消除。

法师教完了。法师教得不错。（鄂女莫郎）若不喜欢去林中，宇宙间衣禄不移。赤叩君是征租赋的，是我呗耄的主管，这叫“丝竹之乐”，由来已久。

知者作斋献祖，识者祭祀祭灵，要好好记住，开始见到不曾这样做，后来好好的作了。

先是没有讲述记年月的来由，因而禳解之法不传，据说是这样的：林有样样树。划分年界月界，用十二棵树记十二年；每株树的十二枝丫记十二月；每枝丫的十二花朵记十二时。树记年，石上察月份，（先记月），后记日。

慕吐启产年，楚哪窟产月，家畜、野兽各占六年、六月、六日。

禳解梦祸与梦灾

哎勒尼姑娘，居住在木妥打卧，是撮直的五个儿子的母亲。一是撮直点，二是点塞塞，三是塞塞尼，四是尼忆吗，五是忆吗迷。

吗迷是做梦，梦有安危之兆。梦到荣日耀月，兆应政治清明。梦到青龙白虎，要出生君长。梦到白蟒黑豹，要出生彝目。梦到黄鹰白雁，要出生先哲。梦到金乌玉兔，则出生民奴。

梦中振翅高飞，梦里阔步速行，这样的梦境，是喜庆的兆应。梦飞而翅膀塌了，梦行而脚趾跛了，是忧愁的梦兆。

夜梦林地增加，实际没有增加。夜梦荒土换了主，实际没有换主。夜梦有住房，其实不是住房，乃是长眠坟墓。自己本来没住处，夜梦居高座，乃是死团聚。夜梦骑肥马，可不是骑肥马，而是进棺木。夜梦甥舅往来，可不是舅甥往来，而是往阴路行走。一切梦破梦烂，梦灾梦祸，不知何兆应，把它收解了，远远避开，急去如律令。

禳解年灾月灾

却说块铺尼和所妣能一对，两相交合了。青女以雾为衣，红男以雾为裳。他们抽着青雾线，抽着红雾线，雾线齐齐断了，雾线连连散了，年灾以此兴起了。君王有年灾，脸上现着青雾，漫着红雾；臣子有年灾，要经暴风雨；师人有年灾，要遇黑风暴风；百姓有年灾，脸又青又红。牲畜遭瘟疫，耕种无收成。一年十二月，十二月无灾，只怕一月灾。一月三十天，三十天无灾，只怕一天灾。一天十二时，十二时无灾，只怕一时灾。消除灾难，教它远远避去，以鸡牲代替，令草人担当，速去如律令。

禳解单双山克灾

从宇宙八方推算一个人逢“单山”或是“双山”，看他有无年灾月灾。犹如鹿往人处走，轮值凶象，有师人掌管主家获得吉祥的事，主家以此得到吉祥。灾难未到之时，要禳解消除而使它远避。

一是南方的赤火门，逢午是单山。二是西南方的紫石门，逢未与申是双山。三是西方的白坑门，逢酉是单山。四是西北方的斑天门，逢戌与亥是双山。五是北方的黑水门，逢子是单山。六是东北方的花土门，逢丑与寅是双山。七是东方的青木山，逢卯是单山。八是东南方的黄地门，逢辰与巳是双山。

逢单山克女，逢双山克男。逢水门主病，逢木门主死。石门是坟山，地门是阴府。若其逢这些不吉利的方位，要禳解消除，使其远避他方，速去如律令。

禳解立惧特罢

立惧慕少女和特罢米少男。他俩有些天在低地上，像一对青鸟样并栖着；有些天在高山上，像猫头鹰、又像岩老鹰那样伙在一起；有些天在园苑里，就是一对少女少男，形影不离。凡人老、中、少恐怕遭到它的冤愆。

呗耄掌握主人获得吉祥的事，主人因此就得到吉祥。一年十二月，君长与臣宰，师人与民人，立惧永远不相遇，特罢终究不相逢。说者恐其不幸运，禳解消除而远避了它。速去（如）律令。三泼口涎驱走它！

禳解白棍黑棍

鲁、朵两个妖怪，两个很相好，是两个凶神。它们手持武打棍，背负流量石，横挎捕拿网，又提着戈矛。

凶神九十九个，骑青马红马到红岩间去；凶神六十六个，骑青豺红豺到森林里去；凶神三十三个，骑青龙红龙到深渊里去。它们手持的白棍、黑棍、刺棍，逢人便打。着白棍、黑棍、刺棍打了，要疼痛麻木。说者恐其相逢，禳解消除，远避了它。速去如律令。三泼口涎驱走它们。

禳解慕迫勒和米旺额兴起的灾祸

天上迫勒少女，居住在云端；地下旺额少男，游于大地上。它们白天没有事就推测了日、月“五星”。夜里没有事就兴起灾祸来了。它们来到人前，人就会变得萎神倒气。要禳解它们，避之于未遇，退之于未来。凶兆齐禳解，速去如律令。三泼口涎驱走它们！

祈求南天神灵解除灾祸

却说宇宙天南方是“火德门”，是火与午之门。这道门是能慕物和能再再管理。它们穿的红袍，披的红褂，设的红床，独享红花朵，居南方红宫。

宇宙红一方。不是一方红，乃是人红住地红。金鸡、银鸡齐奉献，以鸡翅作献。雄鸡献入禳解场，人命出于禳解场。把一切克灾克祸解除，交去红人住处，速去如律令。

向南天的鲁朵、喜替赎魂

这里向南天门赎魂啊。这南天门是宇宙的一方。在宇宙之上，鲁朵闹哄哄的；在宇宙之中，喜替笑嘻嘻的；在宇宙之下，木觉议论纷纷的。向它们还愿，向它们赎魂。魂魄赎得了，魂魄取来了。

祈求西天神灵解除灾祸

却说宇宙的西方是“金德门”，是金与酉之门。这道门是吐慕物和吐再再来管理。它们穿的白袍，披的白褂，设的白床，独享白花朵，居西方白宫。

宇宙白一方。不是一方白，乃是人白住地白。用一树金鸡、银鸡以奉献。以鸡翅作献。雄鸡献于禳解场，人命出于禳解场。把一切克灾克祸解除，交去白人住处。速去如律令。

向西天的鲁朵、喜替赎魂

这里向西天赎魂啊。这西天是宇宙的一方。在宇宙之上，鲁朵闹哄哄的；在宇宙之中，喜替笑嘻嘻的；在宇宙之下，木觉议论纷纷的。向它们还愿，向它们赎魂。魂魄赎得了，魂魄取来了。

祈求北天的神灵解除灾祸

却说宇宙天北方是“水德门”。是水与子之门。这道门是哪慕物和哪再再管理。它们穿的黑袍，披的黑褂，设的黑床，独享黑花朵，居北方黑宫。

宇宙黑一方。不是一方黑，乃是人黑住地黑。用一树金鸡、银鸡以奉献。以鸡翅作献。雄鸡献入禳解场，人命出于禳解场。把一切克灾克祸解除，交去黑人住处，速去如律令。

向北天的鲁朵、喜替赎魂

这里向北天门赎魂啊。这北天门是宇宙的一方。在宇宙之上，鲁朵闹哄哄的；在宇宙之中，喜替笑嘻嘻的；在宇宙之下，木觉议论纷纷。向它们还愿，向它们赎魂。魂魄赎得了，魂魄取来了。

祈求东天的神灵能解除灾祸

却说宇宙天东方是“木德门”。是木与卯之门。这道门是尼慕物和尼再再管理。它们穿的青袍，披的青褂，设的青床，独享青花朵，居东方青宫。

宇宙青一方。不是一方青，乃是人青住地青。用一树金鸡、银鸡以奉献。以鸡翅作献。雄鸡献入禳解场，人命出于禳解场。把一切克灾克祸解除，交青人住处，速去如律令。

向东天的鲁朵、喜替赎魂

这里向东天门赎魂啊。这东天门是宇宙的一方。在宇宙之上，鲁朵闹哄哄的；在宇宙之中，喜替笑嘻嘻的；在宇宙之下，木觉议论纷纷。向它们还愿，向它们赎魂。魂魄赎得了，魂魄取来了。

收解一场冤愆

收了九十九，作一场禳解；收了六十六，作一场禳解；收了三十三，作一场禳解。

在收束禳解场中，有九卡脸的白人，居于宇宙的第一道门，有六只手的黑人，站在宇宙的第二道门；有长着鸟冠的黄人，坐在宇宙当中，病灾是他们散播的，要他们收回去。解除一切病灾，收到他们哪里去。冤啊离去！速去如律令。

用净水清涮冤愆

一碗绿洋水，舀是主人舀，用是师人用。财粮来了不洗涮；寿考来了不洗涮；富贵来了不洗涮。病灾来了要洗涮；权令歪曲要洗涮。涮了不搁这里，恐其山心翻来坝心呕，我把你洗涮了，搁在祖辈以来的不种之山，不牧之地，速去如律令。

解冤经（下卷）[1]

冤祸要解除

年逢灾祸呢，五谷不丰登；月逢灾祸呢，禾苗不滋长；日逢灾祸呢，阳光不照明；时逢灾祸呢，遭受暴风侵。此理所当然。国若有冤呢，国乱民不宁；君若有冤呢，君之权难掌；臣若有冤呢，臣之令难行；百姓有冤呢，畜牧业衰败，禾苗变枯焦。春种、夏种、秋种，毫无结果；春织、夏织、秋织、冬织，都织不成布帛。

那开始造天的，他还（不）没有做好。如今呢，房屋内外上下，妖魔要扫除。师人掌管主人获得吉祥的事，主人得到吉祥了。

一年十二月之内，有蛇和蛙进家来，有老虎或其他猛兽屋前走过，房角有野蜂做窠，母鸡生了铁蛋，（或者是）炉灶生不成火了，门栏上长起荆棘了。（这些怪事）不知是何不祥之兆。又如老鹰站到屋顶上，知了爬在屋梁上叫起来，房柱上生起冻菌来了，霓虹贯入中堂，公鸡不按时鸣啼，缸里的水突然不见了。（这些怪事）不知是何不祥之兆。如今呢？有天君地后，有天年之光，地月之彩，照耀于高天四门，大地四方，永葆其清吉。

---

① 马学良主编，罗国义审订《增订〈爨文丛刻〉》（上册），四川民族出版社，1986，第416—507页。

要是年灾四路下降么，君长遭年灾，脸上泛青雾；臣宰遭年灾，狂风暴雨袭；师人遭年灾，黑旋风难避；百姓遭年灾，面时青时红。如今呢，君长与臣宰，和着平民百姓，无论大国小国，不管屋内屋外，妖魔要扫除。

一年十二月，十二月不克，只怕一月克。一月三十天，三十天不克，只怕一天克。一天十二时，十二时不克，只怕一时克。年灾与月灾，日灾与夜灾，时灾与刻灾，若其卜不到，考不灵，一起扫送到黄山之下，花山之顶，扫送归大山，永远搁置在那里，速去如律令。

解牲畜冤愆

一对青龙马和红龙马。

好在有众位师人，观察各种冤愆的起源，多次屈指推算，冤愆兴起了。首乃主于肝，次乃主于肺，是这样来勾绞的。一年十二月之内，都勾绞到“垂冠鸟”。它不来则无勾绞，若其来了，就有瘟疫勾绞，死病勾绞，噩耗勾绞，各种勾绞都来了。于是，牛往高山奔跑，往悬岩跌下；马奔向深谷，掉在坑里；老虎冲破牛栏，大风摧毁猪圈。

普天之下，地臣必益为沽氏清查，有凶妖父子六个，独拿牛羊角，用锋利刀忍，杀野羊野鸡，杀在解冤场上，剥它的皮子铺作解冤的场；拔它的毛垫作解冤褥；用它的肺当解冤马；用它的肝作解冤牛。左肾当作解冤羊，右肾当作解冤猪。又以毛作解冤鸡。

谈到杉枝换椆枝，脂汁淌得多，肉堆颤巍巍，这是解冤啊。

谈到金子换银子。在解冤场之间，马冤以鹿子代替，牛冤以老虎代替；羊冤以豹子代替；猪冤以野猪代替；鸡冤以野鸡代替。六畜之冤解除了，放牧遍山岗，耕种遍原野，安居以乐业，是解冤的灵验。一切冤愆鬼祟，速去如律令。

禳解消除宗冤

布祖慕克克，默祖慕齐齐，恒祖慕雅卧，三祖冤源要解除。一代二脉传，二代源源流，树根是木本，树倒木以朽，花开不艳丽。洪水要理源头，可不知道冤愆怎么来的，积冤必须禳解。

再论禳解倒碎，妖怪繁复纷纭，有倒君耿伍额，倒臣亥通费，倒师赫作左和纪痂弟。赫作左带着人，君威倒了不能掌权；臣威碎了不能行令。在麻黎俄戛地方，穿甲插戟的倒碎了；在点默法启地方，骑马押鞍的倒碎了；在黎母妥钟地方，娶妻养子出了破败。

要地威不倒，土权不碎，开始造天的人，他不曾做好，要防之于未然，回之于未到。祭奠了魑魅，禳解了魑魅，速去如律令。

禳解地权荒废

呗耄掌管主人的喜庆，主人因此有了喜庆。

男呢土权荒，女呢地力废，后裔也没地可耕了。在麻戛地方的许多羿人寨子里，弱马摇摇尾巴，病牛拖着软脚，弱羊细声咩咩叫，病猪微息呦呦哼。荒土耕不好，瘠地种不成。君长脸色变青，臣宰脸色变红，呗耄脸色变黑。

土地有什么亏克，立即避开，立即回转。为啥有冤愆不知道，一下收起来禳解，解送到斗山角上，用振翅雄鸡作扫送，速去如律令。

禳解立惧特罢

论到立惧和特罢，要禳解扫送。

立惧慕少女和特罢米少男，他俩有些天在低地上，像一对青鸟样并栖着。有些天在高山上，像猫头鹰，又像岩老鹰那样伙在一起。有些天居于园苑，就像一对少女少男，形影不离。凡人老、中、少，恐怕遭到他的冤愆。

呗耄掌管主人获得吉庆的事，主人因此得到喜庆。凡人恐其心神掩蔽，威势倒塌，对那立惧、特罢，要避之于未来，回之于未到。在解冤场上，教立惧急速回去！越过银门槛，速去如律令。

解送吃人害人的冤鬼

挽着青髻的青人，挽着红髻的红人，都是吃人的。被他吃的人，骨头有九大堆。

捉鸟吃的人，头上插着鸟翅；捉兽吃的人，身上披着兽皮；捉人吃的，积着九堆人骨头。

他们睡眠的时候，在慕古法赫；寻食的时候，在人类六祖之前。

呗耄掌管主人获得吉祥。主人一家大小，恐其心神掩被，威势倒塌，对那吃人害人的鬼祟，要避之于未来，回之于未到。用振翅雄鸡作禳解，解送到堵雅白的山上，速去如律令。

解送仇敌冤

鲁朵兴仇敌，敌势高九级，喜替兴仇敌，敌势高六级，木觉兴仇敌，敌势高三级。

把敌人打得昏头转向，射杀敌人成堆，擒拿敌人成串。

仇敌冤愆为何兴起，有所不知，现在集聚起来禳解，用振翅雄鸡禳解。（在禳解扫送之后，得安居乐业）男不愁打铜，女不愁织锦。

（仇敌冤愆）速去如律令。

解送鲁、朵的白棍黑棍

鲁、朵两种妖怪，两个很相好，是两个凶神。它们手持武打棍，背负流星石，横挎着捕拿网，又拧着戈矛。

凶汉九十九个，骑青马红马；凶汉六十六个，骑青豺红豺；凶汉三十三个，骑青豹红豹。它们到红岩里去，到深渊里去，到森林里去，它们手拿白棍，背负黑棍，肩上扛刺棍，逢人便打。着白棍、黑棍、刺棍打了，要疼痛溃烂。说者恐其相逢，收拢来给以禳解。用振翅雄鸡做奉献，禳解已毕，速去如律令。

禳解癖疥冤愆

疥疔起于"赫法"。男疥挽的青色发髻，女疥戴的红色勒子。树疥脚麻木，石疥皮脱落，水疥破淋漓，岩疥黄晶晶，怎么形成的，不知道原因。

呗耄掌管主人获得吉祥。主人一家老小，若是毡子里有疥，衣襟里有疥；闺中少女疥，堂前男女疥，说者恐其遭遇，要避之于未来，回之于未到，用雄鸡替代。（一切癖疥冤愆）从金门槛越出，速去如律令。

禳解邪恶冤愆

一世尼各以，二世各以亚，三世以亚个，四世个阿伍，五世阿伍杜，六世杜迫勒，七世迫勒则，八世则洗邪，九世洗邪陀，十世陀阿伍。

邪产十代了。牲畜遭到邪恶，不兴做斋；禾苗遭到邪恶，不兴祭灵。人遭邪恶呢，如沽麻蒙之子，夜间睡眠梦到邪恶，头发落在枕头上，走路踢破脚趾头，什么原因不知道。

红岩上有喜替邪；大河有木觉邪；绿箐有鲁朵邪。是红岩邪呢，禳解扫送到红岩上去；是大河邪呢，禳解扫送到大河去；是绿箐邪呢，禳解扫送到绿箐去。

还有天邪密耿鲁，地邪特耿鲁，在此禳解祭奠，把它们交送出去，以振翅雄鸡解送，速去如律令。

禳解鼠冤

一是鲁委委，二是朵文文，文文叩乃三，叩额大乃四，大阿鼠乃五。鼠产了五代。

青鼠的毛根紧密；红鼠的毛根粗壮；黄鼠呲裂着牙齿，从墙壁小洞里钻过。它们咬贤君的穿着，咬贤臣的被褥，什么原因不知道。

天师耿奢哲，下降到武液地方。备办桴木焉木设立祭坛，备办青木叶作垫褥；备办祭牲还天愿；备办米粮作祭饭。（设坛作祭）隔鼠咬灾患。

用石碓来舂老鼠；用石磨来磨老鼠；放老鹰去追老鼠，鼠往洞里逃跑了。

呗耄掌管主人有吉祥的事。如今鼠藏于屋顶，鼠咬了衣物。说者恐遭遇鼠害，避之于未来，回之于未到，把它禳解扫送出去，速去如律令。

禳解穷冤

不知道什么原因，穷鬼舍署有一百二十个之多。

舍署到绿箐，竹木就枯焦起来。舍署到高处，树倒石头滚，地裂土块崩。舍署到低处，花也谢了，草也枯了。舍署到六畜群中，牛疥长的硬壳壳，马疥变的红殷殷，痛得干焦焦的啊。还有疯狗弯着腰，瘟鸡垂着翅。什么原因也不知道。

舍署到庄稼地里，（粮食会出怪事）做起饭来甑子会叫啦。

门边出现霓虹，手僵如铁抓子，脚硬木柴棒。烟熏乌乌的，看也看不见；气息喷喷的，听也听不着，灾害与祸祟又来了。说者恐怕遭遇这些。

老祖的世代，人生而早死，树生而早枯，什么原因也不知道，聚而禳解之，取而分辨之，禳解扫送到远处去，速去如律令。

禳解祸患冤愆

一世喜所己，二世己液武，三世液武弄直，四世弄直更。

江水滔滔，肉堆累累，用金银禳解扫送。摘下一枝青木叶，舀出一瓢敬水，捡起一块石头，挖起一锄泥土，（把祸患冤愆）解送到黑洞洞、深沉沉的祭地去。

（禳解扫送了祸患冤愆）高天光闪闪，大地亮堂堂，日月明朗朗，天君地府降临了。于是，君长很好的施政；臣宰切实地行令，呗耄博识多闻，管好斋祭礼仪。平民百姓也安居乐业。这是解冤的应验啊！

（一切祸患冤愆），速去如律令。

禳解口舌咒愿

口舌咒联愿要禳解。“启切”是口舌咒愿的冤愆。

鄂莫走到“启切”之地。在密姆戛勒地方，天人必于、必迭二老从此经过，必于的银扣子和必迭的金袖口，亮如启明星，突然不知怎样丢失去的，终于成为“启切”山地。

坐在“启”山上，“启”吵闹，使人心烦；坐在“切”山上，如有老鹰怪叫，令人心碎。“启”底不正，出现启菲灭、切古阔一对。如闻虎啸，心战神栗。

呗耄掌管主人获得吉庆的事。主人一家老小，在一年十二月当中，如遇“启咪”“切古”作祟，口舌纷纷，不知道是什么原因，要不要禳解“启切”呢？要。

可是没有禳解“启切”的呗耄，于是有天君赤叩的三十骑，地臣皮聂的三十骑，和必于臣的三十骑，必迭臣的三十骑，随后去追赶呗耄，齐声喊着“回来呀呗耄”！

赤叩家禳解“启切”的呗耄回来了。以天马献于禳解场，要也给呗耄，不要也给呗耄。

实楚呗耄家的楚吐山，乍木呗耄家的楚哪山，那是呗耄的山。（追赶呗耄的人来到这里，喊道：“实楚呗耄回来呀，你听到了吗？”“乍木呗耄回来呀，你听到了吗？”）

呗耄来到禳解处，对“启切”冤愆进行禳解之后，“启咪”“切古”陆陆续续解送回去了。

呗耄到了阿佐赤家。阿佐赤家射杀了很多野猪。（呗耄用的）不是射杀野猪的箭，却是射杀冤祟的箭啊。

呗耄又到中部彝区去。这些地区有红缨长矛。(呗耄用的) 不是红缨长矛，而是追杀冤愆的矛。

我呗耄禳解扫送你（这口舌冤愆）的搁处，要从银门过，从金门出，搁在祖妣从不耕种的山地，从不放牧的原野。

（一切回［口］舌咒愿冤愆)，速去如律令！

倔呗搜冤愆

（请到）倔呗耄十位，呢呗耄八位，手握一把金银花朵，给他们还愿。

要是没有倔呗耄，冤愆积聚收不了。倔呗耄倔伊额、倔密哪、倔奢哲、倔莫卦，手握一把金银花朵，给他们还愿。

借助倔呗耄的法力（来收冤愆)，早请早到，晚请晚到，常请常常来，多次请多次来。

要是没有倔呗耄，收不住色蒙、色却那些鬼祟。今晚在主人家里，察看屋内四周，有没有色蒙？有没有色却？又察看主人家的祖坟山向，发现阴宅里有色蒙、色却，往扯扯地方请来了倔呗耄，禳解扫送色蒙、色却。

禳解扫送“慕色”，送到九层天外；禳解扫送“米色”，送到八方地角。解送“哟色”到天南方；解送“玟色”到天北方。

主人一家男女老少，恐其碰到色蒙、色却，要避之于未来，回之于未到，速去如律令。

收冤祟

三种兵器齐用起。举起铜棍铁棍，翻变而形成鲁朵；举起魔棍鬼棍，翻变而形成尼能；举起杉棍楮棍，上下四方都翻腾了。它来收妖魔，它来收冤祟。

君冤、臣冤、师冤，分别由虎、豹、熊来收。这可不是虎，不是豹，不是熊。赤叩君不管虎，皮聂臣不管豹，实楚师不管熊。

君冤、臣冤、师冤，分别由雁、鹤、鹰来收，这可不是雁，不是鹤，不是鹰。

君冤、臣冤、师冤，分别由杉树、槠树、松树来收，这可不是杉树，不是槠树，不是松树。

银松树上站着白鹤，树倒似非倒，收室家冤祟；石滚似非滚，收火炉冤愆。飞扬似不扬，收粮仓冤祟。遭了冤愆它来移，缠着冤愆它来解。

禳解敬献完了，（冤愆祸祟）速去如律令！

鸡命换人命

呗耄掌管主人获得吉祥的事，主人以此获得吉祥。

这只雄鸡啊，不喂也肥的。眼额上的油脂有九层厚；肚腹有八庹宽。这是用来给生人“换命”的礼品，是“赎身”的礼品。

鸡骨头十三节，人骨头十二节，鸡骨比人骨多一节。今番让鸡（代替人到阴间）去。人们口里含着馋水饭，吐在鸡嘴里。教鸡去吃阴间的饭，喝阴间的水，承担阴间的事务。

把雄鸡绕过人的身上，周身作了禳解，以鸡命换人命，以鸡身替人身。今番人不去阴间，教鸡去啊！

用鸡作禳解，一切冤祟，速去如律令！

驱逐冤愆

呗耄手持杉棍，杉棍响当当，冤祟应声披靡。

这一杉棍，生于日没之门，日没杉不没。人着杉棍有富贵，（鬼着杉棍要披靡。）

（举起杉棍）驱逐年克月克，驱逐昼克夜克，时克驱逐出境。不要文者驱逐，不成史者驱逐。驱逐出去，不搁在山坝外面，恐怕令人恶心呕吐，驱逐你搁在祖辈以来从不耕种的深山里。

（一切冤愆），速去如律令！

割冤索

病灾来就割，瘟疫来就割。不要文就割，不成史就割。寿不长者割，龄不高者割。割置业不成，割借贷不顺。割年克，割月克，割昼克，割时克。割魑魅鬼祟，断煞气道路。

割了冤祟，不放在山外坝边，恐其使人心翻呕哕，要放在祖辈以（从）来不种之山，永远搁在那里。

（一切冤祟），速去如律令。

转扫冤愆

今天夜晚，室内人无声，解冤声闹沉沉。庭院人不除，独有解冤声。

追鹰云端去，垂冠鸡莫惧。追兽林中去，卧栏牛安宁，室家冤愆赶除了，全家人都庆吉平安。

冤愆解除，威荣不除。从（以）银子奠定威荣，以金子奠定福禄。威荣归了位，这家人就发迹兴旺了。

说到"转冤"。青鸟穿青衣，转收威荣冤；红鸟着红裙，转收福禄冤。青鸟穿青衣，转收寿考冤；红鸟着红裙，转收富贵冤。

用长把铲除冤，用竹华帚扫冤。冤愆快除掉，从银门槛出去，从金门槛出去，速去如律令。

关门户

青鸟喈喈叫，把住了门头；红鸟嘤嘤鸣，关住了门闩。财粮来则开，金银来则开，寿考来则开，富贵来则开。权歪令曲来了就关；病灾时疫来了就关；死煞死星来了就关。牛死猪瘟就关；寿考不长年龄不高就关。关得很紧，闩得很稳。人财来有路，鬼祟来无门。要这样做啊！速去如律令。

回师

这里住的人家，禳解场散了。奉献金银花朵，向密实楚还愿，请密实楚回去；向特乍木还愿，请特乍木回去；向密阿迭还愿，请密阿迭回去。呗耄祖师的侍从千千万，也给他们还愿。

明天后天呢，德布家和耿恒家做好事的时候，要用牛羊还愿，骑马来聘你，走路来请你。借重密时楚和特乍木的威望，冤愆禳解交送出去了，富贵降临了。道不穷，理不亏，样样做好了，至此已讲述完毕。

第三节 《指路经》的科学内涵与文学特色

《指路经》是彝族传统丧祭仪式中极为重要的经籍，彝语称为“$\eta u^{33}ʥu^{21}mu^{55}su^{33}$”，直译为“阴路指书”，或“$ʥu^{21}mu^{55}su^{33}$”，直译为“路指书”。《指路经》是在彝族老人去世后，举行丧祭仪式时，在完成各种祭祀仪式后，最终把亡灵从亡故地一站一站指引回归祖先发祥地的经籍。举行完指路仪式，亡人就可以火化或者安葬了。从另外一个角度说，没有举行指路仪式，亡人的灵魂还在人间，没有回归祖先发祥地与祖先团聚，便有许多祸害和危险存在。凡是有彝族居住的地方，凡是有彝人亡故，举行丧祭都要念诵《指路经》，这是必不可少的一道丧仪。在有些丧祭仪式中，如果没有为亡灵举行全面的“解冤”仪式，则在举行“指路”仪式时一并念诵《解冤经》，因为有的《解冤经》最后部分有《指路经》。如果举行全面的“解冤”仪式，则在这个仪式使用的《解冤经》中的最后一部分也有《指路经》的内容。这是《增订〈爨文丛刻〉》把原《爨文丛刻·甲编》中《解冤经》里面与《天路指明》(即《指路经》)内容基本相同的“指路”内容减去的原因。[①] 因此,《指路经》也是使用频率最高的一种彝文经籍。仔细研读其中的内容可以发现,它以生动的文学形式在反映彝族传统文化内涵的同时,也透露出了科学的历史、地理内涵。

(一)

由于《指路经》在彝族丧礼中应用极为频繁,也是彝族最早接触的传统经籍之一,同时也是其他民族了解彝族传统经籍的一个便捷门径,因此对《指路经》的翻译和介绍也是彝族传统经籍中最早的。国外学者中对《指路经》关注最早的是法国学者保禄・维亚尔,他在19世纪末写的《维亚尔的云南来信》一文对指路仪式的《指路经》的使用进行了记述。[②]1936年翻译出版的《爨文丛刻・甲编》中就有《指路经》,后来又收录在1986年出版的《增订〈爨文丛刻〉》之中,这是目前发现的最早向外界介绍的《指路经》。其后,1993年集中翻译出版了《彝文〈指路经〉译集》18部,是目前滇川黔此类经籍最多的一部经籍汇译。[③]1997年翻译出版了《彝族指路丛书・贵州卷(一)》,收录了贵州省毕节地区的8部《指路经》;[④]2002年翻译出版了《乌蒙彝族指路书》,收录了云南省昭通市的包括2部《指路经》在内的“乌蒙卷”和“芒布卷”;[⑤]2009年翻译出版了《滇南彝族指路经》,收录了云南省红河哈尼族彝族自治州元阳县和红河县的2部《指路经》。[⑥] 另外,广西壮族自治区

① 马学良主编,罗国义审订《增订〈爨文丛刻〉》(上册),四川民族出版社,1986,第3页。

② 黄建明、燕汉生编译《保禄・维亚尔文集——百年前的云南彝族》,云南教育出版社,2003,第96页。

③ 果吉・宁哈、岭福祥主编《彝文〈指路经〉译集》,中央民族学院出版社,1993。

④ 陈长友主编,贵州省毕节地区彝族翻译组整理翻译《彝族指路丛书・贵州卷(一)》,四川民族出版社,1997。

⑤ 文成端主编《乌蒙彝族指路书》,云南民族出版社,2002。

⑥ [日]藤川信夫、[日]樊秀丽、普学旺主编《滇南彝族指路经》,云南民族出版社,2009。

民族古籍办公室内部出版了《那坡彝族开路经》1部。[①] 除了四川省没有单独翻译出版、对外介绍《指路经》一类的经籍外，京、滇、黔、桂都有这类经籍公开或者内部出版。在这些经籍中，云南、贵州的是传统的老彝文古籍，而广西的则是口碑古籍，都是通过搜集、翻译和注音的形式内部出版。

对于《指路经》的研究，除以上翻译出版的书籍中的介绍外，专门研究的文章发表的已经有20多篇。比较有代表性的有李列的《彝族〈指路经〉的文化阐释》[②]、周德才的《彝文〈指路经〉的文学特点》[③]、余舒等的《从〈指路经〉探索彝族文化内涵》[④]、李金发的《浅议彝族宗教文献〈指路经〉的文化内涵》[⑤]、张一龙的《禄劝彝族〈指路经〉的文学元素》[⑥]、胡建设的《盘县坪地彝文指路经翻译研究》[⑦] 等。而研究彝族《指路经》的专著，目前仅见黄建明的《彝文经籍〈指路经〉研究》[⑧]，此书重点对国家珍贵古籍目录中云南石林县彝文经籍《指路经》进行深入研究的同时，较全面地对彝语东南部方言区的3部、南部方言区的3部、东部方言区的3部和北部方言区的3部与“国珍本”一共13部彝文《指路经》进行了比较研究。关于《增订〈爨文丛刻〉》中的《指路经》的研究，陈世鹏的《黔彝古籍举要》[⑨] 中有专门的内容概述和评述。

---

① 张声震执行主编，王光荣、农秀英搜集译注《那坡彝族开路经》，广西民族古籍办公室，1998（内部出版）。

② 李列：《彝族〈指路经〉的文化学阐释》，《民族文学研究》2004年第5期。

③ 周德才：《彝文〈指路经〉的文学特点》，《中央民族大学学报》（哲社版）1999年第1期。

④ 余舒、黄卫华、吴勰、禄玉萍：《从〈指路经〉探索彝族文化内涵——以威宁〈指路经〉为例》，《毕节学院学报》（综合版）2010年第2期。

⑤ 李金发：《浅议彝族宗教文献〈指路经〉的文化内涵》，《毕节学院学报》（综合版）2010年第2期。

⑥ 张一龙：《禄劝彝族〈指路经〉中的文学元素》，《今日民族》2010年第7期。

⑦ 胡建设：《盘县坪地彝文指路经翻译研究》，硕士学位论文，中央民族大学，2012。

⑧ 黄建明：《彝文经籍〈指路经〉研究》，民族出版社，2012。

⑨ 陈世鹏：《黔彝古籍举要》，贵州民族出版社，2004。

（二）

彝族古代丧礼，是整个人生礼仪中最为重要的礼俗。一个老人寿终，其后代往往倾其所有为之举办一次隆重葬礼，遍请亲戚朋友前来参加。至今彝文经籍中还有彝族古代葬礼“打牛遍坡红，打羊遍坝白，打猪遍地黑，打鸡遍地花”的记载，并且有“死人不吃饭，家产去一半”的谚语。土司举行盛大丧礼有举行九天的，土目则有七天的，平民百姓最短的也要办三天。凡丧礼都要请布摩主持，在进行各家亲戚的奠酒礼、交牲礼、供饭礼等之时要念诵相关的经籍，之后布摩在为亡人举行大型、中型、或小型的丧祭，念诵相应的丧祭经籍。在举行解冤仪式时，念诵《解冤经》等；在天明之后要举行指路仪式，念诵《指路经》，才能对亡人进行安葬，通常为火葬或者土葬。古代彝族的殡葬方式，有火葬、土葬、水葬、岩葬、树葬等多种葬式，其中土葬和火葬是最为普遍的两种葬式，这在彝汉文献中都有记载。《云南志·蛮彝风俗》中记载：“西爨及白蛮死后，三日内埋殡，依汉法为墓，稍富室广栽杉松。蒙舍及诸乌蛮不墓葬，凡死三日焚尸，其余灰烬，掩以土壤。”彝文文献《眨眨阿尼》中也有土葬和火葬的记载，传说两个布摩之间产生矛盾，双方死亡后一家举行火葬，一家举行土葬。

《增订〈爨文丛刻〉》中的《指路经》搜集于彝语东部方言区的大方县境内。根据《大定府志》的记载，这一带在清代之前，一直是彝族六祖中的默部后裔德施氏的一支，阿哲家族从蜀汉建兴三年受封后，以家族世袭的方式统治了1474年。因此，《大定府志》中关于此地彝族葬俗的记载，也反映了这里《指路经》在彝族古代礼俗中使用的文化生态背景。

病不延医，惟用鬼师（即布摩——引者注），以牛若羊豕鸡禳之。鬼师又号净眼，殆即巫也。将死，着衣蹑草履，屈其膝，以麻绳缚之。乃杀羊取其皮，既死，则以覆尸，覆已，用竹席裹之。用木二，长皆丈余，横合之以短木，若梯状。别为竹编，以柴为经，竹纬织之，广二尺许，长若梯。铺之于梯侧，置其尸于上，男则面左，女则面右，不葬而焚。将焚，族党咸来，则为翁车，亦曰瓮车。瓮车者，高四丈，四隅各竖木为柱，覆之以草，若亭状，而可舁之以行。用布或帛，绘鸟兽花卉于上，悬之瓮车之柱，曰祭轴。祭轴广二丈余，长称之。瓮车之中置矮床，而置尸及梯于上。瓮车之次，又有一架，鬼师披虎皮坐其上，作法念咒，谓之作戛。杀一豕，令人负之，随死者之子哭泣绕瓮车三匝。群媳披袍立于其旁而哭泣，朝暮行之，即朝夕奠也。瓮车行，会者千人，披甲胄驰马若战状，马者前，步者后，瓮车居中，死者之子随瓮车。皆骑马。别有魂马，魂马者，备鞍鞯而空之，置之瓮车前，若古之魂车也。又令数人负死者平日之用器，随魂马之后，盖亦古陈衣服之遗意。丧行前，吹长筒喇叭为号。至焚所，又有跳脚之俗，将焚之前，姻党群至，咸执火以来，至则弃火而聚其余炬于一处，相与携手，吹芦笙吹唱达旦，谓之跳脚也。及焚之日，鬼师祝告，椎牛数十头为祭。凡焚必先择地，择地之法，以掷鸡子于其所而不破者为吉。得吉，筑土为台，高二尺许，覆大釜于其上，聚柴为九层楼，舁尸其上，横陈而侧置之，男面南而女面北，已乃举火，既焚，以麻布为帐覆之，守之三日，乃去，焚余及其灰不复掩葬也。子婿之送妇翁也，牵牛负酒，率步骑数十人，各执长竿，竿上县白纸若旗，至于瓮车之侧，绕之二匝，及行，送至山，已，乃与其徒执枪向空击刺而去，名曰役鬼。[1]

这是汉文文献中记载最为详尽的彝族丧葬习俗之一，具有较为广泛的代表性。其中“覆大釜”的习俗，可以部分解释“可乐夜郎考古”发掘文物中的“铜釜、铜鼓套头葬”葬式；而“披虎皮”的习俗，是彝族古代虎图腾崇拜的

① 贵州省毕节地区地方志编纂委员会点校《大定府志·疆土志》，中华书局，2000，第308—309页。

写照。自明代《大明律·礼律》规定不能进行火葬和水葬之后，在清代“改土归流”之后，水西地区与其他地区一样一律改行土葬，火葬习俗消失。但是，《增订〈爨文丛刻〉》中的《指路经》依然记述了彝族曾经实施火葬的习俗。

（三）

彝族传统经籍中的《指路经》，在内容上虽然有不同的记述，特别是关于指路的路线，但是其文本结构具有很大的一致性。从总体上看，《指路经》的开头部分有许多相同之处，一般都讲述死者一生有三次需要依靠他人，小时靠父母，老来靠子媳，死后要靠布摩指引回归祖地。然后根据各个死者不同情况，进行小有差别的记述和描写。以《增订〈爨文丛刻〉》中的《指路经》为例，其中描述死者灵魂骑着龙马、拿着武器、披上战袍，从其生前的居住地，特别是从死者亡故时的住房居室开始，告别父母的灵魂后去火葬场，火化之后，从故乡一个站点一个站点地返回，即从贵州省大方县境，指向纳雍县、水城县、赫章县、威宁县，然后进入云南省的会泽县（误，实为东川。——引者注）一带。[①] 全程有记录的站点是48个，直到祖先的发祥地。在重要的站点，遇上特殊情况，要进行专门的描述和交代，指导亡灵如何对待沿途美丽的风景和处理突发的情况。有的站点是同一方言区特别是同一土语区的各家亡灵都要同时经过的，例如水西土语区的亡灵都经过威宁的“罢滴杓恒”“罢滴侯吐”等地和昭通的“马纳液此”水井等。

一部完整的《指路经》，一般由以下几个部分构成：一、开头部分，介绍指路的来历，布摩指路的缘由，死者必须接受指路的传统，其他一些与指路仪式相关的内容；二、主体部分，记述死者经过火化或者祭祀之后，从所居住的地点开始一个站点一个站点返回祖先的发祥地，在这里和祖先包括已经

① 马学良主编，罗国义审订《增订〈爨文丛刻〉》(上册)，四川民族出版社，1986，第510页。

逝世的父母的灵魂相聚；三、结尾部分，布摩对到达祖地的亡灵进行交代后指引自己返回，并进行自我祝福。这三部分中，最为重要的是主体部分，此部分中具有丰富的彝族历史文化和地理知识。

（四）

《指路经》中的科学内涵主要体现在它历史地反映了各地彝族古代的迁徙路线，而这些迁徙路线在没有其他文献记载的情况下，就是靠《指路经》中指引亡灵回归祖地的路线来确定的。这些路线在各个彝族家族和家世传说中能够得到印证，[①] 在彝文古籍的其他典籍中也得到了部分印证。[②] 对几部彝族《指路经》进行具体的路线考证分析，也印证了彝族《指路经》对彝族迁徙路线地理情况的真实性。

就《增订〈爨文丛刻〉》中的《指路经》来看，参照与此同属于一个区域的毕节市七星关区（原毕节地区毕节市）和威宁彝族回族苗族自治县的《指路经》的迁徙路线，虽然其中有些小地名不同，但是可以看出它们所走的路线是同一个方向和同一个目标。

《增订〈爨文丛刻〉》所载《指路经》中的亡灵回归祖地的路线，从大方县境内的木更洛启开始，经火着总姆—（以下纳雍县境内）姆耿总纪—署仲伯奈—（以下水城县境内）戛勒惹伍—戛勒俄物—（以下赫章县境内）俄波底吐—俄波法吐（以下威宁县境内）尼伍赫启—罢第赫吐（草海）—杓迷总姆—（以下云南省境内）麻纳妥体（以下略）……点苍实液（云南省大理州境内）。[③]

七星关区龙场营三官村的《指路经》，是彝族扯勒支系即奢香夫人后家、

① 安鸣凤、王继超、王明贵主编《阿尼阿景家族发展史》，民族出版社，2013。

② 王明贵、王显编译，王继超审定《彝族源流》，民族出版社，2005。

③ 马学良主编，罗国义审订《增订〈爨文丛刻〉》（上册），四川民族出版社，1986，第573—574页。

川南永宁土司家使用的《指路经》，其路线也要经过威宁县境内。它从本村开始，经区内的达尼博块—葛亚作姆—麻纪作姆—阿轨杓杰—（以下大方县境内）者块侯舍—姆额打伍—帕匹挫阁—葛补打姆—阿那啥底—阿娄珠显—仆叩底索—邓博溢子—勺吐打博—那构底索—课勺嘎姆—（以下转入七星关区境内）阿府妥启—阿府楚能—阿府溢洁—尼嘎额娄—慈莫低古—（以下转入纳雍县境内）列堵嘎姆—作纪嘎姆—作纪溢皑—启独省蚩—那耿洪索—实沓作姆—（以下进入水城境内）署启布纪—姆耿峨外—嘎娄峨外—（翁爵，即阴路。以下进入赫章县境内）峨博滴吐—（以下进入威宁境内）妥挂打姆—姆额汝慈—姆乃载阔—觉俄啥嘎—（以下进入云南境内）低不勺嘎（以下略）……直到云南省内的点苍峨外（在云南省大理白族自治州境内）。①

由于水西地《指路经》的路线也是经过威宁境内，再接着以威宁长坪村田正朝及文道荣等老先生家传善本《指路经》为例，其起始地从该村的映博凯开始到叟脱木凯—液布阻木—布阻嘎—阻木布—侯能邹举—底凯布拍—阻慕布嘎—勺恒阻姆—巴底勺恒—巴底侯吐—巴底峨嘎—米嫩奏凯—武那撮洪—白楚雅啥—色菊溢帕（云南贵州交界处的牛栏江。此地以上是贵州威宁境内的山、水、地名，以下是云南境内的山、水、地名）—勾濮架侯—架叟娄斗—垛峨杓嘎—乌阻勺嘎—待启勺嘎—姆古堵洪—姆古杓启—米则苦朵—米则娄洪—愁此勾纪—继妥打姆—马洪峨畴—马洪溢处（云南东川马蝗箐濯水，误。实为云南昭通市昭阳区葡萄井）—竹苏遏武—垛峨嘎那—竹峨嘎那—米祖录始垛嘎—惹那木体—武酉惹射—麻纳妥体—古楚愁惹—布枣待外—吉苏博卧—竹斋苦—欧那峨奏（相传为彝族六祖分支之地）—欧吐峨阁—翁努勺尼（彝族古代中央所在地的一个地名）—窦晋城（云南晋宁境内）。② 从这

① 陈长友主编，贵州省毕节地区彝族翻译组整理翻译《彝族指路丛书·贵州卷（一）》，四川民族出版社，1997，第61—63页。

② 陈长友主编，贵州省毕节地区彝族翻译组整理翻译《彝族指路丛书·贵州卷（一）》，四川民族出版社，1997，第400—401页。

里再往前，就是云南省的楚雄州，再往前就是大理州境内。因为这只是彝族的一个支系的指路路线，没有明确说明更远的所指。这便是威宁彝人一个家支老人亡故后回归祖先发祥地的路线。就贵州省毕节市境内的8部彝族《指路经》所指引的路线情况来看，全部都指向了云南省境内的楚雄州和大理州境内。[①] 而楚雄州境内的元谋猿人，是考古学界和人类学界所认同的人类的发祥地。

以上所述虽然只是彝族东部方言区黔西北次方言中的几部彝族《指路经》的情况，不是彝族《指路经》的全部，但是它佐证了黄建明所指出的"《指路经》是以彝族迁徙史为依据的典籍"的观点。[②] 同时，它也佐证了《中国彝族通史》中彝族是土著民族的观点，[③] 以及一些学者认为彝族是以云南为发祥地的土著民族为主体而融合了其他一部分族群的观点。[④]

《指路经》的科学内涵，体现在彝族古代迁徙路线上，指明了当地彝族的来历，特别是具体的家支的迁徙历史。但这并不是说《指路经》的内容，特别是各个迁徙站点都是百分之百的准确，而只是基本准确。这是由《指路经》的一些特点所决定的，主要有：

一是《指路经》中的地名有虚实兼指的特点。在所有的《指路经》中，都有"站在某某地，看见某某山；站在某某山，看见某某河"这一类的表述。这些山河是实有所指，也真实存在。但是迁徙的人未必就是真正爬上山顶、走过某地，而是以某山、某地为参照物，表示迁徙的路线是从这里经过。

二是使用同一本《指路经》的当地彝族，有的并非一个家支、一个家族，有先来后到的情况。但因为请的是同一个布摩，使用的是同一本《指路经》，

① 陈长友主编，贵州省毕节地区彝族翻译组整理翻译《彝族指路丛书·贵州卷（一）》，四川民族出版社，1997，第402页。

② 黄建明：《彝文经籍〈指路经〉研究》，民族出版社，2012，第10页。

③ 王天玺、张鑫昌主编《中国彝族通史》，云南人民出版社，2012。

④ 王明贵：《中国少数民族人口丛书·彝族》，中国人口出版社，2013。

所以指引亡灵回归祖地的路线就成为同一条线路了。这就是我们所说的目标和方向相同，都是指向云南，但是具体的情况仍然是有区分的。因此，同一地的彝族使用同一部《指路经》，在迁徙路线上只能说是基本准确。

三是共同路径的区分与想象的终点同一。共同路径中虽有一些小的路线区分，但是有许多站点是必由之路，如水西土语区要经过的“罢第赫吐”（草海）、“竹斋苦”、“则额法”“马纳液此”（葡萄井）等。然而，不论是哪一个家支的亡灵，经过《指路经》的指引，都要通向“翁米”即祖先的发祥地与祖先团聚。因此，亡灵的终点站，是一个想象的同一终点。这个终点站在各个家支开始迁徙时不是同一个地点，在亡故后却都在《指路经》中反映为同一个想象的终点了。

（五）

传统的《指路经》都是优美的文学作品，而且是活态的、生动传神的，这主要体现在以下几个方面：

一是句式整齐的五言诗句。几乎所有《指路经》都是以五言诗句写成的，诗歌整齐划一，有的有押韵等诗歌格律，韵律和谐，朗朗上口；语言朴素、简洁、自然。[①]

二是在吟诵过程中，随着《指路经》内容的变化，布摩会根据需要灵活地使用各种语气与亡灵沟通，时而解释，时而劝说，时而祈请，时而安慰，时而恐吓，时而驱遣，时而指示，等等，通过生动的语气把亡灵指引向目的地。彝文传统经籍虽然有固定的文字文本，但是在具体的念诵过程中，由于具体社会生态环境不同，布摩的功力深浅不一，在活的动态的使用过程中，对于听众产生的感染作用也会不同。这也正是阅读一般固定的文字文本不能达到的效果。

---

① 周德才：《彝文〈指路经〉的文学特点》，《中央民族大学学报》（哲社版）1999 年第 1 期。

三是各种修辞手法交互使用，生动活泼。对一些站点，特别是对祖先故地优美风景的描绘，让亡灵忘却旅途的辛苦，充满对所去之所的向往；各种比喻、拟人、拟物，让众多事物脱离枯燥形象而生动可感；各种想象、夸张，甚至一些通感手法的运用，激发亡灵的情绪与想象力，激起亡灵前行的动力而不至怠惰。丰富的想象和描写，使整个经籍充满浪漫主义特征。[①]

四是沉郁低回与激越高亢的诵经声与《指路经》的内容同时并行，在指引亡灵与亲属告别，断绝人间来往，不能重返阳世，独自一人克服各种艰难困苦，去向“翁米”永诀等部分，随着布摩吟诵的腔调，常常使听众也热泪盈眶、不能自持，亲属的悲痛哀伤之情油然而生、凄楚怆恻。这也是同许多传统宗教经籍的原作和《诗经》中的一些诗歌一样，本来就是与歌舞乐合为一体的情况是一致的。有了这些本来融为一体的吟诵腔调，《指路经》等经籍才显露其本来面目，更加感人和生动。而这也正是文学人类学视野中的经籍文学的常态。

附录：《增订〈爨文丛刻〉》中的《指路经》译文[②]

亡灵的来历，《死经》有多处记载。死者像飞鸟一样逝去了。邻居的施人、啥人，知道消息的都来相送。

最早产生于“天上”的人，在雁入青云那一方。他们如日形月体，依靠阴阳二象的抚养，这些都记载于尼能的篇章。

人乃“道堵”的后裔。人生三次幼：为子女时依靠其父母；老年受到爱护，依靠子媳；死了还有一次幼，坐在翁宅里，要靠宏约呗来指路。

① 张一龙：《禄劝彝族〈指路经〉中的文学元素》，《今日民族》2010年第7期。

② 马学良主编，罗国义审订《增订〈爨文丛刻〉》（上册），四川民族出版社，1986，第568—573页。

死者的威荣为大，你为死亡者。你从灵宫内起来，在祭台前看一看，听一听；祭台的神龛是遮掩着的。你穿着绸衣，在祭台上享受馨香。你站祭台前看望，见到灵马的在处。牵马的人露着白手掌，握着铁辔头，那金晃晃的脚镫，高悬于骑鞍的两边。

你骑上锁口马，穿上鳞甲袍，拿着戟刃棍，执鞭策马，绕斋场一周，向父母的神灵告别，迎者作向导，愈看愈清楚，你的前面就是火山高峰。

你到了火山高峰，还得给你讲个来历：在鲁瓦以前，先有武迫勒，后有武奇巧，最后有吐史楚。吐史楚的母亲，在生时见土就感到寒冷，死后却想要得到土，使用十把锄头挖土，挖个土坑来埋葬尸体，埋成高高的坟堆，埋葬切勿焚。在鲁瓦以后，先有武阿博，后有拜谷楷，最后有哪乍木。哪乍木的母亲，在生时见火就躲避，死了却要火化（在火焚尸体前，还要用银白色的桴木焉木花作垫褥）。

死者是男的，要架九层柴，女的七层柴。柴薪堆得齐齐整整，死者的脚白生生的，脸金晃晃的，往火葬场送去。登上柴薪架，你可不要怕，有鄂莫的斋威斋荣，又高又大（卫护着你）。

四个人从柴薪堆的四角点火，烈火熊熊，火星缭乱，要烧着你了。

比方配远亲的人，自有其伴侣，要像铁灰色的鹞子那样强悍，你不要害怕！

你披的羊皮白毡燃红了，骨肉燃红了，头面映火红，脚趾映火红，火山架不曾偏斜，火葬场不让有乌鸦的叫声，恐其武合朵、赫叟啥等冤神来勾绞。

死者的灵魂升天，在启程上天处，设坛追荐。死者在人间所遭受的罪孽，着手给以祭荐消除。遵循尼、实的礼仪设了灵位，祭荐亡灵升天。不知者说来，火山上的人失去了，知者说来呢，火山上的人烧化了。

你站在火山岭上，愈望愈清楚。到了那时呢，如雁鹤往天空飞去，还可听到它们的叫声，如虎、豹离去了，它们身上的花纹还隐约可见；贤者离去了人间，人虽然离去了，威荣常在，人的威荣是因人而定的，过去和现在理所同然。你必然如此。

你站在火山岭上，就看到洛左岭上。

站在洛左岭上，就看到木更洛启。站在木更洛启，就看到火着岭上。站在火着岭上，就看到姆耿总纪。

你愈望愈清楚啊！站在姆耿总纪，就看到署仲白奈。站在署仲白奈，就看到慕格俄吐，站在慕格俄吐，就看到慕格俄物。站在慕格俄物，就见到慕格俄卧。站在慕格俄卧，就看到底补色惹。你要穿鳞甲袍，要持戟刃棍，策马而追奔。越望越明显。

站在底补色惹，看到濮句岭上。站在濮句岭上，看到戛勒惹伍。站在戛勒惹伍，看到戛勒俄物。这戛勒俄物嘛，是祖辈架弓和卸鞍的地方，你的弓要架在这里，你的马鞍要卸在这里，你必须这样做。

死者的威荣为大，你到这时，要穿鳞甲袍，要持戟刃棍，策马而追奔。

你愈望愈清楚啊！站在戛勒俄物，看到俄波底吐，站在俄波底吐，看到罕额底液。站在罕额底液，看到麻纳妥体。站在麻纳妥体，看到麻纳沙戛。站在麻纳沙戛，看到格补沙戛，恩妥沙戛，三戛都站过了，就看到麻纳洛欲。站在麻纳洛欲，看到麻纳姆苦。麻纳姆苦有一条河，你到这里的时候，你可看到船夫双臂拨着橹桨，像鸽子点头般的在那里划船。

娶远亲之人，自然有其伴侣，你要像铁灰色的禽鹞那般强悍，可不要害怕。要穿好鳞甲袍，要持着戟刃棍，策马而追奔。死者威荣为大，你到了此时，前路愈望愈清楚了。

站在麻纳姆苦，看到贤美纪谷。站在贤美纪谷，看到贤美液齿。贤美液齿有一口水井，井里有甘泉，你到这里的时候，口渴要喝三瓢，不渴也要喝三瓢，你必须这样做。

站在贤美液齿，看到必竹索启，这必竹索启呢，麦惠成熟了还是青幽幽的；麦穗不成熟更是青幽幽的。成熟你要摘三穗，不成熟，你也要摘三穗，你必须这样做。威荣以死者为大，你要穿好鳞甲袍，持好戟刃棍，策马而追奔。

站在必竹索启，愈望愈清楚，就看到姆纪洛史。这姆纪洛史，从前德布家、德施家都在这里卸马鞍，晾汗马；你到这里，也必须这样做。但你卸鞍时间莫久，晾马匹莫多，恐怕你的马和奴仆跑失了。你要穿好鳞甲袍，要持好戟刃棍，策马而追奔。

你愈望愈清楚了。站在姆纪洛史，看到巫独打姆。你到巫独打姆的时候，这里有新、旧房屋。旧屋是老祖宗们留宿的，新屋是给你留宿的。你疲倦了就住宿一屋，不疲倦也得住宿一屋，你必须这样做。

站在巫独打姆，看到夺伍开显，这夺伍开显地方，少有灵马到来，遍地是野兽，人们都这样说。

站在夺伍开显，看到热打保吐。站在热打保吐，你引领而望，就看到物以热写。这物以热写是个长箐，但闻猛虎吼叫，你可不要害怕，死者威荣是大的。

你愈望愈清楚。站在物以热写，看到纪妥打姆。到这个地方，你怕也要大吼三声，不怕也要大吼三声，你必须如此。

站在纪妥打姆，看到谷楚色热，这谷楚色热（是三个大箐连接），路上到处是蚂蚁，刺楸树生在路上，还有狂犬嗷嗷叫，堵住了前路。到了此时，你杀一只羊，把羊肉赏给蚂蚁，蚂蚁便笑嘻嘻地让路，羊皮铺在刺楸树上，刺楸路变得光滑了，羊骨头诓白狗，白狗摇着尾巴，阴路就变成康庄大道，可真有趣呢！

站在谷楚色热，看到总遮老姆。站在总遮老姆，看到节灭法哪。这里高岩悬着大钟，大岩上挂着响鼓。你站在两山垭，可以看到这一口好钟和一个响鼓。钟声最好不过，鼓声好的难找，没有超过它的。你到这里的时候，见钟可不要撞钟，见鼓可不要打鼓。因你一听到钟声、鼓声，你会转念到凡间，怕使你伤心。

送你到这里，你自己乘着骏马奔驰，再走三天就到达目的地。送你的人们要回去。活人送死人，死人可以去，活人不可去。叉蹄可以去，圆蹄不可去。这里悬钟之处高，响鼓之岩大，送行者从此间回来。活人拿着冬青树，泪汪汪送行，死人策马向前，笑盈盈离去。

站在节灭法哪，看见大卜敌索。站在大卜敌索，看到纪阿总姆。这纪阿总姆，你到这里的时候，师主吓惊了跑回来，兵帅也吓惊了跑回来。洛武舅、妥鲁甥、妥迫族、古开婢、鲁贤奴，他们都吓惊了跑回来。

愈望愈清楚了。站在纪阿总姆，看到麻耿笃钟。你到麻耿笃钟的时候，看到蜜蜂不要去捕捉，蜂蜜是甜的，但它的螫可不甜（相反地会刺手）。

站在麻耿笃钟，看到根堵峨物。你到根堵峨物的时候，见猿猴你不要去捉它，猿好齿不好，猿猴有牙齿会咬人，有爪子会抓人。

站在根堵峨物，看到根哪峨宰。这根哪峨宰地方，德布、德施、武家、乍家、糯家、恒家死者的灵魂，都在这里相会，六家的男女亡灵，都一起聚会。德布家，德施家、耿恒家都来了。男男女女的都拢来。你到这里的时候，你和伴侣们的情意，超过（阳间）女伴侣的情意；你和伴侣们的欢乐，胜于（阳间）男伴侣的欢乐，（各方面的亡灵聚在一起）多如栗果成堆。你到这时候不愁没有福禄，各有各的牛羊，不怕不能攻战，各有各的甲戟。

站在根哪峨宰，看到西克署钟。在根哪峨宰之前，有青山二冲相通，山谷两边宽广，半山垭凹凹的，在这些地方，野兽见人不躲避，你不要惊惶，毛发根不要战栗，唯恐你的马和奴仆跑失。

在西克署钟，有挽青髻的妖父，有戴红勒的魔母，妖是心慊慊的，魔是气愤愤的，它们都坐在那里（向你要东西）。父亲不哄儿子，但也要哄三句：婆婆不哄媳妇，但也要哄三句。你说："凡间人很多，只剩我一个人喽；到处种庄稼，但只有一仓粮食喽。"你必须这样说。妖神会收妖，魔神会收魔。

站在西克署钟，看到遏叩峨谷。这遏叩峨谷（是阴司地府入门之处）。你到这里的时候，左手打开阴府门，右手关着阴府门。这个时候，如阿博锤金，尽快莫迟，把你关住了，你也必须争着进去，要在里面坐十五昼夜。这里是金屋子石院坝。纠藤缠着金屋子，纠藤扭关阴府门。你和儿孙再也不能相遇，和家族亲戚不能通话，师主的声音你也听不见了。你的脚迹起着白露水，你走过的路积着多厚的落叶。你必然是这样。

站在遏叩峨谷，看到遏阿堵钟。这里左边有一条路，往左院而去。你要借路过呢，就不给别人借了，借了要加利归还。右边有一条路，往右院而去，你要借路过呢？就不给别人借了。借了就要加利归还。当中有一条路，有高高的勒洪山，亡人的威荣可不如它高。求福之人福不厚，你福厚也莫去。前有路一条，是繁殖熊的地方，有凶猛的野兽，其界抵达天南方，共有十二段，以象头山为首。象头山有十五座。在那山垭上，不耕种也有收成，不冷不热的，它处无与比。不冷不热的，白云当棉被；不饥不渴的，珍珠当食粮，清泉作饮水。这里又是不黑不暗的城邑。有荣日耀月，有不会枯凋的树子，有椆花杉花开放，有老雁老鹳鸣叫。实勺的祖代，每逢逝世超身时，百谷正开着花，你不要从那里去。

中间的一条路，是向遏峨吐撮去的。

站在遏阿堵钟，看到慈启格己。你到慈启格己，用银缸洗头发，用金缸清头发。不洗发的人，见到配偶要害羞，别人会议论。头发洁净了，女长相虽丑，发洁乃为美；男长相虽丑，发洁乃有荣。你必须如此。

站在慈启格己，看到局梯打姆，也看到宏局峨肥。这里有日君灵武额和月臣亥通费，作熬药之人。到了这时候，无论君、臣、师、民，谁要服药，从帷帐抽青线，在太阳前面买药服用，从搭肩上抽红线，在月亮前面买药服用，从衣料上抽金钱，在星星前面买药服用，无论红牛、花羊、黑猪，服了药百病治好，万病消除。

站在局梯打姆，看到局直液额，愈望愈清楚了。这局直液额，是太阳落下去的一条大河，不用浮木筏，江面过不去。

站在局直液额，看到阿普兹钟。这阿普兹钟，有白锦阴帷帐，有红绫阴幕账。

站在阿普兹钟，看到遏米兹钟。站在遏米兹钟，看到遏米峨沽。这遏米峨沽，有阴府但没有固定。有昂叫的红牛，有过路的花羊，有寻宿地的黑猪，你到这里的时候，房门多无记号。不知道德布氏的阴府，你看悬挂着白结布的地方；不知道德施氏的阴府，你看有长着青木树的地方；不知耿恒氏的阴府，你看有黑绫帷的地方；不知道鲁歹家的阴府，你看有黑帘幕的地方。你到了此时，不要找错房屋。旧房是祖宗住的，新房是你住的。女的当头一座房子，当头的在后找到。男的住末尾一座房了，末尾的却先找到。死者的威荣为大。夫与妇转来聚会六夜。长寿而娶贤媳者，聚会九夜。当他们匹配于天地间的时候，如云星相伴，如日月共明。离去人间以后，子孙们杀牛马祭牲，献锦袍绫袍，供粢盛茶水，得到庇佑平安。他们立花树，笙歌铃舞，歌颂你的寿考，宣扬你的业绩。

阴府里你莫要多住。你住上三年三月三日，在高山摘桑枝，深谷里捡石头，自己洁净，享受子孙们祭祀的馨香。

站在遏米峨谷，看到杓左打姆。愈望愈清楚了。站在杓左打姆，看到点默楷戛。站在点默楷戛，看到姆吐姆打。

站在姆吐姆打，看到娄姆密尼。到娄姆密尼的山垭上，死者的灵魂变为三个：一个到天上去，一个守火葬场，一个在宗祠，享受子孙的祭奠。

这娄姆密尼，（与彝区）东西相望，有亲戚关系，古老的称呼，叫孟纪陇卷；今天的称呼，叫点苍实液。曾有这样的说法。

聚　会

死者的威荣为大。死者就是你。如今你骑着龙马，寻求阴陟，进入阴司地府来了。

君长死了，如荣日逝去，与天君赤叩相会。臣宰死了，如耀月逝去，与地臣皮聂相会。师人死了，如明星逝去，与密师实楚相会。庶民死了，与沽、能二祖相会。儿子死了，与已故的父亲相会，孙子死了，与已故的祖父相会，妻子死了，与亡夫相会，儿媳死了，与已故的婆婆相会。死去的人，其亡灵在接受祭祀中相会，在子孙呼祭时相会，在相会时团聚。以死者威荣为大。阴间与阳世隔绝，道路崎岖，死者去阴间，不要返回阳世。比方牲畜要团拢在一起，野兽要它远远离开。他们走完了阴路，要归于乐地，和远祖远宗聚会在一起。

回　师

呗耄要回去了。呗耄和白发舅回去，和黄牙老回去。迎接实楚呗耄，乍木呗耄回去。迎接樧妥呗耄、洛洪呗耄、书歇呗耄、迫歇呗耄，一起迎接回去。

呗耄回到自己的地方，那里松柏常青，象征着呗耄长寿。呗耄回到经堂，堂前石院亮光光，开着映山红，鹳鹤来栖止。文丰史盛，寿长龄高。

第四节　自然生境对彝族传统经籍传承的影响

在彝族传统经籍中，《祭龙经》是极为重要的一类。这类经籍是彝族原始宗教活动与民俗仪式中都存在着和使用着的经籍。《祭龙经》产生的地域不同，举行仪式与达到的目的不同，功用也不一样，不可一概而论。彝族居住地域宽广、自然地理位置差异较大，虽然都有使用《祭龙经》的仪式，但是具体的仪式活动不一样，于是就形成了《祭龙经》不同的内容，进而产生了不同的生态伦理观念。

（一）

从目前发现和公开的情况来看，在滇、川、黔、桂四省区彝族居住区域，云南、贵州二省发现的《祭龙经》较多；广西目前没有公开发表祭龙仪式的报道，也没有关于祭龙的经籍公开翻译和介绍给外界；四川的情况与广西相仿，虽然有许多传统宗教经籍，却还没有发现“祭龙经”一类经籍。目前对外介绍最多的经籍目录，是《中国少数民族原始宗教经籍汇编·毕摩经卷》，这部汇编中收录有彝语北部方言区即四川省彝族布摩经目录313部，[①]但没有《祭龙经》或类似名称的经籍。云南的南部方言区、东南部方言区等都有《祭龙经》，[②]而且有的《祭龙经》是大部头经籍。有的祭祀经籍，在有狭义的“祭龙”的同时，还有其他大量的祭祀内容，如《彝族撒尼祭祀词译疏》中的祭祀词，就有专门的“祭龙”一章。[③]《祭龙经》中，包括了祈福祭祀仪式的其他丰富内容。[④]在贵州省，“祭龙经”类的经籍也较多，《彝族传统信仰文献研究》中收录和介绍的就有4部。[⑤]而以翻译成汉语形式向外界介绍的《祭龙经》，也是贵州省水西古政权地界上的彝文古籍文本，这就是《爨文丛刻·甲编》中的《祭龙经》，这部经籍后来又被搜集在《增订〈爨文丛刻〉》中再次出版。[⑥]因此，就目前发现和对外翻译介绍的彝族传统经籍来看，只有云南省和贵州省有“祭龙经”一类经籍，在四川省和广西壮族自治区没有发现这类经籍。于是，在介绍、研究彝族“祭龙经”一类经籍，暂时以云南省和贵州省发现的《祭龙经》为例。

① 黄建明、巴莫阿依主编《中国少数民族原始宗教经籍汇编·毕摩经卷》，中央民族大学出版社，2009，第303—307页。

② 黄建明、巴莫阿依主编《中国少数民族原始宗教经籍汇编·毕摩经卷》，中央民族大学出版社，2009，第4、6页。

③ 石林彝族自治县民族宗教事务局编《彝族撒尼祭祀词译疏》，云南民族出版社，1999，第80—87页。

④ 马立三、普学旺主编，普学旺、主编，普学旺、杨六金、梁红、普璋开、罗希吾戈译注《云南民族古籍丛书·祭龙经》，云南民族出版社，1999。

⑤ 王继超、余海：《彝族传统信仰文献研究》，贵州民族出版社，2010，第195—196页。

⑥ 马学良主编，罗国义审订《增订〈爨文丛刻〉》(上册)，四川民族出版社，1986，第295—344页。

无论是彝语还是彝文翻译成的汉语，从字面意义上看，“祭龙”是容易引起歧义的一个词语，这一点从《爨文丛刻·甲编》把《祭龙经》翻译为《权神经》就可以看出。[①]之所以会这样，是因为作为彝文的“lu^{33}”除了有“龙”字之义外，念“lu^{33}”一音时也有作为“权”字之义。此外，念“lu^{33}”这个音的还有“牛”的意义。那么，“祭龙”是不是从“祭牛”演变而来的呢？从有的祭龙仪式选择的祭祀日期上看，有这种可能，但是暂时还不可以确证。例如，云南省的“祭龙神礼仪”是“逢农历正月第一天丑牛日（大年初一除外）”举行，[②]滇南红河南岸尼苏颇彝区也是“农历正月第一天丑牛日（大年初一除外）”举行。[③]然而，现在还没有把《祭龙经》翻译为《祭牛经》的。这是因为“祭龙”有狭义的和广义的区分，狭义的“祭龙”与祈雨抗旱相关，而广义的“祭龙”则与祈福、禳灾等许多祈愿相关。为此，专家们曾经感叹：“龙的内涵实在太丰富了。”[④]有的专家认为，广义的“祭龙”是中国古代“社祭”的遗风，并指出“生活在滇南广大地区的彝族至今还保留有较为原始的名为‘祭龙’的古社祭遗风”[⑤]。中国古代的社祭，其实是包含了祈福、禳灾等诸多丰富内容的一种祭祀活动。有的专家认为，“所谓祭龙，即是对福禄、命运与生育神的祭祀。”[⑥]细读大部头的《祭龙经》，即前述云南出版的《祭龙经》和《增订〈爨文丛刻〉》中的《祭龙经》就可以知道，这些大部头《祭龙经》的内容是广义的祭龙活动，即广泛的祈福、禳灾，而非具体的祈雨或者祭具体的龙。因此，将大部头的《祭龙经》的“龙”翻译成英语的“dragon”，无

---

① 马学良主编，罗国义审订《增订〈爨文丛刻〉》（上册），四川民族出版社，1986，第3页。

② 张纯德、龙倮贵、朱琚元：《彝族原始宗教研究》，云南民族出版社，2008，第276页。

③ 黄建明、巴莫阿依主编《中国少数民族原始宗教经籍汇编·毕摩经卷》，中央民族大学出版社，2009，第748页。

④ 张纯德、龙倮贵、朱琚元：《彝族原始宗教研究》，云南民族出版社，2008，第276页。

⑤ 普学旺：《社祭与中国文化论略》，转引自马立三、普学旺主编，普学旺、杨六金、梁红、普璋开、罗希吾戈译注《云南民族古籍丛书·祭龙经》，云南民族出版社，1999，第617页。

⑥ 王继超、余海：《彝族传统信仰文献研究》，贵州民族出版社，2010，第195页。

法涵盖它所包括的内容。[1]

（二）

《祭龙经》是彝族祭龙活动中举行仪式使用的经籍，是典型的仪式用经，是正式场合所用的经籍。因此，离开了祭龙仪式，《祭龙经》就失去了生态的依托。也就是说，无论是单门独户举行祈福、禳灾仪式，还是一个村寨或者几个村寨联合举行祭龙活动，《祭龙经》都能派上用场。无论是一户还是集体举行仪式，除了个别极为微型的家庭献祭仪式外，必须有一个布摩主持，大型的集体仪式还需要多个布摩主持，有各种仪式用品、牺牲、程序等。它是一个活态的仪式，需要许多人参加，需要一些祭品、牺牲，并在严格的程序内进行，由专门的宗教职业人员或者选举的专职主持人来主持完成。

从当下的报道的情况来看，云南省特别是滇南红河哈尼族彝族自治州的许多县市和滇东南的石林彝族自治县等，经常举行集体的祭龙活动，而且是传统的祭龙活动。贵州省大方县则只是在 2011 年和 2012 年举行过两次祭水仪式，但未见传统祭龙活动仪式的相关报道，这和贵州的与念诵《祭龙经》相关活动仪式实际上是祈求福禄的仪式有关。仔细分析其活动仪式和所用经籍可以发现，它们所使用的经籍、经书，与《增订〈爨文丛刻〉》中的《祭龙经》相较，除了祈福、禳灾的内涵相同，所使用的主体却大不相同。《增订〈爨文丛刻〉》中的《祭龙经》是用于家庭个体活动仪式的祈求福禄的经籍，而云南省的祭龙活动虽然也包含这一内容，但是这些活动仪式则无论大小都是集体性活动仪式。

贵州省的这两次祭祀仪式，前一次具有较为传统的祈雨目的，后一次则是纯粹的旅游宣传活动。第一次祭祀活动于 2011 年 9 月 13 日，“在大方县鸡

① 马立三、普学旺主编，普学旺、杨六金、梁红、普璋开、罗希吾戈译注《云南民族古籍丛书·祭龙经》，云南民族出版社，1999。

场乡的支嘎阿鲁湖畔隆重举行，这一祭水活动，是彝族先民们为了祈盼风调雨顺、五谷丰登、六畜兴旺而开展的古老而神秘的祭祀活动，活动寄托着彝族人民对美好生活的向往”[①]。据这次祭水活动仪式的主祭布摩阿洛兴德2011年10月1日向笔者介绍，在9月13日之前正式举行过一次因秋旱而祈雨的仪式，第二天就下雨了，大方县气象局有气象记录。第二次祭水仪式于2012年5月16日在同一地点举行。祭水仪式用时2个小时左右，参祭人数160余人，活动由设祭坛、迎圣水、诵《祭水经》，献牲、祭水神、跳支嘎阿鲁湖水神舞、送水神等环节组成，主要向世人展示彝族传统文化、传承彝族远古文明的“祭水”活动。彝族先民认为雷鸣是天鼓响，由白龙和青龙轮回击鼓，霖雨就不停地下降，木龙一行动冰雹雨颗就滚滚下来，弥漫四方，为了求福避灾，彝族先民便形成了一种祭祀水神的习俗。同时，选择每年三月至五月的某一吉日祭祀。[②]支嘎阿鲁是彝族人民的英雄神王，据彝文典籍《勒俄特依》《支嘎阿鲁王》《支嘎阿鲁传》等记载，他生于龙年龙月龙日，是龙的化身。因此，在支嘎阿鲁湖祭水，也就有祭龙的含义。这两例是当下文化变迁语境中祭龙活动向祭水仪式的转型，所使用的经书已经不是传统的《祭龙经》，而是现代形式的《祭水经》，但它还保留着祈福、禳灾的传统内涵。

家庭举行的与念诵《祭龙经》相关的活动，在贵州省却不称为“祭龙”，而是有别的称谓，这与贵州“彝族所祭祀的福禄神就是龙神”[③]紧密相关。据有关记述，贵州彝族祈求福禄一般称为“吉禄弄”“苦洪吉禄”，就是祭祀福禄神以祈求保佑。如果吉禄神即保护神出了问题，还要举行一种叫“吉禄谷”的仪式以医治吉禄神。能生育儿女的妇女称为“吉禄珠”即好命运，否则就是“吉禄麻珠”即生育不了孩子或者儿女早夭。贵州彝族家庭一般都会

① 曾令文：《大方县隆重举行古老而神秘的支嘎阿鲁湖祭水仪式》，大方县人民政府门户网站，2011年11月14日。

② 张小梅、潘雪娜：《大方县举行支嘎阿鲁湖祭水仪式》，《乌蒙新报》2012年5月17日。

③ 陈世鹏：《黔彝古籍举要》，贵州民族出版社，2004，第142页。

供奉吉禄神。祭祀吉禄神时要准备好白公鸡、酒、花椒、五谷、盐、茶、钱币等祭品，选择农历一个吉日，设立用桴焉木制作的祭台，在祭台上插青冈树枝，铺上新鲜的杉树叶，台上摆放净水。布摩把原先的吉禄神座上的供品取下来，杀白公鸡祭献，念诵《献酒经》献酒，主人向神灵烧香叩拜、献酒并说出自己的心愿和全家人的名字。布摩举行“清宅”仪式，念诵《解冤经》中相关的经文表示以鸡代人替受各种不祥不洁，替死代过，进行禳解。接着，布摩念诵《祭龙经》祈福、禳灾，其中有“主人有好马，好马盈其厩，主人有好牛，好牛充其栏，主人有金银，金银充其库；主人有贤子，其子有富贵，主人有贤媳，为之舀满水，威荣永不差，福禄永不虚。所说门门应，所谋事事成。”[①]。同时，椎杀祭牲取祭牲（古代椎马，近代椎猪）的头和心放在祭台前供奉，把旧神座中原来的祭品烧掉，以火烟熏新祭品承受旧祭品中的灵气，并用“打醋坛”的洁净方式清洁新供品，布摩将新祭品放入碗中盖上红布，并放入原神座中，祭祀仪式完成。整个仪式过程中只能使用彝语，否则仪式白做，不灵。祭祀时舅家和姑家要送礼庆贺，但主人不能回礼。祭牲可招待客人，但不能带走，意为不出财。第二天清晨，预约好的亲友前来“踩财门”，端一个摆着大碗（内装米、钱币和染红的鸡蛋）的盘子，扮成“财帛星”前来送钱财，主人将盘子供在神龛上。老人去世时还要把头发、指甲剪一点放在福禄神座的供碗中。弟兄分家时也按碗中的供品均分，请布摩举行仪式，安设新家的福禄神座即“吉禄待”。各家供奉的吉禄神座不许外人偷看，不能用手触摸，一切不洁净的东西都不能放在神座附近，以免玷污神灵。“吉禄谷”活动仪式是夫妇没有生育孩子或者孩子早夭难活时举行的祈子仪式，通过请布摩驱除男妖立惧、女妖特罢（分别扎茅草人代替）的鬼魅之后，保佑夫妻生育孩子，保佑孩子长大成人。[②] 这个仪式中念诵的《吉禄谷》，有

---

① 马学良主编，罗国义审订《增订〈爨文丛刻〉》（上册），四川民族出版社，1986，第340页。

② 陈世鹏：《黔彝古籍举要》，贵州民族出版社，2004，第142—144页。

的就是《祭龙经》中的内容，与滇南《祭龙经》中的《射箭祈育经》内容相近。贵州的这部《祭龙经》中记述了鲁肯舍夷因为保护龙、祭祀龙得以在第二年生育了阿大德初的传说，这也许就是后来在“祭龙”活动仪式中祈育活动的源头。

现在就滇南的几次传统的集体祭龙活动作一下简述。

石屏是红河哈尼族彝族自治州的一个县，该县的哨冲水官冲一带的彝族除了每年一度的“米嘎豪”(即祭龙仪式）外，每逢12年一轮的马年立春后的第一个马日要举行一次大祭，大祭彝语称为“等盆豪”，是祭龙的最高形式。1990年春的马年马月马日即“祭大龙”的吉日，水官冲举行了一次大型祭龙活动。在选择好“龙头”、挑选工作人员集中住宿戒荤食素，准备好仪式使用的物品、祭品和牺牲后，在祭场搭两座木架纸瓦阁楼牌坊，用12张桌子重叠搭成主祭坛象征12年，左右各设5个祭坛，全部有12个祭坛，各用祭品，各有名称和寓意。祭牲有黑猪、山羊或绵羊、鸡或鸭。主祭坛供有12斗谷子。全部祭坛和仪式由12位德高望重的老布摩主祭。寻找一个通洞的石头，供象征阿龙的寨神神石穿洞而过；一棵有“左西丽”鸟巢的幼松树供布摩逐户登门祝福时使用，一棵有72庹长的芦苇条连接祭坛到村寨的龙树林表示血脉相通。祭祀开始，迎“龙子”的队伍经过洁净仪式后，向藏“龙子”的“龙宫”迎接“龙子”和“龙蛋”，将表示寨神和龙神的鹅卵石取出供奉在祭坛中。祭龙的重要内容之一是主祭人用“龙子”取来的清水洗净表示寨神的两个椭圆形石头和通洞的石头，然后将寨神鹅卵石从通洞中穿过，表示交配。祭祀完毕，将“龙蛋”放回原位长期供奉。端“龙蛋”的人是世袭的“抱龙人”。祭猪需先击后杀，鸡则水淹，猪膀与鸡卦（股骨）同时放在一盆水中搅和占卜。祭龙场上公祭完毕，各家再进行家庭私祭。“龙头”将祭猪肉每家分一块，并将从每家每户搜集来的米煮成夹生饭，捏成大小一致的饭团，用猪血染红，每家分发一个作为祭物，各家私祭的祭物撒稻秧时还要用来祭秧田。祭龙完毕，布摩抬着有“左西丽”鸟巢的树逐户登门祈福。全部祭祀完毕，祭场上盛大的祭祀舞蹈变成妇女已经可以参加的娱乐欢庆，时间越长越吉利。[①]

以上一例是一般集体性祭龙活动中的大型活动仪式。

红河同样是红河哈尼族彝族自治州的一个县，该县乐育乡窝伙垤村在1989—1992年先后4次举行了“咪嘎豪”即祭龙活动。1992年的活动情况如次——组织形式：选择一个“作呆颇”为主持人，“次作呆颇”为助手，帮手4—8人，以全村的男子为中心，禁止女性参加活动。仪式与顺序：（1）祭水井神；（2）清扫家屋和染蛋献祖；（3）祭献护寨神——先祖阿倮（或作阿龙）；（4）驱撵虎豹豺狼；（5）均分祭品；（6）撒米花（接福禄）；（7）拿祭品回家祭祖及其他诸神；（8）“腊堂堂”——立新寨门和祭献寨门。活动目的和意义：（1）祈求庇祐人畜兴旺康泰、风调雨顺、五谷丰登；（2）驱撵虎豹豺狼是为保护人类生存和获取更多食物；（3）立新寨门是确立和划分人与鬼界线的主要标志。禁忌：包括对神灵阿倮、祭坛、“咪嘎林”的禁忌，对村寨中生产劳动、采集、出寨、洗涤衣物的禁忌，以及对“作呆颇”的禁忌等。[②]

以上一例是一般集体性祭龙活动中常见的中型活动仪式。

居住在滇东南石林彝族自治县的彝族也有一套完整的祭祀活动仪式和祭祀词。这些祭祀活动仪式按目的和内容可分为三类：一类是单纯的献祭，一类是单纯的驱邪、除秽，一类是献祭与驱邪相结合。从实施献祭和法术的主体看，又可划分为家庭自主进行的活动和布摩主持的活动两类。[③]布摩主持

① 张纯德、普璋开：《滇南石屏县彝族祭大龙活动仪式述略》，载马立三、普学旺主编，普学旺、杨六金、梁红、普璋开、罗希吾戈译注《云南民族古籍丛书·祭龙经》，云南民族出版社，1999，第605—608页。

② 龙倮贵：《滇南红河县彝族“咪嘎豪”祭龙活动仪式述略》，载马立三、普学旺主编，普学旺、杨六金、梁红、普璋开、罗希吾戈译注《云南民族古籍丛书·祭龙经》，云南民族出版社，1999。

③ 石林彝族自治县民族宗教事务局编《彝族撒尼祭祀词译疏》，云南民族出版社，1999，第6页。

的一般都是整个村寨共同举行的活动，这在石林彝族自治县彝族中通常以祭“密枝林”最为普遍。针对村寨进行的原始宗教活动，在祭品的品种、数量，仪式的繁杂和程式化要求，对主祭者和协祭者的要求、禁忌、时间、参加人员的规模等方面，体现出多、大、长、繁、范等特点。而且，这类仪式活动多为杂祀和统祭，即一种仪式的目的不是单一的，而是多项的、多方面的。其中，就有一项是“鲁芍”(祭龙)。[①]“鲁芍”仪式为一个年年定时定点举行的全村性祭祀活动，时间为每年龙月（农历三月）第一轮属龙日，地点或选在常年不涸的龙潭旁，或选在茂盛的大树下。祭坛布置较为简单：插三根三杈的青松枝，上斜削二寸许，作脸面。三根人形枝，一枝代表天神，一枝代表地神，一枝代表人祖。各枝旁加插一松梢枝、一对香。祭枝后面摆放三根泥条，当作龙。祭枝前摆两个碗，一个碗装米，一个碗装酒。再摆一个用沙松根或麻秆制作的马，背架用树叶做的驮篮，意为让它驮走挠龙的邪魔。祭牲为一头猪，猪杀死后摆于祭坛前。各户可来一人，在祭场分食猪肉。[②]“鲁芍”活动仪式虽然小型，但是从其祭词中开头部分有“吾村坐于此”[③]和祭词的末尾一句“繁盛吾社民”[④]，结合活动仪式的村社性质来看，它仍然是集体性小型活动仪式。

以上一例是一般集体性祭龙活动中的小型活动仪式。

---

① 石林彝族自治县民族宗教事务局编《彝族撒尼祭祀词译疏》，云南民族出版社，1999，第7页。

② 石林彝族自治县民族宗教事务局编《彝族撒尼祭祀词译疏》，云南民族出版社，1999，第86页。

③ 石林彝族自治县民族宗教事务局编《彝族撒尼祭祀词译疏》，云南民族出版社，1999，第80页。

④ 石林彝族自治县民族宗教事务局编《彝族撒尼祭祀词译疏》，云南民族出版社，1999，第85页。

（三）

云南省的“祭龙经”一类经籍，目前翻译和公开出版的，以普学旺、杨六金、梁红、普璋开、罗希吾戈译注本《祭龙经》最为完全。[①]而贵州省的“祭龙经”一类经典，以《增订〈爨文丛刻〉》中的《祭龙经》最为完全。这两部经籍，分别代表了云南和贵州《祭龙经》的情况。但是，这两部《祭龙经》的内容却差别较大。贵州的《祭龙经》只有9章，而云南的《祭龙经》却长达25章，这与自然生态、人文生态等有重要的关系。同时，这两部经籍的内容也反映了不同的生态伦理观念。

下面先对这两部经籍的内容进行简要的介绍。

《增订〈爨文丛刻〉》中的《祭龙经》共9章，分别为：记述彝族先民种植谷米酿酒用来祭龙神；记述祭龙神时用马作祭牲；记述祭龙神用的饭和茶；记述祭龙神的敬水；记述用来浇祭酒或敬水祀奉龙神的青树枝；记述彝族之所以祭龙神，是因为其祖先逝世后，其神灵是跟龙神在一起的；记述彝家的住宅要选好屋基，人住在里面才长寿，有福禄威荣，也是龙神庇佑的；记述鲁肯舍夷因为保护龙、祭献龙、扶侍龙，第二年就生下了阿大德初，他后来成了君王，便兴起了祭龙神的故事传说；记述布摩为主人祈求福禄的祝词。[②]从这部经籍第九章中布摩为主人（事主）祈求福禄的情况来看，它好像是一部用于单门独户的祭祀经籍，与用于大型祭龙活动的整套经籍想比，在体量和内容上要少得多。

云南《祭龙经》有25章，分别为：《祭献社神经》《祛禳经》《祭坝神经》《净祭品经》《招畜魂经》《献酒经》《献饭经》《祈护祐经》《祭篾桌经》《请楠神

① 马立三、普学旺主编，普学旺、杨六金、梁红、普璋开、罗希吾戈译注《云南民族古籍丛书·祭龙经》，云南民族出版社，1999。

② 马学良主编，罗国义审订《增订〈爨文丛刻〉》（上册），四川民族出版社，1986，第296页。

经》《楠神下凡经》《送楠神经》《射箭祈育经》《除祟经》《驱害虫经》《送雷神经》《送火神经》《祭彩虹经》《反击咒语经》《埋葬吵骂神经》《驱汝邪韵邪经》《驱病疫经》《驱诘邪耐邪经》《升旗经》《祭神龛经》。[①] 这是云南举行祭龙仪式时必念诵的全套经文祭词，整套经文 25 章，可以独立成篇。在平时单家独户举行驱邪魔和祈求平安等一些活动中，可以单独念诵。[②]

这两部代表性的《祭龙经》，贵州省的一部代表了已经没有祭龙活动仪式作为活的传承载体的固定经籍，云南省的一部则代表了还有活动仪式作为活态的传承载体的生态的经籍，但是它们都是宗教文学形式的经籍。自有人类以来，宗教与文学就结下了不解之缘。自宗教产生之日起，其行动程式和语言程式就成了仪式行为中相辅相成的、不可或缺的两个基本要素，两者同样是人们信仰和观念的表象反映。但两者毕竟是有差别的，行动程式表现为物态性、可视性，语言程式则表现为意识性、可闻性。如果我们换一个角度，即不把行动程式仅仅看作是一种信仰、崇拜者的行为，而是将其作为文学载体来看，则语言程式亦为一种文学形式——宗教文学。[③] 上述两部《祭龙经》彝文原文，都是传统的彝语五言诗句形式，形式上整齐而美观。彝语五言句式富有强烈的节奏感，抑扬顿挫的语气念诵时具有庄严肃穆感。同时，许多音韵都是非常具有韵律感的，是典型的诗歌音韵格律形式。即使《祭龙经》被翻译成汉语之后，其中使用的比喻、拟人、拟物、用典等，加上丰富的想象和多种形式的表达，文学性相当突出，是优美的文学作品。换一个角度即从文学人类学的角度来看，它们更其是典型的彝族古代文学作品。

① 马立三、普学旺主编，普学旺、杨六金、梁红、普璋开、罗希吾戈译注《云南民族古籍丛书・祭龙经》目录，云南民族出版社，1999，第 1—2 页。

② 马立三、普学旺主编，普学旺、杨六金、梁红、普璋开、罗希吾戈译注《云南民族古籍丛书・祭龙经》，云 南民族出版社，1999，第 1 页。

③ 石林彝族自治县民族宗教事务局编《彝族撒尼祭祀词译疏》，云南民族出版社，1999，第 7 页。

（四）

通过以上几个祭龙活动仪式的简要列举，可以发现，同样是祭龙活动，却在不同的自然地理区域有着很大的差别。彝族传统文化变迁较快的地区，已经没有祭龙活动仪式，《祭龙经》也已经是没有仪式作为活态载体的经籍，而不再使用。

在彝汉文化交融比较早的贵州水西地区，即今以贵州省大方县为中心的黔西北地区，传统的祭龙活动仪式已经发生了很大的改变。也就是说，传统形式的祭龙活动仪式，已经演变成以彝族传统历史文化为主体的旅游文化形式，传统文化消失比较快，新的形式即祭水仪式也已经发展起来，不再以“祭龙”为其外在形式和内在追求。但是，最早向外界介绍和翻译《祭龙经》的，却也是这个地区。据研究，“彝族的龙神祭祀，从相关经书反映的内容看，仍然是对福禄、命运与生育神的祭祀，也就把龙的内涵理解为福禄、命运与生育神，把希望寄予它而祭祀与崇拜。为祈雨而祭龙的个案几乎是空白。在威宁、大方等一带彝区，有的山或称为‘祭龙山’，有时将山作为献祭的对象，仪式叫作‘bo^{21}ɬo^{13}’（献山），由于习俗与仪式的失传，所祭祀的对象也含混不清，要么是以龙为对象献祭，有某地为防冰雹对山献祭的传说，所祭的对象应该是龙，因为龙掌管雨类。更多的时候，献祭的对象可能就是山神。……名称为《祭龙经》的一类彝文古籍，多见于贵州省的大方县一带。”[①]这与《增订〈爨文丛刻〉》中的《祭龙经》是发现于20世纪30年代的贵州省大定县（即今天的大方县）的情况相吻合。而这一带是古代罗甸王国的中心，也是水西土司统治政权的活动中心，还是彝族与汉族文化发生交流最早的地区之一。

彝汉文化交流发生早的地区，如贵州省大方县一带，文化变迁带来的文

① 王继超、余海：《彝族传统信仰文献研究》，贵州民族出版社，2010，第195页。

化转型十分突出。祭龙活动仪式失传之后，随之而来的则是“献山”“祭水”等仪式的兴起。这些地方的传统文化传承于是以新的转型了的形式，一方面继续承载过去的目的、要求，一方面又迎合了当下的经济发展要求和社会发展后的文化传播。虽然没有使用传统的《祭龙经》了，却又有了新的《祭水经》(见前述新闻报道中的内容)。

虽然在有的地方祭龙活动仪式已经失传，但就现在发现的《祭龙经》的传承区域来看，相对集中在云南省的滇南地区、滇东南地区和贵州省的黔西北地区。这些地区有的是彝族自治州、自治县，有的是彝族集中居住区，从古到今都是彝族传统文化比较发达的地区。而与其他民族文化发生交流较早较多的贵州彝族地区，只有经籍的传承而没有传统的祭龙活动仪式了，当然也就不再使用《祭龙经》。

就举行祭龙活动仪式的主体来看，集体形式和个体形式有很大的差别。《增订〈爨文丛刻〉》中的《祭龙经》是单门独户举行祈福、禳灾所用。然而，通过对目前传承祭龙活动仪式的总体考察可以发现，无论是大型的、中型的还是小型的活动仪式都已经是集体举行，附带把单门独户的祈福、禳灾内涵一并包括在其中了。近年来，已经很难看到个体家庭单独举行与《祭龙经》的使用有关的祈福、禳灾活动仪式了。由此判断，以家庭为单位举行与使用《祭龙经》的相关活动仪式已经逐步减少甚至已经没有了。以集体为单位举行与《祭龙经》有关的活动仪式，也只发现于在云南省境内，其他彝族地区基本没有了。

因此，《祭龙经》只在云南省的滇南地区和滇东南地区还有活态的传承，在其他地区已经成为固态的经籍。而在只有固态经籍的地区，比如贵州省彝族地区，现在发现的4部《祭龙经》(不包括《增订〈爨文丛刻〉》中的《祭龙经》)经籍，最少的字数有2700字，最多的字数有10290字，[1] 篇幅没有

① 王继超、余海：《彝族传统信仰文献研究》，贵州民族出版社，2010，第195—196页。

云南省滇南地区的《祭龙经》的字数——4万多字那么多。[1]可以推测，有活动仪式作为活态的传承生态环境，对于保存经籍有好处，甚至对发展经籍的篇幅数量也有很大的作用，这是固态经籍文本字数少于活态仪式下使用的经籍字数的一个重要原因。自然地理、生态环境、社会结构等对彝族传统经籍的传承产生了巨大的影响。云南省是一个多雨同时又多旱的地方，“云南十八怪”中的“东边日出西边晒”，就是其中的真实写照，因此《祭龙经》的传承还是一种现实的需要，活态的传承便是最好的选择。而在贵州省，久旱和久雨都不是主要的气候，《祭龙经》失去了现实需要的基础，并成了固定的文本形式。在这两种传承形式中，以活态的方式传承对保护和传承经籍最为有效，而一旦失去了鲜活有力的现实需要和社会生态的保护，经籍就会变成固态的濒临绝境的文字作品。

附录：《增订〈爨文丛刻〉》中的《祭龙经》译文[2]

（一）

听说有个名叫舒仁的，和各博一起，一样样地做。

娄样样都做了。娄的心胸宽广，兴致勃勃。

能样样都做了。能和学徒玩耍，学徒乐陶陶。

呗样样都做了。呗进入家宅来发议论。发了很多议论，他说福主的威荣，跟高山那样高，跟平原那样广。

万物各有其类，由男女巧手来整理，用谷粒酿制成酒，把酒送到祭龙坛

① 马立三、普学旺主编，普学旺、杨六金、梁红、普璋开、罗希吾戈译注《云南民族古籍丛书·祭龙经》，云南民族出版社，1999。

② 马学良主编，罗国义审订，贵州省毕节市民族和宗教事务会修订《增订〈爨文丛刻〉》（上册），四川民族出版社，2017，第300—340页。

上。高的祭龙坛在远处，舒仁不嫌远；低的祭龙坛在远处，舒仁不嫌远。舒仁洗天脚，舒仁洗天手，把酒送到祭龙坛上，敬酒摆设好了，用水打净坛。

（二）

牛和羊原来是野牲，把它们驯养成了家畜。

家畜产了三夜，能辨别晨昏；生长了三月，知道哪是高山，哪是深谷。但不知道什么草可吃，只吞嚼着嫩草尖；不知道什么水可喝，干塘剩水也喝了。

不椎马作祭牲，就没有根本，先得椎马来祭。椎不死用刀杀，用红刀递进去，刀子有铁气，刀刃很锋利。

祭牲陈设了，用水打净坛。

（三）

人们求告天上的禾苗大神，要禾苗跟家畜一样兴旺。禾苗从高天成批降到地上，处处生长良好，处处出产好牛。

农艺师先耕地、耙地，用牛打好犁沟。高山播种要密植，低地播种要稀撒。

庄稼长得很茂盛，青枝绿叶的。成熟的时候一片金黄，收割起来拦腰捆把。搬到打谷场上脱粒，谷粒成堆，簸净了秕壳糠，装满上下仓。又烘干焙干，舂成白米，又扬簸干净，作成祭饭。祭饭须洁净，用水打净坛。

（四）

神人哲慕太，来到各池赫，做一个水瓶。

有天有渊海，有地有木觉，降到各池赫的海上。海岸的上边有獐麂聚集，海里有大鱼游动，下边还有獭猫浮水。你不说是大海，但说是獭猫海，人们都晓得。

德布家地上的两个人，跑到山前来，擎住长柄勺，聚到中间来，不分清水浊水，装上一瓶。瓶水来打净坛。

（五）

郁郁葱葱的杉树和椆树，生长在高山之巅，树枝到处伸展，绿叶遮蔽了天空，繁花掩映着大地。主祭者摘下一枝青木叶，奉献在祭龙坛之上。祭师我是白鹤仙，天生会唱善歌不结口，祭师是青雁神，天生能言善语口灵巧。

祭师我的洁口是有灵气的；妙手是有灵气的；高的低的神坛是有灵气的；读经或多少都有灵气；大大小小的博识者都有灵气；宫廷的内内外外都有灵气，灵气是从青木叶来的。用水打净坛，以洁净神枝。

（六）

一条河从东方发源，曲折流向西方，又转从左方流去。流到格己地方，水位上升，又往下降落，好像是从天上降下来的。此后又汇成浑浊的流水，与晴朗的高天对衬着。

天空一片晴明，白昼乌云散开，鲜红的太阳照耀着；夜晚雾罩消失，明月朗朗挂在天上。此时还了愿，耿氏有荣耀，舒氏有福禄。

到山岩间去举行还愿礼仪。还愿者当中立正，梯喏临场视事，喏赤参加商议，穆贤教他们执行礼仪。

当穆贤不曾来教的时候，暮色苍苍茫茫，山岩暗淡无光。君长和大臣聚在一起，活约呗跟着后面，同来还愿以通神灵，但不知怎样才能通神灵，日光昏暗了，乌云密集了，早晚反复无常，使人愁郁不堪。后来承穆贤的教导，供奉了父系和母系祖先。祖先们去世超升之后，就跟龙在一起，于是到处都祭龙神，这因为穆贤教是好啊！

（七）

彝家人的寿数，有个好的根基，要追寻这个好的根基，就得看他生长的地方，是否有个好屋基。

论及生长之地，却氏的屋基好，住了天长地久，父传子，子传孙，世代居住。局氏的屋基好，住了人烟稠密，婆婆和媳妇，哥哥弟弟，姐姐妹妹，住成一大家，还有绾发髻的男奴，戴勒子的女奴。他家住在宝宏尼，四面八方宾朋来往，可热闹呢。这些都有龙神的庇佑，所以到处要祭龙神，穆贤教得好啊。

（八）

师人掌管主人获得吉祥的事，主人因此有了吉祥，家业就兴旺了。

在祭龙坛上，不说龙的根源，祭龙的缘由也弄不清楚。

有人说过，龙的产生有个根源。龙兴于哎哺，龙兴于且舍，龙兴于木觉。龙的产生是有根源呢。

伟大的策耿纪，派遣了巧匠阿勒，扛着金锄银耙，寻找慕里赫海水的源头，走遍宇宙各方，发现诸山不像山，却是龙脉呢。诸岭绵延出现，也是龙脉呢。东方的青龙山，分成若干支脉，遍及叟巧地方。

后来有一天，鲁肯舍夷带着一帮女奴，往沙米美赫去洗缎子和彩线。一程又一程地走，到了沙米美赫。

那缎子竟洗也洗不洁白，彩线竟也洗不干净。她们正洗着的时候，海面上出现一对小金龙，昂起大头，伸着长颈，摇摇摆摆地游到岸边。

鲁肯舍夷感到很害怕，一声大叫喊，两手拍击着，众女奴齐相呼应“快来打蛇啊，快来杀蛇啊！”

金龙开口说话了。听它的声音不像蛇，却像人说话呢。它说：“不要打我啊，不要杀我啊，我不是蛇，我是威荣，我是福禄！”

鲁肯舍夷说："原来你是威荣，你是福禄啊"！他两手颤动，往金龙颈子上抱，把它藏在衣襟里，带回家中来。于是用杉、椆的枝叶扎台柱架子装饰祭坛，插起青树枝，椎杀好马来祭龙。另外又陈设了大水碗。挂起名贵的绸帛，设起椒、盐和祭饭。

大水碗变成龙游的深海，锦帛作龙的被褥和帷帐，毛絮作龙的披毡，还陈设金子银子，给龙作使用。椒盐当龙的食粮。龙吃得好，不饿；喝得好，不渴。他把龙祭奉得好好的。

金龙飞绕出去，到处游了一遍。游到武色吞处，武色吞不祭奉龙，龙也不庇佑他。游到武陀尼处，武陀尼不祭奉龙，龙也不庇佑他。游到武德本处，武德本不祭奉龙，龙也不庇佑他。

金龙又飞绕回来，到武、乍、糯、恒、布、默诸家。鲁肯舍夷呢，像用松脂粘住小鸟的脚那样，不让金龙离去了，他真的爱龙啊。

他又用杉、椆的枝叶包扎台柱架子，装饰祭坛，又插起青树枝，又椎杀好马来祭龙。又陈设大水碗，又挂起名贵的绸帛，设起椒、盐和祭饭。

大水碗照样变成深海，任龙游戏；锦帛作龙的被褥和帷帐，让它睡得舒服。还有毛絮当着披毡，有金银供使用，有椒、盐当粮食。金龙仍然是甘食不饿，甘饮不渴。他祭奉龙就是这样周到啊。

鲁肯舍夷家祭奉了龙以后，第二年的今天就生下一个娇儿，叫阿大德初。

这阿大德初呢，在武、乍、糯、恒、布、默、洛举七家都作了卿相，七家都立为君长。就是这样兴盛啊。所以彝家因此世世代代的祭龙神。

（九）

时至今日，师人操持着主人家的福运。人逢好运家兴旺。

我们所做的事，所兴的礼，是依据长房家的规矩。今天是祭龙神的吉日，插着高山摘来的椆树枝，铺上深谷里采来的杉树叶。设水碗作龙游的海，铺名帛作龙的床；毛絮作龙的披毡，金银供给龙使用，椒盐作龙的粮食。不让龙饿就给吃，不让龙渴就给喝。

从前的时候，白龙长了九只角，是君长出生的瑞兆。黑龙现出八个爪，是臣宰出生的瑞兆。黄龙花朗朗的，是师人出生的瑞兆。那喉咙颤动着的乌梢蛇，则兆奴仆的气运。

鹿角长九枝，象征着君施政的福禄，熊蹄分八岔，象征着臣行令的福禄；豹尾摇摆摆，象征着师祭祖的福禄，白鹿、白獐和白兔，象征奴仆的福禄。

白鹤又象征君长的福禄；青鸿象征臣的福禄；黄鹰象征师人的福禄。麻雀（的羽毛）斑斑点点，象征奴仆的福禄。

青鸟又象征君的福禄；红鸟象征臣的福禄；黄鸟象征师的福禄。喉咙颤动着的蓝色鸟，象征奴仆的福禄。

人人有福禄，没有无福禄的。

师人掌握着主人获得吉祥的事，主人以此获得吉祥。祖代有福禄，流传给孙辈；父亲有福禄，流传给儿子。女人家操持着锦帛以行仪礼，（祈求）养子抱孙的福禄；（祈求）使婢生仆的福禄，以及跨镫骑马的福禄，治山辟土的福禄。

主人有贤淑之女，手拿针黹在宫中。

主人有好马，好马充马厩；主人有好牛，好牛充牛栏。主人有金银，金银满金库。

主人有贤子，贤子富又贵，主人有贤媳，贤媳管华堂。主人有好使的仆婢，给他管碗盏，治茶水。

威荣永不差，福禄永不虚。

（我师人）所说的门门都应验，所谋的事事都成功。威荣和福禄都降临啊！

福禄像白鹤那样纷纷集拢来，像虎豹那样团团聚拢来。象哎哺那样赐给主人来，都顺着师人的口封应验，（福禄都来啦！）

（师人我）手执青灵枝，为主人行威仪，天庭的哺珠汝，都来格来享啊！

第五节 归序·比类·象征:《玄通大书》的文学人类学分析

文学人类学，主要从人类学的视角对文学的发生、文学的形式、文学的应用等进行全新的研究，它打破了传统或者说主流的文学观念中，只把那些具有一定的艺术价值的创作、写作的特别是文字的作品作为研究的对象，而是从人类最初的口头言说、神话作品入手，以广阔的视角，将一切对人类产生过作用的口头作品和文字作品纳入文学研究的范畴。[①] 彝族传统经籍《玄通大书》是彝族传统世俗与宗教生活中，使用最为普遍、字数最多的一部经籍，在彝族传统生活中占有极为重要的地位。无论是彝族传统知识的传承人、专业宗教祭师布摩，还是一般的粗通彝族世俗宗教生活的民众，对《玄通大书》都是熟悉的。特别是布摩，几乎人手一册，是须臾不可或缺的经籍。特别值得说明的是，在彝文传统经籍普遍以五言诗句的形式传述和写作的情况下，《玄通大书》是彝族传统经籍中为数不多的散文形式的作品，也是散文形式的作品中篇幅最长的作品。当然，以诗歌与散文的传统二分法来描述它的形式，容易超出文学人类学的视野，跌落回传统文学分析的泥淖之中，但是也不能无视它的这些外在的客观存在。因此，从文学人类学的角度对《玄通大书》进行必要的分析、探讨、研究具有特殊的意义。从这个视角出发，可以发现《玄通大书》对彝族人人生命运的预设、分类、排序等安排，以及归序、比类、象征等的解析，可谓非常全面和复杂，它是彝族古代到当今解析人生命运的一部“百科全书”，对彝族的物质生活和精神世界影响非常巨大。

---

① 叶舒宪:《文学人类学教程》，中国社会科学出版社，2010。

（一）《玄通大书》类经籍对彝族人生命运的总体归类概要

《玄通大书》一类的经籍，直接把彝族人一生中主要的大事件都进行了归类和排序，如婚姻、出生、福禄、财富、贫富、寿命、疾病、灾祸、建房、入宅、垒坟、播种、造厩、丧事祭祀、年月日时吉凶祸福、夫妻相配相克、分家、失物乃至姑娘修整面容吉日等；也将天地、四方、五行、八卦、九宫、天干、地支、十二生肖、二十四节气、二十八宿等一切与人生相关的各个方面进行了分类并纳入了不同的序列之中，把这些事物在各个序列之中的因果关系寻找出来，再按照不同的情况进行解析，把这些解析结果或者情况一样一样地排列在相应的类别之下，供人们在需要查看、占卜和测算时，进行比对、归因、分析，得出是吉是凶、是祸是福的结果。如果是不好的情况，还要进一步寻找禳解的途径和办法。这些都是“死生有命，富贵在天”的传统思想的体现。[①] 这些思想在以科学为统治思想的理性时代被认为是迷信或愚昧，但是在人类学或者文学人类学的视域中，它都是文学的发生、文学的运用等，作为人类文化研究的必须面对的领域，有着不可忽视的地位。

《玄通大书》在彝族传统经籍中属于测算、占卜类经籍，具有明显的普遍的实用性，是每一个布摩都必须具备的常用经典。综合类型这类经籍，彝语一般称为《署舍》《署莫》。“署舍”意为“金书”或“长书”，有珍贵如金之意；“署莫”意为“大书”，形容其体量巨大，内容丰富。[②]

测算占卜类经籍可分为测算日期类、预测命运类、占算疾病类、占算死亡类、占看鸡膀类、占看猪膀类、占看竹卦类、占算凶兆类、占算失物类、综合占算类，共计 10 个类。彝族布摩的这一类经籍，可归为布摩工具书类。

---

① 马学良主编，罗国义审订《增订〈爨文丛刻〉》（中册），四川民族出版社，1988，第 576 页。

② 陈世鹏：《〈玄通大书〉预测理论研究》，《毕节学院学报》2006 年第 3 期。

在彝文经籍中，测算占卜类经籍与布摩的其他大部分经籍有以下 5 处明显的区别：

第一，布摩经籍（多为经书）或摩史经籍大部分都是以五言诗体为主的，只有测算占卜这一类的是散文体的，且较之其他经籍，字数是最多的。其他经籍一般有 4 万—5 万字，而这类经籍一般都在 5 万字以上，有的超出了 10 万字。

第二，从经书类经籍的五言诗体与测算占卜类经籍的散文式长短句的比较来看，它们的成书时间可能不在一个时期，至于孰先孰后，还待进一步研究考证。

第三，抄本的页数多，更主要的是开本大，所用的构皮纸等都不做剪裁就书写、抄录。

第四，都绘有大量的插图，图文并茂。

第五，使用的频率都相当的高，所以抄录的难度大、要求高。[①]

这类经书以《玄通大书》为代表。《玄通大书》在《增订〈爨文丛刻〉》中称为“奢卡署莫”，意即“非常金贵的大书”。它在《增订〈爨文丛刻〉》三卷本中，占据了中卷和下卷两大卷篇幅，可见它的体量之大，以及在传统经籍中的地位之重要。

与《玄通大书》相同的这类经籍，如前所述，一般可以分为 10 类。具体的分类情况如下。

1. 择查日期类

择找日期的书，有多种译法，意译时作“通书”“占卜书”“择期大书”“占期书”“占算书”等；音译时作“拃苏”“拃苏莫”或“尼哈札”等。所谓“择期书”，顾名思义，就是彝族布摩用来选择日子的工具书。它以十二阴阳历为蓝本，对年、月、日、时所属的甲干、属相、五行、八卦、九星、

① 王继超、余海：《彝族传统信仰文献研究》，贵州民族出版社，2010，第 230 页。

二十八宿、十二宫辰等的生克治化关系进行搭配，找出认为是吉利的日期来用。根据阴阳历的蓝本，可以推算一年又一年的月大月小，划定四季、八节、二十四气等。它也可视为是历书或推算历法用的原理书。尤其是记录的大量民俗活动、上百种民俗禁忌、天文历法及气象知识、一定的气象预测常识等，可以说是这一类古籍中的传统文化的精华。[①]《增订〈爨文丛刻〉》中《玄通大书》的这类情况十分普遍，在许多小标题中都有占算的具体内容。

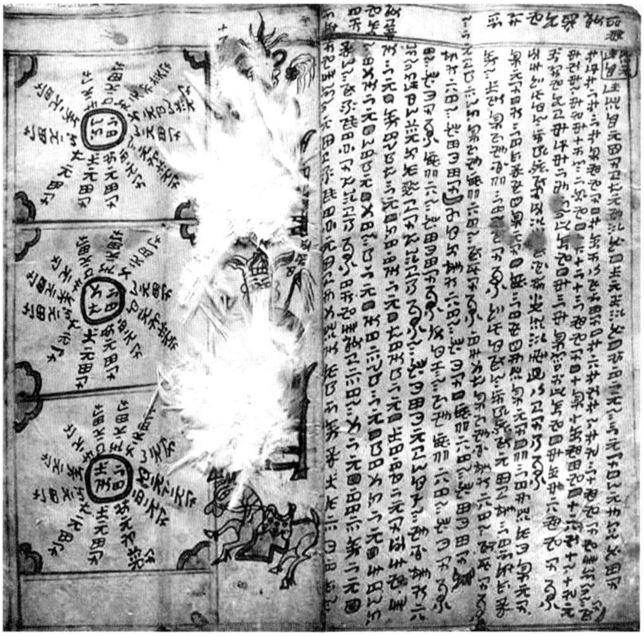

图41　贵州省纳雍县新房彝族苗族乡河头上村陈学明布摩收藏的《札署》照片（王明贵 摄）

2. 命运预测类

命运预测类一般称为“吉禄札苏”，它把人分为60种属相年类、720种属相月类、8046种属相日类、10368类属相时类，并对10368种类型的人生

① 王继超、余海：《彝族传统信仰文献研究》，贵州民族出版社，2010，第230页。

进行预测。其中，又有用144组属相年月配对、144组属相月日配对、144种日时配对的命理皮骨、所占生命书、衣食花、占生在始楚人体某个部位所代表的社会地位、财产、婚姻家庭、子女、福星、克星、与生俱来所带的疾病、寿命、死后的待遇等的现成判断语。

如，皮骨占，《增订〈爨文丛刻〉》的《玄通大书·占骨皮变类》将人的骨皮分为虎皮包猪骨，马皮包牛骨，龙皮包羊骨，蛇皮包狗骨，马皮包鸡骨，羊皮包猪骨，猴皮包猪骨，鸡皮包鼠骨，鼠皮包兔骨，龙皮包牛骨等10类，以此10类判定人的各种不同的命运。[①]

又如，生命树占，《增订〈爨文丛刻〉》的《玄通大书·按日序占男女花树》将人的生命树分为梭罗木、杨柳、水马桑、红漆树、青杠树、白杉树、月季花、白刺花、赖皮树、冬青、竹、白蜡木、马桑、菩提树、松、杉、杨树、红茨树、火麻、银杏等数10类。如果生命树的树梢断了，就要举行接生命树的仪式，不然人就要折寿夭亡。每个人都有属于自己的生命树，自己所属的生命树是不能砍伐的。[②]

《吉禄札苏》的内容涉及家庭和社会的各个方面，总结人生的一般规律，记录一系列的民俗事象，实际上是不自觉地对人生哲学进行研究，这正是它值得认真研究的方面。命运预测类文献，其书题作音译时为《吉禄拃苏》；作意译时为《命理》《算命书》《测算命运经》等。[③]《增订〈爨文丛刻〉》的《玄通大书·占男命衣禄》，《增订〈爨文丛刻〉》的《玄通大书·占女命衣禄》等属于这类经籍。[④]

---

① 马学良主编，罗国义审订《增订〈爨文丛刻〉》（中册），四川民族出版社，1988，第952—957页。

② 马学良主编，罗国义审订《增订〈爨文丛刻〉》（中册），四川民族出版社，1988，第696—726页。

③ 王继超、余海：《彝族传统信仰文献研究》，贵州民族出版社，2010，第239页。

④ 马学良主编，罗国义审订《增订〈爨文丛刻〉》（中册），四川民族出版社，1988，第616—633页。

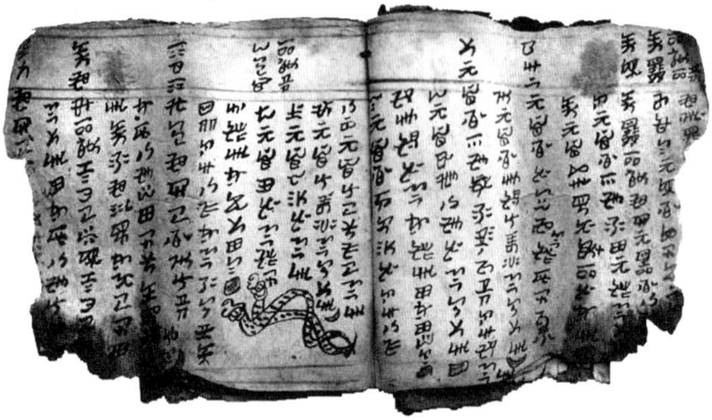

图42　贵州省纳雍县龙场镇联富村陈氏布摩收藏的《札署》照片（王显 摄）

3. 测算疾病类

占算疾病类，译作“占病书”或“算病书”。算病是治病的过程与手段之一，又是病人及其家人对病症延医用药的决策依据。有多种算法，其中的一种是根据人的出生年月日时所占干支、属相、五行、九星、二十八宿结合病期的所占星宿、属相、五行等，判定冲克、占命宫，断得病的起因、方位、病的寒热、病愈或加重乃至危及生命、所犯病神或带凶灾的邪祟、怪异等，提示延医用药或禳解方法。另一种是根据一年里的三十个属相周、清浊二气的运行，结合翁迤（五行，即五季阴阳）、亥启（八卦）分析气候和人的生理，判断人的病症，占算病因、病愈时间、禳解方法等。[①]《增订〈爨文丛刻〉》中的《玄通大书·官司死病罹日》等属于这类经籍。[②]

4. 占卜死亡类

布摩用的占算死亡类文献的书题有《细札苏》《拃苏》《为死者占算书》《占亡书》《占亡经》《占死书》等多种译法。人死后，他的家人找布摩翻书进

① 王继超、余海：《彝族传统信仰文献研究》，贵州民族出版社，2010，第246页。

② 马学良主编，罗国义审订《增订〈爨文丛刻〉》（下册），四川民族出版社，1988，第1663—1664页。

行占算，这种占算必须在家外进行。根据死者的生期死期，找出对号的条文。算死者的归宿、丧祭下葬日期、墓地及灵魂投生、家人的回避日期、所连带的灾祸和回避的办法等。书中对死因的解释是，人因灵魂被娄纪替巴、或叟卡鬼、或天地父母、或十二司署鬼捉去与被打所致；占归宿的星反映天文历法在占死中的运用，反映灵魂不灭观念，反映彝族原始宗教或原始崇拜的一些内涵，其中也有轮回的观念，或许同外来宗教的影响有关。[①]这类经籍比较神秘，一般不能在家中占看。《增订〈爨文丛刻〉》中基本没有这类内容，只有《占妻克夫生年》《占夫克妻》等极少的类似篇目。[②]

5. 占看鸡卦类

占看鸡卦（股骨）类文献，习惯上称《鸡卦占卜经》，彝语读若“阿补数”。凡祭祖、连婚、出行贸易、打仗、造房、庆典、诊病或年节时，先选一只公鸡宰杀，砍成八大块，称为鸡八卦，以鸡的两只股骨上所生的眼数，插上竹签或杉树叶片，根据鸡股骨上所显示的眼数，每个眼所生的位置走向、眼数的间距等来对吉凶祸福进行预测。根据鸡股骨眼的眼数、走向、分布等，对照《鸡卦占卜经》上的图文找出相应的卦辞，得出最终结论。以贵州省威宁县迤那镇拖沟村杨六十布摩家保存本中第115卦的卦辞为例：“四眼生于卦的中部者，祭祖、联姻、打仗、贸易有吉兆，不祥者招病，得病后难对症医治，有不祥兆出现，若失物能找回，带有灾难。若建房造屋则吉利。魂落山上才能召回，生意可成，有花钱之兆，长短都要用钱才好。”《鸡卦占卜经》一类文献只作初步整理，有较粗略的内容提要、版本、搜集时间、整理情况介绍等。[③]鸡卦占卜是彝族世俗生活和宗教生活中最为常见的一类占卜仪式、活动，无论是日常生活、日常习俗、简单的宗教仪式，只要需要用鸡作牺牲

① 王继超、余海：《彝族传统信仰文献研究》，贵州民族出版社，2010，第248页。

② 马学良主编，罗国义审订《增订〈爨文丛刻〉》（下册），四川民族出版社，1988，第1828—1833页。

③ 王继超、余海：《彝族传统信仰文献研究》，贵州民族出版社，2010，第252页。

的时候，往往都要用鸡股骨（即鸡卦）或鸡舌骨等占卜预测，辨明吉凶祸福等。因此，这类经籍既有成文的经籍，有的甚至图文并茂；也有民间传承的无经籍而言传身教的占卜解析方法，属于纯粹的言说与口头传承。

6. 占看猪膀类

占看猪膀类文献称之为“洼迫数”。占看猪膀这类习俗仪式今天已经看不到，据彝文文献记载，占看猪膀是在祭祖、出征、结盟、联姻时进行，将剔出的猪肩胛骨纹路对照《猪膀经》中的范图与卦辞，进行吉凶占卜，以预测所从事活动的结果。[①]《增订〈爨文丛刻〉》的《玄通大书·祭猪膀日》《玄通大书·按月序祭猪膀》等属于这类经籍。[②]

7. 占看竹卦类

占看竹卦类或作《竹卦经》，或作《竹卦算书》《占竹卦经》等，彝语读作“莫帕数”。竹卦实际上也是布摩法器之一，在布摩与所服务的对象看来是有灵气的，名称上称作“竹卦”，实际上也有用木制作成的，似一只牛角从中划开的两瓣。角（卦）的一瓣为九梯，另一瓣为八梯，卜算时，连卜三卦，辨别好阴、阳、顺三卦先后顺序后，就在《竹卦书》中查找对应的卦图与卦词说明。形似牛角的竹卦（图），以黑白交叉摆布，白代表天或阳，黑代表地或阴，黑角刻八条阴纹，白角刻八条阳纹，组合为四十条纹。根据打出的卦象，对照释文，解读吉凶祸福。卦词内容涉及出征、交易、星宿、婚姻家庭、伦理关系、子孙、财产、男女命宫、职业、祸福等，并指出避灾祸、是非的办法等，其中的《阿鲁竹卦经》相传为支嘎阿鲁所撰。[③]

8. 占卜鬼祸类

“叟卡”，属于灾难鬼或灾星一类，按《占亡书》的说法，它与天地父母、

① 王继超、余海：《彝族传统信仰文献研究》，贵州民族出版社，2010，第 253 页。

② 马学良主编，罗国义审订《增订〈爨文丛刻〉》（下册），四川民族出版社，1988，第 1435—1438 页。

③ 王继超、余海：《彝族传统信仰文献研究》，贵州民族出版社，2010，第 254 页。

司署鬼等神鬼有着同样的捉魂夺命的手段与使命，人的死亡原因之一就是灵魂让“叟卡”给捉去。“叟卡”在降死病之灾于人时，先发布信息，让蛇蛙等异物进入家带信，或以母鸡啼、甑子鸣、狗上房等形式昭示，计数十种形式，根据预兆发生的年、月、日、时，结合预兆类型进行占算预测，占算预测凶兆的文献一般译作《推算预兆经》《预兆占算经》《占凶经》《叟卡凶兆占》等，彝文读作“叟卡乍”。[①]《增订〈爨文丛刻〉》中的《玄通大书·逢穷鬼至日》[②]和《玄通大书·林兽逢鬼道日》[③]等就属于这一类经籍。

9. 测算失物类

占算失物类是对占算人（含占算对象的家人，还有旧时的奴隶等）或六畜走失、或占算钱财失落的文献作的归纳。占算失物类，彝语读作“奶笃乍”。占算失物的书传承丰富，为布摩者，几乎可以说是人手一部，在当时的日常生活中，对它的使用相当频繁。[④]《增订〈爨文丛刻〉》的《玄通大书·由此占失物去向》[⑤]等就属于这一类经籍。

10. 其他综合类

综合占算原本可以不作分类，因为布摩在抄书时将测算日期类、预测命运类、占算疾病类、占算死亡类、占算凶兆类、占算失物类等其中的两个以上类混抄，不便归为某一个类而勉强作的一类。[⑥]这类经籍也经常称为《拃苏》等。从总体上讲，《玄通大书》其实就是非常庞大的一部综合类经籍。

---

① 王继超、余海：《彝族传统信仰文献研究》，贵州民族出版社，2010，第 257 页。

② 马学良主编，罗国义审订《增订〈爨文丛刻〉》（下册），四川民族出版社，1988，第 1703—1704 页。

③ 马学良主编，罗国义审订《增订〈爨文丛刻〉》（下册），四川民族出版社，1988，第 1782—1783 页。

④ 王继超、余海：《彝族传统信仰文献研究》，贵州民族出版社，2010，第 258 页。

⑤ 马学良主编，罗国义审订《增订〈爨文丛刻〉》（下册），四川民族出版社，1988，第 1790 页。

⑥ 王继超、余海：《彝族传统信仰文献研究》，贵州民族出版社，2010，第 259 页。

（二）《玄通大书》对彝族人生命运的设序、排序与测序

1. 关于人生命运的设序、排序与测序的概念

这里所说的设序，就是在把人生和命运进行分类、归类的基础之上，对每一个人特别是每一类人的人生、命运情况进行设定。排序则是把某个人或者某一类人，例如属鼠的人、春天生的人、水命的或者金命的人等，是什么样的情况就放置在整个人生命运的一定序列之中。测序则是根据某个人或者某类人的具体情况，例如生日、属相等情况，对照其在人生命运中所设的序列或者排定的序列进行测算、比对，查验此人的吉凶、祸福、夭寿、生死等，是非常具体的人生命运的设序、排序的运用，就像在一个坐标的横轴、纵轴的对应中去测定一个具体的坐标点。这些规定的人生与命运的坐标点，就是每个彝族人的具体的生死、祸福、婚姻、夭寿、贫富等的具体的享受和遭遇。这些设定与测算，颇像一个戏剧家或者小说家在他的作品中对人物命运的安排，对于作家来说是了然于心的设定，而对于读者来说则需要通过剧情的进展或者文字的阅读才能够逐步了解具体人物的命运与遭遇。而在《玄通大书》之中，早就对彝族人生命运给予了预见和安排，而且是类型化了的安排，就好像京剧的脸谱一样，人物的性格命运许多都是类同的了。

图44　贵州省纳雍县维新镇奢沟村杨德文布摩收藏的《札署》（王明贵 摄）

2.《玄通大书》对彝族人生命运的设序、排序、测序与解序

设序与排序是人生命运的前置过程，测序则是根据不同的人的情况进行坐标排列式的查验。解序则是根据已经设定的人生命运的排序，对照已经测

算出来的人生命运的情况，进行解释、验证。之后，再根据彝族人生命理情况，进行不同形式的禳解，以达到延寿、消灾、除难、延福、增财等目的。在《玄通大书》中，许多人生与命运的问题只达到测序的程序，有的只要能够测算出吉凶即可，这类人生问题到测算出吉凶也就算是达到了解序的目的。而有一些复杂、重大的人生问题，其解序的过程，还在《玄通大书》的序列之外。

下面就《玄通大书》中如何对彝族人生命运进行设序和排序、测序和解序，可从其内容的篇目中进行列举说明。

《增订〈爨文丛刻〉》（中卷）是《玄通大书》（上卷），即“署舍”部分，一共有60个可以占看的人生命运问题。具体内容如下：

（1）占男女生时。（2）占出生时辰。（3）高龄长寿生时。（4）占男女按天干生：子、占五子年生；丑、占五丑年生；寅、占五寅年生；卯、占五卯年生；辰、占五辰年生；巳、占五年巳年生；午、占五午年生；未，占五未年生；申、占五申年生；酉、占五酉年生；戌、占五戌年生；亥、占五亥年生。（5）占男命衣禄。（6）占女命衣禄。（7）占男女生月。（8）按日序占出生。（9）按地支占出生。（10）按时序占出生。（11）按十二宫辰占男女生。（12）占是不是凤鸟之命。（13）按五行占男女花树好否。（14）按日序占男女花树。（15）占接寿（一）。（16）占接寿（二）。（17）占太极图间之灾星于此。（18）铜宫铁宫于此占。（19）落俟行冲于此占。（20）占男子太极九星。（21）占女子太极九星。（22）男女八卦冲位于此占。（23）男女生年一轮于此占。（24）占官非刑索门所生。（25）占龙脊及龙尾所生。（26）春夏秋冬实楚。（27）春夏秋冬耿纪。（28）此占命宫按年变化。（29）男子命宫开数、女子开数。（30）命宫二十八种变化此占。（31）占命宫变化吉凶。（32）占命宫变落处。（33）六十轮花甲吉凶于此占。（34）占骨皮变类。（35）此占开剖皮骨。（36）此占花朵类。（37）占娶妻嫁女五行吉凶。（38）占夫妻五行生月。(39)埋儿女宫于此占。(40)占鬼门所生。(41)占耳聋宫。(42)占出生年月命宫变化。(43)命分轻重于此占。(44)受不受田地于此占。(45)此占人马五行和与否。(46)选五行和的马喂。(47)占受牛好坏。(48)占朝金门银门生。(49)占受大房小屋。(50)占受大仓或小仓。(51)占男女富禄宫。(52)占男女十二宫生吉凶。(53)占男女十二时内吉凶。(54)占十二克宫生者。(55)占生落野牲猛虎宫。(56)占穷门破门生。(57)落水掉岩落洞木轧所死于此占。(58)人生十六种命运吉凶于此占。(59)占受不受好坟山葬处。(60)占受不受丧场。[①]

《增订〈爨文丛刻〉》(下卷)是《玄通大书》(下卷),即"署莫"部分,一共有248个可以占看的人生命运问题。[②] 这是此类型经籍中搜集占卜事项最多的一部经籍,具体内容如下:

(1)推看一年十二月:子,正月;丑,二月;寅,三月;卯,四月;辰,五月;巳,六月;午,七月;未,八月;申,九月;酉,十月;戌,十一月;亥,十二月。(2)占修建灵房吉日。(3)鲁歹惜子日期。(4)子女入学吉日。(5)作斋不利日。(6)克师克主击日。(7)占所为绝亡日。(8)占天责手击日。(9)占天地入场日。(10)占鬼哭日期。(11)占十二天不做十二样日。(12)占祸伤人。(13)四十五贫运。(14)谢土日期。(15)占送行吉日。(16)七正四十各月六星占。(17)二五八冬各月八宿占。(18)九三腊六各月白虎青龙占。(19)占正四七十各月九良星。(20)占二五八冬各月九良星。(21)占三六九腊各月九良星。(22)占二十八宿星图。(23)祭猪膀日。(24)按月序占驳权

① 马学良主编,罗国义审订《增订〈爨文丛刻〉》(中册),四川民族出版社,1988,第577页。

② 陈世鹏:《黔彝古籍举要》,贵州民族出版社,2004,第176页作247个,误。不过在后文第204页的列举中也是248个。

吉日。(25) 诉讼驳权吉日。(26) 月序占驳耿努降日。(27) 按日序占驳权。(28) 禳死在屋日。(29) 月序占耿努降日。(30) 日序占耿努降日。(31) 日序诵经。(32) 占作斋念经吉日。(33) 解冤禳三灾。(34) 占解收转移诬陷文字日。(35) 占择禳解吉日。(36) 底口破烂。(37) 占还灵愿愿门开。(38) 占还灵愿管多久。(39) 占杀牛祭时。(40) 占亥及酉得失。(41) 占培修安置。(42) 占为呗十二礼仪路宜否。(43) 搭桥接寿吉日。(44) 月序接寿吉日。(45) 添寿吉。(46) 叫魂吉日。(47) 占魂魄在家。(48) 月序祭龙神吉日。(49) 占祭龙神路通。(50) 辰日祭龙神吉日。(51) 祭锦帛龙神吉日。(52) 占福禄在家。(53) 占祭山神吉日。(54) 占祭土神吉日。(55) 占祭水口日。(56) 按日序祭土神吉日。(57) 占按干支序祭土神吉日。(58) 占土神出场日。(59) 占地龙打人日。(60) 占土神死日。(61) 看土神在处。(62) 占祭献一类(一)。(63) 占祭献一类(二)。(64) 占土主实楚部位。(65) 占天地日期吉凶。(66) 祭祖承宗吉日。(67) 八卦方位占建房吉凶。(68) 六星方位占建房吉凶。(69) 吃新吉日。(70) 耿纪额索克。(71) 时序吃新吉日。(72) 做斋祭吉日。(73) 开关割谷日。(74) 许愿还愿吉日。(75) 占许愿行善吉日。(76) 禳解冤愿吉日。(77) 占建灵房吉日。(78) 八卦占建灵房。(79) 大极十二宫上占住宅。(80) 太极十二宫值星占。(81) 十山坐向方位图。(82) 占人命地命合不合。(83) 占看屋基凹垭。(84) 占看屋基。(85) 占山垭漏。(86) 看坟墓葬处。(87) 占金命人宅基。(88) 占木命人宅基。(89) 占水命人宅基。(90) 占火命人宅基。(91) 占土命人宅基。(92) 占水流。(93) 占一年十二月动土日。(94) 占平屋基。(95) 占地虎捉人日。(96) 占土气横推。(97) 占入林伐木日。(98) 占阴木照人日。(99) 占入林伐木不吉日。(100) 看修建房屋八卦。(101) 按八卦山位建房。(102) 按生年占建房。(103) 按生月占建房。(104) 占寅申巳亥各月建房星宿。(105) 占子午卯酉各月建房。(106) 占戌辰丑未各月建房。(107) 寅申巳亥各月建房星宿。(108) 子午卯酉各月建房星宿。(109) 辰戌丑亥各月建房星宿。(110) 占拆旧房吉日。(111) 占入新宅吉日。(112) 占安门槛换旧门吉日。（113）占立房新宅吉日。（114）占安石碓石磨吉日。（115）占天地耳聋日期。（116）按干支占建房。（117）占看建房横推表。（118）占分家周堂。（119）占建房入宅周堂。（120）占入宅横推。（121）占安龙门日期。（122）占安龙门时。（123）按日序占安龙门。（124）安龙门扫除房尘挖炉灶。（125）占所为不吉日。（126）占安床吉日。（127）占寝处弗宁卧日。（128）官司死病罹日。（129）为安床占卜。（130）观察新年气象。（131）占新年逢畜兽之兆。（132）占雷鸣日。（133）占增粮穗。（134）占开始播种及耕种之吉日。（135）占播种荞麦吉日。（136）按日序占种荞麦。（137）占开田吉日。（138）占戽水灌溉吉日。（139）占挖水渠开龙口日。（140）开田不吉日。（141）黄鳝掘洞日。（142）开始栽种忌日。（143）宜开始栽种日。（144）耕父耕母耕老耕幼亡日。（145）不宜播种之日。（146）装置仓库吉日。（147）按月序装仓库开创门吉日。（148）逢穷鬼至日。（149）尼武甲入室日。（150）额勺减粮之日。（151）占抖仓腾仓日。（152）转置粮仓开仓门掉转仓有岔道阻。（153）挖墙筑建石阶。（154）造马厩安马阶石造马槽。（155）占造牛栏吉日。（156）占造羊圈吉日。（157）占造猪圈、鸡埘、鸭棚日期。（158）按日序观畜命在处。（159）逢天地降毒日。（160）按地支观畜命在处。（161）天干序钉马掌。（162）观人的生命在处。（163）驯训驮马骑马猎犬吉日。（164）按年序占建畜圈日。（165）造畜圈上畜铁忌。（166）按月序查畜日。（167）按日序占查畜吉日。（168）按干支分析畜去来日。（169）占馈送财礼。（170）占送姑娘财礼。（171）舅方增财状况。（172）女婿方增财状况。（173）占清理牲畜送财礼。（174）女婿财至时之推占。（175）子女上学之吉日。（176）姑娘修整面容之吉日。（177）整髻佩勒之吉日。（178）织布裁衣之日期。（179）按日序占做金银饰品。（180）三圣娶妻嫁女打金银首饰吉日。（181）打金银器打矛制鳞甲银鞍制弓制盾牌吉日。（182）三圣死的日期。（183）空亡之日。（184）禳祛吉日。（185）捕鱼狩猎捕鸟吉日。（186）造虎豹圈结麂獐网捕鸟编捕鸟笼日。（187）天干占捕兽捕鸟捕鱼吉日。（188）按日序占猎兽捕鸟捕鱼吉日。（189）林兽逢鬼道日。

（190）占马五行与人五行合否。（191）占人五行与马五行合否。（192）观不利者。（193）由此占失物去向。（194）占放圄圈。（195）按日序占畜入圄圈。（196）日序占畜出圄圈。（197）由此按日序畜入圄圈。（198）男女五行花卉由此观。（199）于此占卜娶妻五行利不利。（200）夫乃克妻者。（201）妻乃克夫者。（202）占姑娘居寡门。（203）占夫克妻生月。（204）占妻克夫生年。（205）占夫克妻。（206）夫妻不配属年。（207）占忌女嫁之年。（208）媒人求亲吉日。（209）占女不出嫁月。（210）占不宜娶妻月。（211）观月犬居处。（212）观三圣长幼居处。（213）观三圣母居处。（214）体巴长幼之居处。（215）观迎亲时马首转向。（216）妻来夫往之吉日。（217）按天干序分家吉日。（218）娶妻福禄赏赐日。（219）占娶妻时辰。（220）娶妻天到地到日。（221）按干支序占娶妻日。（222）此占娶妻途阻日。（223）占娶妻八目。（224）按年占迁徙。（225）按月占迁。（226）按日占迁。（227）按时占迁。（228）十二宫辰占迁徙。（229）天君兵帅莅日。（230）按天干占兴兵行船日。（231）按月序占行船与兴兵。（232）按日序占行船。（233）占四绝四亡日。（234）过河遇孽障日。（235）占行船永别离日。（236）地虎克豺日。（237）行船不回来日。（238）论行船永离日。（239）论天臣努类哲出坝日。（240）行船遇是非日。（241）兴兵吉日。（242）作战吉日。（243）列阵不吉日。（244）出兵讨战吉日。（245）日序兴兵吉日。（246）占行船不利时。（247）占行船吉日。（248）占行船兴兵道阻。①

在这些统一归序的人生中，设序、排序是《玄通大书》的基础理论，把人分为男女、夫妻等，又将人的际遇分为夭寿、祸福、吉凶、生死、贫富等各种否泰相对的序列，以便具体测序的时候在整个人生命运的大坐标中找到

① 马学良主编，罗国义审订《增订〈爨文丛刻〉》（下册），四川民族出版社，1988，第1159—1162页。

对应的位置。还应该看到，《玄通大书》对彝族的人生归序，并非终极的命运归宿。《玄通大书》在归序之外，还留下了广阔的改变人生命运的空间，这就是在《玄通大书》中查到不利于本人的情况的时候，不代表一切都不可以改变，而是可以通过各种祛祓、驱除、禳解、接续、增进等仪式改善不利于人的种种情况。这可以说是对人生的重新设序，通过改变原有的人生排序从而获得新的人生际遇。如果改善的情况良好，可以如愿以偿，获得新的人生；如果改善失败，那也只能归咎于这是在《玄通大书》等的人生归序中早就注定了的。

（三）比类与象征的人生解构

比类一词，在这里是引申而来的一个专指名词，来源于《周易》的“比类取象”。“比类取象”，出自《周易》，是易学五行学说的一个重大研究方法，即按照事物的不同性质、作用与形态，分别归属于木火土金水无形的项目之中，借以阐述人体脏腑组织之间的生理、病理的复杂关系，以及人体与外界环境之间的相互联系。这种对事物属性的归纳方法，称为比类取象。在这里，比类指的是排比与分类，即把人的人生像五行对物质分类一样分为若干种命运际遇，分别进行比较之后排列起来，然后根据一定的标准和顺序进行归类。

象征，是指以具体的事物或形象来间接表现抽象的观念。如，希腊动词 Symballein，意即“汇集”(to put together)，其名词则是 Symbolon。在中国，象征是一种修辞法。象征手法是根据事物之间的某种联系，借助某人某物的具体形象（象征体），以表现某种抽象的概念、思想和情感。它可以使文章立意高远，含蓄深刻。恰当地运用象征手法，可以将某些比较抽象的精神品质化为具体的可以感知的形象，从而给读者留下深刻的印象，赋予文章深意，给读者留下咀嚼回味的余地。在这里，象征的运用，接近于象征人类学（Symbolic Anthropology）方法论中把文化当成象征符号加以探讨的人类学思想和研究进路。[1] 特别是用来分析《玄通大书》一类彝文经籍的时候，主要是指这些经籍把人生比类为各种花、木等的方法。用具体事物来表示特殊的意义，在《玄通大书》等彝文传统经籍中是一种普遍的情况，这也是文学人类学所揭示的文学运用的形式之一。

对人生进行比类与排序，并不只是见于彝文经籍《玄通大书》这样的典籍之中，它在人类社会中是一种真实的存在。只是我们把其当作在社会生活中所经历和看见的种种常态，并没有作为一种人类学或者文学的分析眼光来看待。例如，“三百六十行，行行出状元”和“七十二行，行行出状元”等，这是行业的分类与排序；“你当你的官，我搬我的砖”和“撵山人在山里转，打鱼人在河中行”，这是职业的分类与排序；“天有十层，人有十等”和“官有九品，人有九等”等，这是社会层级的分类与排序。阶级划分、民族成分、地域区别、等级分类等，都是人类社会中的分类、排序，只是人们对其习以为常，并没有用人类学家或者文学家的眼光来进行分析研究。明白了这个道理，就可能理解彝文传统经籍《玄通大书》等一类著书，对整个人生进行设序、排序、测序和解序的根据、原则和意义所在。

同样地，文学作品中有许多可以总结的人物的命运，也是从作家设序、排序和解序的矛盾斗争和故事情节中体现出来的。例如爱德华·摩根·福斯特在他的《小说面面观》中把小说人物划分为圆形人物和扁平人物，这种分类就是突出的典型例证。[2] 分析一般小说、戏剧中的人物时，往往把人物分为主要人物与次要人物等，这也是典型事例。因此，文艺作品的分类与排序现象早已是司空见惯的事情。只是在超出了文艺的领域，从文学人类学的视野出发，把一些古籍从文学的角度展开研究，探索其中文学发生、文学功能等的新内涵，不太容易被常人所理解。

---

① 庄孔韶主编《人类学概论》，中国人民大学出版社，2006，第 74 页。

② 福斯特：《小说面面观》，花城出版社，1984。

高尔基曾经提出过“文学是人学”的著名论断，这个命题曾经引起广泛的论争。作为“人学”的著作，当然不是必然地就是文学。但是经过 20 世纪后殖民时代对东方文化的发现，人类学的诞生，特别是文学人类学的产生，理论界重新对许多东方民族的文化进行了新认识和新解读，对许多无文字的民族的神话、史诗等认识远远超出了一般的传统文学理论所涵盖的范围。而许多有文字的少数民族的经籍作品，也是从口头传统演变而来的，众多的彝文经籍就是这种情况。因此，像《玄通大书》这样的经籍，从“人学”的角度和人类学的理论上进行分析、研究，它就是对人生进行解构的彝族传统的文学作品。所谓“人生一世、草木一春”，这些充满象征意蕴的格言谚语，正好是《玄通大书》对人生命运的总结、比类、象征和解构。通过对人生命运的设序、排序、测序和解序，留下重新设序和解序的空间，这正是文学人类学眼界中的活态的文学，是真正的为人生的文学。对于这些传统文化，应该引起更多专家的关注，给予多方位多角度的深入研究，肯定会有意外的大收获。

第六节　奇特经籍诸多存疑的研究

占卜吉凶是人类社会早期普遍的一种社会生活和意识形态，就算到了发达的 21 世纪，许多地方也还流行占卜术。在中国历史上的殷商时期，占卜十分流行，不论是帝王还是平民，无论是战争还是和平，无论是祭祀还是仪式，占卜都是必需的前置程序。现在发掘、出土的殷商时期文物，不论是钟鼎彝文，还是甲骨卜辞，大多都是与占卜和祭祀有关的。在彝族传统社会生活中，占卜也是一种重要的传统。民间能够根据各种所需进行一些占卜活动，用语言形式进行解说。作为专职的宗教祭师和彝族传统文化的传承者，布摩有彝文文本的占卜经籍，需要时可以根据具体情况翻阅对照，以便解说占卜指示出来的情形。《武定罗婺夷占吉凶书》[1]就是这样一部经籍。

（一）

《武定罗婺夷占吉凶书》是《增订〈爨文丛刻〉》中较为特殊的一篇经籍，留下了许多有待研究的问题。之所以说它特殊，原因如次：第一，这篇经籍是整个《爨文丛刻·甲编》和《增订〈爨文丛刻〉》中唯一一篇来自云南省的经籍，是代表云南省的唯一的一篇彝文经籍。武定县今属云南省楚雄彝族自治州，罗婺部是古代南诏国统治集团中的重要组成部分，属于乌蛮三十七部之一。镌刻于明代的《罗婺盛世史碑》(也称为《罗婺世系摩崖》)，记述了罗婺部在武定一带的统治历史。第二，这篇经籍是《爨文丛刻·甲编》中搜集最早的一篇经籍。据丁文江先生在《〈爨文丛刻〉自序》中介绍："我第一次看见罗罗文（即彝文——引者注），是在民国三年。那时我从云南到四川，经过武定县的环州，李土舍的夫人送了我一本《占吉凶书》。书是先用朱墨写在草纸上，以后朱字上又盖了一层黑墨。我屡次请教罗罗的'师傅'，他们都说是占吉凶用的，但是他们只会读，不会讲。"[2]第三，这篇经籍在《爨文丛刻·甲编》中没有被翻译，这可能是因为云南的彝文字形与贵州彝文是有区别的。当时的翻译家罗文笔先生还不熟悉云南的彝文，就算是那些只会读不会讲的"师傅"，也不能作出准确的翻译。在彝族布摩中，只熟悉彝文而不能翻译汉文和讲解汉意的大有人在，他们的汉语文功底还不能让他们成为翻译家，哪怕这些内容他们很清楚，但还是不能用汉语文表达出来。同样地，在《增订〈爨文丛刻〉》中，不知什么原因，虽然对彝文作了国际音标标音、直译和句子的对译，却也没有对此经籍作出全面的意译，只是指出此经籍不完全，

① 丁文江编《爨文丛刻·甲编》，上海商务印书馆，1936。

② 丁文江编《爨文丛刻·序言》，转引自欧阳哲生主编《丁文江文集》(第五卷)，湖南教育出版社，2008，第4页。

“每类只引其中的几个句子，指明有这件事”[①]。第四，这篇经籍是以少有的散文形式出现的。彝文经籍85%以上都是以五言诗句的形式写成的，另外15%则是以散文形式写作。这些散文类经籍，绝大部分是占卜、预测类经籍和碑刻类作品。《武定罗婺夷占吉凶书》中的部分内容就属于少数占卜预测类经籍之一，与《玄通大书》一起，是《爨文丛刻·甲编》和《增订〈爨文丛刻〉》中的两部散文类经籍。

（二）

《武定罗婺夷占吉凶书》这部不完整的经籍属杂谈，可分为6类。接下来，笔者将在每类中摘引几个句子，指明有这件事。读者想知道个究竟，可找阅有关经文。其内容概要如下：

1.鸡卦

一般在作斋、作祭、结婚、安福禄神等典礼中，欲占卜吉凶时，先由呗耄诵经献鸡，然后取熟鸡的两股骨，排齐，插竹签于骨上小穴中成一图像。图像共有82个，也就是八十二卦。解说这鸡卦的书，叫“占鸡卦书”。书上写有各卦的名称及其所主吉凶祸福。这书一般呗耄都有。

2.祭祖

每年旧历八月，选一吉日，全族人各携带供物到高山上祭祖。先请呗耄来安置祖筒的祖灵洞口，向岩神献雄鸡、酒、米后，开洞门请出祖筒，迎来祭祖场，先向已插好的神座给神献鸭、酒、米给祖筒及祓污后，再把祖筒置台上，向祖筒献绵羊、酒、饭，送回祖灵洞，再向岩神献熟鸡、酒、饭，求其好好守护，然后关好祖灵洞门，仪式完毕。祭祖式中，请呗耄念几种经，以求祖灵保佑族裔。

① 马学良主编，罗国义审订《增订〈爨文丛刻〉》（下册），四川民族出版社，1988，第1937页。

3. 祭中播福

作祭仪式繁杂，此处只谈其中的一项——播福。逝者的儿子和儿媳，跪在灵柩下方，由呗耄诵经，并向子、媳头上洒水，撒荞子，撒白米，象征给子媳播福，意即福禄神不能跟逝者去，而要归家佑其子嗣。福禄传后代，后代更会繁荣富贵。

4. 作斋胛骨卜

作斋胛骨卜多数看猪膀，偶尔也看牛膀、羊膀。诵经献牲时，就祝其膀产生明晰的图像。后将熟膀取出，把肉剔干净，就看膀中所显示的颜色和图像，进而判定吉或凶。

5. 祓污行德政

平时祭祀，作百解、作祭和作斋都要祓污。一般要打醋坛，取拳头大的石头烧红后，夹在绿枝毛上，泼上泡着马桑树枝叶的水，蒸气升腾如白云作净。有时要净屋，即在屋里打醋坛，屋外则用一条较长的秧草绳，草绳上插根火柴和许多白柴签，还拴个小鸡，插把小勺，用两棵青苗杆，将绳两头拴在两棵树干上，两人高持绕屋走，呗耄跟着念经即算祓污。做官的人要行德政，这样才能真正地祓污。

6. 祓污入祖列

作斋仪式中，有一项是祓祖淫污。淫污指不正当的男女关系，多指主子与奴隶交合、本族与他族交合。有淫污就不能入祖先行列和超度。恐祖有淫污，帮送祖灵牌入斋棚前要进行祓污仪式，然后才能送进斋棚，入祖先行列。[①]

（三）

从内容上看，这部经籍不仅仅是用来占吉凶的，还有其他丰富的内涵。

一是占卜吉凶，预测祸福。经籍内容中第一部分的占看鸡卦，是彝族在

① 马学良主编，罗国义审订《增订〈爨文丛刻〉》（下册），四川民族出版社，1988，第1937页。

举行各种祭祀、婚姻、安神等活动仪式中，凡是牵涉到使用鸡作祭牲，都要进行占卜。占看鸡卦即通过检测鸡的股骨，来测验即将举行的活动仪式是吉是凶，会带来福音还是祸患，会带来哪些方面的祸患等。是吉则罢，是凶又要举行相关的活动仪式进行禳解。《武定罗婺夷占吉凶书》中“鸡卦”这一部分经籍内容显然不全，只占整个“看鸡卦经”中较少的一部分。在“作斋胛骨卜”部分，彝族在作斋中要使用猪、牛、羊等中型、大型牺牲的时候，先要对所用的牺牲举行一定的仪式，经过“洁净”程序，剔除膀骨上的肉，通过占看猪膀、牛膀、羊膀等的图像、纹路，预卜吉凶祸福。马学良先生曾经搜集和翻译过《作斋献药供牲经》[①]，其中有也有类似的内容。

二是更换祖筒，祭祀祈福。祖灵筒是安放祖先偶像即灵魂和各种生产生活用具微缩模型的木筒，形如桶状，因此，也叫“祖灵桶”“祖筒”等。彝族传统的祭祀祖先的活动仪式，有三代举行一次的叫“丕籁”，六代举行一次的叫“法丽”，九代以上才举行一次的是大型的祭祀仪式叫“尼目”。举行“尼目”仪式后，一般就要分家，在一个家支之下形成新的“家”——进而发展成为新家支，家支之间就可以开亲联姻了。更换祖筒是一般的祭祖仪式，不一定分家。但是其中有大量的祈福活动，因此，也要念诵各种祈福的经籍。《武定罗婺夷占吉凶书》中“祭祖”的这一部分也是不完整的，只包含了相应的少量内容。

三是祓污除秽，崇德正行。经籍中的“祓污行德政”，是在作祭祀、作斋的时候，警示做官行政的人要施行德政，不能做坏事、行暴政、虐人民。虽然只是整个祓污仪式中的一个单项，但是与官员行政与人民群众生活息息相关，是其他经籍中很少见到的内容。“祓污入祖列”则是指过去奴隶主与奴隶发生不正当性关系时，要在祭祀之前对之进行祓除淫污，并使其重新获得洁净之灵，只有这样才能被其祖先接纳，否则，这样的行为生前不为彝族习惯

① 马学良：《云南彝族礼俗研究文集》，四川民族出版社，1983。

法所容许，死后也不被其祖先所接纳。这也间接地反映了彝族民族内婚、等级内婚的婚姻制度。凡与此相抵触的婚姻或男女关系都被人们视为淫污，生前为人们所不齿，死后还必须举行宗教仪式为其祓污。这还从一个侧面反映了奴隶主也会违反习惯法干些奸污奴隶的勾当，害怕死后遭到祖先的惩处而企图通过祓除仪式掩饰自己的罪恶。[①] 这两个部分的内容对统治者的道德与行为提出了要求并进行了警示，具有积极的宣谕意义。

（四）

《武定罗婺夷占吉凶书》这部经籍，留下了许多奇怪的疑问，需要研究者努力探索、研究。

比如，这部书为什么不是李土舍赠送却是他的夫人赠送给丁文江先生的？这部经籍为什么先用红墨写，后来却又填写上黑墨？一般而言，经籍中所用的红色墨都是兽血或者牺牲之血，通常是用于反咒或者咒鬼的，内容比较恶毒、严重，这些经籍没有相关的内容却为什么又用红墨书写？这部经籍为什么只有各种经籍中的一小部分内容而不是全部，为什么没有一部是完整的？其他经籍中很少见到警示官员从政的内容，为什么这部经籍中却罕见地出现了这样的内容？《武定罗婺夷占吉凶书》在《爨文丛刻·甲编》没有进行翻译是限于当时的条件，在 20 世纪 80 年代可以调用全国通晓彝文的翻译家的时候，《增订〈爨文丛刻〉》已经做了注音、直译、句译和注释等工作，但为什么又不把它翻译完整？另外，罗文笔先生有没有接触到这部经籍？如果接触到了，他是随同翻译好了的其他经籍一起寄给了丁文江先生的，还是保存在自己手中而抄写了一份给丁先生呢？如果在丁先生手中，这部经籍连同他所搜集到的其他经籍现在保存在哪里？从 1915 年丁文江先生获赠这部《武定罗婺夷占吉凶书》直到今天，这些疑问不是在减少反而增多了，《增订〈爨

① 陈世鹏：《黔彝古籍举要》，贵州民族出版社，2004，第 215 页。

文丛刻〉》对这些问题也都没有明确的交代，值得进一步研究。

对于这些疑问，在此只能进行一些推测性的探讨以引起专家的注意，以期得到进一步的呼应，进行深入的研究，从而得到明确、服众的答案。

关于赠书人的身份问题，也许是因为李土舍不在家，或者已经不在世，所以才有他的夫人赠书的情节。通过对赠书内容不完全的情况分析，也许这本身就不是一本书写完整的正式经籍，或许是布摩徒弟的练习之作。因为丁文江先生是第一次接触彝文，只是偶然获赠此书，也没有必要给他正式的完整的书籍，丁先生拿到这部书也无法辨别它的价值和作用。至于其中有一些警醒官员从政的官德的内容，可能是李土舍夫人有意选择这本相当于“抄写练习册”赠送给丁先生的，因为当时他是一名官员。

关于用红色墨水书写这部经籍的问题，可以从凉山彝族自治州过去书写一些经籍的做法中得到一些启发。据巴莫阿依博士介绍：“以凉山美姑为代表的以诺地区，布摩们大多把经书分为‘尼素’‘斯吉’‘枯色’三大部类，形成了独特的仪式经书体系。‘尼素’意为有关祖灵仪式的经书，用于安祖灵、洁祖灵、送祖灵等仪式，也被称为‘道路上方’类经书。‘素吉’意为驱咒禳解的经书，用于诅咒仇人鬼祟、驱鬼招魂治病、祛污除秽禳邪等仪式。‘枯色’则属占卜择日之书。‘素吉’与‘枯色’也被称为‘道路下方’的经书。在‘素吉’部类中诅咒类经书内容丰富，种类繁杂，按诅咒对象可以分为咒鬼经和咒人经。由于诅咒类仪式通常在鬼邪活跃的夜晚举行，该类经书字体较大，以便布摩在油灯或松明下认读。相传，古代咒鬼经用野兽的血书写，咒人经用人血书写，祭祖经则用家畜牺牲的血书写。因为咒人经要用人血书写，又不能藏在家中，因而要置于岩洞，须择日取用，不利保存和传抄，加之咒人仪式日渐减少，如今真正的人血咒经所剩无几。”[①] 这可以部分解释为什么《武

① 巴莫阿依：《〈驱鬼经〉导读》，载黄建明、巴莫阿依主编《中国少数民族原始宗教经籍汇编・毕摩经卷》，中央民族大学出版社，2009，第 59 页。

定罗婺夷占吉凶书》是红色墨水书写的，也许它继承的正是古代凉山以诺地区书写经籍的方式。可是因为这类书写方式随着时代的发展已经不再流行，或者为了不引起其他民族的误解，才又用黑色墨水把它覆盖了。由于没有能够见到这部经籍的原件，字体的大小也无法与现在流传的经籍的字号相比较，究竟这部经籍是大字还是小字也无法得知，所以它是诅咒类经书还是其他经书也不能确定。虽然经籍的内容不完全，但是从现有的内容上来看，倒不像是诅咒类经籍。

至于直到20世纪80年代还没有把这部经籍的内容进行完整的翻译，可能是因为经籍内容不全，无法互相印证。因为在彝文的句式中，有许多要通过上下文“互文见意”的，还有一些内容要通过风俗习惯对证，即“以俗释经”，才能完全弄懂其中的意义。

当然，以上这些是基于彝族历史文化的一些推测。如果要得出准确的结论，还需要许多材料的支撑和相关专家深入细致的考证。

附录：《增订〈爨文丛刻〉》中的《武定罗婺夷占吉凶书》译文[①]

一、鸡卦

卜卦牛犁地好鸡卦吉，鸡卦现上吉，这年好，卜得此卦家中吉利，子孙发达。“不吉卦名”，卦主娶二妻，出孤寡，求神佑。

二、祭祖

来高山净，祖细糠沾邪净，供米净则白，骤水净则清，神座高低净，祭

① 马学良主编，罗国义审订《增订〈爨文丛刻〉》（下册），四川民族出版社，1988，第1936—1957页。

坛厚薄净，闪光铁器上，沾邪污的净，山后山坳净，祭献牺牲净，病好献猪净，猪牲泼水净，思想议论净，口舌解罪净，四方八山净。高处来净祖，在高处祓邪，净用全牲净。水是天降来，雾起则雨住，病来则献牲，这样医医看。不论牛或马，牛尾缠树上，新名，用口来播福。

三、播福

……鸡从高房飞落……山神来保护，尸体腐生蛆，尸成神裔昌。序家谱骑阴马，飘忽追祖□。夏天莫睡背阴处。夫显而妻荣，像日光闪闪。月圆观吉象，象月亮堂堂。一群鸟，纷纷来，山上飞，水上歇。祖先来照顾，作斋唤来繁荣，我们做了斋，消除了官司。斋牛占卦膀卜吉，宗支始兴旺，贵贱随开亲，育子孙，福承皆吉祥。

四、作斋胛骨卜

作斋献黄牛，斋场椎挂献，神降收献礼。白鹤成对降，白云生花朵，朵云象群牛，开财源聚宝。祝膀又祝膀，祝膀生图像，膀里面现绿，绿则主官运，比前升三级。驱除来的邪，施下有令名，雨至夏临近，夏则行夏令。

五、祓污

普天下皆夏，解罪要在夏初。先不做不得，先做则前得。谷熟则米白，善净不干净。夏秋六个月，灵来光缭绕。哎哺希慕遮，光照金镀面；且舍希堵楚，坐山发号令，议论再议论，先论海之滨，十二绿大石，十二归吉处，祖魂归坟墓。智者求知去，呗耄理法事，杜鹃归阳坡，大雁归温带，鹳鸟归恋处，姑娘也归夫家。苗裔继祖嗣，族裔大衍蕃。不善终邪污，死夜魔邪污，少年夭亡邪，牛犁死邪污，牛抵死邪污，碓边小鸡污，屋烧污柴污，阉鸡阉死污，遭事链拴污，……秧草蛇死污，清（青）蛙水邪污，用马桑树净。母猪死邪污，母猪上不净，……秧草把不净，水一个的净。胎污一丘邪污，胎污一丘不净，月经一夏邪污，得孕腹邪污，猪一个不净，借贷有没有，借贷清不清，所有邪污齐净。银屋有邪污，怕他染邪污，已邪污，举行仪式祓污，备礼请神座祓污。用一猪祀祖，这猪祓污后，祖先前贡献，走上德政，万人受其惠，个个颂德政，名声跟德贤，万草报天恩，歌德因作牛。

六、祓淫污入祖列

贤人也怕邪，淫污祖，淫污妣，淫污妇，淫污女，两族乱成婚，祓污后，进棚入祖列，族归族。

第七节 经籍通神祈请功用与文学性研究

《爨文丛刻·甲编》曾经被日本学者称为彝学走向世界的标志，其中缘由，一是因为这是一部彝文古籍的集大成之作，二是因为它是最早向外界集中翻译和介绍彝文古籍的丛书类文献。但是，《爨文丛刻·甲编》还不是彝文古籍丛书中的精品，因为搜集这部彝文古籍丛书的丁文江先生不是长期生活在彝族地区，只是作为地质学家在特殊的年代暂时在彝区旅行和停留，搜集到的彝文古籍自然有限。同时，帮助他搜集和翻译这批彝文古籍的罗文笔先生虽然十分热爱彝族历史文化和古籍，但罗先生本身信仰基督教，基督教的教义可能对罗先生搜集彝文古籍有所约束。因此，对彝文古籍的搜集，即使是在当时贵州省的大定县（即今贵州省大方县）一带，种类也不是很全，搜集到的文献也并非都是精品。这也是重新编纂的《增订〈爨文丛刻〉》对原书进行补充翻译，增加文献，改换一些原作等的原因。[①]《呗麾献祖经》就是其

① 马学良主编，罗国义审订《增订〈爨文丛刻〉·序》，四川民族出版社，1986，第3页。

中被更换的一部。马学良先生在《增订〈爨文丛刻〉· 序言》中指出："四川的《夷人做道场用经》一篇，文章质量较差，改换《呗麾献祖经》。"[1]《爨文丛刻 · 甲编》中的彝文古籍文献主要是搜集于贵州省大方县，搜集于贵州省之外的只有两篇，一篇就是《夷人做道场用经》，是从四川搜集到的；一篇是从云南搜集到的《武定罗婺夷占吉凶书》。因此，这两篇文献也可以说分别代表了四川的彝文文献和云南的彝文文献。在后来的《增订〈爨文丛刻〉》中，虽然对四川的一篇进行了更换，但是仍然保留了这两篇内容相同的文献，保持了它们作为不同地域彝文文献的代表性。在丁文江先生的计划中，这套《爨文丛刻》丛书在后来可能还会搜集更多的云南、四川的彝文文献，惜乎天不假年，中道夭殂，遗憾终身。但是，情况的变化不可弥补，致使彝族之外想要通过《爨文丛刻 · 甲编》来了解彝文古籍情况的人，只能以这篇文献来代表四川省的彝族古籍了。

（一）

彝族举行大型的祭祀活动，或者举行较大型的解冤仪式活动，或者其他一些将祭祀、祈福、禳解合并在一起的中型、大型活动仪式，一般都要请布摩（即呗麾）主持，有的还要请多个布摩。例如，彝族举行"尼目"祭祖大典时，据专家的田野调查，有请 6 个布摩参加的大型"尼目"祭典："主持氏族祭祖典礼，至少要有六个主祭呗耄。第一个，彝语谓之'摆摩'，意为'大祭师'，由其司总祭，为整个祭场的总指挥；第二个，彝语谓之'呗祈'，意为'协调祭师'，由其司应酬，负责处置呗耄与主人之间一切交涉；第三个，彝语谓之'郭捕'，意为'事务祭师'，由其司劳作事务，领导背祖灵筒、汲圣水、插祖位柴枝等事；第四个，彝语谓之'呗浩'，意为'祓除祭师'，由其司祓除、解罪等事，负责'打醋炭'清净祭品和主持解罪孽等仪式；第五个，

---

① 马学良主编，罗国义审订《增订〈爨文丛刻〉· 序》，四川民族出版社，1986，第 3 页。

彝语谓之‘扼呗’，意为‘法师’，由其司请神驱鬼，负责主持请祖先神仪式和驱鬼逐魔法术；第六个，彝语谓之‘葛呗’，意为‘工匠师’，由其司工艺技术，负责主持制作祖灵筒、雕刻祖妣偶像等技工事务。”[①] 云南省楚雄彝族自治州武定县发窝乡大西邑的彝族普德氏，于 2007 年 2 月 20—26 日举行了为期 7 天的祭祖活动，所请布摩就是以上所记述的 6 个——即六种职司的布摩。

之所以请多个布摩，一是因为活动仪式较为复杂、程序繁多，使用的牺牲、祭品多，所念诵的经籍也多；二是需要借助多个布摩的“法力”来加强活动仪式的效果，以期达到最好的目标；三是彝族认为世袭布摩主持仪式所取得的效果要好于非世袭的布摩，所以世袭布摩要在活动仪式之前叙述清楚自己的谱系，非世袭布摩也要叙述清楚自己的师承，表示来历清楚、清白，否则会导致主祭活动仪式的效果不佳，甚至不灵。例如，在举行个别丧祭仪式的时候，有的死者是非正常死亡，属于“凶死”，就要先请布摩中的“武毕”来为死者举行“洁净”“解冤”仪式，才再请“吐毕”“那毕”等布摩来进行正常的祭祀活动。“武毕”“吐毕”“哪毕”是代表不同职能和不同身份的布摩，他们有不同的起源和不同的职司，在各种活动仪式中也具有不同的“法力”和功能。有的大型祭祀活动仪式中，只有把“哪毕”“吐毕”“武毕”都请齐了才能举行，缺一不可。关于这三种职司的布摩，在经籍中有明确的记述。根据毕节市彝文文献翻译研究中心 523 号藏书、原贵州威宁板底龙天福布摩经书《迎布摩献酒经》的记载，布摩（即摩）有支系的分工，虽然习惯上是“白彝”布摩负责解冤，“黑彝”布摩负责撵勾魂鬼司署，“红彝”布摩或“武布”负责为非正常死亡者进行洁净，但是在经书上反映不明显。《迎布摩献酒经》与这种分工有关：“一是吐布（他称‘白彝’的布摩）知识深，吐布佩带他的专用铃，他的专用铃响当当，从吐足谷（他称‘白彝’的布摩的住处）来；二是那布（他称‘黑彝’的布摩）地位高，那布佩带他的专用铃，

---

① 朱崇先：《彝族祭祖大典仪式与经书研究》，民族出版社，2010，第 88—89 页。

他的专用铃响当当，从那足谷（他称‘黑彝’的布摩的住处）来；三是武布（一般为他称‘红彝’的布摩）威力大，武布佩带他的专用铃，他的专用铃响当当，从武足谷（他称‘红彝’的布摩的住处）来。三条猎狗，同狩一场猎；三家布摩，共主持一场丧礼。”①

在布摩的人力、“法力”有限的时候，不但要延请其他职司的布摩参加，还要延请多个布摩、布汝（布摩的徒弟、助手）参加，还要通过仪式延请已经逝世的神通广大的布摩祖师参加，借助他们的神力，把有关的活动仪式办得成功、圆满。在延请已经逝世的布摩祖师来帮助举行活动仪式之前，要经过一定的程序和举行相应的仪式，念诵《呗麾献祖经》，接续布摩的师承关系，接续布摩的谱系，把神通广大的“倔呗”延请到场。

（二）

“布摩献祖”通常是一个活动仪式程序中的开头部分，古代没有专门的经籍，只是在仪式开场前口头念诵清楚。但是发展到后来，也有了专门的“布摩颂祖经”一类的经籍。因为不把根由叙述清楚，不把应该延请的布摩祖师和布摩神祇延请到场，有的仪式就无法开始。所以，在一些活动仪式中，念诵这类经籍是整个活动仪式的一部分。这类经籍有的直接就包括在活动仪式中，也有的包括在其他大型经籍中，但是发展到后来，又通常都是独立的经籍。例如，黔西北彝族地区在举行丧祭活动仪式时，“用于仪式的经书一般有《迎布摩时献酒经》《丧祭献酒经》《丧祭大经》《丧仪大经》《丧祭仪式禳解经》《驱逐司署经》《椎牲经》等。在人间以酒礼为大，以地位是师即布摩为尊；在彝族原始宗教信仰的观念里，把人间的事翻版到神界，神亦视酒礼为大，视布摩为尊，所以丧祭仪式的开场，必须延请布摩，迎接布摩、迎接布摩神，向布摩、布摩神以及相关的神灵敬献生命之源的水、酒水、茶

① 王继超、余海：《彝族传统信仰文献研究》，贵州民族出版社，2010，第8页。

水等。于是就有《迎布摩经》《献水经》《献茶经》等的使用。”[①] 由此可见，黔西北地区的《迎布摩经》与四川地区20世纪30年代的《呗麾献祖经》有类似的地方，也许原先就是内容相同的经籍，只不过是在不同地区演变成了有差别的经籍。

将《呗麾献祖经》与贵州类似经籍进行比较，就可以看出它们的异同。

《呗麾献祖经》是布摩祭祖时念诵的，其内容不限于向神灵献祭，主要是在神灵面前背诵布摩的历史。经书先叙述一位神通广大的布摩名叫“倔呗”，他把虎、雕、鹞当作祭牲。接着又说远古时有个名叫史兹史得的先当了布摩，随后女里、什叟、靡莫等彝族中也出现了布摩，各传了十代、八代、十一代，先是心灵多智，后来却变得不聪明了，所以祈福不得福，治病不见愈。直至“邛补”即彝族“六祖”的时代，“合”家才有了真正聪明能干的布摩，使用杉签筒、法帽，用所蒙耳合、纳补务卓两地的纸和墨写经文，祭了祖，祈了福，治病见了效。“合”家的布摩开始出现在安宁河地方，后来有个名叫阿都尔补的布摩远走他乡，寻得天上降下的神铃作为布摩的法宝，神通更加广大了。其后裔仍为布摩并使法力招来山川妖怪，战胜敌人。连续消灭了危害彝人的大雕、老熊和恶虎。[②] 这部经籍中，特别是对阿苏拉者父女同时为布摩的记述，对后世布摩特别是彝语北部方言区（即四川凉山一带）的布摩影响特别大。

贵州境内的毕摩一般称为布摩，毕摩经籍一般称为布摩经书，这些经籍与《呗麾献祖经》有许多类似的内容。例如，贵州省威宁彝族回族苗族自治县龙场镇元坪村吕氏抄本经籍《迎布摩献酒经》叙述了向知识的总结者、文字文章的创制者，向年神、月神、知识神、智慧神、始楚、乍姆的知识神，向布摩神、布摩的保护神、布摩的法具神等诸神献酒；介绍了布摩世系，指

---

① 王继超、余海：《彝族传统信仰文献研究》，贵州民族出版社，2010，第1页。

② 马学良主编，罗国义审订《增订〈爨文丛刻〉》（上册），四川民族出版社，1986，第7—8页。

出了有资格主祭的世袭布摩及其子弟的世系。同村李氏抄本经籍《延请布摩经》介绍了举行丧祭要延请布摩神，介绍了布摩法具中神帽、神扇、神筒、神杖、神铃等的神异威力，点祭各世袭布摩世家的先祖并请他们保佑帮助主祭布摩作祭顺利。威宁彝族回族苗族自治县雪山镇侯布任若布摩家旧抄本经籍《布摩溯源经》介绍了布僰布摩至六祖时期布摩的传承，布僰布摩十大支至六祖时发展到十二支。[①] 有的经籍还对布摩根源、传承、法器、布摩崇拜等有专门的介绍。

另外，在云南省小凉山地区的宁蒗彝族自治县，也有专门的“布摩颂祖经”——《彝族颂毕祖经通释》就是为类经籍的代表作。[②] 这部经籍一共有21篇，4900多行彝文。第一篇颂扬布摩探索自然、征服自然的不屈精神以及布摩作毕的神圣。第二篇叙述作毕的历史，认为只有到了“丘补”即彝族六祖时代才真正有了布摩作毕的正规仪礼。第三篇叙述毕的来源，重点叙述了布摩的流派、谱系、著名的布摩等。第五篇介绍布摩的传承。第六篇讲述布摩如何驱鬼灭鬼。第七、八、九、十篇呼唤神灵享祭助法，用咒语咒鬼。第十一至十九篇祈福纳祥，镇妖防魔。最后一篇遣送神灵。[③]

（三）

在各种活动仪式中念诵《呗麾献祖经》，是布摩主持仪式时一个重要的程序。它可以表达若干重要的功用，特别是达到主持仪式时利人利己的重要目的。概括而言，主要有以下一些方面。

1. 正本清源

这是念诵《呗麾献祖经》的第一个功用。彝族举行重要的活动仪式，往

---

① 王继超、余海：《彝族传统信仰文献研究》，贵州民族出版社，2010，第2—3页。

② 苏学文、卢志发、沙马史富译著《彝族颂毕祖经通释》，云南民族出版社，2006。

③ 苏学文、卢志发、沙马史富译著《彝族颂毕祖经通释》，云南民族出版社，2006，第1—5页。

往有很强的功利目的，因此对布摩的选择非常认真、仔细。一般地说，世袭布摩是第一选择，因为世袭布摩根源清楚，家学渊源深厚，对各种活动仪式程序掌握得清楚，在人们心目中的地位高于其他布摩。其次才选择师承渊源清楚、道德高尚、道行深厚的其他布摩。布摩在主持活动仪式之前，要念诵《呗麾献祖经》或者类似的《延请布摩经》《布摩溯源经》等，将世袭关系或者师承关系叙述明白、清楚，自证清白，接续谱系，抬高本人的地位，尊崇祖师的地位。

2. 敬师敬祖

这也是念诵《呗麾献祖经》的一个主要功能。世袭布摩敬拜自己的祖先，既是祖先崇拜的体现，也是尊师重道的体现。非世袭布摩则要叙述清楚自己的师承关系，说明自己也曾受教于世袭布摩，表明师承不乱，也是自己身份一个重要的标识。同时，敬拜祖师，体现布摩是有道德的人，不是简单的一个过场。

3. 通神通灵

布摩作为人神关系的桥梁，是沟通今人与祖人、人类与神灵、人类与鬼怪等关系的重要桥梁和纽带。但并非每一个布摩的沟通能力、协调能力、处理人神、人鬼、人祖之间的关系的能力都是一样的。世袭的布摩据说要比其他布摩更有“法力”——即处理这些关系的能力更强。所以，念诵《呗麾献祖经》就是自己通神与通灵能力的体现。这类经书中，不是每部经书的内容都相同，各个世袭布摩或者师承的布摩在念诵这类经书时，其实都要加上与自己有渊源的一段谱系，把自己的身份表达清楚，体现与自身结成关系的祖师情况和本人的通神通灵能力。

4. 借名借力

这也是念诵《呗麾献祖经》的一个重要的目的。无论是世袭的布摩还是师承的布摩，谁也不敢保证自己所从事的活动仪式能百分之百的成功，因此，借助有广大神通的祖师、布摩是必不可少的一种方式，这不只是为了加强自己的神力，化解不可知的破坏性因素，同样对事主也是一种鼓舞，让事主知道不只是在世的、在场的布摩在为他的活动仪式效力，还有逝去的、不在场的神通广大的布摩为他效力，进而增强事主的信心。

5. 利人利己

这也是念诵《呗麾献祖经》的一个重要目的。无论是叙述自己的清白谱系以自证有资格和能力来主持活动仪式，还是延请祖师布摩来助力以办好活动仪式，最终目的都是为了给事主办好事情，取得有利于事主的效果。同时，念诵《呗麾献祖经》还被认为有帮助布摩增加抵御各种妖魔鬼怪侵害的能力，以便毕摩在活动仪式结束时解脱出来，不至于被邪魔纠缠，甚至引来灾祸。因此，在许多仪式的结束部分，还有专门的“回师”仪式。“回师”有两种情况：一种相当于“退神”，在举行完仪式后要请退举行仪式时延请到的布摩神、祖师神等；一种是把主持活动仪式的布摩从这一仪式中自请回来，例如《增订〈爨文丛刻〉》中的《指路经》中就有专门的“回师”部分。[①] 利人和利己，可以说是念诵《呗麾献祖经》这一类经籍的一个主要目的。

（四）

彝族无论敬祖还是叙谱，都有许多口头的念诵。例如，贵州省毕节市纳雍县新房彝族苗族乡河头村的彝族在过年过节准备供品祭祀祖先的时候，都要把祭品经过“打醋坛”洁净仪式后，由家庭的主人在堂屋的神龛前，口头念诵祭祀祖先的《祭祖献酒经》敬酒，然后全家才能进餐。现如今，四川凉山彝族自治州彝族在出门时，若遇到不熟悉的人，都要口头背诵各自家谱，叙述清楚自己的谱系传承，好辨认是否是同家支的成员。与此同时，贵州省的彝族遇到不熟悉的彝族人时，也仍然要通过讲述自己的“能彝”（家支姓

① 马学良主编，罗国义审订《增订〈爨文丛刻〉》（上册），四川民族出版社，1986，第566页。

氏、籍贯）来辨别是同家支成员还是其他亲戚、外人。应该说，《呗麾献祖经》作为一种文字文献，来源于四川省的彝族北部方言区，其中敬祖的部分，也是从彝族敬祖时口头念诵的传统中发展而来的。而这部经籍中虽然没有大量的谱系传承的内容，但是其中的从阿都尔朴开始，到阿苏拉者的谱系，以及阿苏拉者父女同时为布摩的情况，也是属于布摩谱系传承的内涵，已经传达出布摩世袭的内蕴。从文化人类学的角度考察，是彝族口头文化传统的传承；从文学人类学的角度考察，是彝族口头文学的传承。因此，从发生学的角度看，它是彝族口头文化传统的产生，向文字文本的发展，这些可以归属于口头记忆文学的范围。

同时，《呗麾献祖经》有两个其他文献都没有的文学形象，在彝族文学史有着重要的地位。一是关于阿都尔朴形象的描绘："阿都尔朴呢，头栖鸦雀，耳栖蝙蝠，鼻作獾巢穴，腋上栖山乍鸟，眉上栖地麻雀，背上住着龙，上唇有公龙，下唇有母龙，舌头玩龙仔。"[①] 这是最早的关于布摩形象的描绘，其中蕴含着丰富的彝族原始宗教职业人员的形象信息，可以从中观测到彝族很早时期的宗教职业人员特别是布摩（或许当时布摩和苏尼都还没有区分）的形象。二是阿苏拉者父女同时为布摩的情况，是彝族布摩史和彝族文学史上所仅见的情况，一直到今天，不论是在其他彝族民间传说、故事，还是在布摩故事中，父女同为布摩的情况，仍然只有阿苏拉者父女俩。在其他文献如《物始纪略》等彝文古籍中，虽然有举奢哲和阿买妮男、女同为布摩传承彝族知识、智慧的情况，但他们不是父女。

从传统的文学分析的角度看，《呗麾献祖经》在诗歌句式上，使用了传统的彝语五言诗歌句式，在句法上显然好于《彝族颂毕祖经通释》。但是，《彝族颂毕祖经通释》中大量使用的赋、比、兴等传统修辞手法，同时长短句式

① 马学良主编，罗国义审订《增订〈爨文丛刻〉》（下册），四川民族出版社，1988，第1993页。

的交错使用，富于变化，音调铿锵，加上长篇作品中对个别布摩形象的描写和塑造非常形象逼真动人，如果抛开具体吟诵场域来进行文本的阅读，其感染力又要好于《呗耄献祖经》。

附录：《增订〈爨文丛刻〉》中的《呗耄献祖经》译文[①]

(一)

诵经声朗朗，呗耄来献祭。献祭并非没有祭牲，是把变幻的鬼怪捉来当祭牲。所作所为，都为了使洪水澄清。洪水在女里世代澄清了。

女里之时，神呗随身带着大神雕；液播之时，神呗戴雕头；策史之时，神呗造银笼；克姆之时，神呗蓄大鹰。现在向他们献祭。

雕多数不尽，雕神遍四处。要献祭雕就得祭大雕神。雕头是呗的盾，呗又是咒的盾；雕翅是呗的利刃，呗又是咒的利刃；雕眼能明呗眼，呗又明咒眼。雕皮是呗的垫褥，呗是咒的垫褥。雕是说雕话，今日献祭说雕话的神。

(二)

要向鹞献祭，就要献祭咒。鹞头是呗的盾，呗是咒的盾；鹞翅是呗锋芒，呗是咒锋芒；鹞眼明呗眼，呗又明咒眼；鹞皮是呗垫褥，呗是咒垫褥，鹞是说鹞话，今天来祭说鹞话的神。

大江是凶险的。若向水妖献祭，就要向水妖神献祭。妖头是呗的盾，呗是咒的盾；妖眼明呗眼，呗又明咒眼；妖皮是呗垫褥，呗是咒垫褥。妖说妖的话，今天来祭说妖话的神。

---

① 马学良主编，罗国义审订《增订〈爨文丛刻〉》(下册)，四川民族出版社，1988，第 1964—2015 页。

要向东（乐）献祭，就要献乐色史。要向夺献祭，就要献夺阿则；要向木献祭，就要献木兹底。向吉来献祭，就要献吉勒普；要向次献祭，就要献次古古，要向平献祭，就要献平武武。要向斯献祭，就要献斯傈铁，要向勒献祭，就要献勒傈坡。

(三)

大古时候，史兹史得家先有呗耄。后来女里（尼能）家十代有人作呗耄。女里（尼能）人原来心灵又多智，但以后心不灵、智不多了。他们不置银水鼓，不安金水鼓；不置弓和箭；不卜猪胛骨；不载金银珠子；不知拥戴明君贤臣；变成不高明的呗耄。又不佩杉林山的杉签筒，不拿箍林山的耳法扇；不戴竹林山的竹法笠，不写汉人城里的白纸，不磨西昌的黑墨，不带木介山的天然铃。甚至不作斋，不祭祖。所以祛魔魔不散，祈福福不至，治病也不好。口不咀咒孜草，手不折断孜草，不淬熄然柴，不学高明呗，女里（尼能）家的呗耄就衰微无闻了。

其后什叟（实勺）家的人做了八代呗耄。先是心灵又多智，后来心不灵、智不多了。祈福不至，治病病不愈，竟又衰败无闻，第二批呗耄这样过去了。

接着格俄（耿额）家的人做了九代呗耄。传闻与白发黄牙人开亲，心不灵智也少，祈福治病都不成而衰微无闻，第三批呗耄又这样过去了。于是靡莫（鄂莫）家的人做了十一代呗耄。他们用杨柳插神座，祈福治病又不成，竟然又“扛犁头”而衰微无闻。第四批呗耄又这样过去了。

最后才有邛补（六祖）家的人来做了二十代呗耄。武家是嫡长；二房乍料事准；心灵又多智。他们制置了金银水鼓；会设置弓箭；用猪胛骨占卜，戴上了金银珠子；拥戴明君贤臣。背着杉林山的杉签筒；戴着箍林山的“箍”法笠；执着耳林山的耳法扇；用竹林山的竹卜签；写汉地的白纸，使用西昌的墨，用木介山的天然铃；也作斋祭祖，祈福就得福，治病也治好，祈福于苍天，治病于大地，口咒孜草，手摘孜草，淬熄燃木柴。我们师承邛补（六祖）家的阿尔呗，是呗之正宗，我们学他们，第五批呗耄就这样传下来了。

(四)

呗耄是从体吾开始的，体吾体伦做了呗耄，也从安宁河地方开始，安宁河水作呗耄；从斯辟耿昊地方开始，斯辟耿昊秃头树作呗耄；兹兹堡坞的赤色石，竹节节也作呗耄来献祖。

呗耄是从合（糯）家开始的，合（糯）家祖代有牟次作呗耄。其后传了次次哈、哈孔伦、伦阿牟、阿牟地史、地史阿武、阿武若呢、若呢呗干、呗干索傈、索傈次，他们世代作呗耄献祖。

呗耄是从合（糯）家开始的，合（糯）祖牟乌惹（慕雅热）之后，有乌阿干、阿干曲黎、曲黎作了呗耄。邛补（六祖）糯家的后裔，有七代作了呗耄，以后有地呗、襄呗、巴勾、阿挖作呗耄献祖。

合祖牟乌之后，有牟乌日乌、日乌阿省、阿省阿勒、阿勒阿都、阿都尔朴作呗耄来献祖。（谱系与《史传》上所记大有出入。）

阿都尔朴呢，头栖鸦雀，耳栖蝙蝠，鼻作獾巢穴，腋上栖山乍鸟，眉上栖地麻雀，背上住着龙，上唇有公龙，下唇有母龙，舌头玩龙仔。阿都尔朴的世代，天上铃响动，从高天降下了天然的神铃与签筒、法笠，三样随风飘飘而下，落在（在）改史山，从改史山落在白云间，从白云间落在黄云间，从黄云间落在褐云间，从褐云间落在青云间，从青云间落在黑云间，从黑云间落在白杉林山。白杉林山，又有嫩杉苗跟来，从白杉林山落在阿干勒托，从阿干勒托落在堂郎山。看看神铃在那里没有？见不到神铃，只闻铃响声锵锵。只见山上大小白杉二双四株长四处，大小河水二双四条浸四面，大小石块二双四个在四处，大小白杉枝二双四扠坠四地，大小铃子二双四颗悬四方。他前一天在路下边摘茶枝，路上边舀茶水，盛在四个碗里，端来祭四方，铃响声锵锵，不见铃在处。以后一天在路上边摘茶枝，下边舀茶水，晨用白公鸡，午用白骟羊，晚用白骟牛来祭，祭铃铃不落。

大地之上升起黄白黑三色云三团，萦绕堂朗（郎）山。这时神铃附白云而起，挨彩云而进，穿黑云而出，落到世上阿孜德落去了。意外地被仲曲卜乃得到。他转给省阿吾尔。阿尔晨用白公鸡，午用白骟羊，晚用白骟牛来祭。他又转给阿都尔朴。阿都尔朴晨用白公鸡，作为祈祷祛秽品来祭；午用黄色猪，为顺利诵读来祭，晚用白骟牛，以响祭呗祖师。因此神铃见呗乃喜，发出锵锵声望；呗也见铃而悦，投身来下拜。呗（阿都尔朴）转到铃下，摘来佩在身上。从此祈福就来，治病也好。一段神铃渊源如此传于世。

（五）

阿都尔朴当呗耄，传了尔朴吉牟、吉牟午吾、午吾阿尔、阿尔凯凯、凯凯苏，到呗苏拉者。他与（呗）阿政蜀朱，外出是家门，在家是亲戚。他与女儿史省去到斯亚落姑时，遇到阿孜额姆家，用三年时间设计，三月时间制置了织机，经线跨路上，禁止人通过。父女不得已，把签筒、法笠、经咒、法具从上递过去，自己委曲从下过。

他们走到黎木干昊时，那里到处是树林，砍枝插神座。到处有石块，捡石烧来淬。舀液斯甘水井的水当作茶，用斯午落木钵盛四钵来祭四方。三天招请乐夺（鲁朵）兵，臭蚂蚁好像羊群般来到，当派到阿孜额姆那里，去也不传话。接着派粮食邪怪和牲畜邪怪去，去也不传话。最后一天就派野物邪怪去，才把话传到：“你阿孜额姆家，少年争竹节，竹片作弓草作箭，出现互相射杀事。为粥不稠，泼来互相烫；蒸荞粑不熟，丢来互相打；获猎物不祭，猎人不发旺；作土司的莫发旺，掌权的莫发旺，禁祖呗耄路的莫发旺。斯亚落姑阿孜额姆家莫发旺。”

因此阿孜额姆家听到后，立刻派人来追，幸遇有人来相护。追的说“来了”，护的说“没来”。阿孜额姆家又向北找了三天，向南找了三天，被挡在河边。父女以水苔当衣着，以沙子作干粮，父女各一方，女儿溯河走。拉者又招乐夺（鲁朵）兵，招来一天与仇斗，仇尸团团滚，一天与敌斗，敌人阵阵倒；招来一天与“肆”斗，肆尸团团滚，一天与“刹”斗，“刹”尸阵阵倒。拉者史省两父女，一次这样地通过了。

听说雕拉特口那方，有三只雕凶狠，见人就掀，见人就捉，已不见人来往了。拉者就从黎木干昊到雕拉特口观看，有雄雕雌雕仔雕三只在肆虐，渺不见人来往了，拉者便用三年时间来设计，三月时间来制作，做成大中小三张套子，用三天时间在山上山腰各安上一张，尽施出咒术，早午晚各施一咒，使那三只雕，走过小套，钻入中套，套毙在大套。眼见雕尸卜卜滚，雕血流如注，宰下雕脚三百只，成为《里有皮次咒》传出了。雕眼明呗眼，呗又明咒眼；雕翅是呗锋芒，呗是咒锋芒；雕脚是呗武器，呗又是咒武器，作了献祭，拉者父女第二次顺利地过了。

（六）

听说吾吾山那方，有熊都凶恶，见人就撕，见人就捉，母熊是吃人妖，三只熊肆虐，已不见人来往了。拉者从特口到吾吾山上时，果然熊公、熊母、熊子三只熊最凶恶，渺不见人踪迹。阿苏拉者用三年时间来设计，三月时间来制造，造出大中小三架榨子，用三天时间在山上山腰山下各安下一架。尽施出咒术，使那三只熊，走过了小榨，钻到中榨来，榨倒在大榨。熊倒是眼见，熊尸团团滚，熊血阵阵流，熊脚三百只，成为《勾额挖次咒》传出。熊眼明呗眼，呗又明咒眼；熊脚是呗武器，呗又是咒武器；熊皮是呗褥，呗是咒褥来献祭，阿苏拉者父女俩三次这样过去了。

（七）

从吾吾山来到拉哈液乌时，那里的虎很凶恶，有虎公、虎母、虎子三只虎在肆虐。遇人就伤害。渺无人踪迹了。阿苏拉者呵，做出大中小三张弩，在山上山下各安置一张，施出咒术来。使那三只虎，走过小弩，闯进中弩，被大弩射倒。眼见虎倒地，虎尸团团滚，虎血流如注，虎皮三百张，虎脚三百只，成为《耿额黎次咒》传出去。虎眼明呗眼，呗又明咒眼；虎皮是呗褥，呗是咒的褥；虎脚是呗武器，呗是咒武器来祭。阿苏拉者父女第四次这样过去了。

结语 《爨文丛刻》的研究与展望

作为一部重要的彝文古籍汇编丛书，《爨文丛刻·甲编》的出版是一个里程碑。《增订〈爨文丛刻〉》则又大大提升了《爨文丛刻·甲编》的学术价值，使其影响力进一步扩大。

从《爨文丛刻·甲编》出版的1936年开始，以丁文江先生的《爨文丛刻·自序》发表于1935年4期《地理学报》为标志，对这部丛书的研究就开始了。闻宥先生写了《读〈爨文丛刻〉——兼论倮文之起源》，发表在《图书季刊》1936年第3卷第4期，在介绍《爨文丛刻·甲编》的同时，也对彝文的起源进行了探讨。王了一先生写了《爨文丛刻·甲编》，发表在1936年7月16日天津《大公报》(图书副刊）第139期。董作宾先生写了《关于丁文江先生的〈爨文丛刻〉甲编》，发表在1956年12月的《"中央研究院"院刊》(第三辑)。

《增订〈爨文丛刻〉》在1986年至1988年出版了上、中、下三册，出版该书之前，主编马学良先生就在《民族语文》1983年第2期发表了《增订〈爨文丛刻〉序言》。之后，任继愈先生在《文献》1990年第2期发表了《彝族文化研究的重要资料〈爨文丛刻〉(增订版)》。余宏模先生撰写的《〈爨文丛刻〉与〈增订《爨文丛刻》〉》发表于1993年出版的《彝语文集》中。其后，王小丰在《毕节学院学报》2014年第1期发表了《爨文丛刻经书选择依据的标准研究》，认为《爨文丛刻》最早指代的是《爨文丛刻·甲编》，后来泛指《爨文丛刻·甲编》和《增订〈爨文丛刻〉》两部书。《爨文丛刻》的主体是彝文经书，这些经书来源比较复杂，在内容选择上主要是求大、求多，并突出其语言学价值。《增订〈爨文丛刻〉》内容的选择则体现了去粗取精、去伪存真和追求更深更广的学术价值，并大大提升了影响力。王明贵与王小丰在《毕节学院学报》2014年第2期发表了《增订〈爨文丛刻〉中的〈献酒经〉研究》，以《增订〈爨文丛刻〉》中的《献酒经》为研究对象，通过与其他文本的《献酒经》进行比较，将《献酒经》进行了初步分类，并对其特点进行了归纳。王芳与王明贵在《毕节学院学报》2014年第6期发表了《彝文古籍〈西南彝志〉与〈爨文丛刻・君代母系〉所记奢香彝名考辨》，《明实录》《明史》等汉文史籍上记载的奢香，在彝文史籍《西南彝志》和《爨文丛刻・君代母系》中有两个不同的彝名，并且分别被译为"舍兹"和"舍红"。人们常常认为奢香的彝名是"舍兹"，通过考察、论证，笔者认为《西南彝志》将奢香的彝名记载为"舍兹"是错误的，《君代母系》记载为"舍红"是正确的，奢香的真正彝名是"舍红"。此后，王明贵以"《增订〈爨文丛刻〉》中的经书研究"和"《增订〈爨文丛刻〉》非经书古籍研究"为选题，申请了"贵州省民族古籍研究基地"课题，发表了多篇研究文章。2004年，陈世鹏在贵州民族出版社出版了《黔彝古籍举要》，其中专门介绍了《增订〈爨文丛刻〉》。

总的来看，从1936年至2017年，《爨文丛刻》虽然已经出版了5个版本，但是始终没有掀起针对其研究的热潮。1949之前的研究，主要是对彝文起源问题的探讨和对彝文古籍整理出版的肯定。1949年之后的研究，既有对语言文字的继续探讨，也有对《爨文丛刻》内容的深入解析，特别是近年发表的一些文章，对《爨文丛刻》经书与非经书古籍内容的研究正在逐步深入。在黄建明2012年由民族出版社出版的《彝文经籍〈指路经〉研究》中，专门把《爨文丛刻・甲编》中的《指路经》与同类经籍进行了比较研究。对《爨文丛刻》的研究，除了近年发表一些成果以外，总体上是比较冷清的。同时，学界对这一彝文古籍宝藏的研究远远不够，还需要作出更多的努力。但是，我们也要看到，随着中华优秀传统文化传承和发展战略的推进，对《爨文丛刻》这一宝藏多方面价值的开发与利用终将会有一个光明的前景！

参考文献

一、普通图书类

［1］丁文江．爨文丛刻·甲编［M］．上海：商务印书馆，1936.

［2］吴楚材，吴调侯．古文观止（全二册）［M］．北京：中华书局，1959.

［3］贵州省民族研究所，毕节地区彝文翻译组．西南彝志选［M］．贵阳：贵州人民出版社，1982.

［4］福斯特．小说面面观［M］．苏炳文，译．广州：花城出版社，1984.

［5］罗国义，陈英，马学良．宇宙人文论［M］．北京：民族出版社，1984.

［6］马学良，罗国义．增订《爨文丛刻》［M］．成都：四川民族出版社，1986.

［7］举奢哲，阿买妮，等．彝族诗文论［M］．康健，王子尧，王治新，何积全，翻译整理．贵阳：贵州人民出版社，1987.

［8］布麦阿钮，布阿洪．论彝诗体例［M］．王子尧，翻译，康健，王治新，何积全，整理．贵阳：贵州民族出版社，1988.

［9］凉山自治州编译局．彝族语言文字论文选［M］．成都：四川民族出版社，1988.

［10］贵州省毕节地区民委，六盘水民委，大方县民委，贵州省毕节地区彝文翻译组，大方县彝文翻译组．彝文金石图录（第一辑）［M］．成都：四川民族出版社，1989.

［11］漏侯布哲，等．论彝族诗歌［M］．王子尧，翻译，康健，王治新，何积全，整理．贵阳：贵州民族出版社，1990.

［12］丁椿寿．彝文论［M］．成都：四川民族出版社，1993.

［13］张和平．彝语文集［M］．贵阳：贵州民族出版社，1993.

［14］果吉·宁哈，岭福祥．彝文《指路经》译集［M］．北京：中央民族学院出版社，1993.

［15］贵州省毕节地区彝文翻译组．彝文典籍目录·贵州卷（一）［M］．成都：四川民族出版社，1994.

［16］沙玛·加呷．彝族人物录［M］．呼和浩特：内蒙古教育出版社，1997.

［17］苏克明，等．凉山彝族道德研究［M］．成都：四川大学出版社，1997.

［18］陈长友．彝族指路丛书·贵州卷（一）［M］．贵州省毕节地区彝族翻译组，整理翻译．成都：四川民族出版社，1997.

［19］伍雄武，普同金．彝族哲学思想史［M］．北京：民族出版社，1998.

［20］马学良．彝文经籍文化辞典［M］．北京：京华出版社，1998.

［21］苏克明，等．凉山彝族哲学与社会思想［M］．成都：四川人民出版社，1999.

［22］马立三，普学旺．云南民族古籍丛书·祭龙经［M］．普学旺，杨六金，梁红，普璋开，罗希吾戈，译注．昆明：云南民族出版社，1999.

［23］石林彝族自治县民族宗教事务局．彝族撒尼祭祀词译疏［M］．昆明：云南民族出版社，1999.

［24］王天玺，李国文．先民的智慧——彝族古代哲学［M］．昆明：云南教育出版社，2000.

［25］易谋远．彝族史要（上）［M］．北京：社会科学文献出版社，2000.

［26］贵州省毕节地区地方志编纂委员会．大定府志［M］．北京：中华书局，2000.

［27］王继超，文朝志．阿买恳［M］．贵阳：贵州民族出版社，2002.

［28］龙正清．赫章彝族词典［M］．贵阳：贵州民族出版社，2002.

［29］文成端．乌蒙彝族指路书［M］．昆明：云南民族出版社，2002.

［30］《贵州通史》编委会．贵州通史·第2卷·明代的贵州［M］．北京：当代中

国出版社，2003.

［31］陈世鹏．黔彝古籍举要［M］．贵阳：贵州民族出版社，2004.

［32］陈英．陈英彝学研究文集［M］．贵阳：贵州人民出版社，2004.

［33］滇川黔桂彝文协作组．滇川黔桂彝文字集［M］．昆明：云南民族出版社，2004.

［34］孔祥卿．彝文的源流［M］．北京：民族出版社，2005.

［35］王继超．彝文文献翻译与彝族文化研究［M］．贵阳：贵州民族出版社，2005.

［36］王明贵，王显，王继超．彝族源流［M］．北京：民族出版社，2005.

［37］王子国，王秀旭，王秀旺．载苏［M］．贵阳：贵州民族出版社，2006.

［38］苏学文，卢志发，沙马史富．彝族颂毕祖经通释［M］．昆明：云南民族出版社，2006.

［39］庄孔韶．人类学概论［M］．北京：中国人民大学出版社，2006.

［40］欧阳哲生．丁文江文集（第五卷）［M］．长沙：湖南教育出版社，2008.

［41］张纯德，龙倮贵，朱琚元．彝族原始宗教研究［M］．昆明：云南民族出版社，2008.

［42］宋广波．丁文江年谱［M］．哈尔滨：黑龙江教育出版社，2009.

［43］藤川信夫，樊秀丽，普学旺．滇南彝族指路经［M］．昆明：云南民族出版社，2009.

［44］黄建明，巴莫阿依．中国少数民族原始宗教经籍汇编・毕摩经卷［M］．北京：中央民族大学出版社，2009.

［45］陈大进．实勺以陡数［M］．贵阳：贵州民族出版社，2009.

［46］余宏模．余宏模彝学研究文集［C］．贵阳：贵州大学出版社，2010.

［47］叶舒宪．文学人类学教程［M］．北京：中国社会科学出版社，2010.

［48］王继超，余海．彝族传统信仰文献研究［M］．贵阳：贵州民族出版社，2010.

[49] 国家图书馆古籍馆，杨怀珍．国家图书馆藏彝文典籍目录（附图录）[M]．北京：中华书局，2010.

[50] 陈乐基，王继超．中国少数民族古籍总目提要——贵州彝族卷（毕节地区）[M]．贵阳：贵州民族出版社，2010.

[51] 朱崇先．彝族祭祖大典仪式与经书研究 [M]．北京：民族出版社，2010.

[52] 王明贵，王继超．水西简史 [M]．贵阳：贵州民族出版社，2011.

[53] 丁文江．爨文丛刻 [M]．贵阳：贵州大学出版社，2011.

[54] 纪彭．民国干才——丁文江传 [M]．北京：中国友谊出版公司，2012.

[55] 黄建明．彝文经籍《指路经》研究 [M]．北京：民族出版社，2012.

[56] 王天玺，张鑫昌．中国彝族通史 [M]．昆明：云南人民出版社，2012.

[57] 陈大进．赫大以陡数 [M]．贵阳：贵州民族出版社，2013.

[58] 安鸣凤，王继超，王明贵．阿尼阿景家族发展史 [M]．北京：民族出版社，2013.

[59] 王明贵．中国少数民族人口丛书·彝族 [M]．北京：中国人口出版社，2013.

[60] 胡适．丁文江的传记 [M]．北京：北京师范大学出版社，2014.

[61] 贵州省宗教学会编．贵州宗教史 [M]．贵阳：贵州人民出版社，2015.

[62] 中国社会科学院语言研究所词典编辑室．现代汉语词典（第 7 版）[M]．北京：商务印书馆，2016.

[63] 马学良，罗国义，贵州省毕节市民族和宗教和事务委员会．增订《爨文丛刻》[M]．成都：四川民族出版社，2017.

[64] 毕节市地方志编纂委员会．毕节地区志·宗教志 [M]．北京：方志出版社，2017.

[65] 贵州省民族宗教事务委员会、贵州省科技教育领导小组办公室．贵州世居少数民族文学史·彝族卷 [M]．贵阳：贵州民族出版社，2017.

[66] 王明贵．麒书编年史 [M]．贵阳：贵州人民出版社，2018.

二、期刊类

[1] 闻宥.读《爨文丛刻》：兼论倮文之起源［J］.图书季刊，1936（4）.

[2] 董作宾.关于丁文江先生的《爨文丛刻·甲编》[J].《“中央研究院”季刊》1956（第三辑）.

[3] 潘定智.神话的科学基石——马克思神话理论的意义［J］.贵州民族学院学报（社会科学版），1983（1）.

[4] 任继愈.彝族文化研究的重要资料《爨文丛刻》(增订版)[J].文献，1990（2）.

[5] 普学旺.社祭与中国文化论略［J］.世界宗教研究，1995（2）.

[6] 周德才.彝文《指路经》的文学特点［J］.中央民族大学学报（哲社版），1999（1）.

[7] 王明贵.彝族古代文学总观［J］.民族文学研究，1999（3）.

[8] 李列.彝族《指路经》的文化学阐释［J］.民族文学研究，2004（5）.

[9] 陈世鹏.《玄通大书》预测理论研究［J］.毕节学院学报，2006（3）.

[10] 余舒，黄卫华，吴勰，禄玉萍.从《指路经》探索彝族文化内涵——以威宁《指路经》为例［J］.节学院学报（综合版），2010（2）.

[11] 张一龙.禄劝彝族《指路经》中的文学元素［J］.今日民族，2010（7）.

[12] 李金发.浅议彝族宗教文献《指路经》的文化内涵［J］.毕节学院学报（综合版），2010（2）.

[13] 罗焰.彝族女杰奢香夫人［J］.中国民族，2011（8）.

[14] 王小丰.《爨文丛刻》经书选择依据的标准研究［J］.贵州工程应用技术学院学报，2014（1）.

三、其他类

[1] 袁清云.关于彝族哲学思想的研究：以《训书》为例［D］.杭州：浙江大学，2011.

［2］王了一.《爨文丛刻·甲编》［N］.大公报（天津），1936-07-16.

［3］张小梅，潘雪娜.大方县举行支嘎阿鲁湖祭水仪式［N］.乌蒙新报，2012-05-17.

［4］曾令文.大方县隆重举行古老而神秘的支嘎阿鲁湖祭水仪式［Z］.大方县人民政府门户网站，2011-11-14.

王明贵作品目录

1.《虎尾捉风》

2.《彝族三段诗研究》(二卷)*

3.《修爱莲花》*

4.《鹰翎撷羽》

5.《彝族源流》(汉译散文版)*

6.《彝族古代诗学史》*

7.《彝族传统诗歌研究》*

8.《水西简史》*

9.《新松韵语》

10.《黔西北文学史·上·古代文学卷》*

11.《中国少数民族人口丛书·彝族》*

12.《阿尼阿景家族发展史》

13.《奥吉戈卡彝学研究》

14.《彝语诗歌格律研究》*

15.《贵州彝族制度文化研究》*

16.《黔西北彝族经籍研究》*

17.《彝族传统经籍文学研究》*

18.《贵州世居少数民族文学史·彝族卷》(上)*

19.《贵州世居少数民族文学史·彝族卷》(下)*

20.《海雀青松谱》

21.《吉禄札》

22.《六祖与四大家·勃禄尼君长谱》

23.《王明贵作品选》

24.《韪书编年史》

25.《西南彝志译注》

26.《彝学服务发展研究》

27.《新泽西花园》（彝语三段诗新探）

28.《彝族研究论著索引》

29.《爨字韪书璞玉光》（成果卷）

30.《哎哺啥额今译集注》

（以上已经出版，标“*”为获奖作品）

31.《彝学概论》

32.《爨文丛刻研究》

33.《彝族古代文艺思想概论》

34.《学术的阶梯》

（以上已签订出版合同，待出版）

此外，编著（主编、副主编）《韪书丛考》（5辑6卷）、《彝文典籍集成·贵州卷》（50辑）、《黔西北濒危彝族钞本文献整理和研究》（12本）、《支格阿鲁史诗传承利用研究》、“中华彝学文库”研究丛书等，共86部。

爨文丛刻研究（下）

王明贵　王小丰／著

贵州大学出版社
Guizhou University Press

目录

1 千岁衢碑记

11 说文

45 帝王世纪

95 献酒经

137 解冤经（上卷）

179 解冤经（下卷）

229 天路指明

271 权神经

299 夷人做道场用经

303 玄通大书

417 武定罗婺夷占吉凶书

千岁衢碑记

福
新修千歲衢碑記

新修千歲
福壽

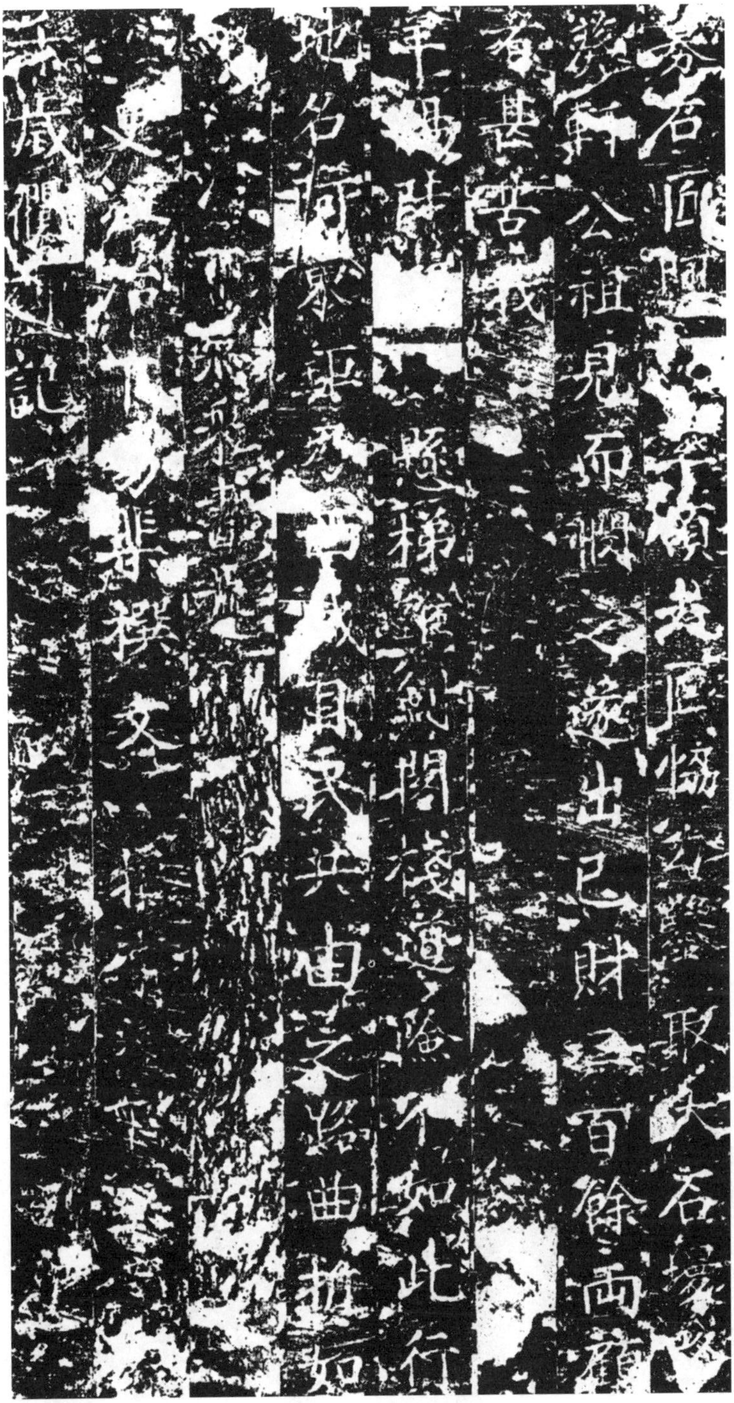

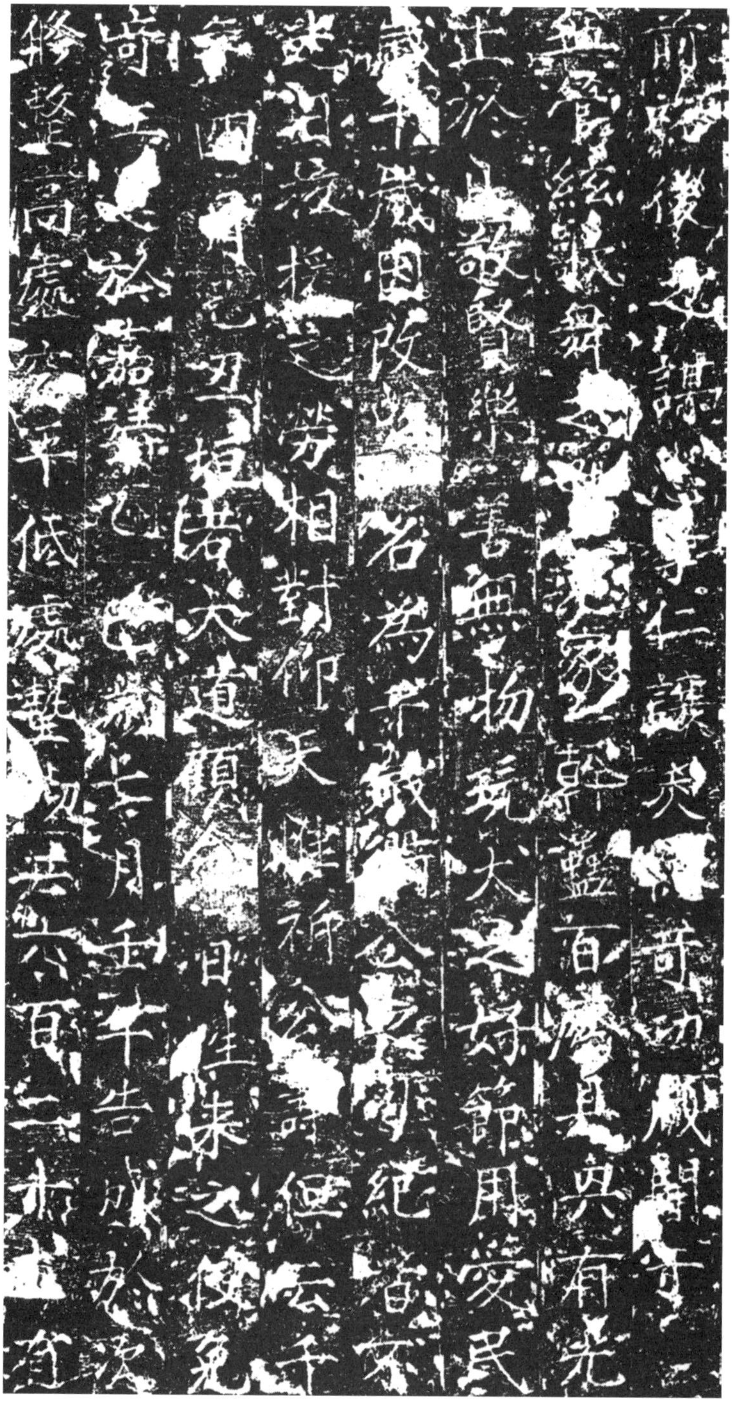

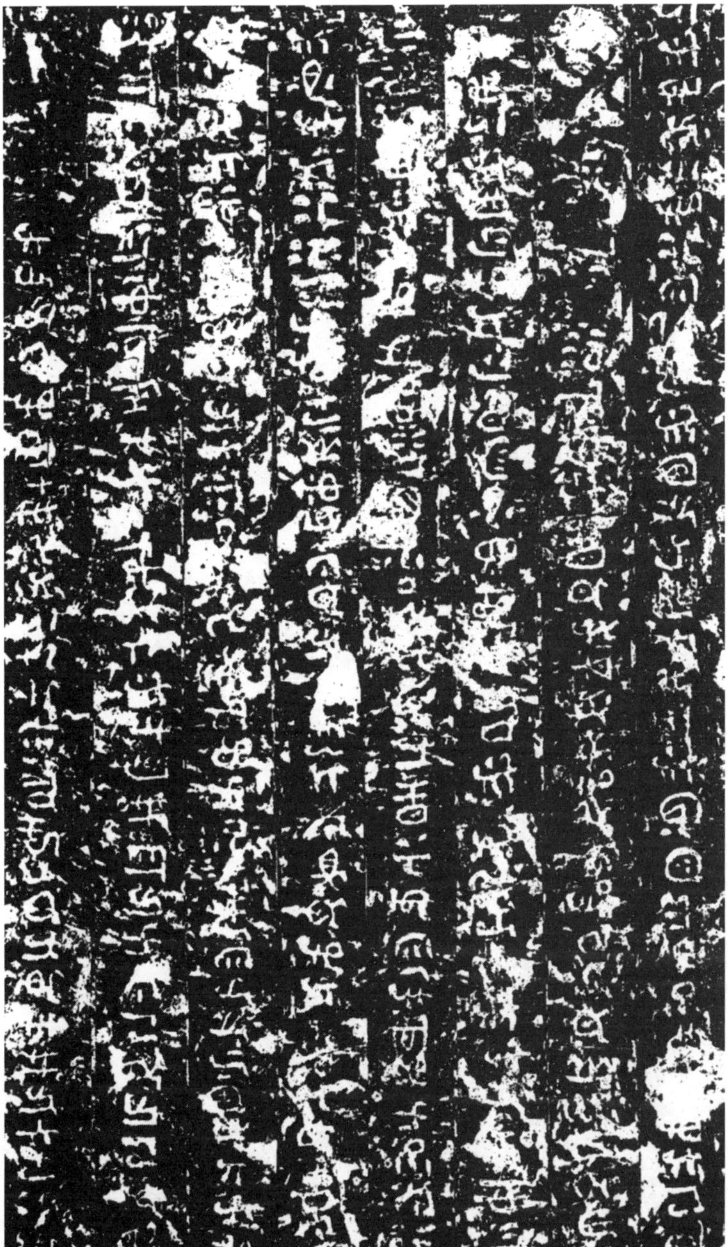

说文

迄今幸蒙我國　正府日宣三德安輯四夷贊
傾覆以致淪亡我回憶二百年前情實可傷
道敗德君子在野小人在位亂其紀綱被吳
末王阿魏侯忘了三聖之遺訓方命虐民反
此約重統後世相傳六十餘代至清康熙時
聖台於漢光武時我主阿長侯俄阿基實守
四治國五婚姻六慎終追遠七父母劬勞八
以便醒目分錄於下一天文二地理三人道
節內中所載八條科律分章釋句列成八章
知所述終冉冉一義所贊先聖後聖若合符
是篇說文始於窊阿疊所造中於白博耿先

序例

字
此書四行文字共一萬零五百六十五
民國二十二年五月二十四日大定羅文筆譯
萬歲云耳
仁沛不可尚也願望諸君同頌
興滅繼祀天下歸心誠哉聖哉我　國府之
成我族之典章誠如湯之興杞武之興宋也

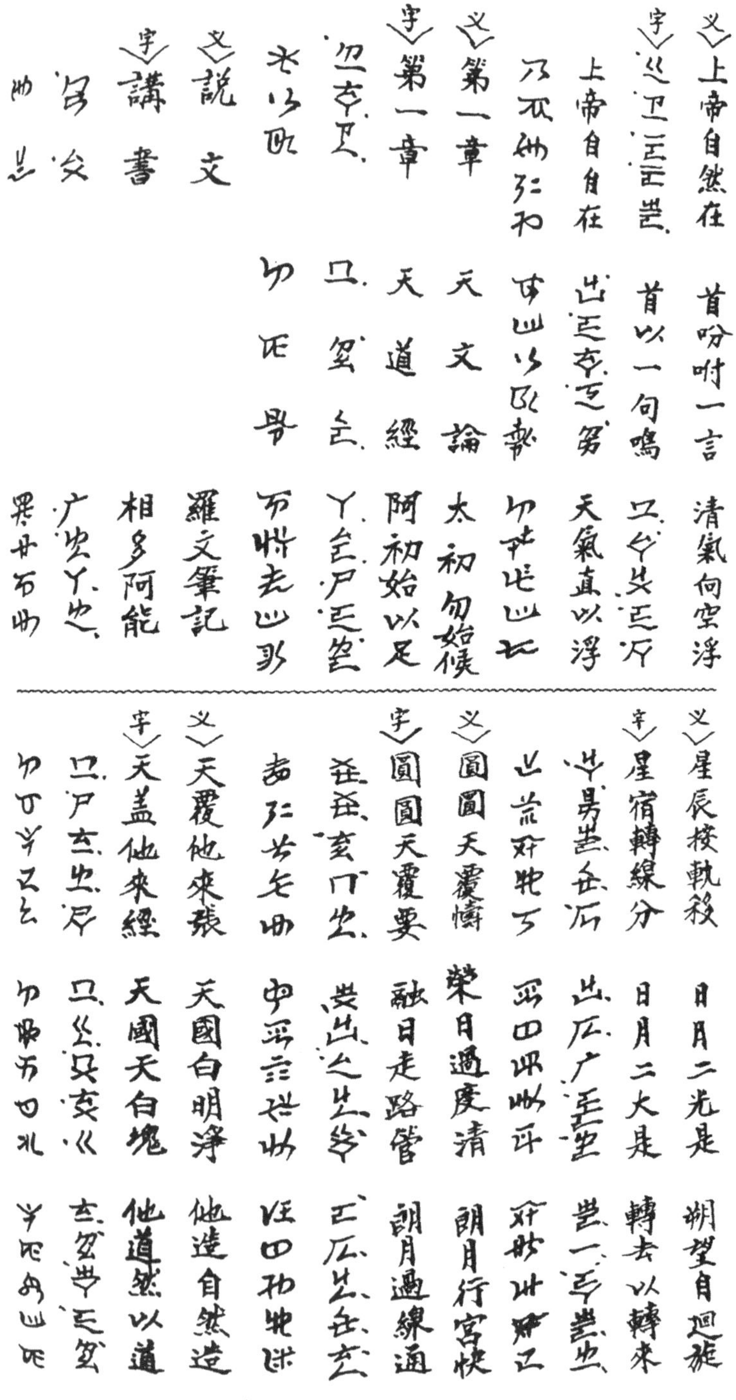
义 上帝自然在 首吩咐一言 清氣向空浮
字
上帝自自在 天氣直以浮
义 第一章 天文論 太初勿始候
字 第一章 天道經 阿初始以足
义 說文 羅文筆記
字 講書 相多阿能
义 星辰按軌移 日月二光是 朔望自迴旋
字 星宿轉線分 日月二大是 轉去以轉來
义 圓圓天覆懤 榮月過度清 朗月行宮快
字 圓圓天覆要 融日走路管 朗月過線通
义 天覆他來張 天國白明淨 他造自然造
字 天蓋他來經 天國天白塊 他道然以道

文〉夏三月特令
夏日乃炎炎
萬物正茂榮

字〉夏三月以足
夏晴是炎炎
萬物長茂榮

[illegible]

[illegible]

文〉春三月特令
春晴本融融
萬物並發生

字〉春三月以足
春晴是融融
萬物鳴種發

[illegible]

[illegible]

文〉早晚是他分
歲月是他定
寒暑是他移

字〉早晚他來白
歲月他來定
寒暑他來管

[illegible]

[illegible]

文〉一年十二月
三百六十日
榮日功輪輪

字〉一年十二月
三百六十日
榮日弓輪輪

[illegible]

[illegible]

文〉冬三月特令
冬日[redacted]本烈烈
萬物盡歸宗

字〉冬三月以足
冬晴是赫赫
萬物二頭伏

[illegible]

[illegible]

文〉秋三月特令
秋晴乃輝輝
萬物方成實

字〉秋三月以足
秋晴是輝輝
萬物成實收

[illegible]

[illegible]

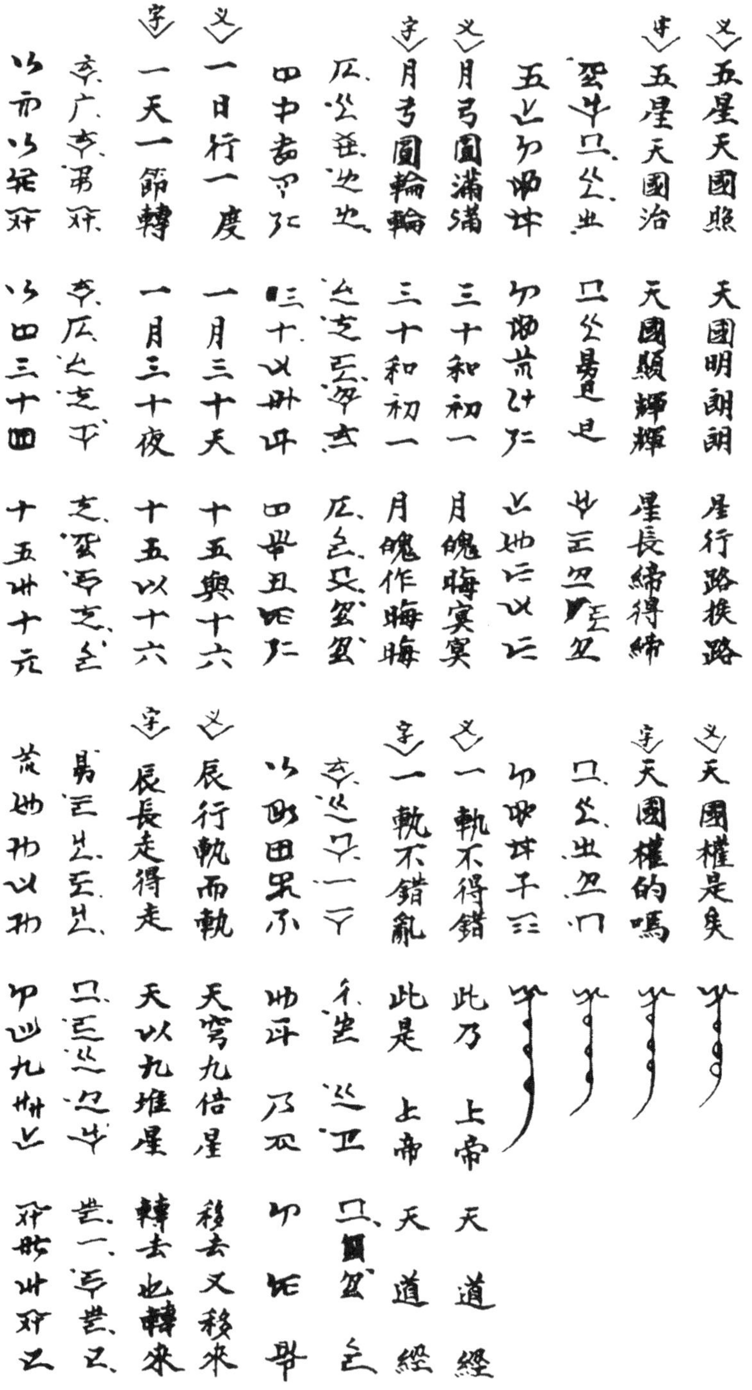
义 五星天國照 天國明朗朗 星行路挨路
字 五星天國治 天國顯輝輝 星長綿得綿
义 月弓圓滿滿 三十和初一 月魄晦寞寞
字 月弓圓輪輪 三十和初一 月魄作晦晦
义 一日行一度 一月三十天 十五與十六
字 一天一節轉 一月三十夜 十五以十六
义 天國權是矣
字 天國權的嗎
义 一軌不得錯 此乃上帝 天道經
字 一軌不錯亂 此是上帝 天道經
义 辰行軌而軌 天穹九倍星 移去又移來
字 辰長走得走 天以九堆星 轉去也轉來

义 地載他來組 地國廣而堅 他成自然成

字 地底他來織 地國厚土塊 他成然以成

[illegible]

[illegible]

义 上帝自然在 次吩咐二言 濁氣下凝結

字 上帝自自在 次以二句鳴 地氣下以降

[illegible]

[illegible]

义 第二章 地理論 太初勿始候

字 第二章 地理論 太初始以足

[illegible]

[illegible]

义 七十二天分 春木乃青嫩 春花艷乃紅

字 七十二天白 林木發乃青 林花開乃紅

[illegible]

[illegible]

义 甲乙樹茂青 青帝司東令 寅卯共同居

字 甲乙樹龍青 青帝東門守 虎兔以向同

[illegible]

[illegible]

义 后土如仰盂 五帝各司令 地國掌權衡

字 后得地盂仰 五帝王以塵 地國間以執

[illegible]

[illegible]

义〉庚辛金耀白 白帝司令西 申酉共同居

字〉庚辛金龍白 白帝西門守 猴以雞向同

[illegible]

[illegible]

义〉七十二天分 夏木乃陰陰 夏禾乃榮榮

字〉七十二天白 林木茂森森 林禾苗秀秀

[illegible]

[illegible]

义〉丙丁火焰紅 紅帝司南令 巳午共同居

字〉丙丁火龍紅 紅帝南門守 蛇以馬向同

[illegible]

[illegible]

义〉林木風習習 林草碎紛紛 中央土色黃

字〉林木凍習習 林草冷漪漪 二旁土龍黃

[illegible]

[illegible]

义〉七十二天分 平原白雪降 高山凝成冰

字〉七十二天白 平原雪白降 山頭雪凝結

[illegible]

[illegible]

义〉壬癸水元黑 黑帝司北令 亥子共同居

字〉壬癸水龍黑 黑帝北門守 猪以鼠向同

[illegible]

[redacted] [illegible]

〈文〉未宫十八日　午與申同分　戌宫十八日

〈字〉羊地十八天　馬和猴以同　狗地十八天

工乙一㐅厉广　又丂尖乞夂　山乙一㐅厉广

㣺㞢十乙文　㠯卅田山四　丯㞢十乙文

〈文〉四宫兼任用　辰宫十八日　辰與巳同分

〈字〉四門並同居　辰地十八天　龍和蛇以同

丁𠃊尖乞夂　尖口一㐅厉广　尖丂尸乞夂

丯王丣山四　四㞢十乙文　亩卅乡山四

〈文〉黄帝兼司令　辰戌與丑未　七十二天同

〈字〉黄帝分不主　狗龍以牛羊　七十二天白

尸癶乞口夂　山尖乞广工　丁㐅广广亥

乡卅水田平　丯四山平卅　以四卯文曰

〈文〉地極且論詳　山嶺高低列　紅崖大小方

〈字〉地極掌說麼　山頭高矮棄　紅崖大小面

亥丞曰乙乙门　夂㐅又庄工　火丂王卞亥

廿三廿千三　㓜巴丑卮甲　廿丌㴝坐北

〈文〉子與寅同分　地球十二位　週而復始興

〈字〉鼠和虎以同　地國十二門　轉去以轉來

尸丂尖乞夂　口𠃊一㐅广𠃊　岦一丂岦火

比卅而山四　㞢两十卯王　㐺卅卅㐺五

〈文〉戌宫十八日　酉與亥同分　丑宫十八日

〈字〉狗地十八天　雞與猪以同　牛地十八天

山口一㐅厉广　丂广亥乞夂　广口一㐅厉广

丯㞢十乙而　卅巽乃山四　平㞢十乙文

（文）第三章 論人道 太初勿始世

（字）第三章 人道論 太初時已足

[illegible]

[illegible]

（文）此乃上帝成 談與賢明聽

（字）此得上帝織 聽下客教師

[illegible]

[illegible]

（文）江水曲直流 海底有淺深 地塊堅且硬

（字）大水曲直流 海底深淺探 地底塊以硬

[illegible]

[illegible]

（文）他造自然造 身體賦靈魂 血與氣攸分

（字）他造然已造 身體以靈伝 血存以氣存

[illegible]

[illegible]

（文）人成他乃成 始祖希母遮 始穆二先人

（字）人成他來成 首得希母遮 者與妣二位

[illegible]

[illegible]

（文）上帝自然在 未吩咐三言 人氣向空吸

（字）上帝自自在 未以三句鳴 人氣中以吹

[illegible]

[illegible]

义〉智慧融融長　聽明計心祥　阿翁老還童

字〉智慧千龍龍　聽明計心上　阿姑睛睛眼

[illegible]

[illegible]

义〉榮耀二水泉　榮果貽所食　耀水穆所飲

字〉榮水耀水源　榮果考生食　耀水飲生藥

[illegible]

[illegible]

义〉希母公嵩居　希母公嵩是　榮耀二木生

字〉希母公憂居　希母公憂是　榮株耀株生

[illegible]

[illegible]

义〉造乃地相似　天官來賜使　地令耀同榮

字〉造乃地以同　天官美來使　地福光來從

[illegible]

[illegible]

义〉人根傳萬代　地極萬民交　根乃從天降

字〉人以萬代下　人獨地尾交　降乃天以根

[illegible]

[illegible]

义〉昔面仁榮美　今客似少然　彼地住且長

字〉昔長盈盈然　今長似似然　地他坐以說

[illegible]

[illegible]

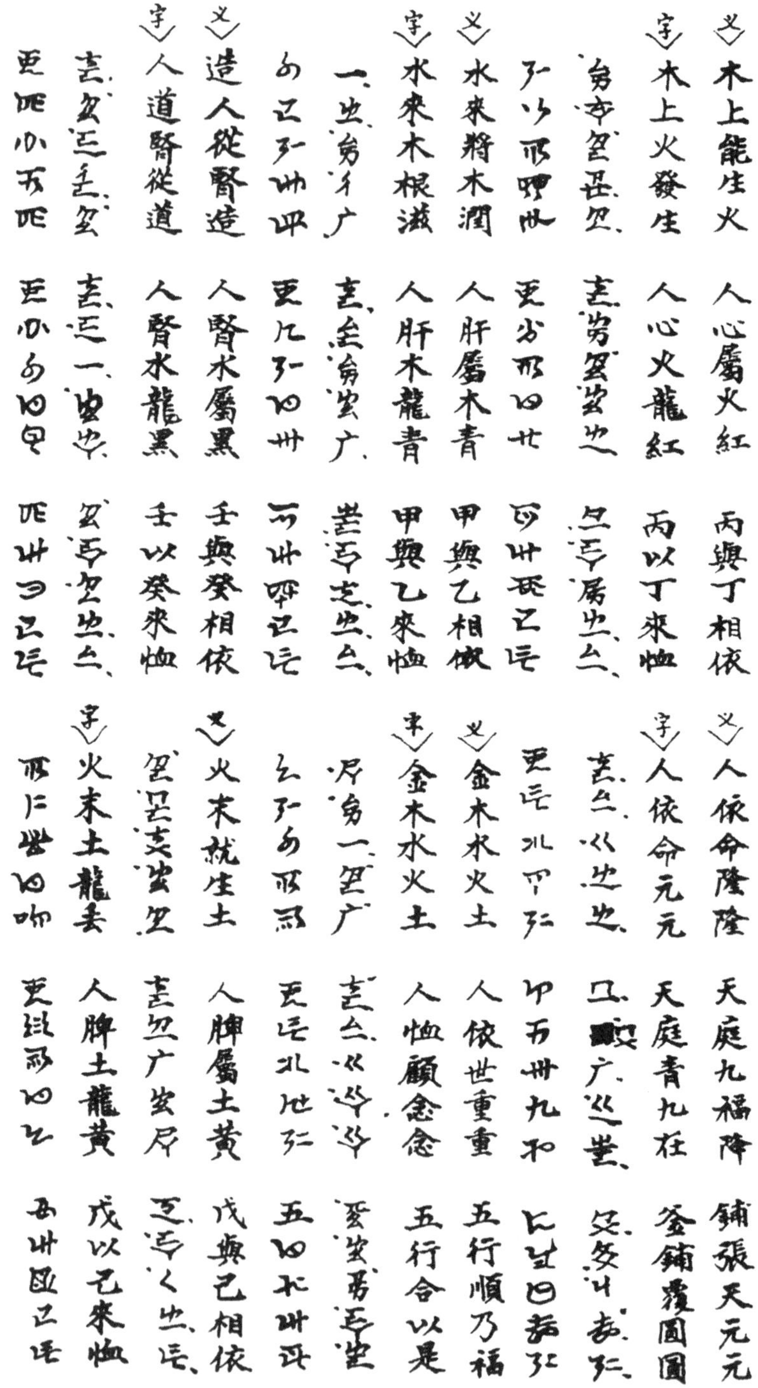
（义）木上能生火　人心属火红　丙与丁相依
（字）木上火發生　人心火龍紅　丙以丁來恤
（义）水來將木潤　人肝屬木青　甲與乙相依
（字）水來木根滋　人肝木龍青　甲與乙來恤
（义）造人從腎造　人腎水屬黑　壬與癸相依
（字）人道腎從道　人腎水龍黑　壬以癸來恤
（义）人依命隆隆　天庭九福降　鋪張天元元
（字）人依命元元　天庭青九在　釜鋪覆圓圓
（义）金木水火土　人依世重重　五行順乃福
（字）金木水火土　人恤顧念念　五行合以是
（义）火末就生土　人脾屬土黃　戊與己相依
（字）火末土龍丢　人脾土龍黃　戊以己來恤

二

义 二日光炬炬 如烈日。。 夜月明同然

字 二眼明亮亮 光日曜。。 夜月明以然

[illegible]

[illegible]

义 根基厚且牢 天伏以地仰 男女亦同然

字 底基厚牢牢 覆武厚以靠 厚牢牢以然

[illegible]

[illegible]

义 天大作以天 元元天之名 地球赤黄道

字 覆大做以覆 圆圆覆以然 地土红八在

[illegible]

[illegible]

义 箭顺 脉流 天和地暖合 五行运以成

字 箭长 水伸 天长地落似 五龙底以成

[illegible]

[illegible]

义 春肝 夏心 秋肺 冬肾 四时候相从

字 春肝 夏心 秋肺 冬肾 四时末得找

[illegible]

[illegible]

义 鼻中 出气 毛孔 血生 天地亦同然

字 鼻有 气出 毛生 血长 天以地同然

[illegible]

[illegible]

义 五行相尅病 武先知醫士 筋與脉中尋

字 五龍尅是痛 武先知以子 筋以脉裏找

[illegible]

[illegible]

义 春秋西不宜 氣不中 候不合

字 春云秋不得 時不中 候不應

[illegible]

[illegible]

义 寒暑反常候 飢渴更不一 冬夏服衣錯

字 冷時熱候錯 餓飽以不一 夏穿冬蓋失

[illegible]

[illegible]

义 葯經在病旁 不勝武先知 五行人生命

字 葯具病旁枇 武先知不過 五龍人命主

[illegible]

[illegible]

义 神病鬼病分 寒病熱病明 瘟病痢病診

字 神病仙病分 寒病熱病辨 瘟病痢病分

[illegible]

[illegible]

义 胃與腸中詳 腎與脾中默 肺與肝中查

字 肚以腸裏索 腎以脾裏默 肺以肝裏審

[illegible]

[illegible]

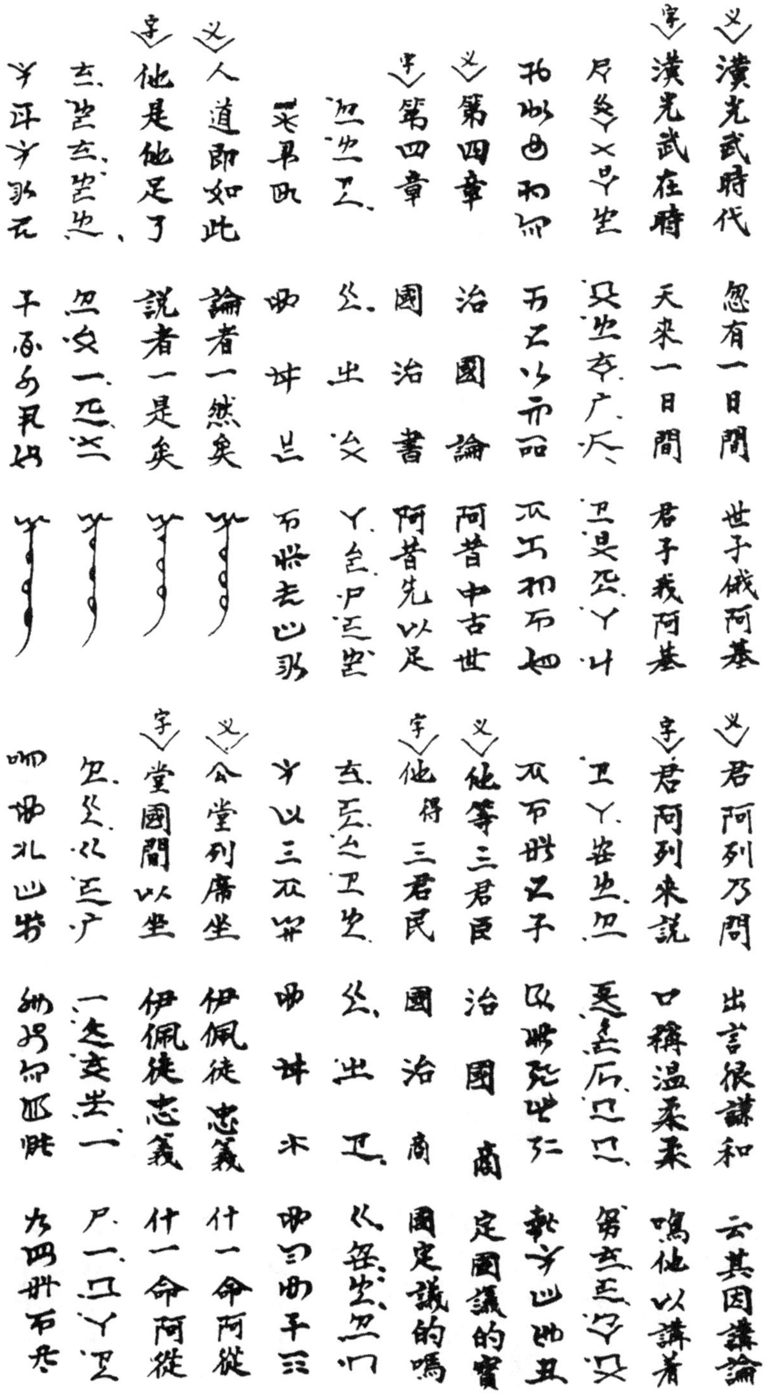

义 漢光武時代 忽有一日間 世子俄阿基
字 漢光武在時 天来一日間 君子我阿基
义 第四章 治國論 阿昔中古世
字 第四章 國治書 阿昔先以足
义 人道即如此 論者一然矣
字 他是他足了 說者一是矣
义 君阿列乃問 出言很謙和 云其因講論
字 君阿列来說 口稱溫柔柔 鳴他以講着
义 他等三君臣 治國商 定國議的實
字 他得三君民 國治商 國定議的嗎
义 公堂列席坐 伊佩徒忠義 什一命阿從
字 堂國間以坐 伊佩徒忠義 什一命阿從

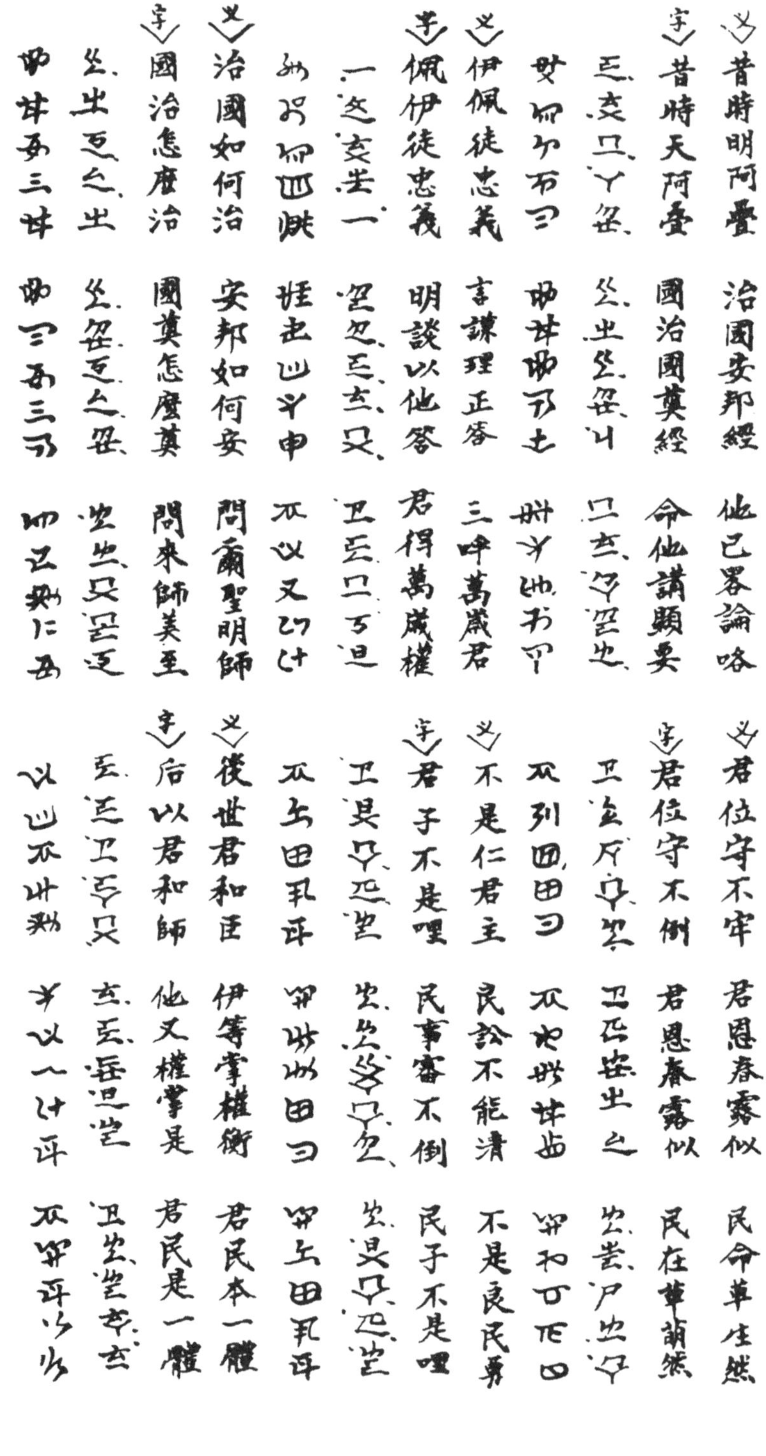

义　昔時明阿疊　治國安邦經　他已畧論咯
字　昔時天阿疊　國治國莫經　命他講顯要

义　伊佩徒忠義　言謀理正答　三呼萬歲君
字　佩伊徒忠義　明談以他答　君得萬歲權

义　治國如何治　安邦如何安　問爾聖明師
字　國治怎麼治　國莫怎麼莫　問來師美至

义　君位守不牢　君恩春露似　民命草生然
字　君位守不倒　君恩春露似　民在草萌然

义　不是仁君主　民訟不能清　不是良民勇
字　君子不是哩　民事審不倒　民子不是哩

义　後世君和臣　伊等掌權衡　君民本一體
字　后以君和師　他又權掌是　君民是一體

义 次座一贤佐 什一命阿从 口称谦谦语

字 次以师一位 什一命阿从 口称和和温

失乇 只夲乇 尸一卫丫卫 延圭丘卫卫

乎凹㸒以灬 丸毋卌万乇 以毋死𠂇仁

义 一离身命休 伊佩徒忠义 论章至此完

字 以离身命废 伊佩徒忠义 讲来此以止

乇廾亼𠄌 一夂亥㞢一 孒㞢个乇𠄌

凹化刀北圴 灬只仰凹胑 灬江灬凹罒

义 君乃民元首 民乃君百体 此乃不相离

字 君是民头大 民是君脚手 此是离不得

卫㞢㞢炎乇 [redacted]㞢卫人㞢 个㞢廾孒另

㕚平 [redacted] 平巴灬 平平㕚己乇 灬平化田𠦪

义 贤者居高位 愚者化忠良 君权不相应

字 人美官以坐 人歹远以避 君权执不应

㕛㞢卫乇𠂆 㕛𠃊又乇㞢 卫乒尸孒卫

丙又飤凹𡭔 丙出亡凹乃 㕚乀於田又

义 遗有宝训文 仁美淮袁治 愚义万民安

字 讲他言显要 仁美是濮治 愚义是民莫

孒㐭夂㞢乇 旦㞢㞢炎㞢 乇𠂆㞢㞢乇

灬子子右罒 𠃊又平田卅 吊由平乙乃

义 三呼万岁权 君王要治国 阿初天先知

字 君得万岁权 君国治以是 阿昔天先知

卫乇卫丂旦 卫乇㞢乇㞢 丫乇卫乇另

㕚以又𠃊乇 㕚由卅卅平 丂丹仰九㞢

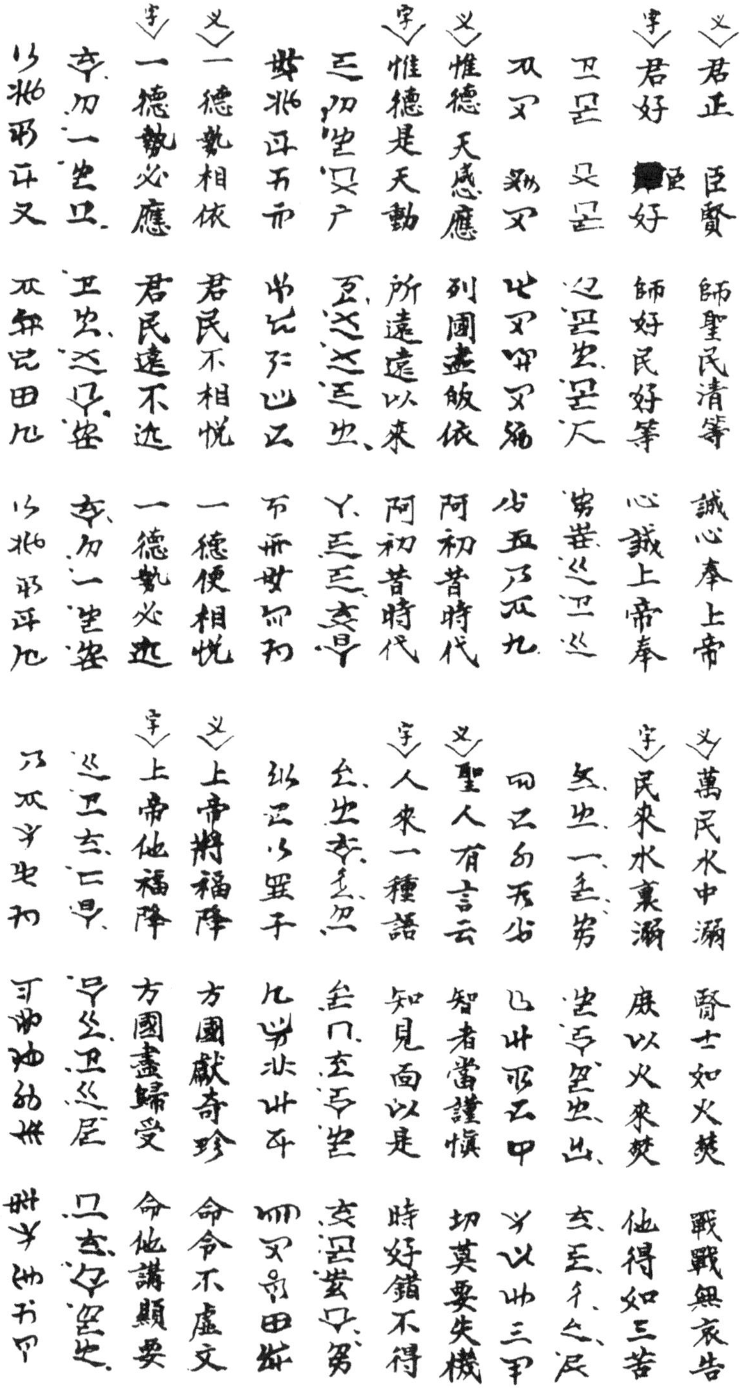

义 君正臣賢 師聖民清等 誠心奉上帝
字 君好[redacted]臣好 師好民好等 心誠上帝奉
义 惟德天感應 列國盡皈依 阿初昔時代
字 惟德是天動 所遠遠以來 阿初昔時代
义 一德勲相依 君民不相悅 一德便相悅
字 一德勲必應 君民遠不近 一德勲必近

义 萬民水中溺 賢士如火焚 戰戰無哀告
字 民來水裏溺 庶以火來焚 他得知三苦
义 聖人有言云 智者當謹慎 切莫要失機
字 人來一種語 知見面以是 時好錯不得
义 上帝將福降 方國獻奇珍 命令不虛文
字 上帝他福降 方國盡歸受 命他講顯要

〈义〉易然乘此機　先知明命清　君所列聽從
〈字〉易他過不得　命他講顯要　君阿列来説
乃、玄、習卫、岂、　卫玄乎罕也　卫丫、妵出、四
屮乡四田乜　卌乡屮才卫　双布腊乙子
〈义〉等得心深慟　如此似[redacted]紫眉　治國如反掌
〈字〉等得心脚慟　這省然以是　國治手掌反
广、四、男く芏　彳、之、岢、丐、岦　癶、出、华、丅、攵
㕣出办乃晔　屮三丙卅庰　㳄丗屯㕞冂
〈义〉何不早施仁　民都引領望　如時雨降然
〈字〉何云仁不施　民麻雁頸長　看得藍漂現
出、夗、旦、卫、尸　夂、岦、乄、宨、㞐　㐄、夗、广、妵、罕
丗子仆田於　四乙孙𠂤㕛　回出卅㐬才

〈义〉什一命阿從　位列右賢臣　一代又一代
〈字〉什一命阿從　右位君傳口　一代啟一代
尸、一、卫丫、丑　又、广、卫、壬、㞙　亲、寿、夗、亲、寿
力办卌布犾　卅帀双㳄㕚　〳北彐〳犯
〈义〉君命民来清　伊佩徒忠義　位列在賢臣
〈字〉君權民並握　伊佩徒忠義　位列君師口
卫、㕚、岦、出、旦　一、夂、㐬、岦、一　亠、广、卫、只、㞙
双一卬ㄣ仆　狆㕣仰皿晔　尘帀双尉㕚
〈义〉稱讚二賢臣　箴言如玉金　君國兼民治
〈字〉你得臣二位　此三傳以是　君國民来治
也、玄、只、广、三、　彳、之、圡、丐、岦　卫、癶、岦、出、出
廿以尉卬屮　屮三卅卅庰　双由卬己丗

义 第五章 婚姻傳 阿初昔時候
字 第五章 婚姻傳 阿初昔時足

义 論言始終記
字 說以說得是

义 君都名阿札 傳六十四代 阿格王祚終
字 阿砟地以住 六十四代傳 君阿格世止

义 二朵二朵蓮 月光二朵蓮 位雖分兩地
字 二花二花蓮 月長二花蓮 出是地二處

义 傳與貴客聽 一朵一朵蓮 日光一朵蓮
字 說來客美聽 一花一花蓮 日長一花蓮

义 白博耿先知 蓮花樹已結 婚規與嫁禮
字 白博耿先知 花蓮樹以締 婚規以嫁儀

〈义〉月線不返光 不過日心愛 月情深如然

〈字〉月線不倒虧 不過日心要 月宮厚是嗎

[illegible]

[illegible]

〈义〉日回見日線 日線紫綠紅 月回見月線

〈字〉日回日線視 日線不厚薄 月回月線視

[illegible]

[illegible]

〈义〉合光照一處 今天日已往 明天月又來

〈字〉轉來一地照 今天日回去 明天月又來

[illegible]

[illegible]

〈义〉松杉二聖木 原生于二處 移來一處栽

〈字〉松杉此二株 生于地二處 移在一地栽

[illegible]

[illegible]

〈义〉松開一朵蓮 二朵二朵蓮 杉開二朵蓮

〈字〉松長一花蓮 二花二花蓮 杉長二花蓮

[illegible]

[illegible]

〈义〉星辰來作証 日月方配合 一朵一朵蓮

〈字〉星耀不是咯 日月配不到 一花一花蓮

[illegible]

[illegible]

〈义〉梧桐不作證　松杉不配合　一朵一朶蓮
〈字〉桐青不是咯　杉松頭不向　一花二花蓮
亥乂只乜岂　层尸乂只乜　夲劳夲劳夕
芍必田扎丮　卌孙巴田另　汐丗汐丗旳
〈义〉杉花放濃濃　不過松心愛　杉情厚如然
〈字〉杉花明濃濃　不過松心愛　杉意厚是嗎
层劳夕也也　只尸劳也乂　层乂亥尸冂
卌丗云丗汇　田孙爿丗彤　卌𠃍卯孙汇
〈义〉此华松花弄　松花弄香香　他歳杉花放
〈字〉這年松花甜　松花甜味味　那歳杉花開
千丂尸劳千　尸劳千卫卫　也斤层劳夕
卌门孙丗乔　孙丗乔世汇　包田卌丗云

〈义〉今日鸞回去　明天鳳又來　鸞相鸞棲所
〈字〉今日雁回去　明天鶴轉來　雁向雁線視
乞广乂乂也　丫乂乇岂也　乂岂乂岙广
中帀孙工己　卞另汪比江　孙岁孙牝畀
〈义〉此二隻鸞鳳　身分投二地　和鳴一番松
〈字〉雁鶴這二隻　放是地二處　棲是一松頭
乂乇千广岙　尕岂卫广乜　尺岂夲亥乇
孙汪丗二牝　书丮兰二乇　丗丮汐芍巴
〈义〉青鸞一朵蓮　二朵二朵蓮　白鶴二朵蓮
〈字〉雁長一花蓮　二花二花蓮　鶴長二花蓮
[illegible]乂乇夲劳也　广劳广劳也　乇乇广劳也
孙丗汐丗旳　二丗二丗旳　汪丗二丗旳

义 鸞鳳怎和鳴 一朵一朵蓮 少男一朵蓮
字 雁鶴聲不和 一花一花蓮 少男一花蓮
[illegible]
[illegible]

义 不過鸞心愛 鳳情深如然 青鳥不作證
字 不過雁心愛 鶴意厚是嗎 雀黑不是咯
[illegible]
[illegible]

义 鸞棲[redacted]仍故日 鳳相鳳棲所 鳳棲一同然
字 雁線不厚薄 鶴向鶴線視 鶴線不到廢
[illegible]
[illegible]

义 他歲又成婚 男也思女意 女也戀男情
字 他歲男妻結 男也女事想 女也男事默
[illegible]
[illegible]

义 [redacted] 完婚是一家 此年行聘禮
字 住是二地住 配是一家做 這年女難聘
[illegible]
[illegible]

义 二朵二朵蓮 處女二朵蓮 此二位男女
字 二花二花蓮 處女二花蓮 男女達二位
[illegible]
[illegible]

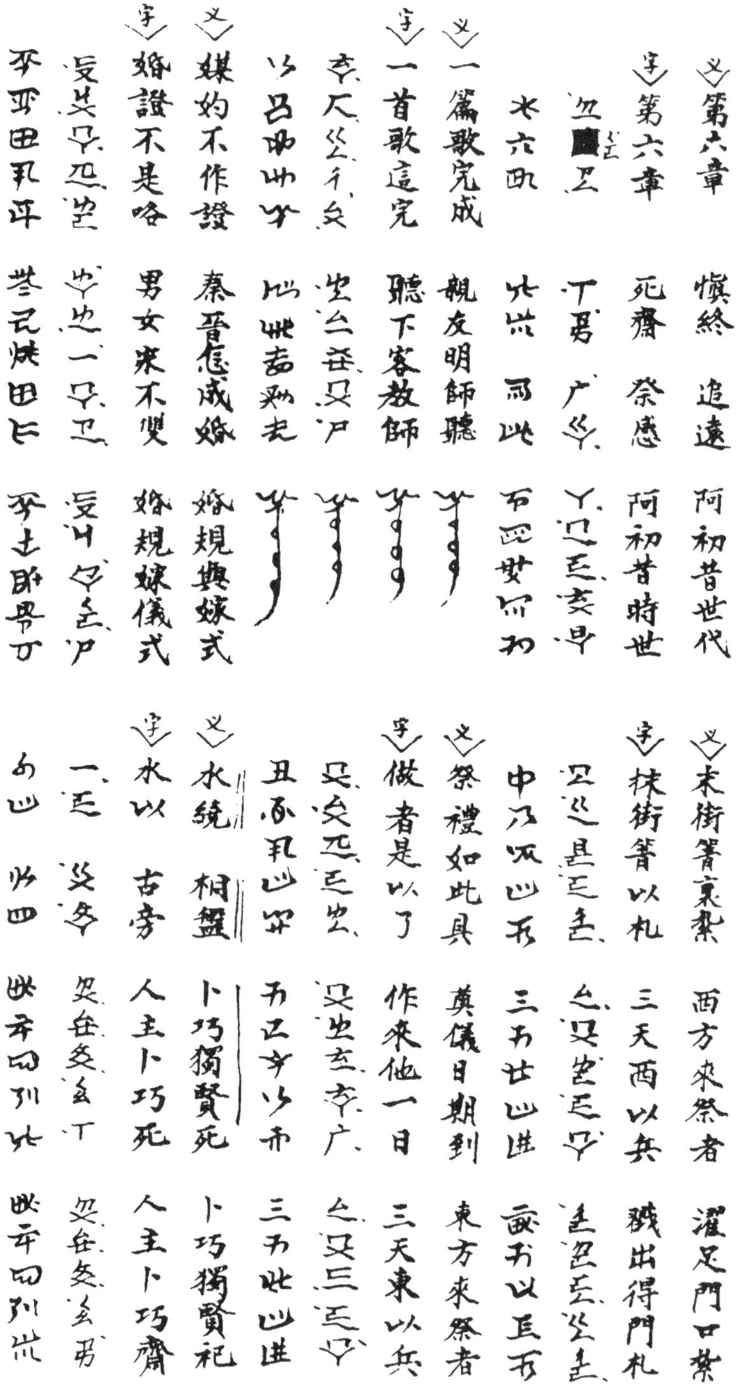

义 第六章 慎終 追遠 阿初昔世代
字 第六章 死齋 祭感 阿初昔時世

义 一篇歌完成 親友明師聽
字 一首歌這完 聽下客教師

义 媒妁不作證 秦晉憑成婚 婚規與嫁式
字 婚證不是咯 男女來不嬰 婚規嫁儀式

义 末街箸哀祭 西方來祭者 濯足門口禁
字 抹街箸以札 三天西以兵 戮出得門札

义 祭禮如此具 奠儀日期到 東方來祭者
字 做者是以了 作來他一日 三天東以兵

义 水繞 桐盤 卜巧獨賢死 卜巧獨賢祀
字 水以 古旁 人主卜巧死 人主卜巧齋

义 主者乃如然 人死修齊大 報恩理本然

字 做者乃是矣 人死齊矩大 人他不言矣

[illegible]

[illegible]

义 水鸞竹林款 引魂擂旋繞 紅了半邊天

字 水灣竹蓬札 醮行熙晒做 天一半以光

[illegible]

[illegible]

义 南方助祭者 石頭崖上款 北方助祭者

字 三天南以兵 石找崖上札 三天北以兵

[illegible]

[illegible]

义 第七章 父母 劬勞 阿初昔世代

字 第七章 父母 愛情 阿初昔時世

[illegible]

[illegible]

义 是以誠是以 誠是以仙登

字 是以誠是以 誠是以得伸

[illegible]

[illegible]

义 孝子起恩父 賢媳薦婆魂 云亡空憶謀

字 子孝父愛齊 媳孝婆路光 說也說得是

[illegible]

[illegible]

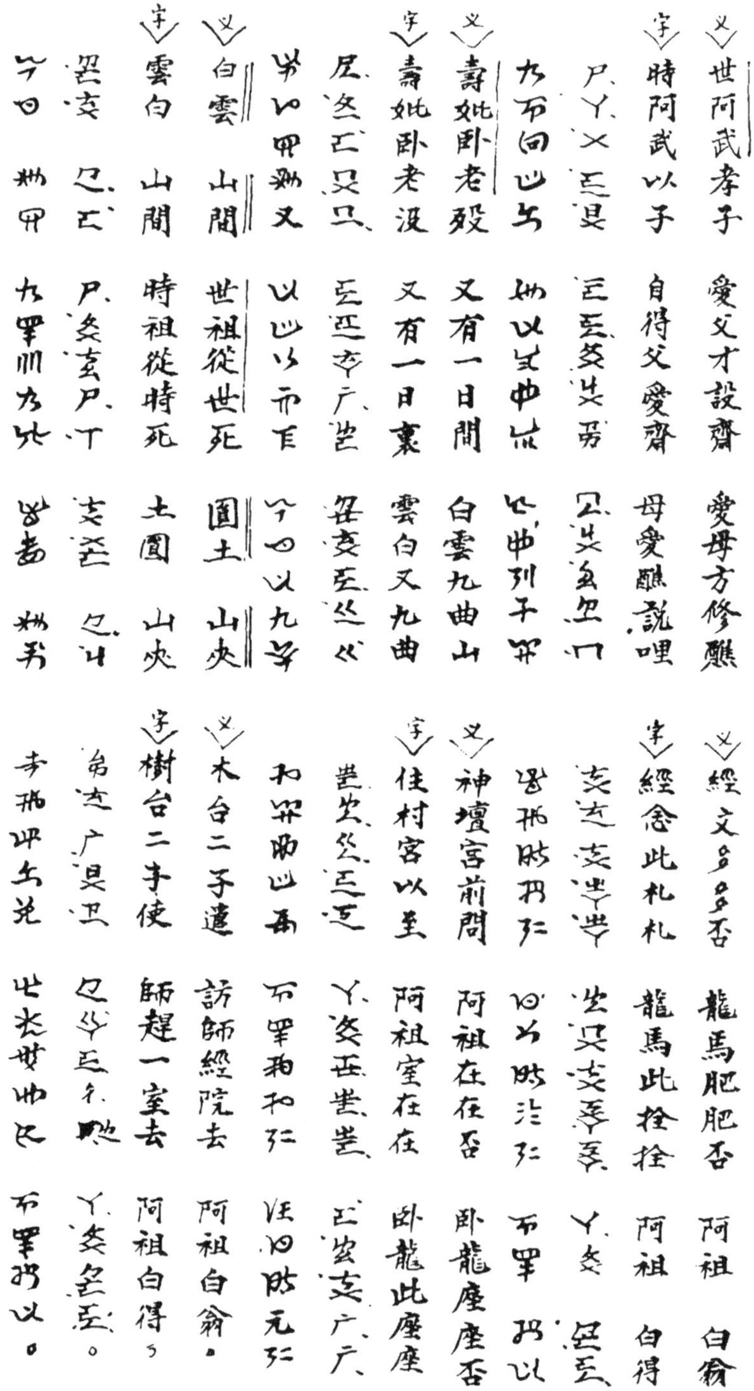
义 世阿武孝子 愛父才設齋 愛母方修醮
字 時阿武以子 自得父愛齋 母愛醮說哩
义 壽姓卧老殁 又有一日間 白雲九曲山
字 壽姓卧老没 又有一日裏 雲白又九曲
义 白雲 山間 世祖從世死 圓土 山央
字 雲白 山間 時祖從時死 土圓 山央
义 經文多多否 龍馬肥肥否 阿祖 白翁
字 經念此札札 龍馬此拴拴 阿祖 白得
义 神壇宮前問 阿祖在在否 卧龍座座否
字 住村宮以至 阿祖室在在 卧龍此座座
义 木台二子遣 訪師經院去 阿祖白翁。
字 樹台二手使 師提一室去 阿祖白得。

义 木台二使者 你們來請我 世阿武之子
字 樹台文二子 你問到此啥 時阿武以子
弟去丢广昊 也尘豆丢坐 尸丫乂丢昊
丰册以四乍 鬯卯母卅平 九币向巴乍
义 卧龍不座此 經文不讀此 龍馬不拴此
字 卧龍此不座 經念此不札 龍馬此不拴
正岱支卩广 支支支卩尘 尝只支卩丢
汪以娰田文 尝册娰田丹 以弓娰田汁
义 稱你是是否 他如此問了 阿祖不是我
字 說者你是是 他說問也了 阿祖我不是
巴乒也丕丕 去巴史丢尘 丫爻丢卩丕
予币甲丮仁 乡千卯卅平 不罕如田丮

义 天城一孝名 阿祖 白翁 稱者就是我
字 宮以 天城坐 阿祖 白得 說者我是矣
公丢也尘广 丫爻 丑丢 巴乒丢丕乂
中巴比罕半 不罕 丮以 千币如丮仍
义 他是忠義子 純孝同類人 人言真稱讚
字 他得子美是 純孝國以類 人他說是咯
去丢是丑丕 乞丢公丢丢 公去巴岔尘
乡以乍又丮 言秭卯巴丑 纵乡千乐平
义 昔有一日間 人 言 傳 我亦聽着是
字 阿日天先日 人 來[illegible]傳 己來聽在者
丫广只尸广 公 也 去 丢也 丈尘乒
不币币去币 纵 乙 世 如乙乒和币

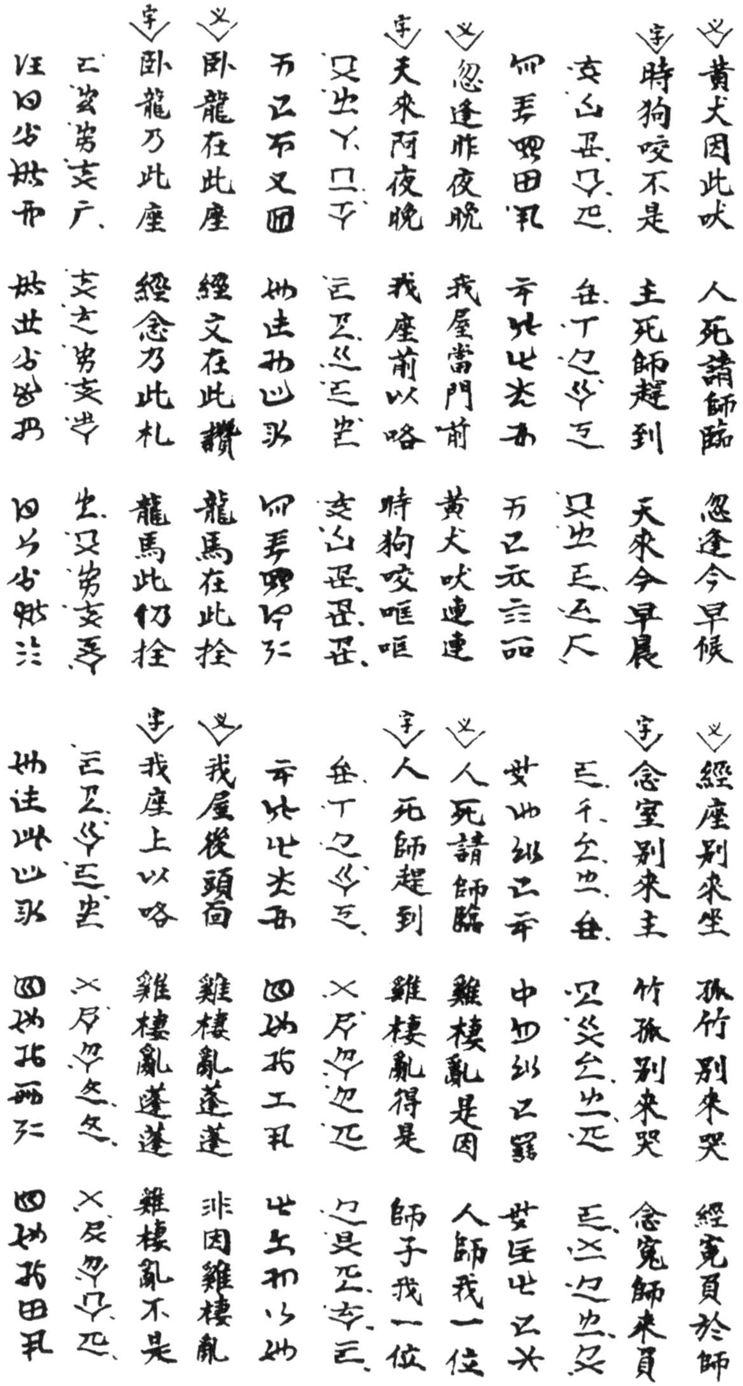

义 黄犬因此吠 人死請師臨 忽逢今早候

字 時狗咬不是 主死師趕到 天來今早晨

义 忽逢昨夜晚 我屋當門前 黄犬吠連連

字 天來阿夜晚 我座前以咯 時狗咬哐哐

义 卧龍在此座 經文在此攢 龍馬在此拴

字 卧龍乃此座 經念乃此札 龍馬此仍拴

义 經座別來坐 孤竹別來哭 經寬負於師

字 念室別來主 竹孤別來哭 念寬師來負

义 人死請師臨 雞樓亂是因 人師我一位

字 人死師趕到 雞樓亂得是 師子我一位

义 我屋從頭向 雞樓亂蓬蓬 非因雞樓亂

字 我座上以咯 雞樓亂蓬蓬 雞樓亂不是

义 騎馬房中拉 金鞍樑上移 管通架上下

字 騎馬廄以取 綿鞍樑以通 管通架以下

[illegible]

[illegible]

义 寶馬收來騎 山前 山後 壯士呼而從

字 馬光收來騎 了前 了後 少伴喊而隨

[illegible]

[illegible]

义 恐寃歸於師 不去也不能 上原 下原

字 師寃貢來忌 不去也不得 原頭 原尾

[illegible]

[illegible]

义 經堂上面坐 他已到此地 開宣那一夜

字 念室以上坐 他以到了是 天來他一晚

[illegible]

[illegible]

义 樹生白仁果 雲野父許實 石階金葉明

字 樹生白仁成 萸野父許實 石階金葉明

[illegible]

[illegible]

义 神冠庫內拿 聖服儀箱指 高山榮作矩

字 禮冠庫以拿 衣服箱以討 喜雄榮做矩

[illegible]

[illegible]

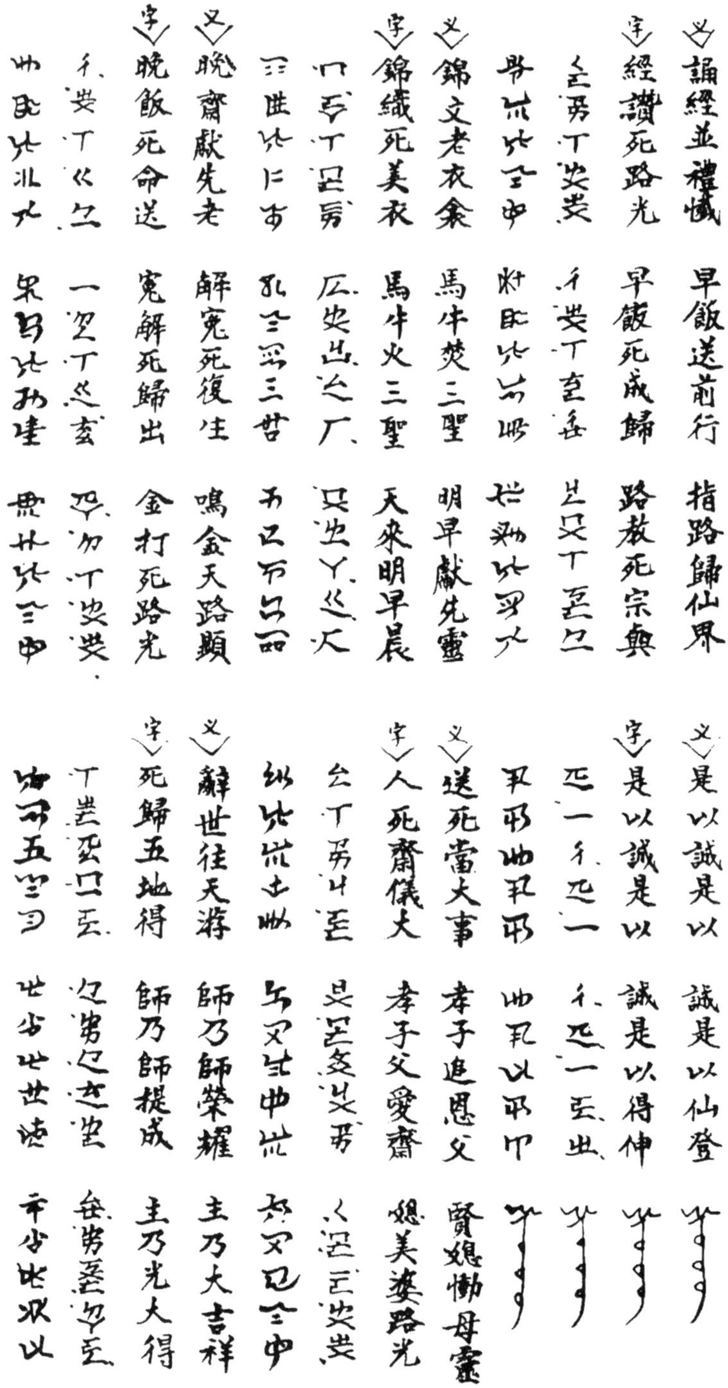

义 誦經並禮儀　早飯送前行　指路歸仙界
字 經讚死路光　早飯死成歸　路蔽死宗輿
义 錦文老衣衾　馬牛焚三聖　明早獻先靈
字 錦織死美衣　馬牛火三聖　天來明早晨
义 晚齋獻先老　解寃死復生　鳴金天路顯
字 晚飯死命送　寃解死歸出　金打死路光

义 是以誠是以　誠是以仙登
字 是以誠是以　誠是以得伸
义 送死當大事　孝子追恩父　賢媳慟母靈
字 人死齋儀大　孝子父愛齋　媳美婆路光
义 辭世往天游　師乃師榮耀　主乃大吉祥
字 死歸五地得　師乃師提成　主乃光大得

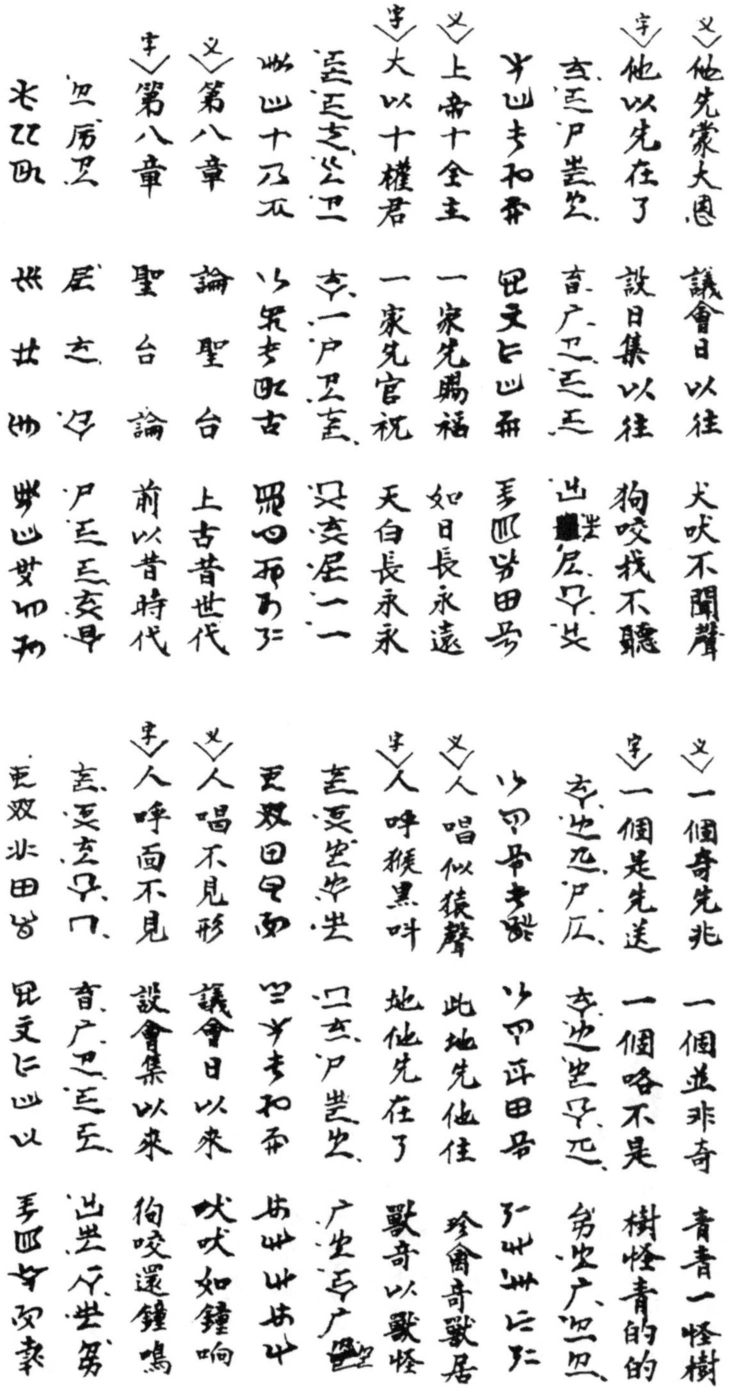

义 他先蒙大恩 議會日以往 犬吠不聞聲

字 他以先在了 設日集以往 狗咬我不聽

义 上帝十全主 一家先賜福 如日長永遠

字 大以十權君 一家先官祝 天白長永永

义 第八章 論 聖 台 上古昔世代

字 第八章 聖 台 論 前以昔時代

义 一個奇先兆 一個並非奇 青青一怪樹

字 一個是先送 一個咯不是 樹怪青的的

义 人唱似猿聲 此地先他住 珍禽奇獸居

字 人呼猴黑叫 地他先在了 獸奇以獸怪

义 人唱不見形 議會日以來 吠吠如鐘响

字 人呼面不見 設會集以來 狗咬還鐘鳴

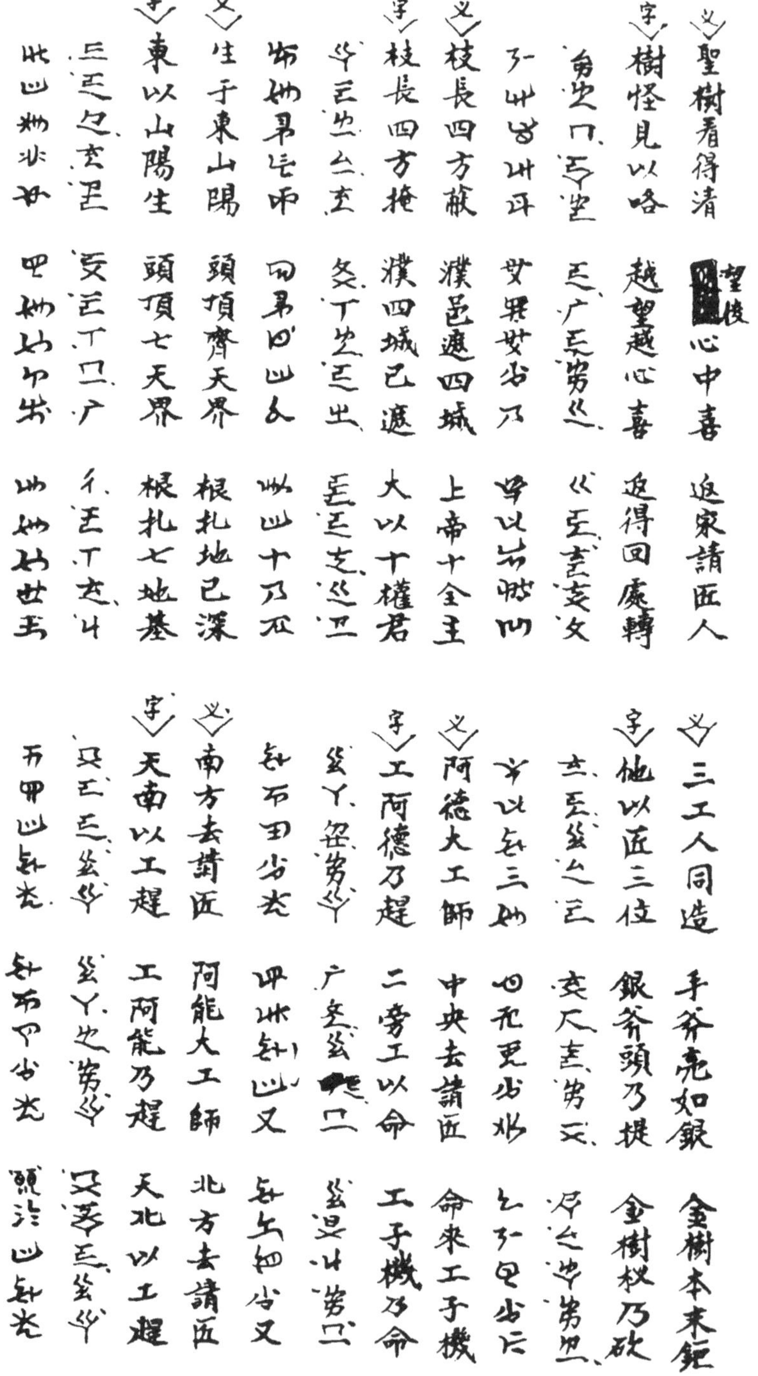

文 聖樹看得清
望使[redacted]心中喜
返家請匠人

字 樹怪見以咯
越望越心喜
返得回處轉

文 枝長四方蔽
濮邑遮四城
上帝十全主

字 枝長四方掩
濮四城已遮
大以十權君

文 生于東山陽
頭頂齊天界
根扎地已深

字 東以山陽生
頭頂七天界
根扎七地基

文 三工人同造
手斧亮如銀
金樹本來鉅

字 他以匠三位
銀斧頭乃提
金樹杈乃砍

文 阿德大工師
中央去請匠
命來工子機

字 工阿德乃趕
二旁工以命
工子機乃命

文 南方去請匠
阿能大工師
北方去請匠

字 天南以工趕
工阿能乃趕
天北以工趕

（义）元元君臣坐 他要談天經 論天文會殿

（字）正元元以坐 他得天道傳 天文論集台

王𫝀𫝀乏广 夫乏口口夫 口吴卫卫夫

丏㚢夕⺊而 乡以ㄅ册廿 ㄅ凶⺊木廿

（义）造成君聖座 天城上面設 天后 天君

（字）成宮君聖台 天城上以建 天君 天臣

千叉卫尼夫 口千令乏丑 口卫 口吴

卌孓双卌廿 ㄅ卌卌凶西 ㄅ双 ㄅ勠

（义）不造物要造 造三座聖台 首造第一座

（字）不造物也造 聖台三面造 首以一面乃

令出女广山 尼夫么夫山 山乏本夫男

田子仝文子 卌廿三北子 喬凶以北少

（义）談陰道會殿 末造第三座 人生論世情座

（字）地道講聖台 末以三面乃 人生發聖台

夫吴令尼夫 巫乏么夫男 尸尼与尼夫

廿凶卌卌廿 ⺊凶三北少 九男竹卌廿

（义）陰君 陰相 元元正以坐 他要陰傳經

（字）地君 地臣 元元規以坐 他得傳地經

夫卫 夫吴 𫝀𫝀ㄙ乏广 夫乏夫口卫

廿双 廿勠 㚢夕办凶文 乡以廿册木

（义）次造第二座 九泉師聖座 陰間下以設

（字）次以二面乃 ■紅愿師聖台 地府歸以建

女乏广夫男 口一吴尼夫 丁夫乏乏丑

西凶卵北少 协果勠卌廿 以廿办凶西

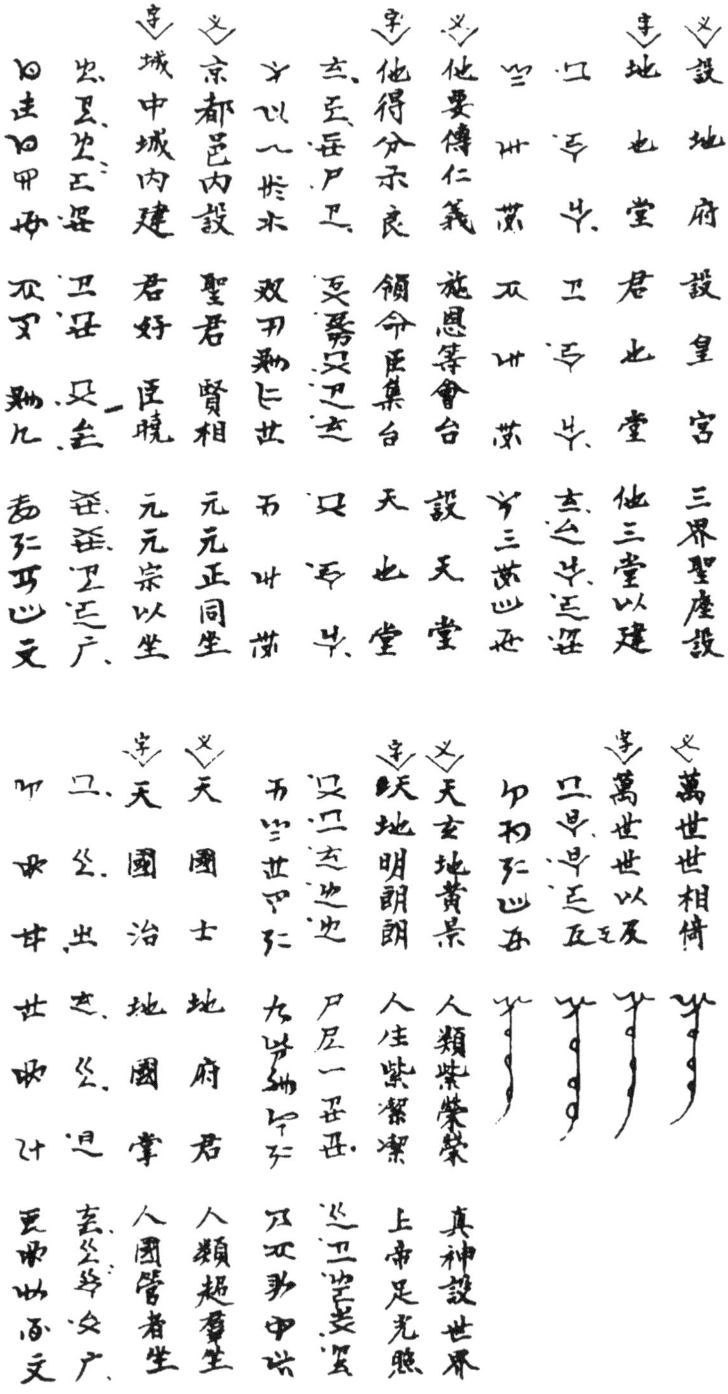

帝王世纪

間治亂興衰不及詳載、從吳滅後至今日又有
主安昆被吳三桂擄掠之時、共計八十四代、其
之統系、余 詳考我宗祖母齊齊之譜系、直至我
六子、是全世界各族之宗祖、但不能論及他族
書、不能備載余 按此書撮侏濆處世、娶三妻、生
初開、禮儀始備。但此間當有洪水略解、余 無此
疊者、他來、興莫祭、造文字、立典章、設律科、文化
代武老撮之時、承蒙 上帝差下一祭司密阿
間並無文字、不過以口授受而已、流於二十九
母遮之時、直至撮侏濆之世、共有三十代人。此
此書原因起、於世界成立之初、從人類始祖希
帝王世紀 人類歷史 羅文筆譯

二 此書人名代數字義相同
一 此書共計一萬五千二百八十四字
中華民國十九年七月一日 貴州大定 東衣林茅舍序 羅文筆
百二十代人。歲序未曾載明。
六代。歟從始祖希母遮直至譯者之時、共計一

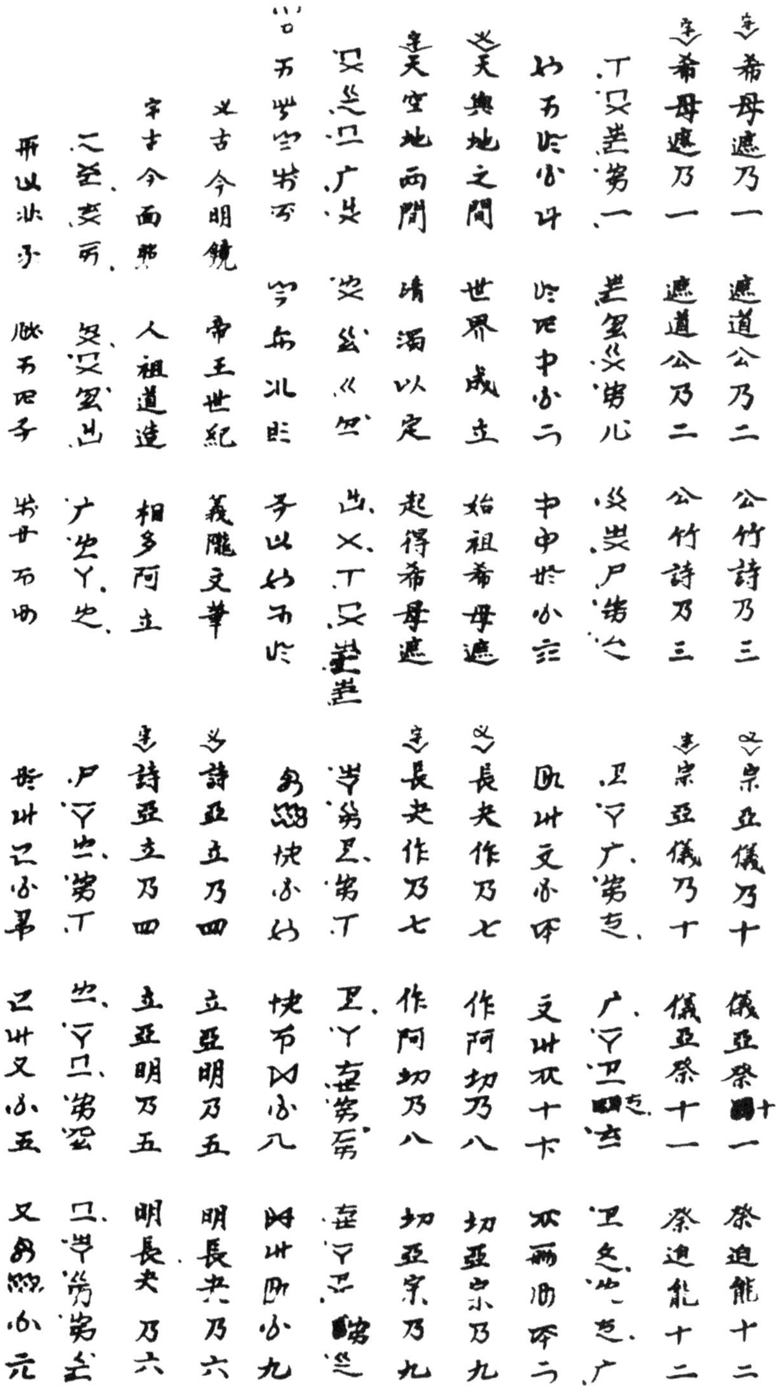
字 希母遮乃一 遮道公乃二 公竹詩乃三
字 希母遮乃一 遮道公乃二 公竹詩乃三
义 天與地之間 世界成立 始祖希母遮
字 天空地両間 清濁以定 起得希母遮
义 古今明鏡 帝王世紀 義隴文華
字 古今面 人祖道達 相多阿立
义 宗亞儀乃十 儀亞祭十一 祭迫能十二
字 宗亞儀乃十 儀亞祭十一 祭迫能十二
义 長夫作乃七 作阿切乃八 切亞宗乃九
字 長夫作乃七 作阿切乃八 切亞宗乃九
义 詩亞立乃四 立亞明乃五 明長夫乃六
字 詩亞立乃四 立亞明乃五 明長夫乃六

父 洗所多十九 多必盈二十 必盈堵二一

宇 洗所多十九 多必盈二十 必盈堵二一

[illegible]

[illegible]

父 尺亞索十六 亞索得十七 得洗所十八

宇 尺亞索十六 亞索得十七 得洗所十八

[illegible]

[illegible]

父 追能道十三 道母儀十四 母儀尺十五

宇 追能道十三 道母儀十四 母儀尺十五

[illegible]

[illegible]

父 瀆侏武二八 武老撮二九 撮侏篤三十

宇 瀆侏武二八 武老撮二九 撮侏篤三十

[illegible]

[illegible]

父 大阿武二五 阿武懦二六 懦侏瀆二七

宇 大阿武二五 阿武懦二六 懦侏瀆二七

[illegible]

[illegible]

父 堵洗仙二二 洗仙佗二三 佗阿大二四

宇 堵洗仙二二 洗仙佗二三 佗阿大二四

[illegible]

[illegible]

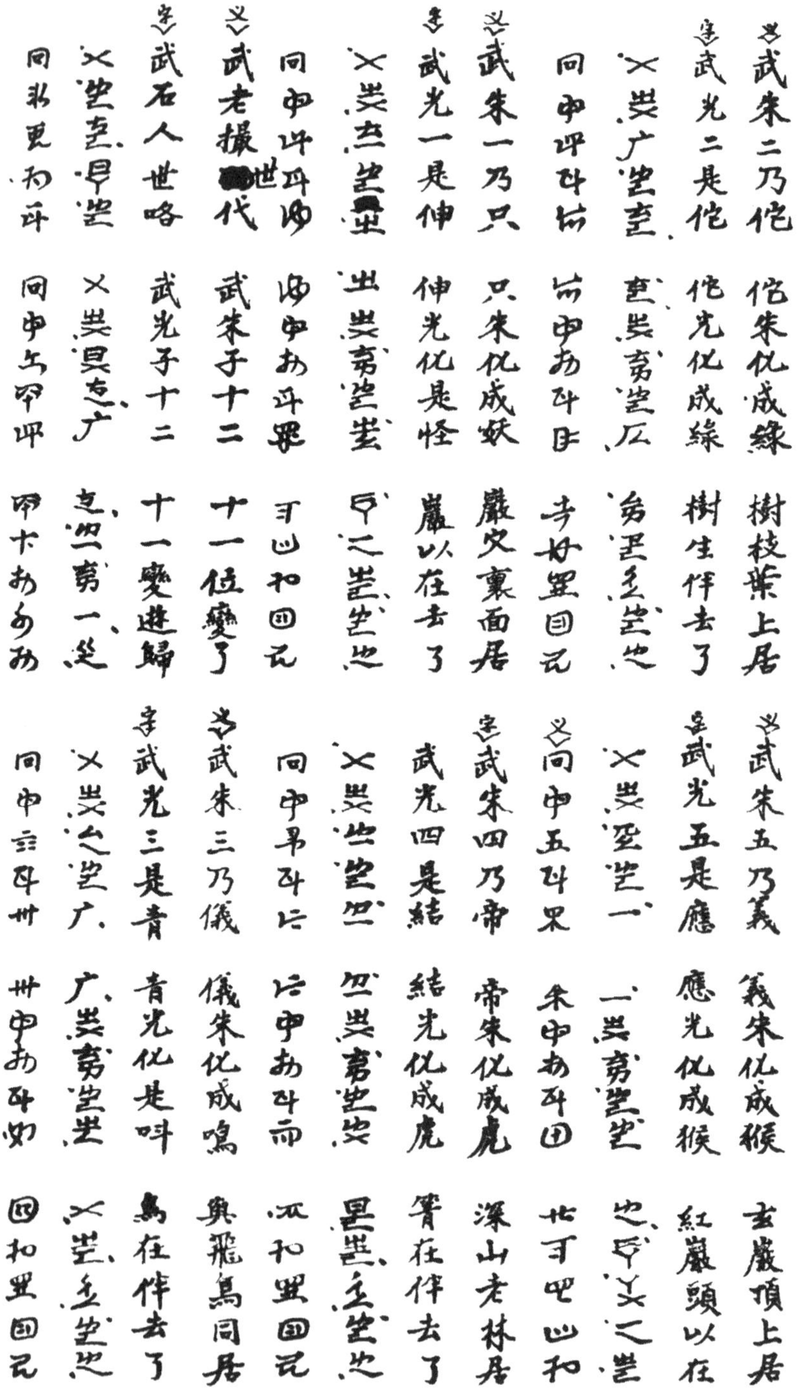

又武朱八乃明　明朱化成蛙　水池裏面居

字武光八是源　源光化成蛤　水在伴去了

[illegible]

[illegible]

又武朱七乃覺　覺朱化成蛇　土穴洞裏居

字武光七是總　總光化是蛇　泥土裏頭在

[illegible]

[illegible]

又武朱六乃朋　朋朱化成熊　與野獸同居

字武光六是朋　朋光化是熊　獸在伴去了

[illegible]

[illegible]

又武朱十一執　執朱化成犬　與家畜同居

字武光十一成　成光化是狗　畜在伴去了

[illegible]

[illegible]

又武朱十乃替　替朱化成雞　與家禽同居

字武光十是重　重光化是雞　禽在伴去了

[illegible]

[illegible]

又武朱九乃通　通朱化成物　禾稼父同居

字武光九是向　通光化是蚱　禾生伴去了

[illegible]

[illegible]

义 祭司密阿典 到了才興起

字 祭老天阿邊 到来人是矣

义 武老撮始興 濆母逆上推 造有三十代

字 武老撮手動 濆母在以前 道以三十代

字 祀典興燕禮成 祭帝與祭神

作祭做長客燕 獻祭與獻儀

义 南浴女東是 南浴女有娠 生子濆母吾

字 南浴女藝是 南浴女冬胎 濆母吾一是

义 撮朱濆是矣 撮朱濆世代 娶妻南浴女

字 撮朱濆是矣 撮朱濆世代 婦是南浴女

义 後天之濆母 又述說一吓 武老撮之子

字 濆母在以得 一時提吓麼 武老撮以子

父 母客客之母 義宜能之女 能乃名朱冬

主 母客客母了 義生紅之女 紅以是命冬

[illegible]

[illegible]

父 浩宜儀之女 儀乃名米布 母齊齊

主 蓋生青之女 青以是命部 母齊齊

[illegible]

[illegible]

父 濆母吾世代 娶妻是三個 生子有六人

主 濆母吾世是 妻來三位娶 子來六個生

[illegible]

[illegible]

父 母亞考 母亞怯是夫 閘衡二次子

主 母亞考 母亞怯是夫 閘鉄二子次

[illegible]

[illegible]

父 母亞考 母亞怯之母 武佑二長子

主 母亞考 母亞怯母了 武佑二子長

[illegible]

[illegible]

父 母亞奎 母亞臥之母 白宜詩之女

主 母亞奎 母亞臥母了 白生放之女

[illegible]

[illegible]

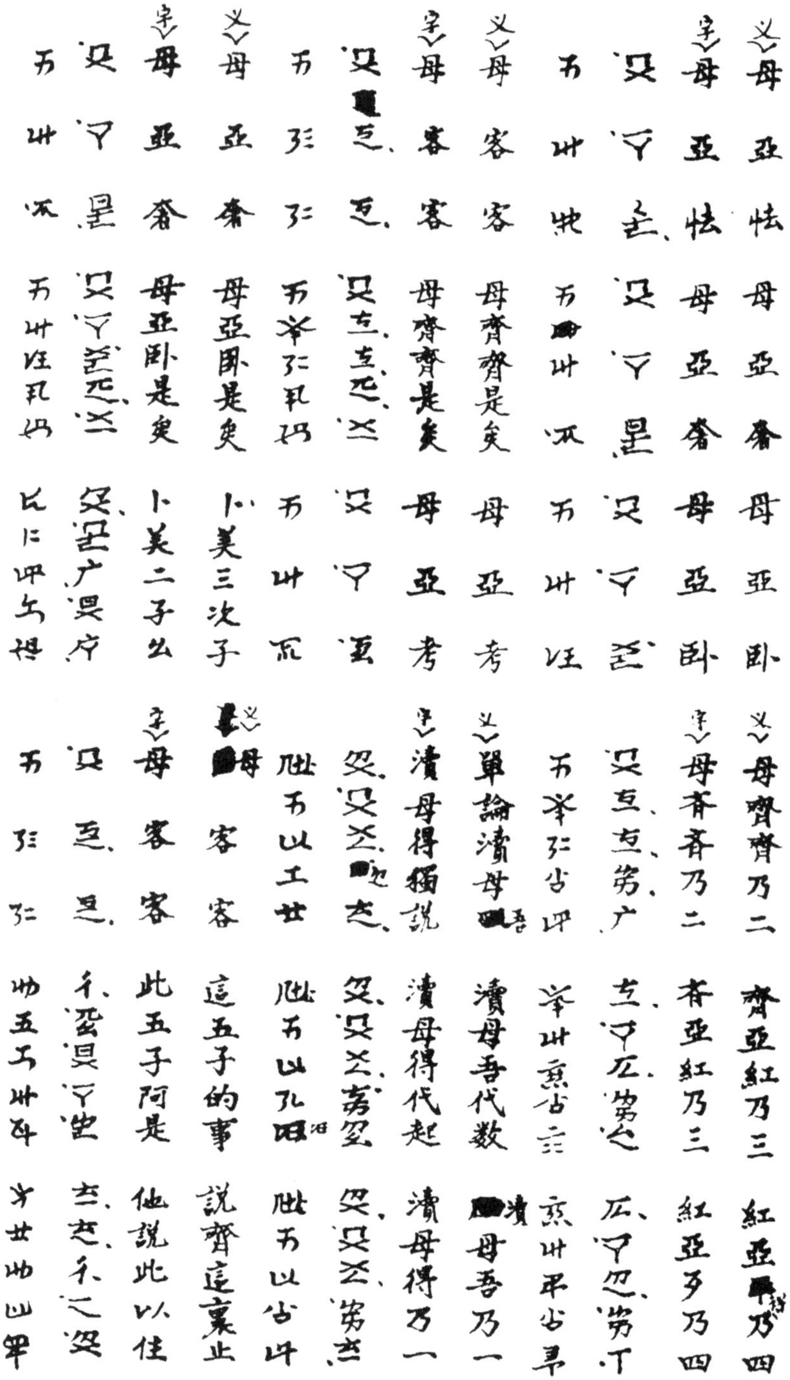

义 守亞美十一 美阿得十二 得亞詩十三 义 必一梅二十 梅阿亮二一 亮阿宗二二

字 守亞美十一 美阿得十二 得亞詩十三 字 必一梅二十 梅阿亮二一 亮阿宗二二

[illegible]

[illegible]

义 龔亞隴乃八 隴亞告乃九 告亞守乃十 义 多亞質十七 質[redacted]吾勾十八 吾説必十九

字 鳩亞隴乃八 隴亞告乃九 告亞守乃十 字 多亞質十七 質吾勾十八 吾説必十九

[illegible] [redacted] [illegible]

[illegible] [redacted] [illegible]

义 得古沙乃五 沙古母乃六 古母龔乃七 义 詩美武十四 美武夢十五 [redacted]夢蝶多十六

字 得古沙乃五 沙古母乃六 古母鳩乃七 字 詩美武十四 美武夢十五 夢蝶多十六

[illegible]

[illegible]

义 孟吾守二九　守阿典三十　典亞法三一
字 孟吾守二九　守阿典三十　典亞法三一
卫又尼乏丝　尼丫垚乏支　垚丫夺乏杰
中以古比幻　古币司亖罕　司卅哩亖吽
义 討阿常二六　阿常必二七　必益孟二八
字 討阿常二六　阿常必二七　必益孟二八
玄丫岩乏乞　丫岩夕乏丁　夕乙卫乏房
芍币开比元　币开先比乙　先芋中比乙
义 宗亞補二三　補亞勺二四　勺亞討二五
字 宗亞補二三　補亞勺二四　勺亞討二五
卫丫癸乏乞　癸丫乞乏丁　乞丫玄乏巠
瓜卅可比三　可卅纟比早　纟卅芍比五

义 登亞堵三八　堵阿達三九　阿達多四十
字 登亞堵三八　堵阿達三九　阿達多四十
加丫癸乏房　癸丫夕乏丝　丫夕垦丁支
巿卅甘亖乙　甘币丙亖剑　币丙求早罕
义 主亞典三五　典亞即三六　即亞登三七
字 主亞典三五　典亞即三六　即亞登三七
癸丫垦乏巠　垦丫卫乏乞　卫丫加乏丁
吧卅司亖五　司卅风亖元　风卅巿亖乙
义 法一宜三二　一宜尺三三　尺亞主三四
字 法一宜三二　一宜尺三三　尺亞主三四
夺乙广乏杰　乙广禾乏乏　禾丫癸乏丁
岦芋文亖吽　芋文曲亖亖　曲卅吧亖早

义 阿更阿文四七
阿文洛南四八
洛南阿擂四九

字 阿更阿文四[redacted]七
阿文洛南四八
洛南阿擂四九

丫、之丫弟、丁丁
丫、弟出、出丁房
出、出丫、丂、丁之

布岁布西昇刂
布西布旦昇刂
布旦布岁昇到

义 否那知四四
那知瀆四五
瀆阿更四六

字 否那知四四
那知瀆四五
瀆[redacted]阿更四六

旻出出丁丁
出出夗丁蛮
夗丫、之丁全

孒乜卅昇刂
乜卅胀昇五
胀布岁昇亢

义 多阿楄四一
楄阿期四二
期阿否四三

字 多阿楄四一
楄阿期四二
期阿否四三

乭丫、夲丁杰
夲丫、亘丁广
亘丫、旻十之

柬布以昇卅
以布尖昇卅
尖布孒昇亖

义 老勺瀆在五六
瀆在阿宗五七
阿宗一衢五八

字 老勺瀆在五六
瀆在阿宗五七
阿宗一衢五八

宝尸夗男蛮全
夗男丫、叭蛮丁
丫、[redacted]卫之山蛮房

叩卅胀並五亢
胀並布叭五刂
布叭卅甲五刂

义 忍一卜野五三
卜野一尊五四
一尊老勺五五

字 忍一卜野五三
卜野一尊五四
一尊老勺五五

旦之乭玨蛮之
乭玨之卫蛮丁
之卫宝尸蛮蛮

廿卅叩씨五亖
叩씨[redacted]卅斻五昇
卅斻叩卅五五

义 阿擂一典五十
一典即期五一
即期忍一五二

字 阿擂一典五十
一典即期五一
即期忍一五二

丫、丂之崟五罕
之崟卫く蛮杰
卫く旦之蛮广

布岁卅云五十
卅云双乃五卅
双乃廿卅五卅、

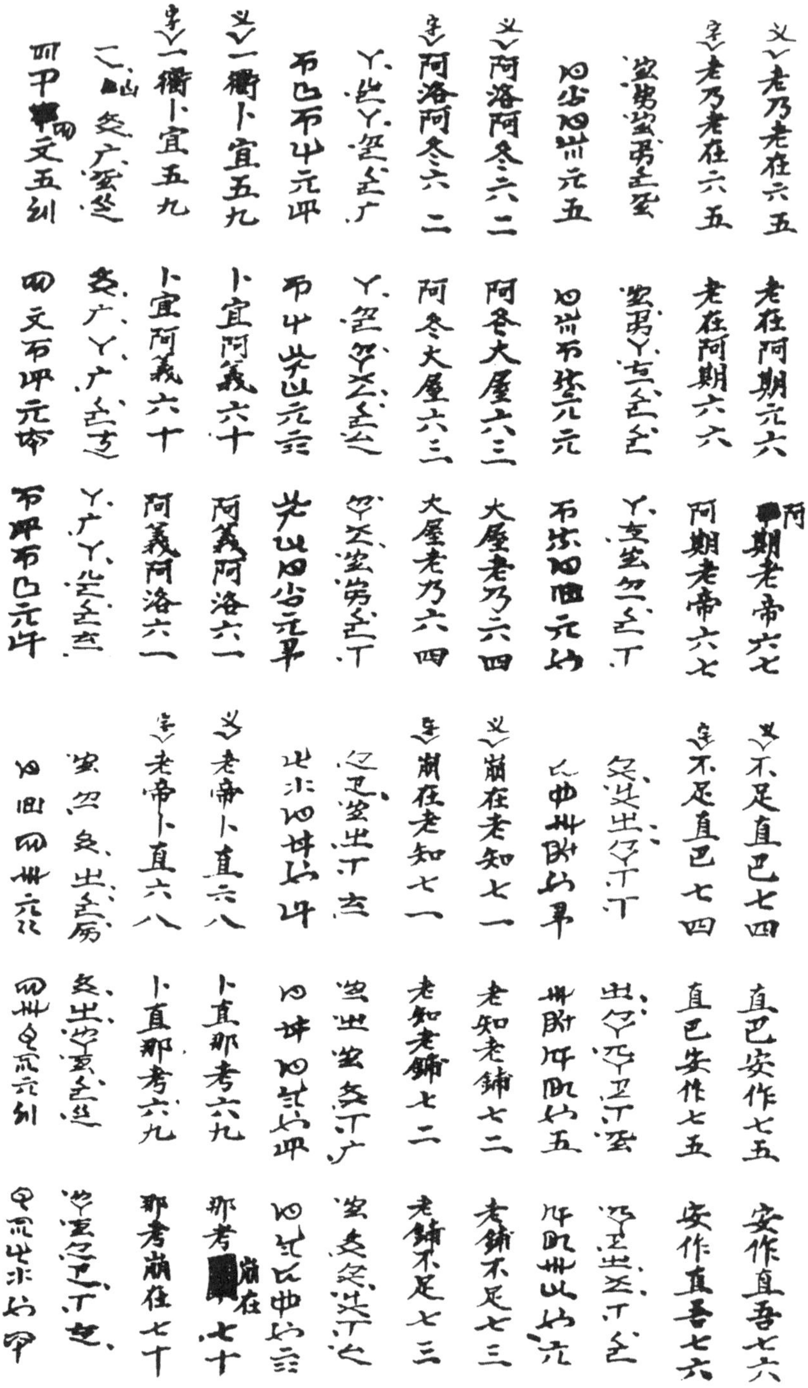

义 老顛一分八三 一分明宋八四 後天濟毋世傳已終

辛 老顛一分八三 一分明宋八四 後天濟毋世傳已

[illegible]

[illegible]

义 非説老古八十 老古老得八一 老得老顛八二

生 非説老古八十 老古老得八一 老得老顛八二

[illegible]

[illegible]

义 直吾老成七七 老成洛西七八 洛西非説七九

辛 真吾老成七七 老成洛西七八 洛西非説七九

[illegible]

[illegible]

义 往 前 進 主君阿衛明 權位與榮名

辛 天 命 歸 主君阿衛得 權[redacted]命與在場

[illegible] [redacted] [illegible]

[illegible]

义 天運甲辰年 雲南奚三桂 知洪波巨浪

辛 天以稱龍年 雲南奚三桂 水波二以沸

[illegible]

[illegible]

义 八 十四代呢 到主君阿客 的時候而已

辛 八 十四代了 主君阿格而 到來就是矣

[illegible]

[redacted] [illegible]

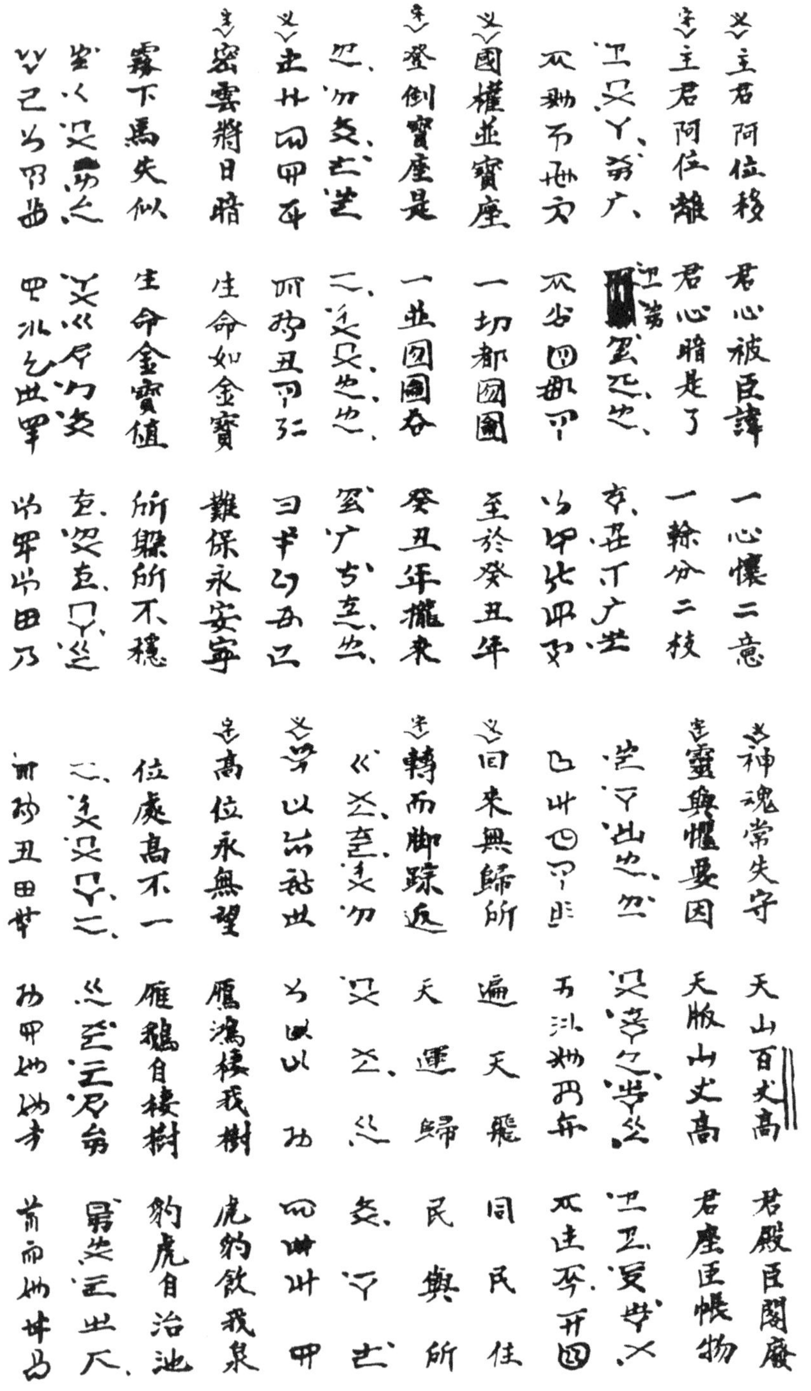
主君阿位移 君心被臣讳 一心懷二意
主君阿位離 君心暗是了 一輪分二枝
國權並寶座 一切都國圖 至於癸丑年
登倒寶座是 一並國圖吞 癸丑年攏來
密雲將日暗 生命如金寶 難保永安寧
霧下馬失似 生命金寶值 所縣所不穩
神魂常失守 天山百丈高 君殿臣閣廢
靈輿懼要因 天版山丈高 君座臣帳物
回來無歸所 遍天飛 同民住
轉而腳蹤返 天運歸 民與所
高位永無望 鷹鴻棲我樹 虎豹飲我泉
位處高不一 雁鵝自棲樹 豹虎自治池

又阿嗒歹位[illegible]子　奸臣賣主人　謀翔奪[illegible]位討

字阿谷得位子　臣子來不義　賣主想求榮

丫、古、乜乙、岀　只旲岀卂、广、　三丐丝凧玄

不以走草乍　孙工以田穴　以刀凶凧芍

又索隱慢慢走　麋鹿徑中行　逃遁在深林

字索隱悄悄走　麋鹿徑以行　深林靠托找

丫旦乜乜只　千娄歹乙旦　旦广、巜、忍尼

不目走孓丑　孙云亐凹孙　双卄本中冔

又睛光被[illegible]遮　遍地黑暗暗　前歸無路行

字睛光霧來晦　美景黑濃濃　去來處不得

𡿨丏岀岀、岦　𡿨娄、岁丒丒　乜岀、乜只、乂、

古凧以乙乱　乃四田比孓　丏乙走田以

又天國耀日輪　忽然墜落西　到這樣地步

字天國日本輪　無緣黑濃濃　一個這樣了

冂、乆、出、冬、乜　只、丒、岁、丒丒　[illegible]古、乜岀岀、岀

丁芇子丽曲　田刻包比四　以卩国丙斗

又古衛大城　吴宗國裏去　主君阿位哩

字古衛城大　吴坐國以到　主君阿位呀

乆乙　岀只　乂丒乆乙乞　乜只丫、丐乜

以凹　曰丑　同走芇凹丙　双孙下丗走

又阿乍岩頭上　吴兵四面圍　好比捉雞雞

字圓輪岩以間　吴臉紅多多　雞蛋出雞似

[illegible]冂、岀　乞乙匸　[illegible]只玄乜、岀岀　乂、[illegible]乙玄乜、岀、

先以可凹甲　同非廿毋孓　回氺幸卩乙

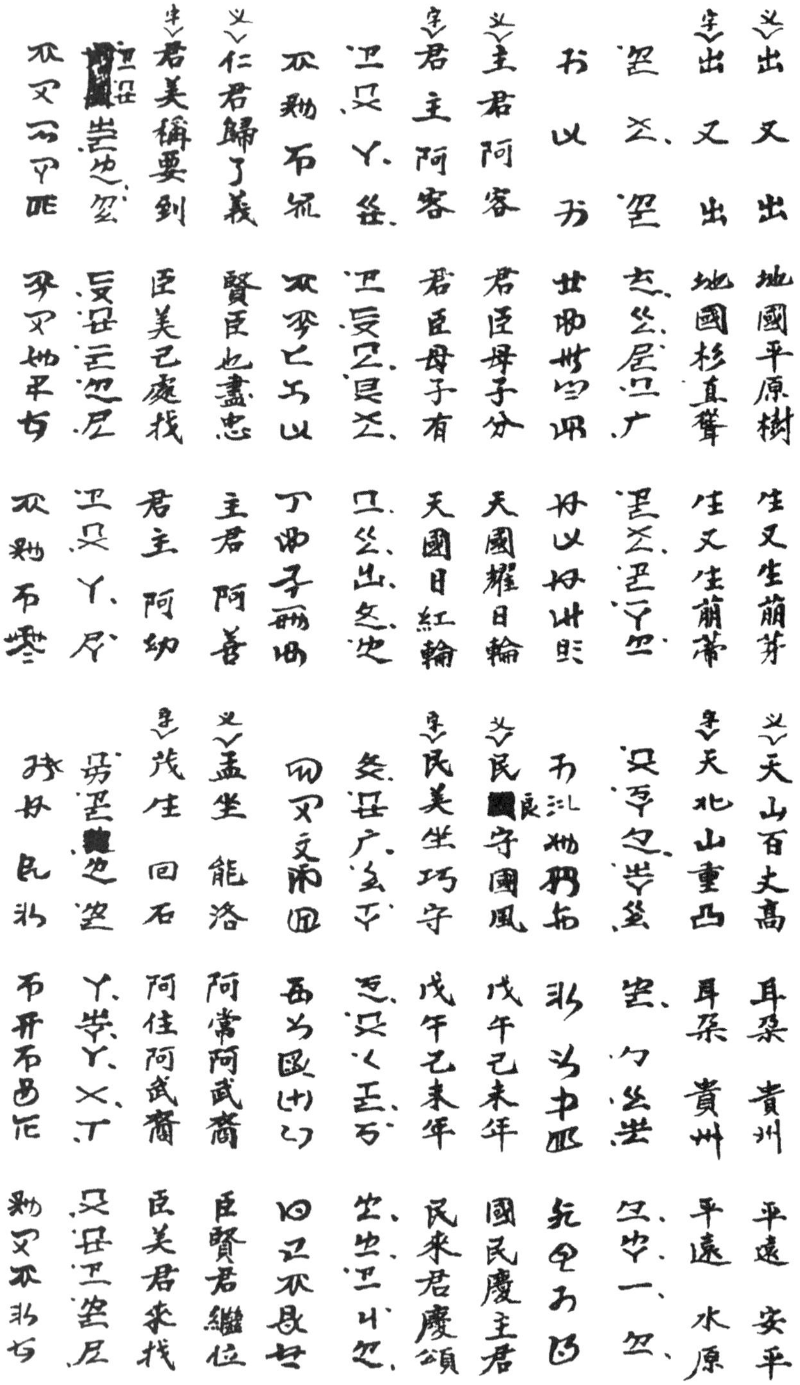

义 靈殿建二所 選擇法拉垮 在此開議會

字 歸房二座起 名以法拉垮 在堂商國度

也丘、广丝、巴 口、乙、卞、少、丫 匆、丝、旦、又、查

民相四奉払 字凹下㔾汎 恤册木㸚芍

义 九殺阿常苦 庚申辛酉年 同能以那憂

字 九国阿常苦 庚申辛酉年 龍能以那憂

丝之丫、岩、层 也岂厉丫丐 匆、也、一、少、兮

九凹布开軍 开囯岦卅勺 仰廿夯㔾此

义 天命歸而復 道場白能底 三殿九經堂

字 天歸又來復 道場念回地 三座處九場

㕛丝岂也罢 忐艹、仑也勿、 仑、广、魤丝艹、

万宂此丫岂 亖茓世民区 亖宍平九茓

义 天國耀日輪 被蝕晦無光 至於丁亥年

字 天國日紅輪 不圓暗籠濃 丁亥年到来

口、丝、出、冬、也 口、岙、少、岂、罡 属丫丐、亘、岀、

丁册舀䎥冊 田专㔾叱回 丑[illegible]勺丐乙

义 反照天外去 至戊寅年間 主君阿客等

字 天龍背以晴 戊寅年到来 主君阿錦等

亥岂岀之亡 亘、央丐亘、岀、 卫、只丫、丝、乜

芍凹兯凹古 丐而勺丐乙 不勳布冗平

义 至丁丑年間 主君阿善等 榮日與耀月

字 丁丑年到来 主君阿幼等 榮日與耀月

属广丐亘、岀、 卫、只丫、少、乜 尖、岀、丫工、仄、

丑㐀勺丐乙 不勳布罴平 仂仐卅涯四

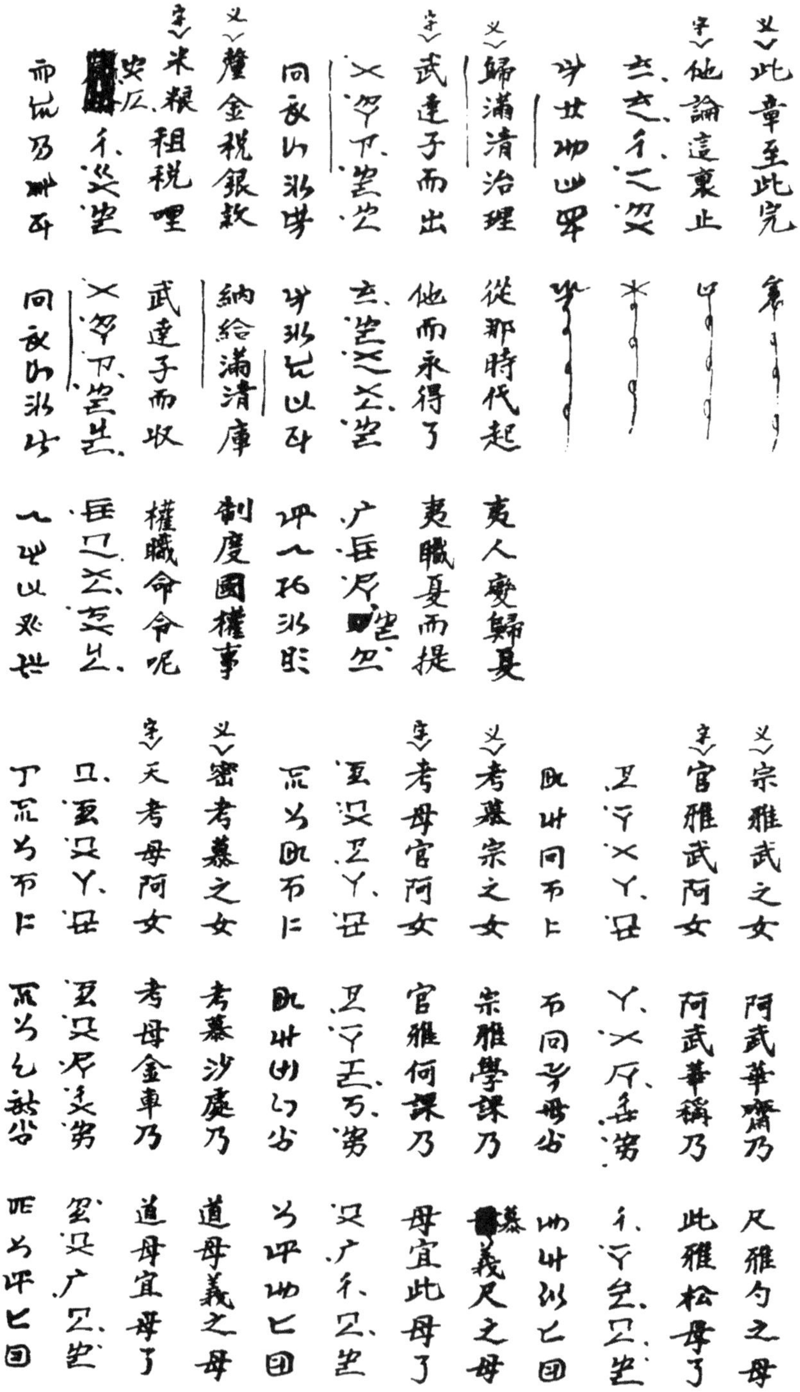
此章至此完
他論這裏止
歸滿清治理
武達子而出
釐金稅銀款
米粮租稅哩
從那時代起
他而承得了
納給滿清庫
武達子而收
夷人變歸夏
夷職夏而提
制度國權事
權職命令呢
宗雅武之女
官雅武阿女
考慕宗之女
考母官阿女
密考慕之女
天考母阿女
阿武華齊乃
阿武華稱乃
宗雅學課乃
官雅何課乃
考慕沙處乃
考母金車乃
尺雅勺之母
此雅松母了
義尺之母
母宜此母了
道母義之母
道母宜母了

义 則考慕之女 多必一之母 通列徒之女 义 陀阿大之母 一以學括乃 大阿武之母

字 對考母阿女 嗚必一之母 天列時阿女 字 [redacted]陀阿鷹之母 一以鸖白乃 鷹阿武之母

卫、至只丫、臣 岊夂、乚乚之夊、 室宊、卖丫、臣 圭、丫、罕乚乚夊 乚乚、乚乚壬夊、穷 罕丫、乂乚乚夊、

乍㐌万布卜 娃充皿巴匕 芍㫒㕣布匕 而布芥巴匕 芈巴田西㫒 芥布回巴匕

义 得洗楼之母 沽考慕之女 洗楼多之母 义 阿更嫩長[redacted]乃 洗仙陀之母 阿泊嫩冬乃

字 得洗學之母 顧考母阿女 洗學多之母 字 阿歸妹澤乃 修仙陀之母 阿波態冬乃

夗、厶乚乚夊、 乚乚至只丫、臣 厶乚岊乚乚夊、 丫、乂乚乚、穷 厶乚乚乚乚夊、 丫、乙乚乚乚穷

、平卌卅巴匕 㫒㐌万布卜 卌卅娃巴匕 布扐㐌㫒㫒 卌矛而巴匕 布㫒㐌㕣㫒

义 各古宗之女 松雅得之母 得勺華伻乃 义 必一杜之母 徒餓衛之[redacted]女 杜洗仙之母

字 各首官阿女 安雅得之母 得尋華伻乃 字 必一杜之母 時餓衛阿女 洞修仙之母

乂、乂乚丫、臣 乂、乚乚夗、乚乚夊、 夗、尸尸、乂穷 夂、乚乚乚乚夊、 乂乂、尺、丫、臣 乚乚乚乚夊、

肜田㐌布卜 㣺卅平巴匕 平㫒㐄㕣㫒 充皿廿巴匕 㕣中吕布匕 廿卌矛巴匕

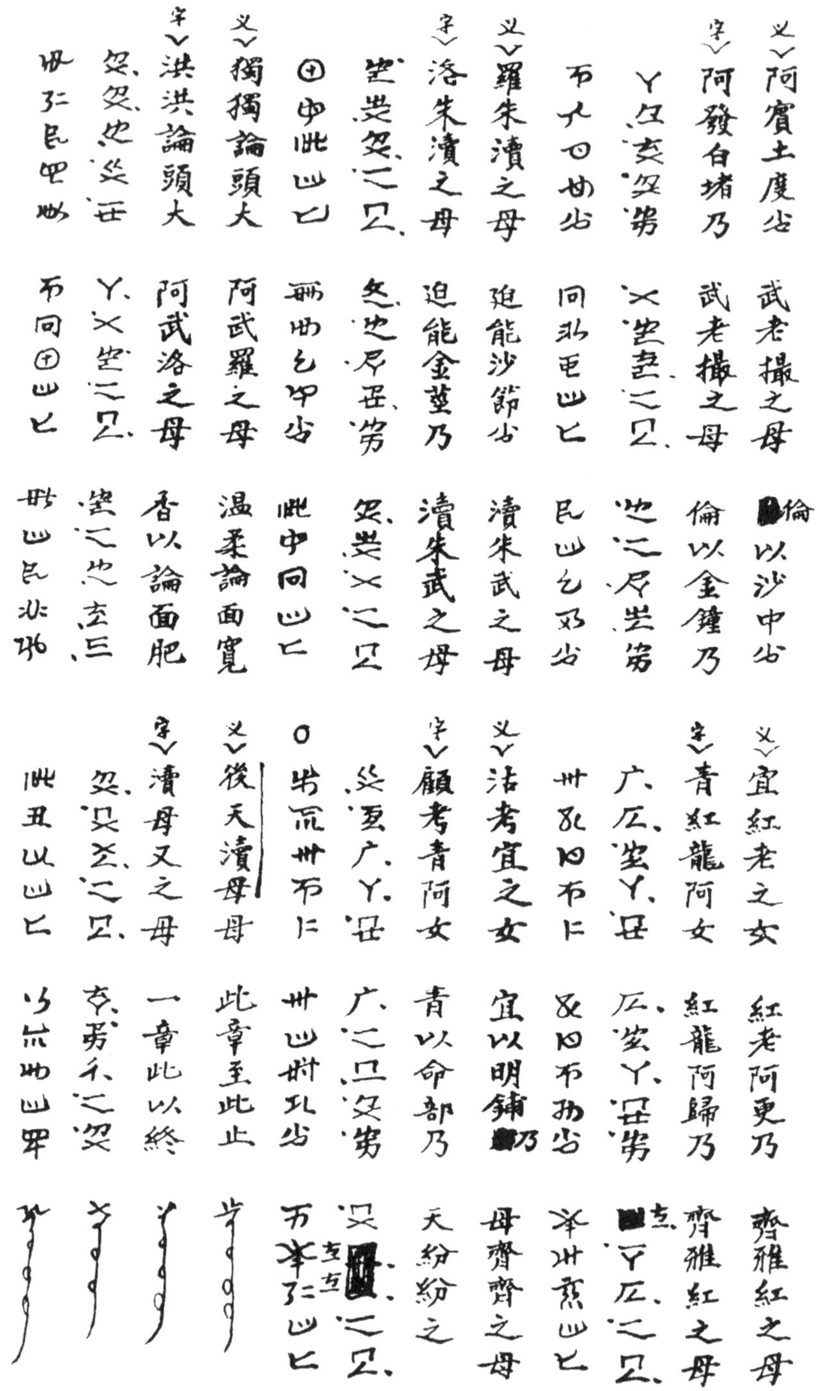

义 阿賓土度山 武老撮之母 [redacted]倫以沙中山

字 阿發白堵乃 武老撮之母 倫以金鐘乃

义 羅朱濆之母 廹能沙節山 濆朱武之母

字 洛朱濆之母 廹能金莖乃 濆朱武之母

义 獨獨論頭大 阿武羅之母 温柔論面寬

字 洪洪論頭大 阿武洛之母 香以論面肥

义 宜紅老之女 紅老阿更乃 齊雅紅之母

字 青紅龍阿女 紅龍阿歸乃 齊雅紅之母

义 沽考宜之女 宜以明鋪[redacted]乃 母齊齊之母

字 顧考青阿女 青以命部乃 天紛紛之

义 從天濆母母 此章至此止

字 濆母又之母 一章此以終

又 追能沙知[redacted]乃 古母龔之母 哉以命能[redacted]乃

字 追能金泊乃 古天連之母 箐以命能乃

[illegible]

[illegible]

又 仙忍等之女 忍等宜母乃 德古沙之母

字 仙掌遊阿女 掌遊青作乃 德古金之母

[illegible]

[illegible]

又 紅老仙之女 仙以嫩東乃 馮雅德之母

字 紅龍仙阿女 仙以妹東乃 馮雅德之母

[illegible]

[illegible]

又 命以嫩了乃 松雅美之母 仙以命龍[redacted]乃

字 命以妹么乃 找雅美之母 仙以命龍乃

[illegible]

[illegible]

又 龍雅告之母 朵以一黑[redacted]乃 告雅松之母

字 問雅告之母 朵以數黑乃 告雅找之母

[illegible]

[illegible]

又 龔雅龍之母 哉一作阿女 一作嫩東[redacted]乃

字 連雅問之母 箐一在阿女 一作妹東乃

[illegible]

[illegible]

义 [redacted]華以命龍乃　美武蒙蝶母　華止一之女
字 華以命龍乃　美武夢蝶母　華貸數阿女
丛、乁、[redacted]口、出、劣　丑乂、卫、翟、卫、　丛、出、乁、丫、丑
卫山册西乡　仁同中ヨ乜　卫巾罗币仁
义 得雅勺之母　阿目缴腧乃　旌美武之母
字 得雅找之母　阿高嫩連乃　詩美武之母
忍、丫、尽、乁、[redacted]卫、　丫、只、忠、少、[redacted]劣　尸、丑、乂、乁、卫、
币卅も山乜　币丑民采乡　去仁同山乜
义 美阿德之母　路德通之女　通雅[redacted]義同乃
字 美阿德之母　路等天阿女　天雅義討乃
丑丫、忍、乁、卫、　定、勿、玄、丫、丑　玆、丫、广、玄、劣
仁币平山乜　全氘芍币卜　芍卅芉準乡

义 執俄勺之母　則章命着乃　俄勺必之母
字 執得勺之母　双長命轉乃　得勺必之母
出、丛、公、乁、卫、　卫、岁、口、出、劣　丛、公、乞、乁、[redacted]卫
四以价山乜　乜开册彷乡　以价瓦皿乜
义 必松卜欣乃　多雅執之母　卧部母則乃
字 必松民興乃　多雅執之母　南部天双乃
乞、尽、交、工、劣　罡、丫、出、乁、卫、　乇、殳、只、足、劣
瓦も田米乡　兜卅四山乜　旺丘币仁乡
义 桃一路通乃　夢蝶多之母　華必松之女
字 止一虎白乃　孟疆場之母　匀必松阿女
出、乁、定、燕、劣　卫、翟、罡、乁、[redacted]卫　丛、乞、尽、丫、丑
巾皿而以乡　中ヨ兜山乜　卫瓦も币卜

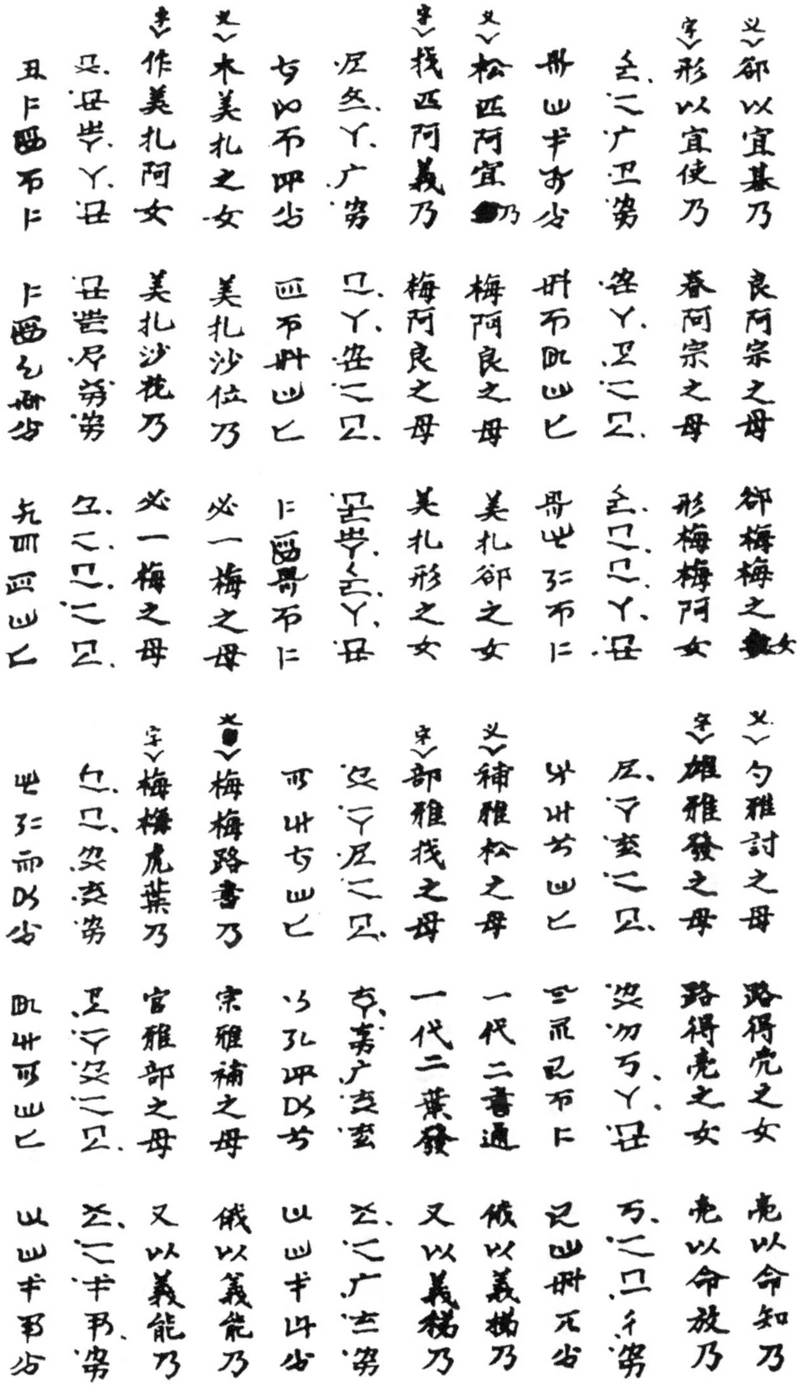

义 蒙得雄之母 阿取義明乃 雄雅得之母

字 蒙得雄之母 阿取義明乃 找雅得之母

[illegible]

[illegible]

义 衛以論朱乃 必一蒙蝶母 老雅論東乃

字 池以妹朱乃 必一蒙蝶母 老雅妹東乃

[illegible]

[illegible]

义 討阿常之母 古餓命南乃 阿常必一母

字 天阿長之母 古得命南乃 阿長必一母

[illegible]

[illegible]

义 安樂沙窜乃 阿尺阿主母 阿本一核乃

字 雀籠金樹乃 阿尺阿堵母 阿本一黑乃

[illegible]

[illegible]

义 完一宜之母 通得更子乃 一宜阿尺母

字 完一宜之母 通蹉更子乃 一宜阿尺母

[illegible]

[illegible]

义 命能路書乃 得雅完之母 一天沙窜乃

字 命論虎白乃 蝶雅完之母 一品金樹乃

[illegible]

[illegible]

义德雅度之母
字蓮雅洞之母
勿丫癸乙𠔿
兀卅廿山匕
义大以學朱乃
字鳥[redacted]以羊榮乃
平乙厂、尖笫
米山巾中尘
义杜阿跌之母
字峰阿蝶之母
癸丫、癸、乙𠔿、
叱巾三山匕

那[redacted]龍乃 末乃
手摩心惻乃
[redacted]平冂笫尘笫
比王尘叱尘
踏雅德之母
君雅德之母
丑丫勿乙𠔿、
不卅兀山匕
路得明乾乃
路蓮命線乃
尖勿口谷笫
令兀卅兆尘

杜阿達之母
洞雅寬之母
癸丫、平、乙𠔿、
廿巾叱山匕
那詩[redacted]帝乃 明
手式命的乃
平尸口丱笫
比桊卅卞尘
跌雅踏之母
蝶雅君之母
癸、丫丑乙𠔿、
三卅不山匕

义革俄金樹乃
字主得金樹乃
丛丛、尺帛笫
乃山乞朩尘
义多阿仙之母
字朶阿一之母
罡丫、专、乙𠔿、
叱巾以山匕
义那所能恩乃
字手所能恩乃
平尘池丞笫
比卅民廾尘

宴阿奉之母
塞阿分之母
支丫、三乙𠔿、
米巾开山匕
那[redacted]更路節乃
黑渡虎望乃
平丛笈巫笫
乇叱而印尘
達阿多之母
寬阿朶之母
平、丫、罡乙𠔿、
叱巾叱山匕

白末論言乃
本末論待乃
乞冂也丕、笫
比王民初尘
仙阿宴之母
一阿塞之母
专丫支乙𠔿、
以巾米山匕
太以學普乃
鳥以學[redacted]價乃
平乙工矣笫
米山巾罕尘

义阿更阿位母
字阿渡阿位母
丫、丛丫、荛贝、
币卌币丙匕
义阿足卧朱乃
字阿足卧白乃
丫、冬、𦍌亥笏
币呼旺日公
义阿府那知母
字阿富那治母
丫、匚屮出贝、
币芇乜廾匕

阿世洛坡乃
阿詩稷婆乃
丫、尸笆𦍌笏
币於㊉心公
濆宜[redacted]母 阿更
獨座阿渡母
癸、广、丫、丛贝、
卧文币卌匕
虎口羊腹乃
路昆學楚乃
尖、[redacted]丢、亥笏 丐
而队出以公

阿位[redacted]世母 阿
阿位阿詩母
丫、笏、丫、尸贝、
币丙币於匕
阿世衡祖乃
阿詩鉄子乃
丫、尸人、𡗗笏
币於吕乞公
那知濆宜母
那治獨座母
屮出癸、广、匕、
乜廾卧文匕

义阿可一蝶母
字阿虎一邊母
丫、丂、匚、登、贝
币卌廾曰匕
义龍郎阿可母
字洛達阿虎母
尖、屮丫、丂、贝、
[redacted] 㔾币㕣匕
义雲台娥瓦乃
字雲得妹瓦乃
癸忍、也亏、笏
千平介另公

達典衡在[redacted]乃
大典鉄斑乃
屮登人男笏
乜亍吕並公
撒能雅卧乃 姓名
措要雅中乃
壬丢也、丫𦍌笏
㪚丙卅甲公 字派
阿世龍郎母
阿世洛達母
丫、尸尖、屮贝、
币於丙㔾匕

一蝶揹期母
一邊居角母
匚、登卫、く贝、
卌曰𠬝乃匕
[redacted]乃 阿富木恩 人名
阿虎起恩乃
丫、匚[redacted]尖、丞笏
币芇乚节公 字派
經大楚雄乃
蓋大祖書乃
丞、云久丁、笏
卬𡿨罕文公

父衡只樂道乃 一尊老松母 老松沙昆乃

字鉄值石道乃 一尊龍受母 龍受金冠乃

尺、出、尘卫、努 乚、卫、尘尸、乚 尘尸、尸乏、努

凸巾[illegible]回田㕣 丗抚日外乚 日外乞卍㕣

父忍一卜也母 木轆沙巧乃 卜也一尊母

字掌一卜大母 起福金音[illegible]乃 卜大一尊母

旦乚、冬、任只、 夂、匚尸生努 冬、任乚、卫只、

卄丗田糹乚 匕扩乞刂㕣 田糹丗抚乚

父一蝶沙蕊乃 際期忍一母 書能義懂乃

字一蝶金心乃 君肉掌一母 計紅牛硐乃

乚、岳、尸努努 卫、く、旦乚、只 夂、也、广叉努

丗彐乞∞㕣 邓乃卄丗乚 外廿丰廿㕣

父一衢卜宜母 老松匹立乃 卜宜阿義母

字一其卜宜母 龍受匹來乃 卜宜阿潤母

乚、山、冬、广、母 尘尸、冬、出乃 冬、广、丫、广、只、 銷格

丗中田文乚 日外ㄖ工㕣 田文布平乚

父卜能書中乃 阿宗一衢母 華衡蘇背乃

字卜要計中乃 阿官一其母 華鉄計到乃

冬、也、夂、尘、努 丫、卫、乚、山、只、 乏、尺、夂、乏、努

父田田外刄㕣 布叭丗中乚 卫凸外丙㕣

字老松漬在母 老松華楚乃 漬在阿宗母

龍受獨斑母 龍受華白乃 獨斑阿官母

尘尸、叉、男、只、 尘尸、尺、妟努 叉、男、丫、卫、只、

日外殹並乚 日外岁以㕣 殹並布叭乚

义老朔一足乃 大俄老乃母 老朔沙宗乃
字龍找水平乃 鷹得龍乃母 龍找金官[redacted]乃
岀尼、一、冬、労 孚亖、岀労叉、 岀尼、尽罡、労
凶岁丙㝵岁 卉以凶岁匕 凶岁乞皿岁
义阿樂阿多母 老文沙位乃 阿多大俄母
字阿洛阿多母 龍斑金榮乃 阿多大得母
丫、岀丫、罡叉、 [redacted]岀昃尽労労 丫罡孚亖、叉、
丙巳丙屮匕 凶並乞亞岁 丙屮关以匕
义本鳥阿朔[redacted]乃 阿義阿樂母 阿國沙爭乃
字白鳥阿昔乃 阿潤阿洛母 阿各金双乃
辶乂丫、乡、労 丫、广丫、岀叉、 丫、幺、尽卫、労
四匕丙卅岁 丙𠵄丙巳匕 丙凶乞𠚤岁

义老乃卜貨母 阿大沙衣乃 卜貨那[redacted]考母
字龍乃卜伸母 阿鷹金花乃 卜伸那坐母
岀労夂、岀、叉 丫、孚尽一労 夂、[redacted]岀、屮亙叉、
凶岁冂卅匕 丙朱乞拗岁 冂卅乇㐬匕
义卜能沙[redacted]兄乃 阿妻老乃母 卜得沙殊乃
字卜能金百乃 阿塞老乃母 卜滿金榮乃
夂、史、尽工、労 丫、亙、岀労叉、 夂、勹、尽芖、労
冂冊乞工岁 丙圥凶岁匕 冂𡿨乞中岁
义老乃老在母 卜巧蘇中乃 老在阿妻母
字龍乃龍節母 卜巧計中乃 龍節阿塞母
岀労岀禹叉、 夂、亥文岦労 岀禹丫、亙叉、
凶岁凶岀匕 冂师岁邓岁 凶岀丙圥匕

文丶洛宗沙帝乃 老鋪部處母 老勲沙了乃
字丶樂官金重乃 龍父起愛母 龍興金多乃
尘王尽仅劳 尘冬兄芷卫 尘丁尽尘劳
乙叭乞飞岁 旧弐叱中匕 旧卫乞母岁
文丶本尊老知母 非洛沙治乃 老知老鋪母
字丶白怎龍治母 非所金置乃 龍治龍父母
之卫尘出卫 库尘尽出劳 尘出尘冬卫
比水旧井匕 乀呐乞井岁 旧舟旧足匕
文丶卜宜沙鷄乃 那考本尊母 本衛蘇古乃
字丶卜宜金精乃 那坐白怎母 白鉄計租乃
癸广尽卄劳 华玄之卫卫 之仄父癸劳
冂文乞氾岁 乇冗比水匕 比西竹卌岁

文丶直俄老尊母 阿奚沙路乃 老尊洛西母
字丶直得龍怎母 阿平金樹乃 龍怎樂席母
出攵尘卫卫 丫仁尽尘劳 尘卫尘台卫
卌以旧囲匕 布米乞中岁 旧囲回兒匕
文丶阿信目錄乃 安宗直巴母 老衣沙了乃
字丶阿平高處乃 安官直得母 龍花金多乃
丫仁卫处劳 卒卫出攵卫 [redacted] 尘一尽尘劳
布米丑中岁 片叭卌以匕 旧抛乞母古
文丶木主直巴母 討老一些乃 直巴安宗母
字丶起愛直巴母 通龍一黒乃 直巴安官母
之兴出卒卫 玄尘之屈劳 出卒卒卫卫
叱中卌卧匕 片旧卅而岁 卌卧片叭匕

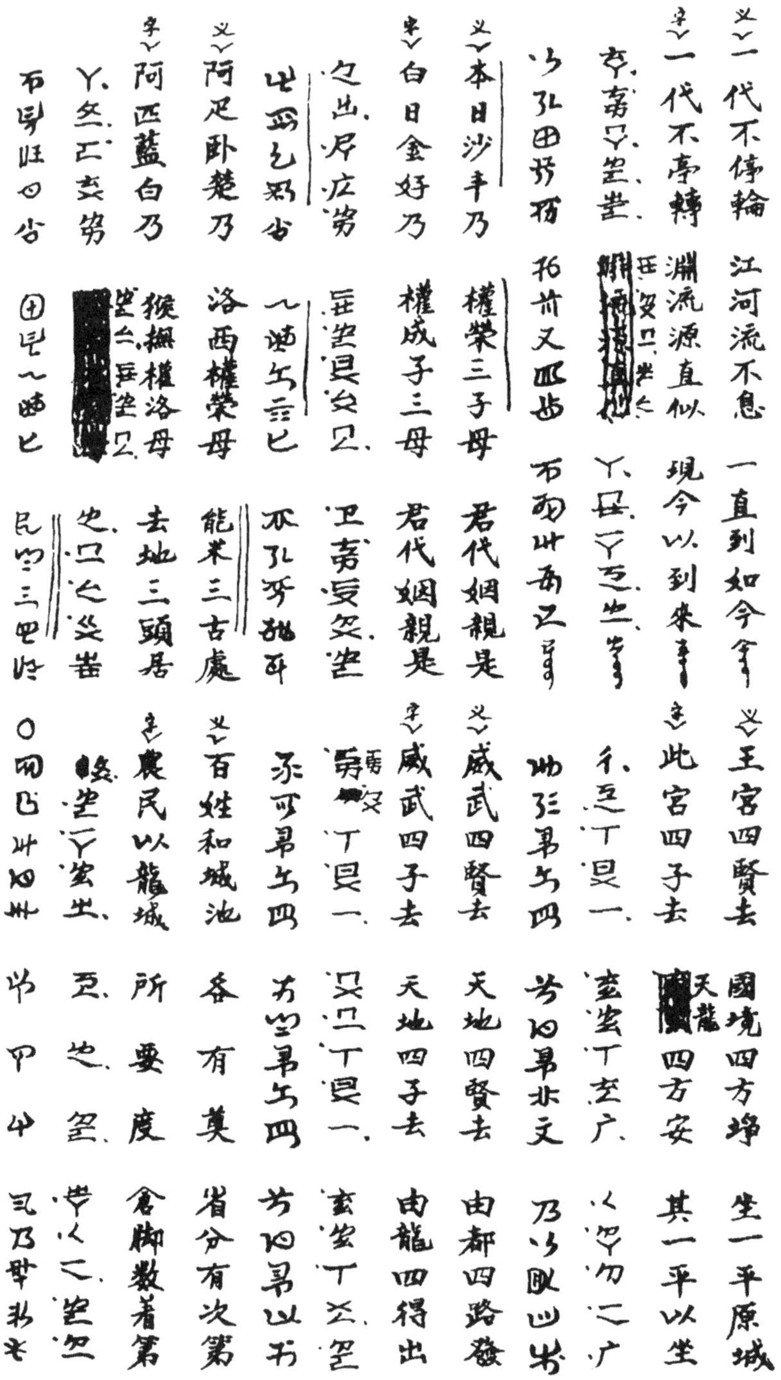

一代不停輪 江河流不息 一直到如今 王宮四賢去 國境四方埠 坐一平原城

一代不亭轉 淵流源直似 現今以到來 此宮四子去 天龍四方安 其一平以坐

本日沙丰乃 權榮三子母 君代烟親是 威武四賢去 天地四賢去 由都四路發

白日金好乃 權成子三母 君代烟親是 威武四子去 天地四子去 由龍四得出

阿足卧楚乃 洛西權榮母 能米三古處 百姓和城池 各有莫 省分有次第

阿匹藍白乃 猴㧗權洛母 去地三頭居 農民以龍城 所要度 倉脚數着第

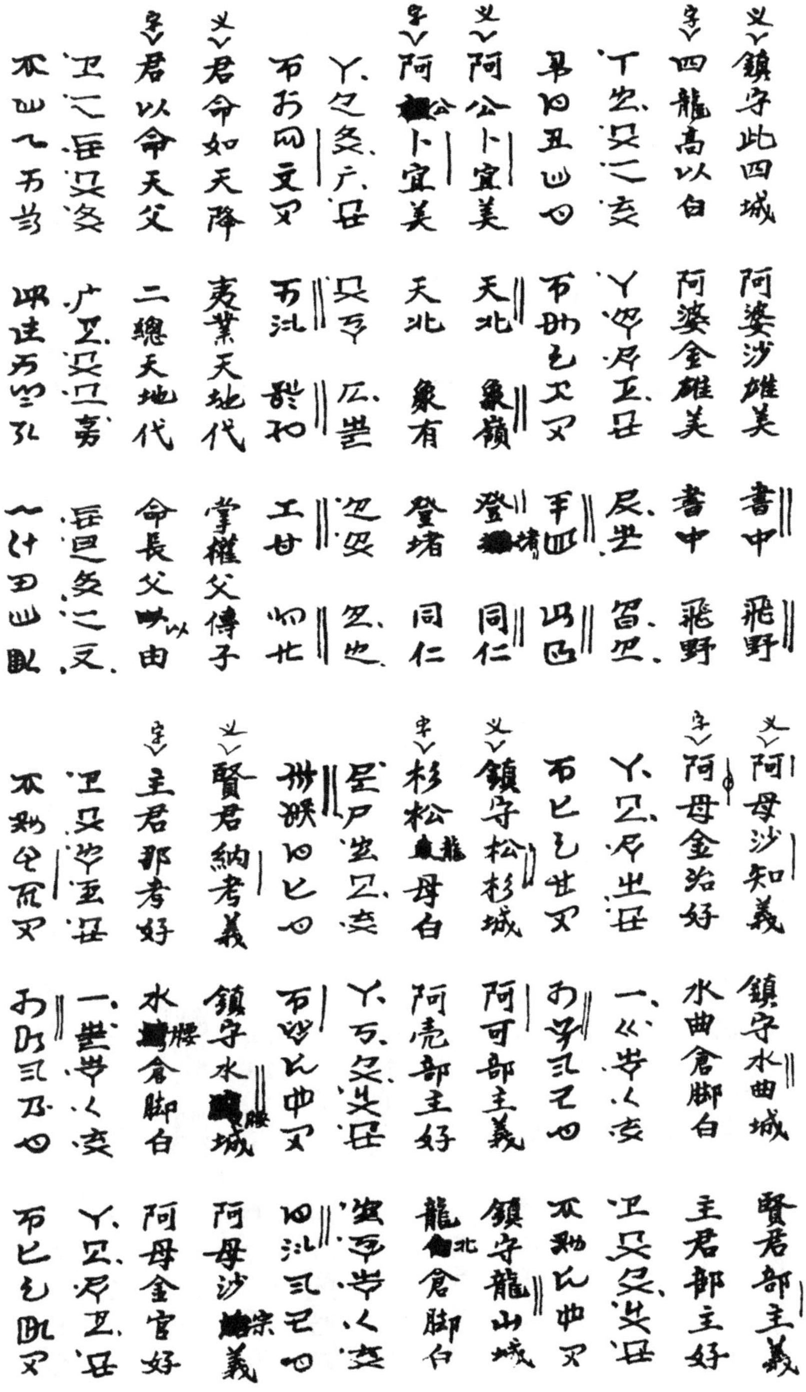

义 鎮守此四城 阿婆沙雄美 書中飛野
字 四龍高以白 阿婆金雄美 書中飛野
义 阿公卜宜美 天北象嶺 登堵同仁
字 阿公卜宜美 天北象有 登堵同仁
义 君命如天降 麦業天地代 掌權父傳子
字 君以命天父 二總天地代 命長父以由

义 阿母沙知義 鎮守水曲城 賢君部主義
字 阿母金治好 水曲倉脚白 主君部主好
义 鎮守松杉城 阿可部主義 鎮守龍山城
字 杉松龍母白 阿壳部主好 龍北倉脚白
义 賢君納考義 鎮守水腰城 阿母沙宗義
字 主君那考好 水腰倉脚白 阿母金官好

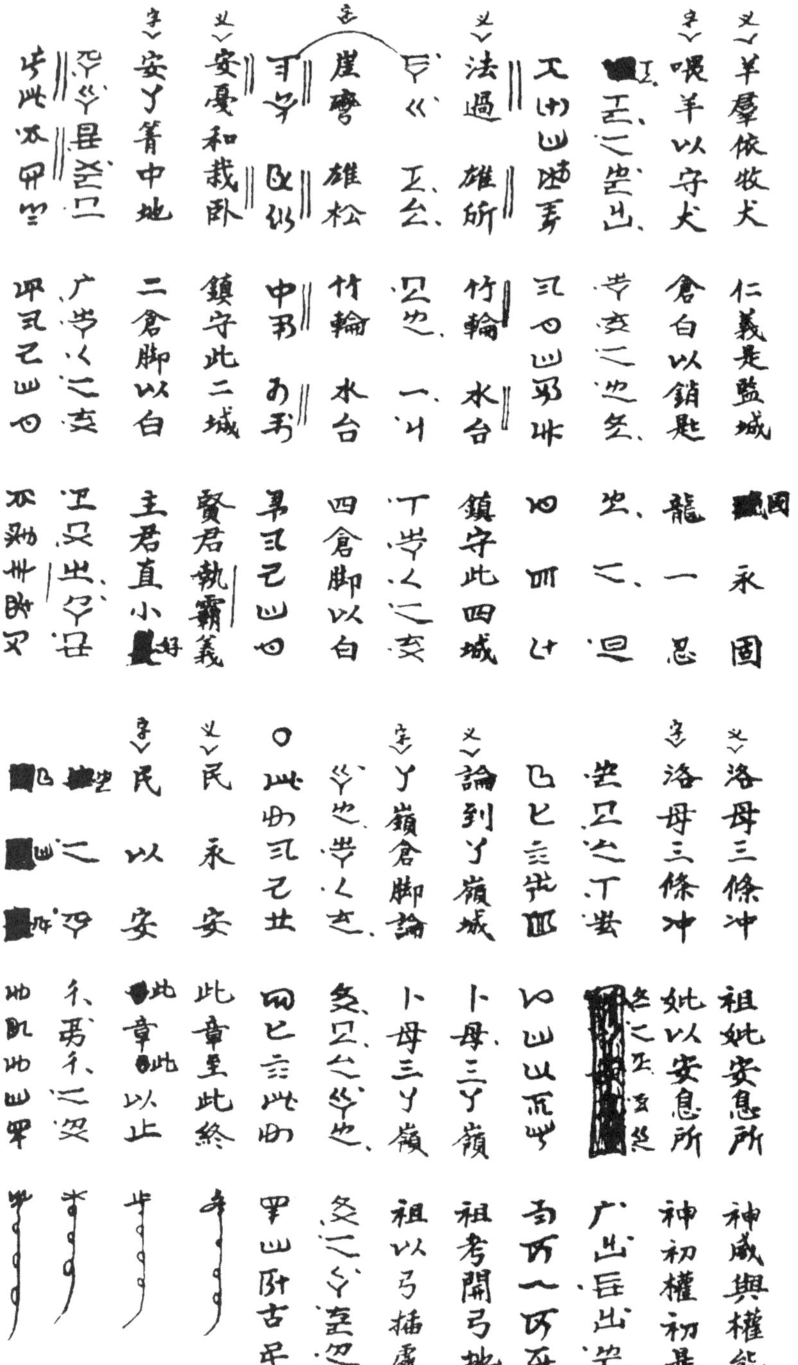

羊羣依牧犬 仁義是監城 [redacted]國 永 固

喂羊以守犬 倉白以銷匙 龍 一 忌

法過 雄所 竹輪 水台 鎮守此四城

崖彎 雄松 竹輪 水台 四倉脚以白

安憂和栽臥 鎮守此二城 賢君執霸義

安了箐中地 二倉脚以白 主君直小[redacted]好

洛母三條冲 祖妣安息所 神威興權能

洛母三條冲 妣以安息所 神初權初是

論到了嶺城 卜母三了嶺 祖考開弓地

了嶺倉脚論 卜母三了嶺 祖以弓插處

民 永 安 此章至此終

民 以 安 此章此以止

义 寮機平道闌 阿位盤透。 貨財宜分。

字 插蜂野人是 阿花錦棘。 南扎牛怔。

[redacted]

[redacted]

义 高城 榮座 水繞 曲旋 漬以阿怯女

字 [redacted]龍馬 寶座 水以 古葉 漬以阿怯妹

义 他在此特章 做義人 仙怪能靈生

字 他在先以上 人好做 仙妖龍躍生

义 問義方安奠 歸宗阿普世 仁權義律清

字 問義莫得呢 喜作阿祖世 權與美儀栈

义 母東 省示 阿宗盤王。 阿可 阿布

字 母同 省示 阿官盤賣。 阿壳 阿南

义 意 王 安 崩朋 匾宜 考洛 龍母

字 一 美 好 白朋 取二 考勾 龍馬

义 清白[redacted]國母 君族出命示 阿朵南使。

字 洗白 國馬 君種出分示 阿多南使。

[illegible]

[illegible]

义 腰束珠銀帶 紅璽金字本 三公宣御文

字 腰拴光青道 象紅金手本 三大面以抱

[illegible]

[redacted] [illegible]

义 那旋 龍母 得見金容面 頭頂 金冠

字 那詩 龍馬 金章摧面見 頭頂 金盔

[illegible]

[illegible]

义 丫安城内照 龍母坐寶座 阿轉朵宜是

字 丫安倉脚照 龍馬坐上位 阿富多儀執

[redacted] [illegible]

[illegible]

义 意安各民是 [illegible]

字 意好各要是 [illegible]

[illegible]

[illegible]

义 阿作 一由 丫嶺城中照 龍母坐寶座

字 阿作 一由 丫嶺倉脚照 龍母坐上位

[redacted] [illegible]

[illegible]

义總管龍山地　龍母坐寶座　古以論義乃
字龍山倉脚照　龍母坐寶座　古以論義乃
坐亨学人去　坐又出玉广　沙乙之广第
○四泣孔巳非　丙以丙丙文　以凹卧叩谷
义建四忠義者　鎮守安了城　公侯子南是了
字四家人是矣　安了倉脚照　木撮家好是了
丅一攵卮丫　卬乡学人去　又玉一么卮了
畀訃小批以　兮此孔巳非　丑丙訃以批了
义天南四路得　筆點　明龍　攫在　攫古
字天南四路遊　必點　天龍　衛花　衛古
又呈丅史徙　凵岔　凵忽　山昜　山炎
丙甲畀会冠　先丅一丁丙　甲茁　甲以

义義定子良○　鎮守龍山　公侯子南是了
字義定子連　龍山地方○　木撮家好是了
广岔貝岔○　坐亨凵卮○　又玉一么卮了
丙乃工兰○　四泣凹平○　丑丙訃以批了
义卜雄　必典　路得主君是　阿可　阿畢
字卜找　必疊　路得主君是　阿亮　阿比
灸尼　凵吕　炎加卫又卮　丫丂　丫凵
四以　先乃　会冠不那批　丙凹　丙了
义阿常阿道是　住馬住兵○　經綸　水凝
字阿常阿道是　馬住　兵住　紫紅　水二
丫学丫岔卮　又广　卬广　丞也　一广
丙开丙四批　乃文　世文　中廿　丙吅

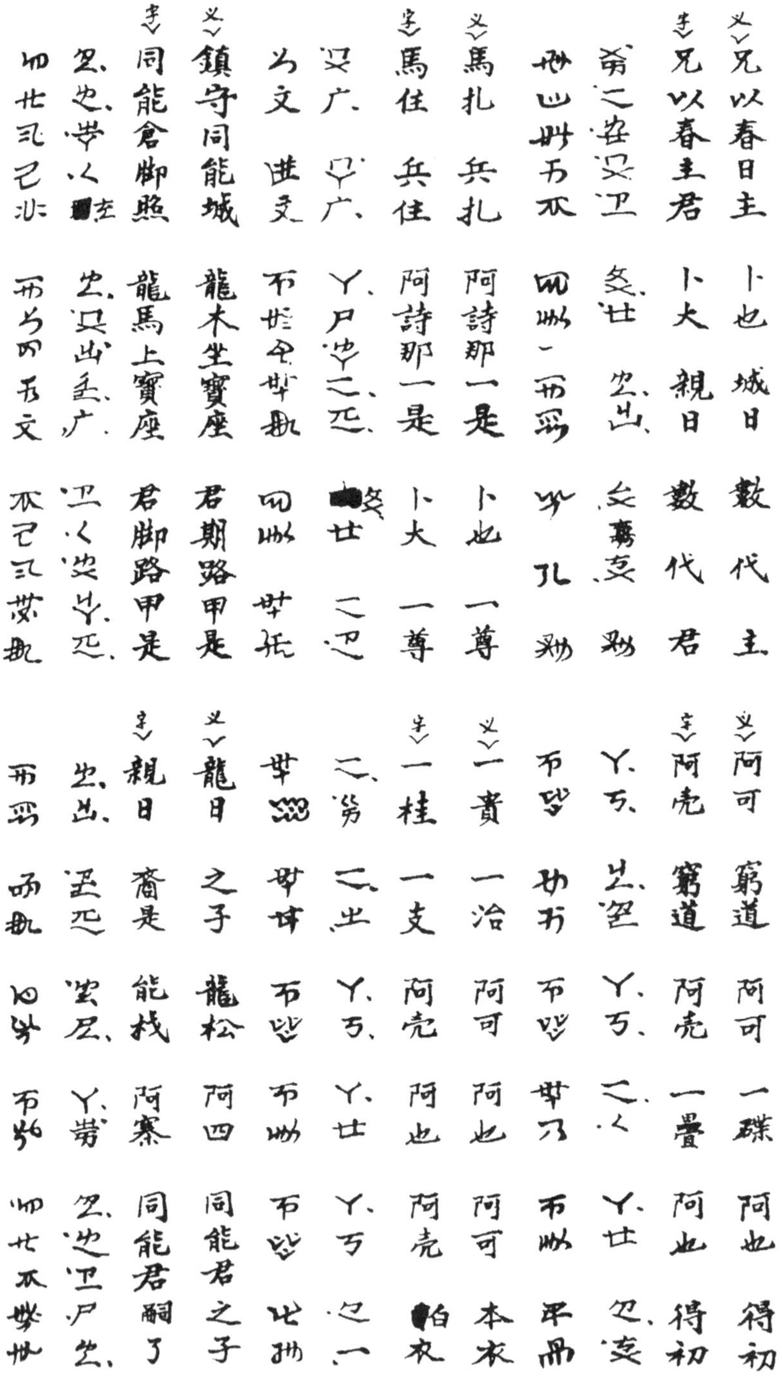
义 兄以春日主 卜也 城日 數 代 主
音 兄以春主君 卜大 親日 數 代 君
义 馬扎 兵扎 阿詩那一是 卜也 一尊
音 馬住 兵住 阿詩那一是 卜大 一尊
义 鎮守同能城 龍木坐寶座 君期路甲是
音 同能倉腳照 龍馬上寶座 君腳路甲是

义 阿可 窮道 阿可 一碟 阿也 得初
音 阿壳 窮道 阿壳 一疊 阿也 得初
义 一責 一洽 阿可 阿也 阿可 本衣
音 一桂 一支 阿壳 阿也 阿壳 白衣
义 龍日 之子 龍松 阿四 同能君之子
音 親日 齋是 能栈 阿寨 同能君嗣了

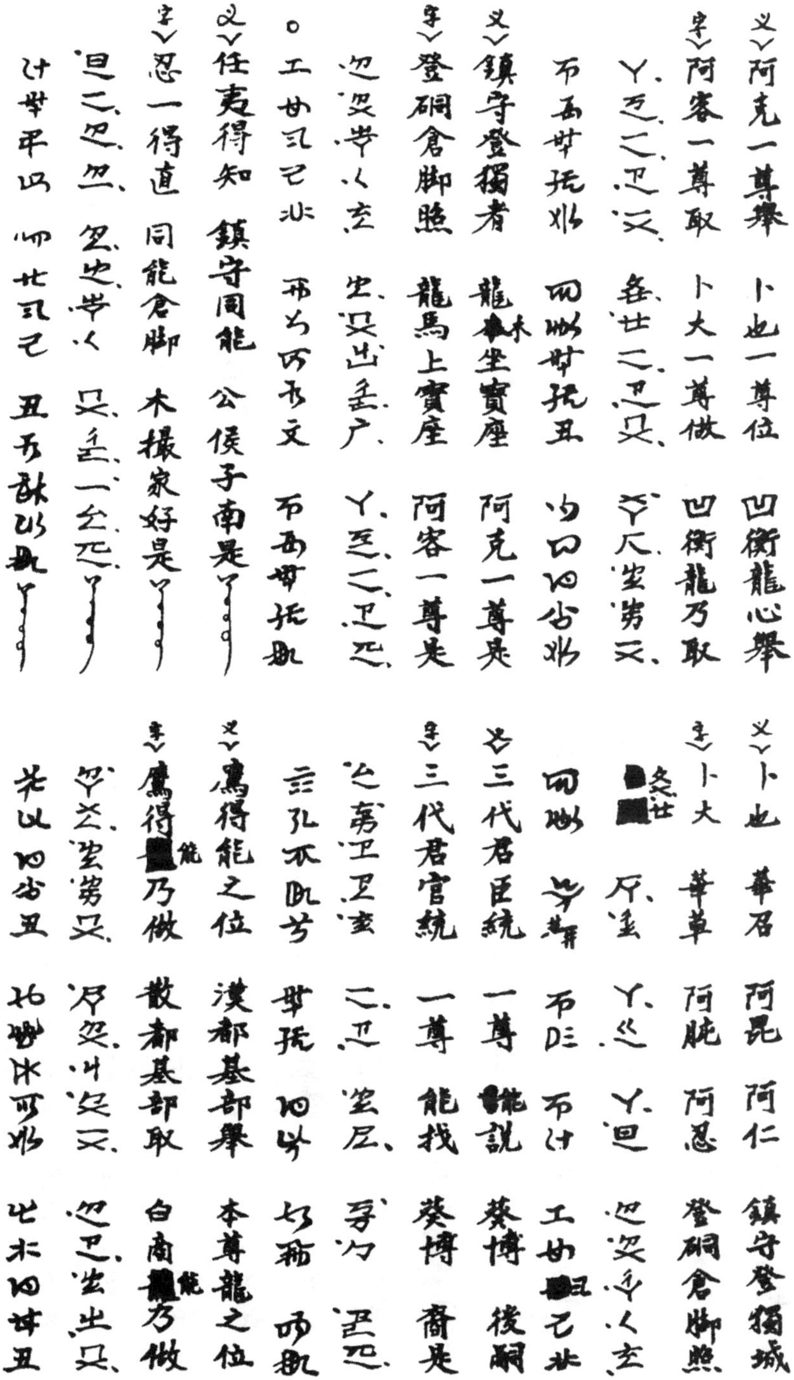

义阿武命之裔 古田 二家 卜也 寂松
字阿武地根是 古去 二水 卜大 萬松
丫、乂、口、罡、卍、 癸、笵 广、一、 癸、廿 四、层
不同罒而亂 卅邑 坪あ 田歇 又署
义龍木生寶座 龍蛇 二家 漬在 單道
字龍馬上寶座 龍蛇 二水 漬斑 輪道
出只[redacted]出孟、广、 宏尽 广、一、 癸、男 几、罡、
币以丙书文 四乞 坪あ 毗並 先田
义公侯子男是 鎮[redacted]守榮安者
字木撮家好是 榮好倉腳照
只、孟、一、么、卍、 [redacted]瓜么岦く玄
丑书詠訟亂 〇臥幼孔己北

义鎮守水中者 能木生寶座 阿木一尊是
字水腰倉腳照 能馬上寶座 阿木水濱是
一、岦、岦く玄 宏只出孟、广、 丫、只、一、卍、卍、
〇あ臥孔己北 四以丙书文 不丑あ世亂
义能松 一慕 鎮守榮安城 公侯子男是
字能找 一末 榮好倉腳照 木撮家好是
宏层、 之冂 工、么、岦く玄 只、孟、一、么、卍、
四以 毋三 臥幼[redacted]己北 丑书詠訟亂
义能松 阿虎 能松 阿吉 能松 路盤
字能找 阿虎 能找 阿吉 能找 路盤
宏层、 丫、匚 宏层、 丫、叶 宏层、 岀各、
四以 币乇 四以 币冰 四以 而甘

义 卜直那考位 卜宜 阿擢 能捕 能會

字 卜直南靠做 卜宜 阿秋 能遇 能白

[illegible]

[illegible]

义 鷹雛 阿武 受一華美座 米末那考舉

字 鷹兒 阿武 秋坐一先受 地覆南靠取

[illegible]

[illegible]

义 濆在 癸博 一貴 乃靈 能松 蘇紅

字 濆斑 癸博 水桂 乃來 能[redacted]栈 蘇紅

[illegible]

[illegible]

义 阿木白奢是 能松 水作 能在 部母

字 阿高白設是 能[redacted]栈 水立 能再 部馬

[illegible]

[illegible]

义 鎮守箐中者 龍木坐寶座 遊巡 國境

字 箐中倉脚照 龍馬上寶座 進守 國馬

[illegible]

[illegible]

义 一主 柏松 鎮守水中城 公侯子男是

字 一梅 松白 水腰倉脚照 木撮家好是

[illegible] [redacted] [illegible]

[illegible]

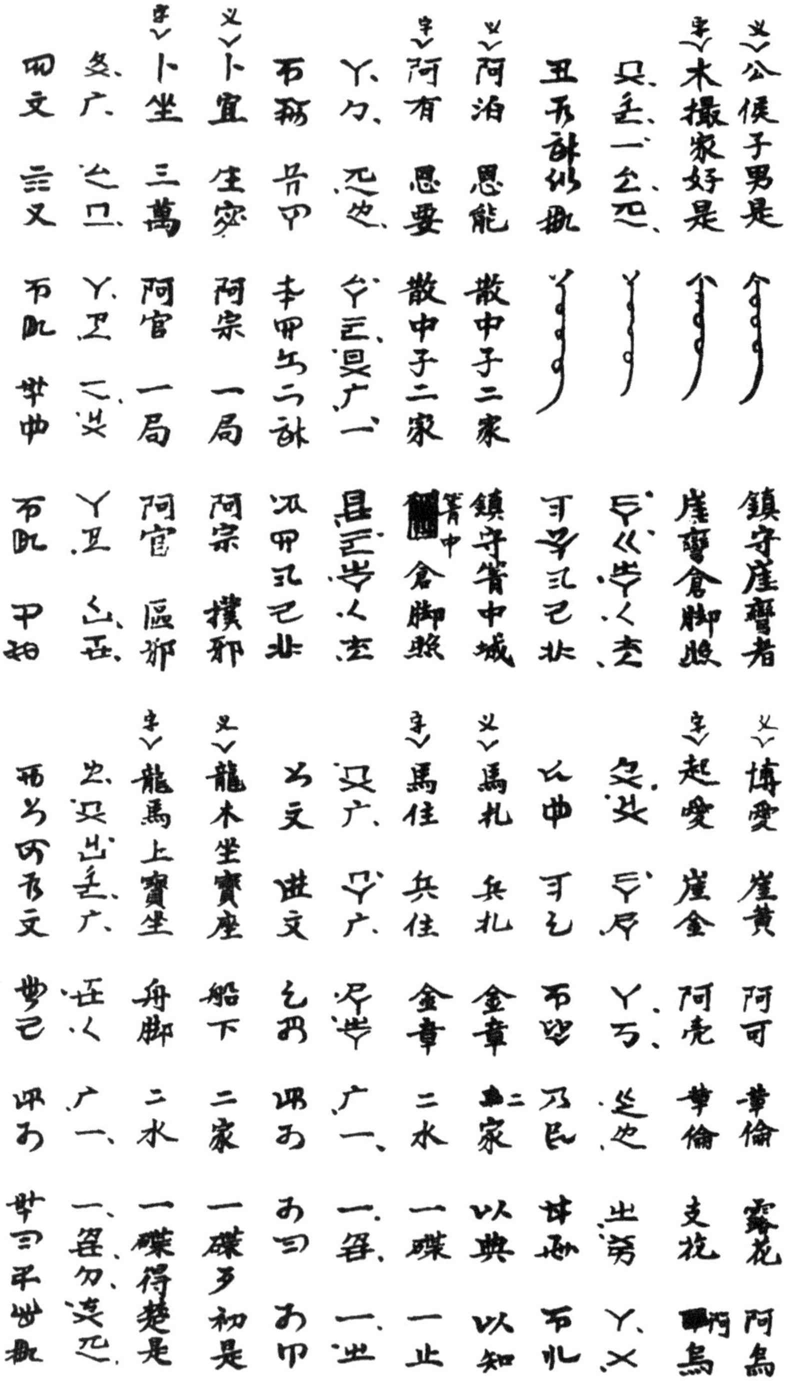
公侯子男是
木撮家好是
阿泊 恩能 散中子二家
阿有 恩要 散中子二家
卜宜 生突 阿宗 一局
卜坐 三萬 阿官 一局
鎮守崖齊者
崖齊倉脚股
鎮守甯中城
倉脚點
阿宗 撲邪
阿官 區邪
博愛 崖黄 阿可 黄倫 露花 阿鳥
起愛 崖金 阿虎 黄倫 支花 鳥
馬扎 兵扎 金章 二家 以典 以知
馬住 兵住 金章 二水 一碟 一止
龍木坐寶座 船下 二家 一碟多初是
龍馬上寶坐 舟脚 二水 一碟得楚是

阿畬 得爲 藍衣 之畬 一城 一尊
阿一 得爲 賓藍 畬是 水城 水濱
丫夲、 乜、二、 亖、广、 [redacted] 一、亏、一、乜口
丆以 平芈 而文 吵乱 丆仰 丆世
夾長 本花 憂木登能是 知朋 義一
一長 白花 丁木寬要是 知開 二水
二、芈、 乜癸 父只、勿也乜、 出冬、 广丆、
芈开 七以 此丑曰罗乱 芈咪 平丆
阿欣 之畬 得埁 一尊 二家此處居
阿訓 畬是 得埁 水濱 二家瀆坐脚
丫、厂 丟乙、 乜丆 一、乜 广一癸、广、く
丆山 吵乱 平汢 丆世 平斛世文乙

君義和臣義 癸義北山出 龍木坐寶座
君好和臣好 司好天北生 龍馬上寶座
乜丑丫只丑 乜丑只亏乍 出、只出壬、广、
丆又卅㔾又 七又丆汢助 丙女丙乔文
首先通阿常 北山民之耀 北山庶之榮
先以天阿常 民耀天北高 民榮天北大
出二亖丫芈、 癸互只亏只、 尘工只亏壬
丙山芳丆开 冈元丆汢丑 巳臥丆汢以
二慶家是 鎮守崖角城 公侯子男是
二家是 崖彎白基照、 本撮家好是
广一乜 亏巛亥川亥 只壬、一、土、乜
平斛乱 丁孑日犭非 丑乔斛糺乱

义 壽宜 阿怯 燹博 古歸 羅朋 一華

字 素青 阿線 燹博 古回 庶朋 一華

女广、 丫、生、 㕯、勹 癶乚 㞢夂、 二𠂆、

𠙴卅 丆丬 乜𠂢 𠂤丂 巳叶 𡗗歹

义 責左 能洛 阿常阿武是 龍杜 二家

字 責生 去洛 阿常阿武是 龍扶 二水

另丑 乜峀 丫、𠂔丫、乂、乜、 乜、癸 广一、

扒丹 巳氺 丆开丆㔾 丆罒 𠙴丂

义 楚能 二家 阿連 阿[redacted]處 馬扎 兵扎

字 楚紅 二水 阿寬與阿富 馬住 兵住

𧘇乜、 广一、 丫、乇、𠄌丫、匸 㕛广、 𠂤广、

𡗗乜 𠙴丂 丆丂巴丆乜 丂文 世文

义 一碟 得岂 得岂 查那 君期 非兄

字 一碟 得宴 得宴 查那 君脚 萬榮

二、辝、 乜、亘、 乜、亘、 𡗗、𠂔 卫乀 二丁

世言 平仫 平仫 丂乇 丆乃 𠂔队

义 末武 憂拉 同余 二家 阿武 阿帝

字 見武 丫南 同長 二水 阿武 阿帝

[redacted]乂 𠂔𠂔 乜、佢 广一、 丫、乂 丫、乜、

𡗗同 此乇 彐[illegible] 𠙴丂 丆同 丆匕

义 畢部 二家 阿欣 阿太 帕亞 更得

字 輪起 二水 阿欣 阿太 小雅 歸處

乙、㕛 广一、 丫、丅 丫、旁 𠂔丆 𠃊乜

[illegible] 𠙴丂 丆[illegible] 丆[illegible] 附卅 丆平

錯者字 字) 電 阿 取 天北倉脚照 木撒家好是
此行 义) 電 阿 攖 鎮守天北城 公侯子男是
罡 丫、出、[redacted]只 亙乎安く玄 [redacted]只 乇、一 么、乜、
[redacted]邢 币 ⺊ 万 汢 [redacted]ヨ 己 壮 丑 夯 酎 弘 秖
义) 任夷 一詩 電 阿 祖 電 阿 示
字) 任一 一詩 電 阿 補 電 阿 示
旦之、一、尸 罡 丫、癸 罡 丫、尸
廾芈 丙垈 邢 币 罕 邢 币 嬰
义) 智能 一主 阿可 部俄 部衣 白基
字) 知紅 水愛 阿尭 起得 起[redacted]衣 白基
出也、一、光 丫、万、癸、乏、癸、一 夂、ㄐ
坩壮 丙中 币巡 以以 以孙 廿水

义) 白宜 二家 君期那吉是 一立 一信
字) 山青 二水 君脚那記是 一来 一分
夂、广、广一、卫く屮ㄐ乜、二、虫、二、三
州卅 坪丙 不乃乇欧秖 芈辶 芈氺
义) 白書 更憂 洛南蓋左是 馬扎 兵扎
字) 山間 九丫 龍南扇左是 馬住 兵住
夂辰 巡卝 岂、屮、巡罡乜 只广、只广、
州手 炏此 币乇乃走秖 芍文 曲文
义) 鎮守象城者 箐一 鉄命 龍木坐寶座
字) 象在倉脚照 箐一 鉄戋 龍馬上寶座
瓜、岜、学く玄 昱之、尺、巛 岂、只出乇广、
舐和ヨ己壮 沵皿 无氿 丸币芍[redacted]ワ夭文

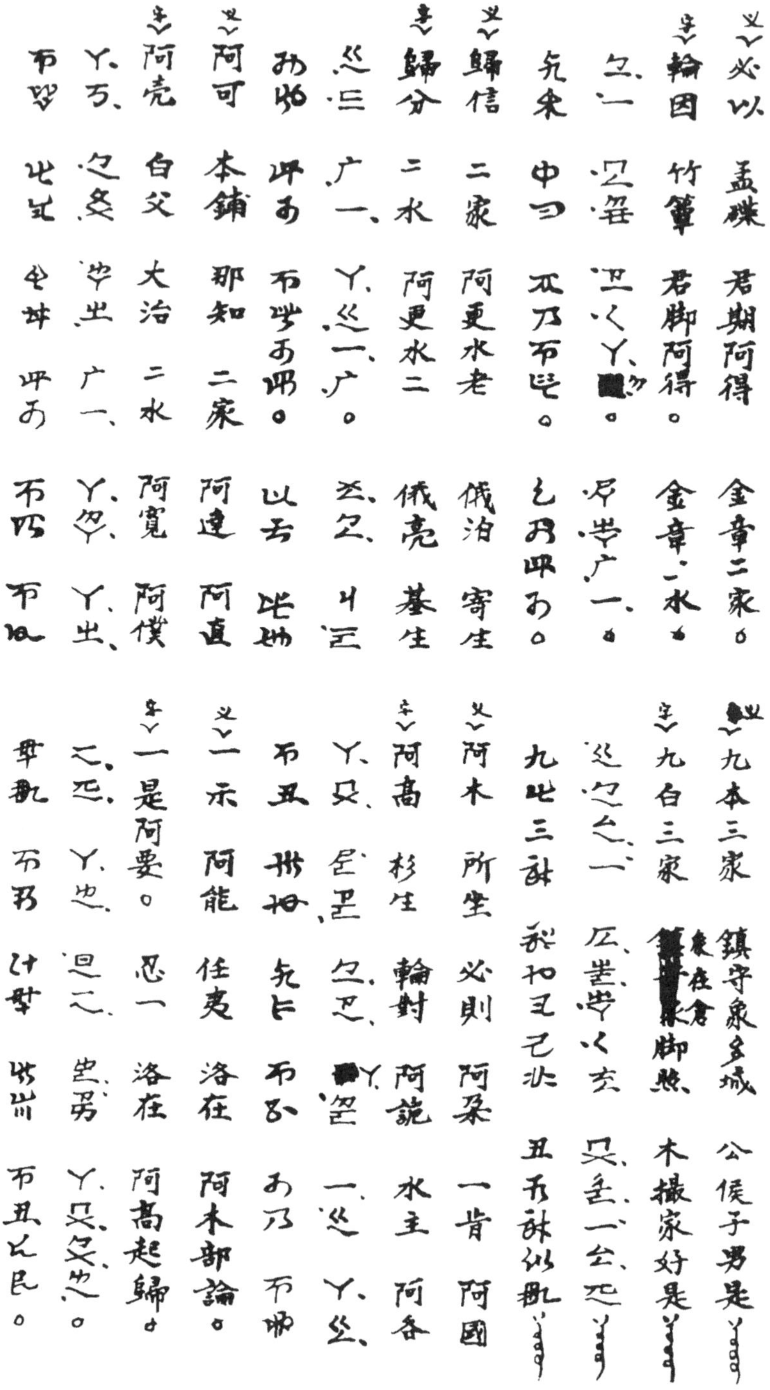
必以 孟磔 君期阿得
輪因 竹篳 君脚阿得。
歸信 二家 阿更水老
歸分 二水 阿更水二
阿可 本鋪 那知 二家
阿亮 白父 大治 二水

金章二家。
金章一水。
俄泊 寄生
俄亮 基生
阿達 阿直
阿寬 阿僕

九本三家 鎮守衆多城 公侯子男是
九白三家 [redacted]衆在倉脚照、 木撮家好是
阿木 所生 必則 阿朵 一背 阿國
阿高 杉生 輪封 阿詭 水主 阿各
一示 阿能 任吏 洛在 阿木部論。
一是阿要。 忍一 洛在 阿高起歸。

此四國之君 是一個祖宗。瑝汕大女是
這四國以咯 祖宗一人是。瑶汕女大是
千、丁丛乙丝 夂夂卞、丟丌。丕亖乜丟丝
艸串卯山卅 罕卬彡她釓。汪爷䒑㓜乍
阿當 主慕 任 主 慕 蒙部 主慕
阿當 君老 忍 君 老 竹部 君老
丫、廾、 卫只 旦 [illegible] 只 卫夂 卫只
丆开 爪㓜 廾 爪 㓜 中可 爪㓜
美祖母齊齊 得 副 是 得 主 慕
好父母齊齊 得 副 是 得 君 老
丑夂只亖亖 乜 尸 乜 乜 卫 只
仁田丂斈𠄞 平 去 釓 平 爪 㓜

武成六子母 三儀女三人
五城子六母 三青女三人
丕出旦全卫。乞、广乜乞亖
五卅工元乙。亣文䒑亣她
瀆慕俄之母 瑝汕三女是
瀆母俄母了 瑝汕女嬢是
夂只爻爻只丝 丟亖乜庁丝
㓜丆以乙回 洋爷䒑坩平
七天考亞居 阿普一松母
七天孔了居 阿祖一松母
丁只亙乎甾 丫、夂乙乞卫、
乜丆廾㓜吟 丆罕举㓜乚

瀆慕俄 三妻
瀆慕俄同居
夂只爻丝甾
㓜丆以彡吟
水淪源美居
水要源好居
一、乜ㄈ、丑甾
夕ㄗ又ㄈ吟
瑶汕女冬。
瑝汕女冬。
丟亖乜乭。
㛿爷䒑吻。

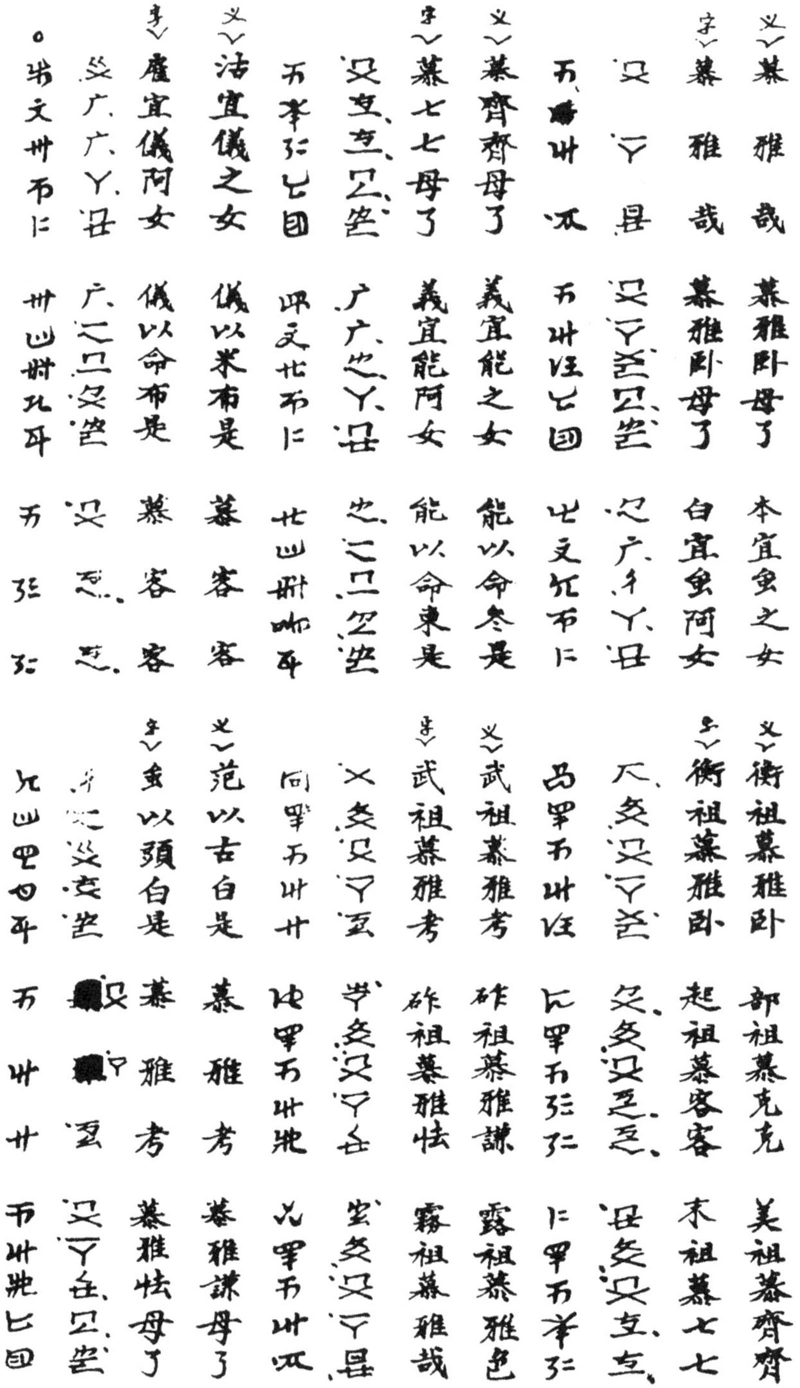
义 慕雅哉
慕雅卧母了
本宜鱼之女
字 慕雅哉
慕雅卧母了
白宜鱼阿女
义 慕齊齊母了
義宜能之女
能以命冬是
字 慕七七母了
義宜能阿女
能以命東是
义 活宜儀之女
儀以米布是
慕客客
字 麆宜儀阿女
儀以命布是
慕客客
义 衡祖慕雅卧
部祖慕克克
美祖慕齊齊
字 衡祖慕雅卧
起祖慕客客
末祖慕七七
义 武祖慕雅考
砟祖慕雅謀
露祖慕雅色
字 武祖慕雅考
砟祖慕雅怯
霧祖慕雅哉
义 范以古白是
慕雅考
慕雅謀母了
字 鱼以頭白是
慕雅考
慕雅怯母了

字式表

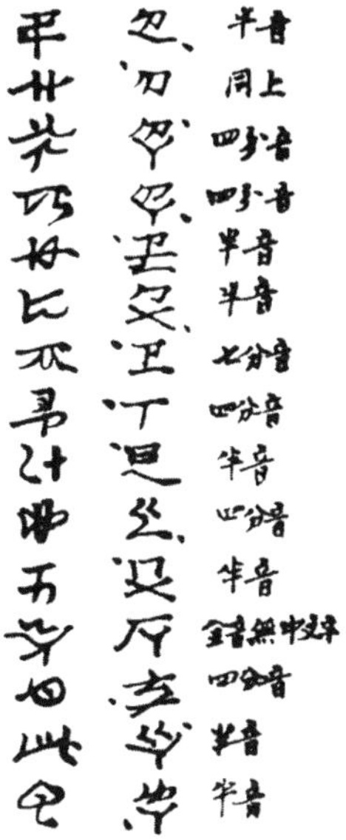

了內列有十五字的音表
或半音或七分音之字以代之看表式即知
此書內有字音々國音不能拼者揀有同類

表云

瀆母俄子孫　至此已終篇
瀆母俄子孫　說者此[redacted]是矣

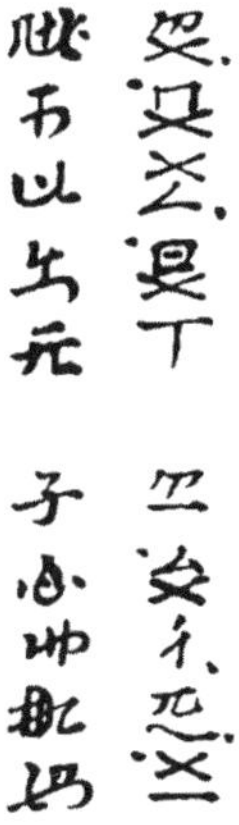

譯文表式

• 四行意義　講道地方字義各別
。三行譯字　人名地名二行相同
• 二行注音
。一行本文

掌

書中重音意接第四行義文讀去明若指
訛正者仍正照以上國音字讀就是了但
轉了祈閱者不要拘泥字音任其訛者仍
餘十四字不但國音不便即舌頭亦難拼
拼但無中文不過哈字找不着下平的音
這十五个字只有第十一字（[illegible]）國音能

献酒经

义✓銀　樹　高　金海潤而寬　銀樹花蓮蓮

字✓銀　樹　高　金海潤始歸　銀樹花朋朋

卖　丑、哭、仄仄哭、岔也　卖丑另冬、冬、

四　卯　丑　乙丑叩叱氏　四卯冊卅丌

义✓獻獻酒而獻　影裏顯神機　天地獻聲端

字✓獻獻酒獻阿　影裏知識開　天地獻以氣

仄仄出仄丫　勇乙岳出、公、　圭亡仄乏、哭

○叴丌廿叴卅　丌甲九叭云　芍女叴凶畏

獻酒感應　羅文筆記

神路獻酒　相多阿倫

广出出仄　广出丫、也、

马世廿叴　畏廿下哨

义✓祭酒從此與　昔日不獻酒　不獻酒之時

字✓酒成來他是　昔以獻不到　獻不成以時

出、出、出、乏、　尸乀仄又、岔　仄又仑、乀厶

廿子㠯习乳　廿凶叴田叱　叴田叹凶卌

义✓十穀降下凡　貴祿貴粒種　貴祿貴穀成

字✓母十貴種下　貴秧貴見到　貴秧貴見生

又、亡乏、乏乏圣、　乏出乏冂、岔　乏出乏冂、出、

匕呷乃耳乞　乃采及召叱　乃采乃召子

义✓金海浪洪洪　萬儀由此生　青稼花濃放

字✓金海胄橫橫　獻以根道生　青輪花濃開

尸仄、尸厶、厶、　仄乏乏岔也、　广、岂另岂、岔、

乙丑叱甲丌　叴凶九叱氏　卌叹西叱云

义 俯察於地理 四時又反常 寒暑不和候

字 眼舉地空看 四時又錯亂 冷候熱氣錯

[redacted] [illegible]

[illegible]

义 星宿也無光 黑暗暗 昏沉沉似然

字 星生斑不燦 烏道道 渾濁濁倣樣

[illegible]

[illegible]

义 仰以觀天象 榮日不顯光 明月多晦暗

字 眼舉天空看 光日晴不顯 夜月遊不明

[illegible]

[illegible]

义 果樹不結實 畝宅栽桑樹 桑壞蚕不絲

字 果生個不熟 畝以桑生了 桑生絲不厚

[illegible]

[illegible]

义 山腰被霧掩 岩石就渺茫 斜坡生果樹

字 平山要以中 石四霧來圍 平以果生了

[illegible]

[illegible]

义 夏望秋不成 高山雲籠罩 樹森且隱形

字 夏論秋不得 直山要以嶺 樹三霧來翁

[illegible]

[illegible]

义 園內花開候 花瓣兩不舒 皇宫寶座上
字 花園開瓣了 開包二手丫 皇宫和寶座
勇及勇乎岜 勇勺广屯尽 千之之冬准
安如匝此乎 匝世二屯如 卅弦所叩几
义 杉桐兩相欺 曠野綠原裏 茅草兩相束
字 杉桐二頭倚 青原更野了 草茅二末交
屋尸广■及巴 广只岜岜岜 广屯广岜勇
布孙斗罒岜 卅万九协乎 卅廿叩卜足
义 池裏魚不躍 水性不相宜 箐裏高低樹
字 池以魚養了 水也味不甦 箐大高低了
尺之丕丁岜 一广亚只冬 昌只室亏岜
吕屮五占乎 刁市队田卅 瓜丑芍收乎

义 教者口不便 學者心不明 女不知經緯
字 會做口不多 各做心不義 女出機不織
岁只乏只岜 岁只■只一 乜忽只■只芍
弄丑瓜田廿 吊丑卅田利 比収中田世
义 經典並祭儀 聖子不能分 阿能並阿然
字 經典祭儀了 聖子理不精 阿要阿邊了
尸宣岸只岜 之淂广只岳 丫乜丫岳岜
九川比丑乎 廿工马田则 布罒布彐乎
义 太子不能坐 官廳並官閣 世胄不能昇
字 君子吩不示 官廳官閣了 臣子命不行
卫迟昇只尸 乞一乞岳岜 只迟乏■只勇
瓜工乚田怅 乎兩乎彐乎 缈工米田刀

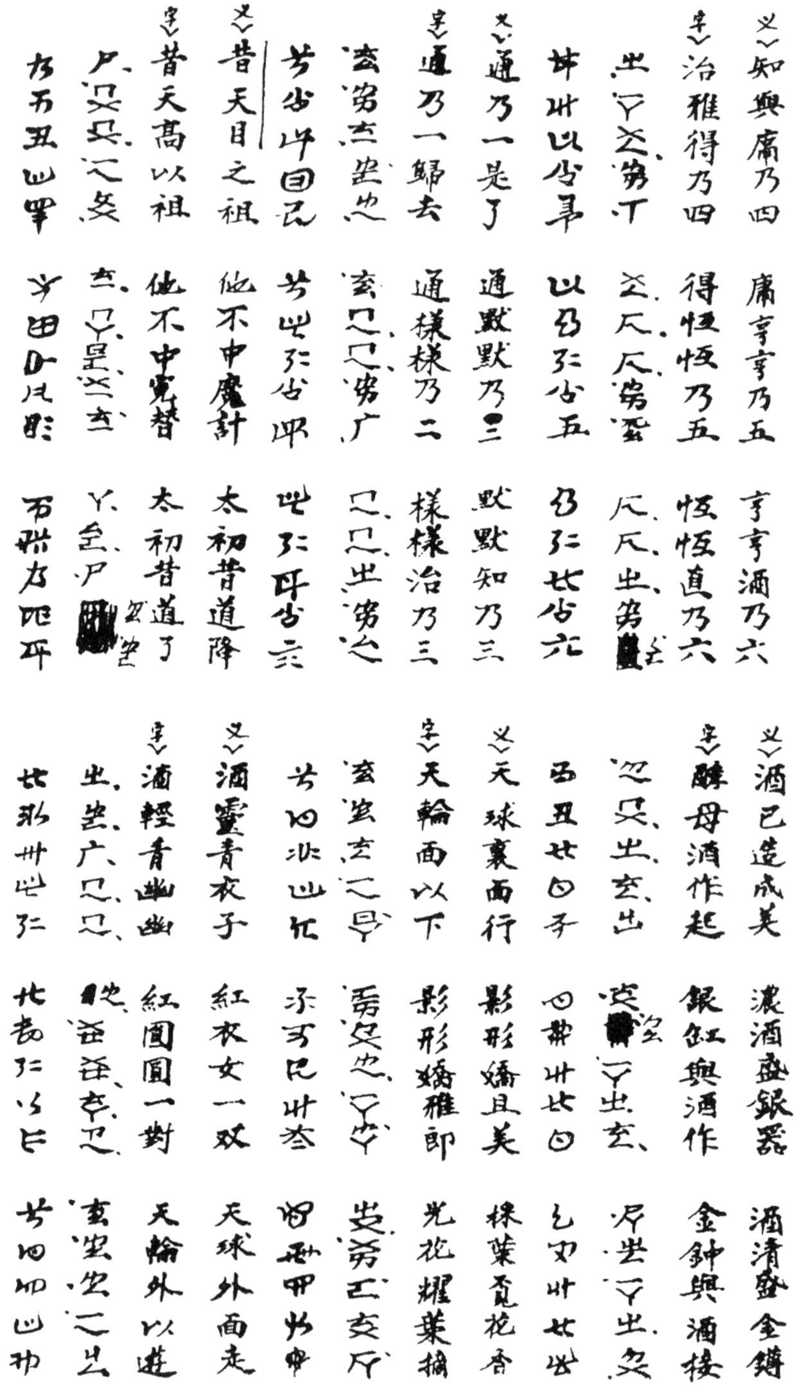

又 知與庸乃四 庸享享乃五 享享酒乃六

字 治稚得乃四 得恆恆乃五 恆恆直乃六

又 通乃一是了 通默默乃三 默默知乃三

字 通乃一歸去 通樣樣乃二 樣樣治乃三

又 昔天目之祖 他不中魔計 太初昔道降

字 昔天高以祖 他不中寬替 太初昔道了

又 酒已造成美 濃酒盛銀器 酒清盛金鑄

字 醉母酒作起 銀缸與酒作 金鍾與酒接

又 天球裹面行 影形嬌且美 株葉覔花香

字 天輪面以下 影形嬌雅郎 光花耀葉摘

又 酒靈青衣子 紅衣女一双 天球外面走

字 滷輕青幽幽 紅圓圓一對 天輪外以遊

义 献酒禍福機 現在酒儀備 聖手舉金鐏
字 酒献水是矣 現在献道来 献儀来得是
出尺一巴乂 丫丑尺岔岀 尺岔岀岦[illegible]岦
廿叵弟禾凡 石包叵叱乙 叵以乙以午
义 八大神臨言 八大神榮威 献禮重重備
字 八洞仙来唱 八洞仙永高 献以盈盈亮
尺孜旵岦岦 尺孜旵亨只 尺乙冬冬乙
几甘歹乙邳 入甘歹注丑 叵凶𠕇仁[illegible]方
义 舉爵献天神 十全帝臨言 十全帝永生
字 天城手以覺 十主君来唱 十主君壽長
玄岔屮乙铝 尺乂卫岦岊 尺乂卫旦㠯
岁旧叱凶个 十乃兀乙邳 十乃兀扔祁

义 秋夏二季同 火形高峯頂 梢霧散清明
字 秋成夏成合 犬彼要以頭 樹三霧照散
壬丑尸丑父 出乞乞之乂 另乙岜岔岩
毋比䛐廿衣 於妣了凶巴 了云㠯[illegible]
义 俯察於地裏 四時不反常 寒時熱氣順
字 眼轉地開看 四常不反常 寒時熱刻應
屮岦乞乂广 丁岔只文丫 禹东亡户一
㔾比廿冊岩 早十[illegible]田冂不 𣎴冂回兄此
义 舉目觀天象 榮日耀月明 星辰多輝煌
字 眼轉天國看 榮日皓月明 星出也燦爛
屮岦囗乂广 岦凶乙反岦 屮乂广冒㠯
㔾比巾冊岩 卯岡汪四古 止物岩並仁

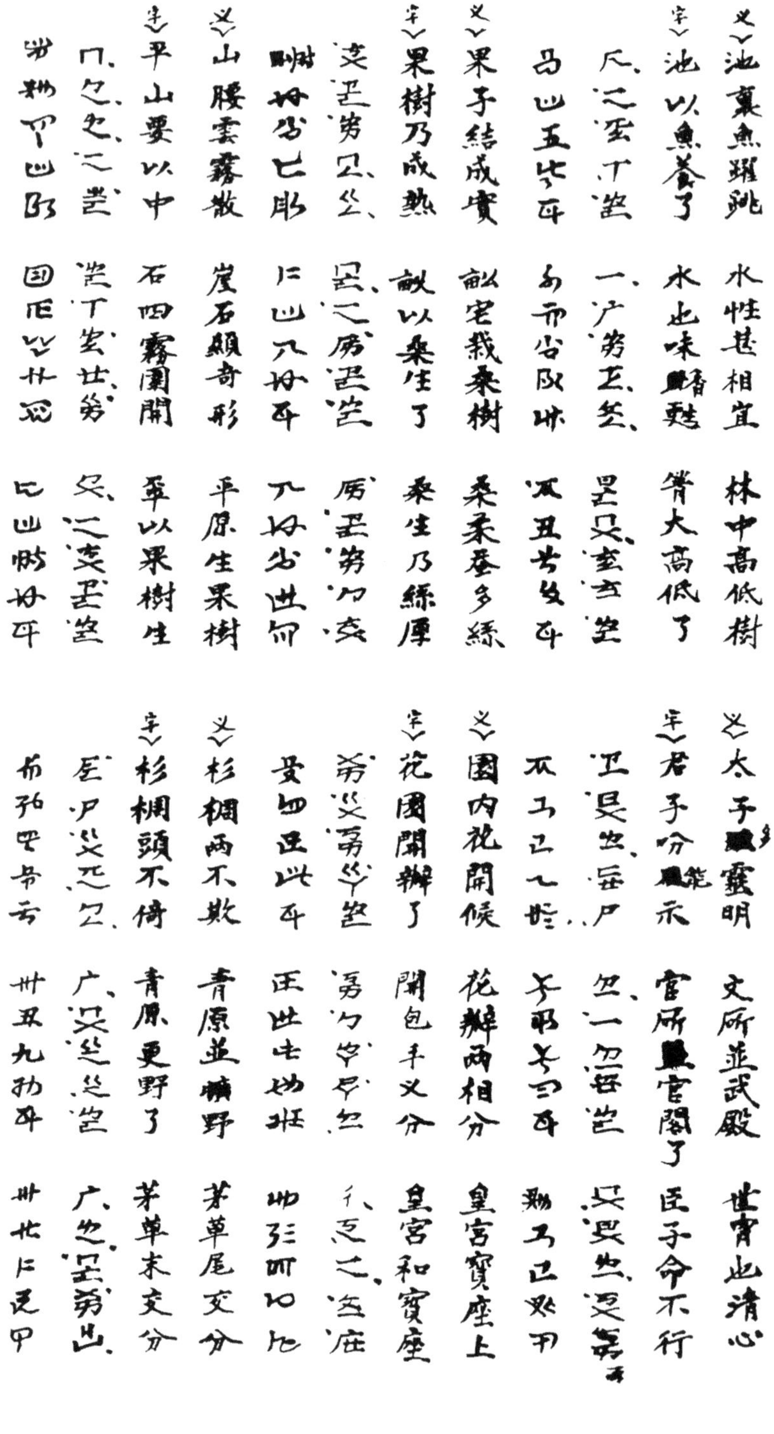

义〉池裏魚躍跳 水性甚相宜 林中高低樹

字〉池以魚養了 水也味鮮甜 皆大高低了

义〉果子結成實 園宅栽桑樹 桑柔蚕多絲

字〉果樹乃成熟 園以桑生了 桑生乃絲厚

义〉山腰雲霧散 崖石頗奇形 平原生果樹

字〉平山要以中 石四霧圍開 草以果樹生

义〉太子[redacted]多聰明 文所並武殿 世宵也清心

字〉君子分[redacted]能示 宮所[redacted]宮閣了 臣子命不行

义〉園內花開候 花瓣兩相分 皇宮寶座上

字〉花園開瓣了 開包手又分 皇宮和寶座

义〉杉桐兩不欺 青原並曠野 茅草尾交分

字〉杉桐頭不倚 青原更野了 茅草末交分

㐅男能辨是非 此因献酒成 成
字男子知顺逆 酒献因是矣
屮忽笋丂、勺 出、尺一、乜兰
世毋少卅廿 廿卯四丮马
㐅教者口能辨 学者心能明 女能知纬经
字会做口■也多 各做心■也义 女子机■也织
幺只笋乏乜 幺只笋厶一 乜忽笋只丫
尕丑少卩毋 尕丑少毗邪 尺毋少中进
㐅经典与祭仪 圣子密察清 阿能与阿点
字经典与祭仪 圣子理得精 阿能与阿莫
尸亥之岁只 乜与笋广岳 丫乜之丫岳
乃皿皿比丑 比工少言毗 丆曲皿丆曰

㐅花丛树以下 年月旧换新 月建分大小
字花浓茔以下 年月旧新换 天月大小分
㐅笋乜丑之兰 丂广■乜房岚 只厂廿庐兮
卅卯少山収 勺四丹岀古 丂田以但以
㐅青红由天美 影道由天来 本博根先知
字青红根源美 影导源中来 本博根先知
广乜巛三岳 勇玺巳三乜 乜忽巛岳男
卅廿乃卩仁 丞比卩甲辽 廿迁乃九卅
㐅太岁月神位 清酒莫尊前 阿初上古世
字岁神月神乃 酒献到是阿 阿初昔以世
丂岳厂岳笋 出尺乏厶丫 丫岳之之曰
●卯平四平少 廿卯丹毗卅 丆卅丞山初

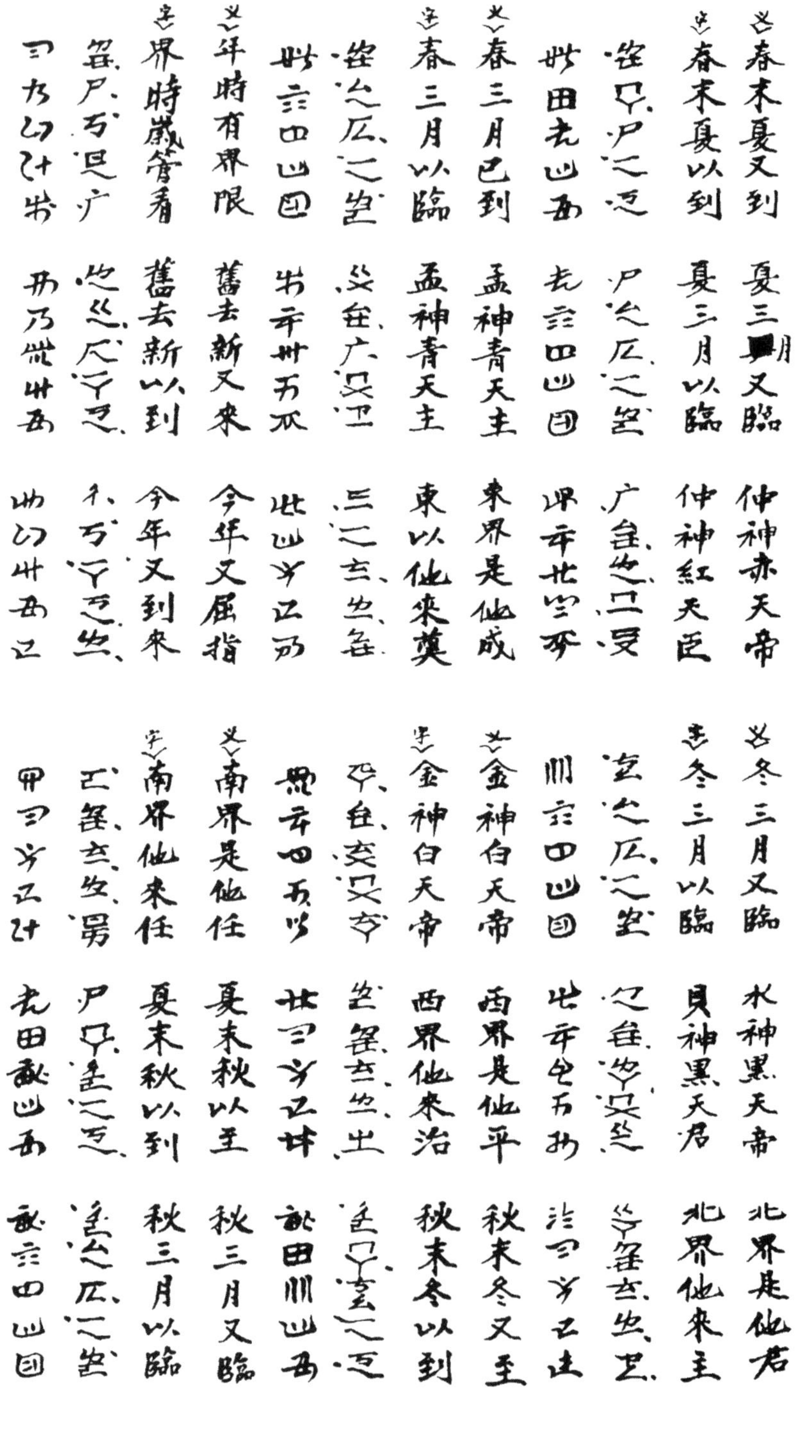

春末夏又到　夏三月又臨　仲神赤天帝

春末夏以到　夏三月以臨　仲神紅天臣

春三月巳到　孟神青天主　東界是仙成

春三月以臨　孟神青天主　東以仙來奠

年時有界限　舊去新又來　今年又屈指

界時歲篬看　舊去新以到　今年又到來

冬三月又臨　水神黑天帝　北界是仙君

冬三月以臨　貝神黑天君　北界仙來主

金神白天帝　西界是仙平　秋末冬又至

金神白天帝　西界仙來治　秋末冬以到

南界是仙任　夏末秋以至　秋三月又臨

南界仙來任　夏末秋以到　秋三月以臨

又 時刻不差移 年居是綱領 月建是分臣
字 時刻他來銜 年君來統領 月臣來分放
亥戸、去、㞢、尺 丂卫㞢、忽、㞢、 厂、只㞢、冬、旨、
卯兕匀卫𠂔 卩求卫彐旧 四䎽卫号卂
又 年界有次序 月界各有宮 晝夜不相混
字 年界他來掌 月界他來任 晝夜他來分
丂、罡、去、㞢、旦、 厂、罡、去、㞢、旦 广、尺去、㞢、孚
卩三匀卫𦍌 四三匀卫廿 元回匀卫㓜
又 一年四季和 四季官輪流 八節已分清
字 一年四季美 四季長以轉 八節候以分
卒、丂、丁、玺、罡 氵㚒畀之㞢、 尺、㞢、尺、之、乏
以卩昇只仁 昇只廿凶邓 入卅呂凶巾

又 靈臣天閣居 靈祭壇中獻 靈志志阿能
字 靈臣天官閣 靈祭天壇設 靈會會阿能
㞢只口冬、一 㞢夕口、尸、玄 笆𢆶、𢆶、丫、乜、
乙䎽卩卞邢 乙廿卩九川 乙勿孓丏𠙹
又 年後靈方到 清酒獻及他 靈君天宮坐
字 年後靈是乃 酒獻及其阿 靈君天皇宮
丂罡 㞢廻劣 㞢、尺、乏、亼、丫 㞢卫口、亣、乏
三〇 卩仁乙丮𠕁 廿回酉𦍌卅 乙求卩㓜孓
又 一年四季順 獻酒乃尊榮
字 一年四季好 獻酒是尊榮
卒、丂、丁、玺、罡 㞢、尺、㞢𢆶乏、
以卩昇只仁 廿回斗㞢以

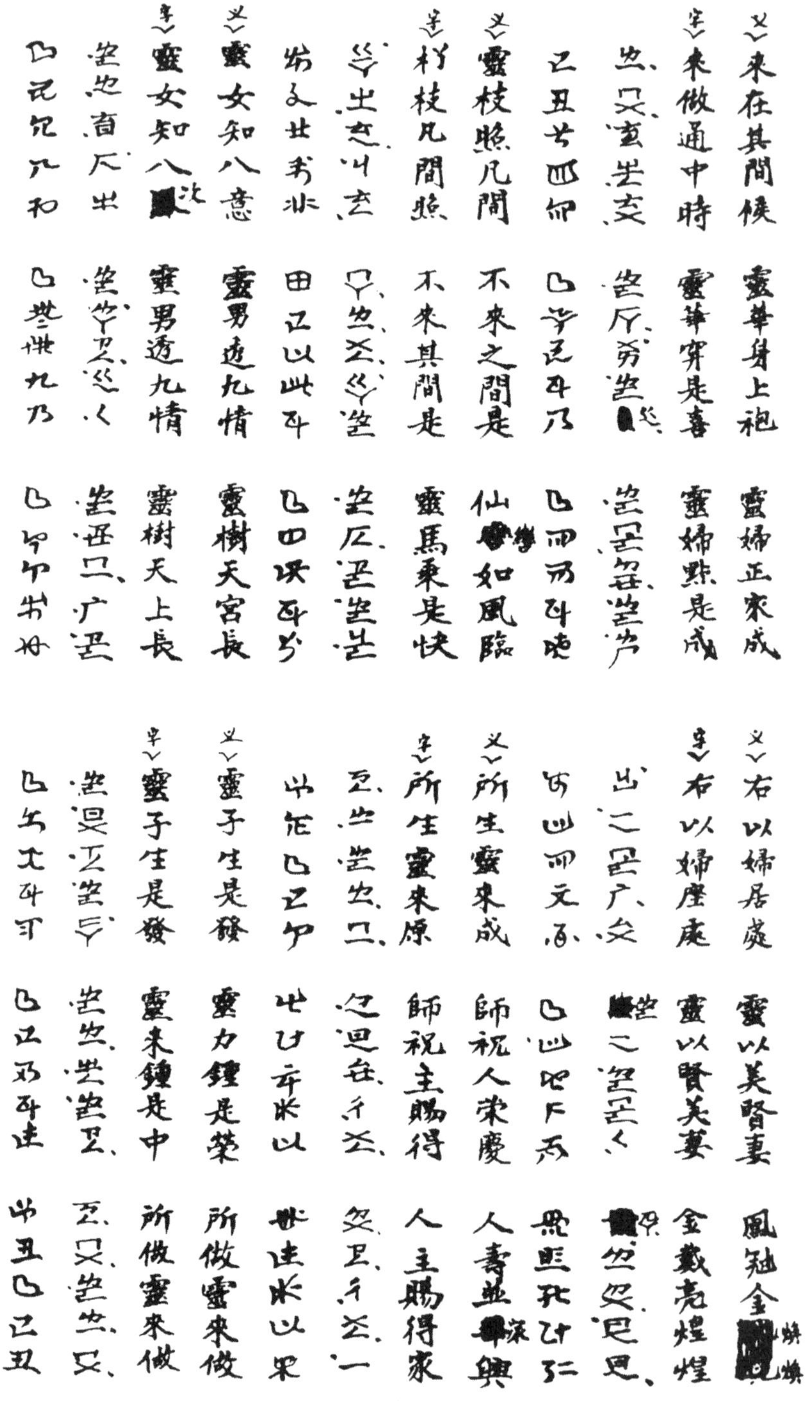

此牛好種田　父囿了　母慈歸那日

靈以真犂牛　父恩報　擇事了一日

鹿中有肥者　靈馬走如飛　欄内牛力大

鹿中馬壯者　靈以走快馬　欄内牛丑者

左室男居所　靈子尊父榮　衣黠真燦燦

左以男立處　靈以助手兒　華穿乃燦燦

獻酒在尊前

酒獻仙以到

靈來真是福慶耕臨主是祥　靈神古神降

靈來真是福　耕來主是長　靈神古神了

靈馬走如飛　靈華穿是榮　靈昇曜如日

靈馬乘是快　靈華穿是榮　靈昇晴是熱

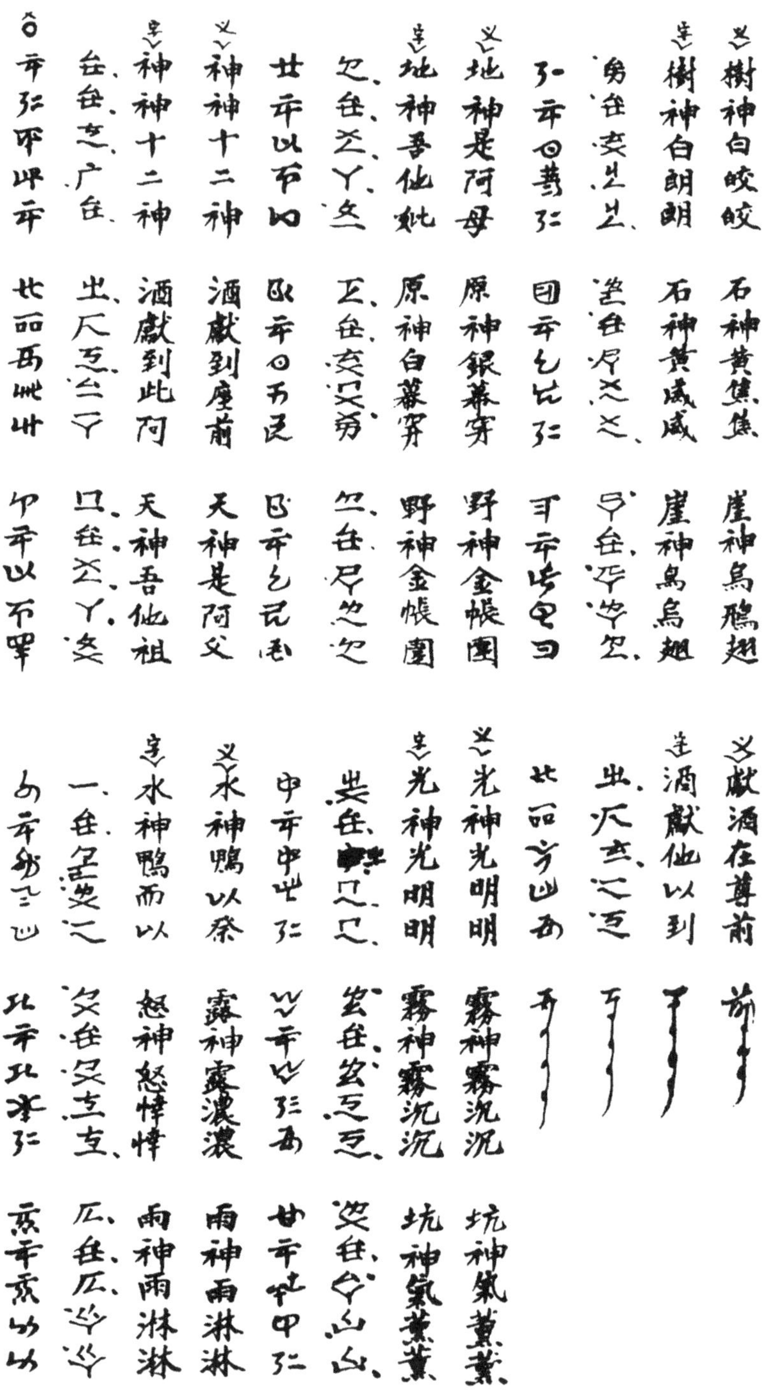
乂樹神白皎皎　石神黄焦焦　崖神烏鴉翅
主樹神白朗朗　石神黄感感　崖神烏翅
乂地神是阿母　原神銀蓀穿　野神金帳圍
主地神吾仙妣　原神白蓀穿　野神金帳圍
乂神神十二神　酒獻到座前　天神是阿父
主神神十二神　酒獻到此阿　天神吾仙祖
乂獻酒在尊前
主酒獻仙以到
乂光神光明明　霧神霧沉沉　坑神氣薰薰
主光神光明明　霧神霧沉沉　坑神氣薰薰
乂水神鵰以祭　露神露濃濃　雨神雨淋淋
主水神鵰而以　怒神怒悻悻　雨神雨淋淋

(白)星目星寥寥　雲目雲濃濃　風目風嫋嫋
(辛)星母星移移　雲母集雲集。　風母風嫋嫋
[illegible]
[illegible]
(白)地目廣無邊　日目日逆順　月目月盈虧
(辛)地母廣無極　日母日排輪　月母月明亮
[illegible]
[illegible]
(白)目目十二目　獻酒感激仙　天目玄空道
(辛)母母十二母　酒獻到此河　天母玄穹道
[illegible]
[illegible]

(白)天地人之舍　日月人之光　洪洪聲不住
(辛)天地人靠稱　日月人管轄　哼哼聲不敗
[illegible]
[illegible]
(白)樹目樹頭光　石目石堅硬　目目十二目
(辛)樹母樹頭光　石母石堅華　母母十二母
[illegible]
[illegible]
(白)雨目雨霖霖　山目山高聳　水目水清流
(辛)雨母雨霖霖　山母山雄巍　水母水清潔
[illegible]
[illegible]

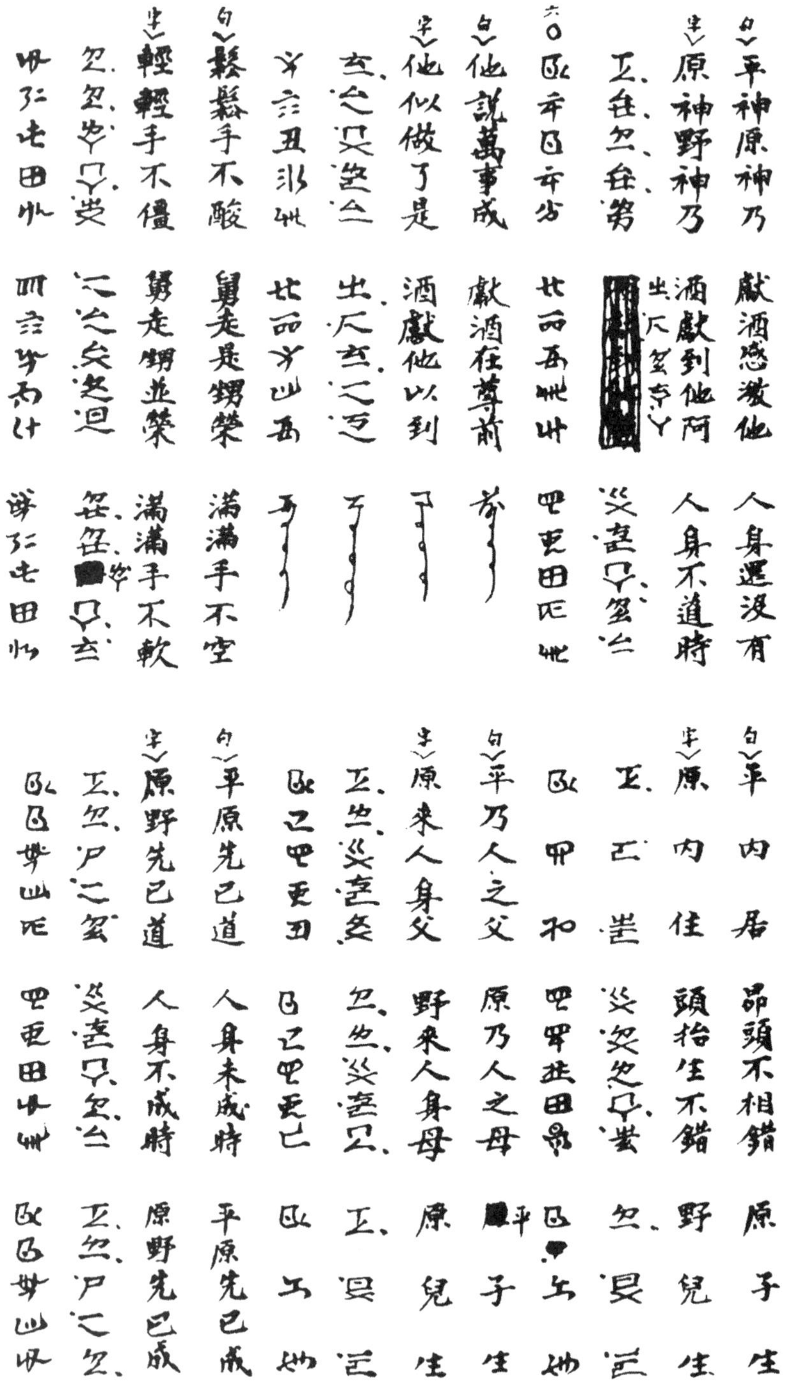

白 平神原神乃 獻酒感激他 人身還沒有

字 原神野神乃 酒獻到他阿 人身不道時

白 他說萬事成 獻酒在尊前

字 他似做了是 酒獻他以到

白 鬆鬆手不酸 舅走是甥榮 滿滿手不空

字 輕輕手不僵 舅走甥並榮 滿滿手不軟

白 平 内 居 昂頭不相錯 原 子 生

字 原 内 住 頭抬生不錯 野 兒 生

白 平乃人之父 原乃人之母 平 子 生

字 原来人身父 野来人身母 原 兒 生

白 平原先已道 人身未成時 平原先已成

字 原野先已道 人身不成時 原野先已成

（句）平神飲鮮血　原神噬脂肉　平帝名阿武
（字）原神血熱喝　野神肉精喫　原君石阿武
工、缶、亼乞𡉀、　勹、缶、屮尚岦　工、卫、尸、丫、乂
卧卉丗曰屮　卧卉母（母）开卧　卧爫力石同
（句）平子拜平帝　原子慶原神　到了明年候
（字）原兒生原敬　野兒生野供　阿明天後日
工、㒵𠀋工、巛　勹、㒵𠀋𠃓、巛、　丫、巛、只𠫓、广、
卧𠂉𡛥卧九　卧𠂉𡛥卧夵　丆卅丆十元
（句）原子生　原内居　㮣目望不差
（字）野兒生　野内住　眼㮣出不錯
勹、㒵𠀋　勹、工岦　屮兜𡉀㒵娄、
卧𠂉𡛥　卧甲和　𡇒罕书田罘

（句）平神原神乃　獻酒感及他　前〃〃〃
（字）原神野神乃　酒獻他以到　〃〃〃
工、缶、勹、缶、劣　出、尺云、之亙　〃〃〃
卧卉卧卉公　廿亞ㄢ山丙　〃〃〃
（句）原郎金圍帶　體祖各目父　八原媳與婆
（字）野郎金腰帶　高原走母父　八野媳與婆
勹、屮尸岦交　巛工巛只、灸　厉勹、く丫𠀋
卧芸乇卧𠮛　乃卧夵匕罕　𠆢卧飛卅以
（句）原臣名路目　平師[illegible]（髮）髮白　平婦白綾穿
（字）野臣夕魯母　原師明時白　原婦白幕穿
勹、只尸、㒵只、　工、之𠃓、尸、交　工、𠂆交只𠫓、
卧𨿽㕚亡　卧廿云力曰　卧元曰丆乙

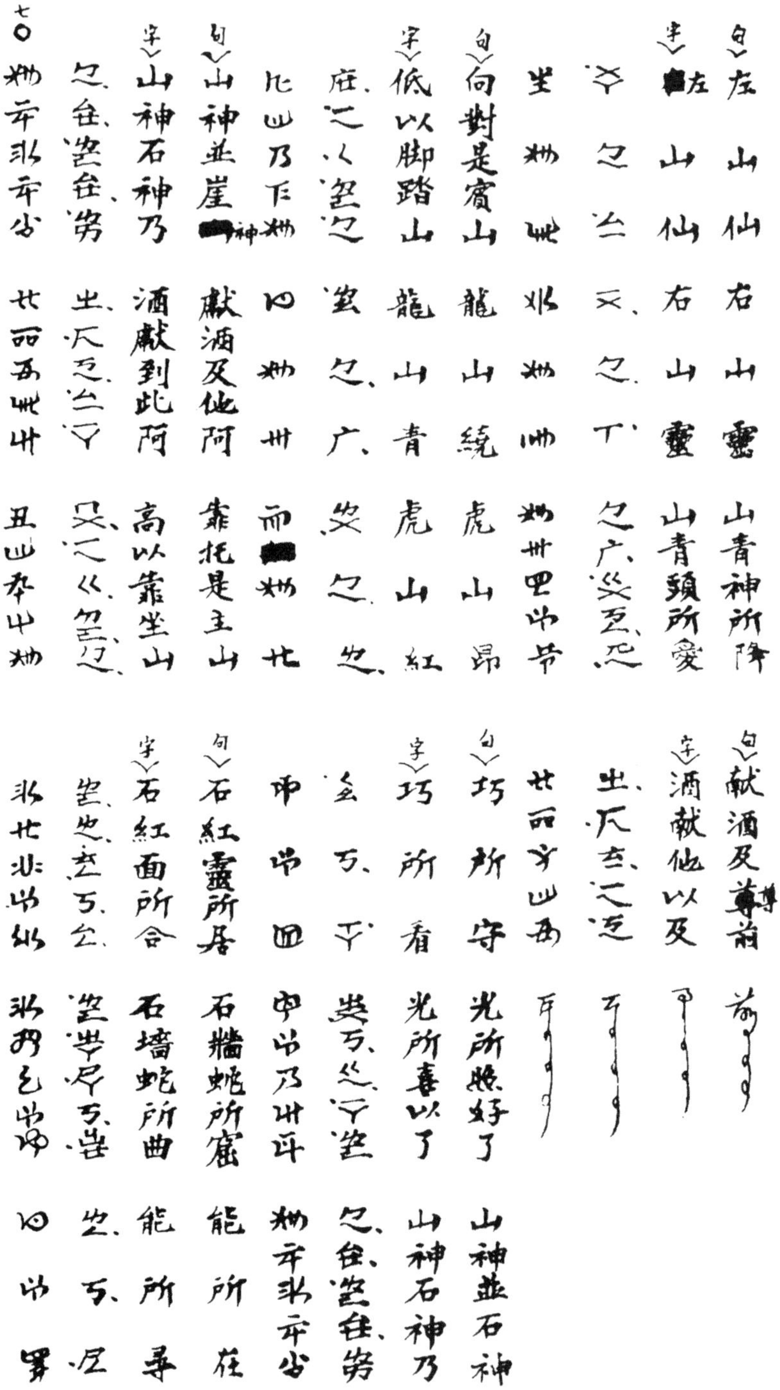
句 左山仙右山靈山青神所降
字 [redacted]左山仙右山靈山青頭所愛
句 向對是賓山龍山繞虎山昂
字 低以脚踏山龍山青虎山紅
句 山神並崖[redacted]神獻酒及他阿靠托是主山
字 山神石神乃酒獻到此阿高以靠坐山
句 獻酒及尊前
字 酒獻他以及
句 巧所守光所照好了山神並石神
字 巧所看光所喜以了山神石神乃
句 石紅靈所居石牆蛇所窟能所在
字 石紅面所合石墻蛇所曲能所尋

句 天軍天國要 地軍野外遊 父恩了

字 天軍天國間 地軍野國治 父恩報

[redacted] 口丫冂丫只丛岳 玄丫勿丛出 冬丛廿

㔾世万卯化 廿世已卯廾 罒卅吴

句 天軍和地軍 二軍保國堅 國泰民安清

字 天軍和地軍 二軍國以住 不來期間了

口丫冂丫丫玄冂丫 广丫丛乙乏 口丫夬乂乍迎

㔾世卅廿世 二世卯凹敵 田已以此毋

句 英武大元帥 清酒獻尊前 他期並異日

字 能榮光帥神 酒獻到此阿 出元亙 詰朝末後日

亙乏冂乍 [redacted] 厶丫 丫丛只之广

吉 祕兀比世卉 廿四丙毗卅 万卅万卆元

句 高低遠近遊 怒容發 各遠避

字 高乃場以遊 怒面黑 遠以避

工务片之在 玄玄忄 之之至

队当示凹卯 爪北巳 仑凹少

句 所奪奪尾束 中流水混混 蓋世英雄生

字 所奪奪尾束 中水响洛洛 奇所蓋以生

丑至至至另 岂一㐀至至 人乏冂之三

当卅乙仁乏 皿子弓世乙 叉当乜凹地

句 毋願了之日 所摟摟頭交 號筒聲洪洪

字 毋事歸一日 所摟摟頭交 號筒洪聲聲

贝乏乞卉广 亙乏[redacted]乏兴延 川叉丘乞乞

亡此乑乃元 当卅孓巴节 弔甘四呂灿

（白）献酒在尊前

（字）酒献他以至

[illegible]

[illegible]

（白）弓头能折断　箭尾被风偏　他神机如此

（字）弓头他来扭　箭尾他来折　他似做了时

[illegible]

[illegible]

（白）日月口远以转　枪头他来避

（字）日月口远以转　枪头他来避

[illegible]

[illegible]

（白）吞朋朋禁越　灾重重　祸重重临了

（字）喫朋朋禁越　普是是　起是是得了

[illegible]

[illegible]

（白）灾重重　祸重重禁逢　吞朋朋

（字）普是是　起是是禁得　雷朋朋

[illegible]

[illegible]

（白）太初道就就　道成成以了　献酒及他阿

（字）阿初道穹穹　道多多以了　酒献到此阿

[illegible]

（文）[illegible]

句 靈能崖上劉 金前發太太 呑女个个奔

字 靈能崖以劉 金箭發太太 喫女个个齇

岜也㔾丁丵 尸岜留旁勇 㕚罡之之之

乙元可卅 乙廿班以汇 旧又尸汇

句 災主各各回 吞朋朋臨到 成成用金箭

字 災婦各各敗 喫朋朋以了 多多金箭用

出、罡之、之厂 㕚冬、冬、丁岜 岜、岜、尸岜乂、

子而尸汇凼 旧卅卅卅丹 娌汇乙廿凼

句 [redacted]成成用銀箭 靈能崖上坐 銀箭發太太

字 就就銀箭用 靈能崖以坐 銀箭發太太

出、出、㚒岜乂、 岜也㔾之广、 㚒岜留旁勇

㔾汇四廿凼 乙元可凵巾 四廿班以汇

句 解寬大權主 照此一家人 清鎮家庭內

字 大以寬解王 人坐此一家 在村國以内

三之乂乞卫 癸、卫千、杏一 岜勿、冬、之、以

十、凼凵凡少丕 卅走凼卉忠 和卯凼凵北

句 作爲己伴侶 獻酒感激他 前

●字 己在伴是的 酒獻他以到 了

三岜、无、乙勿、 出、尺、杏、之、之 丆

凼和罡丮子 廿四乡凵西 丆

句 此處與此境 天使來鎮國 白晝及黑夜

字 此方柳此境 天使來國鎮 白晝而夜黑、

耒、丕、丆千、乞、 冂、尸出、冬、丅广、 㚒乂丅岜

凼臥卅凼㔾 卯去匚凼冂无四以四乇。

白 遠遁天外去 人病長眠枕 永久與人離
字 仙要遠以避 人病睡長了 仙要遠以離
[illegible]
[illegible]
白 罪孽過錯滅 官非口舌消 牛死猪瘟毒
字 罪昧錯路避 官事苦難離 牛死猪瘟了
[illegible]
[illegible]
白 病疾遠以避 瘟疫遠以離 白災黑災避
字 病天遠以避 症瘊遠以離 災白災黑避
[illegible]
[illegible]

白 射狼冲直衝 此冲直不衝 鷹落乃木絶
字 射狼冲以直 此冲直不衝 鷹落乃三合
[illegible]
[illegible]
白 此山不順走 毒蛇梭坎行 此坎不梭行
字 此方順不走 蛇毒梭以過 此方梭不過
[illegible]
[illegible]
白 此彎與此冲 此平與此原 猛虎順山走
字 此彎與此冲 此平與此原 唤虎直以走
[illegible]
[illegible]

（句）做得糧盈倉 牛放遍山紅 馬放遍山花

（字）做得糧盈了 牛放山半紅 馬放山半花

罢努旦、一岜 广育乞冬乜、 又畗乞、冬亽

五卅屰取氺 卝卬𣲖四廿 乄卬𣲖四𣲖

（句）拐者舌頭爛 謡者眼睛瞎 勤得多財產

（字）拐者乃舌爛 謡者乃眼瞎 勤得財廣了

尖旦岜乞彳 乜旦岜乍屮 岀努岀夕、岜

而丆正巴㸚 丣丆正㔾㪅 卅卅丫而氺

（句）野貓乃嘴閉 快蛇乃頭疼 盗者乃腳斷

（字）野虎貓是嘴閉 蛇快是頭壓 盗者是腳斷

亽乞岜巳房 尺岜岜夊广 乞旦岜、亽岜

以毋正卄非 乜小正巴非 丏丆正乃爿

（句）千萬數不盡 他成就此般 消災免難神

（字）千萬不數盡 他似做了候 災避冠壽神

乞口、夕乚尸、 亽、亼、旦岜亼 乂乞乞旦、乇、

十又田艾力 氵亠丑氺㸚 川少出和亓

（句）一母下十兒 十母下百兒 百母下千兒

（字）一母兒是十 十母兒是百 百母兒是千

乞旦、旦岜乞、 乞、旦旦岜乙、 乙、旦、旦岜乞

乄匕乞正十 十匕乞正工 乂匕乞正十

（句）毪放遍山白 猪下如魚堆 雞雛蝴蝶伴

（字）毪放山半白 猪下魚黑堆 雞雛百蝶伴

[redacted] 乙畗乞、冬亥 冬岀罢卒乞 丆叉乞乜、乞

卅卂𣎴四四 丂冈五巴卅 卝夹𣎴丆四

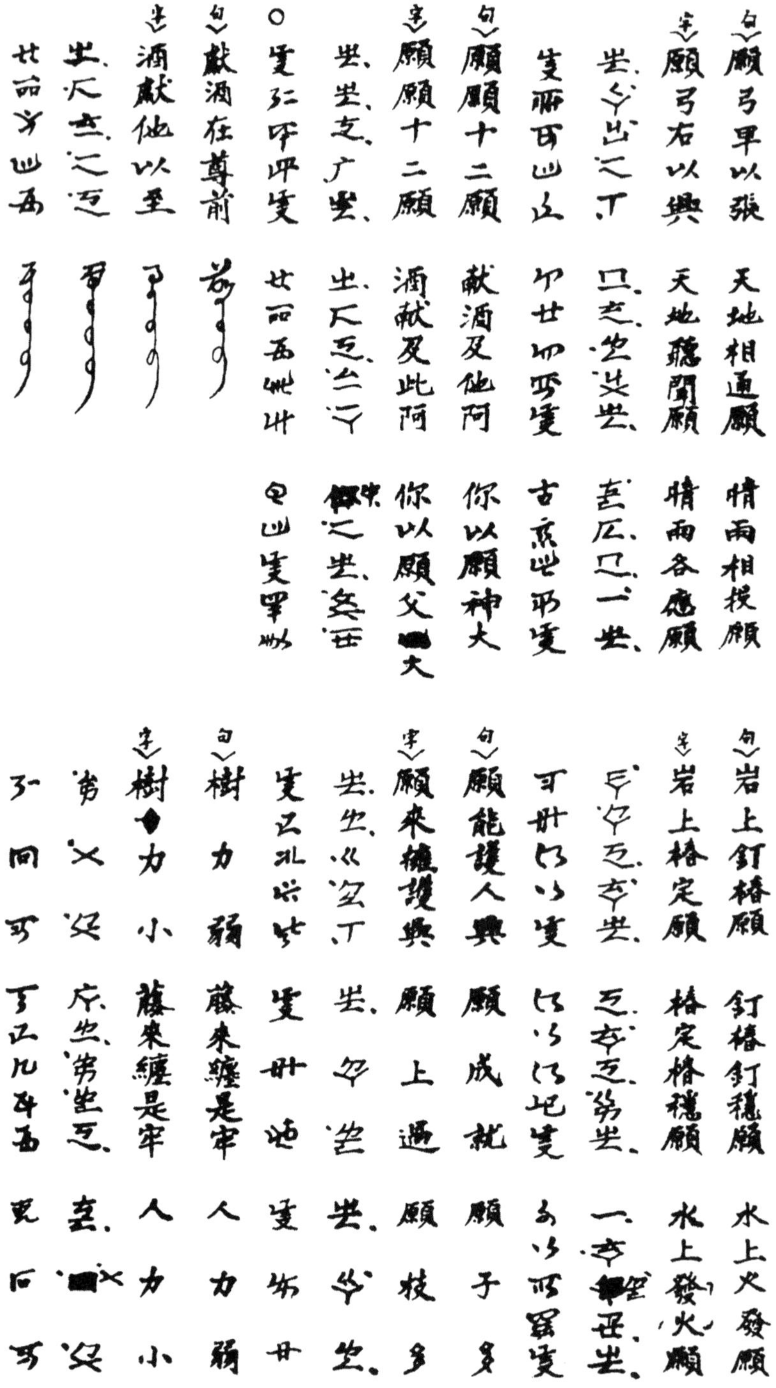
句 願弓甲以張 天地相通願 情雨相授願
字 願弓右以興 天地聽聞願 情雨各應願
句 願願十二願 獻酒及他阿 你以願神大
字 願願十二願 酒獻及此阿 你以願父大
句 獻酒在尊前
字 酒獻他以至
句 岩上釘樁願 釘樁釘穩願 水上火發願
字 岩上樁定願 樁定樁穩願 水上發火願
句 願能護人興 願成就 願子多
字 願來攏護興 願上過 願枝多
句 樹力弱 藤來纏是牢 人力弱
字 樹力小 藤來纏是牢 人力小

句〉媳義抱仁孫 / 婢女生良童 / 田園安莫願
字〉媳使孫抱願 / 婢使僕生願 / 原莫地發願
人卫丅ㄗ芷 / 爸卫出乜芷、 / 丘、㚇、忽、ㄗ芷、
冇兮𠂇承叏 / 如兮孫非叏 / 及乃巴竹叏
句〉懸崖面上爬 / 自能爬過去 / 賢婦生孝子
字〉紅崖面上爬 / 自爬先過去 / 婦莫兒養願
也、ㄗ玄乙ㄗ / 亖ㄗ尸乙㚇 / 亖㚇四丕芷、
廿丌山廿 / 如廿去山呢 / 而乃乞及叏
句〉發火火能燃 / 大海面上走 / 自能走過去
字〉火發火燃願 / 大水面以走 / 自走先以過
㚇丑㚇忽芷 / 也一玄乙乚 / 亖乚尸乙㐌
可㘽可收叏 / 乜乃山如 / 如如去山呢

句〉獻酒及尊前
字〉酒獻他以至
出、大玄、乙乏、
廿口亍山吞

句〉臥房平成願 / 年災消除願 / 日災拔清願
字〉臥房上成願 / 年災歸十願 / 月災上成願
多㐌、ㄗ芷芷、 / 丂乂乚支芷、 / 丘、乂ㄗ芷芷、
四和廿呢叏 / 乙㐌办十叏 / 四㐌卅呢叏
句〉騎馬鐙鐙願 / 金銀滿屋願 / 壽高百齡願
字〉馬騎鐙登願 / 銀堆金置願 / 壽樹高級願
丘、㚇丬㚇芷、 / 㚇出尺丕芷、 / [illegible] 㒸丑ㄗ芷芷
乙呆㪊乍叏 / 曰㽕乙坓叏 / 如卬廿呢叏

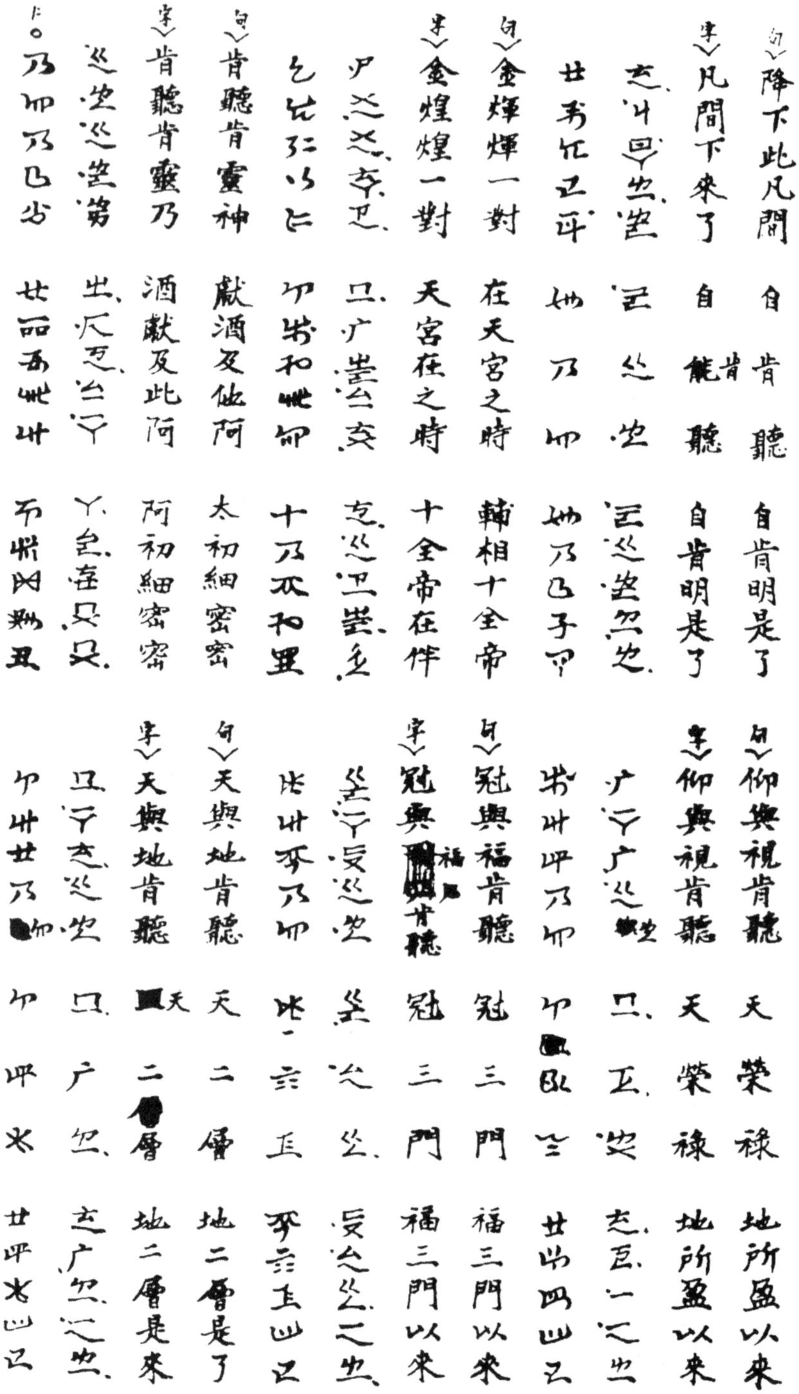
句 降下此凡間 自肯聽 自肯明是了
字 凡間下來了 自能肯聽 自肯明是了
句 金輝輝一對 在天宮之時 輔相十全帝
字 金煌煌一對 天宮在之時 十全帝在件
句 肯聽肯靈神 獻酒及仙阿 太初細密密
字 肯聽肯靈乃 酒獻及此阿 阿初細密密
句 仰與視肯聽 天 榮 祿 地所盈以來
字 仰與視肯聽 天 榮 祿 地所盈以來
句 冠與福肯聽 冠 三 門 福三門以來
字 冠與福肯聽 冠 三 門 福三門以來
句 天與地肯聽 天 二 層 地二層是了
字 天與地肯聽 天 二 層 地二層是來

白〉肯聽飲聖酒 他如此成了 肯聽肯靈神
字〉肯聽酒聖唱 他似做了時 肯聽肯靈乃
巡咒出厂罡 太ム只罡ム 巡咒巡罡劳
乃卯廿世卄 廾云丑兆卌 乃卯乃巳尖
白〉屬 場 寬 貸場寬以來 肯聽喚聖肉
字〉屬 場 寬 借場寬以來 肯聽肉聖喚
尺 牛 夗 屮出夗之出 巡咒匚厂丒
尹 添 丙 雜添丙山乙 乃卯屯世佟
白〉士與民肯聽 士 安 樂 民安樂以來
字〉士與民肯聽 士 樂 好 民樂好以來
冬丫罡巡咒 罡 咒 ム 冬咒ム之出
㘝卄巳乃卯 巳 卯 丝 㘝卯丝山乙

白〉靠黃靠能力 天空靠吉曜 不來寸之間
字〉靠黃靠能利 天以靠最吉 不來得寸了
亙尺亙夗乙丒 工之丑尖出 丫出爻尖罡
瓦乙瓦彐仁 卯山瓦冉丙 田乙以此歼
白〉倚榮神是福 獻酒及他阿 靠白靠首先
字〉靠榮神是乃 酒獻及此阿 靠白靠首高
亙乙丢巴劳 出尺乏ム丫 亙去亙爻只
正〇瓦臥亓丮尖 廿丙西卌卄 瓦曰瓦山丑
白〉獻酒在尊前
字〉酒獻他以至
出尺丢之乏
廿田米山丙

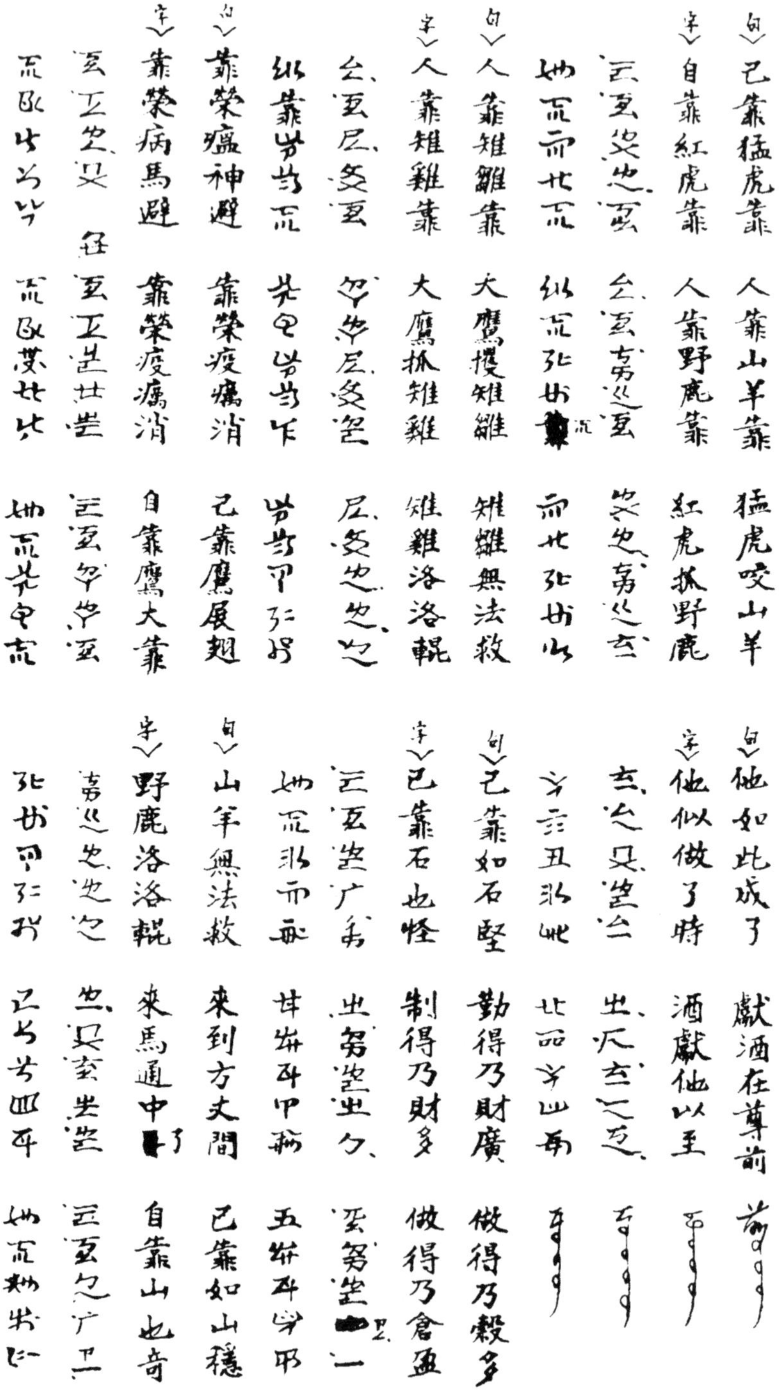
白）己靠猛虎靠　人靠山羊靠　猛虎咬山羊

字）自靠紅虎靠　人靠野鹿靠　紅虎抓野鹿

白）人靠雉雞靠　大鷹攫雉雞　雉雞無法救

字）人靠雉雞靠　大鷹抓雉雞　雉雞洛洛輥

白）靠榮瘟神避　靠榮瘦瘋消　己靠鷹展翅

字）靠榮病馬避　靠榮瘦瘋消　自靠鷹大靠

白）他如此成了　獻酒在尊前

字）他似做了時　酒獻他以至

白）己靠如石堅　勤得乃財廣　做得乃穀多

字）己靠石也怪　制得乃財多　做得乃倉盈

白）山羊無法救　來到方丈間　己靠如山穩

字）野鹿洛洛輥　來馬通中了　自靠山也奇

(句)義能美容容 誇能各巍巍 文神並武神
(字)水能美滴滴 狂能各剛剛 文神與武神
一、出男玄玄、 亨出巛巛 文全丫冬全、
与曰冰曰𠄎 汼曰扎朼𠄎 旦卉卅乱卉
(句)知能白子落 見能黃葉秀 明能紫榮榮
(字)知能白子落 見能黃葉光 亮能斑節節
全出妄叉叉、 冂出尺冬叉、 出出二孖孖
九曰日孔丹 男曰乙四云 中曰孤卯𠄎
(句)己以口快能 獻酒及他阿 口辨是非能
(字)自以口開能 酒獻及此阿 口開知以能
云之巛角出 出尺亐厶丫 亐角全之忿
(以)妣山臥吝曰 廿所丙卌卅 臥半九山曰

(句)萬里察 凡事未來先 人不知己知
(字)萬見清 他不至以間 人不知己知
冂、出亨 玄、旦亐、之巛 全、旦、全云全
又旦以 米田丙山男 朳田九妣九
(句)天知曉地 見明 千里聽
(字)天知識地 見分 千聽老
冂、全男 玄、冂、巛 叉叉叉
卯九出 廿男以 十卯丂
(句)能威神一對 天部壽而壽（天部壽卯） 地極寬而寬
(字)能以神一對 [redacted] 壽 地盤寬以寬
出之全亨 旦、旦旦之旦 玄冬、亨之亐
曰山卉以匕 卯比切山切 芍乱汼山汼

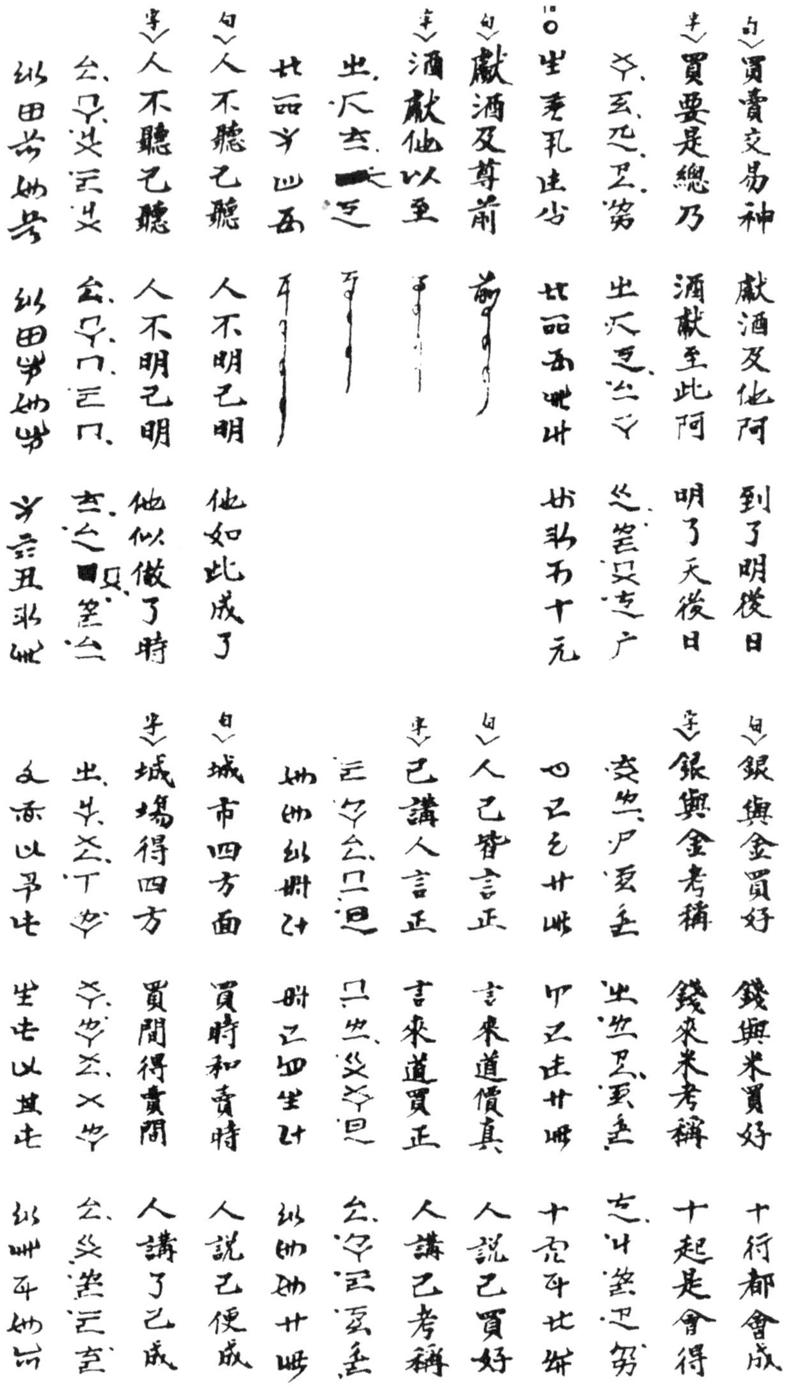

句〉買伴就眼盲 講伴就舌笨 思伴就心蒙

字〉買伴是眼盲 講伴是舌結 思伴是心悶

㐅、夕、岜岁又 丷、夕、岜岜岦 夂、夂、岜另之、

生四尔旦申 𠃊四尔旵⺗ 旧四尔少旲

句〉不到會場間 甩伴就折腿 觸伴是脫角

字〉他不至以間 甩伴是腿折 觸伴是角脫

去、又、乞、乙、乙 [illegible] 夕、岜乞、留 丬夂、岜乀岜

义田丕山岁 甩四尔云廾 吊四尔乃蚫

句〉十美都成就 賣主心渴望 買主三候成

字〉十美是找得 賣主心軟了 買主三等了

之、又、岜尼么、 乂乇、另岜岜 㐅、乇、么王、岜

地丫斗罕以 甘卉少皿兆 生卉三屮兆

句〉獵取去之日 高山安寨弓 寨弓猛虎中

字〉獵取做一日 高山以寫弓 寫時寫放了

尸又、又、去、广、 乞、又、乙、另交 另交另留岜

去兆丑以元 𠂢丑山㐌个 㐌冂㐌丗兆

句〉獵虞的總神 獻酒及他阿 過了些日子

字〉獵虞是總乃 酒獻至此阿 過了天十日

尸云、乙、丑、另 出、尺乞、么、丫 乞岜又乞、广、

上〇去甩孔土少 廿而丕卌卅 廿兆万十元

句〉他如此成了 獻酒在尊前 前[illegible]

字〉他似做了時 酒獻他以至 [illegible]

去、么、又、岜么 出、尺、去、乙、乙 [illegible]

义亠丑兆卌 廿而义山丕 [illegible]

（句）咸弓飲血氣 伙伴喫脂肉 虎豹箭中傷

（字）咸弓血熱喝 莫同以肉喫 豹虎弓頭中

（句）天空火箭似 槍刃快得好 獵者手應成

（字）天白火放似 槍桿刃快好 獵自手紅來

（句）石下扯套索 套索套合了 大弩發應機

（字）石黑以套扯 套扯套合了 弩大發正了

（句）他如此成了 獻酒在尊前

（字）他似做了時 酒獻他以至

（句）右手搭金箭 樹上鷹 雲霄鷹已中

（字）右手金箭流 樹頭鳥 雲尾鷹以中

（句）麋鹿落網內 獵官手搖搖 左手張銀弓

（字）麋鹿網以落 獵主手搖搖 左以銀弓到

句〉土邊蛇不屈　田外鼠不窠　護神好來護
字〉邊內蛇不盤　邊外鼠不窠　護神好來護
㑁、乙尺亦㞗　㑁乎、尺亦、㞗　仄㘴㘴匆、庄
彐冊乜以沙　彐沚比以㱙　罗布仁江罗
句〉到耕耘之日　了耕不遇風　原耕不失露
字〉耕耘做一日　了耕風不遇　原耕露不浥
㘴、二又、只亦、广、　乎、㘴㘥广亦、㕛　匆、㘴㘥亦㕕
朋水丑以文　此朋玭以生　乜朋垪以女
句〉農務之總神　獻酒及他阿　過了些日子
字〉民要是總乃　酒獻至此阿　過了天十日
口、五、㔾、乛、芳　出、仄、亏、仌、丫　𠃊、㘴只、支、广、
廿〇卯老礼近岁　廿丙丙艸卅　㘨兆丙十文

句〉出穗就結穀　結穀就成實　收割就逢晴
字〉穗出是穀結　穀結是成實　收割是晴逢
乜、㘴㘴只匆　只、匆、㘴、㕛㘴　𠃊、勿㘴㐭㕛
布午母匕㫷　匕㫷母玭㫷　祝廾母古生
句〉田大秧不費　工人腰不疼　禾長就出穗
字〉田大秧不費　田力腰不痛　禾長是穗出
乎㐦仄亦㕕　乎乂㞷亦㕕　仄𠀋㘴乜㕕
㞗㘥佷以丕　㞗冋仅以𠂤　佷灿母布午
句〉禾秀蝗不害　守神好來守　見守雀不臨
字〉禾做不出遞　守神好來守　見守雀不向
仄只乎㕛匆　乎㐦㘴㘥乎　冂、乎卆乎㐭
佷丑田丂匕　田布仁江田　岁田仵田㲺

句〉喚陳就轉新　他如此成了　農務之總神
字〉陳喚是新插　他似做了時　民要是總乃
㕦叉㞢房尺　㐅、厶乊叉、㞢厶　匚、玄、㐌、卩、另
而陎乎㓝㚻　屮亖丑兆㐶　卬瓩礼迭㐺
句〉大房滿　小房充　做多就喚長
字〉房大滿　房小充　做長是喚長
㕯、㕯　㕯、庁㞢　叉、㐌㞢㕯㕯
抲㓛㕜　抲㘿㐹　丑㐌乎陎㐫
句〉籬淨遇風力　大倉滿　小倉盈
字〉籬淨是風送　倉大滿　倉小盈
㞢厂㞢石、厶、　㕜㕯㕯、　㕜、庁叉
㐀世乎㐌糺　氾㓛㕜　氾世㐫

句〉六十六運能　三十三運能　不來寸之間
字〉六十六運能　三十三運能　不來得間了
[redacted]㐌、㐌㐅、㐌、　厶㐌厶㐅㐌　㕦、㐌、㐅、㞢㞢
元十元㐌罗　亖十亖㐌罗　田㐌以此乎
句〉運能之總神　獻酒及他阿　九十九運能
字〉運能是總乃　酒獻至此阿　九十九運能
㐅、㐌、㐌、卩、另　㞢、尺㐌、厶、丁　㐌㐌㐌㐅、㐌、
月日〉㐌罗礼迭㐺　廿㕜㐫㐶㐶　九十九㐌罗
句〉獻酒在尊前
錯待〉㞢、尺㐌、㐅、㐌、
字〉酒獻他以至
廿㕜㐌山㐫

（白）此家真福氣　所大大　所高高裏面

（字）人坐此有家　怎大大　怎高高裏頭

（白）運能墓庫衛　運能咀咒脱　師祝主福降

（字）運能墓靠倒　運能齟齬脱　師執主此有

（白）運能瘟疫止　運能毒病消　運能除死墓

（字）運能病瘦隔　運能瘟瘦轉　運能墓庫敵

（白）獻道從此興　獻普從此及　酒所因

（字）獻道此以始　獻普此以放　酒所飲

（白）獻首歸他領　獻語歸他祝　獻聲歸他頒

（字）獻首他而及　獻話他而祝　獻聲他而考

（句）保　衛守　治理官　眞所應者成

（字）團　所守　治所管　眞所應者了

句〉壽與富福門　冠與婚福門　威與武福門

字〉壽與富得門　冠與覆得門　威與武得門

旦丫亏苳丛　丛丫妄苳丛　男丫叐苳丛

扣卅埜以㠯　比卅笒以㠯　尕卅可以㠯

句〉福門是總乃　楚庫[redacted]因而歌　自視三福門

字〉得門是總乃　楚苦因來歌　自視三得門

苳丛乙乙笄　㕛叐一乏以　三广乞苳丛

比〇以㢅㠯丮迠岁　岀尕屳止北　坳岀三以㢅㠯

句〉獻臨萬事通　獻酒及尊前　前

字〉獻所要[redacted]以通　酒獻仙以至

大乏乏乁苳　出大苳乁乏

吅吊丫山圭　廿吅疒山五

句〉義米　阿中　牛與羊福門　能法　阿中

字〉義米　阿中　牛與羊得門　能法　阿中

广口　丫坐　广丫广苳丛　乏丐　丫坐

四竺　布叭　书卅叻[redacted]以㠯　比㠯[redacted]　布叭

句〉穀與米福門　能沽　城内　布與帛福門

字〉穀與米得門　能沽　城内　布帛之得門

岁丫ネ苳丛　乏丛　乏广　尸丫冂苳丛

而卅乃以㠯　比出　卯出　去卅Ξ以㠯

句〉德本　城内　金與銀福門　母都雲底。

字〉得本　城内　銀與金得門　母都雲底。

乏乏　乏广　交丫尸苳丛　吳叐苳乏。

由妙　卯出　田卅乞以㠯　乜卬乜乙。

〈句〉聖祭司來主　福門一十道　城内居民主
〈字〉聖約司來神　得門一十個　民城在來神
广、三、勺、岜、缶、　㐅、丛、夲、支、乜　欠、出、岜、岜、缶、
䶊卅乜乙亓　以王丬十田　世屄ヤ乙亓
〈句〉福門六十道　三司神來主　福門三十道
〈字〉得門六十過　人三司來神　得門三十個
㐅、丛、乜、支、乜　夊、厶、又、岜、缶、　㐅、丛、厶、支、乜
以王六十田　旦亖劢乙亓　以王亖十田
〈句〉鹽與椒福門　福門九十道　春天君來主
〈字〉鹽與椒德門　得門九十個　春高君來神
支、丫、卫、㐅、丛　㐅、丛、丛、支、乜　丛、又、卫、岜、缶、
岀卅丬以王　以王九十田　卅丑不乙亓

紅鼠吽哆哆　福門框旁站　出財緊而閉
鼠紅哆哆來　得門手以站　出財退而閉
ㄒ、岜、岜、岜、岜　㐅、丛、㐅、厂　岜、出、勺、岜、乞
比北姓孓乙　以王吃山而　㐄巾称耳叵
福門頭上坐　財源進而開　福門廣大開
得門頭上坐　得財進而開　得門寬作開
㐅、丛、丛、乀、广　㐅、出、勺、岜、冬、　㐅、丛、夕、又、冬、
以王巴山而　以卬称耳卅　以王叼丑卅
人人不能言　聖民才康祥　青燕語喃喃
民人人不是　民總此得家　雀青來喳喳
欠、乜、乜、又、乙　欠、卫、千、㐅、一　丌、广、岜、丏、丏
世卬孓田乳　世走丬以䏌　卝卅乙忄孓

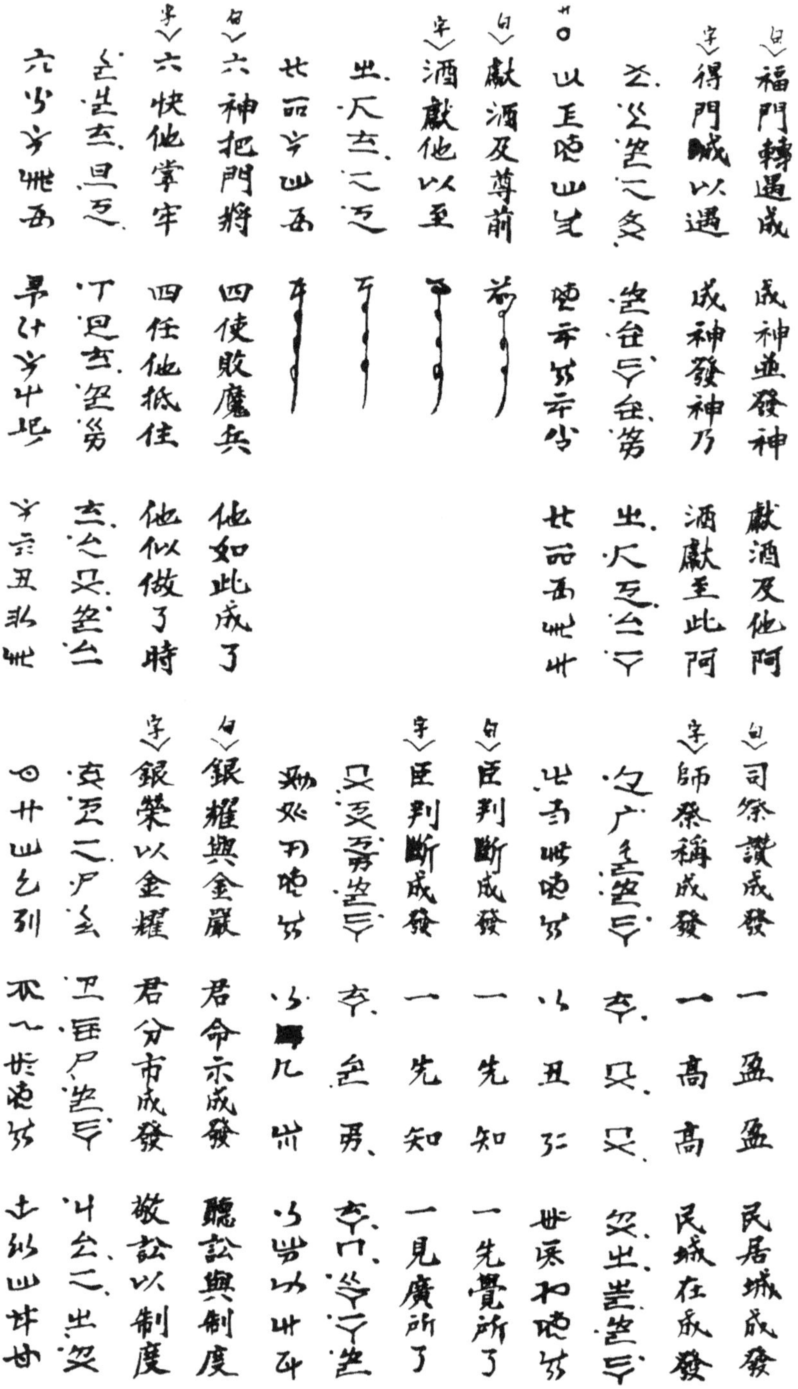
白 福門轉過成 成神並發神 獻酒及他阿
字 得門城以過 成神發神乃 酒獻至此阿
白 獻酒及尊前
字 酒獻他以至
白 六神把門將 四使敗魔兵 他如此成了
字 六快他掌牢 四任他抵住 他似做了時
白 司祭讚成發 一盃盃 民居城成發
字 師祭稱成發 一高高 民城在成發
白 臣判斷成發 一先知 一先覺所了
字 臣判斷成發 一先知 一見廣所了
白 銀耀與金嚴 君命示成發 聽訟與制度
字 銀榮以金耀 君分市成發 敬訟以制度

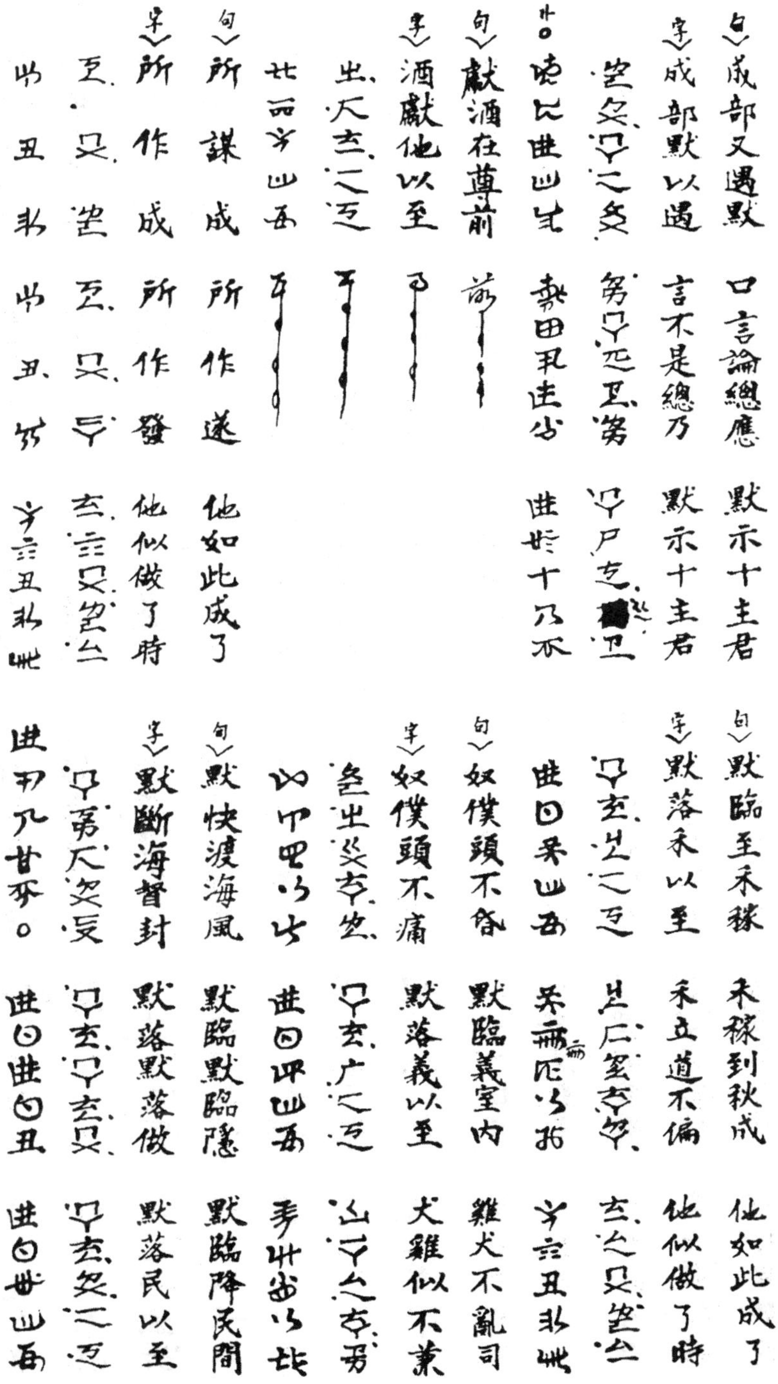

句 献部又遇默 口言論總應 默示十主君
字 成部默以遇 言不是總乃 默示十主君
句 献酒在尊前
字 酒献他以至
句 所謀成 所作遂 他如此成了
字 所作成 所作發 他似做了時
句 默臨至禾稼 禾稼到秋成 他如此成了
字 默落禾以至 禾立道不偏 他似做了時
句 奴僕頭不痛 默臨義室内 雞犬不亂司
字 奴僕頭不痛 默落義以至 犬雞似不兼
句 默快渡海風 默臨默臨隱 默臨降民間
字 默斷海督封 默落默落做 默落民以至

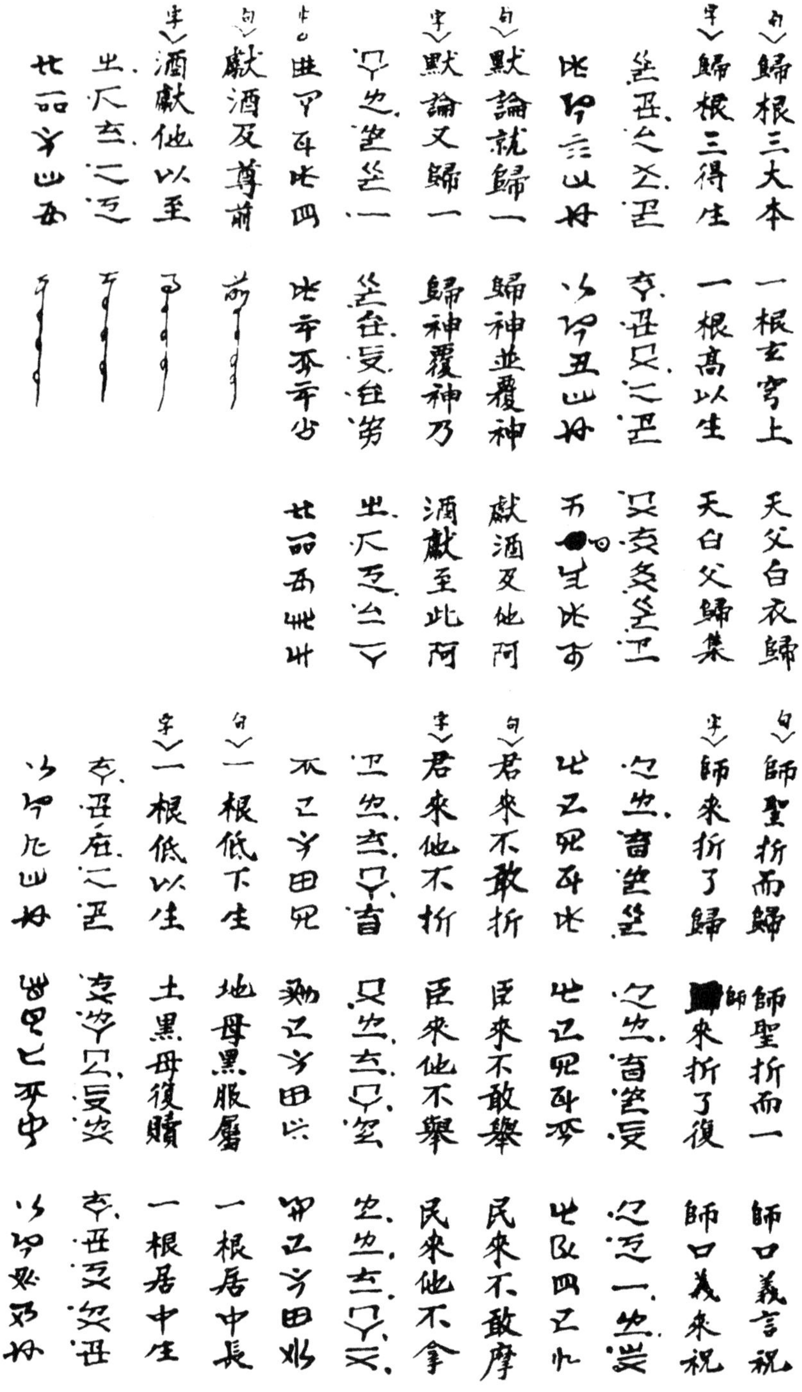

（白）歸根三大本　一根玄穹上　天父白衣歸

（字）歸根三得生　一根高以生　天白父歸集

[illegible]

[illegible]

（白）默論就歸一　歸神並覆神　獻酒又他阿

（字）默論又歸一　歸神覆神乃　酒獻至此阿

[illegible]

[illegible]

（白）獻酒及尊前

（字）酒獻他以至

[illegible]

[illegible]

（白）師聖折而歸　師聖折而一　師口義言祝

（字）師來折了歸　師來折了復　師口義來祝

[illegible]

[illegible]

（白）君來不敢折　臣來不敢舉　民來不敢摩

（字）君來他不折　臣來他不舉　民來他不拿

[illegible]

[illegible]

（白）一根低下生　地母黑服屬　一根居中長

（字）一根低以生　土黑毋復贖　一根居中生

[illegible]

[illegible]

字∨所傳行行應　所講事事成　謀不隨

句∨所傳行行應　所講事事成　謀不隨

字∨計不破以內　酒獻仙以至

句∨計不被之神　獻酒又尊前

此書共計一萬二千六百四十二字

是書始於亨亨之世見首章四篇十二行

彼時同后稷相差不遠因其義禮相同

是時人民逆命天道反常日月無光凶災疊出民不聊生亨亨聖人存悲憫世界之心欲挽回天怒之念因此齋戒懇禱以感神明降下仙酒二美示以釀酒傳以經文亨亨聖人蒙了指示按此而行萬福雪消千祥雲集凡經有二十二章各章都有指趣首章是獻酒之原以下二十一章指明處各事之時而獻

貴州大定北鄉東瓜林

民國十九年八月十四日　譯者序

解冤经（上卷）

句〉罪始於巫分　仙道白皜皜　阿女穿白衣
字〉罪始洛巫分　仙學白露露　女兒白衣穿
一、乏㐫、王、三、　亾乞奕也也、　丫、㒰奕垄、舅
四忛狄向㐬　渊㴬日罒ㄗ　不仁日卝乏
句〉寃而寃　寃始一覺坐　罪而罪
字〉寃而寃　寃始一角坐　罪而罪
一㐫、一　一乏亣く广　一、㐫、一、
木乔木　㔾忛卌乃市　四ㄖ四、
解寃經　羅文筆記
寃解經　相多阿能
一乞乞、　广㐫丫、也、
木乇㽞　丑毋不罒

句〉地以吾乃居　洛巫分之母　手口一同尤
字〉地以吾乃居　洛巫分母了　一口洛手得
亣乏又㐫㐫　㐫、乂三ㄖ㐫　亣乏㐫毕王、
攵⼭非回於　狄向㐬匕回　卅ㄖ狄㐌以
句〉要得金晃晃　阿女穿黃衣　黃腳黃褲甩
字〉要得黃金金　女兒黃衣穿　黃腳黃褲甩
也乏尺巜巜　丫㒰尺垄舅　尺く尺尺垔
罒以乙渊ㄗ　不仁乙卝乏　乙乃乙丑竹
句〉白腳白褲甩　天以王乃居　一覺坐之母
字〉白腳白褲甩　天以王乃居　一角坐母了
奕く奕尺垔　垄乏ㄨ㐫㐫　亣く广ㄖ㐫
日乃日丑竹　兯⼭生回於　卅乃市匕回

句 低以土黑母 土黑人之母 他以寃不罪

字 低以土黑母 土黑人以母 他以寃不罪

庄、之、亥卒卩、 亥妙乞、一卩、 玄、二一卩、乞

几凹当早匕 当早纵凹匕 方凹果田虍

句 高以天白父 人獲罪於天 低以寃是乃

字 高以天白父 天白人以罪 低以寃宜乃

只、之、只亥叁 只亥乞、一乞 庄、二一广、努

丑凹卞田罕 卞田纵凹虍 几凹果叉尚

句 此寃所以寃 所以寃成罪 高以寃是乃

字 此因所以因 所以因而罪 高以因宜乃

千、一亘、之、一 亘、之、一乞、乞 只、之、一广、努

㘭果芇凹果 芇凹果弁虍 丑凹果叉尚

句 神云聽以下 神與他不主 他以寃不罪

字 神言聽以下 神他和不主 他以寃不罪

广、乞、岂、之、早 广、玄、岂、卩、乞 玄、之、一卩、乞

弓曰卯凹卂 弓方回田爪 方凹果田虍

句 他以寃不罪 神以寃是乃 六甲來消滅

字 他以寃不罪 神以寃宜乃 六甲來苦磨

玄、之、一卩、乞 广、之、一广、尚 乞、岂、乞、亥、乞

方凹果田虍 弓凹果叉尚 亢少乙处夕

句 政以寃是乃 政九尊敬頌 權八端律作

字 政以寃宜乃 政九尊敬稱 權八端律作

任、之、一广、努 任、之、只只、乞 亥、房、只、安、巴

乀凹果叉尚 乀九卞丑㘭 处九廿亽丐

句 通經又窮窮　旺大趕一日　快者族來趕

字 通脚又窮窮　旺大追一日　快者族來追

去く乓乚乚　乊乓乊卞广　岂文古也乊

古乃卅非了　巧姒米巧而　少而北乙光

句 美女于歸定　他以寃不罪　族以寃是乃

字 女美歸要定　他以寃不罪　族以寃宜乃

也乓岂也乞　去二一又乞　古之一广男

下又冷罗虫　方山果田䏊　北山果而少

句 舅以寃是乃　媳美討而定　甥以寃是乃

字 舅以寃宜乃　媳美討要定　甥以寃宜乃

二之一广男　く乓乂也乞　文之一广男

四山果而少　六又兆罗虫　少山果而少

句 萬侶樹下居　所以寃而罪　寃又寃

字 萬侶樹下坐　所以寃而罪　寃來寃

工文男乊广　互之一也乞　一也一

乃里了卅文　少山果弁䏊　果乙果

句 忠院建一日　建者族來建　他以寃不罪

字 忠院建一日　來者族來建　他以寃不罪

岂壬双乊广　也文三也乞　去之一乞

几弁犀巧而　乙而止乙犀　方山果田䏊

句 族以寃是乃　嫩朋冲　舅國定以坐

字 族以寃宜乃　嫩朋冲　舅國定以坐

三之一广男　也冬岂　之坐乞之广

止山果而少　匕卅皿　四咖虫山文

(句)我女常怒現　怒現乃悻悻　爾郎常慍怒

(字)我女來怒定　怒定乃再再　爾郎來怒含

(句)爾郎因是矣　我女行邪淫　爾郎愛方命

(字)爾郎因是矣　我女奸而多　爾郎愛而錯

(句)因而因有原　阿陀而因歸　我淫佚

(字)因來因阿了　阿他而因歸　我女宄

(句)獅因虎影定　稻以渠影書　蝗因鼠影定

(字)獅以虎影定　秀以實影寫　蝗以鼠影定

(句)人因生影書　死因病影定　畜因獸影書

(字)人以生影寫　死以病影定　畜以獸影寫

(句)慍怒因嗔嗔　三美影以書　三名影以定

(字)怨含以忿忿　三美影以寫　三名影以定

句 脚去脚無劲　宇宙不相換　王宫賦税徵
字 脚去脚無劲　宇宙無相左　王宫賦税喫
人史只、人公、　玄尘卩丫丞屈　千、乏仁、岁叉
乃化田乃彤　古旧田号難　叫珍死卌旧
句 亟炎如此消　高人教法與　高人教不錯
字 亟此主是矣　高主教以了　高主教不錯
叉千岳乏、乂一　只岳只乏乂　只岳只只丫
叫村卉丮収　丑卉勋山卫　丑卉勋田不
句 師主此特權　人衆因得此　各種寃能釋
字 師掌主此得　人坐此得因　各等釋解主
夕旦岳、千、乂　夂卫、千乂、一　乞夂尸、乞岳、
氺什卉村以　卅生村以采　卩由卯兮卉

句 好以做了然　年胎始成理　年胎始不論
字 好以做了然　年胎首邊理　年胎首不論
広乏只、癸学　万丁出夕乂一　万丁出只走、
书山丑罕冈　彡卮勿而収　彡卮勿田廿
句 知祭興以稱　見妟客以憶　見以初不法
字 知祭祀以稱　見妟客以念　見以初不法
岳广只、乏丞、　冂、岳、尘乏吞　冂、乏、交只亏
凡刁丑山䏌　芇夯廿山匀　芇山匕田芀
句 此我師主權　銅絲與竹夾　時在此以先
字 此我師掌主　銅線而竹雙　時作此以前
千、丕、夕旦岳、　山岳尨、冈乏　只、千、乏乏
叫乜氺什卉　书牝卯中匕　們丑叫山卅

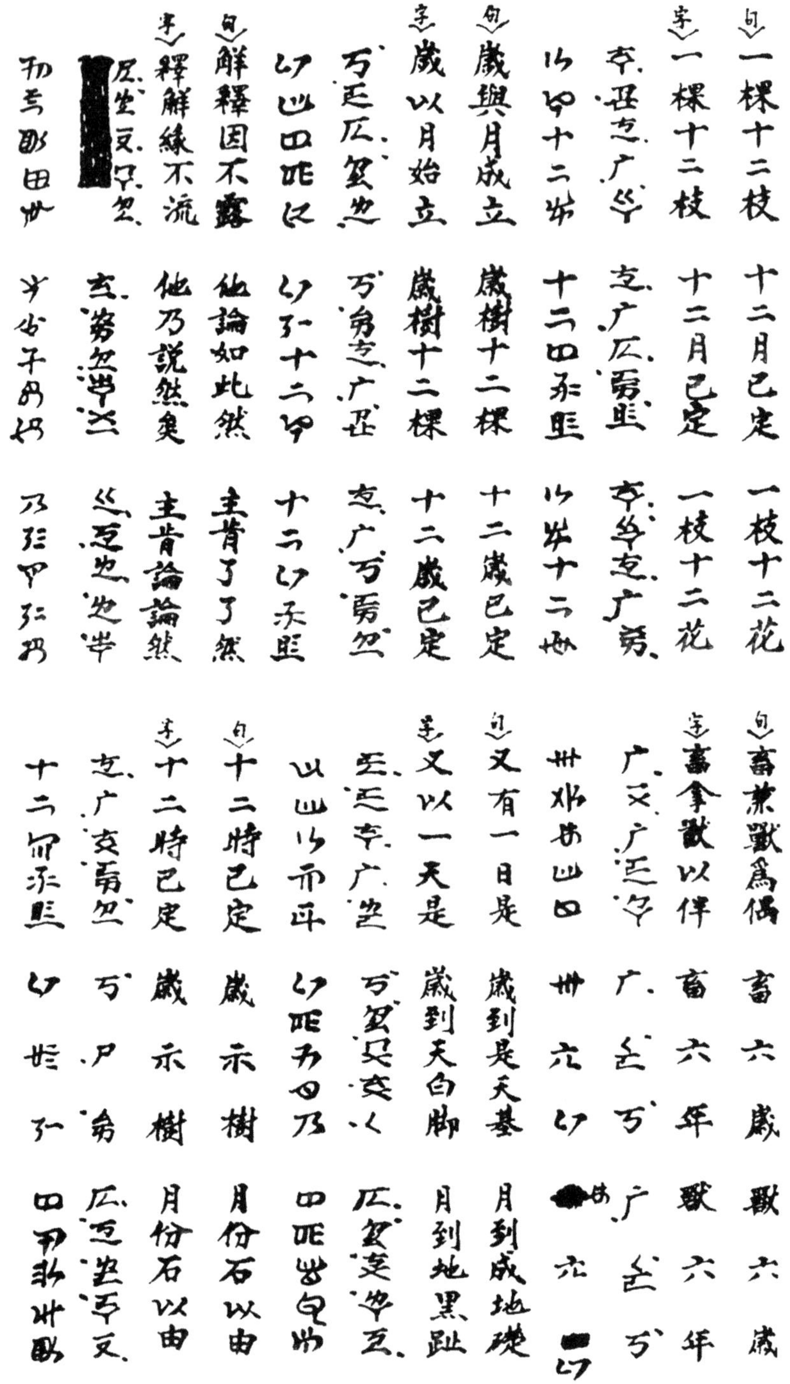
句 一棵十二枝 十二月已定 一枝十二花
字 一棵十二枝 十二月已定 一枝十二花
句 歲與月成立 歲樹十二棵 十二歲已定
字 歲以月始立 歲樹十二棵 十二歲已定
句 解釋因不露 他論如此然 主肯了了然
字 釋解緣不流 他乃說然矣 主肯論論然
句 畜兼獸爲偶 畜 六 歲 獸 六 歲
字 畜拿獸以伴 畜 六 年 獸 六 年
句 又有一日是 歲到是天基 月到成地礎
字 又以一天是 歲到天白腳 月到地黑趾
句 十二時已定 歲 示 樹 月份石以由
字 十二時已定 歲 示 樹 月份石以由

句 帝將他配偶 他且雖距遠 歲官君和臣

字 天將他以偶 他而遠又是 歲官君與臣

弖、丐亖、乏、夂 亖、㞢、乂乏、㞢 丂、旦、卫、亏、只

卬、亓、㐅、凵、〇 丬、乑、匕、以、乕 亾、亻十、爫、卄、㸚

句 獸六天畜六時獸六時

字 獸六天畜六時獸六時

广 乇 广 广、乇 交、广、乇 交

女 元 帀 卌 元 冊 女 元 冊

[redacted]畜 六月獸六月畜六天

句 畜六月獸六月畜六天

字 广、乇 広 广、乇 広 广、乇 广

卌 元 〇 女 元 〇 卌 元 帀

句 解釋塲之間 冤愆並解脫 斷了家星斷

字 釋解塲以間 解得釋冤解 斷得家絕斷

尸、㞢、牛、乏、㐅 㞢、乏、尸、く、㞢 㔾、乏、乂、世、㔾

卂、弓、亦、凵、屮 弓、以、卂、㕚、弓 乑、以、中、㸚、乑

句 歲庠不走移 師主特此權 人家困得此

字 不走移做起 師掌主此得 人坐此得因

𠂇、出、岂、只、夂 乙、旦、㐂、千、乏、、 夂、卫、千、乏、一

田 廿 卯 丑 甲 廿 亻十 㐃 忄寸 以 女 走 忄寸 乂 呆

句 月官陽與陰 日官日與月 晝 夜 特官雲與星

字 月官陰與陽 日官日與月 時官雲與星

広、旦、叐、亏、亡 广、旦、山、亏、広 交、旦、㕚、亏、卄

〇 亻十 巾 卄 甲 帀 亻十 𠬝 卄 〇 冊 亻十 个 卄 㞢

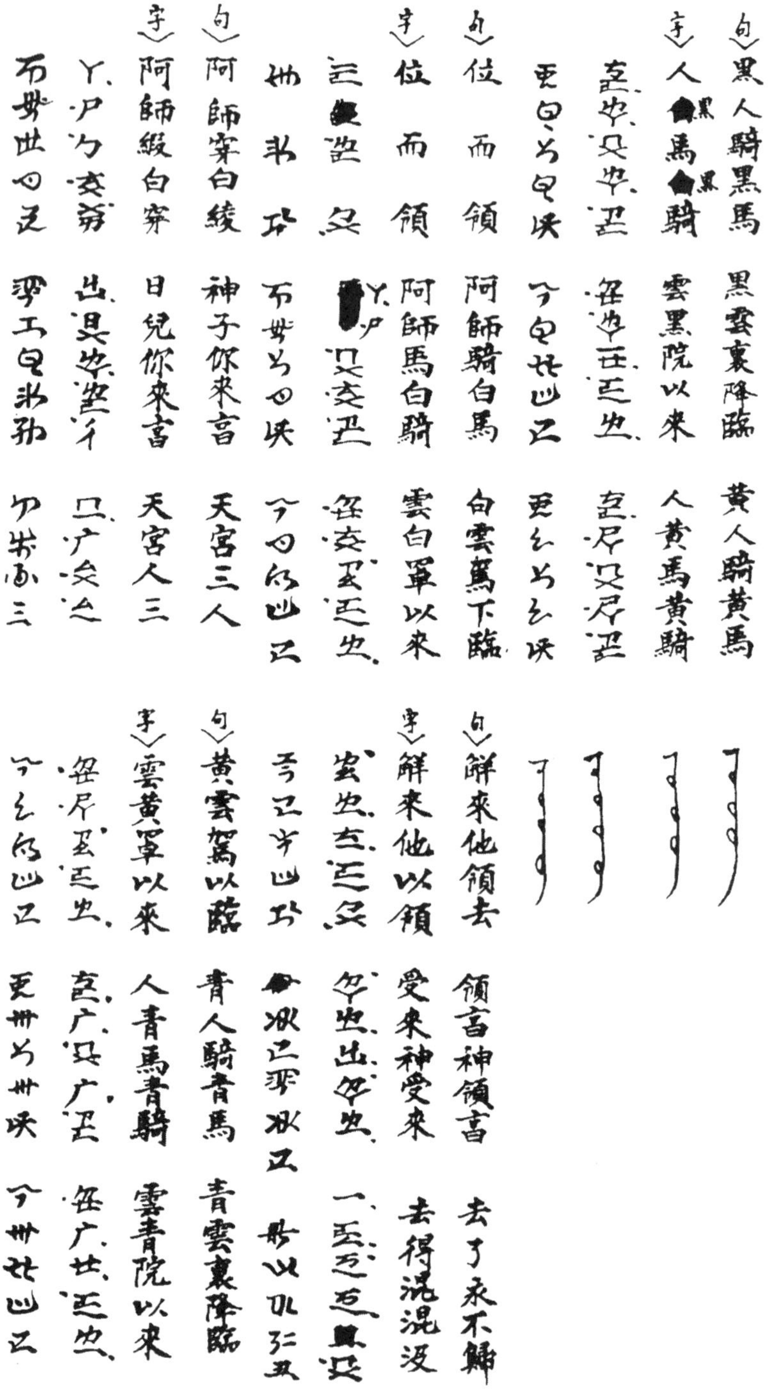

白〉黑人騎黑馬　黑雲裏降臨　黃人騎黃馬

字〉人黑馬黑騎　雲黑院以來　人黃馬黃騎

白〉位而領　阿師騎白馬　白雲駕下臨

字〉位而領　阿師馬白騎　雲白罩以來

白〉阿師穿白綾　神子你來富　天宮三人

字〉阿師綾白穿　日兒你來富　天宮人三

白〉鮮來他領去　領富神領富　去了永不歸

字〉鮮來他以領　受來神受來　去得混混沒

白〉黃雲駕以臨　青人騎青馬　青雲裏降臨

字〉雲黃罩以來　人青馬青騎　雲青院以來

句 黑地無紫黑　日因有惡結　日出不顯光

字 地黑[redacted]紫不成　日以一惡結　日出光不顯

亥中一早丞、　山、己本尺、夕　山、夕也、[redacted]早、旦

当日册田卯　孚山以初臣　孚方孔田汁

句 白天一惡結　白天不能亮　黑地一惡結

字 天白一惡結　天白亮不能　地黑一惡結

只亥本尺、夕　只亥夕、早、也　亥中本尺、夕

方曰以初臣　方曰云田罗　当日以初臣

句 第二章　三因　三冤　結　成　了

字 第二章　三因　三惡　結　起　阿

乞、夕、丑、　[redacted]之、一　[redacted]之、尺、　[redacted]夕、　[redacted]厶　[redacted]本

卞甲瓜　三呆　三初　臣　卌　卅

句 命令不施行　文閣　武院　世子因惡結

字 命令總不行　臣廊　臣閣　世子一惡結

臣尸夕、早、智、　夕、一　夕、至、　只是本尺、夕

一卌刁田四　个呆　亇刁　夘工以初臣

句 星宿不輝煌　皇宮　京殿　太子因惡結

字 星照耀無爍　皇宮　王殿　太子有惡結

牛丑易早旦　千乞　冬在　卫是本尺、夕

止从昔田汁　叩引　以化　忄工以初臣

句 月因有惡結　月出不放光　星因有惡結

字 月以一惡結　月出光不亮　星以一惡結

厂、己本尺、夕　厂、出、夕、早、也　牛己本尺、夕

口山以初臣　口初云田罗　止山以初臣

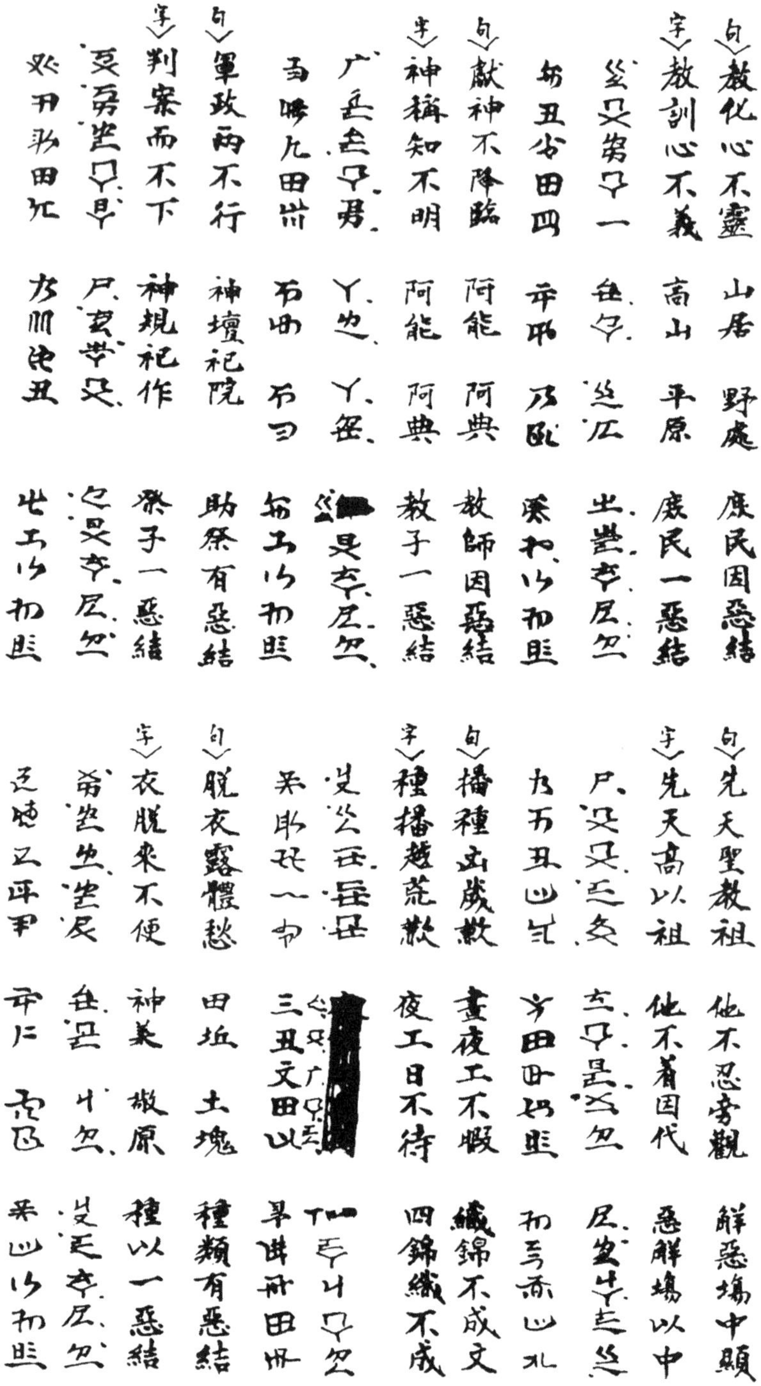

白 教化心不靈 山居 野處 庶民因惡結

字 教訓心不義 高山 平原 庶民一惡結

白 獻神不降臨 阿能 阿典 教師因惡結

字 神稱知不明 阿能 阿典 教子一惡結

白 軍政兩不行 神壇祀院 助祭有惡結

字 判案而不下 神規祀作 祭子一惡結

白 先天聖教祖 他不忍旁觀 解惡塲中顯

字 先天高以祖 他不肯因代 惡解塲以中

白 播種出歲歉 晝夜工不暇 織錦不成文

字 種播越荒歉 夜工日不待 四錦織不成

白 脱衣露體愁 田坵 土塊 種類有惡結

字 衣脱來不便 神美 墩原 種以一惡結

句 佈傀獨腳戳 六攏夫而獲 鋼刀來破膽
字 佈傀腳獨地 六大夫來獲 膽以鉄來殺
夂夾く乜乜 乇夂叉乜乁 卄[illegible]乇尺𢁉[illegible]乓
丂仝乃工丑 亢匕旧乙水 乜山九乙屯
句 禍箭白 惡解白得逃 惡解無毛茹
字 灾出白 惡解白得退 惡解毛不得
㐌丢乞 尼岁乞云乜 尼岁只孓云
纟𠨐比 加亏比以北 加亏由田以
句 先乃年將 月份清 後乃災消。
字 先乃年示 月份白 後乃災消
尸岜丂尸 瓜男乞 㞢岜㐌乜
毋平己[illegible]㐌 皿刀比 叩平纟乃

句 右臂解惡香 髮作解惡杉 搖以代逐魔
字 右臂惡解物 髮乃惡解杉 搖以替代咯
叉乇尼岁广 㞢岁尼层 岁乇岜乜乜
水旧加亏口 地平亏加书 古卅銭匕卬
句 肝作解惡馬 肺作解惡牛 左臂解惡炊
字 肝乃惡解馬 肺乃惡解牛 左臂惡解蟲
玄岜尼岁瓜 乇岜尼岁哭 孓乇尼岁夂
弥平加亏孔 九平加亏仝 生用加亏丆
句 解惡塲中禮 皮作解惡社 毛作解惡儀
字 惡解塲以側 皮乃惡解塲 毛乃惡解布
尼岁㞢乇太 㞢岜尼岁㞢 夂岜岁尼哭
加亏丞山师 邪平加亏侖 由平亏加中

（白）三因三恶解　青天[redacted]解　青天皓皓白
（字）三因三恶解　天白一恶解　天白亮皎皎
么一么尼岁　又交达尼[redacted]　又交乞达达
三果三初亏　勿日三初亏　勿日亏叩仁
（白）金之仪　解恶社　化出社之间
（字）金的要　恶解场　出还场以间
尽乜必尼　尼[redacted]牛　其彳牛乏以
幺仁叩　初亏斋　艸怀斋凶兆
（白）海水乃[redacted]　太山乃岩岩　解恶银与
（字）海水乃多多（洋洋）　化山乃峩峩　恶解银以
互一岂岂　尧乞岂岂　尼岁交亏
孔可平毋仁　开炒平翌仁　初亏日卅

（白）星影一恶解　星出光灼灼　宫殿一恶解
（字）星影一恶解　星行光亮亮　宫阁一恶解
牛乏本尼岁　牛出昜旦旦　乞一本尼岁
凶凶以初亏　凶初肯什仁　乎果以初亏
（白）日光显荣荣　月影一恶解　月照光明明
（字）日出光亮亮　月影一恶解　月行光明明
出色忽旦旦　広乏本尼岁　広出乞达达
平お孔什仁　四凶以初亏　四初亏叩仁
（白）黑地一恶解　黑地紫滕滕（滕）　日影一恶解
（字）黑地一恶解　黑地花节节　日影一恶解
支中本尼岁　支中一丕丕　出乏本尼岁
甾[redacted]以初亏　甾日卅早仁　平凶以初亏

句 神壇 祭社 師子一惡解 祈禱便親聽
字 神壇 道院 師子一惡解 神靈乃知音
尸亥 岜只 夂是夲尼宏 广乏岜岳吊
杉川 比丑 比乍以初弓 弓岍平几卅
句 官廳 官殿 世子一惡解 君命召速行
字 官廳 官殿 世子一惡解 斷案而清下
夂一 夂岔 只是夲尼宏 只房岜岜早
㐅呆 㐅彐 𠬠乍以初弓 氹刀平取忙
句 皇宮 玉殿 太子一惡解 其命並維新
字 皇宮 京殿 太子一惡解 命令廣施行
千亙 乡庄 卫是夲尼宏 岳尸岜忽皆
吡纟 以九 不工以初弓 一於平彐四

句 田垣 土塊 禾祿一惡解 歲稔慶豐年
字 楊菊 禁原 種以一惡解 種熟歲豐榮
岳岊 什夂 生乏夲尼宏 生乆岳岜岦
平仁 𠆤区 呆山以初弓 呆肋比虎中
句 山居 野處 庶民一惡解 披袍體佩裘
字 柿小 高山 庶民一惡解 緞穿來是光
岳夂 乆工 出岜夲尼宏 勹房岀岜岦
平呱 乃臥 㕛和以初弓 世乏二平中
句 阿能 阿典 教師一惡解 教化心口靈
字 阿能 阿典 教子一惡解 教作心口多
丫也 丫岔 岀是夲尼宏 岀只岜弓岦
丙毌 丙彐 乐工以初弓 乐丑岁臥卅

句〉此章念完了
字〉仙念完以了
厺厺、矣正、仫
亡廿乎山卫
句〉敬仙祝萬美 總論論人與 除惡口口催
字〉敬仙散萬美 總論論人乃 去得口口作
爫厶仐卫、卫 卫、乜乜交、另 一、乏旁旁只、
包世乎卯又 走卫孔丙分 弓以臥孔丑
句〉日夜工積厚 織錦著佳文 千分源源到
字〉夜工書[redacted]成 四織經緯理 千分分居到
厶只、广、[redacted]丟、 丁丐丩、[redacted]卫、 卫出出岜正、
三丑文[redacted]以 早世冊[redacted]毋 𠦃囙孔冷丙

句〉奇因線乃一 線因杜乃二 杜因紅乃三
字〉奇以線乃一 線以獨乃二 獨線紅乃三
卫丐丘、另厺 乎丐乞另广 乜丘乜、另亾
卅卅牝勺丹 牝卅工兮二 工牝北勺三
句〉尋作解了明 夜夢神魂運 奇災先報明
字〉尋作解是以 夜夢肯還運 稀奇是底以
尸只宏厶丐 一卩出勺亠、 乜卫乜、𡗗正
岁丑弓卅卅 旦世卬軺以 卅卅卬岢山
句〉第三章 論道夢魂迷 生災禍
字〉第三章 論是夜夢迷 樹生禍
卫乞卫、 乜岜一卩卫、 另丑丂、
十三皿 卯平旦世卯 了 毋 乜

句 影歸聖女子 通天南道居 人飛五子母
字 影歸日女子 天通上南居 人飛子五母
㝍也广丫㕣 只玄罕亡岜 亖留是蛮乙
乐比文石匕 石岁卅甲㱔 更冈工[redacted]五匕
句 日間推七曜 夜間沒事理 夜間定五行
字 日乃七天恰 夜乃事不有 夜乃五行分
广岜丁只㝍 之岜岂罕勺 之岜蛮乏
文乎孙石㣲 三乎咄田称 三乎五界咄
句 線藍日裏穿 十舟城内坐 日間沒事理
字 線藍日作穿 十舟内以坐 日乃事不有
乇岁广只㝍 之㕕以乏广 广岜岂罕勺
牝乎文丑乏 十世北凶币 文乎咄田称

句 榮 日 晴 月亮明之夢 此應太河清
字 光 日 晴 亮月明夜夢 此是世清影
岜 出 亖 亡丘乞一罕 彳岜岳岳乏
的[redacted]丑 古 甲四云兄世 咄乎一幽凶
句 藍夜夢乃四 夜夢迷乃五 夢迷危安兆
字 藍夜夢乃四 夜夢迷乃五 夢迷危安兆
广一罕㝍也 一罕丑㝍蛮 罕丑尺去岂
卅兄世乞弔 兄世由乞五 世由尹纵丑
句 人飛雲乃一 雲彩彩乃二 彩彩藍乃三
字 人飛雲乃一 雲彩彩乃二 彩彩藍乃三
亖留侄㝍杰 侄房房㝍广 房房广㝍仌
更冈兮乞吓 兮吾孓乞呷 吾孓卅乞三

句 青鳥白兎夢 此是庶民兆 飛乃羽翔翔

字 鳥青兎白夢 這是庶民應 飛乃翅揚揚

句 此是公侯兆 黄鶴白鶴夢 此是先知兆

字 此是公侯應 鶴黄鶴白夢 這是知覺應

句 青龍白虎夢 此是君臣兆 白蛟玄豹夢

字 龍青虎白夢 這是君臣應 蛟白豹黑夢

句 此喜士不樂 夜夢士且樂 此憂民不靜

字 這喜士不滿 夜夢士喜滿 這憂民不順

句 飛乃翅飄飄 行乃腳跋跋 此夢是凶兆

字 飛乃翅拖拖 行是腳扯扯 這是憂夢是

句 行乃腳叙叙 似然而然者 此夢是吉兆

字 行是腳輕輕 似以然已了 這是喜夢是

此是供靈台　夜夢騎肥馬　不是騎肥馬
這是會處是　馬騎夜所夢　這馬騎不是
个丁互乜乜　又正一互卜　个又正卜乜
由北田由丑　乡只星巾世　由乡只田丑
此乃長眠墓　原來沒高座　夜夢登高座
這陰獄獨是　原來沒高座　夜夢坐高座
个否个乜乜　三岂乜卜岂　一卜□广乜岂
由五米工丑　由己由田和　星世文由和
夜夢民安靜　原來我勿室　夜夢室中寢
夜夢憂民順　自來室不得　夜夢室已得
一卜反岂岂　三岂个卜岂　一卜个三岂
星世甲乙斧　由己由田和　星世由山和

（句）夢憂和夢懼　夢禍和夢災　不知是何兆
（字）夢憂和夢懼　夢禍和夢災　所兆然不知
卜乞三卜卯　卜反三卜卯　右旦岂卜色
世お山世扌　世甲山世牛　巾世丹田九
（句）舅來　甥往　乃　不　是　特是向陰路
（字）舅行　甥走　乃　不　是　陰路查特是
三么　又比　乜　卜　乜　否□生岂乜乜
皿六　外扌　己　田　丑　五卄开工丑
（句）此是上龍杆　舅來　甥往　夢　裏　交
（字）這是棺白上　舅行　甥走　夜　所　夢
个岂又交卯　三么　又比　一　ち　卜
由平田日卅　皿六　外扌　星　巾　世

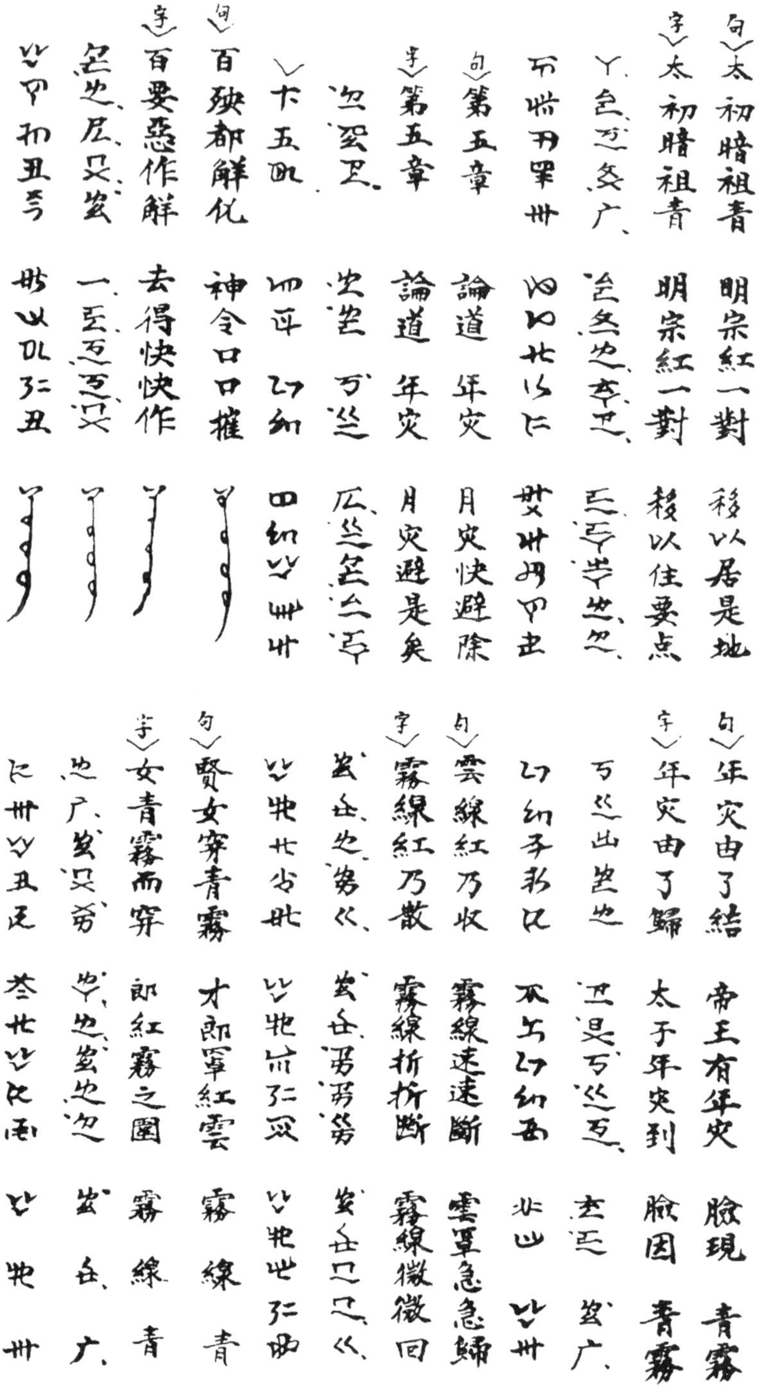
句 太初暗祖青 明宗紅一對 移以居是地
字 太初暗祖青 明宗紅一對 移以住要点
句 第五章 論道年灾 月灾快避除
字 第五章 論道年灾 月灾避是矣
句 百殃都解化 神令口口摧
字 百要惡作解 去得快快作
句 年灾由了結 帝王有年灾 臉現青霧
字 年灾由了歸 太子年灾到 臉困青霧
句 雲線紅乃收 霧線速速斷 雲罩急急歸
字 霧線紅乃散 霧線折折斷 霧線徹徹回
句 賢女穿青霧 才郎罩紅雲 霧線青
字 女青霧而穿 郎紅霧之圍 霧線青

句 臉有 青青 紅紅現 畢畜也遺灾
字 臉以 青青 紅紅現 畜牧來遭瘟
㓂迮 广广 𠮥𠮥𡏩 广岜㞢查甲
北岜 卌ㄋ二 北ㄋ二丂 文逃㠯苎甲
句 祭師年灾到 黑風暴風逼 士民年灾到
字 師予年灾到 颭黑風黑避 士民年灾到
𠮥㒷丂纫𡏩 㐌㚏广㚏𡏩 嵩嵔丂㕭𡏩
𠀋乇叮纫𡏩 ㄖ包佗包㐅 𦈢和叮纫𡏩
句 紅雲發 臣宰年灾到 暴風黑雲流
字 霧紅長 臣宰年灾到 布黑風黑吹
岜 𠮥 𡏩 只㒷丂㕭𡏩 𠬠㚏广㚏𡏩
𠃊 𠀋 四 㔹乇叮纫𡏩 𡰪包𧿹包苗

句 只怕一天灾 一天十二時 十二時不灾
字 一天灾來怕 一天十二時 十二時不灾
卒丁㕭𠮥𠮥 卒广㐌广亥 㐌广亥只㕭
ㄖ田纫㠯㞢 ㄖ币十二卯 十二卯田纫
句 只怕一月灾 一月三十天 三十天不灾
字 一月灾來怕 一月三十天 三十天不灾
卒瓜㕭𠮥㕭 卒瓜㕭㐌丁 㕭㐌丁只㕭
ㄖ四纫㠯㞢 ㄖ四三十四 三十四田纫
句 耕種勿收成 一年十二月 十二月不灾
字 種耕成歉減 一年十二月 十二月不灾
㕭㕭㑇㑇㑇 卒丂㐌广瓜 㐌广瓜只㕭
果[redacted]彤㐂一㽕 ㄖ叮十二四 十二四田纫

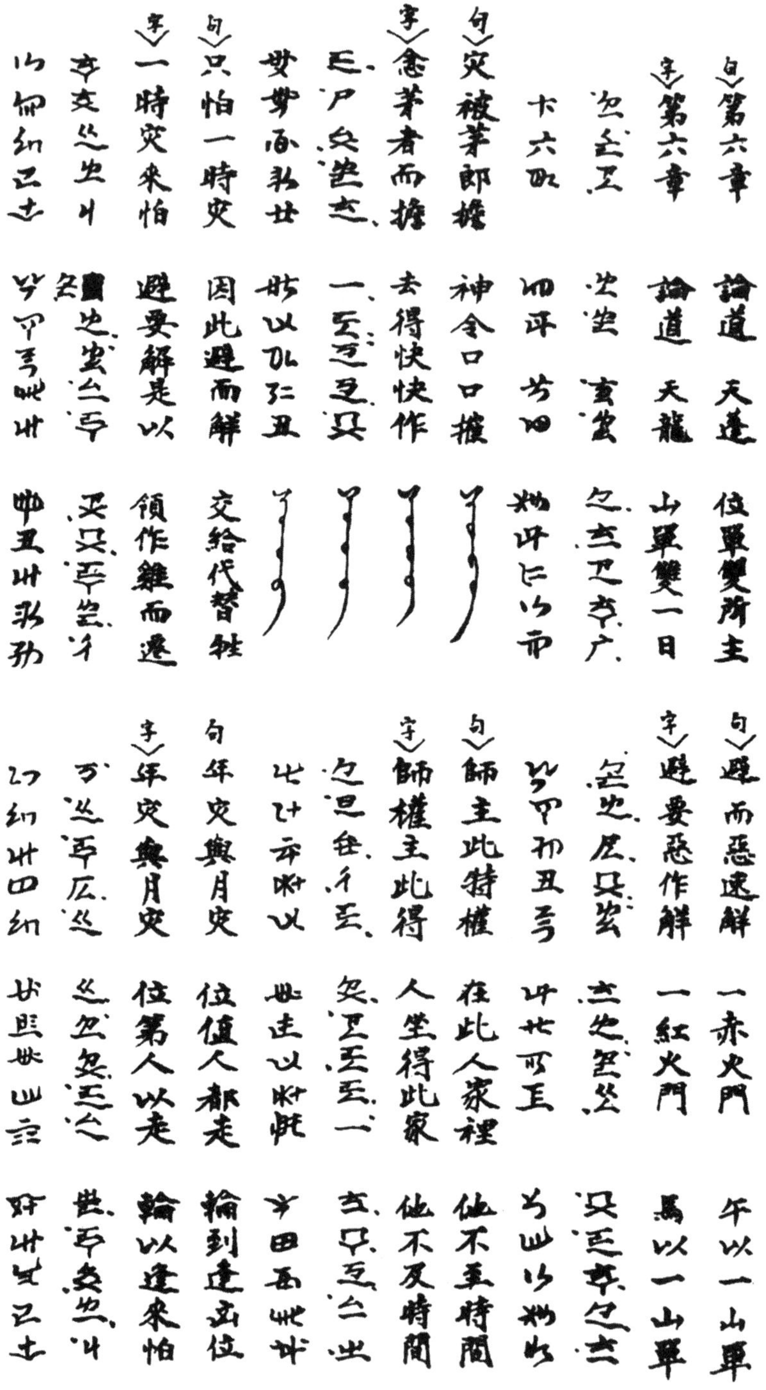
句 第六章 論道 天蓬 位單雙所主
字 第六章 論道 天龍 山單雙一日
句 突被茅郎搶 神仙口口搶
字 念茅者而搶 去得快快作
句 只怕一時突 因此避而解 交給代替牲
字 一時突来怕 避要解是以 領作雜而還
句 避而惡速解 一赤火門 午以一山單
字 避要惡作解 一紅火門 馬以一山單
句 師主此特權 在此人家裡 仙不至時間
字 師權主此得 人坐得此家 仙不及時間
句 年突與月突 位值人都走 輪到逢亥位
字 年突與月突 位第人以走 輪以逢来怕

句 五黑水門 子以一山當 六間土門

字 五黑水門 鼠以一山單 六間土門

弖牛、一、父、 厈乏夲乞、六 乏一、广父、

五旦多丟 比四以抛収 六抛子丟

句 酉以一山當 四文天門 戌與亥相兼

字 雞以一山單 四斑天門 犬與豕山雙

乍乏夲乞、六 出易㕣父、 山乍乍乞卫

卅四以抛収 弔丗万丟 彡卅以抛匚

句 二紫石門 未[redacted]中相兼 三白坑門

字 二紫石門 羊與猴山雙 三白坑門

广旁[redacted] 王乍岦乞卫 [redacted]安㕣父、

平比国丟 [redacted] 三日廿丟

句 雙山夫之灾 火門是主病 木門是主死

字 雙山夫所灾 火門是病殃 木門是死殃

乞卫乏乏父 岦父岦岦亖 旁父岦[redacted]亖

抛匚抛吊纟 丆丟丙艹匡 了丟丙北匡

句 八黃地門 辰與巳相兼 單山婦之灾

字 八黃地門 龍與蛇山[redacted] 山單婦所灾

厉尸工父、 岦乍尸乞卫 乞六丑五父

乃幺罒丟 四卅幺抛匚 抛収罒吊纟

句 丑與寅相兼 七青木門 玉兔一山當

字 牛與虎山雙 七青木門 白兔一山單

广乍岦乞卫 丁广旁父、 六岦夲乞六

千卅而抛匚 犭卅了丟 丶日以抛収

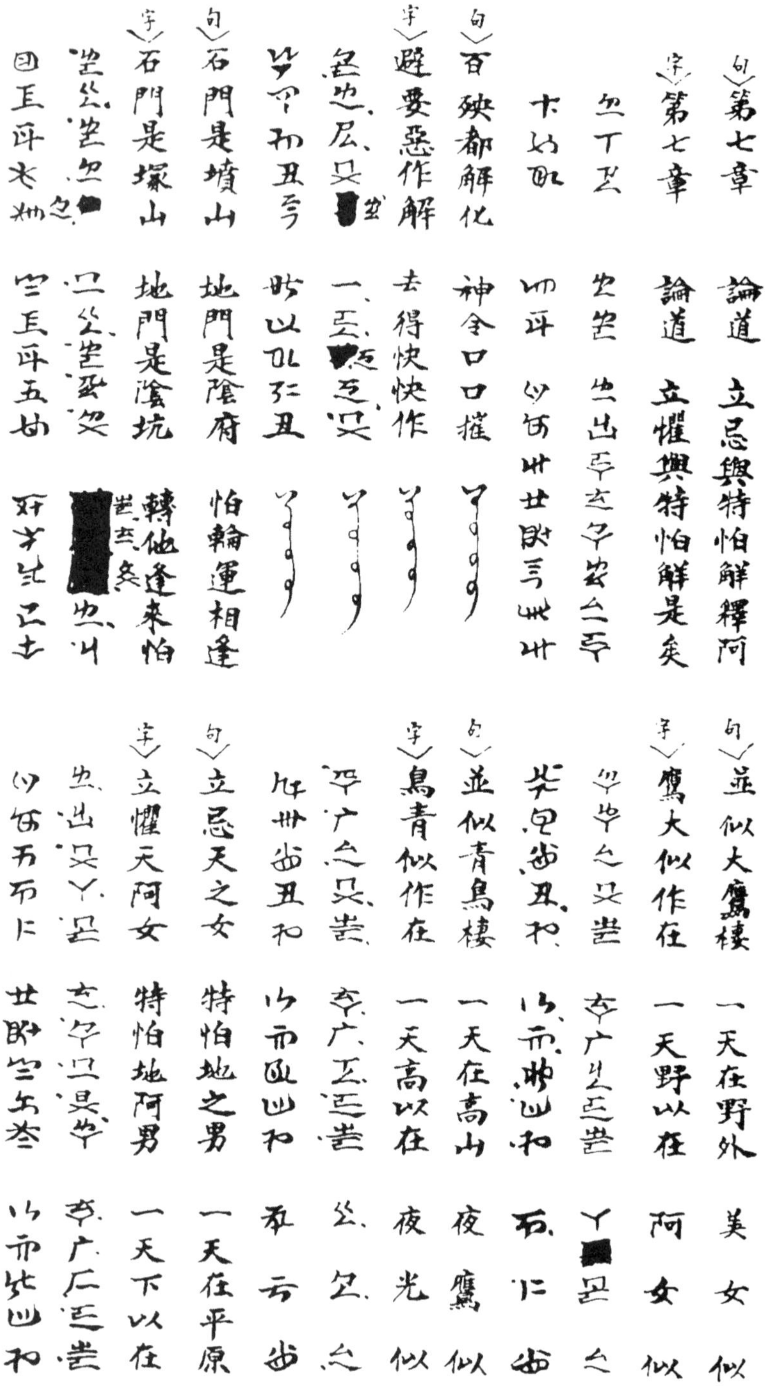
句〉第七章 論道 立忌與特怕解釋阿
字〉第七章 論道 立懼與特怕解是矣
句〉百殃都解化 神全口口摧
字〉避要惡作解 去得快快作
句〉石門是墳山 地門是陰府 怕輪運相逢
字〉石門是塚山 地門是陰坑 轉他逢來怕
句〉並似大鷹棲 一天在野外 美女似
字〉鷹大似作在 一天野以在 阿女似
句〉並似青鳥棲 一天在高山 夜鷹似
字〉鳥青似作在 一天高以在 夜光似
句〉立忌天之女 特怕地之男 一天在平原
字〉立懼天阿女 特怕地阿男 一天下以在

句 祭司 士民 立忌永不遇 特怕終不逢
字 師子 民子 立懼始不勝 特怕終不中
乞旻 宊、旻 乢、出 癸、孚、癸 芖、孚、亨 孚、丟、
卌乍 乔、乍 以 甘 匚 田 丁 廿 肘 叺 田 卅
句 在此人家裏 十年十二月 君王 臣宰
字 人生得此家 一年十二月 君子 臣子
癸、卫 千 丟、一 辛、丂 乏、广 瓜、 卫 旻 只、旻
此走肘以甡 以 匚 十二四 丙乍 肋乍
句 冒似郎兒在 三美忌受灾（切中老） 師主此特權
字 兒郎似作在 三美灾來怕 師權主此得
旻 芍、厶 只、世、 厶、卫 丛 乢 廿 乞旻 岙、千 丟、
乍 杢 凼 丑 和 三 匚 纽 乙 土 乜 卄 乔 肘 以

句 第八章 論道 梶白 梶黑解釋阿
字 第八章 論道 杖白 杖黑解是矣
夗 居 卫、 乢 乢 癸 奕 旻 乢 虫 厶 亏
十 八 叭 四 乎 肋 日 肋 旦 弓 卅 廿
句 三聲呼出了
字 三口亦要是
厶、乏 豆 丞 厶
三 兀 处 五 卅
句 云人恐不幸 百殃都解化 神令口口摧
字 言人向不幸 避要惡作解 去得快快走
夗 乒 宊 孚、出 岙 出、 尽、只、 蚩 一 至 豆 豆、只
干 面 北 田 芒 屮 卬 和 丑 弓 卅 以 兀 仁 丑

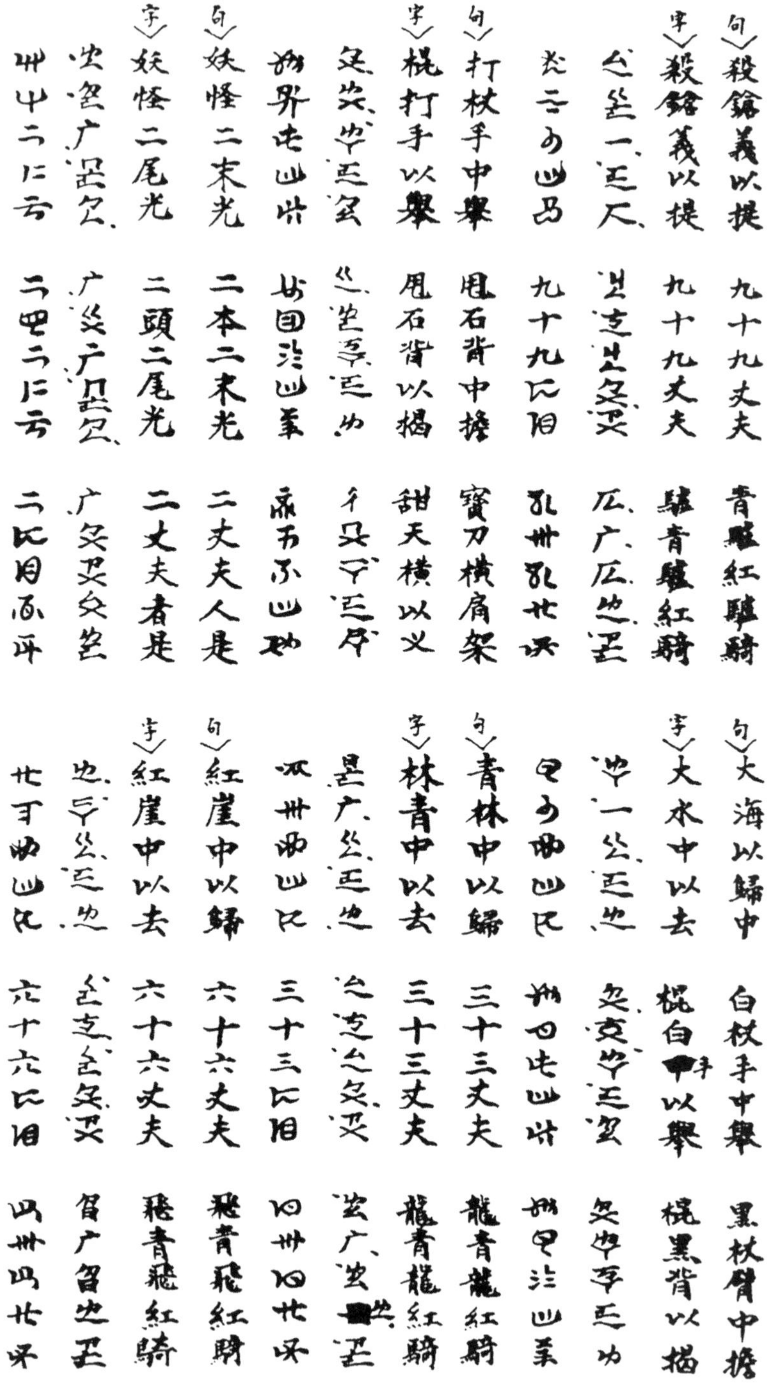
句 殺鎗義以提 九十九丈夫 青驄紅驄騎
字 殺鎗義以提 九十九丈夫 驄青驄紅騎
句 打杖手中舉 甩石背中捲 寶刀横肩架
字 梶打手以舉 甩石背以搯 甜天横以义
句 妖怪二末光 二本二末光 二丈夫人是
字 妖怪二尾光 二頭二尾光 二丈夫者是
句 大海以歸中 白杖手中舉 黑杖背中捲
字 大水中以去 梶白手以舉 梶黑背以搯
句 青林中以歸 三十三丈夫 龍青龍紅騎
字 林青中以去 三十三丈夫 龍青龍紅騎
句 紅崖中以歸 六十六丈夫 飛青飛紅騎
字 紅崖中以去 六十六丈夫 飛青飛紅騎

（句）神令口口摧 三聲呼出了
（字）去得快快走 亼亙亙丞亼
一、乏乏乏叹 三聲喊要是
𠱸以仉弖丑 三仉巛五卌
（句）花杖中即麻 云人恐不幸 惡怨解釋阿
（字）花棍着是麻 言人向不幸 惡作解是奂
卫叒昆岂另 忽夂赱孑、乂 尸只、宏亼亭
弖弘毋乎可 子丽北田洪 初丑[redacted]三卌卅
（句）來到人座前 白杖中即病 黑杖中即疼
（字）人座前以及 棍白着是病 棍黑着是疼
叒、卫、广乏乏 叒、交昆岂岂、 叒、卌昆、岂岂
毋走毕凹女 弘曰田乎毕 弘曰田乎聿

（句）白土高合坐 日間無閒事 日間推七、政
（字）土白台以游 日是事不得 日是七天恰
亥交廾乏夂、 广、岂岂孑勹、 广岂丅只另
㫒曰书凹前 而乎岁田称 而乎以书肯
（句）天蓬能之女 五彩雲端坐 地萬影鬼郎
（字）天蓬能阿女 雲美照以坐 地萬以鬼郎
只夂、屯丫、㠯 岙㠯丞乏广、 亡夲乏昊岁
书丽罒书卜 亇仁仅凹而 亡以凹乞岑
（句）第九章 論道 破冢 蕩產解釋阿
（字）第九章 論道[redacted]破作 壞境解是矣
忽亼乙、 岂岂 乏只、 卆廿宏亼亭
卜九画 卌乎 夕丑 打廷三卌卅

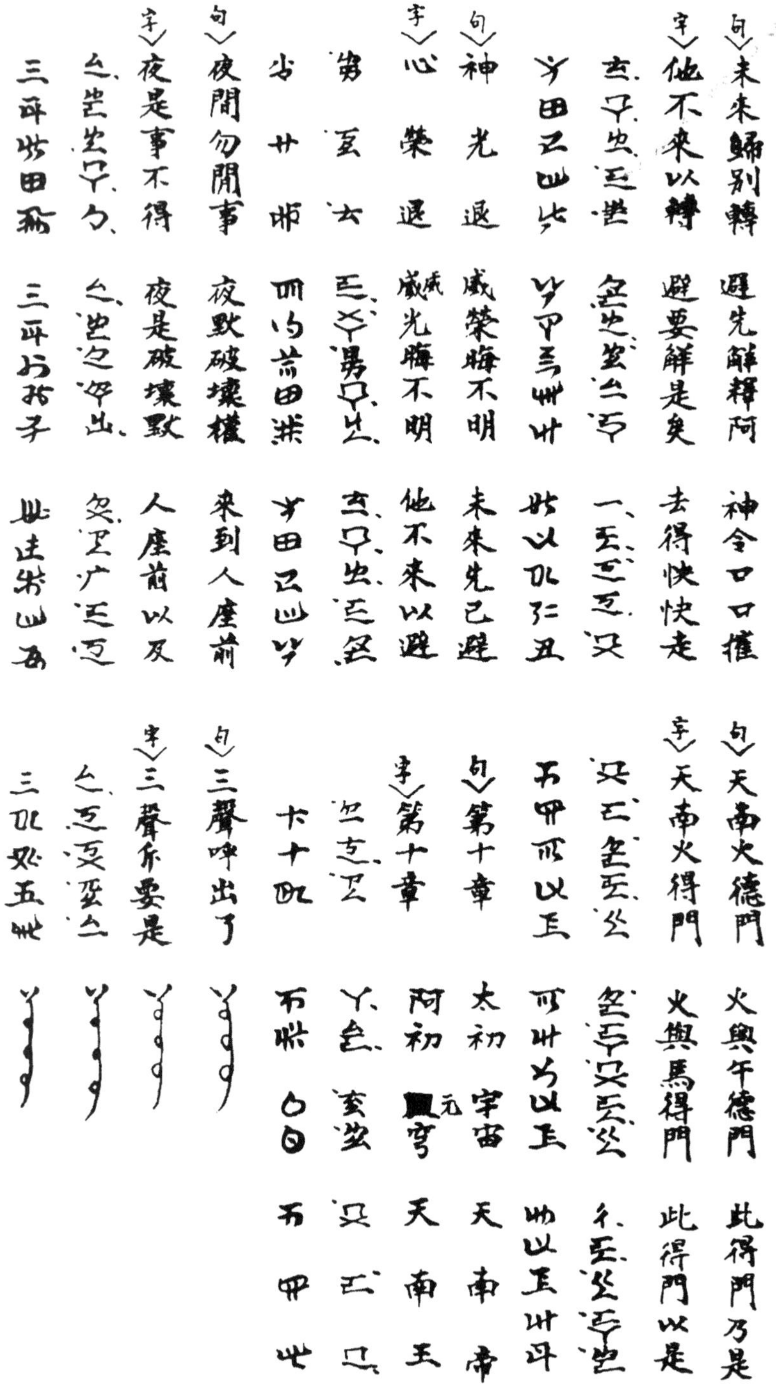

句 未来归别转 避先解释阿 神令口口推
字 他不来以转 避要解是矣 去得快快走
句 神光退 威荣晦不明 未来先已避
字 心荣退 威光晦不明 他不来以避
句 夜间勿閒事 夜默破坏權 来到人座前
字 夜是事不得 夜是破坏默 人座前以及

句 天南火德门 火与午德门 此得门乃是
字 天南火得门 火与马得门 此得门以是
句 第十章 太初宇宙 天南帝
字 第十章 阿初元穹 天南王
句 三声呼出了
字 三声亦要是

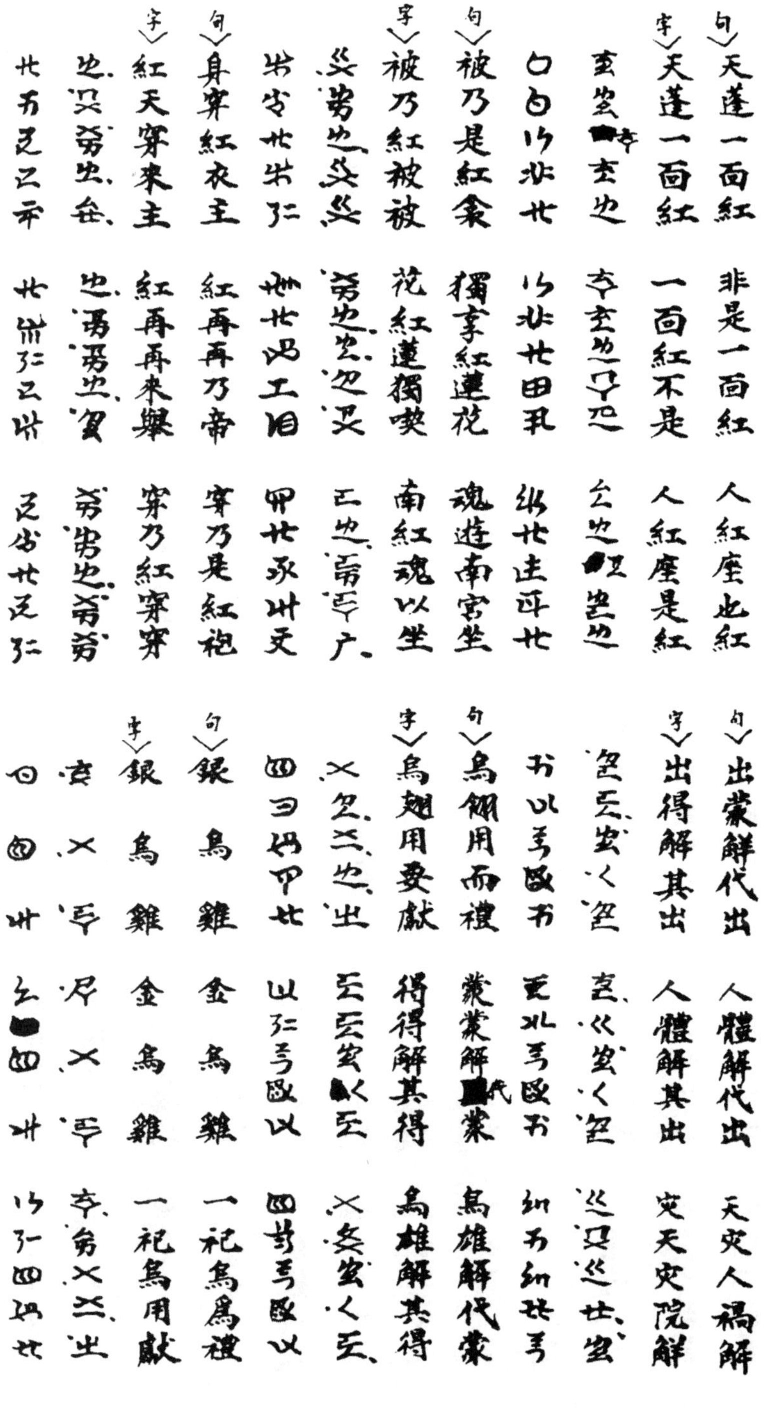
句 天蓬一面紅 非是一面紅 人紅座也紅
字 天蓬一面紅 一面紅不是 人紅座是紅
句 被乃是紅衾 獨享紅蓮花 魂遊南宮坐
字 被乃紅被被 花紅蓮獨喫 南紅魂以坐
句 身穿紅衣主 紅再再乃帝 穿乃是紅袍
字 紅天穿來主 紅再再來舉 穿乃紅穿穿
句 出蒙解代出 人體解代出 天灾人禍解
字 出得解其出 人體解其出 灾天灾院解
句 鳥翎用而禮 鳥雄解代蒙
字 鳥翅用要獻 得得解其得 鳥雄解其得
句 銀 鳥 雞 金 鳥 雞 一祀鳥鳥禮
字 銀 鳥 雞 金 鳥 雞 一祀鳥用獻

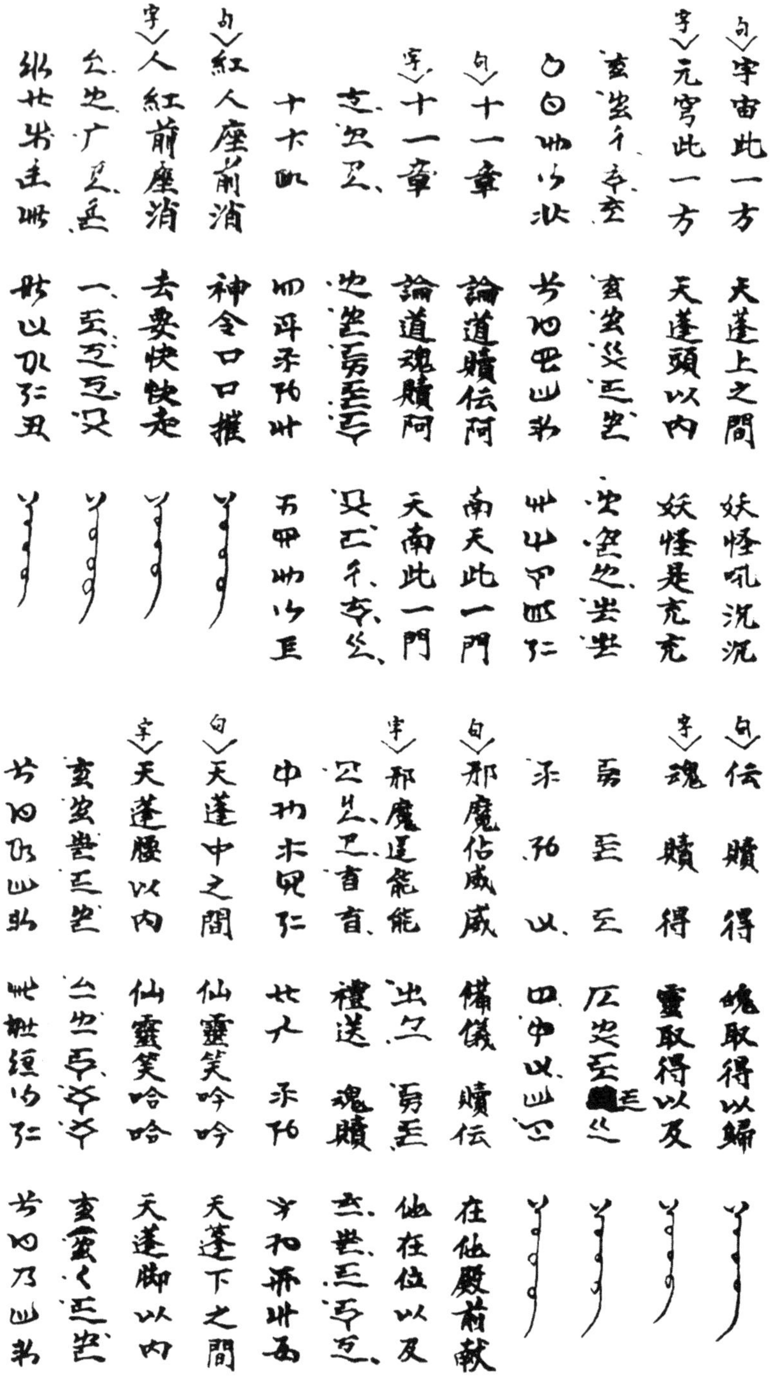
句 宇宙此一方 天蓬上之間 妖怪吼沉沉
字 元穹此一方 天蓬頭以内 妖怪是充充
句 十一章 論道贖伝阿 南天此一門
字 十一章 論道魂贖阿 天南此一門
句 紅人座前消 神令口口摧
字 人紅前座消 去要快快走
句 伝 贖 得 魄取得以歸
字 魂 贖 得 靈取得以及
句 邪魔佔威威 備儀 贖伝 在仙殿前献
字 邪魔逞能能 仙在位以及
禮送 魂贖
句 天蓬中之間 仙靈笑吟吟 天蓬下之間
字 天蓬腰以内 仙靈笑哈哈 天蓬脚以内

句 白再再乃帝 穿乃是白袍 袍乃[redacted]是白衾
字 白再再来舉 穿乃白穿穿 被乃白被被
尽男男也奴 旁男尽旁旁 夂男尽夂夂
[redacted]白岜孓工岜 乏岑[redacted]白乏孓 岜岑[redacted]白岜孓
句 金與酉德門 此德門乃是 身穿[redacted]白衣主
字 金與雞得門 此得門以是 金天穿来主
尽男云至夂 亻至夂厶云岜 尽吳旁也岳
幺岑卅以巨 卅以巨卅平 幺方正辶平
句 十二章 宇宙天西帝 天西[redacted]金得德門
字 十二章 元穹天西王 天西[redacted]金得門
支广卫 玄岜吳岜卫 吳岜尽至夂
十二叭 ⊙白方廿廿 方廿幺以巨

句 銀 烏 雞 金 烏 雞 一祀烏爲禮
字 銀 烏 雞 金 烏 雞 一祀烏用献
卖 乂 云 尽 乂 云 亦男乂二也
囚 四 卅 幺 四 卅 少孓四仍廿
句 天蓬一面白 非是一面白 人白座也白
字 天蓬一面白 一面白不是 人白座是白
玄岜[redacted]亦支玄 [redacted]亦玄玄午乏 幺玄卫岜玄
艿囚少北囚 少北囚田礼 纵囚走平囚
句 白床人倚靠 獨享白蓮花 魂遊西宫坐
字 白床人以靠 白花蓮獨喫 西白魂以坐
卖卅么正亙 卖旁岜乞买 岜卖另云广
囚书纵山廿 囚砸仍工旧 廿囚汞卅文

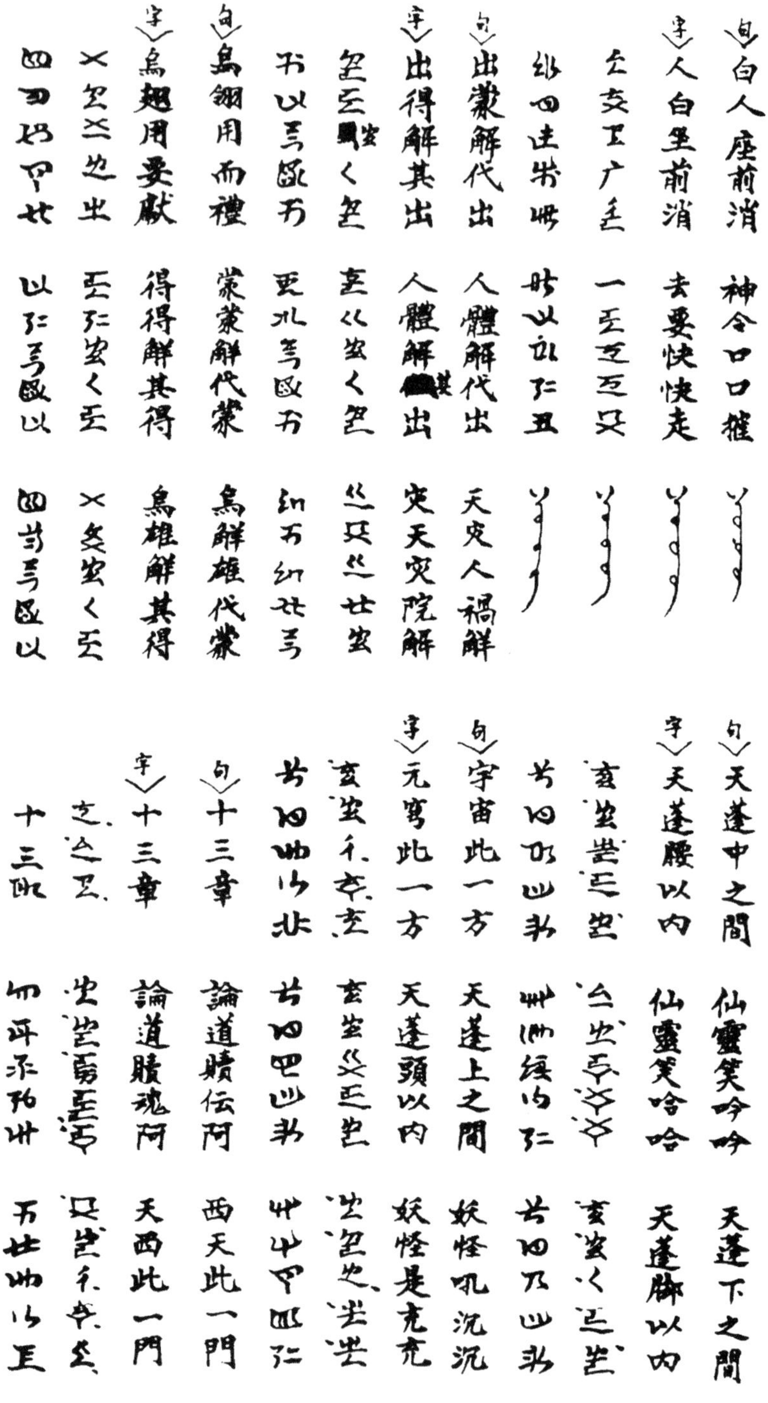

句 在他殿前献 伝贖得 魄取得以歸

字 他在位以及 魂贖得 靈取得以及

杰岦乇亏乏 旁乭乭 厈岁乭乇亾

ネ和帀卄五 氵孙以 四中以山丅

句 天蓬下之間 邪魔佐威威 備儀 贖伝

字 天蓬脚以内 邪魔運能能 禮送 魂贖

玄岦く乇岦 卪旦卫盲盲 出夂 乇乭

丂曰乃山兆 中扐氺兄红 廿九 山孙

句 黑再再乃帝 穿乃是黑袍 被乃是黑衾

字 黑再再來舉 穿乃黑穿穿 被乃黑被被

氵旁旁出、亙 旁旁出旁旁 爻旁出爻爻

旦岦岦乙卌 乇岁旦乇红 岁岁旦岁岁

句 水與子德門 此德門乃是 身穿黑衣主

字 水與鼠得門 此得門以是 黑天穿來主

一、亏斤乭、爻 千、乭、爻亏岦 出爻旁出、岳、

ゟ卄比以乇 卌乇以卄平 旦巿乇乇平

句 十四章 宇宙天北帝 天北水德門

字 十四章 元宫天北王 天北水得門

乞、丅乙、 玄岦又亏丫卫、 又亏一、乭、爻、

十界瓜 白白巿汴也 巿汴ゟ以乇

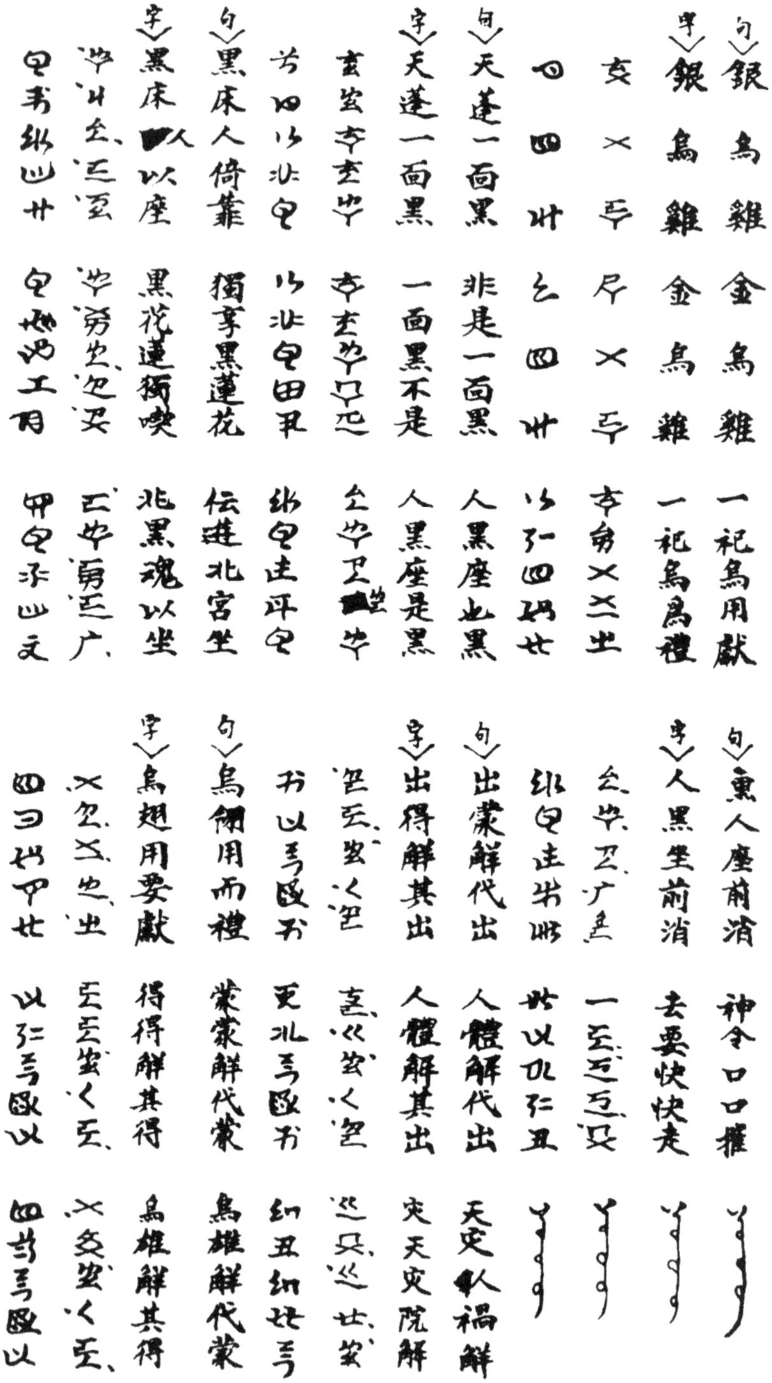
句 银乌雞 金乌雞 一祀乌用獻
字 银乌雞 金乌雞 一祀乌乌禮
句 天蓬一面黑 非是一面黑 人黑座也黑
字 天蓬一面黑 一面黑不是 人黑座是黑
句 黑床人倚靠 獨享黑蓮花 伝進北宮坐
字 黑床人以座 黑花蓮獨喫 北黑魂以坐
句 熏人座前消 神令口口擢
字 人黑坐前消 去要快快走
句 出蒙解代出 人體解代出
字 出得解其出 人體解其出
句 乌翎用而禮 蒙蒙解代蒙 乌雄解代蒙
字 乌翅用要獻 得得解其得 乌雄解其得

句〉天蓬中之間　仙靈笑吟吟　天蓬下之間
字〉天蓬腰以内　仙靈笑哈哈　天蓬脚以内
玄岦岦乏岦　ムT亏兰兰　玄岦く乏岦
艹曰办山兆　州州纟以仁　艹曰乃山兆
句〉宇宙此一方　天蓬上之間　妖怏吼沉沉
字〉元穹此一方　天蓬頭以内　妖怪是充充
玄岦千夲玄　玄岦爻乏岦　岦岦丠岦岦
艹曰州以北　艹曰巴山兆　卅艹卩四仁
句〉十五章　論道伝贖阿　北天此一門
字〉十五章　論道魂贖阿　天北此一門
乞岦几　岦岦岃乏亏　又亏千夲兰
十五叭　叩平不阝卅　丙乍州以巨

句〉十六章　宇宙東天帝　東天木德門
字〉十六章　元穹天東王　天東木得門
乏乇[redacted]　玄岦又亡辷　又亡岃乏兰
十六叭　○白丙此世　丙此了以巨
句〉伝　贖　得　魄取得以歸
字〉魂　贖　得　靈取得以及
岃　乏　乏　瓜岦乏乏兰
不　阝　以　四中以山丁
句〉邪魔佑威威　備儀　贖伝　在他殿前獻
字〉邪魔選能能　禮送　魂贖　他在位以及
又岦卫旨旨　岦夂　岃乏　亡岦乏亏亘
中加非兕仁　廿个　不阝　乡和乖卅石

句 青床人所倚 天蓬一面青 非是一面青
字 青床人以坐 天蓬一面青 一面青不是
句 穿乃是青袍 被乃是青衾 獨享青蓮花
字 穿乃青穿穿 被乃青被被 青花蓮獨喫
句 東天卯德門 身穿青衣主 青再再乃帝
字 天東兔得門 青天穿來主 青再再來舉
句 蒙蒙解代蒙 烏雄解代蒙 出蒙解代出
字 得得解其得 烏雄解其得 出得解其出
句 金 烏 雞 一祀烏用獻 烏翎用而献
字 金 烏 雞 一祀烏為禮 烏翅用要禮
句 伝遊東宮坐 人青座也青 銀 烏 雞
字 東青魂以坐 人青座是青 銀 烏

句〉十七章　論道伝贖阿　東天此一門

字〉十七章　論道魂贖阿　天東此一門

句〉天灾人禍解　青人座前消　神令口口摧

字〉灾天灾院解　人青座前消　去要快快走

句〉邪魔佑威威　備儀　贖伝　他在殿前献

字〉邪魔送能能　禮送　贖魂　他在位以及

句〉天蓬中之間　仙靈唉吟吟　天蓬下之間

字〉天蓬腰以内　仙靈笑哈哈　天蓬脚以内

句〉天蓬上之間　宇宙此一方　妖怪吼沉沉

字〉天蓬頭以内　元穹此一方　妖怪是尭尭

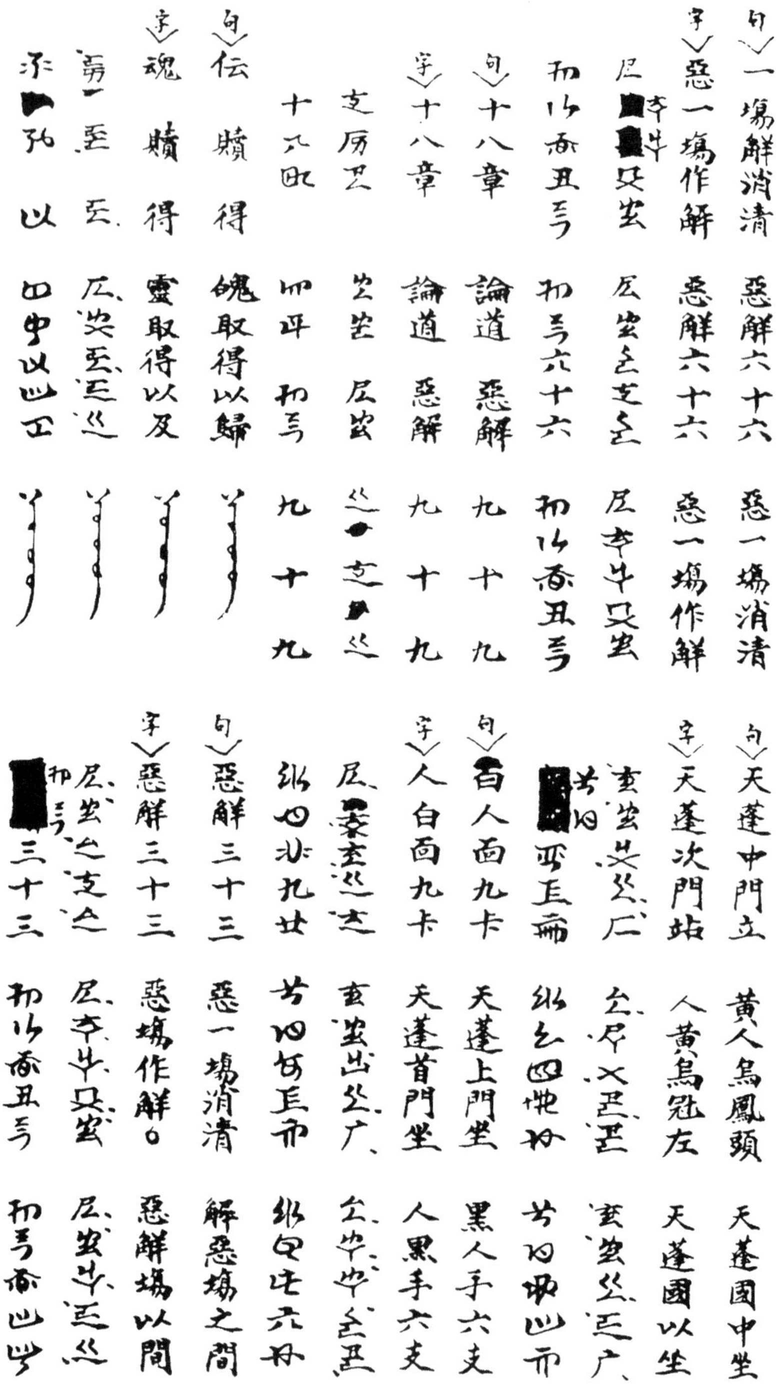
句 一場解消清 惡解六十六 惡一場消清
字 惡一場作解 惡解六十六 惡一場作解
句 十八章 論道 惡解 九 十 九
字 十八章 論道 惡解 九 十 九
句 伝 贖 得 魄取得以歸
字 魂 贖 得 靈取得以及
句 天蓬中門立 黃人烏鳳頭 天蓬國中坐
字 天蓬次門站 人黃烏冠左 天蓬國以坐
句 人面九卡 天蓬上門坐 黑人手六支
字 人白面九卡 天蓬首門坐 人黑手六支
句 惡解三十三 惡一場消清 解惡場之間
字 惡解三十三 惡場作解 惡解場以間

句 神令口口摧

字 去得快快走

句 在他左右間　送冤冤速去　冤歸快快飛

字 他在上下此　送得冤送去　飛得冤飛去

句 散病他來散　收病他來收　病因病原解

字 病散他來散　病收他來收　病天疼院解

句 財來福來　是不洗　壽來　康來

字 財來福來　是不洗　壽來　康來

句 一碗綠洋水　酉是主來酉　用是師來用

字 水黑這一碗　酉是主來酉　用是師來用

句 十九章　論道　清水　洗　惡　呀

字 十九章　論道　水清　洗　是　呀

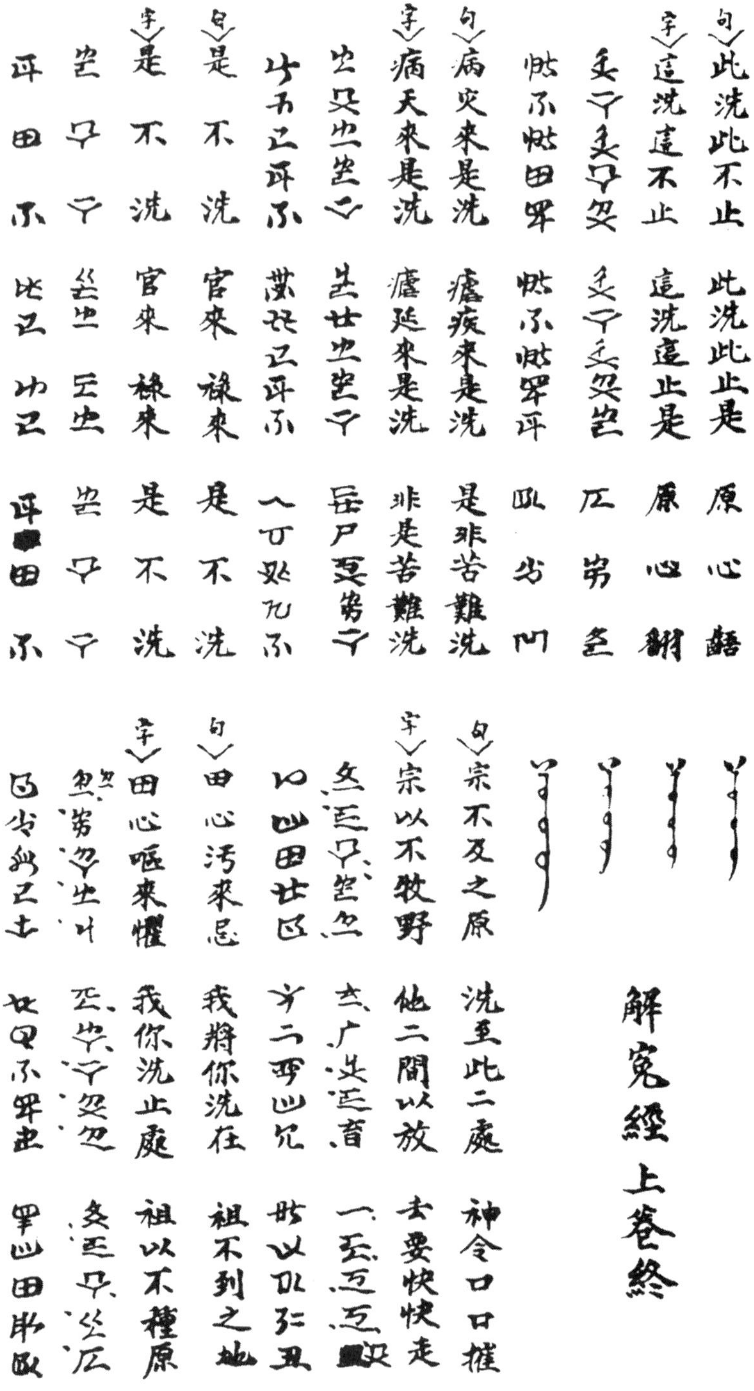

句此洗此不止
此洗此止是
原心語
字這洗這不止
這洗這止是
句病災來是洗
瘧疾來是洗
是非苦難洗
字病天來是洗
非是苦難洗
句是不洗
官來祿來
是不洗
字是不洗
官來祿來
是不洗
解冤經上卷終
句宗不及之原
洗至此二處
字宗以不牧野
他二間以放
去要快快走
句田心污來忌
我將你洗在
祖不到之地
字田心嘔來懼
我你洗止處
祖以不種原

降祥降殃皆由已　消灾消咎祈神排
此經原維禳禍灾　未到之先夢兆來

職律詩一首

譯者序

此書延又之故明列在下因去歲隆冬嚴寒不能在門外譯書因余之軀體稍有柔薪難忍風寒目力昏花非晴天不能動筆時值春日融和晴明清空方能舉筆又因教務之事或時奔走路程或時對人談道或時寫歌送人因一人攝肩兩任方才延至于今望乞寬恕現閑手又譯下卷了

民國二十年六月四日貴州大定東底林譯

各種文字計一萬二千三百三十二字

禮儀既備言辭準　洗净身心上瑤台
賢良諸君清查考　聰明契友早閑懷

解冤经（下卷）

句 白露不滋苗 日將受災禍 榮日不光明
字 露白未不命 日已寃中是 榮日晴不光
出炎岦孓、以 广、乏兰勿岂 嵤出、圭孓、勿、
卄日采田兆 灭山医匕乐 𡚸罕古田云
句 太歲受災禍 五穀多不熟 月建受災禍
字 年已寃中是 未生粒不成 月已寃中是
万乏兰勿岂 岦罡孓孓公 瓜乏兰勿岂
臼山医匕乐 呆卅匕田邠 田山医匕乐
句 第一章 寃本洗清了 命逐口口摧
字 第一章 寃本清洗阿 去得口口作
勿亦罡、 兰勿以公孓 一云忌忌、孓
水乃叭 医卯乃卌卅 卅以孔孓丑

解寃經下卷民国廿一年四月廿五日勤筆

句 君見命不行 臣宰受災禍 臣不澤下民
字 君子命不施 臣已寃中是 臣子判不決
丑旦医孓尸 孓乏兰勿岂 孓旦忌孓万易块
双乃乀田於 𤇾以医匕乐 𤇾乃忍田丑
句 國境受災禍 國亂民不興 君長受災禍
字 國已寃中是 國亂民不安 君已寃中是
公乏兰勿岂 公孓炎孓士 丑乏兰勿岂
吅以医匕乐 吅抬回田糿 双以医匕乐
句 時辰受災禍 忽然暴風臨 真命必如此
字 時已寃中是 不期風大逢 論其說如夫
亥乏兰勿岂 孓亢仁岁炎 孓玄勿炎兰
卯山医匕乐 田丑死旦出 冊子子而奸

他不忍民交
他不中因結

三工不成器
三天作不得

萬民受灾禍
民在宽中是

現今此次
現刻這次

四錦不成文
四織錦不文

牧場盡荒墟
畜牧來衰敗

房内房外
房内房上

先天高坐父
先天高以父

耕田枉勞神
種耕也楷集

蛆走與蚁入
蛆走以蚁入

人家妖孽顯
人坐此得衆

位　高　低
位　高　低

房角吊蜂包
房角蜂以吊

一年十二月
一年十二月

鬼進室有兆
鬼時以中出

母雞下鉄蛋
雞以蛋鐵蛋

蛇蛙常進屋
蛙進以蛇入

師長此神權
師長主此得

（句）華堂血浸染 未到時雞啼 水缸並失水

（字）堂中血水臨 來時以雞啼 水缸以水失

[illegible]

[illegible]

（句）房脊大鷹住 棟柱寒蟬鳴 棟梁生凍菌

（字）房頂鷹大坐 棟柱蝣螂鳴 棟梁凍菌生

[illegible]

[illegible]

（句）爐內火星移 門框有災生 何兆人難料

（字）火炉以靠落 門旁以災生 何怪然不知

[illegible]

[illegible]

（句）凡間濮四城 天地四門開 地界四方歸

（字）凡以濮四城 地天四門亮 地黑四領找

[illegible]

[illegible]

（句）天 年 君 地月將主令 又到一日間

（字）天 年 長 地月光在了 又以一日是

[illegible]

[illegible]

（句）何兆仍難料 現今此次 天君地后居

（字）何怪然不知 現刻這次 天君地后坐

[illegible]

[illegible]

句 黑風暴雨臨 士民年灾到 面上顯青紅

字 颸黑風黑避 士民年灾到 面青面紅顯

[illegible]

[illegible]

句 臣宰年灾到 [illegible]怒暴風臨 師長年灾到

字 臣子年灾到 怒黑風黑掃 師子年灾到

[illegible]

[illegible]

句 年灾四方降 君主年灾到 面上起黑雲

字 年災四有盈 君子年灾到 面以霧青發

[illegible]

[illegible]

句 一年十二月 十二月不灾 只怕一月灾

字 一年十二月 十二月不灾 一月灾來怕

[illegible]

[illegible]

句 大國 小國 房東房西 禍崩先有兆

字 國 大國小 房南房北 禍時以進討

[illegible]

[illegible]

句 如今此次 君王與臣宰 士紳與平民

字 現在這次 君子和臣子 士民和百姓

[illegible]

[illegible]

句 年灾與月灾 卜不到 日灾與夜灾
字 年灾和月灾 卜不止 日灾和夜灾
万丛亍瓜丛 夂只又 广丛亍妍丛
り纟卅四纟 匕田习 元纟卅四纟

句 一天十二時 十二時不灾 只怕一時灾
字 一天十二時 十二時不灾 只怕一時灾
卒广亘广㚔 亘广㚔只丛 卒㚔丛虫ㄐ
以元十亏卯 十亏卯田纟 以卯纟已穴

句 一月三十天 三十天不灾 只怕一天灾
字 一月三十夜 三十夜不灾 一天灾来怕
卒瓜么亘平 么亘平只丛 卒平夊虫ㄐ
以四三十四 三十四田纟 以四纟已穴

句 去而口口催
字 去得口口作
一亘亘亘只
非以瓜仁丑

句 黑山中 紫山梁台山 永世不迴身
字 山黑中 山花山嶁上 他在陰陽放
夂华厂 夂卫夂夂夂 亠尘亏亏育
妣旦出 妣仁妣仁彐 兮和而卅穴

句 考不靈 時灾與刻灾 解送黃山脚
字 應不當 時灾和刻灾 解要山黃脚
亨只君 㚔丛亏育丛 夂史夂尺人
以田林 卯纟卅中纟 㠯四妣么乇

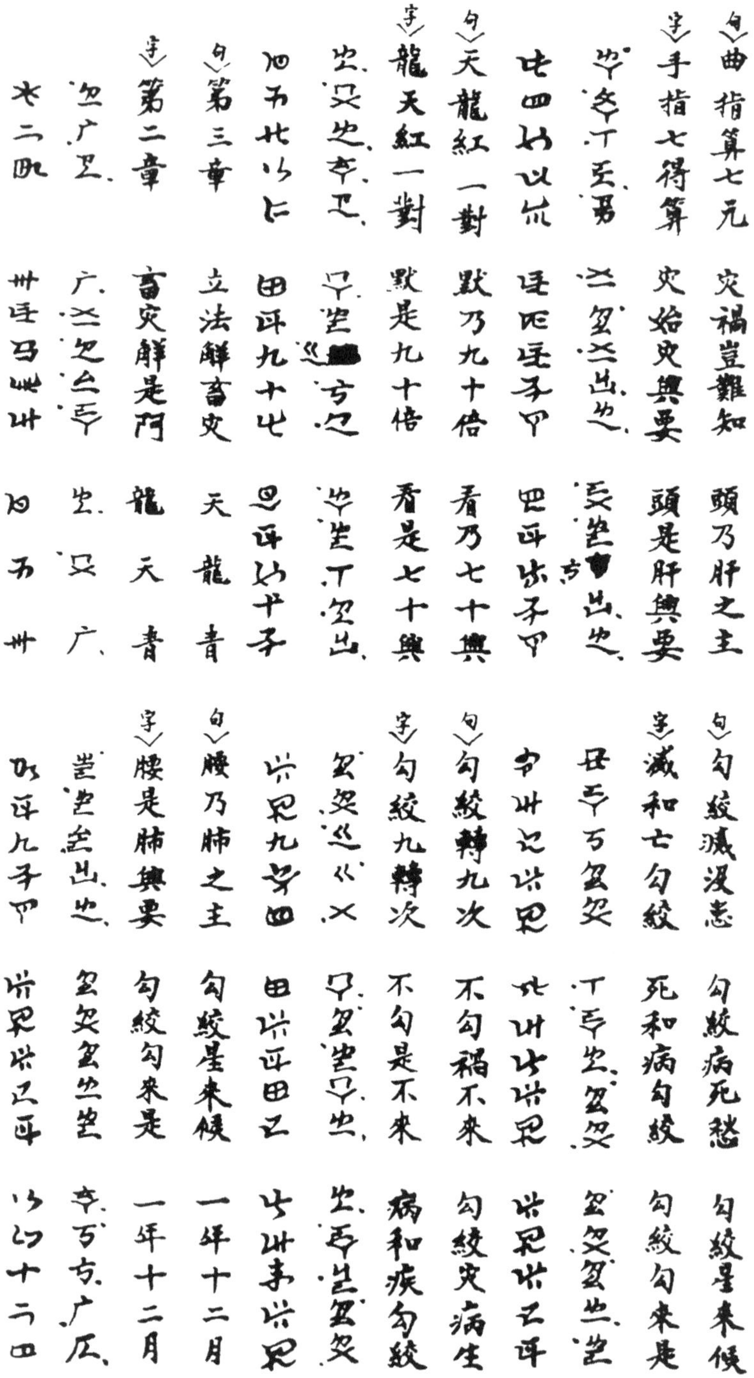
句）曲指算七元 灾禍豈難知 頭乃肝之主
字）手指七得算 灾始灾與要 頭是肝與要
句）天龍紅一對 獸乃九十倍 看乃七十與
字）龍天紅一對 獸是九十倍 看是七十與
句）第三章 立法解畜灾 天 龍 青
字）第二章 畜灾解是門 龍 天 青
句）勾絞臟沒患 勾絞病死愁 勾絞星來候
字）臟和七勾絞 死和病勾絞 勾絞勾來是
句）勾絞轉九次 不勾禍不來 勾絞灾病生
字）勾絞九轉次 不勾是不來 病和疾勾絞
句）腰乃肺之主 勾絞星來候 一年十二月
字）腰是肺與要 勾絞勾來是 一年十二月

句 天台並坦平　畢竟披查嘗　父子六人光

字 天白台坦平　畢以披查嘗　光惡六父子

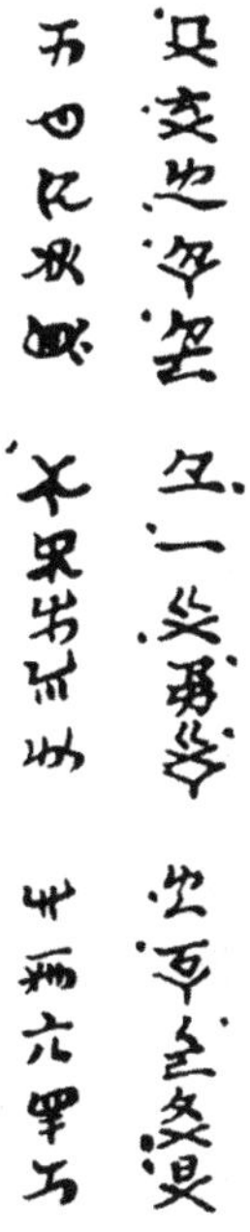

句 馬匹又落坑　牛山虎來候　豚櫥被風吹

字 馬牯坑以落　牛山虎來候　豬山風來吹

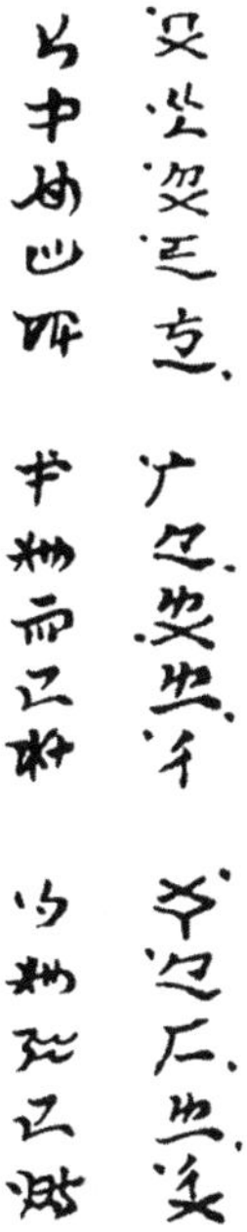

句 高山牛牯放　牛牯向岩栽　石大馬匹放

字 山高牛牯放　牛牯岩以倒　石大馬牯放

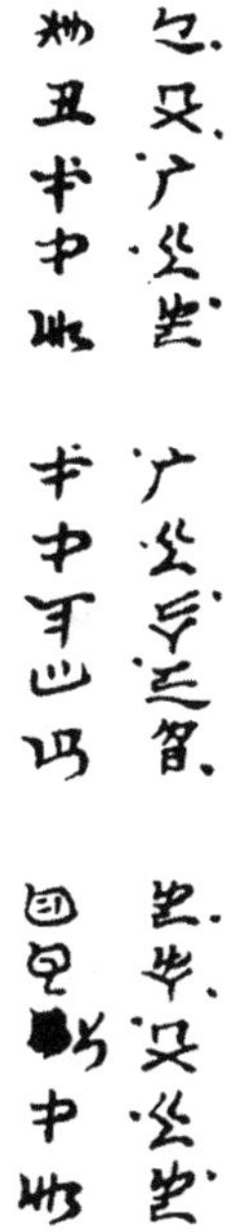

句 肝乃解冤馬　肺乃解冤牛　左臂解冤羊

字 肝是冤解馬　肺是冤解牛　左臂冤解羊

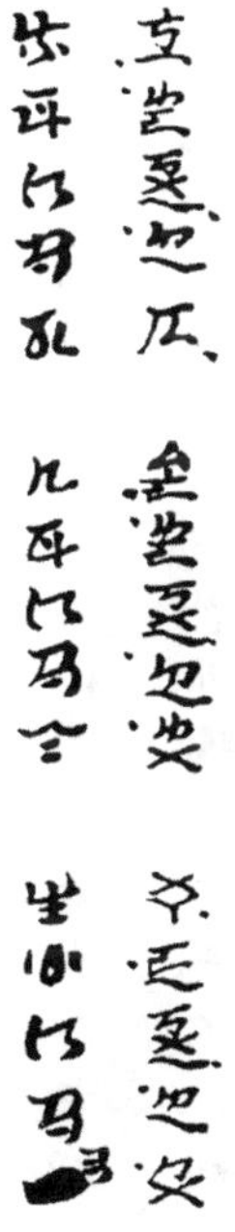

句 解冤場用儀　皮乃解冤場　毛乃解冤布

字 冤解場以跑　皮是冤解場　毛是冤解布

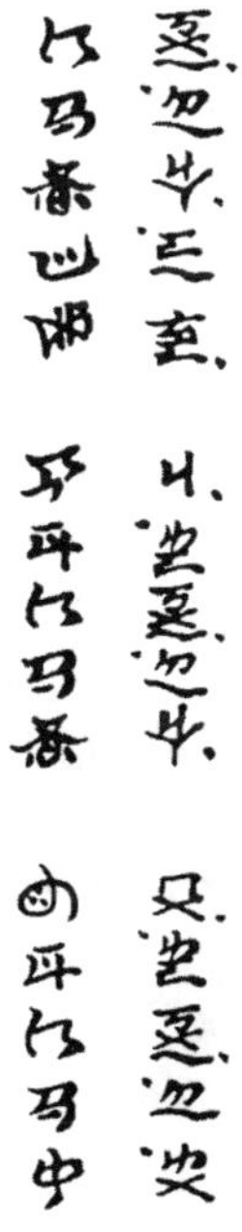

句 獨羊一支角　要用野雞羊　胆剖刀來殺

字 山羊角獨拿　怪以野羊雞　胆指鉄來殺

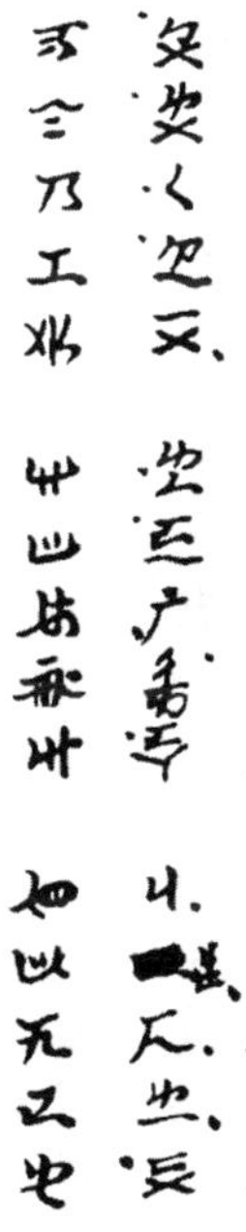

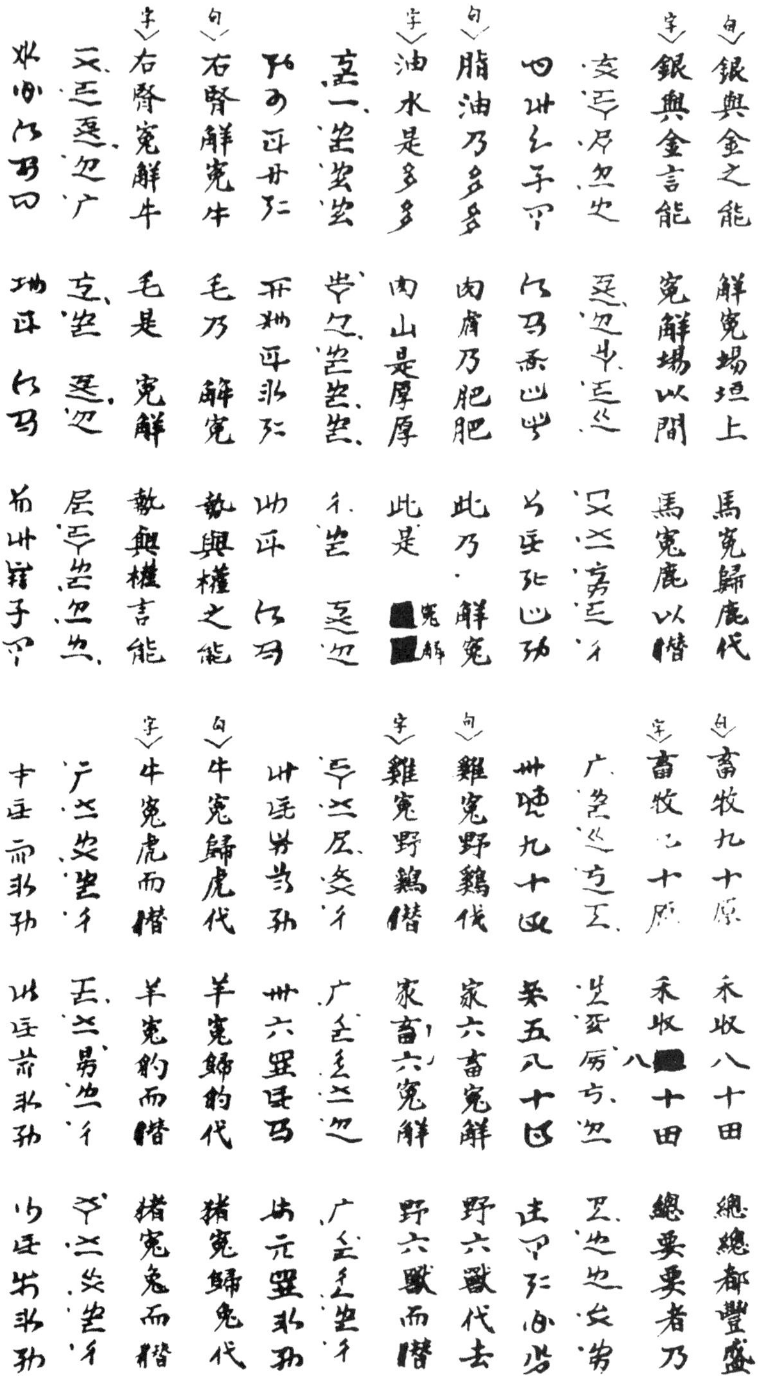
白 銀與金之能 解寃場垣上 馬寃歸鹿代
字 銀與金言能 寃解場以間 馬寃鹿以楷
白 脂油乃多多 肉膚乃肥肥 此乃 解寃
字 油水是多多 肉山是厚厚 此是[redacted]寃[redacted]解
白 右脅解寃牛 毛乃 解寃 敎與權之能
字 右脅寃解牛 毛是 寃解 敎與權言能
白 畜牧九十原 禾收八十田 總總都豐盛
字 畜牧九十原 禾收八[redacted]十田 總要要者乃
白 雞寃野鷄代 家六畜寃解 野六獸代去
字 雞寃野鷄楷 家畜六寃解 野六獸而楷
白 牛寃歸虎代 羊寃歸豹代 豬寃歸兔代
字 牛寃虎而楷 羊寃豹而楷 豬寃兔而楷

(白)部祖母客客 美祖母齊齊 黑祖母亞臥
(字)部祖母客客 美祖母齊齊 黑祖母亞臥
父冬只乏互 罒冬只乏互 人冬只乏工
比生申彳不 仁生申弟不 无生汸卅册
(白)第三章 論到宗冤怎 能解 釋阿
(字)第三章 論是脉冤怎 能解 是呀
以么之 出出口乏出 也也 么乏
飞三西 卯平刀臣卅 罒马 卌卅
(白)解冤因此奥 去而口口催
(字)冤解因是奥 去得口口催
乏乞一乏乏 一乏庭庭只
是马四礼比 卅以队不丑

(白)水母水零滴 何因並不知 源冤怎能解
(字)水本水零滴 何缘煞不知 脉冤怎能解
一只一工乎 乏只岂只丢 口乏出乏乏
山七女以以 以世丹田几 刀臣卅罒马
(白)木母木頭楛 木倒根必朽 一永崩不生
(字)木本木頭楛 木倒根以坐 一永發不以
方只方乂安 方刀千乏广 玄乏方只乏
不七不罒令 不卄村山市 以西西田山
(白)三族脉冤解 一代二脉傳 二代原原流
(字)族三源冤解 一代以二源 二代原原源
女之口乏庭 李方乏广口 广方乏乏口
否三刀臣仁 以北山弓刀 二北加不刀

（句）頂鉄冠使者　掌權君威倒　審判臣威倒

（字）鉄冠頂使引　掌權君威倒　審判臣威倒

（句）倒臣面八寛　倒師頂鐵冠　戴銅盔

（字）倒臣八面寛　倒師鉄冠頂　銅盔戴

（句）論到鮮倒寒　妖怪是魔王　倒君九力大

（字）論是倒寒鮮　妖怪要成以　倒君九力大

（句）農榮乃不倒　士發乃不寒　先天高以父

（字）農榮乃不倒　士發乃不冷　先天高以父

（句）騎馬坐鞍寒　來者之日　妻子亦膳寒

（字）馬鞘鐙踏冷　來天玄穹　娶妻子養冷

（句）不來之間乃　華袍穿不整　雲領岩前

（字）不來之間是　華穿大情倒　雲尾岩脚

（句）解清了　萬福盡依皈　神令口口催

（字）洗解清　咬口透以歸　一得口口催

[illegible]

[illegible]

（句）不忍叫民灾　不來時早避　不來時早廻

（字）他不中灾受　他不倒時避　他不到時轉

[illegible]

[illegible]

（句）子乃不喜樂　不忏七兇寨　滅馬尾摇摇

（字）子是不喜樂　不忏七惡寨　滅馬尾摇摇

[illegible]

[illegible]

（句）因此一家人　父威榮並滅　母窮苦難過

（字）人主此得家　父是身權滅　母是窮苦過

[illegible]

[illegible]

（句）第■四章　威滅怎能解　師長此特權

（字）第■四章　權滅怎能解　師長主此得

[illegible]

[illegible]

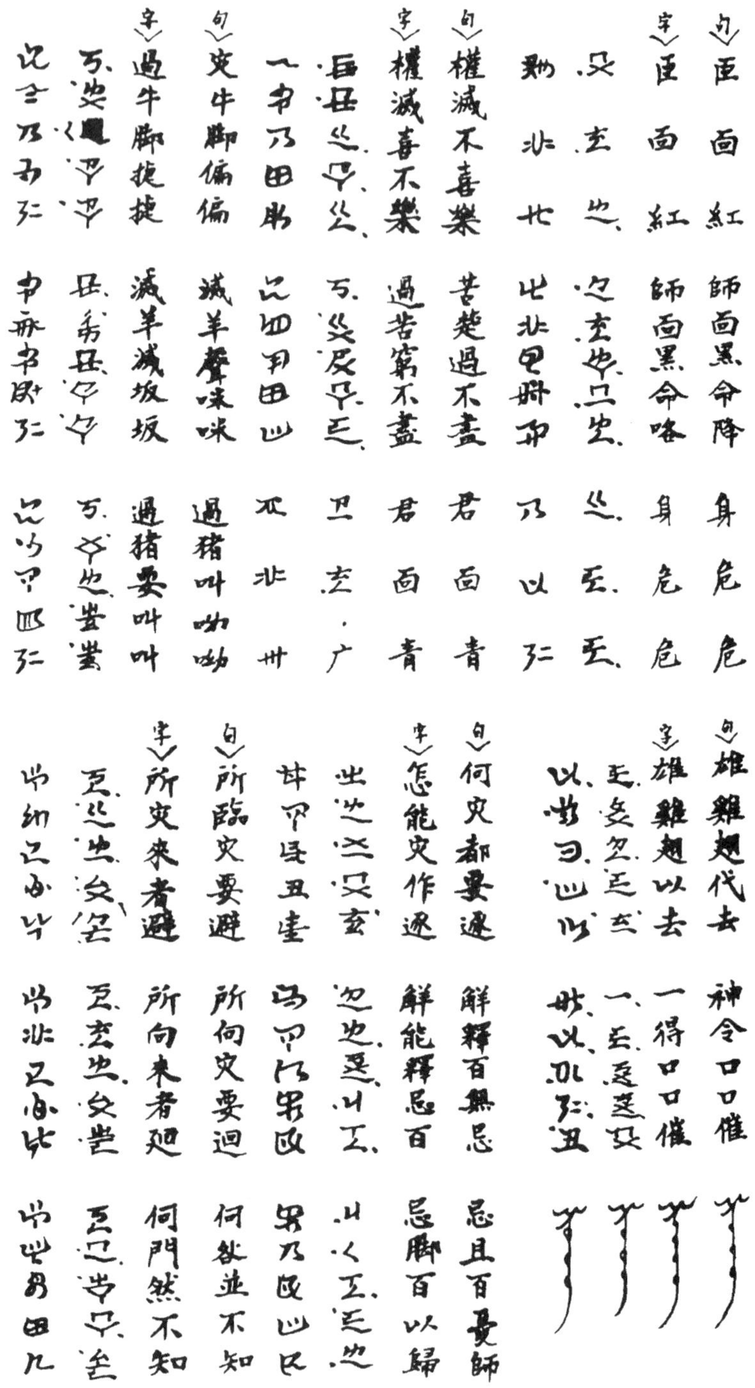
句 臣面紅 師面黑命降 身危危
字 臣面紅 師面黑命咯 身危危
句 權滅不喜樂 苦楚過不盡 君面青
字 權滅喜不樂 過苦窮不盡 君面青
句 叏牛脚偏偏 滅羊聲咪咪 過猪吚呦呦
字 過牛脚搥搥 滅羊滅坂坂 過猪要吚吚
句 雄雞翅代去 神令口口催
字 雄雞翅以去 一得口口催
句 何叏都要遂 鮮釋百無忌 忌且百曼師
字 怎能叏作遂 鮮能釋忌百 忌脚百以歸
句 所臨叏要避 所何叏要迴 何敘並不知
字 所叏來者避 所向來者廽 何門然不知

句 兇如鉄鷂形 一日在高山 鷹鷂似
字 鳥狼似做在 一天高以在 冬鵰似
平尖之只豈 夲广之正豈 么么之
所而番丑和 以元取山和 夲云峕
句 立據天阿女 特霸地兒郎 一日在平原
字 來先天阿女 特把地兒郎 一天原以在
虫出只丫正 夲卆卫旻屵 夲广丁正豈
正両木刃に 世附쁘工埜 以元上山和
句 論到立據及 特霸及時候 鮮而擁是阿
字 論到來先到 特把到與是 解要掛是阿
虫虫虫出正 夲卆正正豈 虫虫垂么夲
第五章 四平已両缶 世附缶卅平 ㄋ卪卅卅卅

句 一家大小等 心不樂 意恐有不安
字 人一家大小 心所慕 感望歷不防
[illegible] 夲一正亦 男正女 正卆男卆出
[illegible] 世以卅卅世 岁凩卅 ㄇ以肯田卅
句 郎兒以狸伏 三美恐被污 師主此特權
字 兒郎似作在 三美實來忌 師長主此得
旻卆之只豈 之正丝丝卄 卫旦丘才正
工埜缶丑和 三又纟工土 比什斉卅以
句 者鷹擭鳥似 一日在國中 阿女似
字 鷹公似作在 一天國以在 阿女似
卆尖之只豈 夲广丝正豈 丫正之
朵ヨ缶丑和 以元両山和 下に缶

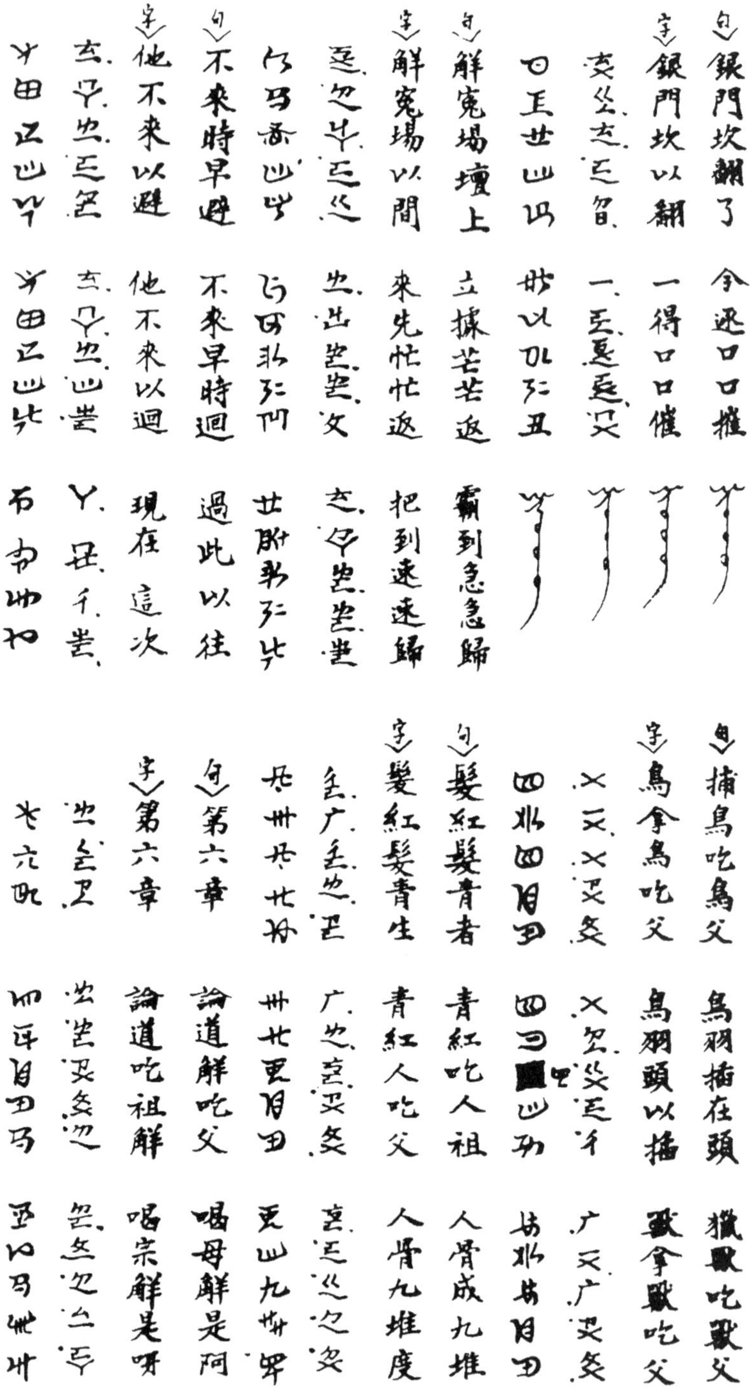
句〉銀門坎翻了 含逐口口摧
字〉銀門坎以翻 一得口口催
句〉鮮寃場壇上 立據茫茫返 霸到急急歸
字〉鮮寃場以間 來先忙忙返 把到速速歸
句〉不來時早避 不來早時迴 過此以往
字〉他不來以避 他不來以迴 現在 這次
句〉捕鳥吃鳥父 鳥羽插在頭 獵獸吃獸父
字〉鳥拿鳥吃父 鳥羽頭以插 獸拿獸吃父
句〉髮紅髮青者 青紅吃人祖 人骨成九堆
字〉髮紅髮青生 青紅人吃父 人骨九堆度
句〉第六章 論道鮮吃父 喝母鮮是阿
字〉第六章 論道吃祖鮮 喝宗鮮是呀

句 六族人間放 師執此大權 一家大小等
字 人六祖間放 師長主此得 人一家大小
[illegible]
[illegible]
句 眠卧的時候 天宮岩穴卧 牧放的時候
字 卧来時候是 天宮岩室卧 放来時候是
[illegible]
[illegible]
句 獸皮背上披 捉人吃人祖 人骨成九堆
字 獸皮背以披 人拿人吃父 人骨九堆度
[illegible]
[illegible]

句 向山高處返 神令口口推
字 向與山以掛 一得口口催
[illegible]
[illegible]
句 不来時早迴 雄雞翅以代 鬼巳去
字 他不来時轉 雄雞翅以借 鬼以離
[illegible]
[illegible]
句 怠 不樂 意恐有不安 不来時早避
字 心 所落 威望壓不防 他不来時避
[illegible]
[illegible]

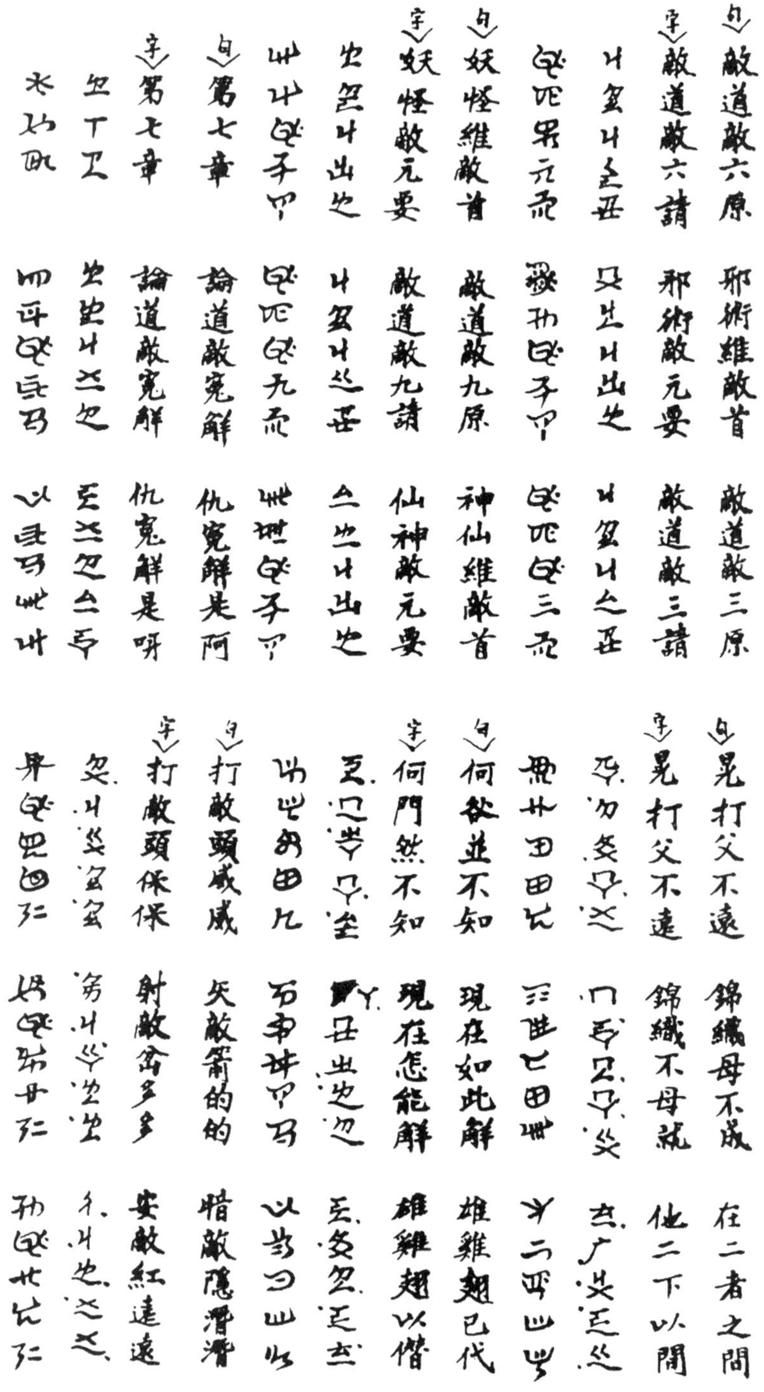
(白) 敵道敵六原　邪術維敵首　敵道敵三原
(字) 敵道敵六請　邪術敵元要　敵道敵三請
(白) 妖怪維敵首　敵道敵九原　神仙維敵首
(字) 妖怪敵元要　敵道敵九請　仙神敵元要
(白) 篤七章　論道敵寬解　仇寬解是阿
(字) 篤七章　論道敵寬解　仇寬解是呀

(白) 晃打父不遠　錦織母不成　在二者之間
(字) 晃打父不遠　錦織不母就　他二下以間
(白) 何谷並不知　現在如此解　雄雞翅已代
(字) 何門然不知　現在怎能解　雄雞翅以偕
(白) 打敵頭戚戚　矢敵箭的的　暗敵隱滑滑
(字) 打敵頭保保　射敵窩多多　安敵紅遠遠

句 妖孽二魔光 二首二魔光 二者恶丈夫
字 妖怪二美亮 二頭二美亮 二丈夫者是
尐宐广㠯乞 广从广㠯乞 广夂叉夂尐
卅廾巫叉云 二曲二叉云 二匕旧办吓
句 第八章 論道白棒鮮 黑棒鮮是阿
字 第八章 論道棒白鮮 棒黑鮮是呀
[redacted] 厉卫 尐尐夂妄乞 夂屮乞么乞
夃 卞乙乙卧 卬吓𠂤回马 𠂤㔾马卅卅
句 神令口口催 [illegible]
字 一得口口攉 [illegible]
一至廷廷只 [illegible]
卅以兀夕丑 [illegible]

句 六六恶丈夫 骑青红之狼 三三恶丈夫
字 六十六丈夫 狼青狼紅騎 三十三丈夫
乞亢乞夂叉 乂[redacted]广乂乜卫 么亢么夂叉
六十六匕旧 叧卅叧廿吠 三十三匕旧
句 杀矛腋内拖 九九恶丈夫 骑青红之马
字 杀矛腋以拖 九十九丈夫 青马红马骑
乞乞一乞尺 乂亢乂夂叉 瓜[redacted]广瓜乜卫
卞子力凶呂 九十九匕旧 孔卅孔廿吠
句 打棒手中举 飞石背上背 宝剑腰间插
字 打棒手以举 飞石背以背 宝剑腰以架
夂夂屮乞叉 乂尐乎乞夂 才只丫乞尺
𠂤[redacted] 界屮凶片 尚回汁凶来 㐬丂不凶㕚

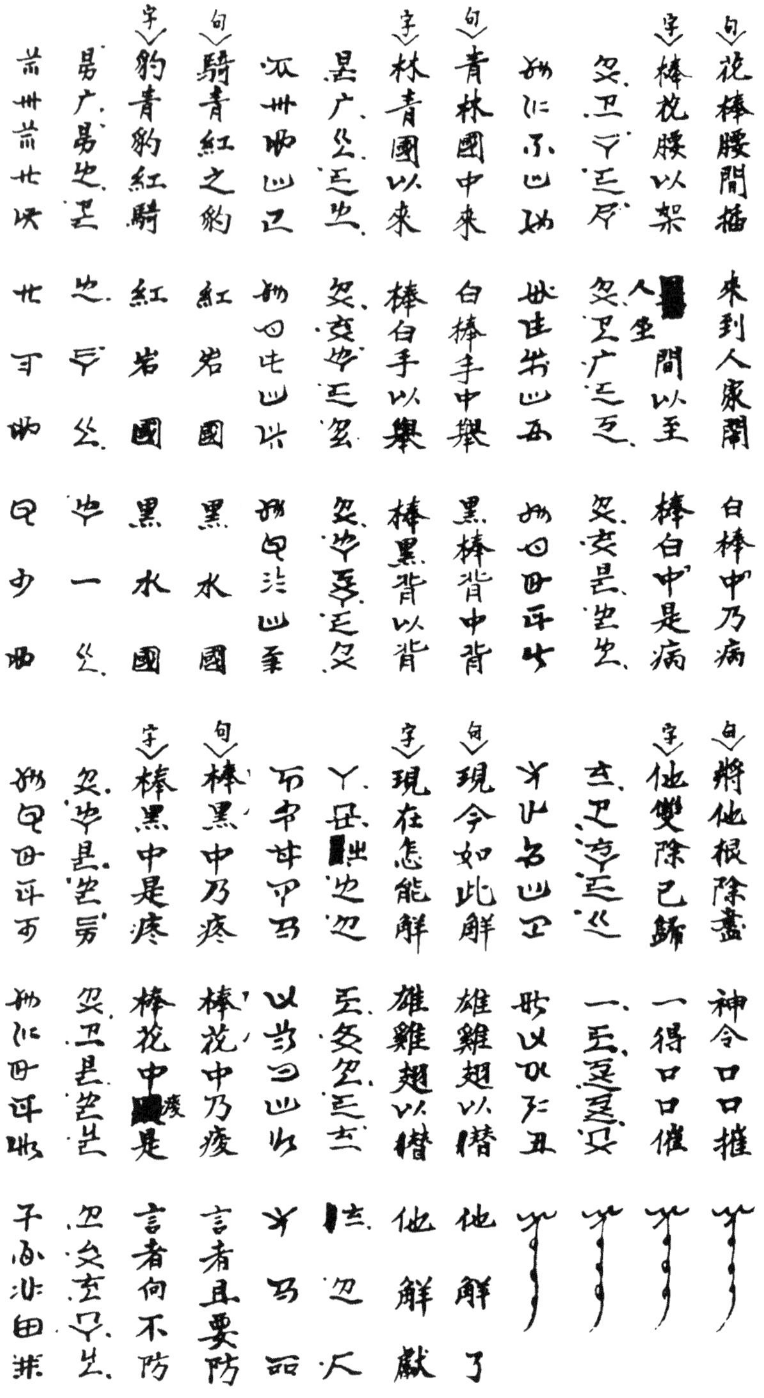
白
花棒腰間插 來到人家鬧 白棒中乃病
字
棒花腰以架 [redacted]人出 間以至 棒白中是病
句
青林國中來 白棒手中舉 黑棒背中背
字
林青國以來 棒白手以舉 棒黑背以背
句
騎青紅之豹 紅岩國 黑水國
字
豹青豹紅騎 紅岩國 黑水國
白
將他根除盡 神令口口推
字
他變除已歸 一得口口催
句
現今如此解 雄雞翅以稽 他解了
字
現在怎能解 雄雞翅以稽 他解獻
句
棒黑中乃疼 棒花中乃瘦 言者且要防
字
棒黑中是疼 棒花中[redacted]瘦是 言者向不防

句 水疥脚杆杆 石疥皮濃濃 水疥破裂裂

字 樹疥脚杆杆 石疥皮甪甪 水疥破裂裂

[illegible]

[illegible]

句 赫法疥始興 疥父青變挽 疥母盤紅頭

字 赫法疥初要 疥父青髮生 疥母紅臉現

[illegible]

[illegible]

句 第九章 論道疥冤解 疗冤解是阿

字 第九章 論道疥冤解 疗冤解是呀

[illegible]

[illegible]

句 闈中阿女疥 堂前男兒疥 言恐有不防

字 闈内阿女疥 堂中兒郎疥 言者恐測不

[illegible] [redacted]

[illegible]

句 一家大小等 白毯間有疥 衣襟間有疥

字 人一家大小 白毯間以疥 衣牌襟以疥

[illegible]

[illegible]

句 岩疥黄浮浮 何故並不知 師長此神權

字 岩疥黄虚虚 何門然不知 師長主此得

[illegible]

[illegible]

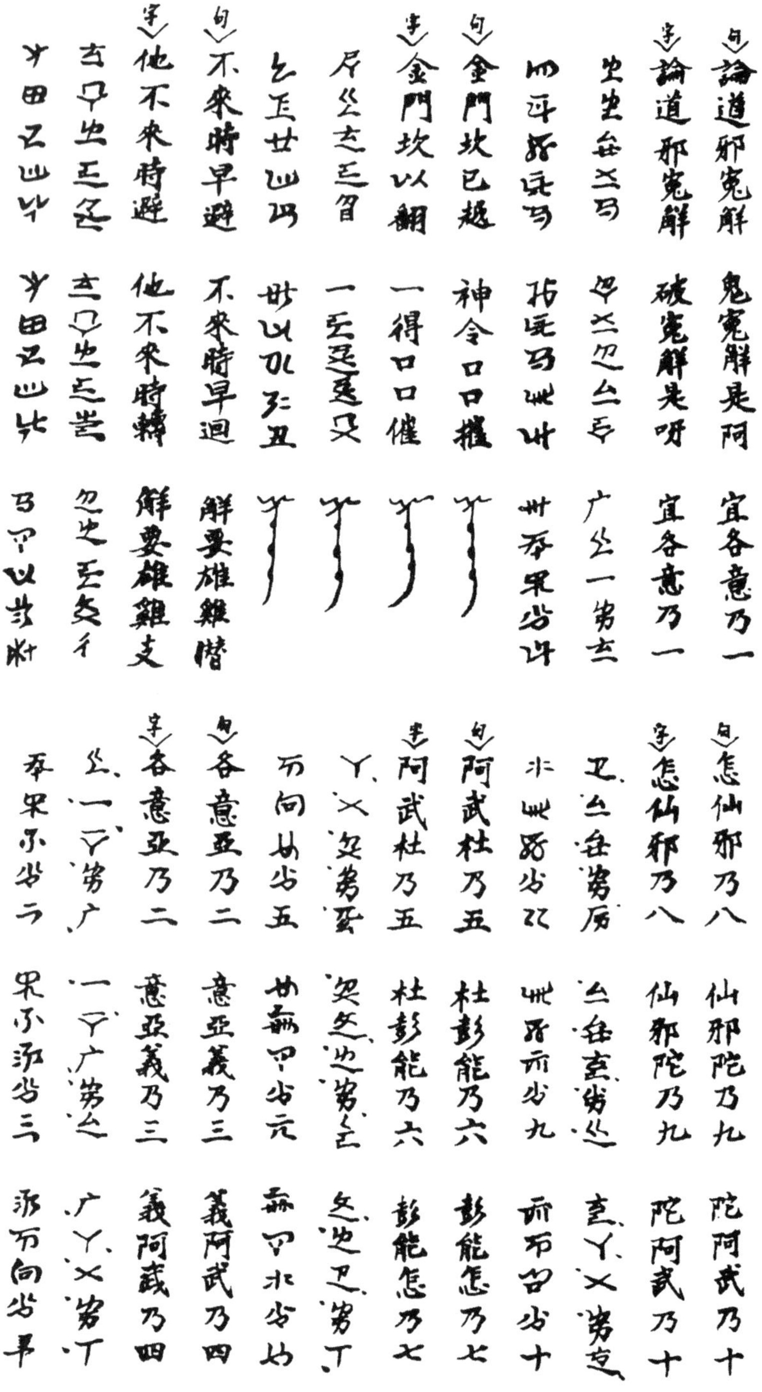

句 論道邪寃鮮 鬼寃鮮是阿 宜各意乃一
字 論道邪寃鮮 破寃鮮是呀 宜各意乃一
句 金門坎已越 神令口口擢
字 金門坎以翻 一得口口催
句 不來時早避 不來時早迴 鮮要雄雞潛
字 他不來時避 他不來時轉 鮮要雄雞支

句 怎仙邪乃八 仙邪陀乃九 陀阿武乃十
字 怎仙邪乃八 仙邪陀乃九 陀阿武乃十
句 阿武杜乃五 杜彭能乃六 彭能怎乃七
字 阿武杜乃五 杜彭能乃六 彭能怎乃七
句 各意亞乃二 意亞義乃三 義阿武乃四
字 各意亞乃二 意亞義乃三 義阿武乃四

句 人不交情邪 夜夢嗚聲邪 枕頭髮紋邪

字 故不母以子 夜眠夜夢邪 頭枕髮落邪

父只只乏吳 一只一只乒 父从立只乒

出田匕凶工 呆申呆毌㕣 巴㕣坳肉㕣

句 潔染邪 燕不潔 人染邪

字 潔[illegible]邪蒂 燕不斷 人邪蒂

出乒夗 釜只坐 叉乒夗

采㕣 貝 岁田廿 毋㕣 貝

句 邪生十代了 富染邪 祭不用

字 邪到十代咯 富邪蒂 祭不做

乒勿立言坐 广乒夗 广只只

㕣叱十北北 卅㕣貝 五田丑

句 鮮往紅岩去 黑水邪是哩 鮮往黑水去

字 鮮要紅岩處 黑水邪是了 鮮要黑水處

乜乜乜乍去 乍一乒匹坐 乜乜乍一去

马尸七习㕣 巳力㕣釆乎 马尸巳力㕣

句 黑水妖精邪 深林鬼魔邪 紅岩邪是哩

字 黑水妖精邪 林青鬼魔邪 紅岩邪是了

乍一只出坐 是广坐坐乒 乜乍乒匹坐

巳力申物㕣 双卅卅卅㕣 七习㕣釆乎

句 行路脚趾踢 何門並不知 紅岩神仙邪

字 行路脚母踢 何門煞不曉 紅岩仙神邪

出之く只夗 三巳岂只坐 乜乍厶丁乒

㕣言乃匕齿 㕣坐丹田九 七习㕣㕣㕣

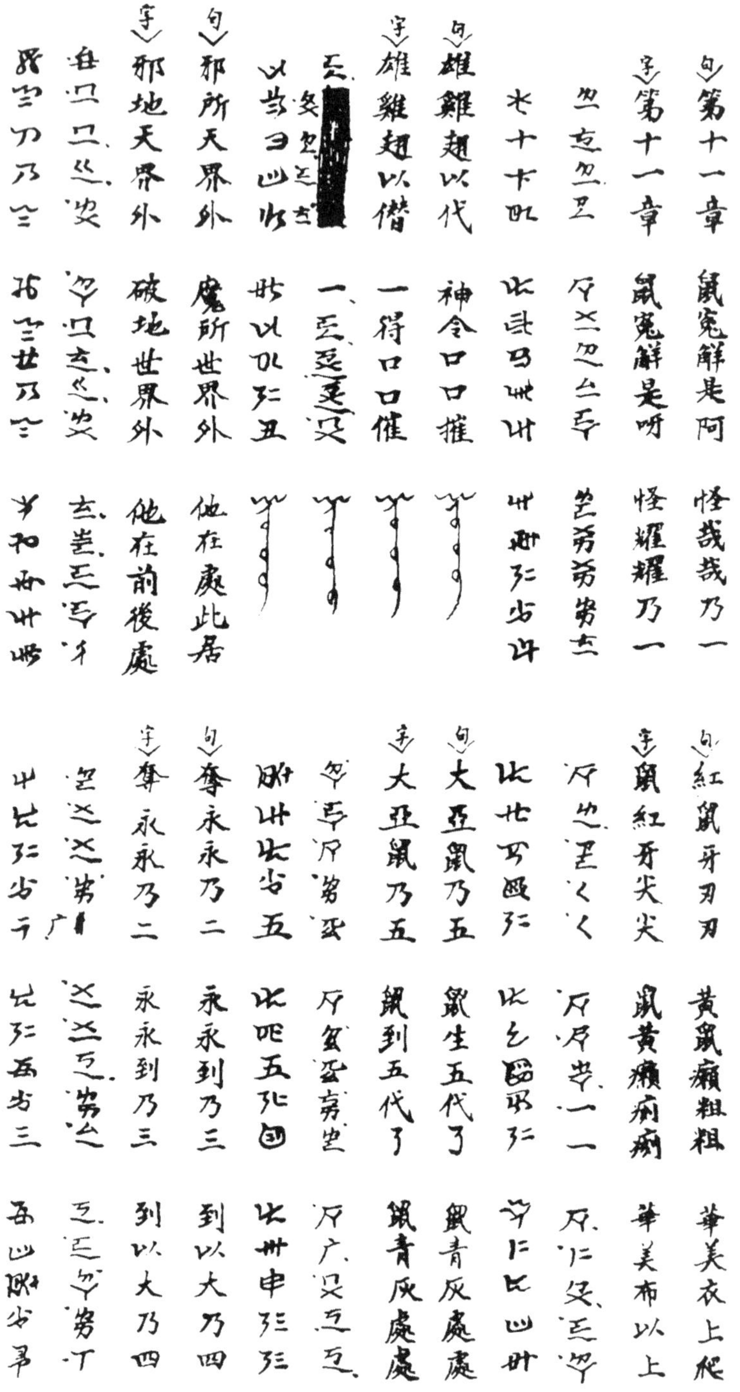
句 第十一章 鼠寃解是阿 怪哉哉乃一
字 第十一章 鼠寃解是呀 怪耀耀乃一
句 雄雞翅以代 神含口口摧
字 雄雞翅以借 一得口口催
句 耶所天界外 魔所世界外 他在處此居
字 耶地天界外 破地世界外 他在前後處
句 紅鼠牙刃刃 黃鼠癩粗粗 華美衣上爬
字 鼠紅牙尖尖 鼠黃癩癩癩 華美布以上
句 大亞鼠乃五 鼠生五代了 鼠青灰處處
字 大亞鼠乃五 鼠到五代了 鼠青灰處處
句 奪永永乃二 永永到乃三 到以大乃四
字 奪永永乃二 永永到乃三 到以大乃四

句 [redacted]具葉作椅坐　具畜作犧牲　具禾作粢盛

字 葉具椅作坐　畜具天作顧　和具粢盛作

[illegible]

[illegible]

句 天師格先知　武一降臨時　具木作其所

字 天師格先知　武一下要來　樹具位做擁

[illegible]

[illegible]

句 君美衣被崽　臣錦袍被咬　何門並不知

字 君美衣服崽　臣美被末咬　何門然不知

[illegible]

[illegible]

句 現在　此次　房頂鼠所落　衣服鼠所咬

字 現在　這次　房頂鼠所落　衣服鼠所崽

[illegible]

[illegible]

句 擇鼠板來擇　鼠逃洞裏去　師掌此神權

字 鼠擇板來擇　鼠逃硐裏去　師掌主此得

[illegible]

[illegible]

句 鼠經載已云　用鼠雄來舂　用鼠磨來推

字 鼠既宰亞言　鼠舂雄用舂　鼠推磨用推

[illegible]

[illegible]

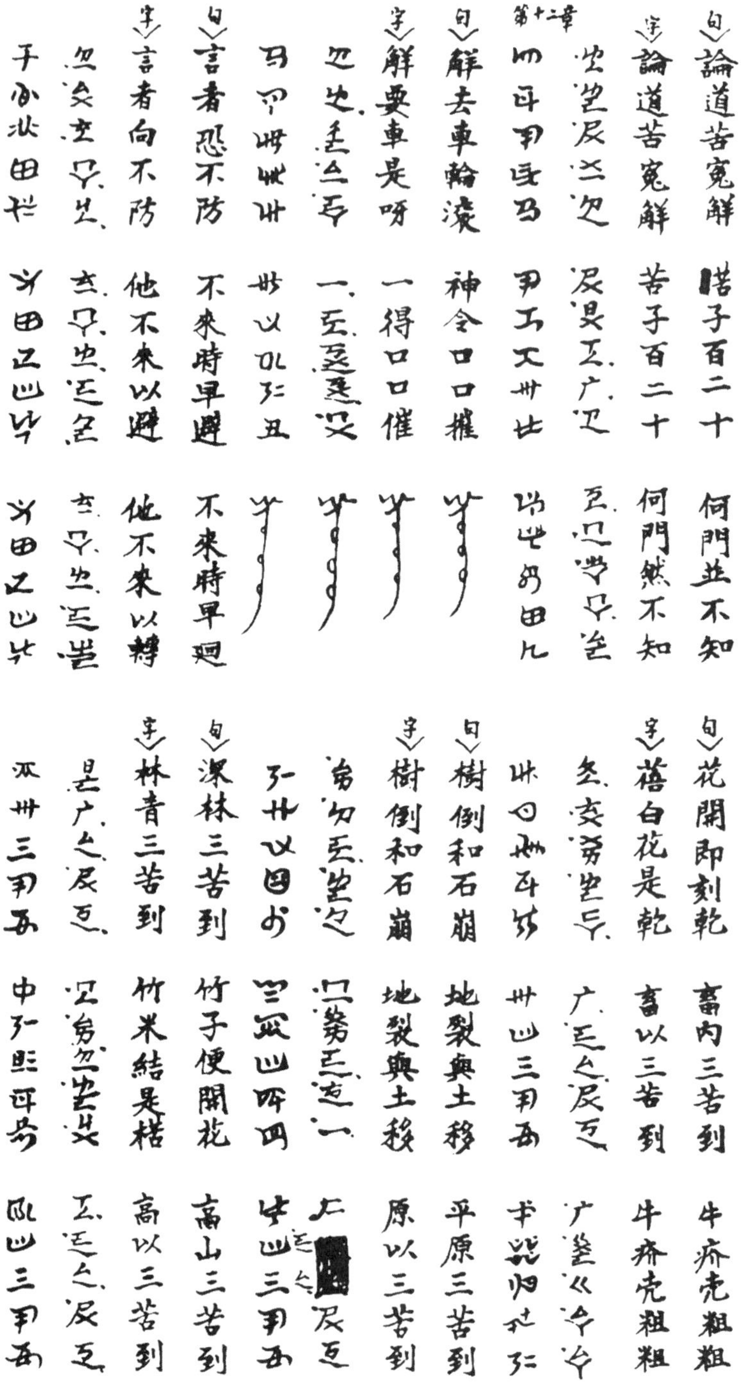
句 論道苦寬鮮 諾子百二十 何門並不知
字 論道苦寬鮮 苦子百二十 何門然不知
第十二章
句 鮮去車輪滾 神全口口推
字 鮮要車是呀 一得口口催
句 言者恐不防 不來時早避 不來時早廻
字 言者向不防 他不來以避 他不來以轉
句 花開即刻乾 畜內三苦到 牛痱壳粗粗
字 蓓白花是乾 畜以三苦到 牛痱壳粗粗
句 樹倒和石崩 地裂與土移 平原三苦到
字 樹倒和石崩 地裂與土移 原以三苦到
句 深林三苦到 竹子便開花 高山三苦到
字 林青三苦到 竹米結是楛 高以三苦到

句 火炉釜甑鳴 門框現紅映 兩手如鍬木

字 火爐手甑鳴 門旁向紅映 手是鍬抓手

[illegible] [illegible] [illegible]

[illegible] [illegible] [illegible]

句 病雞翅偏偏 何門並不知 禾稼三苦到

字 雞跑翅拖拖 何門然不知 禾以三苦到

[illegible] [illegible] [illegible]

[illegible] [illegible] [illegible]

句 馬紅疥赤赤 猪瘟成濁濁 瘋狗腰曲曲

字 馬疥紅扯扯 猪病成濁濁 狗風腰彎彎

[illegible] [illegible] [illegible]

[illegible] [illegible] [illegible]

句 苦代與憐報 言者並不防 阿祖世間是

字 苦代以憐報 言者向不防 阿祖得世是

[illegible] [illegible] [illegible]

[illegible] [illegible] [illegible]

句 細細語微微 听不得而聞 苦楚與羞辱

字 細細以低低 聽是並不見 苦做以辱廷

[illegible] [illegible] [illegible]

[illegible] [illegible] [illegible]

句 腳乃區擔木 九九以壘壘 望不得而見

字 腳是擔肩區 九九以山山 望是向不見

[illegible] [illegible] [illegible]

[illegible] [illegible] [illegible]

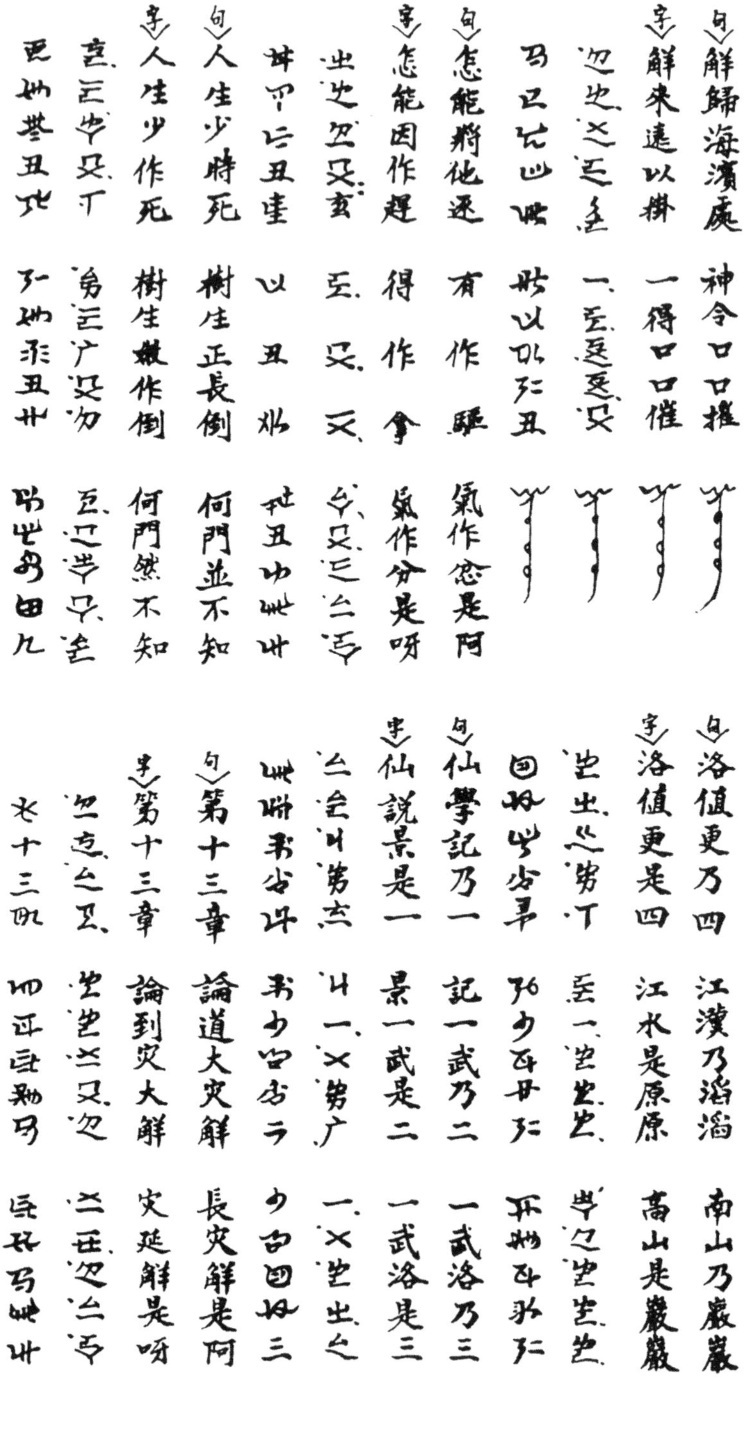

句〉解歸海濱處　神令口口推
字〉解來遠以掛　一得口口催

句〉怎能將徙逐　有作驅　氣作忿是阿
字〉怎能因作趕　得作拿　氣作分是呀

句〉人生少時死　樹生正長倒　何門並不知
字〉人生少作死　樹生嫩作倒　何門然不知

句〉洛值更乃四　江瀆乃滔滔　南山乃巖巖
字〉洛值更是四　江水是原原　高山是巖巖

句〉仙學記乃一　記一武乃二　一武洛乃三
字〉仙說景是一　景一武是二　一武洛是三

句〉第十三章　論道大災解　長災解是阿
字〉第十三章　論到災大解　災延解是呀

句 霧沉沉間倒　高天明朗朗　地球亮煌煌

字 黑沉沉以傾　高以明晃晃　地嫩亮煌煌

[illegible]

[illegible]

句 石要撿一個　土要挖一鋤　曳地晦寞寞

字 石得一個撿　土得一鋤掘　灾地黑昏昏

[illegible]

[illegible]

句 金銀作鮮儀　樹要撕（折）一枝　水要舀一勺

字 銀以金用鮮　樹得一枝折　水得一瓢舀

[illegible]

[illegible]

句 解冤因此了　神令口口摧

字 冤解因是矣　一得口口催

[illegible]

[illegible]

句 臣賢才亮斗　師祭神來格　城中民家安

字 臣才智亮高　師獻祭神嚮　城在人家安

[illegible]

[illegible]

句 日月光華華　君后配合合　君權勢滿足

字 日月光亮亮　君婚配配合　君權勢滿足

[illegible]

[illegible]

句 公廳銀領站 相府紫金袍 如同天星月

字 公所銀撿了 相府金手套 天發白以星

[illegible]

[illegible]

句 我見池洗旁 高天 憂嶺 一對天使遊

字 我見洗台要 高天 憂要 天使雙作過

[illegible]

[illegible]

句 論道洗命解 毛髮解是阿 洗毛通要解

字 論道洗命解 毛線解是呀 洗線通要解

[illegible]

第十四章 [illegible]

句 大鬧心惶惶 洗界先以定 衣食心欲欲

字 大吵心惶惶 洗底先以定 喚指心多多

[illegible]

[illegible]

句 洗山歸濮坐 洗苦心不樂 奇山歸狄坐

字 洗山濮以坐 洗苦心鬱鬱 溪山狄以坐

[illegible]

[illegible]

句 失者尋不見 洗歸濮 奇歸狄人境

字 所失要不見 洗山濮 溪山狄石歸

[illegible]

[illegible]

句 奇故是疑疑 何門並不知 洗 濯 濯
字 溪故是青青 何門然不知 洗 [redacted] [redacted]
亼 岺 岜 广 广 立 巳 岁 孚 丟 立[redacted] 乜沈 乜沈
歲 四 丹 卅 乃 岀 巴 丹 田 匕 弟 马 乃
句 一家大小等 一年十二月 洗命是齬齬
字 人一家大小 一年十二月 洗命是喔喔
奐 夲 一 丟 疗 夲 丂 立 广 広 立 巳 岜 丟 丟
世 以 貺 咻 岀 以 以 十 二 四 弟 卅 丹 止 乃
句 洗 泉 乾 奇溝涸一對 師主此神權
字 洗 權 滅 溪古涸一對 師長主此得
立 岳 岳 亼 岺 丂 夲 乜 乜 見 岳 千 丟
弟 一 由 歲 四 以 以 仁 七 什 弁 咻 以

句 各級把師趕 迎師師使臨 解洗師使臨
字 師要後以趕 轉來師轉來 洗解師轉來
乜 乜 乜 乜 岺 巜 出 乜 巜 出 立 马 乜巜 [redacted] 出
七 罒 曰 凹 尖 岁 ㄛ 七 岁 ㄛ 弟 马 七 岁 ㄛ
句 帝閣三十騎 文華三十騎 武英三十騎
字 帝閣三十騎 允文三十騎 允武三十騎
冬 庄 亼 立 丟 乜 一 亼 立 丟 乜 岺 亼 立 丟
以 匕 三 十 吠 七 呆 三 十 吠 岁 曰 三 十 吠
句 奇異異作了 未得解洗師 皇宮三十騎
字 溪罚罚作了 洗解師不得 皇宮三十騎
亼 立 立 只 出 立 乜 乜 孚 丟 不 立 亼 立 丟
歲 乃 乃 丑 乔 弟 马 七 田 以 咻 乃 十 三 吠

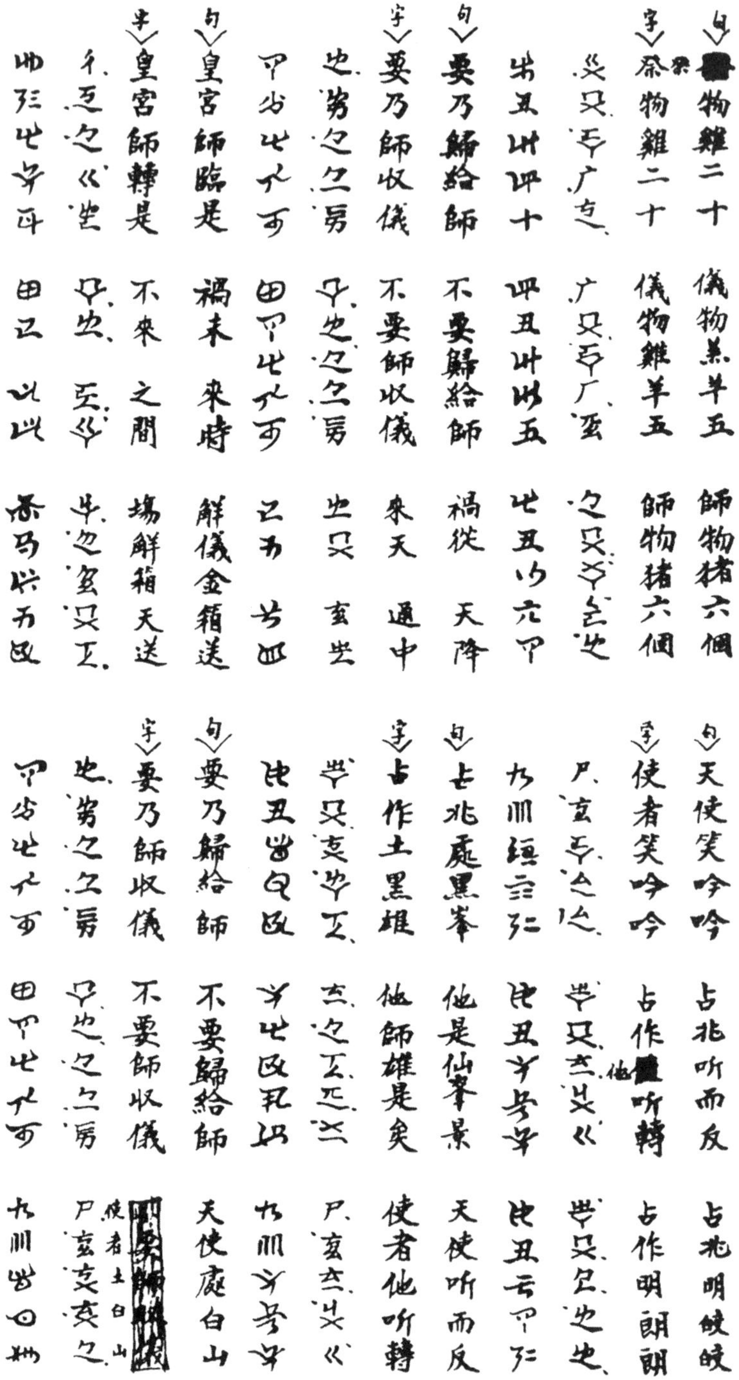
句 物雜二十 儀物羔羊五 師物豬六個
字 祭物雜二十 儀物雜羊五 師物豬六個
句 要乃歸給師 不要歸給師 禍從天降
字 要乃師收儀 不要師收儀 來天通中
句 皇宮師臨是 禍來來時 解儀金箱送
字 皇宮師轉是 不來之間 場解箱天送
句 天使笑吟吟 占兆听而反 占兆明皎皎
字 使者笑吟吟 占作听轉 占作明朗朗
句 占兆處黑峯 他是仙峯景 天使听而反
字 占作土黑雄 他師雄是矣 使者他听轉
句 要乃歸給師 不要歸給師 天使處白山
字 要乃師收儀 不要師收儀 使者土白山

句〉射冤箭是矣 师走中央去 中央戰矛利

字〉冤射箭是矣 師走中央去 中央戳又能

[illegible]

[illegible]

句〉師走到阿冲 阿冲射猪箭 非是射猪箭

字〉師走阿冲去 阿冲猪矢箭 猪矢箭不是

[illegible]

[illegible]

句〉洗解場以至 洗命洛洛反 奇故急急歸

字〉洗解場以至 洗命洛洛反 溪古青青轉

[illegible]

[illegible]

句〉趕在彼之間 神令口口摧

字〉他二處以放 一得口口催

[illegible]

[illegible]

句〉銀門已越過 金門去如飛 祖宗不耕地

字〉銀門上是過 金門飛是亢 祖以不耕地

[illegible]

文[redacted] [illegible]

句〉非是戟矛利 解冤戟是矣 我解去你在

字〉戟又能不能 冤殺戟是矣 我你解去在

[illegible]

[illegible]

句 礼仪既已备 神经速然唱 冤魔尽除清

字 礼仪至以及 快师不然是 冤本治不能

[illegible]

[illegible]

句 神经二五十 义经四和八 金银莲花献

字 快师五对十 二师四对八 银金花莲拿

[illegible]

[illegible]

句 第十五章 论道神经讃 冤治灭是阿

字 第十五章 论道快师念 冤治掛是呀

[illegible]

[illegible]

句 神经神力勇 晚请是晚临 早请是早临

字 快师快力精 晚请是晚到 早请是早到

[illegible]

句 [illegible]

字 神经神先见 金银莲花献 礼仪既已备

快师快见闻 银金花莲拿 礼仪至以及

[illegible]

[illegible]

句 神经神成大 神经神命真 神经神先知

字 快师快依大 快师快命黑 快师快知義

[illegible]

[illegible]

白 住此一家人 四面房角角 木灾在不在

字 人坐此一家 房角四隅隅 木灾在在否

癸罢仁去一 也丗丁蛍蛍 旁只岜岜广

世走吵吓呆 巳狗弔旁孓 孓丑扣孓岁

白 木灾治 木棺治不能 卜取今夜晚

字 木高治 木經治不能 天來今夜晚

旁只出 旁乞出只癸 只出正卫丅

孓丑甘 孓[illegible]毋妣田劢 万巳云叨皿

白 再再恩 常常來相助 非是神經語

字 再再恩 常常遊來咯 師快不然是

另另乞 逆逆岀出岜 [illegible]岜乞只[illegible]乞岜

卅孓吊 勇孓孙乙孙 岁廿田乳吓

白 陰府逢着是 切切念神經 木灾鲜

字 陰府向云然 切切快師讚 木高鲜

丕奂吉勿岜 亨亨岜乞吉 旁只乞

五廿北千吓 荣孓岁比爪 孓丑马

白 木灾在 木棺在云是 墓庫逢

字 木高在 木經在云是 墓山佃

旁只岜 旁乞岜勿尸 勿乞吉

孓丑扣 孓學扣千於 岦妣北

白 木經在不在 墓庫逢 陰府逢不逢

字 木棺在在否 墓山向 陰府向向否

旁乞岜岜广 勿乞吉 丕奂吉吉广

孓學扣孓岁 岦妣北 五廿北孓岁

句 南極天外去 女木鮮 北極天外散
字 天南邊外處 女木鮮 天邊北過散
句 地木鮮 歸八方地外 男木鮮
字 地木鮮 地八方以放 男木鮮
句 木棺鮮去了 天木鮮 九天雲外去
字 木經鮮在了 天木鮮 天九層以挂
句 不來時早歸 神令口口摧
字 他不來時迴 一得口口催
逢[redacted]木 逢木殃禮忌 不來時早避
句 木高向 木經向來忌 他不來時避
句 舍舍一家人 或老與或少 男女和高低
字 人坐此一家 是老以是少 兒女以高低

(句)青紅二鬼奔 杉杖松杖舉 兵寃去如雲
(字)青愽紅得成 杉棍松棍舉 六庞搏再再
广、忽乏王、甚 居匁、笙匁、出、 乏忽空属属
卅王廿以旨 弗扔豬扔予 六忠王丞孓
(句)銅杖鈇杖舉 妖怪戰兢兢 魔杖鬼杖舉
(字)銅棍鈇棍舉 妖堡怪得成 重棍刑棍舉
廿匁㕁、匁出、 出空㝵王、甚 㢟匁乞匁、出、
书扔无扔予 卅帯廿以旨 㝎扔才扔子
(句)第十六章 論道拌治阿 三覺三聞成
(字)第十六章 論道山治呀 三脚三聞成
匁立、乞又、 出出乞、出丐 㐌、ㄑ乏出甚
● 七十六匝 卌吕扔卄卅 三乃三卌旨

(句)此非豹 此非熊不能 王宮不去虎
(字)此以豹 此以熊不是 王宮不棄虎
亻乏昜 亻、乏乏、孓乃、 亻、乏孓、忽炎、
卌凹芇 卌凹世田刊 卌孓田卅而
(句)臣寃豹 師寃熊來治 此非虎
(字)臣寃豹 師寃熊來治 此以虎
只ㄨ昜 乞ㄨ乏、出、出 亻、乏炎
𠂇王芇 叱王世乙卄 卌凹而
(句)寃拌伳來治 魔拌伳來逐 君寃虎
(字)寃山伳來治 魔山伳來找 君寃虎
ㄨ乞云、出、出 冂、乞云、出、尺、 工ㄨ炎
王扔才乙卄 步扔才乙扔 卍王而

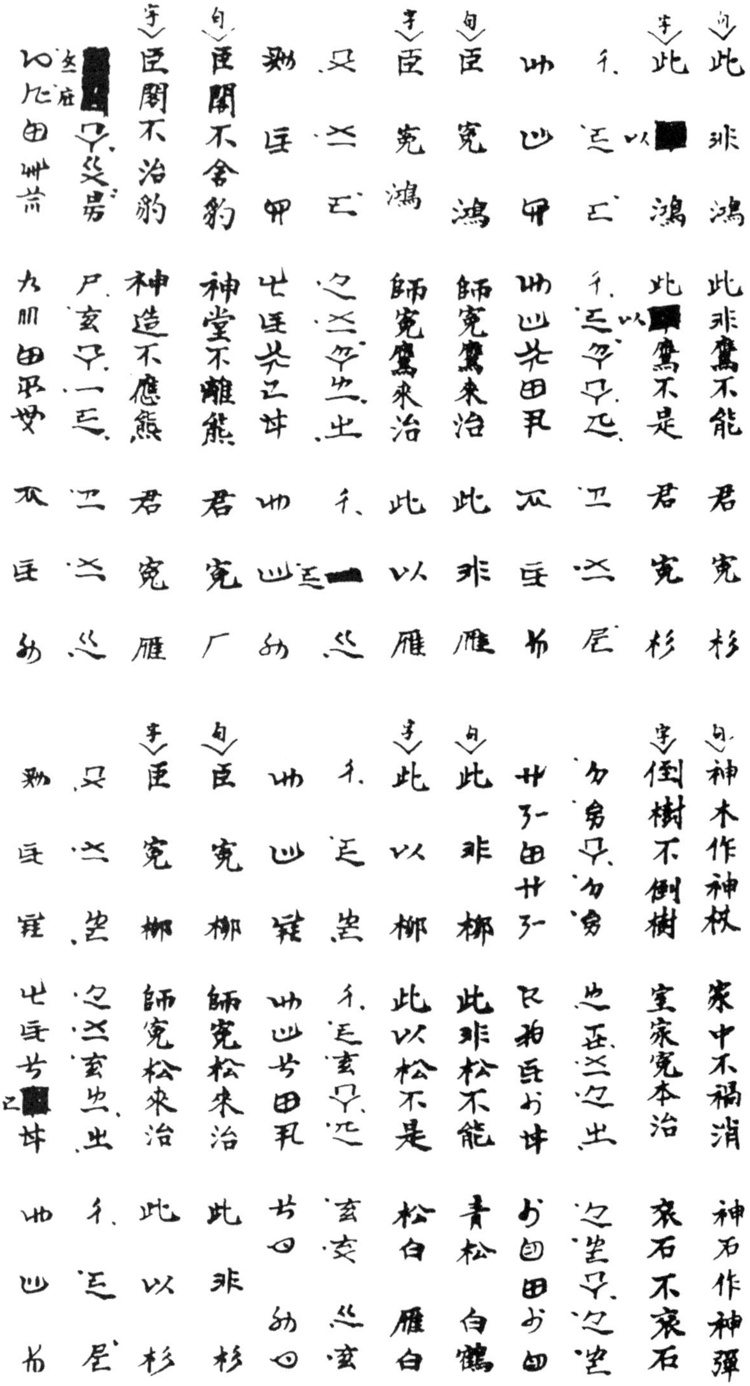
白 此非鸿 此非鹰不能 君宽杉
字 此鸿 此鹰不是 君宽杉
白 臣宽鸿 师宽鹰来治 此非雁
字 臣宽鸿 师宽鹰来治 此以雁
白 臣阁不舍豹 神堂不离熊 君宽厂
字 臣阁不治豹 神造不应熊 君宽雁
白 神木作神枝 家中不福消 神石作神弹
字 倒树不倒树 室家宽本治 衰石不衰石
白 此非椰 此非松不能 青松白鹤
字 此以椰 此以松不是 松白雁白
白 臣宽椰 师宽松来治 此非杉
字 臣宽椰 师宽松来治 此以杉

句 今日冤除淨 神令口口推

字 他今掃以歸 一得口口催

[illegible]

[illegible]

句 此冤咀及他 此冤永歸他 他領去

字 此冤咀他去 此冤永他了 他解献

[illegible]

[illegible]

句 火爐冤木治 飛揚不飛揚 倉庫冤本治

字 火爐冤山治 飛揚不飛揚 穀倉冤山治

[illegible]

[illegible]

句 眼皮九層油 肚腹八傘寬 這是替人命

字 眼皮油九層 肚腹八傘寬 這是換命禮

[illegible]

[illegible]

句 合家老小等 要用這支雞 不喂時已肥

字 人坐此有家 烏雞這一支 不喂食以肥

[illegible]

[illegible]

句 第十七章 論道替命阿 師執此特權

字 第十七章 論道命換呀 師掌主此得

[illegible]

[illegible]

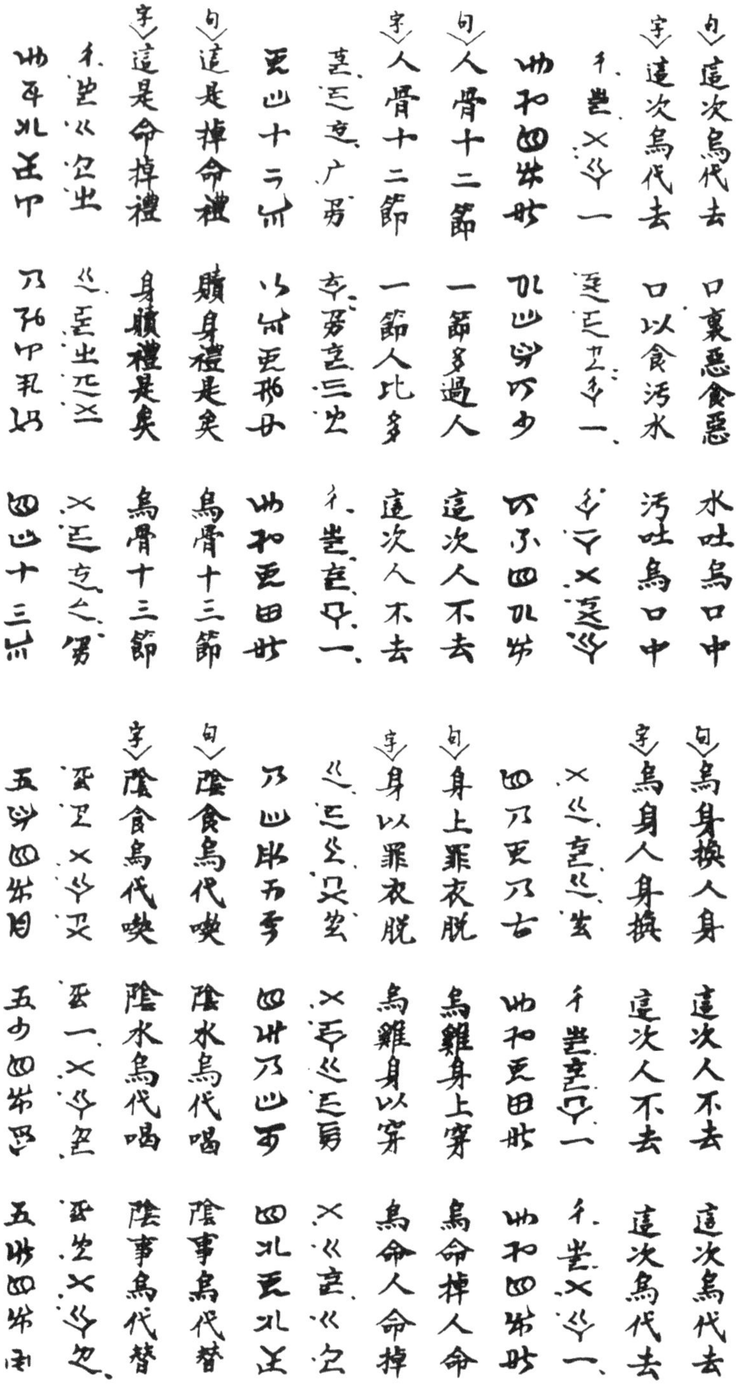

句 這次烏代去 口裏惡食惡 水吐烏口中

字 這次烏代去 口以食汚水 汚吐烏口中

句 人骨十二節 一節多過人 這次人不去

字 人骨十二節 一節人比多 這次人不去

句 這是掉命禮 贖身禮是矣 烏骨十三節

字 這是命掉禮 身贖禮是矣 烏骨十三節

句 烏身換人身 這次人不去 這次烏代去

字 烏身人身換 這次人不去 這次烏代去

句 身上罪衣脫 烏雞身上穿 烏命掉人命

字 身以罪衣脫 烏雞身以穿 烏命人命掉

句 陰食烏代喫 陰水烏代喝 陰事烏代替

字 陰食烏代喫 陰水烏代喝 陰事烏代替

句 杉杖响沉沉　冤苦怕森森　杉杖這一支
字 杉棍响乓乓　冤苦怕畬畬　杉棍這一丈
尼癸癸㐌㐌　兰尺兰尺尺　尼癸亻文乓
布柳拂力卂　氐甲此丂卂　布柳山以牝
句 第十八章　論道冤忿阿　師手執杉杖
字 第十八章　論道冤忿呀　師手杉棍拿
卫古厉卫　出出兰尺丂　㐌出尼癸卫
七十八叭　叩乎氐丂卅　世庄布柳卅
句 鳥代替去了　神令口口摧
字 鳥代去作解　一得口口催
乂乎一只㐌　一至廷廷又
四华卅丑丂　卅以叭卂丑

句 時刻相战分　不吉之命分　不成之故分
字 時尅生爭分　不要命以分　不成故以分
文丂出卫尺　又也只乏尺　又亻癸乏尺
卯丽和匕丂　田卩卅凹丂　田册卯凹丂
句 杉杖中是福　年灾月灾分　日灾夜灾分
字 杉棍中是福　年灾月灾分　日灾夜灾分
尼癸是出乙　丂以厂以尺　广以丁以尺
布柳田乎山　以纠田幻丂　帀纠田幻丂
句 日落西山生　日落杉不落　杉杖中是冠
字 日落得門生　日落杉不落　杉棍中是冠
出旨至以里　出旨尼只旨　尼癸是出以
四以以乏卅　四以布田以　布柳田乎比

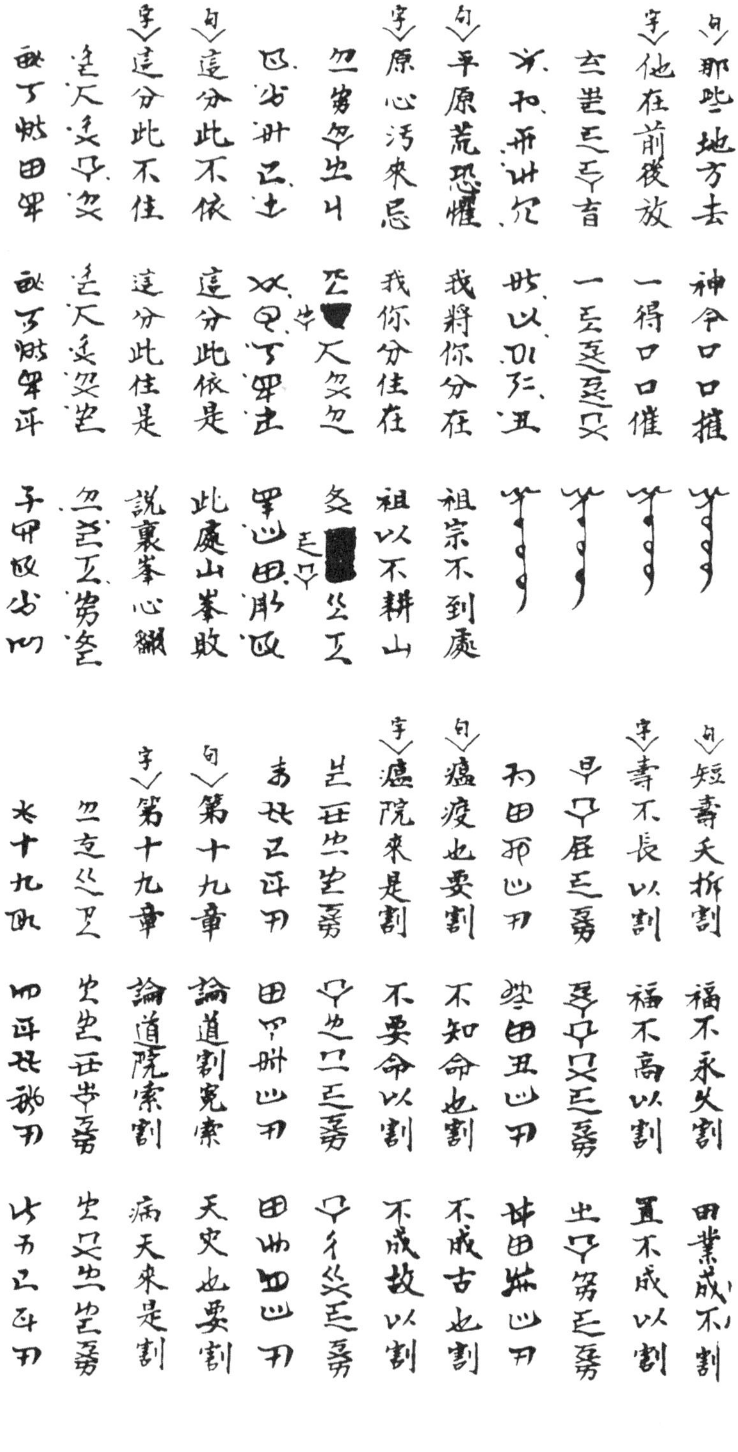

句 那些地方去 神令口口摧
字 他在前後放 一得口口催
句 平原荒恐懼 我將你分在 祖宗不到處
字 原心污來忌 我你分住在 祖以不耕山
句 這分此不依 這分此依是 此處山峯敗
字 這分此不住 這分此住是 說裏峯心斷

句 短壽夭折割 福不永久割 田業成不割
字 壽不長以割 福不高以割 置不成以割
句 瘟疫也要割 不知命也割 不成古也割
字 瘟院來是割 不要命以割 不成故以割
句 第十九章 論道割究索 天史也要割
字 第十九章 論道院索割 病天來是割

白 仙崩來要割　邪魔也要割　度白飛過割

字 仙崩來是割　邪亂來是割　度白過飛割

仝夂出岜旁　叁夂出岜旁　乚交乚智旁

𠀉𠂊工斗丑　𡈼扸工[illegible]斗丑　㔾田扨氾丑

句 日災也要割　夜災也要割　時災也要割

字 日央來是割　夜央來是割　時魅在戰割

广乚出岜旁　丆乚出岜旁　交亨岜巳旁

而纫工斗丑　囬纫工斗丑　𠕁𦕁扨𠃊丑

句 務不應也割　年央來也割　月央來[illegible]割

字 借不應以割　年央來是割　月央來是割

㚐㔾一乏旁　㞢乚出岜旁　瓜乚出岜旁

五田扨𡿨丑　𠃌纫工斗丑　口纫工斗丑

白 耶此地方去　神令口口權

字 他在前後放　一得口口催

㐅岜乏亨音　一乏廷廷㔾

丬扨亦卄尼　𠂤以儿𠂉丑

句 平原恐荒癈　我將你割在　祖宗不到處

字 原心汚乃忌　我你割住在　祖以不耕山

夗另㚐出丩　㚐岜旁㚐夗　㚐乏㔾乚工

丆𠂇卌工土　㐅巳[illegible]丑罒𡈼　罒𡿨田朋氐

白 這割此不依　這割此依是　此處山峯敗

字 這割此不住　這割此住是　說哀峯心翻

乏旁乏㔾夗　乏旁乏夗岜　夗工工另乏

𠂢丑𠨍田罒　𠂢丑𠨍罒斗　于田氐丷𡿨

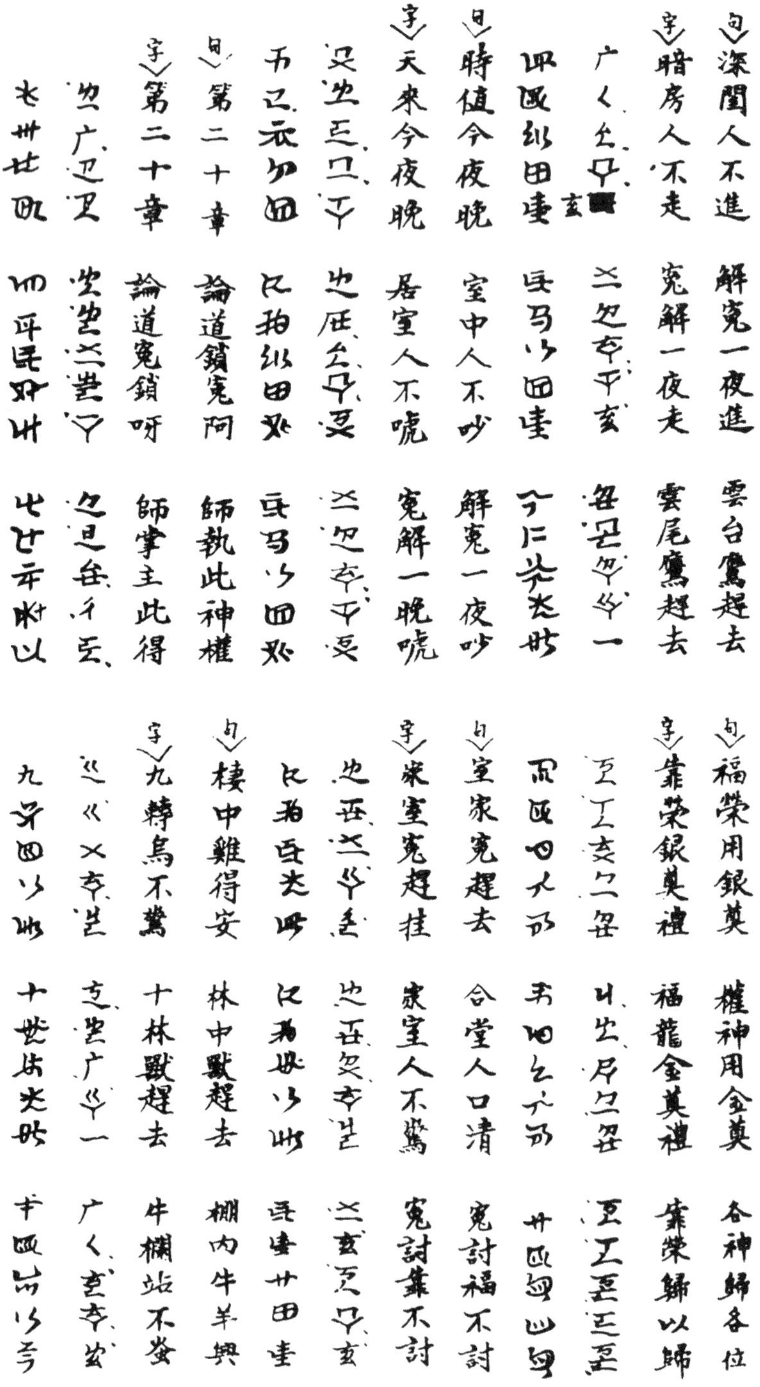
句 深閨人不進 解寬一夜進 雲台鷹趕去
字 暗房人不走 寬解一夜走 雲尾鷹趕去
日 時值今夜晚 室中人不吵 解寬一夜吵
字 天來今夜晚 居室人不唬 寬解一晚唬
日 第二十章 論道鎖寬阿 師執此神權
字 第二十章 論道寬鎖呀 師掌主此得
句 福榮用銀奠 權神用金奠 各神歸各位
字 靠榮銀奠禮 福龍金奠禮 靠榮歸以歸
日 室家寬趕去 合堂人口清 寬討福不討
字 家室寬趕挂 家室人不驚 寬討靠不討
句 棲中雞得安 林中獸趕去 棚內牛羊興
字 九轉烏不驚 十林獸趕去 牛欄站不發

句 面青青者著 壽高治寃鎖 面紅紅者著
字 面青青著穿 壽高寃治鎖 面紅紅著穿
玄广广只旁 早孬㐅出岜 玄乜乜乜辺
北卅列丑足 扣岑乇廾𡿨 北廿列ㄈ马
句 福榮治寃鎖 烏紅紅者著 權神治寃鎖
字 靠榮寃治鎖 烏紅紅著穿 福神寃治鎖
𢀖工㐅出岜 㐅乜乜乜辺 川乜㐅出岜
尻㔾乇廾𡿨 四廿列ㄈ马 杉曰乇廾𡿨
各城有各局 論道解鎖阿 烏青青者著
句 城得城而是 論道寃鎖呀 烏青青著穿
字 出玄出岜厶 岜乜㐅岜三 㐅广广只旁
𠬢以𠬢氵卅 卯𠂤乇廾卅 四卅列丑足

句 神令口口摧
字 一得口口催
一玉廷廷只
𠬢以几列丑
句 去而寃苦去 金門旁巳上 銀門台已越
字 去得寃苦去 金門旁以上 銀門台以過
一玉㐅尺一 玄乆夕乇叱 尸乆玄乇厂
𠬢以乇再𠬢 曰王云山卅 乚王廿山山
句 官符治寃鎖 劇鬼雪用劇 竹靠魔用掃
字 官福寃治鎖 劇嘴長用劇 竹何魔用掃
㚒乇㐅出岜 玉卫屈㐅岜 只厂冂㐅幺
此巾乇廾𡿨 甙刀开乃甙 中廿岀乃圭

（白）鴻門腰上把　財帛來便開　金銀來便開

（字）鴻門手以把　財來米來開　金來銀來開

[illegible]

[illegible]

（白）青鳥叫喈喈　鴻門頭上坐　黃鳥嘤嘤嘀

（字）青鳥叫喈喈　鴻門頭上坐　紅鳥鳴嘤嘤

[illegible]

[illegible]

（白）第二一章　論道鴻門關　鴻門閂是阿

（字）第二一章　論道得閉關　得門門是呀

[illegible]

[illegible]

（白）短壽夭折閑　福不齊全閑　閃得嚴

（字）壽不長以閑　福不高以閑　閑乃嚴

[illegible]

[illegible]

（白）瘟疫寒熱閑　死符死煞閑　牛死猪瘟閑

（字）瘟痢寒熱閑　死府死星閑　牛死猪瘟閑

[illegible]

[illegible]

（白）壽考來是閑　官福來是閑　非灾苦難閑

（字）壽快來是閑　官福來是閑　非刑苦難閑

[illegible] [redacted] [illegible]

[illegible]

句 論道廻神阿　住此善眷人　寃場以解散

字 論道師回呵　人坐此一家　寃解場以間

[illegible]

廻神散

[illegible]

句 他如此成了　神全口口擢

字 他似做這是　一得口口催

[illegible]

[illegible]

句 關得緊　人財真有路　鬼禍竟無門

字 關乃緊　人財來路在　鬼禍門不得

[illegible]

[illegible]

句 天阿疊已廻　使者千千萬　禮儀備已周

字 天阿疊以廻　隨役千萬位　禮送至以及

[illegible]

[illegible]

句 獻給地師神　地師神已廻　獻給天阿疊

字 地神做禮送　地神做以廻　天阿疊禮送

[illegible]

[illegible]

句 金銀蓮花獻　獻給天師長　天師長已廻

字 銀金花蓮拿　天師造禮送　天師造以廻

[illegible]

[illegible]

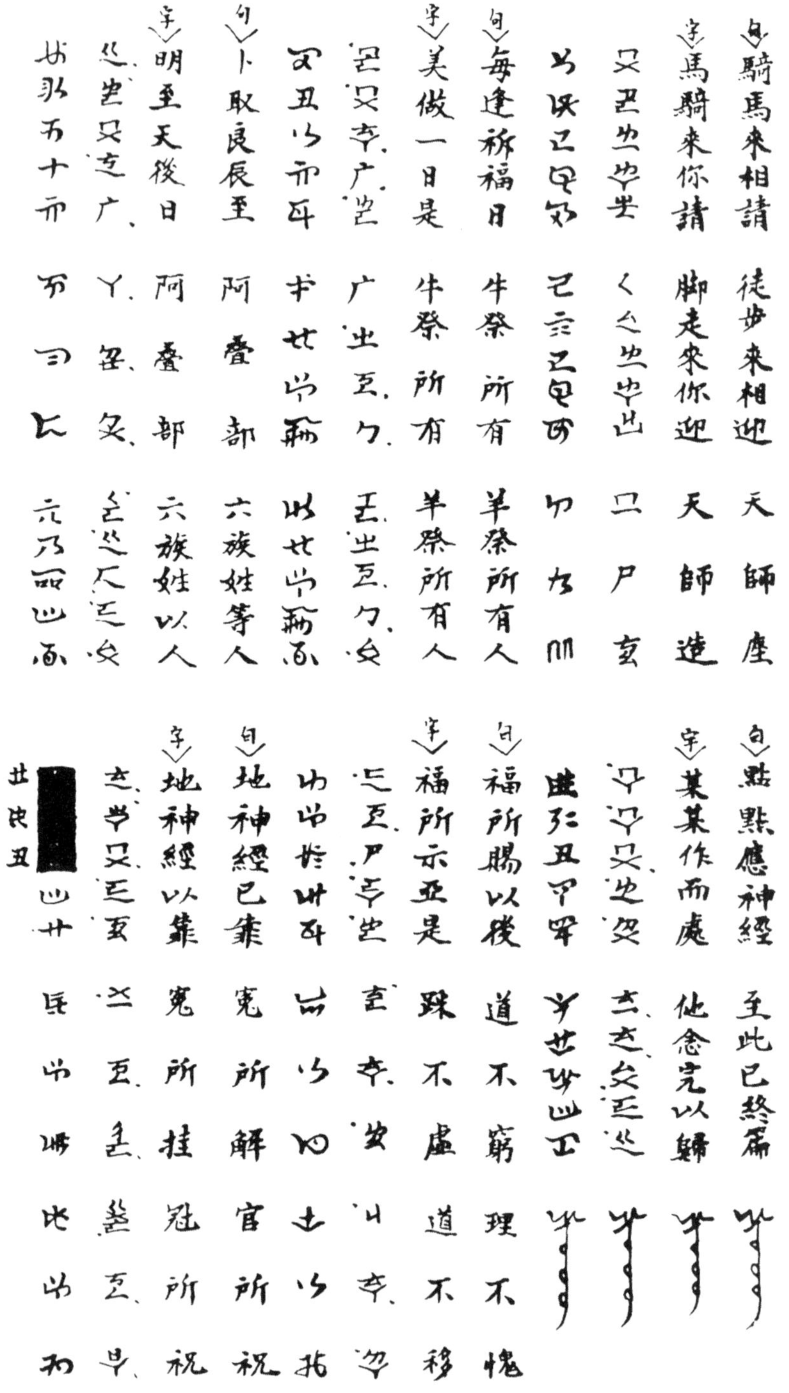

句 騎馬來相請 徒步來相迎 天 師 座

字 馬騎來你請 脚走來你迎 天 師 造

句 每逢祈福日 牛祭 所有 羊祭所有人

字 美做一日是 牛祭 所有 羊祭所有人

句 卜取良辰至 阿 疊 部 六族姓等人

字 明至天後日 阿 疊 部 六族姓以人

句 點點應神經 至此已終篇

字 某某作而處 他念完以歸

句 福所賜以後 道不窮 理不愧

字 福所示丕是 路不虛 道不移

句 地神經已靠 寬所解 官所祝

字 地神經以靠 寬所挂 冠所祝

[redacted]

面有三讚神令法
語若用中文稍有差謬因難以言語形容完全皆
信士和口同聲三讚神令但唱時須用注音處
處心齋戒淨口念第一章三遍已週念畢一切
之處隱而未現冤禍突出當此之時惡念不存
旨實為全篇之要道凡人所遇不測之機不解
五福臨門萬禍雪消千祥雲集但第一章之大
各置一卷高堂有事誦之轉憂為喜無事誦之
以安于邦國小則可以榮于室家無論各級同胞
九十四字卌其中意義有隨機應便之需大則可
第六本解冤經下卷各種文字共計一萬五千三百

民國二十一年七月六号貴州大定北鄉東瓜林羅文筆譯
仁恩聖上不存鄙處有傳施濟衆之意而存之耳
小枝焉敢用于筆墨耶但有
云惟吉凶不僭在人惟天降災祥在德此書乃合惡種之
若除此患必要虛心敬誦神令正如尚書一德篇所
冤之情狀。即旱澇饑饉水火刀兵瘟疫野獸等類

二讚神令法 音注

三讚神令法 音注

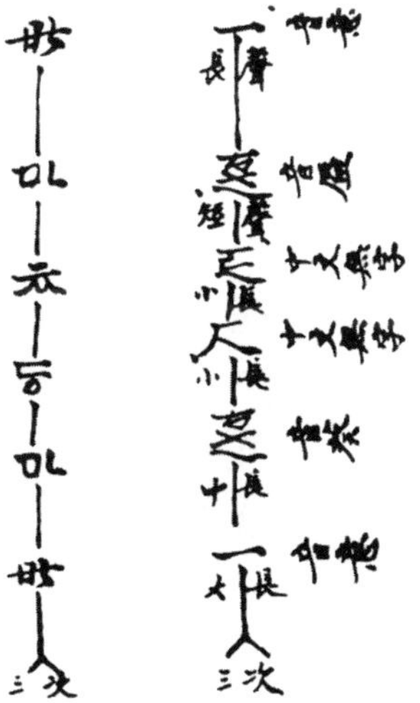

天路指明

句〉宣傳道途經 聽見來相送 天道指分明

字〉旋與散總是 聽與見來送 天道用此子

[illegible]

[illegible] [redacted]

句〉靈神靈宣示 仙經百二冊 鳥飛仙路引

字〉靈往靈來有 死經百二十 鳥飛死以先

[illegible]

[illegible]

天路指明 羅文筆記

天路指書 相乡阿能

[illegible]

[illegible]

句〉男女孩童候 父與母相恤 老邁精神敗

字〉男女做將候 父與母來恤 老乃一家撫

[illegible]

[illegible] [redacted]

句〉青紅二色萧 爲人道義子 人道三時古

字〉青與紅來命 爲人道道子 人道三家撫

[illegible]

[illegible]

句〉雁翅雲中展 父與母來恤 日弓與月象

字〉雁要雲以得 父以母來恤 日弓以月形

[illegible]

[illegible]

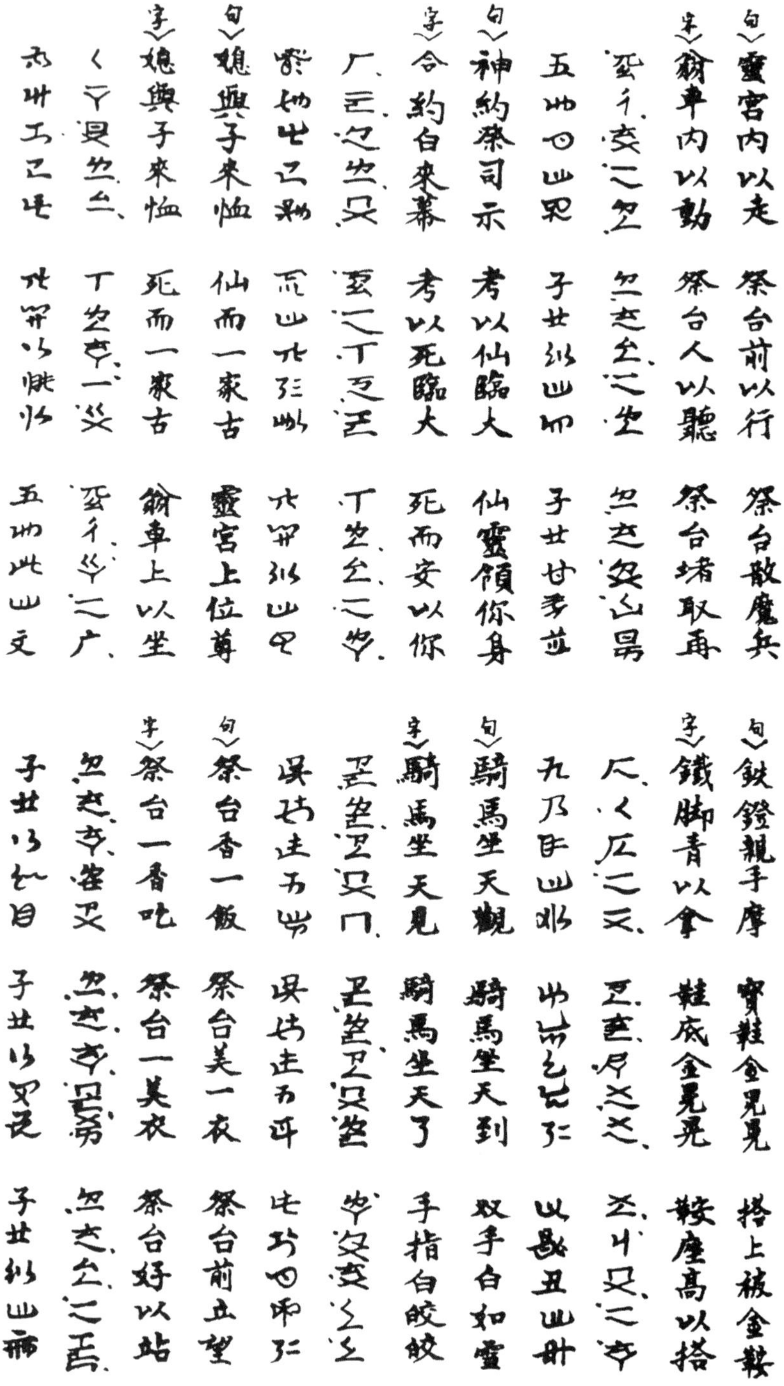
句 靈宮內以走 祭台前以行 祭台散魔兵
字 翁車內以動 祭台人以聽 祭台堵取再
句 神約祭司示 考以仙臨大 仙靈領你身
字 合約白來暮 考以死臨大 死而安以你
句 媳興子來恤 仙而一家古 靈宮上位尊
字 媳興子來恤 死而一家古 翁車上以坐
句 鈥鐙親手摩 寶鞋金晃晃 搭上被金鞍
字 鐵脚青以拿 鞋底金晃晃 鞍座高以搭
句 騎馬坐天觀 騎馬坐天到 雙手白如靈
字 騎馬坐天見 騎馬坐天了 手指白皎皎
句 祭台香一飯 祭台美一衣 祭台前立望
字 祭台一香吃 祭台一美衣 祭台好以站

句〉從人相隨走　越看越相關　火山焚体觀
字〉從人執而領　越看越以照　火山生天观
[illegible]
[illegible]
句〉馬背執而赶　齊場一次完　遊母路以登
字〉馬背執而赶　齊場一次続　遊母路以登
[illegible]
[illegible]
句〉驢口主而騎　華輕袍而披　打馬鞭而舉
字〉驢口主而騎　華輕袍而披　打遍鞭而拿
[illegible]
[illegible]

句〉民如草之母　生特見土冷　死時土為家
字〉民似草以母　生是土見冷　死是土得要
[illegible]
[illegible]
句〉上等武迫能　中等武奇巧　末等民如草
字〉先是武迫能　中是武奇巧　末是民似草
[illegible]
[illegible]
句〉火山安然坐　到彼時之間　石豬界以往
字〉火山人以坐　那時到而是　城豬在以往
[illegible]
[illegible]

(句)後是南棧木　南棧木之母　生時見火避

(字)後是南棧木　南棧木以末　在是火見躲

[illegible]

(句)埋種燒不得　石豬界以來　先是武阿明

(字)埋種燒不得　城豬在以來　先是武阿明

[illegible]

[illegible]

(句)十鋤向土挖　破土葬屍体　地墓高壘壘

(字)十[illegible]挖鋤乃用　土破興刨泥　地墓高聳聳

[illegible]

[illegible]

(句)各父火九層　命母火七層　柴薪推整齊

(字)各母火七層　地儀火七層　亦其排整似

[illegible]

[illegible]

(句)火山人歸化　怪以中而紅　古火九層架

(字)火山人了歸　怪以聲物赤　昔時火九層

[illegible]

[illegible]

(句)飛仙由火化　六靈子乃使　向陰林而舉

(字)死是火得要　六鐵種乃使　陰木以乃執

[illegible]

[illegible]

句 火一把灼灼　四人▮四把火　四火亂如星

字 火一把燃燃　人四火四把　火四星車亂

[illegible]

[illegible]

句 登時不要怕　我因齋而順　自因齋成榮

字 上得不危險　我得齋可高　見得齋榮大

[illegible]

[illegible]

句 白腳潔如雪　面容黄似金　往火山而去

字 白腳亮星星　金容黄爛爛　火山人了去

[illegible]

[illegible]

句 你不要驚惶　羊皮白毡被　白毡陀高紅

字 紅望遠不要　羊皮白毡拿　白▮毡圓高紅

[illegible]

[illegible]

句 娼妓子遠離　其種如此數　灰鵂鶹灰鳥以之子

字 龍美遠以子　種他有是臭　[illegible]子

[illegible]

[illegible]

句 四火亂如星　天主而嗚呼　人要賜給你

字 火四星車亂　天主而嗚呼　人你賞▮來而

[illegible]

[illegible]

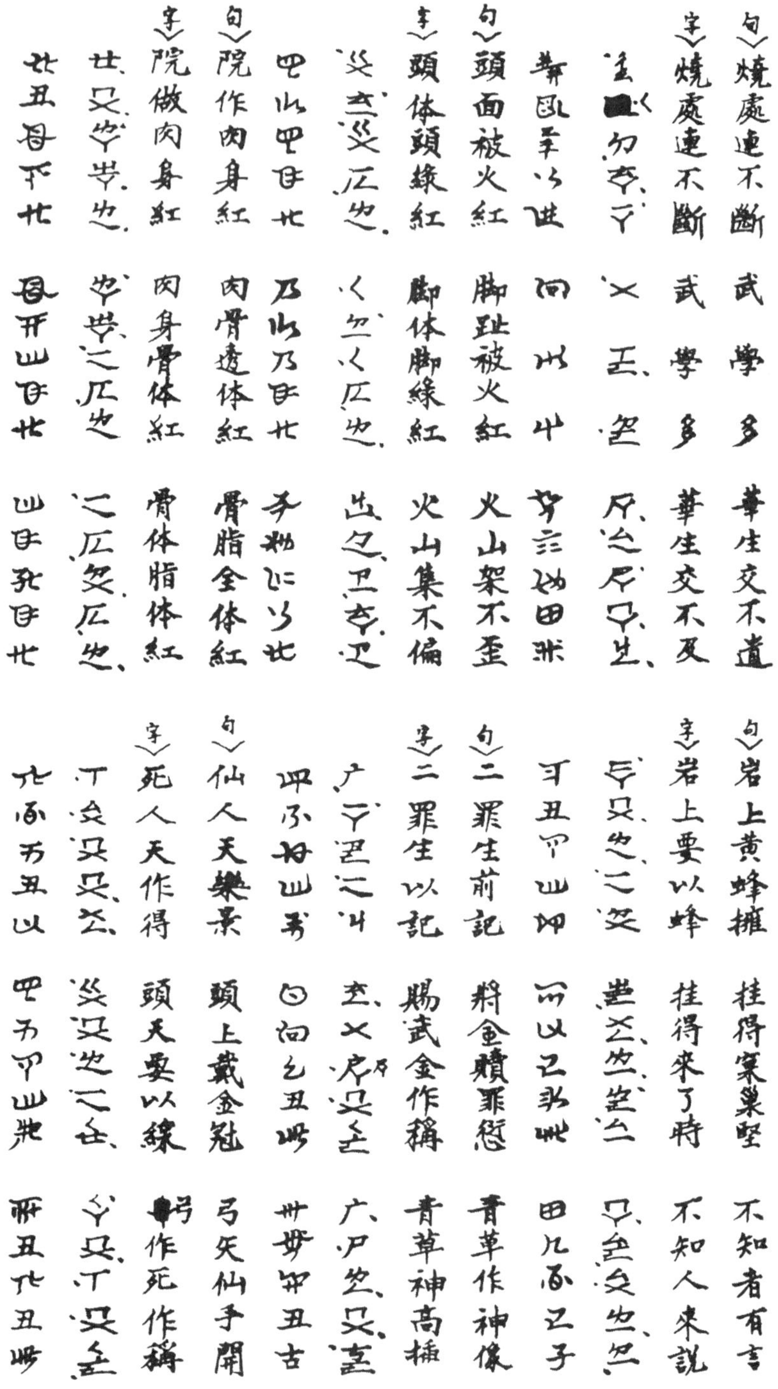
句〉燒處連不斷 武學多 華生交不遺
字〉燒處連不斷 武學多 華生交不及
句〉頭面被火紅 腳趾被火紅 火山架不歪
字〉頭体頭緣紅 腳体腳緣紅 火山集不偏
句〉院作肉身紅 肉骨邊体紅 骨脂全体紅
字〉院做肉身紅 肉身骨体紅 骨体脂体紅
句〉岩上黃蜂擁 挂得窠巢堅 不知者有言
字〉岩上要以蜂 挂得來了時 不知人來說
句〉二罪生前記 將金贖罪愆 青草作神像
字〉二罪生以記 賜武金作稱 青草神高插
句〉仙人天樂景 頭上戴金冠 弓矢仙手開
字〉死人天作得 頭天要以緣 弓作死作稱

句 鸿雁来时候 悲鸣得见闻 虎豹来时候
字 雁鹤归而候 鸣者得以听 虎豹归而候
巛兰茔乜玺 癸夊兰乙艾 昜癸芒乜玺
办甲而罒曰 孔而以山叩 前而而罒曰
句 火山站一望 一程又一程 到那时候是
字 火山坐天站 越望越以照 那时到而是
出夂圣只丁 乙乜乙丫玄 尖交乏乞垡
子妣走万而 廿节廿卅北 甲卯西罕坪
句 火山人灭尽 知者言的是 火山化俗情
字 火山人灭尽 知者来言是 火山人化得
出夂吉力癸 兰交乞乞垡 出夂吉旁兰
子妣西乃凹 几而乙子坪 子妣西办以

句 一程又一程 火山站一望 落左大山观
字 越望越以照 火山坐天站 落左坐天观
乙乜乙丫玄 出[redacted]夂玉人只丁 岂芒圣只门
廿节廿卅北 子妣走万而 孔好走万女
句 荣人安而定 新旧芳美然 你要成此样
字 荣与人特定 旧新一得然 你他做了是
至丫癸召罡 乜庅兰兰节 尖兰只垡亼
廿卅世山刃 办党以以刍 甲兮丑孔𣎴
句 斑文显以明 好人归而候 人归名荣存
字 枕斑得以照 人好归而候 人归荣不归
一、英 [redacted]兰乙玄 交圣芒乜乞 吉芒至夲芒
刑中以山北 而又而罒曰 西而廿以而

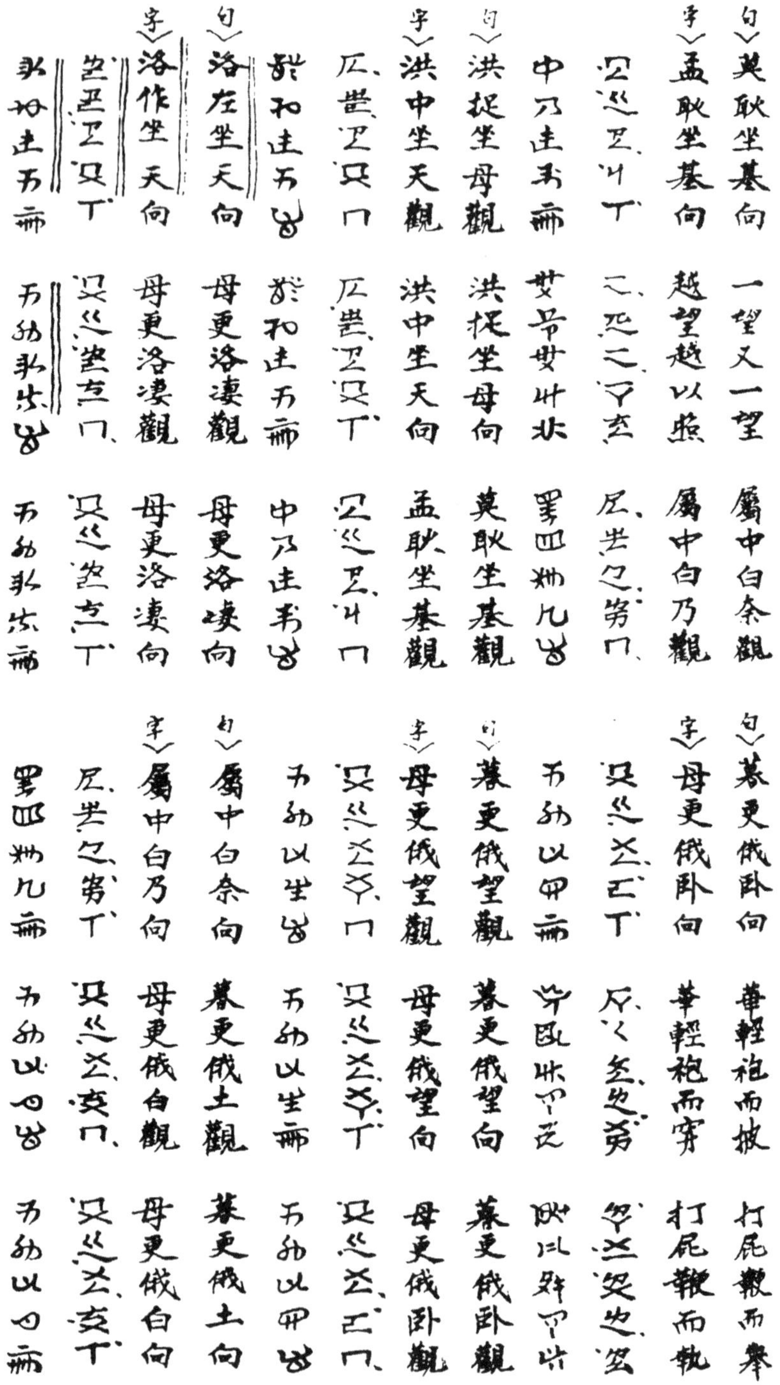
句 莫耿坐基向
字 孟耿坐基向
一望又一望
越望越以㳄
屬中白奈觀
屬中白乃觀
句 洪捉坐母觀
字 洪中坐天觀
洪捉坐母向
洪中坐天向
莫耿坐基觀
孟耿坐基觀
句 洛左坐天向
字 洛作坐天向
母更洛凄觀
母更洛凄觀
母更洛𡟰向
母更洛凄向
句 暮更俄卧向
字 母更俄卧向
華輕袍而披
華輕袍而穿
打屁鞭而舉
打屁鞭而執
句 暮更俄望觀
字 母更俄望觀
暮更俄望向
母更俄望向
暮更俄卧觀
母更俄卧觀
句 屬中白奈向
字 屬中白乃向
暮更俄土觀
母更俄白觀
暮更俄土向
母更俄白向

（句）憂能箐[redacted]古觀 憂能箐古向 憂能餓望觀
（字）了要箐頭觀 了要箐頭向 了要餓王觀
兴也、旦乏冂 兴也、旦乏丁 兴也、乂、乂、冂、
此田爪巴兆 此田爪巴而 此田以生兆
（句）野泊三箐向 卜句坐母觀 卜句坐母向
（字）野薄三箐向 卜首坐天觀 卜首坐天向
乞、夊之、[redacted]罡丁 文、出、乙又冂、 文、出、乙又丁
乙孔亦爪而 冋女走币兆 冋女走币而
（句）馬背進而赶 越望趣以照 左當 野泊三箐觀
（字）馬背進而赶 一程又一程 右當 野薄三箐觀
又也、出也、乞、 乀、乞、乀、下兰 乞、夊之、旦冂、
弓皿丑卩卯 廿币廿卅非 乙孔亦爪兆

（句）考以仙逝大 到那仙宮時 華輕袍而穿
（字）考以死為大 那時到了是 華輕袍而穿
亙乀丁乏乏 乎、交乏、尘、岂 斤、〈、冬、也、勇
冚山化玨𠹋 巳卯丙罕玨 乎乃卅卩乏
（句）你弓此地張 你鞍此地靠 你要如此行
（字）你弓他以插 你鞍他以靠 你他做了是
乎、乆兰、乀乏 乎、乏、兰、乀亙 乎、兰、又、岂、乚
巳冊丮山古 巳以兮山廿 巳丮丑弘𠹋
（句）憂能餓望是 祖之弓矢地 宗之鞍靠冲
（字）了要餓王是 祖以弓插處 宗以鞍搭冲
兴也、乏、乏、岂 冬、乀、乆、岂也 冬、乀、乏、亙、岂
此田以生玨 罕山冊古币 卩山以廿四

（句）俄泊法初觀　俄泊法初向　澤險瓦枯觀

（字）俄明崖白觀　俄明崖白向　十船雞雛觀

（句）憂能俄望向　俄泊敵初觀　俄泊敵初向

（字）丫要俄王向　俄明野白觀　俄明野白向

（句）打尻鞭而舉　馬背追而趕　一程又一程

（字）打尻鞭而執　馬背追而趕　越望越以照

（句）雲嶺霧山向　一望又一望　牛頭寒溪觀

（字）雲嶺山霧向　越望越以照　牛頭苹溪觀

（句）戕陸大箐觀　戕陸大箐向　雲嶺霧山觀

（字）俄撣箐長觀　俄撣箐長向　雲嶺山霧觀

（句）澤險瓦枯[illegible]向　遠望鹿山觀　鹿山關一向

（字）十船雞雛向　撣在草丫觀　撣在草汀向

句 馬背進而赶 杓迷坐天向 一程又一程

字 馬背進而赶 杉密坐天向 越望越以照、

只坐出忠室、 层口卫乙只丅 二、丕二、丫玄

丷卯卅罒罒 爷卜走万赤 丗节丗卅北

句 杓迷坐天觀 華輕袍而披 打屁鞭而舉

字 杉密坐天觀 華輕袍而披 打屁鞭而執

层口卫乙只冂、 斤、く冬忠、茢 丷亠又忠、室

爷卜走万女 芍乃卅罒廷 阝凡彳罒卅

句 牛頭寒溪向 霸底海湖觀 霸底海湖向

字 牛頭華溪向 霸底海白觀 霸底海白向

广与斤、く丅 丷丷尺、玄冂、 丷丷尺、玄丅

半巴芍乃赤 阝乞凸日女 阝乞凸日赤

句 麻南沙了觀 麻南沙了向 皆布沙了。

字 不你沙了見 不你沙了向 皆布沙了。

只、丷尺丷冂、 只丷、尺丷丅 之又尺丷。

田巴祏出巴 田巴祏出赤 幼比祏出。

句 大鼠曠野向 麻南通堤觀 麻南通堤向

字 鼠大[redacted]野一向 不你通提見 不你通提向

[redacted]斤壬丷一丅 只丷玄[redacted]玄冂、 只[redacted]丷玄玄丅

比卅已及赤 田巴节女女 田巴节女赤

句 馬紅在上見 馬紅在上向 鼠大野水見

字 馬紅在上見 馬紅在上向 鼠大野水見

只忠男至、冂、 只忠男至丅 斤壬丷、一、冂

万卄卅卅女 万卄卅卅赤 比卅已及女

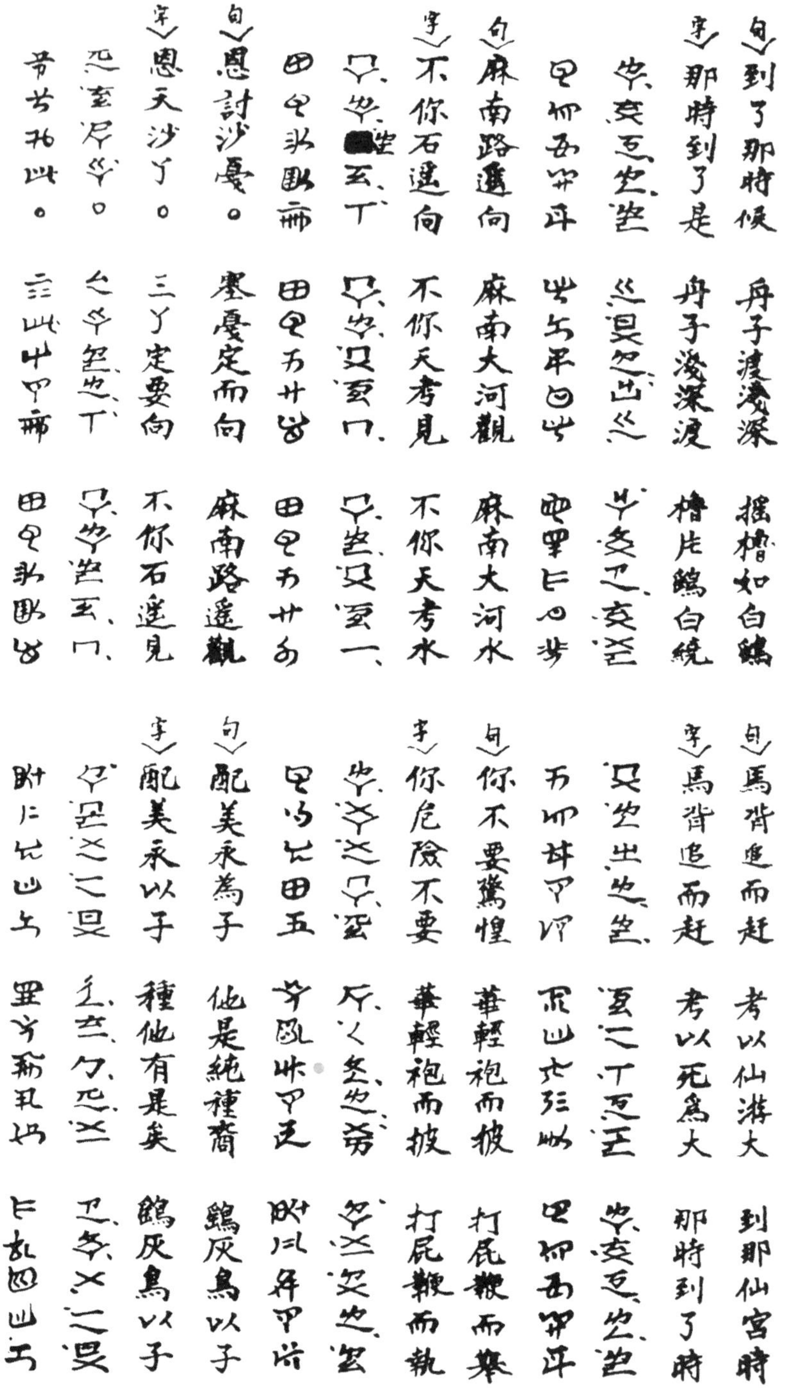

（句）到了那時候　舟子渡淺深　搖櫓如白鷴

（字）那時到了是　舟子淺深渡　櫓片鷴白繞

[illegible]

[illegible]

（句）麻南路邊向　麻南大河觀　麻南大河水

（字）不你石邊向　不你天考見　不你天考水

[illegible]

[illegible]

（句）恩討沙憂。　塞憂定而向　麻南路邊觀

（字）恩天沙了。　三了定要向　不你石邊見

[illegible]

[illegible]

（句）馬背追而趕　考以仙游大　到那仙宮時

（字）馬背追而趕　考以死為大　那時到了時

[illegible]

[illegible]

（句）你不要驚惶　華輕袍而披　打屁鞭而舉

（字）你危險不要　華輕袍而披　打屁鞭而執

[illegible]

[illegible]

（句）配美永為子　他是純種裔　鷴灰鳥以子

（字）配美永以子　種他有是矣　鷴灰鳥以子

[illegible]

[illegible]

句〉到那時候是　渴乃飲三口　不渴飲三口

字〉那時到了是　渴乃三瓢吞　不渴三瓢吞

[illegible]　[illegible]　只、[illegible]

[illegible]　[illegible]　田[illegible]

句〉神美禁門向　神美水甜觀　神美水甜井

字〉神美禁門向　神美水甜觀　神美水甜井

[illegible]丁　[illegible]门　[illegible]

[illegible]　[illegible]　[illegible]

句〉一程又一程　麻南大河向　神美禁門觀

字〉越望越以躲　不你天考向　神美禁門觀

[redacted][illegible]　只、[illegible]丁　[illegible]门、

[illegible]　田[illegible]　[illegible]

句〉熟也摘三穗　不熟摘三穗　你要如此成

字〉熟也三穗搯　不熟三穗搯　你他做了是

[illegible]　只、[illegible]　[illegible]

[illegible]　田[illegible]　[illegible]

句〉蟬唱麥田裏　熟也是青青　不熟是青青

字〉蟬鳴麥腳是　熟也青靘靘　不熟青靘靘

[illegible]　[illegible]　只、[illegible]

[illegible]平　[illegible]　田[illegible]

句〉你要如此成　神美水甜觀　蟬唱麥田觀

字〉你他做了是　神美水甜向　蟬鳴麥腳觀

[illegible]　[illegible]丁　[illegible]门、

[illegible]　[illegible]　[illegible]

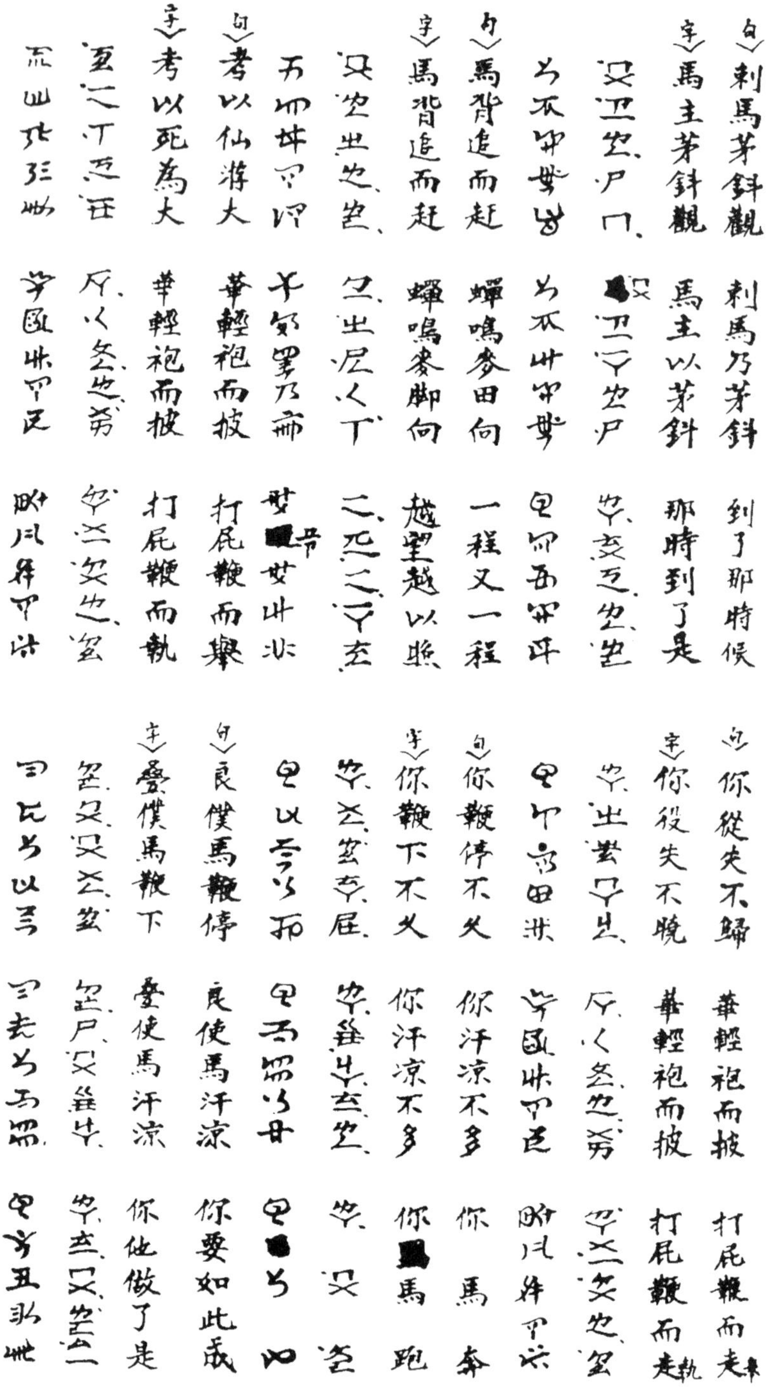
白 刺馬茅鉢觀 / 刺馬乃茅鉢 / 到了那時候
字 馬主茅鉢觀 / 馬主以茅鉢 / 那時到了是
白 馬背追而趕 / 蟬鳴麥田向 / 一程又一程
字 馬背追而趕 / 蟬鳴麥腳向 / 越望越以照
白 考以仙遊大 / 華輕袍而披 / 打屁鞭而舉
字 考以死為大 / 華輕袍而披 / 打屁鞭而執

白 你從失不歸 / 華輕袍而披 / 打屁鞭而走奔
字 你役失不曉 / 華輕袍而披 / 打屁鞭而走執
白 你鞭停不久 / 你汗涼不多 / 你 馬 奔
字 你鞭下不久 / 你汗涼不多 / 你 馬 跑
白 良僕馬鞭停 / 良使馬汗涼 / 你要如此威
字 疊僕馬鞭下 / 疊使馬汗涼 / 你他做了是

（白）巫舊巫新關　舊乃祖巫是　新巫是你關
（字）巫舊巫新關　舊乃祖以巫　新乃你巫是
[illegible]
[illegible]
（白）巫山大樂觀　巫山大樂是　到那時候是
（字）巫獨大母觀　巫獨大母乃　那時到了是
[illegible]
[illegible]
（白）馬背追而赶　一程又一程　馬主茅針向
（字）馬背追而赶　越望越以然　馬主茅針向
[illegible]
[illegible]

（白）騎麟向着低　吶喊聲減少　人常言此歟
（字）靈騎來是低　赶聲來是少　人他言是矣
[illegible]
[illegible]
（白）巫山大樂向　薇嶺會場觀　薇嶺會場是
（字）巫獨大母向　薇嶺會長觀　薇嶺會長是
[illegible]
[illegible]
（白）倦乃巫山歇　不倦巫山歇　你要如此成
（字）疲乃一巫燒　不疲一巫燒　你他做了是
[illegible]
[illegible]

（白）妖鳴怪聲應　怪叫妖和鳴　你不要驚恐

（字）妖鳴怪榮顯　怪吼妖還能　你恐懼不要

[illegible]

[illegible]

（白）引領長伸望　遥見箐長觀　妖鳴怪吼地

（字）瞩頸長以伸　遠以箐長觀　妖吼怪叫底

[illegible]

[illegible]

（白）巅嶺會場向　青山茂林觀　青山茂林向

（字）巖嶺會長向　箐上葉厚觀　箐上葉厚向

[illegible]

[illegible]

（白）你要如此成　失魂大山向　過楚林三觀

（字）你他做了是　驚失上天向　過楚三箐觀

[illegible]

[illegible]

（白）失魂大山觀　驚失三呼喊　不驚喊三聲

（字）驚失上天觀　驚乃三聲叫　不驚三聲叫

[illegible]

[illegible]

（白）考以仙游大　一程又一程　遥見箐長向

（字）考以死爲大　越望越以照　遠以箐長向

[illegible]

[illegible]

句 各納羊一個　肉給螞蟻喫　螞蟻笑吟吟
字 [redacted]各[redacted]納此一個　肉拏螞蟻喫　螞蟻笑吟吟
乆、宆、千、卒、冗　宆文、乞、仝、出　乞、仝、丫、之、仑、
呷甲卅以中　毋氷乎吡廿　乎吡纸三了仁
句 犬惡犬不順　吾路站而當　到那時候是
字 狗惡狗不順　吾路站來當　那時到了踶
[redacted]山交、山、丫、之　乆、出、丁、忽、妟　宆、交、亙、忽、妟
多[redacted]多田内　以世而已三　甲而西卯平
句 荆楚三林是　荆楚樹冤慾　吾路來生植
字 過楚三箐是　過楚樹冤慾　吾路生來當
乆、乆、仝、旱、妟　乆、乆、旁、臣、丑　乆、出、芒、忽、妟
本㑑三瓜平　本㑑了一冇　以世毋已三

句 荆楚三林向　鐘樓大山觀　鐘樓大山向
字 過楚三箐[redacted]向　鐘懸考日天觀　鐘懸考天向
乆、乆、仝、旱、丁、　芒、芒、亙、只、冂、　芒、芒、亙、只、丁、
本㑑三瓜而　奴丂廿方㚢　奴丂廿方而
句 白犬尾搖搖　天路明晃晃　如此面前存
字 狗白尾搖搖　天路白露露　然成是而矣
山交、㝽、宆、宆　翌、出、交、忽、忽、　芒、妟、妟、厄、乂
多曰仁吉了仁　五世日卉了仁　夘扑三丑㘰
句 將皮箪荆楚　荆楚光滑滑　將骨遞白犬
字 皮拿箪過楚　過楚皮玉玉　骨拿狗白遞
小、文、乆、乆、宆　乆、乆、从、一、一　乀、文、山、交、乆、
丞氷本㑑卬　本㑑怕丞了仁　山氷多曰以

句〉不過鐘音好　鼓音好一對　比他好者無

字〉不過鐘音好　鼓音好一對　他比的不得

只丛丗乂厶、　丑丑、亾夯卫　亡、留疋只、丵、

田取双田纵　卬巾纵以走　扌山田田和

句〉兩旁中而站　鐘音鳴在左　鼓响是右方

字〉兩了間以站　鐘如一個懸　鼓好一個安

广半戈之丅　丗亾夯之丵　丑亾、夯之癸

二此巫山而　双纵以田丂　卬纵以田罕

句〉鼓响大崖觀　鐘樓大山頂　鼓响是崖頭

字〉鼓响崖大觀　鐘懸又老天　鼓响又崖大

丑丑、乓屮冂、　丗丵亾互只　丑丑、亾乓屮、

卬书丁屯丗　双丂以廾丂　卬巾以丁屯

句〉你心很憂傷　好馬行匆匆　你自走三天

字〉你心傷不了　馬好走匆匆　你自三天走

平、甹尸只出、　瓜、卫之亾、亾、　之、王亾广之

屯少干田洲　孔卜亡衷弘　七她三币亖

句〉聽　鼓　聲　聽鐘聲之時　你返計陽世

字〉鼓　响　聽　鐘鳴聽以是　你轉陽間計

丑、丑、爻　丗丑、爻乊丵　平、丵乞只王

卬　卯　吕　双巾吕卅平　屯片子亖㕛

句〉到了那裏時　見鐘不撞鐘　見鼓不擊鼓

字〉耶時到了是　鐘見鐘不撞　鼓見鼓不打

平、亦互、之、丵　丗冂、丗夯、幼　丑、冂、丑、夯癸

屯卯丙卬平　双丗双以廾　卬丗卬以乒

句〉在此两中转　活人泪汪汪　活人将青举
字〉他二間以轉　活人泼汪汪　活人執青葉
乞、广共乙尘　仑女笛亡亡、　仑女仝、广、[illegible]空
兴吅吅山兴　吅吅罢斧仁　吅吅以卄卅
句〉活魂去不得　鐘樓　山顶　鼓响　崖头
字〉活魂去不得　鐘懸　考天　鼓响　崖大
仑女乙、仄笏　尘尘　巫只　巫丑　与兴
吅吅卅田圻　双丁　卄书　印巾　丁巴
句〉一路送者返　活人送仙灵　仙人去得是
字〉一路送以转　活人死人送　死人去得是
一、出仝、乙乙　仑女丁女仁　丁女乙、笏尘
女日汴山兴　吅吅北吅卅　北吅卅圻耳

句〉鐘懸　大山　鼓响大崖向　鹰飞平原观
字〉鐘懸　考天　鼓响崖大向　鹰柏平原觀
尘尘　巫只　巫丑、与兴丁　竺乞、仁仝、冂、
双丁　卄书　印巾丁巴而　北卅以汴白
句〉圆蹄去不得　嫩蒲冲　银国处而返
字〉蹄圆去不得　嫩蒲冲　银国等以转
巫、巫、[illegible]仄笏　出　乞、尘　乙、仝、乙乙尘
卬书卅田圻　匕　卅　四　冂吅由山兴
句〉仙人笑吟吟　仙人马策鞭　分蹄去得是
字〉死人笑吟吟　死人马背赶　分蹄去得是
丁女仄仝、仝、　丁女只出尘、　仁卄一、笏广
北吅绳兰仁　北吅占仰仰　兴书卅圻文

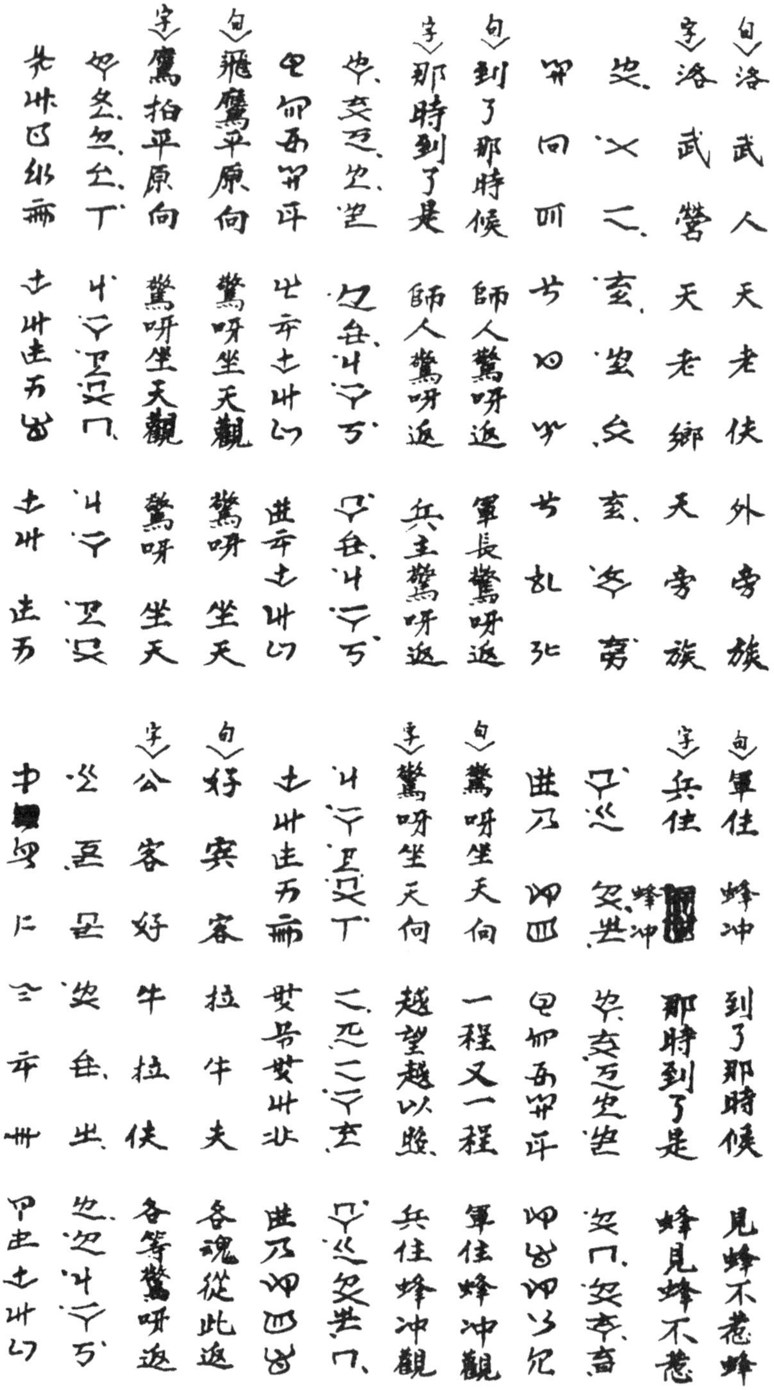

白）洛武人 天老伕 外旁族

字）洛武營 天老鄉 天旁族

白）到了那時候 師人驚呀返 軍長驚呀返

字）那時到了是 師人驚呀返 兵主驚呀返

白）飛鷹平原向 驚呀坐天觀 驚呀坐天

字）鷹拍平原向 驚呀坐天觀 驚呀坐天

白）軍住 蜂冲 到了那時候 見蜂不惹蜂

字）兵住 蜂冲 那時到了是 蜂見蜂不惹

白）驚呀坐天向 一程又一程 軍住蜂冲觀

字）驚呀坐天向 越望越以遠 兵住蜂冲觀

白）好宾客 拉牛夫 各魂從此返

字）公客好 牛拉伕 各等驚呀返

(句)猿好牙不好 猿爪把人撕 猿過大歪向

(字)猿甜牙不甜 猿手來人撕 猿過卧歪向

乙岔岦𠮛岔 乙岁屮乏吉 乙𡗗爻爻丁

叱孔西田孔 叱乇乙吏凶 叱卉以[redacted]生而

(句)猿過大歪。 到了那時候 見猿不逐猿

(字)猿過卧歪。 那時到了是 猿見猿不赶

乙𡗗爻爻。 岁交乏岦岔 乙冂乙𡗗𡗗

叱卉以生。 乜而丙𠂤平 叱㞢叱以岂

(句)蜂甜針不甜 軍住蜂冲向 猿過大歪觀

(字)蜂甜針不[redacted] 兵住蜂冲向 猿過卧歪觀

[redacted]汉岔爻岔岔 岔乏夂岦丁 乙𡗗爻爻冂

叩孔以田孔 卅乃叩皿而 叱卉以生㞢

(句)六屬一大會 封疆也集來 邊使也集來

(字)屬六一聚會 儀封也聚集 邊使也集来

乒全亇爻卫 岔乏广卫乜 岔尸广卫乜

鬲元以比 亍匕文匕乙 亍去文匕乙

(句)武與占聚會 鬧與衡聚會 男與女交會

(字)武以苗聚會 鬧以衡聚會 女以郎聚會

乂亍岦爻卫 宓亍尺爻卫 忠亍岁爻卫

向卅艮以比 乂卅九以比 巳卅叁以比

(句)猿南大會場 猿南聚會時 部與美聚會

(字)猿南會聚觀 猿南聚會是 部以美聚會

乙岁爻卫冂 乙岁爻卫岂 夂亍岂爻卫

叱乜以比㞢 叱乜以比平 匕卅仁以比

（句）此次媾足心　陰陽相合似　到了那時候

（字）此次交滿情　鴛鴦相對似　那時到了是

（句）女交不足意　那裏交足意　男媾不滿情

（字）女交不足意　那裏交[redacted]意　男交不滿情

（句）各姓也集來　男女也集來　到了那時候

（字）各姓也集來　文郎也集來　那時到了是

（句）青山双岸秀　紅石兩行分　山凹平坦坦

（句）山青二面聳　石紅二旁分　山半了凹凹

（句）各人自華衣　猿南會塲向　過此往前山

（字）各人自華衣　猿南會聚向　他過而以往

（句）福與福不混　各人自牛羊　錦與錦不混

（字）福以福不混　各人自牛羊　錦以錦不混

句〉烏飛二翅力　一望又一望　妖到魔冲觀

字〉烏飛二手力　越望越以照　妖到魔冲觀

[illegible]

[illegible]

句〉毛髮皆戰慄　你　馬　失　你僕逃走罷

字〉毛髮根頭慄　你　馬　奔　你僕逃不了

[illegible]

[illegible]

句〉在此有奇煞　獸見人不避　你不要恐惶

字〉他以在煞了　獸人見不避　你恐恐不做

[illegible]

[illegible]

句〉父前不扯識　要扯三句識　婁前不識媳

字〉父不識以子　三句識要扯　婆不識以媳

[illegible]

[illegible]

句〉見妖心耿耿　見魔心焚焚　躊躇在此間

字〉妖見心耿耿　魔見心焚焚　他以坐煞了

[illegible]

[illegible]

句〉妖到魔冲是　妖父青面立　魔母紅髮結

字〉妖到魔冲是　妖父青面立　魔母紅髮結

[illegible]

[illegible]

句）妖怪妖收轉　魔怪魔收廻　妖嶺魔冲向
字）妖神妖收轉　魔神魔收轉　妖到魔冲向
[illegible]
[illegible]
句）穀米叠叠堆　存倉只一盈　你如此撒謊
字）穀是様様造　數倉自獨留　你他做了是
[illegible]
[illegible]
句）要識三句言　人姓重重數　只存我一人
字）三句識要用　人姓様様造　人是自獨留
[illegible]
[illegible]

句）遲到乃不開　常常望穿眼　你想我才開
字）晏者乃不開　常常望拿苦　你自想特開
[illegible]
[illegible]
句）左手陰門閂　右手陰門關　阿鈸金敲打
字）左手將門閂　右手把門關　阿鈸金打高
[illegible]
[illegible]
句）陰府大門觀　陰府　大門　到了此門下
字）陰府大門觀　陰府　大門　那時到了是
[illegible]
[illegible]

（白）家族不再通　師主聽不見　跡痕露白濃

（字）家族話不通　師主聽不聞　跡見露白零

[illegible]

[illegible]

（白）錦纏是縛純　縛純陰府關　兇孫再不還

（字）金放是縛藤　縛藤陰府閉　兇孫華不現

[illegible]

乙亢平茲了　茲了五巨[illegible]　[illegible]

（白）月半十五夜　成双做了是　金纏是石圍

（字）月半十五夜　双得做了是　金放是石圍

[illegible]

四四十五[illegible]　此以丑[illegible]　乙亢平[illegible]

（白）行到便復到　右有路一條　右宗國裏去

（字）要到便復到　右以路一條　右宗國以出

[illegible]

五五平世五　[illegible]　[illegible]

（白）陰亞谷中觀　左有路一條　你行人不行

（字）陰亞谷中關　左以路一條　你要人不要

[illegible]

五卅卯四[illegible]　生山世以[illegible]　北五[illegible]以五

（白）路影葉多厚　你如此成了　陰府大門向

（字）路見葉多厚　你仙做了是　陰府大門向

[illegible]

以[illegible]四廿七　[illegible]丑[illegible]　五[illegible]山巨[illegible]

白 你不要滿意 前有路一條 仙和瑰交處

字 你又厚不要 前以路一條 仙以靈要處

[illegible]

[illegible]

白 能紅山上過 仙者靠不動 同者福無邊

字 能紅山上過 死者靠不高 同者福不綿

[illegible]

[illegible]

白 你登人不登 登到是仙台 中有一條路

字 你成人不成 成到是攏到 中以路一條

[illegible]

[illegible]

白 優游萬福安 仙處無相比 不冷又不炎

字 不盡在場好 仙處論不及 不令不熱地

[illegible]

[illegible]

白 頭是象頭山 象頭十五山 到此極樂地

字 頭是象頭山 象頭十五山 此了到了是

[illegible]

[illegible]

白 前有宜阿南 邊上是南天 南有十二節

字 先有宜阿南 邊是南以天 南以十二節

[illegible]

[illegible]

白〉光日耀月明　不黄不梏地　松柏四時花
字〉光日耀月明　不倒不梏地　松老杉老花
丗出工瓜荖　兄勿兄𫝀口　尸只层只另
闵子甲四古　田卅田岑宀　弘勠布勠世
白〉耀水靈甘飲　此物備與仙　不黑不暗城
字〉耀水靈甘飲　此又在然是　不黑不暗城
二一另勇亙　千二荖芊厶　兄兯兄夂宊
甲山丞尧丞　卌以和丹卅　[ink blot]田乜田雨甲
白〉白雲花帛溫　不飢不渴地　飢時榮穀養
字〉雲白花帛暖　不飢不渴地　榮粮靈養食
毋支出房乚　兄另兄另口　丗口另工亙
兮曰生此卬　田毋田尧宀　闵匕丞丈卍

白〉陰屋向白行　陰亞谷中向　沐沒聖江觀
字〉陰又白向行　陰亞谷中向　髮洗聖江觀
㚒二支壬一　㚒亍夂荖丅　亡亡乚匕门
白〉五以曰卉四　五廾卯四而　坳斧秘宄世
字〉百穀正開花　你不要厚意　中有一條路
和花在要處　你又厚不要　圍以路一條
尘另荖乜乜　乜二支卉乜　乆乀出千壬
吴世和罒由　廿以而以罒　卯山世卌牝
白〉不老不衰地　鶴算八千春　先祖升
字〉不老不嫩地　鴻老鶴老鳴　先祖升
兄只兄兯口　乆只工只夂　尸夊荖
田勠田岑宀　勿勠甲勠孔　力罒㐬

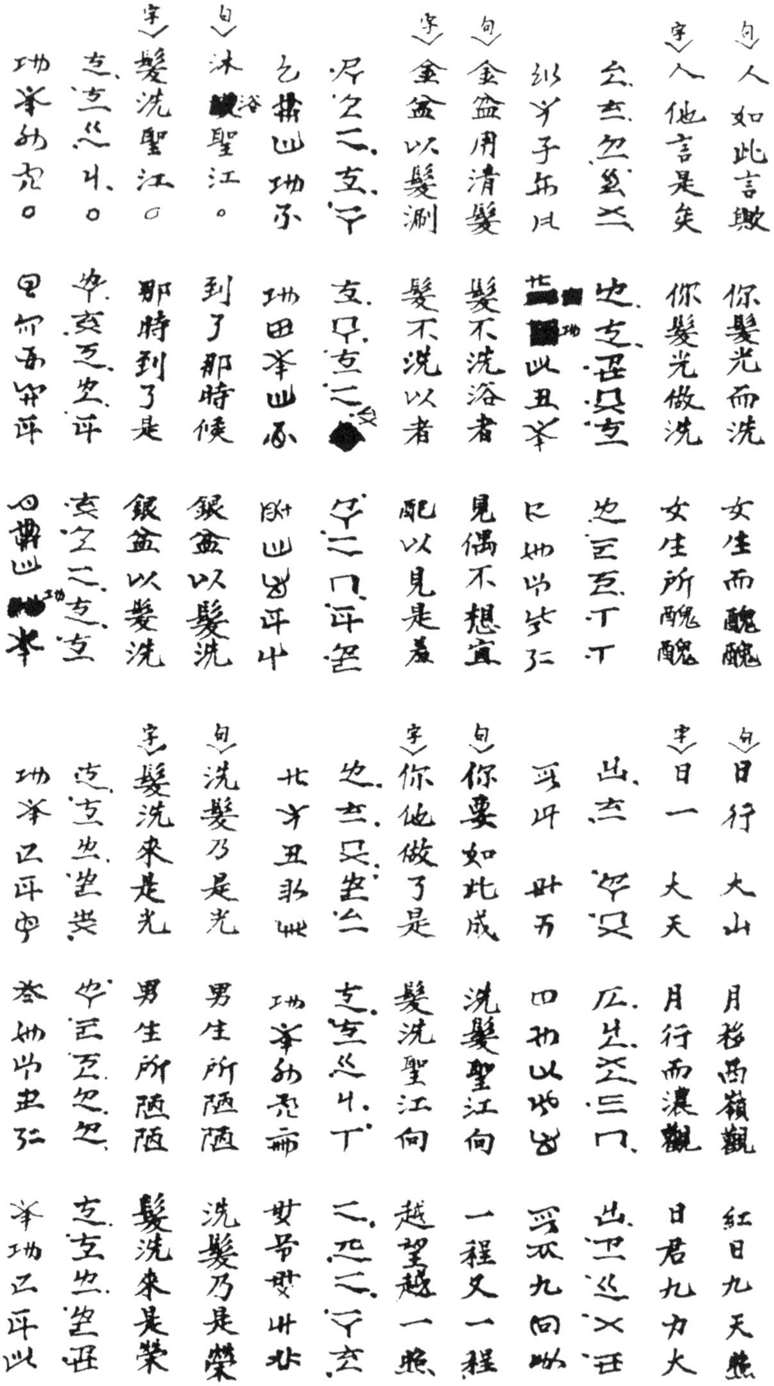

句 人如此言敟
字 入他言是矣
句 金盆用清髮
字 金盆以髮涮
句 沐浴聖江。
字 髮洗聖江。

你髮光而洗
你髮光做洗
髮不洗浴者
髮不洗以者
到了那時候
那時到了是

女生而醜醜
女生所醜醜
見偶不想寘
配以見是羞
銀盆以髮洗
銀盆以髮洗

句 日行大山
字 日一大天
句 你要如此成
字 你他做了是
句 洗髮乃是光
字 髮洗來是光

月移西嶺觀
月行而濃觀
洗髮聖江向
髮洗聖江向
男生所陋陋
男生所陋陋

紅日九天照
日君九力大
一程又一程
越望越一照
洗髮乃是榮
髮洗來是榮

白士康求良药　帷帐蓝线扯　日前买药唱
字士康药要唱　脸幔蓝线扯　日手药买唱
出岜亙也坌　㕛乂厶广金巜　出岜亙夲坌
㕑和丰ア丣　北雨卅牝卝　子七丰生丣
白君主求良药　臣相求良药　师尊求良药
字君前药要唱　臣前药要唱　师前药要唱
卫岜亙也坌　又岜亙也坌　之岜亙也坌
丌丬丰ア丣　㸚丬丰ア丣　七丬丰卩丣
句白月八方明　成鸟旋药者　到了那时候
字月臣八面厚　药煮者高坐　那时到了是
广又厉壶三　亙岜女又广　岜表时亙岜坌
四勿入北彡　丰勿丙丑币　巳卯丙甲午

白吃药百病好　吃药万病消　日行大山向
字吃药是病好　吃药是病痊　日一大天向
亙坌岜也丑　亙坌岜也生　出产又下
丰丣午七又　丰丣午七耒　丣午卅丙耒
白星前买药唱　红牛并白羊　黑猪与紫鸡
字星手药买唱　牛红和羊白　猪黑鸡紫似
卄岜亙夲坌　广也丫广午　夲岜丫二仌
山七丰生丣　丰七卅山巳　七巳卅山出
白罗叉红线扯　月前买药唱　心包金线扯
字罗架红线扯　月手药买唱　心包金线扯
丫尺也金巜　广岜亙夲坌　翁勹尺金巜
不勿廿牝卝　四七丰生丣　㞢卌乙牝卝

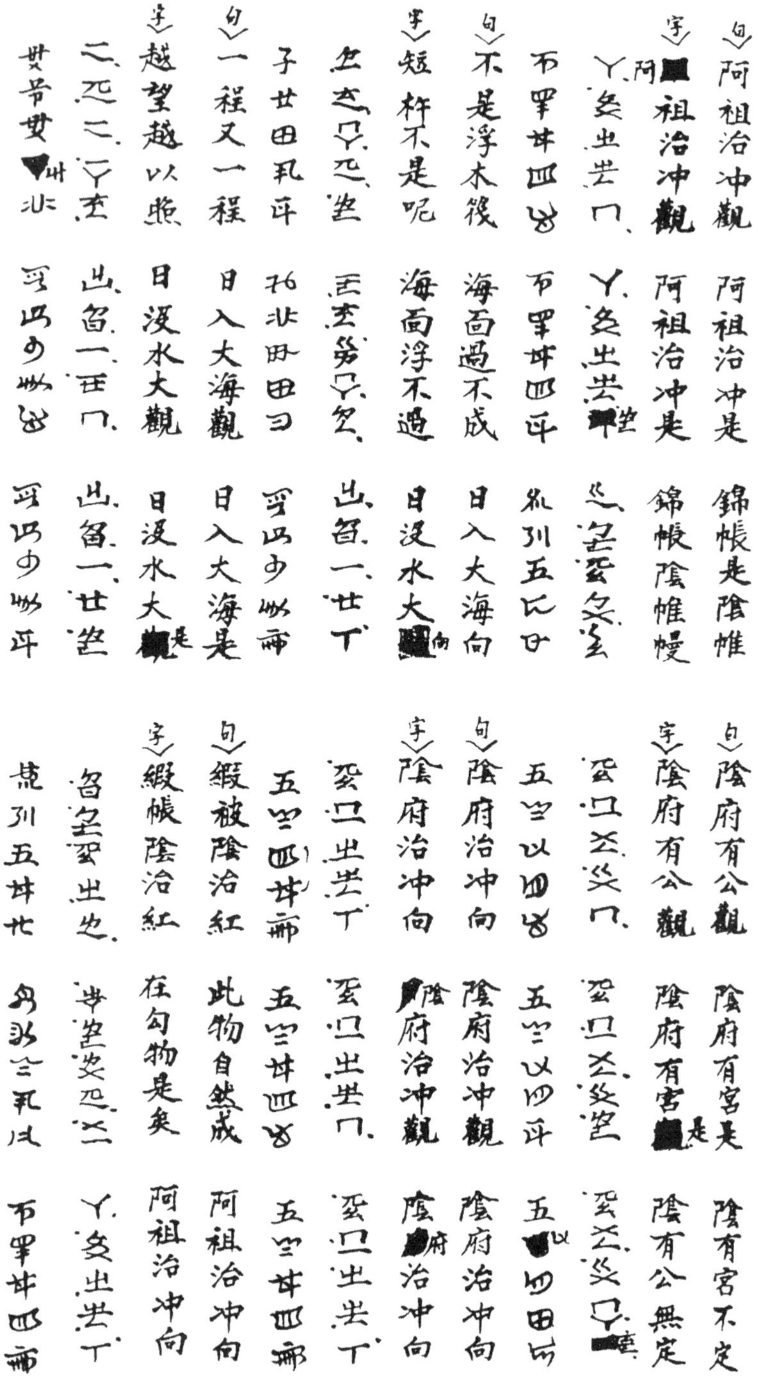

句 彊官房不曉 白結挂是居 鎮彊房不曉

字 封彊房不曉 結白挂以坐 邊使房不曉

[illegible]

[illegible]

句 黑猪卜者禮 到了那時候 房三門不似

字 猪黑卜巧找 那時到了是 房三門不同

[illegible]

[illegible]

句 不定陰處移 紅牛叫哄哄 白羊過路來

字 無定陰處移 牛紅鳴哄哄 羊白過路要

[illegible]

[illegible]

句 房不要找錯 舊是祖的房 新是你靈居

字 房找錯不得 舊是祖以房 新是你房是

[illegible]

[illegible]

句 龍德不知房 青綾幔內居 到了那時候

字 龍德房不曉 綾青幔裏坐 那時到了是

[illegible]

[illegible]

句 青松林內居 各姓房不曉 錦藍院內居

字 樹青生以坐 各姓房不曉 錦藍帷以坐

[illegible]

[illegible]

句 同室六晚上 娛樂且歡然 同室九晚上

字 運來六晚上 福樂婦美安 運來九晚上

[illegible]

[illegible]

句 末位反為尊 考以仙為大 尊卑夫婦倫

字 末位反為尊 考以死為大 婦夫尊卑間

[illegible]

[illegible]

句 婦座尊為首 首座謙居末 夫座本居末

字 婦座首以座 首座末以坐 夫座末以座

[illegible]

[illegible]

句 庚然時而安 齎氣 食氣 庚美時而安

字 處然時而安 齋氣 食氣 處美時而安

[illegible]

[illegible]

句 牛鳴 馬嘶 處此時而安 綾被錦披是

字 牛聞 馬聞 處此時而安 綾被錦被是

[illegible]

[illegible]

句 路遇交相愛 星雲彩下觀 日月來往照

字 路配天地間 雲散星輝見 日月前以換

[illegible]

[illegible]

句 陰府三年在 三年三月在 三月三日在
字 陰府三年在 三年三月在 三月三日在
巫口亡丂世 亡丂亡丘世 亡丘亡广世
五旦三仂和 三仂三田和 三田三帀和
句 你命他来示 你功他来成 陰府在不多
字 你示他而問 你功他而成 陰府在不多
乞只厺芒乞 乞么厺芒乞 巫口芒亭姿
廿尛方乑叩 廿孔方乑孔 五旦和以廿
句 人城想根基 風臨松杉鳴 山中春鳥喚
字 人城想根生 開謝杉叫鳴 山時春鳥喧
玄乞夘丞丞 房房层世芸 夂玄芒不务
吏丙冋卯好 匡吞书ゑ乫 尛叩尛肚秋

句 領我走義路 青衣伴侶人 我示他来示
字 我引義路引 青子伴侶人 我示他来示
丢尺广发尺 广旦广乂厷 丢只厺乞只
以品文仝品 卅工文儿罡 以尛方正尛
句 樫枝將自清 雀嵬撿聖時 聖石將自潔
字 枝折己己清 石■大聖個撿 個撿己己潔
出畜云云㐅 芒毕乚支乂丝 支丝云云■厂
毋死吔孓书 日白皿帖厺 帖厺吔孓昔
句 三日三夜在 三夜到而是 高山折樫枝
字 三日三夜在 三夜到而是 山高樫支折
亡广亡斤世 亡斤芒乞芒 夂只■二出畜
三帀三囬和 三囬囙罘正 卅丑皿毋死

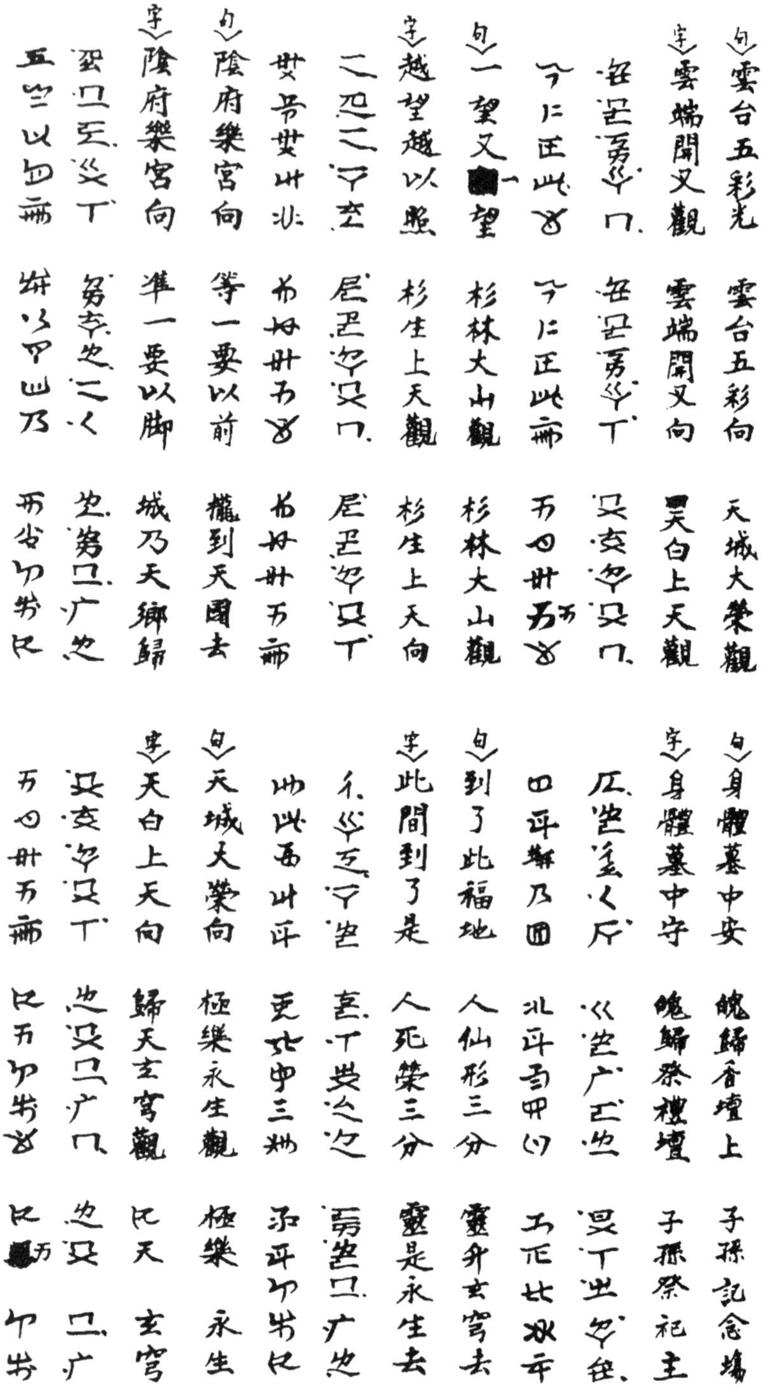
白 雲台五彩光 雲台五彩向 天城大榮觀
字 雲端開又觀 雲端開又向 雲白上天觀
白 一望又[illegible]望 杉林大山觀 杉林大山觀
字 越望越以照 杉生上天觀 杉生上天向
白 陰府樂宮向 等一要以前 攏到天國去
字 陰府樂宮向 準一要以腳 城乃天鄉歸
白 身體墓中安 魄歸香壇上 子孫記念場
字 身體墓中守 魄歸祭禮壇 子孫祭祀主
白 到了此福地 人仙形三分 靈升玄宮去
字 此間到了是 人死榮三分 靈是永生去
白 天城大榮向 極樂永生觀 極樂 永生
字 天白上天向 歸天玄宮觀 比天 玄宮

句 雲台衆仙稱 他乃是奇然 然々々々々

字 雲晴時一稱 他乃說是矣 矣々々々々

[illegible]

[illegible]

句 往以漢音稱 天主龍君稱 述以吏音稱

字 往以漢來說 天主龍君說 述以吏來說

[illegible]

[illegible]

句 極樂永生境 切金仙母位 姊妹辨高低

字 歸天玄穹是 切金母位前 姊妹高下子

[illegible]

[illegible]

句 歸到安樂地 君辭世仙遊 如日之升明

字 陰歸吾以是 君以死是乃 日榮座前廻

[illegible]

[illegible]

句 現在 這次 龍 馬 乘 尋 聖 路

字 現在 這次 龍 馬 騎 聖 路 尋

[illegible]

[illegible]

句 論到會面阿 者以仙爲大 仙宮是你居

字 論是會聚阿 考以死爲大 死而以說你

[illegible]

[illegible]

句 祀場會以會 士庶仙游是 公會美

字 祀場會以會 士庶死是乃 公會美

句 臣閣會以會 師離世仙游 如星之燦然

字 臣閣會以會 師以死是乃 星榮座前迎

句 皇宮會以會 臣逝世仙游 如月之恆明

字 皇宮會以會 臣以死是乃 月榮座前迎

句 媳與婁仙會 仙游重相會 重會甚逍遥

字 媳婆仙而會 死要重以會 重要科以會

句 孫與祖仙會 元孫曾祖會 婦與夫仙會

字 孫死祖而會 元死曾祖會 婦死夫而會

句 義會美而會 考以[redacted]仙爲大 子與父仙會

字 義會美以會 考以死爲大 子死父而會

句 仙者踹不虚 坐仙景 来福門内居

字 死者踹不虚 坐會找 古来門而仙

丁攵𡈼亨攵 广[redacted]邑尸 癸之么岂亾

𡗗而岀以以 文甲岁 旧比耳弗毗

句 陽與陰之間 崎嶇路危危 良馬踩盧虔

字 陽與陰兩間 石大低緯緯 良馬踹𨇤虔

乜乙巠广生 岂乜亣卫卫 厂邑𡈼攵乜

子山五ㄖ丏 囙旦収迬汇 乳仁岀以出

句 會場也找着 城池也找着 考以仙爲大

字 會聚是會有 城聚是城有 考以死爲大

巨尸岂邑亖 出尸岂出亖 至二[redacted]丁亙岳

𡗗岁丮𡗗以 𫝀𡗗丮𫝀以 瓜山比孖𡿨

句 論到師返阿 師主又返廻 師坐離回轉

字 論到師廻阿 師主又以廻 師坐離廻一

岂岂乜公亙 乜岳亖亖么 乜[redacted]广二么一、

卬丮比岁卅 比弃以山岁 比文皿岁畋

句 得見喜非常 常々々々

字 自得見而喜 喜々々々

亖乂乂几岂亾 [redacted] 亾々々々

仙以岁弗毗 卅々々々

句 紅塵方脱盡 到了快樂天 高宗並遠祖

字 陰路他走盡 到了快樂宮 祖宗一同會

巠岂、亣、亾、癸 乙乞乙、卫亙 亽亽亣、邑屋

五岱𭃂亣刄 外出乃亗西 罕山以罗开

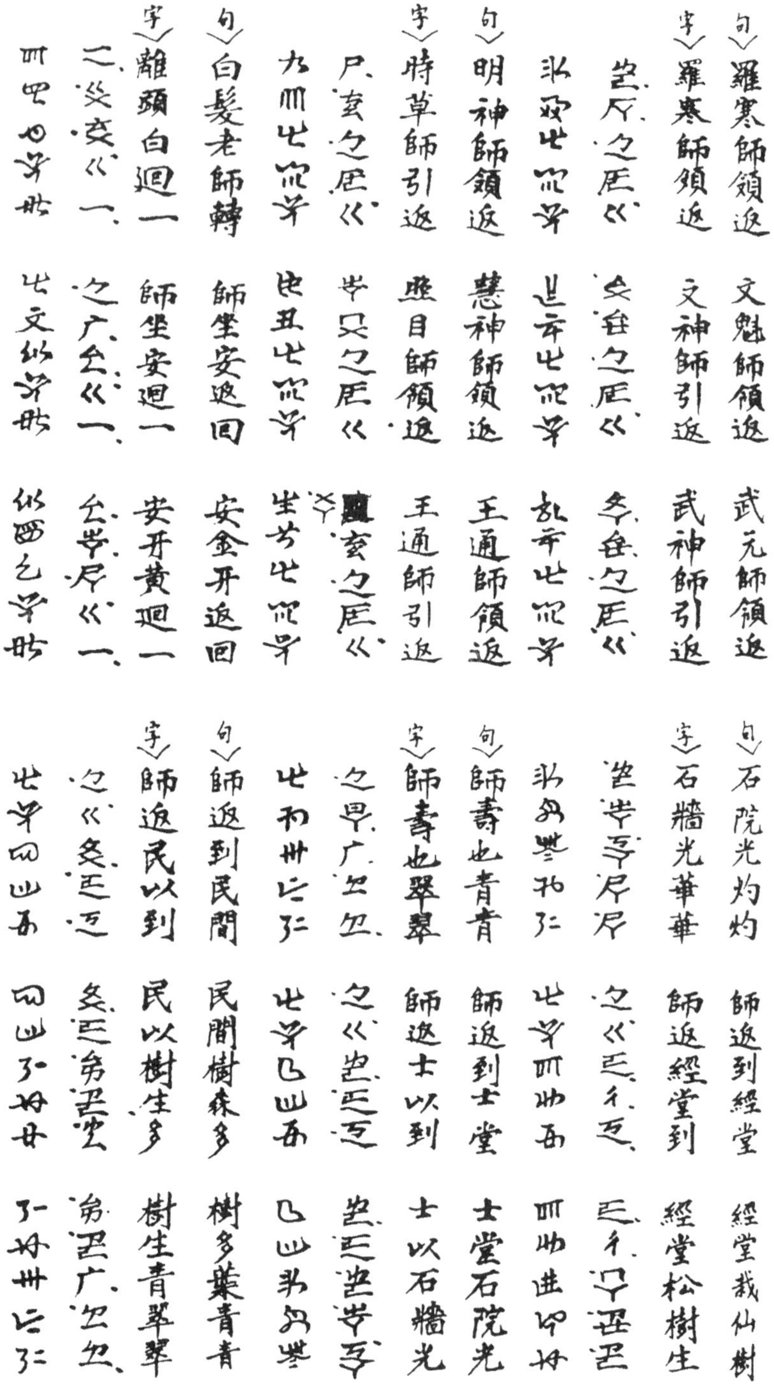
句〉羅寒師領返 文魁師領返 武元師領返
字〉羅寒師領返 文神師引返 武神師引返
句〉明神師領返 慧神師領返 王通師領返
字〉時草師引返 與目師領返 王通師引返
句〉白髮老師轉 師坐安返回 安金开返回
字〉離頭白迴一 師坐安迴一 安开黃迴一
句〉石院光灼灼 師返到經堂 經堂栽仙樹
字〉石牆光華華 師返經堂到 經堂松樹生
句〉師壽也青青 師返到士堂 士堂石院光
字〉師壽也翠翠 師返士以到 士以石牆光
句〉師返到民間 民間樹森多 樹多葉青青
字〉師返民以到 民以樹生多 樹生青翠翠

這一條路、這路歷程、各關有各關的要務、指明人將來永生的路程、但人人都要走此書共計一萬三千五百零八個字、內容、

序引

去乃 命諄 師 壽 長 師康彊而矣[illegible]

去乃 典允 師 壽 長 師康茂而矣[illegible]

[illegible]

[illegible]

[illegible]

白鶴云我住 青[illegible]云我棲 來乃 經滿

鶴白已坐處 青鸞已宿木 來乃 經允

[illegible]

[illegible]

民國十九年十月二十三日羅文筆譯成

衆仙歡迎、

天路早明指路經文、在世多結善果、末日很是愁煩我國同胞 兄姊們、若要尋求預備、越關時、把關將士執刑追討、行路人關時、把關將士歡迎頌揚、犧牲粢盛、親人犧牲粢盛、仁慈禮儀、行路人自己預備越關、禮儀有二、其一、是仁慈善良、其二、是各程有各程[redacted]的禮儀、禮儀既備、可以越

权神经

問夷族還有何種書籍 民 告之曰現存者無數
蒼生不存鄙夷之念特命使者召 民 至貴寓試
隊長 丁君大隊員文江大人鴻恩廣大愛及
閒夜課講福音禱告方畢適逢地質調查部
允准于去歲陰歷冬月十五夜 民 在定邑旅館
虔空祈禱天 神有何存留之念章蒙 神之
世可知也因 民 弗忍全然廢棄只得常常向著
因章損益我國 聖人有云其或繼周者雖百
時局變遷禮義轉移人人有革故鼎新之志但
各文士已消沒各書籍已荒廢迄今二百餘年
茲夷書夷文自前清康熙年間水西失敗之後
序引

民國十九年譯于三月初九日夷 民 羅文筆著
神經現譯成者是此本權神經也
記三解寬經四獻禰求福經五天路指明六即權
之名目以便可得而知一宇宙源流二曆代史
夷因 民 家藏古本只有六種分為七冊略提書

（文）一一主是義　義臨治六親　六親樂陶陶

（字）一一尊而義　義來親戚要　親戚笑哈哈

（文）一一主是仁　仁臨心中運　心中喜吟吟

（字）一一尊而去　去來心坐起　心坐起洪洪

（文）聽說聖耀榮　耀顯　現候　悅納一一主

（字）聽了神臟與　同明　來咯　納來一一尊

（文）萬物各有類　男主手而造　女主手而成

（字）萬然偶以同　男手巧來造　女巧手來成

（文）此光倚靠主　天　之　高　地厚而且廣

（字）其光主所靠　天[illegible]高　很　地根寬也處

（文）一一主是命　命臨室家慶　室家慶隆隆

（字）一一尊而白　白來得家和　得家和雍雍

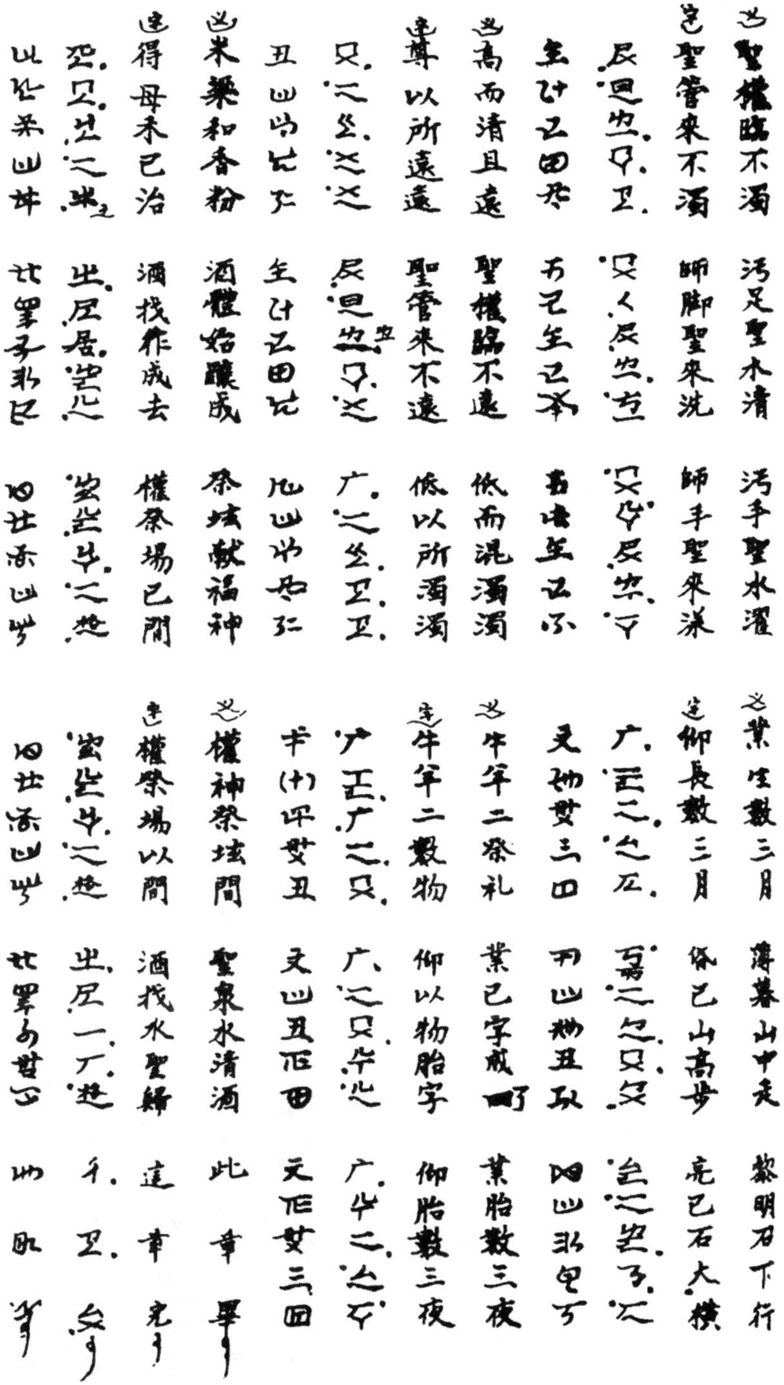

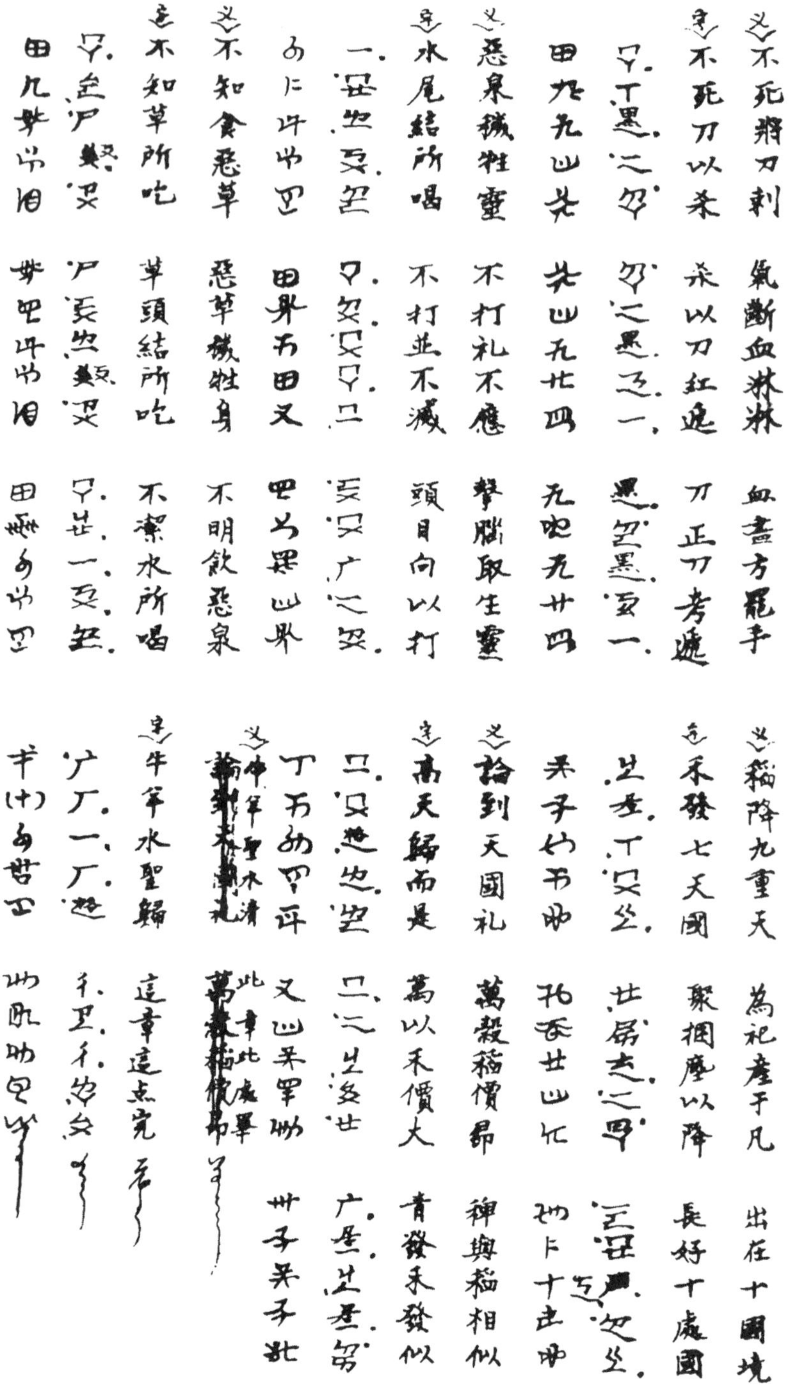
不死將刀刺
氣斷血淋淋
血盡方罷手
不死刀以殺
殺以刀紅遍
刀正刀考遍
惡泉鐵牲靈
不打礼不應
擊腦取生靈
水尾結所唱
不打並不滅
頭目向以打
不知食惡草
惡草鐵牲身
不明飲惡泉
不知草所吃
草頭結所吃
不潔水所唱
稻降九重天
為祀產于凡
出在十國境
禾發七天國
聚掴塵以降
長好十處國
論到天國礼
萬穀稻價昂
神與稻相似
高天歸而是
萬以禾價大
青發禾發似
此章此處畢
牛年水聖歸
這章這点完

成熟乃是黄 黄時斛把捆 打時米如墉
熟而金似黄 割而把腰拴 打而萬場成
丑、空勺之尽 骉空岔岂房 勿空卍学才
白平鼠云乙 而平兴取香 廿平又外卯
撒時厚一点 生時還是稀 禾青而且秀
高以厚似撒 地以稀似生 秧而遠似青
又、之交之尸 卍之、又交也 瓜空之之广
丑山卯云岳 卫山万丑辛 子平犭云卅
十方牛犢生 農器都完俱 壙野始學耕
十處牛好生 會作數口恒 牛過數滿簰
忽也安丑云 登卫之、亘黑、 安工之、丘、岳
而史丛仁卯 而止女艮乃 丛甲女牝勿

成母太 瑶池海上行 倣造水一瓶
則母母太 遊池海以行 水瓶命以作
卫、又旁 巜、彳、黑、之一、 一、卫卍、之出、
氺丙劝 平卯吕山勿 勿日丁山子
[redacted]剁熟米色石 揚也揚得净 粱盛聖水洁等
春熟穀碎白 鐵米簸乾净 粱盛水聖歸等
父笃金叭交 孚又、孚丁、也、 安彳、一、丁、造等
茁粦幸禹日 塑丑塑首四 而乃勿首正等
糯粘簸揚净 斛穀倒滿倉 炒焙還炒好
碎簸對以舉 倉高数下上 焙末数焙炒
[redacted]卫、之广 平又之、号勿 丩又之、丩安
而汁山山岁 马丑女化卅 禾王、女禾中

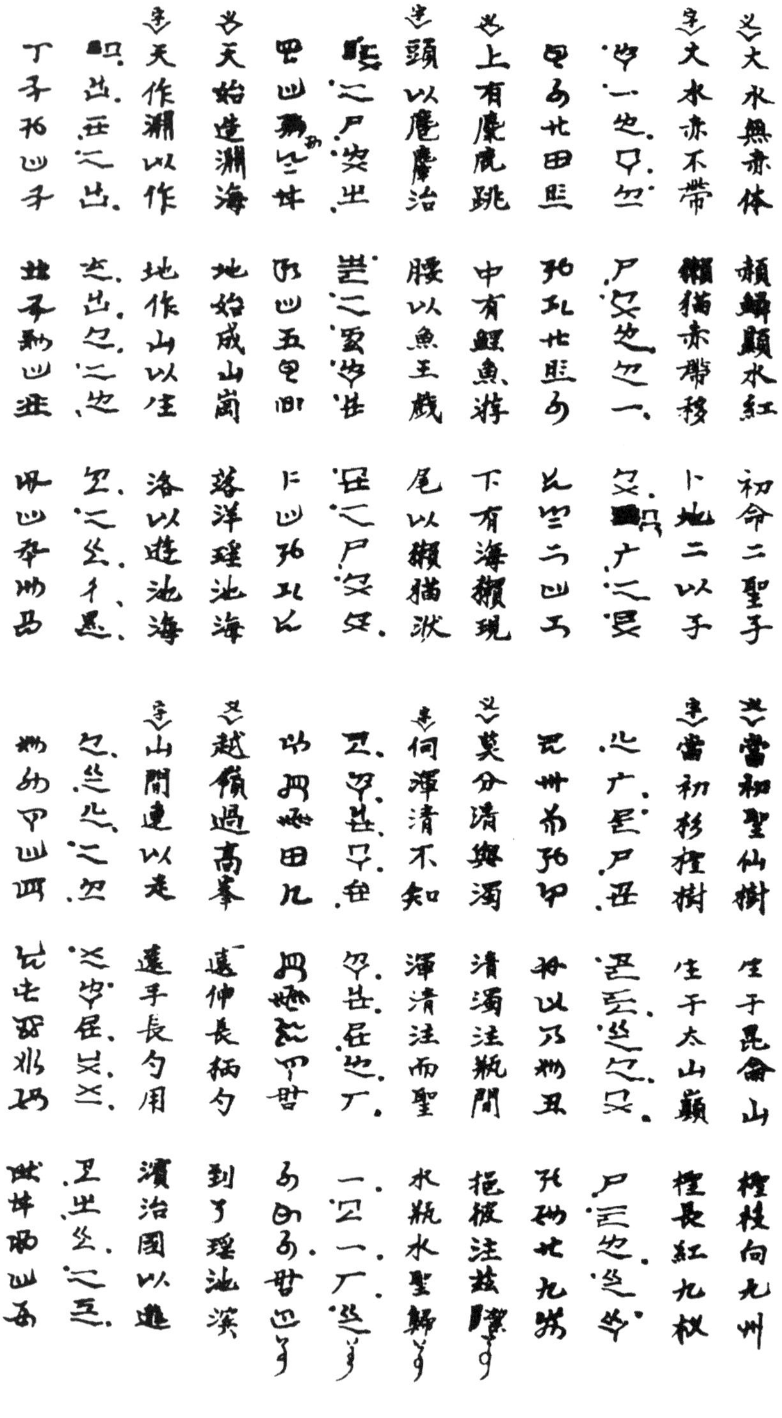
大水無赤体　頼鯆顛水紅　初命二聖子
文水赤不帶　獺猫赤帶移　卜地二以子
上有麋鹿跳　中有鯉魚游　下有海獺現
頭以麈麖治　腰以魚王戲　尾以獺猫狀
天始造淵海　地始成山崗　落洋瑶池海
天作淵以作　地作山以生　洛以造池海
當初聖仙樹　生于昆侖山　檉枝向九州
當初杉檉樹　生于太山巔　檉長紅九杈
莫分清與濁　清濁注瓶間　抱彼注茲
伺渾清不知　渾清注而聖　水瓶水聖歸
越嶺過高峯　遠伸長柄勺　到了瑶池濱
山間連以走　遠手長勺用　濱治國以進

不问便知晓　唱赞舌音清　助祭仙雁降
不问晓得了　唱而舌不结　助我青雁兜
[illegible]
[illegible]
献在祭坛间　奉给祭司手　祭司白鹤灵
权祭坛以问　司我手以奉　司我白鹤兜
[illegible]
[illegible]
叶长遍天边　花开满地霞　主祭折枝秀
叶长天眼蔽　花已地眼晃　一枝主来折
[illegible]
[illegible]

先知大小灵　诚虔义常灵　圣树水清[illegible]
先知大小应　成道义常应　杉柘水圣归了
[illegible]
[illegible]
助祭举手灵　爵位高低灵　祈祷多少灵
助手送手应　位子高低应　祈口多少应
[illegible]
[illegible]
不学广见闻　音清而且美　随念必随灵
不学知晓了　音乃声不失　白口数口应
[illegible]
[illegible]

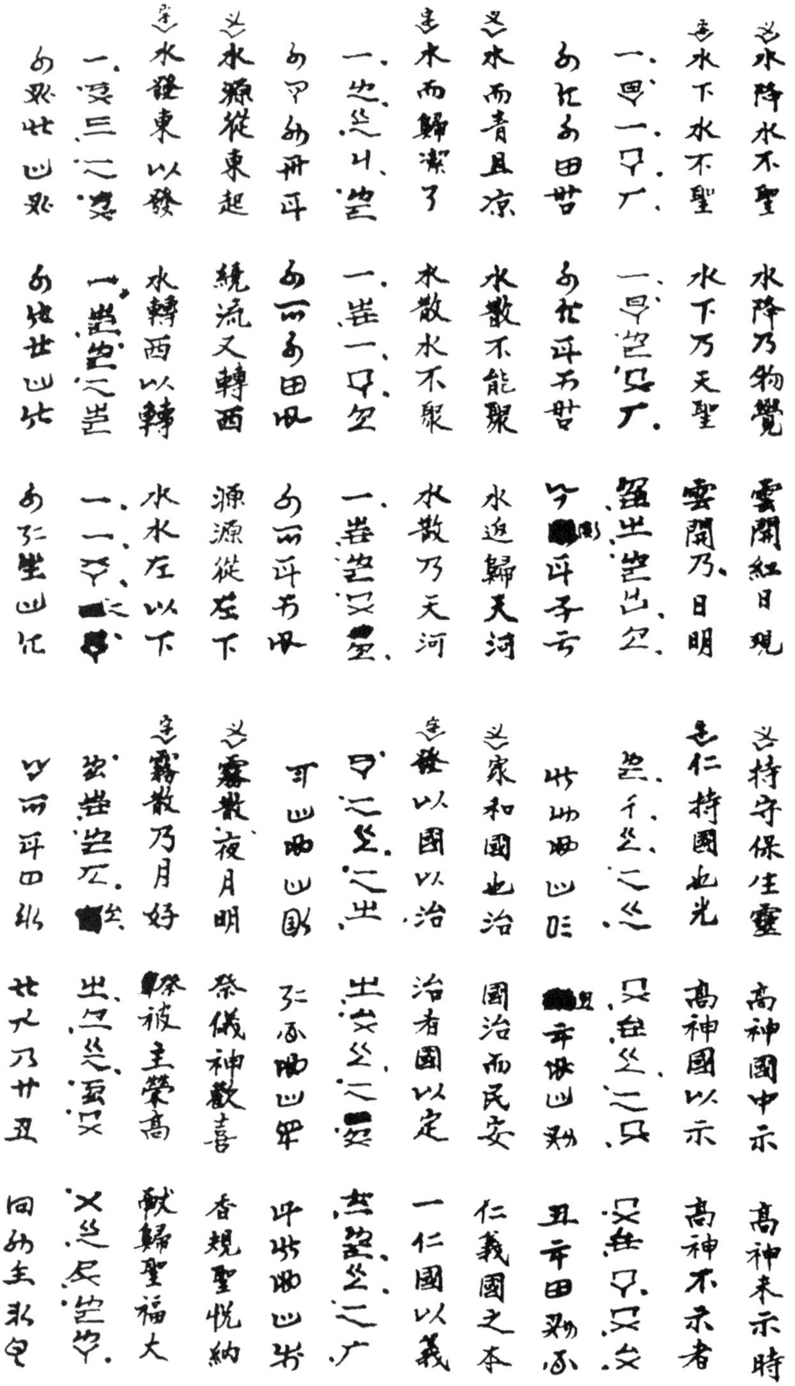

水降水不聖 水降乃物覺 雲開紅日現

水下水不聖 水下乃天聖 雲開乃日明

水而青且凉 水散不能聚 水返歸天河

木而歸潔了 水散水不聚 水散乃天河

水源從東起 繞流又轉西 源源從左下

水發東以發 水轉西以轉 水水左以下

持守保生靈 高神國中示 高神來示時

仁持國也光 高神國以示 高神不示者

家和國也治 國治而民安 仁義國之本

發以國以治 治者國以定 一仁國以義

霧散夜月明 祭儀神歡喜 香規聖悅納

霧散乃月好 祭被主榮高 獻歸聖福大

又日已霧濃雲集活路開

呈日已浮密雲布生命開

又要請聖祭司與礼告通神不知權神道

呈合約祭司過酒雜物通神不知民通權

又黑暗暗世暗聯之間大君大臣聚

呈黑暗暗山暗暗雜腹君大臣大集

又各礼奉權神奉權神而臭高神示已歸了

呈各處權祭神權部神是臭高神示已歸了

又歷代傳聖祖先宗不來亂

呈與婆道家以祖歸與權座

榮路開而忌此術鎖了

又榮路開而忌高神降世臨昭穆爵位

呈足姙開而忌高神示來了公以父代

义 喜哉一室慶 母女笑相親 弟兄與姊妹

字 像在一重厚 像而母與女 女姊與弟兄

义 永生在此存 樂哉一大會 父子樂雍熙

字 永生處得来 形在一會父 形而父與子

义 生壽何源起 二源本追尋 存到長生地

字 死地魂源逸 二源好栽尋 永生處以到

义 高神示已歸 此章此處完

字 高神示已歸 這章達点完

义 八方伴侶贊 各礼献權神 献權神而叟(?)

字 伴侶遊八方 各處權祭神 權部神是矣

义 僕夫多樂意 婢女也歡欣 四處都榮耀

字 僕是髮挽紗(?) 婢是錦繞頭 背頁向四隅

义先念權神經 威武權神賜 智慧權神賜
主權經先有欺 威武權均要 智慧權均要
岁丁出、勹兰、 丙仪岁出、出、 莅尺岁出、之、
旧正历稀朽 丞可旧乎丫 卟乜旧乎罒
义不念權神經 權神不能降 因人不祀神
主權經先不念 權祭由不通 他乃說然矣
岁丁[redacted]出兄之、 岁岂又、罒、 兰第丗岂兰
旧正历田廿 旧廿郎田伋 丬岁子尽朽
义祭司代祝福 祝福這家裡 權神祭垓間
主司長主此得 人坐此得家 權祭場已歸
之是岳、千丕、 癸、丑、千丕、一 岁岂乐、之丝
比卟卒水以 佃走水以脏 旧廿丞凹岁

义行至天四極 非來我榮耀 乃是我神權
主天擎柱以定 榮耀來不是 權藉使足歸
玄岁人之丑 丕、岁出丑罒、 岁岁出、岂之、
兯日乃凹巧 队五已田丑 旧五丞団乜
义差遣阿靈師 手執金銀杖 金球宇宙尋
主會意阿靈達 銀杖金鞭舉 天宮海隅游
岁一丫、之卫 支卫尺专兰 只丛岳、专尺、
册四万罒兄 日团乜[redacted]名朽 万中吕以纵
义福樂權神賜 先念權神經 至大十全主
主高客權起了 權經先有欺 大以十全主
只乞岁出之、 岁丁出乞兰、 丢之岂丝卫
丑毕旧乎罒 旧正历稀朽 㙓凹十乃丕

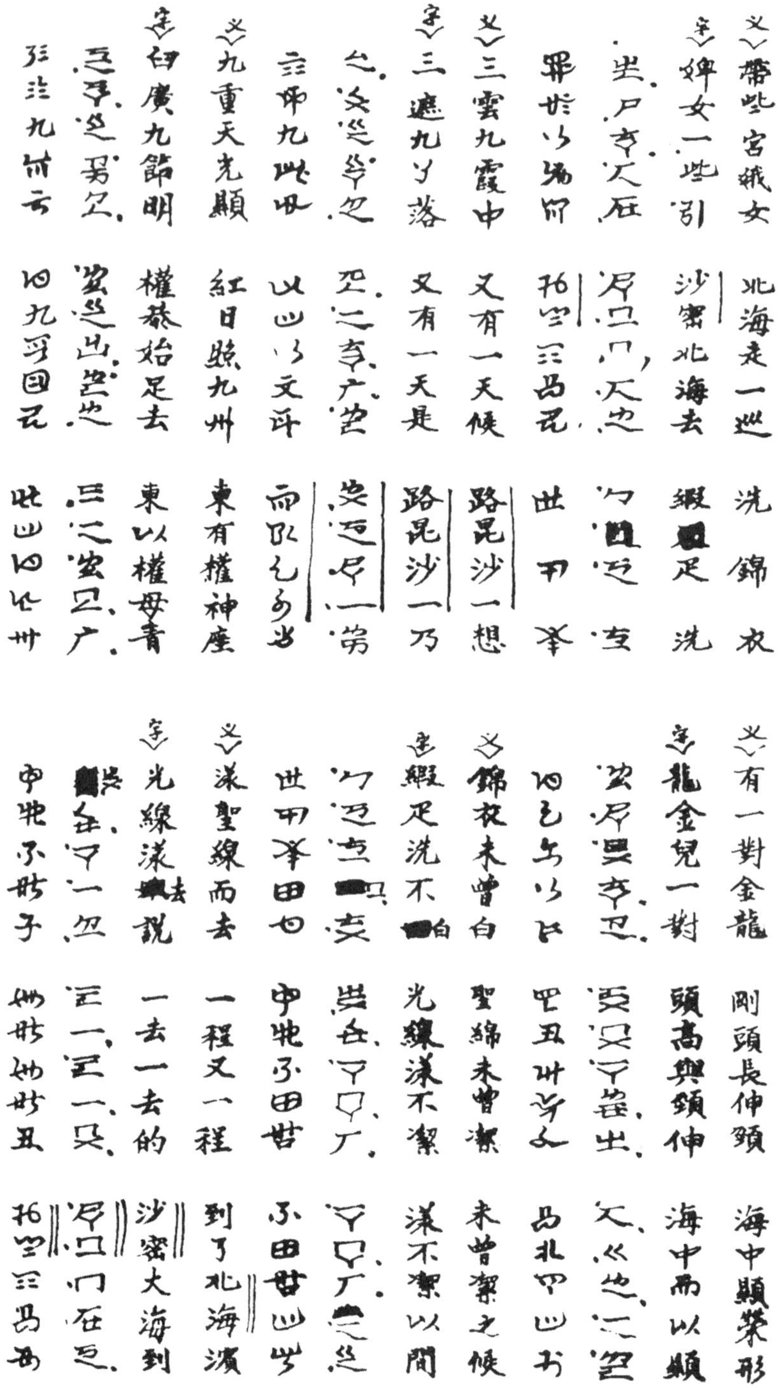
文 帶些宮娥女 北海走一巡 洗錦衣
字 婢女一些引 沙密北海去 蝦足洗
文 三雲九霞中 又有一天候 路昆沙一想
字 三遮九人落 又有一天是 路昆沙一乃
文 九重天光顯 紅日照九州 東有權神座
字 印廣九節明 權恭始足去 東以權母青
文 有一對金龍 剛頭長伸頸 海中顯榮形
字 龍金兒一對 頭高與頸伸 海中而以顯
文 錦衣未曾白 聖錦未曾潔 未曾潔之候
字 蝦足洗不白 光線漾不潔 漾不潔以間
文 漾聖線而去 一程又一程 到了北海濱
字 光線漾去說 一去一去的 沙密大海到

义 彩女高聲應 来打此金[redacted]蛇 来殺此金蛇
字 彩女大聲答 打来蛇打来 殺来蛇殺来
典、尸典乜、丫 罗岀、尽罗岀、 匸岀尽匸岀
界於奶由布 界乙乜界乙 乜乙乜乜乙
义 高聲一喊喊 两手乱張張 吽聲衆彩女
字 一口罵叨叨 两手對摇摇 大聲彩女喊
本、这又、玄玄 广岁亡房房 典乜、典、尸巳、
以取郊苦孓 叩比收吞孓 奶由界於中
义 摇摇至海濱 路昆沙一懼 三魂散九霄
字 海濱而以来 路昆沙一乃 懼乃懼而似
㐅、卫也、之也 芆、逗尽一窍 丩窍丩也、之
邑世罗凹行 而仉乜友书 土乡土罗由

义 打也打[redacted]死 殺也殺不中 賜 榮 耀
字 乙打蛇是呢 乙殺蛇不是 乙曰 榮 耀
巨罗、尽迟广 巨匸尽罗迟、 巨 玄 江
圳界乜乳中 圳乜乜由乳 圳 廿 取
义 人之語听明 莫打且莫打 莫殺且莫殺
字 人音做得要 不打也不打 不殺也不殺
吉、兀、又、岂乜、 本、罗、巨本罗、 本匸巨本匸
更左丑おア 以界圳以界 以乜圳以乜
义 金蛇開書道 [redacted]听不是蛇音 乃是人之語
字 蛇唱蛇音做 蛇音而不做 蛇唱人音做
尽窍尽兀、又、 尽兀、岂[redacted]罗又、 尽窍吉兀、又、
乜歃乜左丑 乜女乎田又 乜歃更左丑

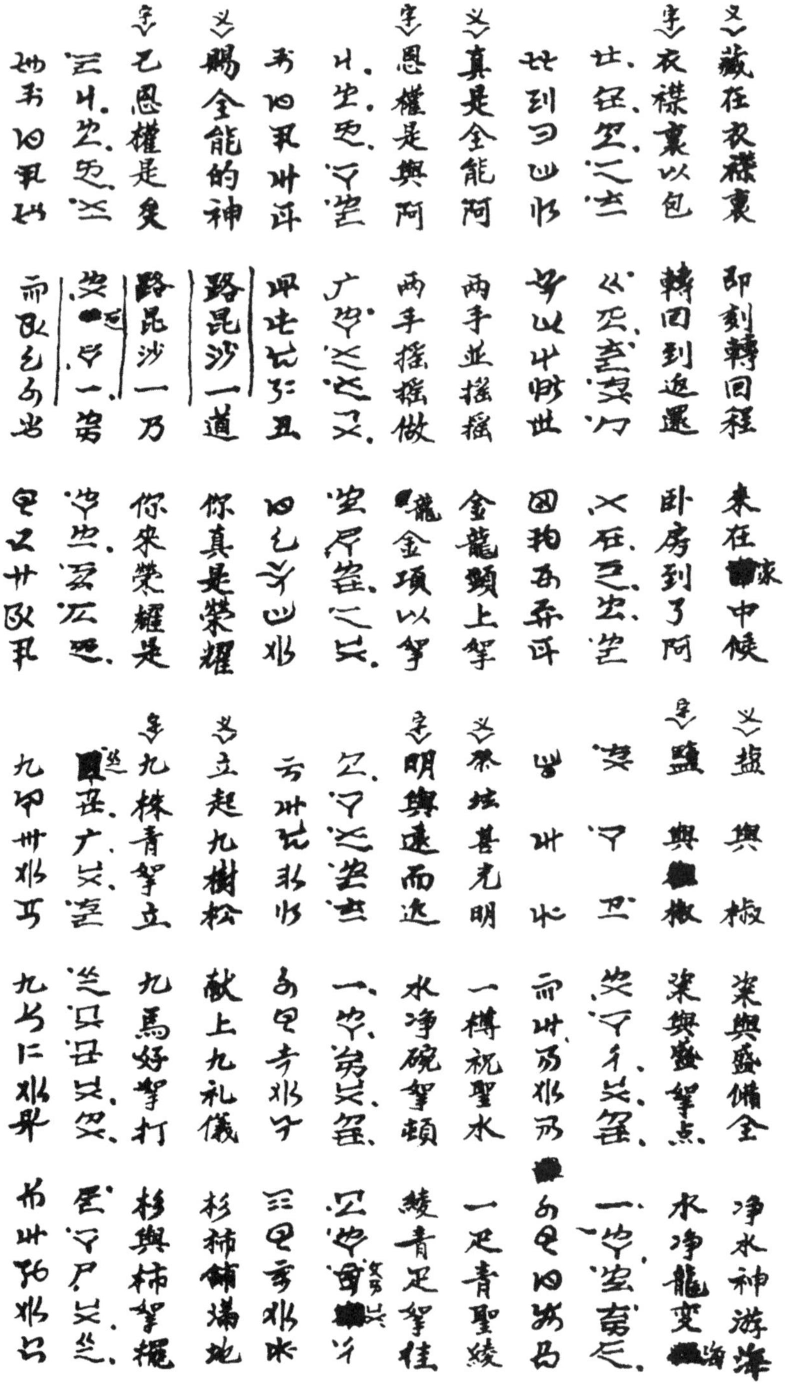
义 藏在衣襟裹
即刻轉回程
来在[illegible]家中候
义 盐 與 椒
粢與盛備全
净水神游[illegible]
字 衣襟裹以包
轉回到返還
卧房到了阿
字 鹽 與 [illegible]椒
粢與盛挐點
水净龍变[illegible]
义 真是全能阿
两手並摇摇
金龍頸上挐
义 祭坛甚光明
一樽祝聖水
一足青聖綾
字 恩權是與阿
两手摇摇做
龍金項以挐
字 明與遠而迭
水净碗挐頓
綾青足挐佳
义 賜全能的神
路昆沙一道
你真是榮耀
义 立起九樹松
獻上九礼儀
杉柿鋪滿地
字 乙恩權是灸
路昆沙一乃
你来榮耀是
字 九株青挐立
九馬好挐打
杉與柿挐攏

义 他備礼祭權 / 權流權流去 / 權流遠院行
字 他權祭在得 / 權遊[redacted]權遊做 / 權遊遠以移
㐅、峑宜岜丕、 / 峑[illegible]、峑忽只、 / 峑忽岜之一、
歹⊙廿⺝以 / ⊙从⊙从丑 / ⊙从劢山卅
义 鹽椒權之味 / 權不飢有食 / 權不渴有飲
字 鹽椒權喫物 / 權不餓飯喫 / 權不渴水飲
㐅卫、峑又豆 / 峑只、另卫、尝 / 峑只、㕟一、岂
[redacted]⊙甩瓦 / ⊙田头岁日 / ⊙田类夕廿
义 錦帳權之帷 / 花粉權之被 / 金銀權之需
字 錦毋權卧榻 / 綿花權蓋被 / 金銀權伴侶
义、又峑一山 / 出历峑义人 / 㐅尺峑岁壬
孔匕⊙仈兆 / 圭巛⊙岁孔 / ⊙乜⊙丹丑

义 藍衣不迎權 / 藍衣不理權 / 權流他不靠
字 藍衣權不祭 / 藍衣權不奉 / 權流遠以行
㐅、广、峑只、岂 / 㐅、广、峑田、攵 / 峑忽、㐅、只、豆
亓文⊙田廿 / 亓文⊙田二 / ⊙从歹田廿
义 權流他不靠 / 權流遠院行 / 烏藍衣前去
字 權過他不[redacted] / 權流遠以行 / 烏藍衣前過
峑忽、㐅、只、豆 / 峑忽、出、之一、 / 㐅㐅、广、广[redacted]忽
⊙从歹田廿 / ⊙从劢山卅 / 同亓岁文从
义 [redacted]烏攞正前去 / 攞正不迎權 / 攞正不理權
字 烏樹磄前過 / 樹磄權不祭 / 樹磄權不奉
义弟迖广忽 / 弟迖峑只、岂 / 弟迖峑只、汉
同亓[redacted]岁从 / 亓卌⊙田廿 / 亓卌⊙田二

乂 鳥與占前過 閙與街前過 部與美前過
字 一(鳥)以占前過 露以海前過 部以美前過
乂ア岁广忽 岁ア尽、广忽 足ア足广忽
同卅色岁卟 以卅吕岁卟 比卅仁岁卟
乂 得本不奉權 權流他不靠 權流遠院回
字 得本權不奉 權來他不靠 權流遠以回
忽、之、岁ア、之 岁忽、幺、ア、至 岁忽、岜、之、巴
生勢四田二 四卟ㄗ田罡 四卟场山江
乂 權流遠院行 鳥得本前過 得本不迎權
字 權流遠以行 鳥得本前過 得本權不祭
岁忽、岜、之一、 乂忽、之、广忽 忽、之、岁ア、岜
四卟场山卟 同生勢岁卟 生勢四田廿

乂 獻上九礼儀 明與遠而返 一樽祝聖水
字 九馬美拏打 明與遠相交 水大碗拏澄
之ア足岁忽 忽ア之岜式
[redacted] 一、节、尚、岁、罡
九与仁卟卟 与卅仁卟卟 女巴当卟个
乂 立起九青樹 杉與柿拏鋪 立起九樹松
字 九樹青拏插 杉與楠拏鋪 九樹青拏插
之、足、广、岁、岜 岜ア尸岁之、 之、足、广、岁、岜
九卯卅卟古 节卅孖卟乞 九卯卅卟古(彭)
乂 路昆沙一想 舉手施禁前 真誠愛且親
字 路昆沙一乃 伸手恭安間 真(與)愛以合
岁之尽一笱 玄卯尸罗广 岜ア岁之门
而队乞女岁 艺屯岁岁岁 凶卅中山卟

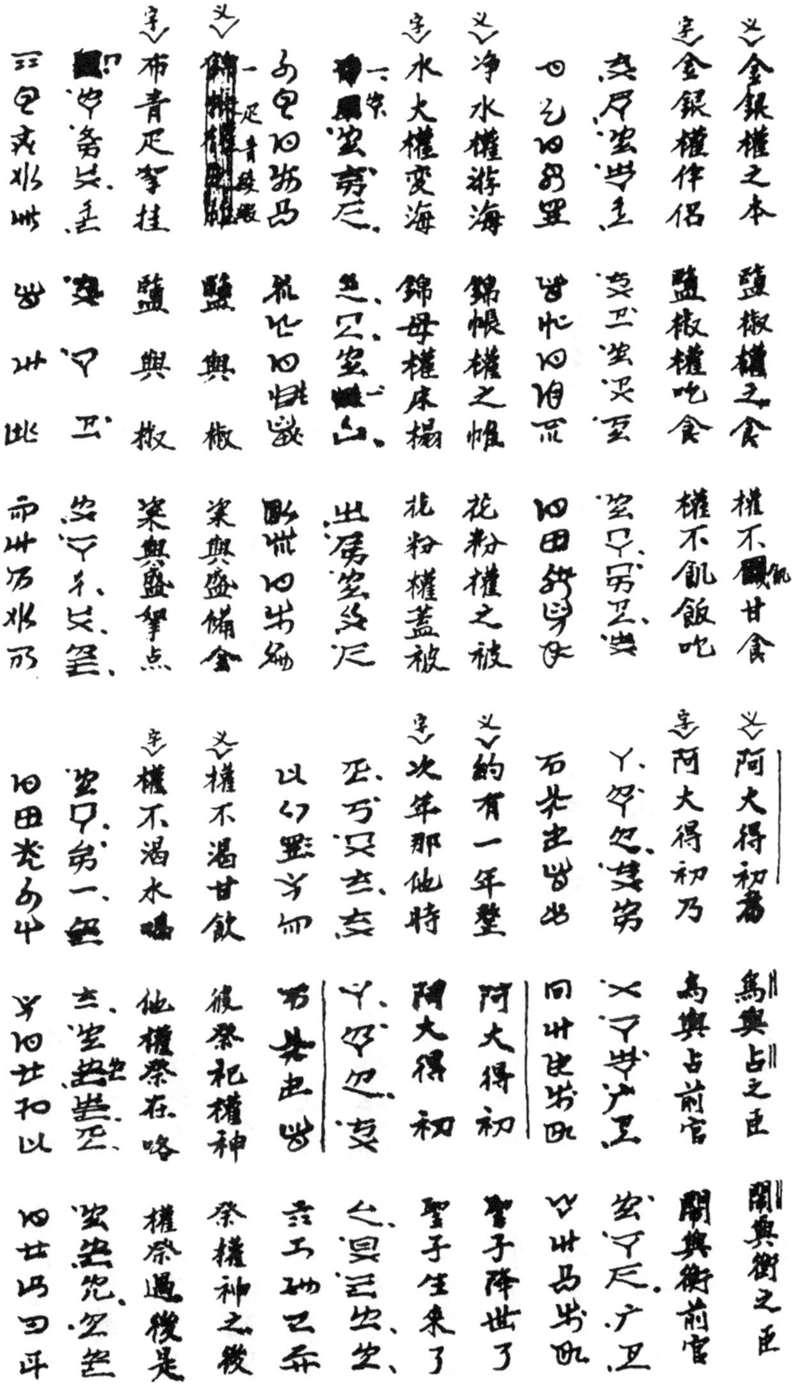

义 金銀權之本 随椒權之食 權不飢甘食
字 金銀權伴侶 监椒權吃食 權不飢飯吃

义 净水權游海 錦帳權之帷 花粉權之被
字 水大權变海 錦母權床榻 花粉權盖被

义 一足青毯缎 監與椒 粱與盛備金
字 布青足䍁挂 監與椒 粱與盛絮点

义 阿大得初斋 烏與占之臣 閘與衙之臣
字 阿大得初乃 烏與占前官 閘與衙前官

义 約有一年整 阿大得初 聖子降世了
字 次年那他時 阿大得 初 聖子生来了

义 權不渴甘飲 彼祭祀權神 祭權神之微
字 權不渴水喝 他權祭在咯 權祭遇微是

义 現在達次發　祭司代人求　人行此祭礼

音 現在達次發　司長主此得　人總此得應

义 如此大榮尊　獻權神之應

音 達以位而尊　權祭因此致

义 部‖與墨‖之臣　儲龍君之臣　七臣在列國

音 始‖與終‖前官　轉城君前官　七官佐列王

义 献權神之榮　净水權游海　錦帳權之帷

音 權祭鞍做坐　水大權變海　錦母權卧梢

义 高山柿葉細　獻權神之青　懸巖杉葉秀

音 高山柿葉細　權祭柿做棟　石大杉葉秀

义 莫若師長上　上感而下效　今擇吉良辰

音 所做大以法　所生大以效　擇天今月好

义 白龍九支角　皇主仁君兆　黑龍八木現

字 龍白角九支　君以權生源　龍黑木八丁义

[illegible]

[illegible]

义 權不飢甘食　權不渴甘飲　先天的時候

字 權不飢飯吃　權不渴水喝　先以天一時

[illegible]

[illegible]

义 花粉權之被　金銀權之資　鹽椒權之食

字 花粉權蓋被　金銀權伴侶　鹽椒權吃食

[illegible]

[illegible]

义 君命臣之權　獅猛木八义　文武掌朝權

字 君發示福權　猛獅木八义　臣奉旨福權

[illegible]

[illegible]

义 黑蛇喉哽哽　士庶人之兆　麒麟白角現

字 蛇黑喉吟吟　民在權生源　麒麟白角生

[illegible]

[illegible]

义 賢臣生之兆　黄龍金鑽鑽　聖祭司之兆

字 臣以權生源　龍黄花濃濃　司以權生源

[illegible]

[illegible]

又青鴟臣治權　黄鷹司祭權　白鳥鳴啣啣
又鴈青臣福權　鷹黄司福權　鳥白花點點
㐂广、只凵、岂、　㔾㔾乜凵、岂、　岂㚇、一㠯㠯、
旺卅覹书曰　米乙廿书曰　仈曰舳卬孓
又像白兔兒　士庶治家權　白鶴君治權
又兔兒白以似　士民治福權　鶴白君福權
东史安乚乜　出峀出凵、岂、　岂㚇卫凵、岂、
以百曰丗岀　涿和廾书曰　舳曰瓜书曰
又黑豹點斑斑　祭司祀神權　麋鹿與麐麀
又豹黑尾搖搖　司神獻福權　麐白與鹿白
男㐃㞷乂之　乜广岙凵、岂、　亻㚇兮安㚇
益旦卜匕孓　廿舌㫖书曰　孙曰卅[redacted]曰

又一人一福權　莫一沒有的　司長代人求
又一人一福權　沒有的不得　司長代此得
卞、乂卞凵、岂、　㔾、勹、乆㔾和　乜㫐台、亻㐂、
以百以书曰　田稱㐁田和　廿㠯卉㳄岀
又飛黄司治權　飛絳色紫紫　士庶人治權
又飛黄司福權　飛雉喉哽哽　士民治福權
㐅㔾乜凵、岂、　㐅、兀乜峀峀　出峀、出凵、岂、
以乙廿书曰　以旺己曰孓　涿和廾书曰
又士庶人之權　飛青君治權　飛紅臣治權
又士民之福權　飛青君福權　飛紅臣福權
出、峀、出凵、岂、　㐅、广、卫凵、岂、　乜、乜、只凵、岂、
涿和廾书曰　以卅瓜书曰　以廿覹书曰

义 織錦設帳權　設帳生子權　養子抱孫權

忌 錦手文以權　文以子生權　總使孫抱權

[illegible]

[illegible]

义 父代有福祿　遺流下其子　賢婦織錦權

忌 父有財福權　子以轉來了　婦以錦手權

[illegible]

[illegible]

义 此家蒙福應　祖代有尊榮　遺流至其孫

忌 人總此得應　祖有富福權　孫以轉來了

[illegible]

[illegible]

义 別人有[redacted]良馬　[redacted]已鹿有榮光　別人有善牛

忌 別以馬好有　已以鹿榮光　別以牛好有

[illegible]

[illegible]

义 別人有美女　手提綉花針　已女花樓坐

忌 別以女好有　針線手以提　已以美人主

[illegible]

[illegible]

义 差僕使婢權　乘馬坐轎權　買田置地權

忌 婢使僕生權　馬騎登鞍權　山安地發權

[illegible]

[illegible]

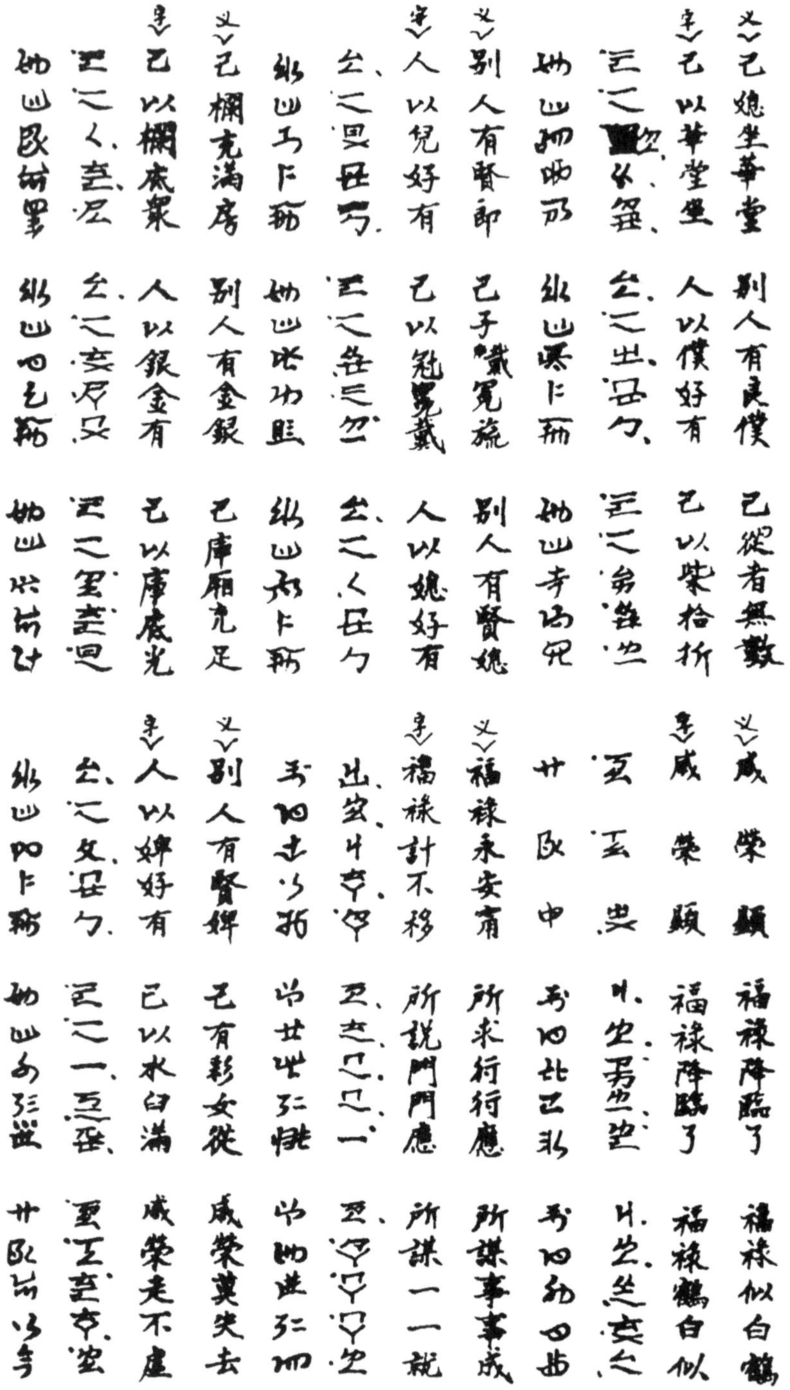

又 已媳坐華堂　别人有良僕　已從者無數
孝 已以華堂坐　人以僕好有　已以柴拾折

又 别人有賢郎　已子戴冕旒　别人有賢媳
孝 人以兒好有　已以冕冕戴　人以媳好有

又 已欄克滿房　别人有金銀　已庫廂充足
孝 已以欄底衆　人以銀金有　已以庫底光

又 咸 榮 顯　福祿降臨了　福祿似白鶴
孝 咸 榮 顯　福祿降臨了　福祿鶴白似

又 福祿永安甯　所求行行應　所謀事事成
孝 福祿討不移　所説門門應　所謀一一就

又 别人有賢婢　已有彩女從　咸榮莫失去
孝 人以婢好有　已以水白滿　咸榮走不座

乂手執聖青中　威儀靠主威　天國榮光子

乂聖青舉與中　威前主而靠　天國榮光子

丕、广、玺、丫旦、　㕜广岳、岜玺　[redacted]卩、爻、玺、岦旦

以卅㕜卅西　𠂢岁辛兆廿　卬𠃓⊟中工

乂福祿威武似　伏賭伏臨了　祭司聖口祝

乂福祿威武似　覺的覺來了　司口聖來祝

凵、岂、男、又、厶　岦、乒岦、岂、岜　岂、爻一、[redacted]岦、

而旧丞可岦　而反而工兆　廿瓜介工𠃓

乂降者降臨了　福祿似虎豹　治者治臨了

乂樓的樓來了　福祿豹虎似　置的置來了

不乒不岦、岜　凵、岂、男、岦、厶　岦、乒岦、岦、岜

㘝百㘝工兆　而旧䍃而岦　卅瓜卅工兆

乂天國紫榮榮　天仙住其中　金光祝于地

乂天國紫榮榮　天人仙以住　光到凡塵裏

凵、爻、一丑、丑、　凵、乒岦一、卫　岦、玺岂、岦、岦

卬𠃓𠂢卬卬　卬百丫也走　中㕜廿甲以

乂金光祝○○　听説金光祝　金光祝于天

乂光到祝○○　听了光到阿　光到天宫去

岦玺岦●○　岜岜岦玺丫　岦玺凵、岂之

中㕜𠃓○○　卬平中㕜卅　中㕜卬甲己

乂悦納一一主　真是的華

乂納變一一主　是了阿宪

[redacted]岦岦、岦、　岦、岦、岜

㐅以仟弓丑　丑五六

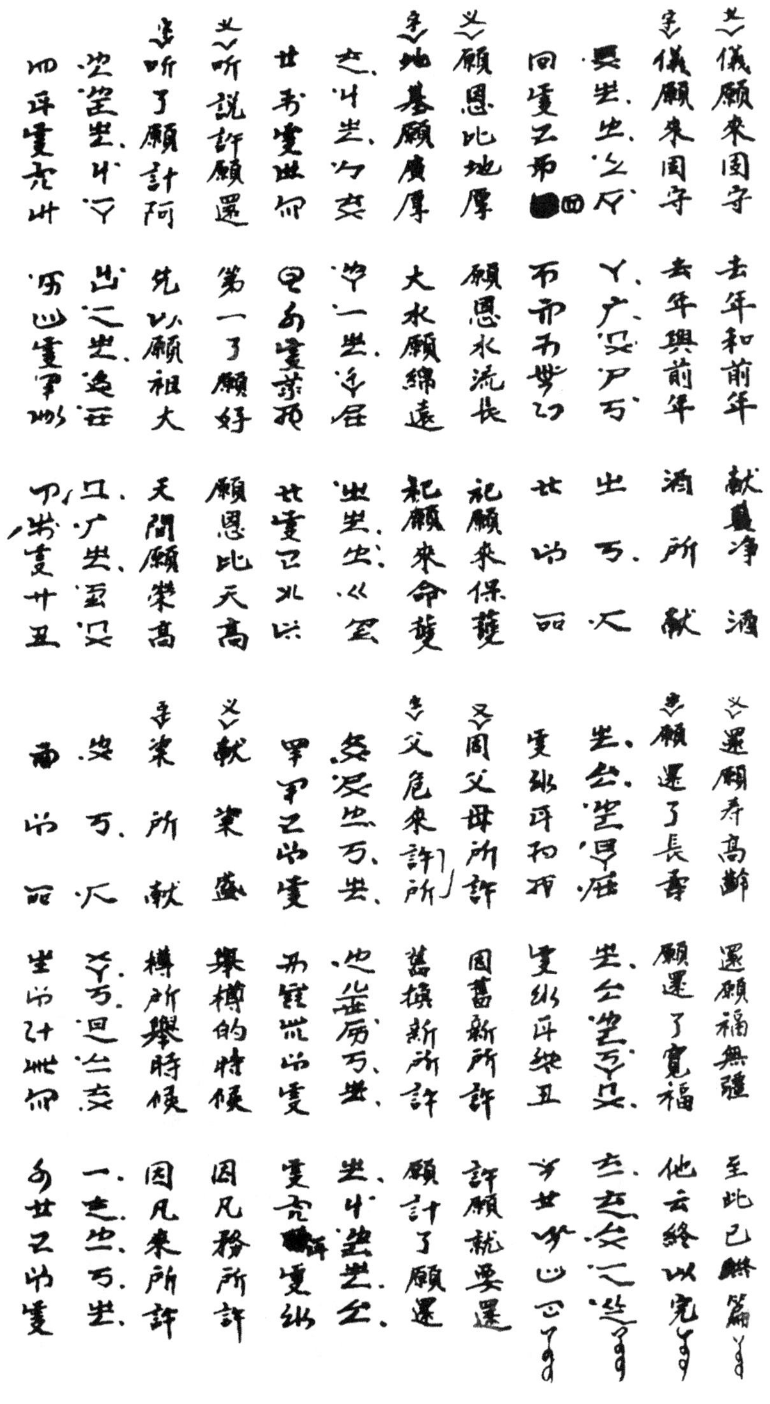
儀願來固守 去年和前年 献清淨 酒 還願壽高齡 還願福無疆 至此已結篇
儀願來固守 去年與前年 酒 所 献 願還了長壽 願還了寬福 他云終以完
願恩比地厚 願恩水流長 祀願來保護 固父母所許 固舊新所許 許願就要還
地基願廣厚 大水願綿遠 祀願來命護 父危來許所 舊換新所許 願許了願還
听說許願還 第一了願好 願恩比天高 献 棠 盛 舉樽的時候 因凡務所許
听了願計阿 先以願祖大 天間願棠高 棠 所 献 樽所舉時候 因凡來所許

夷人做道场用经

開壇 登請 聰明許多菩薩 打起牛来請你喫 喫了請你與我

打狗鬼 菩薩打綿羊請你 綿羊打来擱起了 菩薩請你喫了與我打狗

鬼 菩薩打角角羊請你 角角羊打来擱起了 菩薩請你吃了與我打狗鬼

菩薩打豬鬼請你 打来擱起了 菩薩請你喫了與我打狗鬼 菩薩打雞

請你 雞打来擱起了 菩薩請你喫了與 我打狗鬼 狗鬼屋裏還有與無

還有就把多的請来 把高山的菩薩也請起来 東方及西方的菩薩一齊請来

水源及水没的菩薩一齊請来 你們来了把任何處的鬼都逐出圍擒着 天上的菩薩

請到屋裏来 四方的菩薩請到屋裏来一律請

来立起 咒咀那狗鬼 和尚一律来立起 和尚還有坐與雖否 各

人的物件拿来揹起 有没有穩着的莫得 揹東西的把菩薩拿出来 各家的和尚各自立起

各支了各支起来立起 菩薩你去倒我們在這裏立等 你們這些菩薩硬得很 我們和尚都在高處

立起 大菩薩呼小菩薩 小菩薩前面跑 跟着鬼的足跡跑 水踉前去了還

是要找倒 小菩薩趕快跑快點 今晚有喫的了 小菩

薩你聽我的話跑快 大菩薩在屋裏或立或坐把屋看倒 旁人問小菩薩何往小菩薩說搶狗

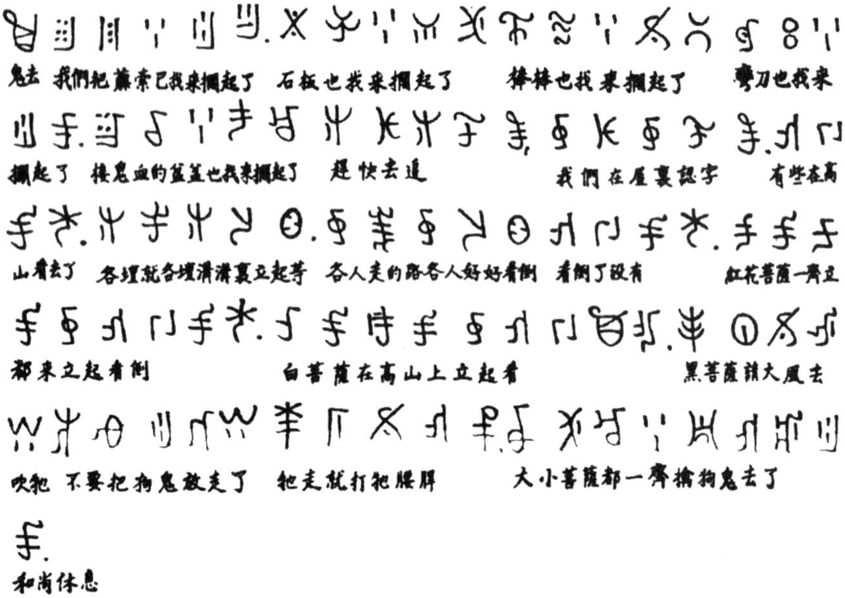
鬼去 我們把藤索已我來捆起了 石板也我來捆起了 棒棒也我來捆起了 彎刀也我來
捆起了 接鬼血的盆蓋也我來捆起了 趕快去追 我們在屋裏認字 有些在高
山看去了 各壇就各壇清清裏立起等 各人走的路各人好好看倒 看倒了沒有 紅花菩薩一齊立
都來立起看倒 白菩薩在高山上立起看 黑菩薩請大風去
吹牠 不要把狗鬼放走了 牠走就打牠腰胯 大小菩薩都一齊擒狗鬼去了
和尚休息

玄通大书

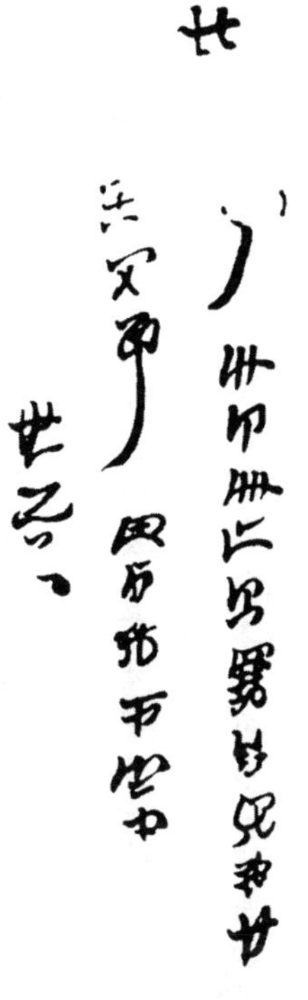

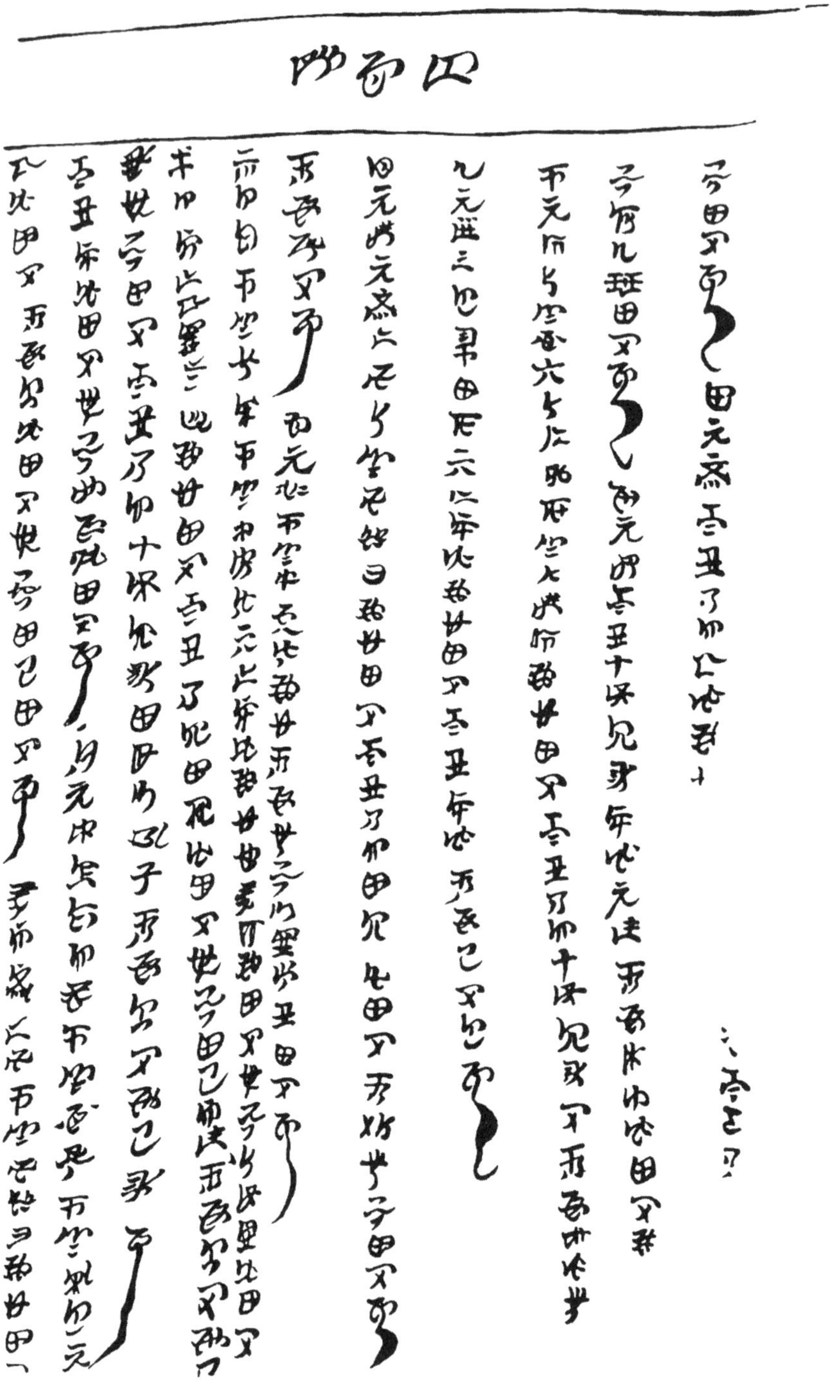

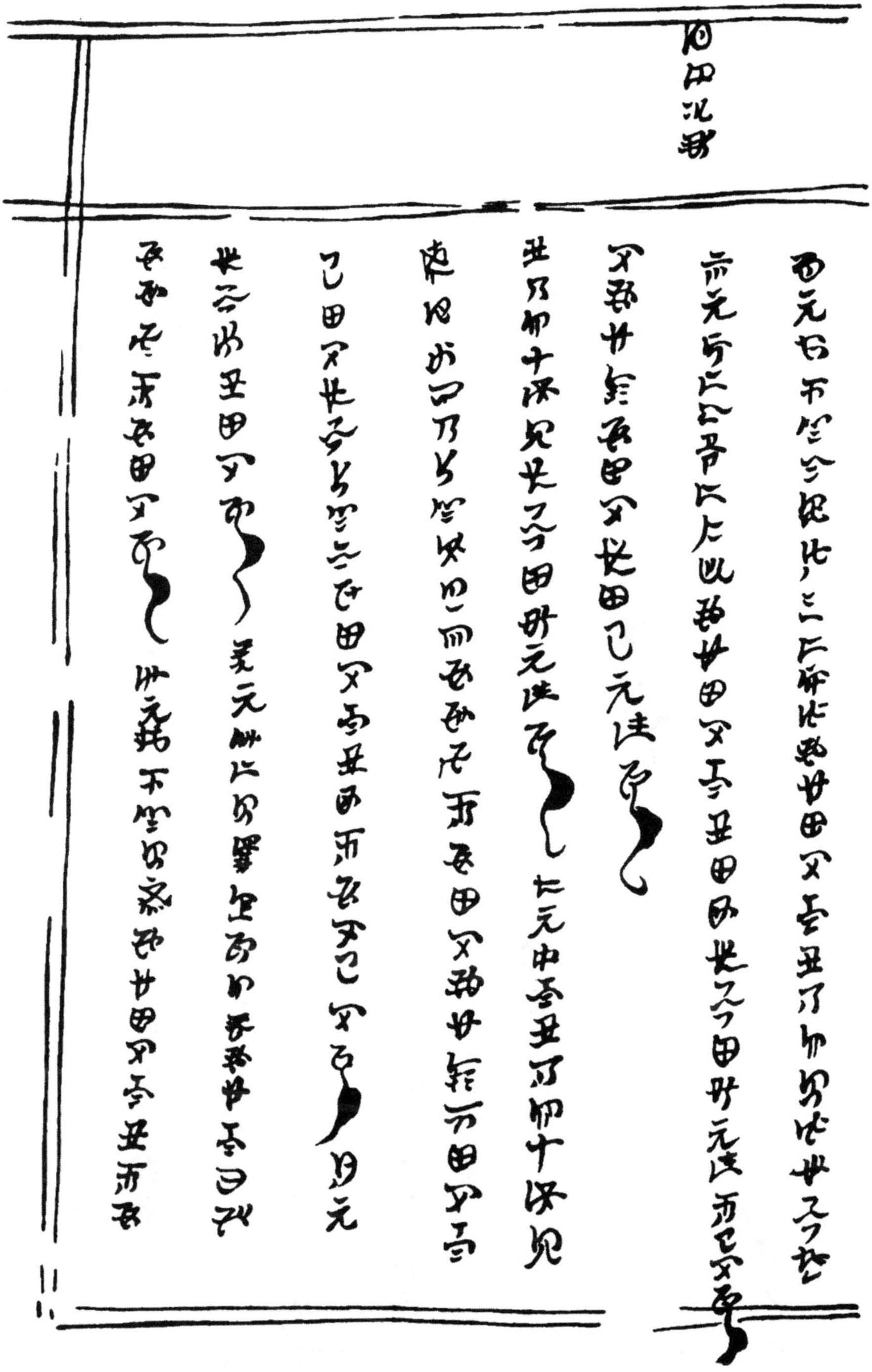

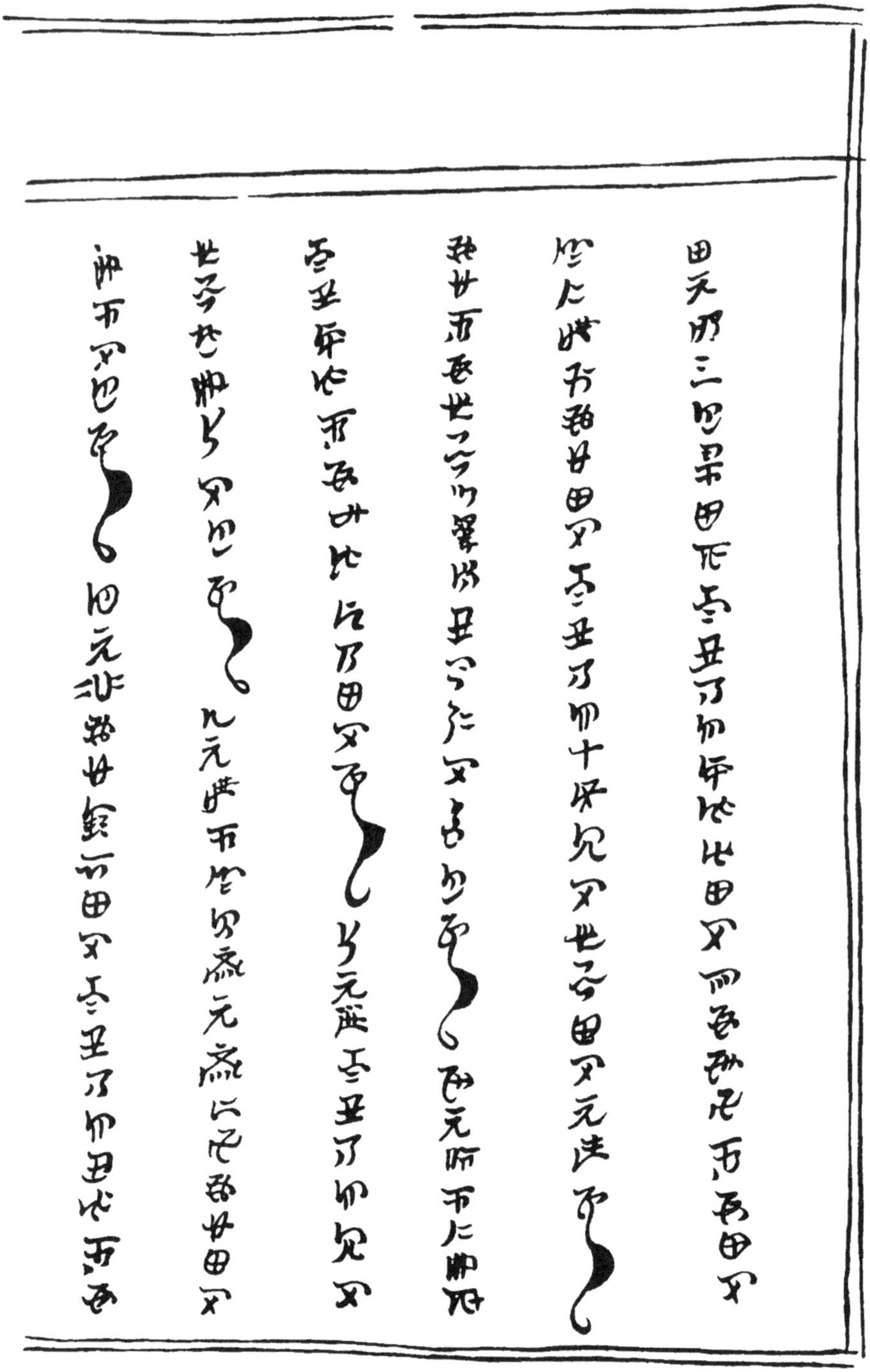

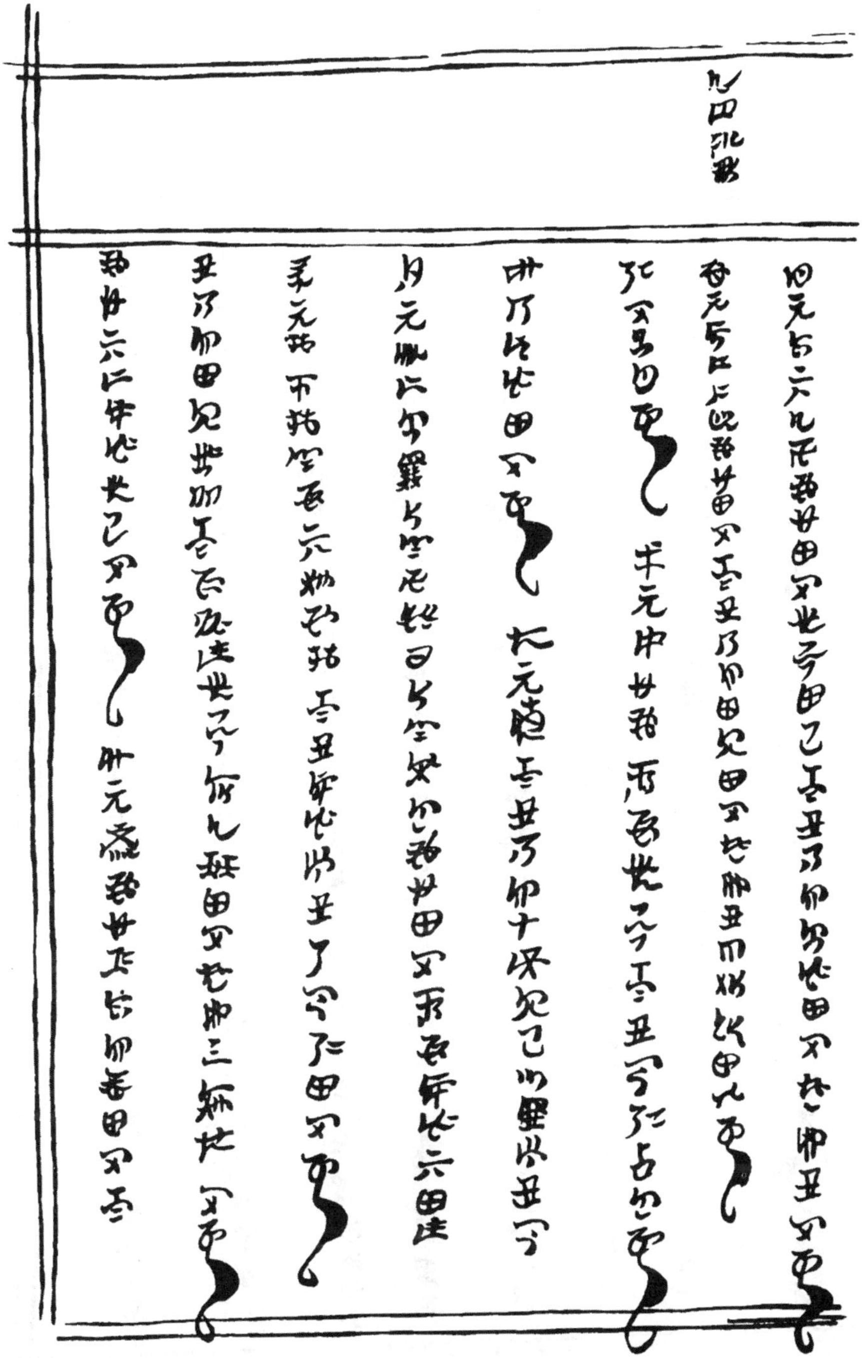

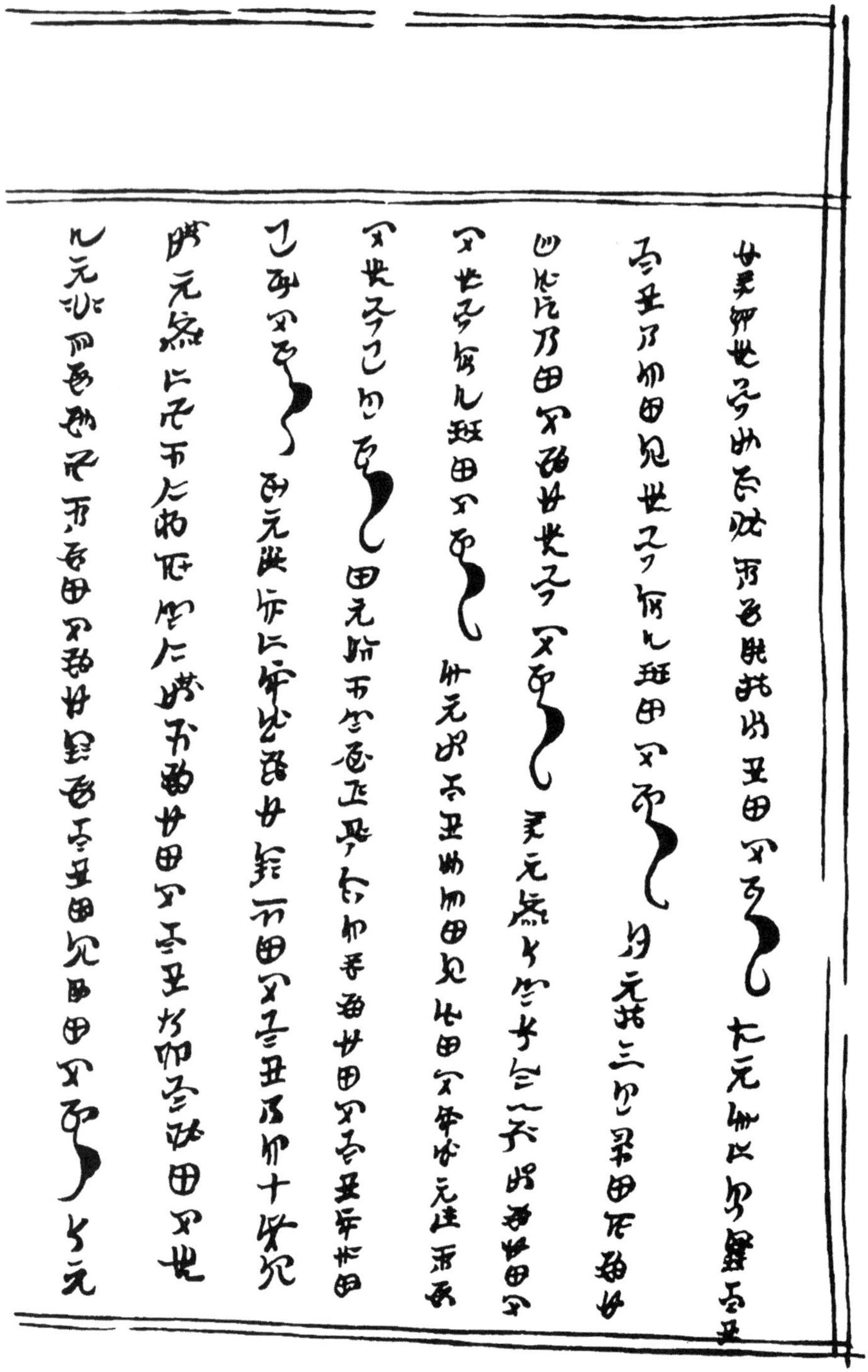

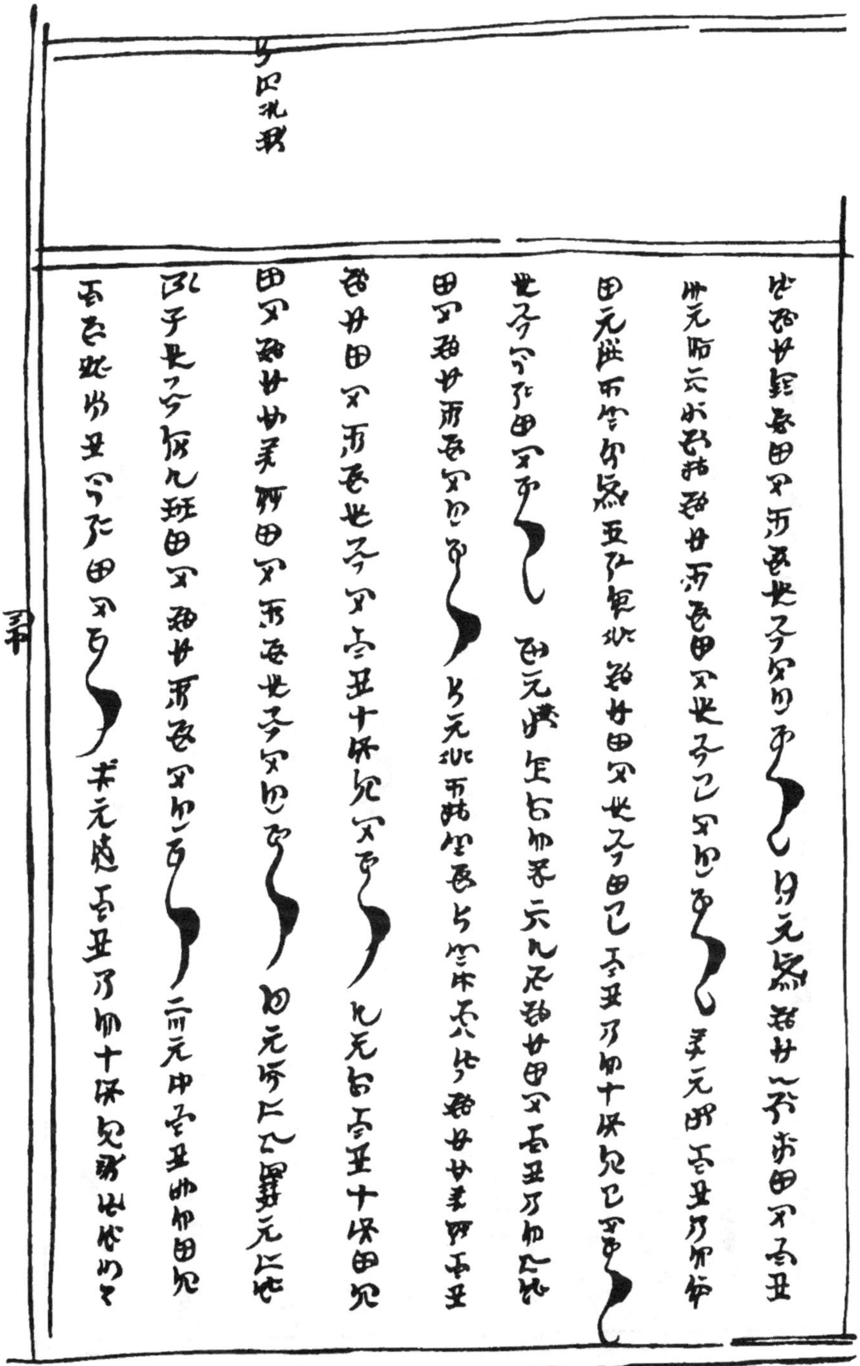

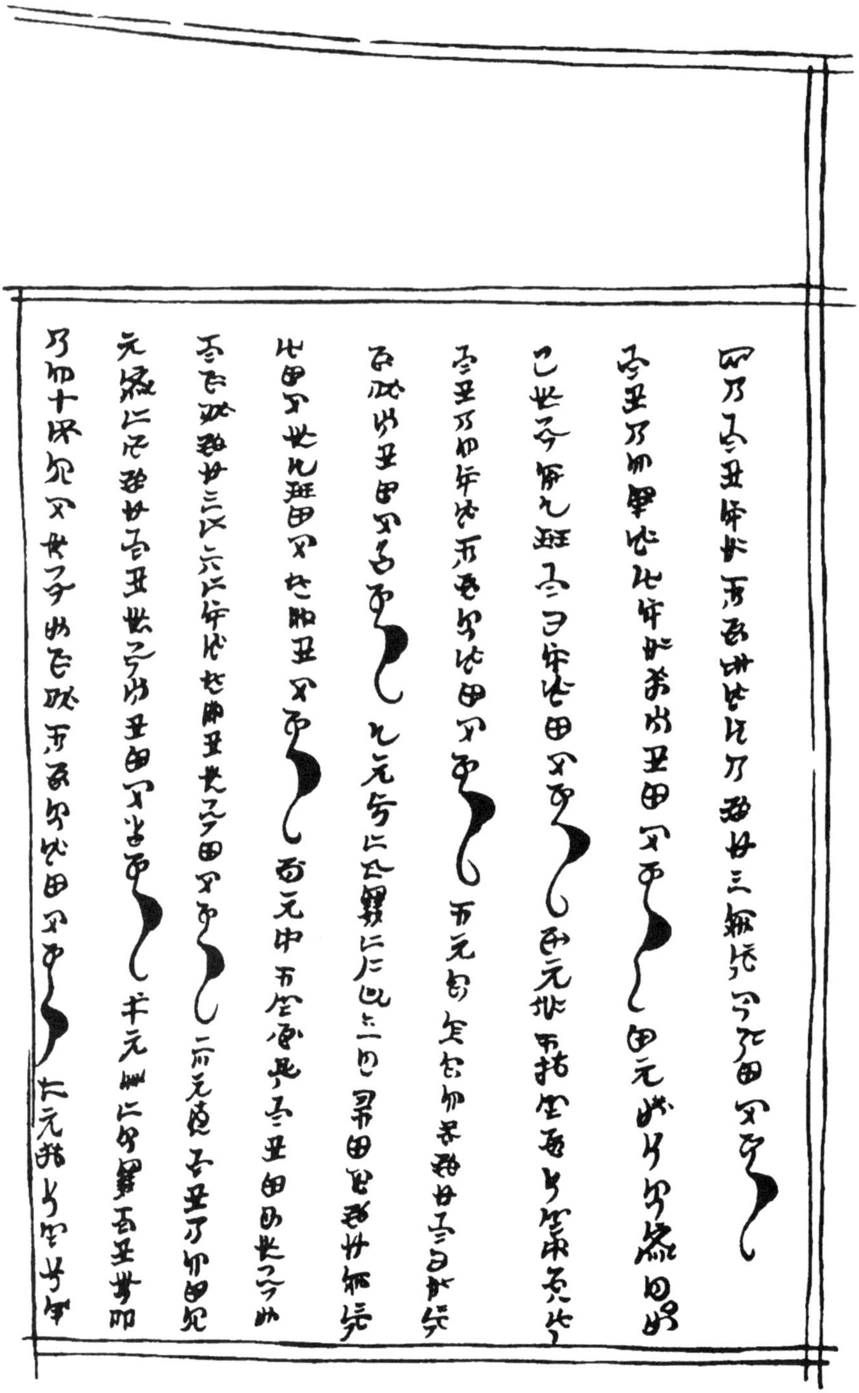

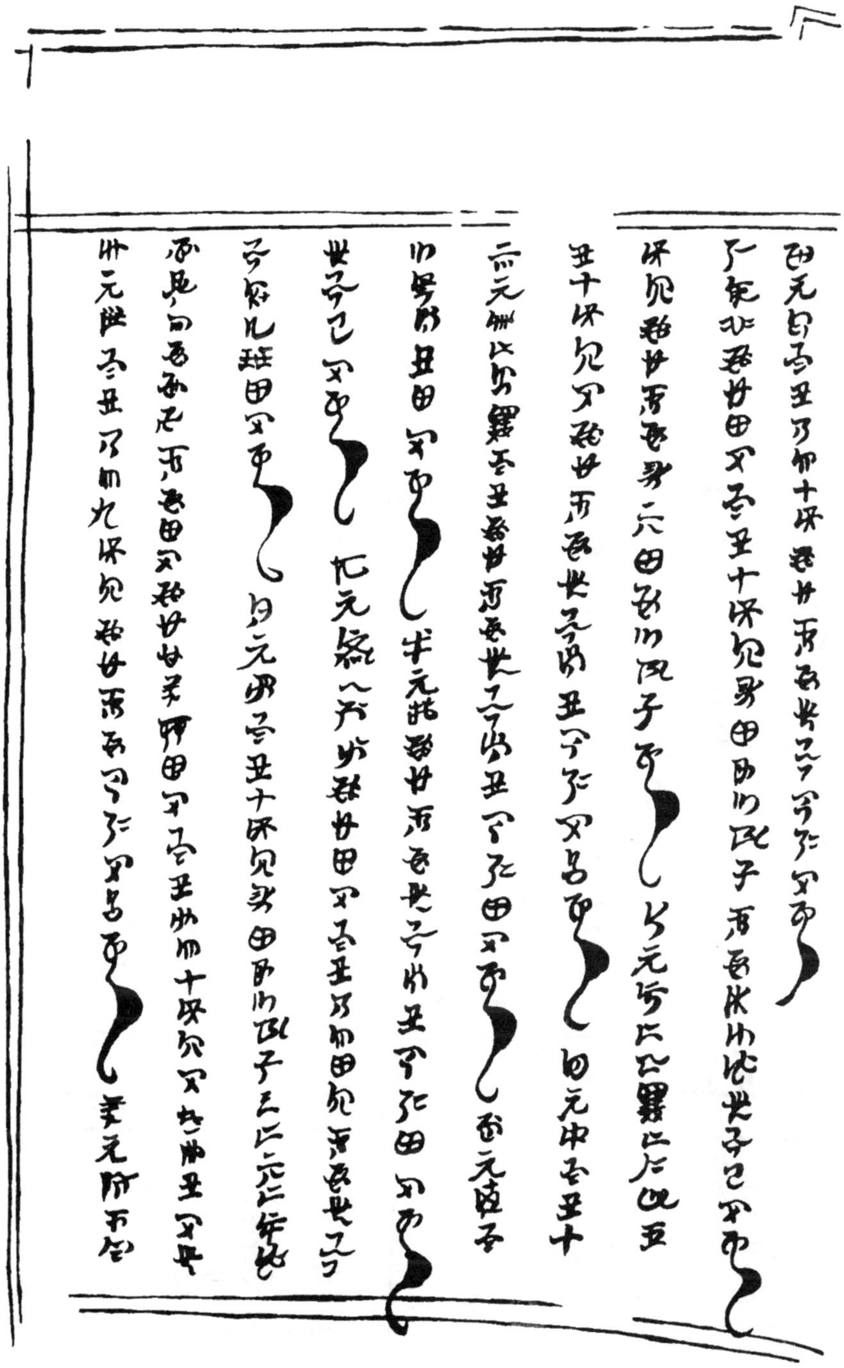

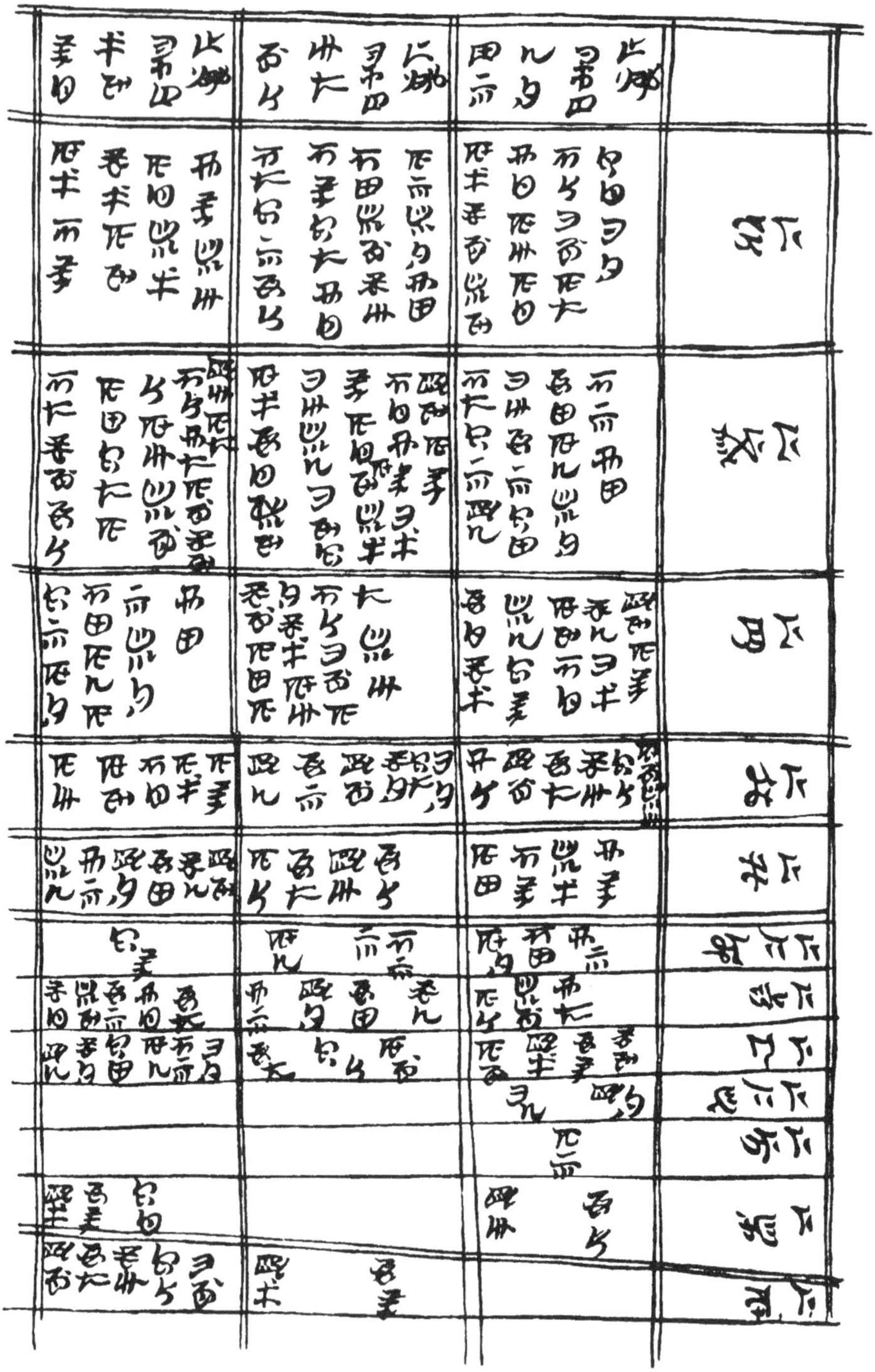

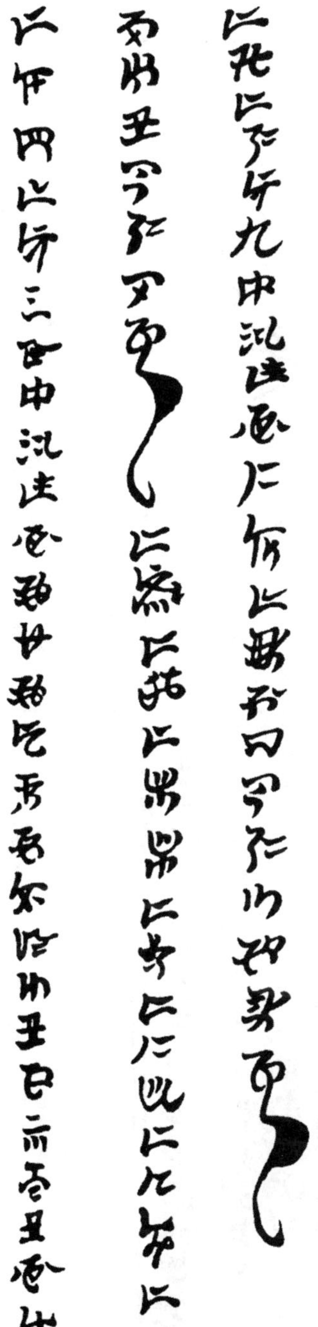

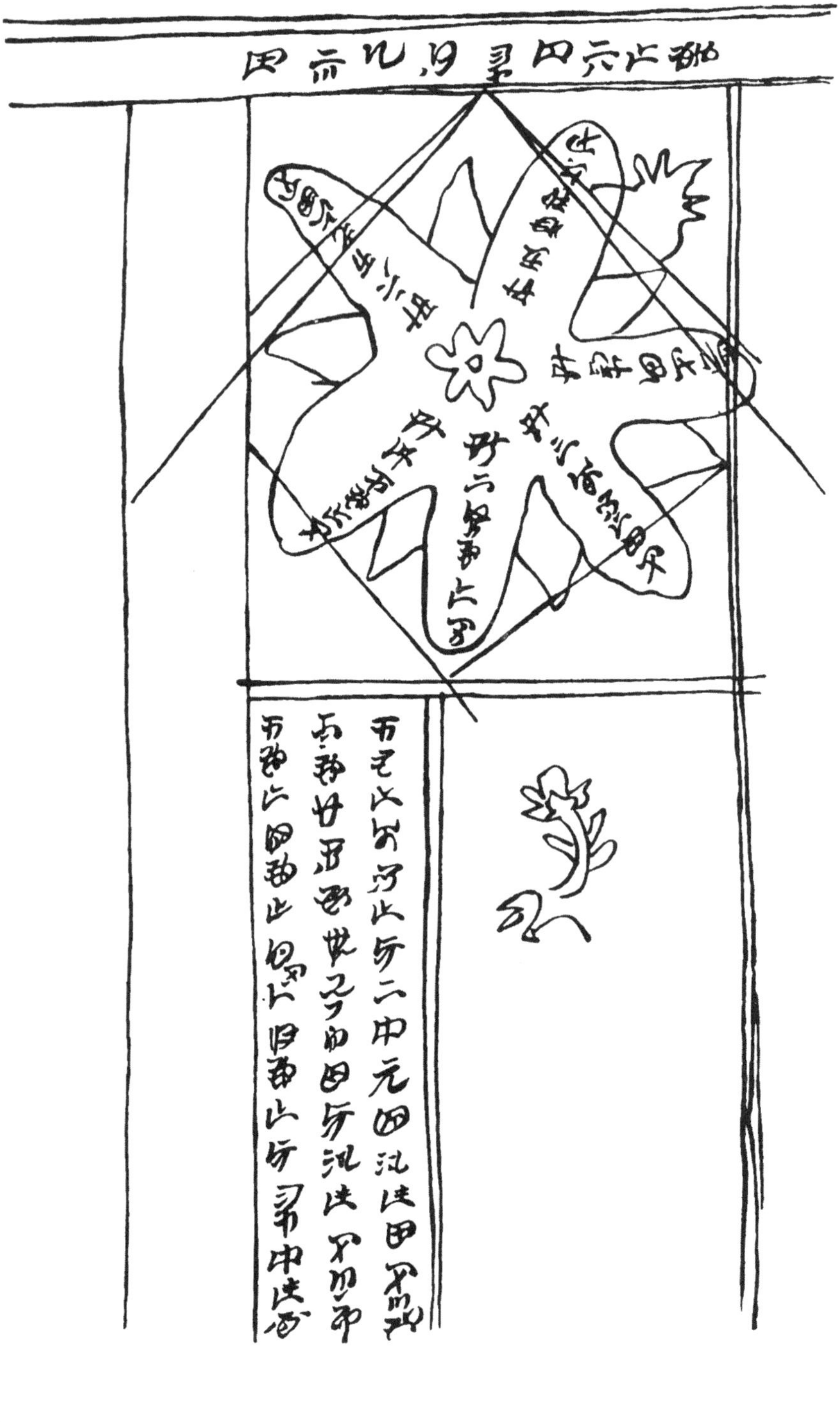

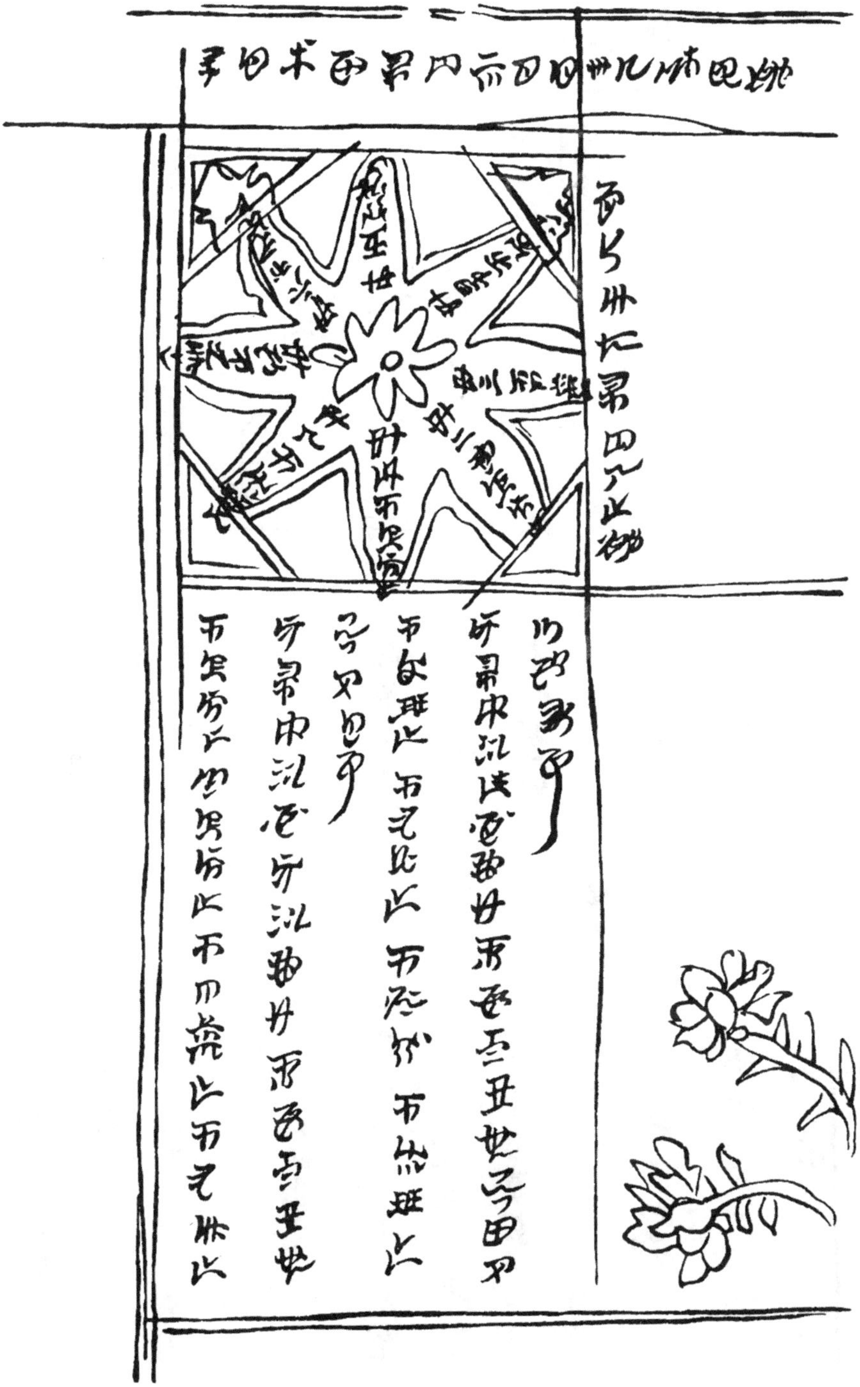

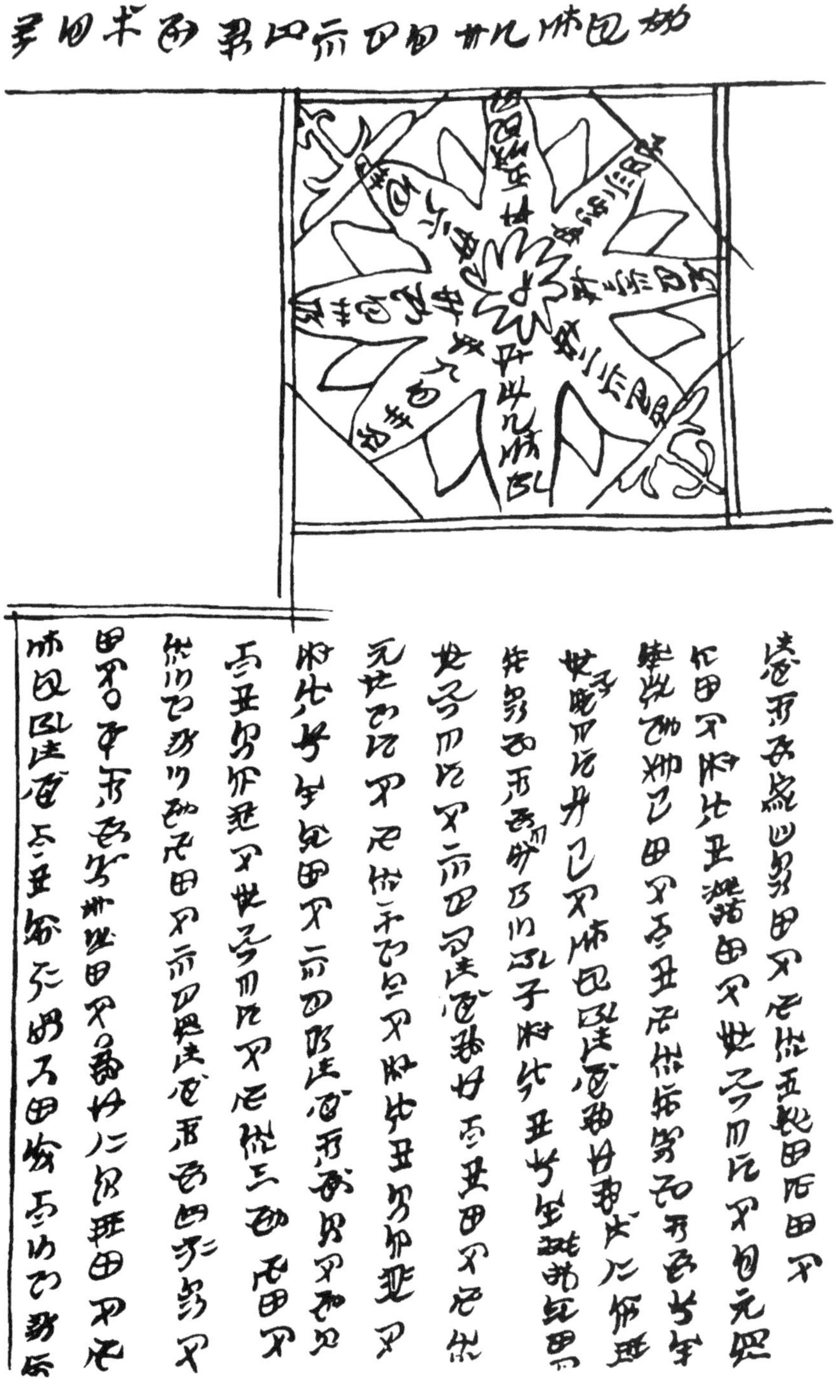

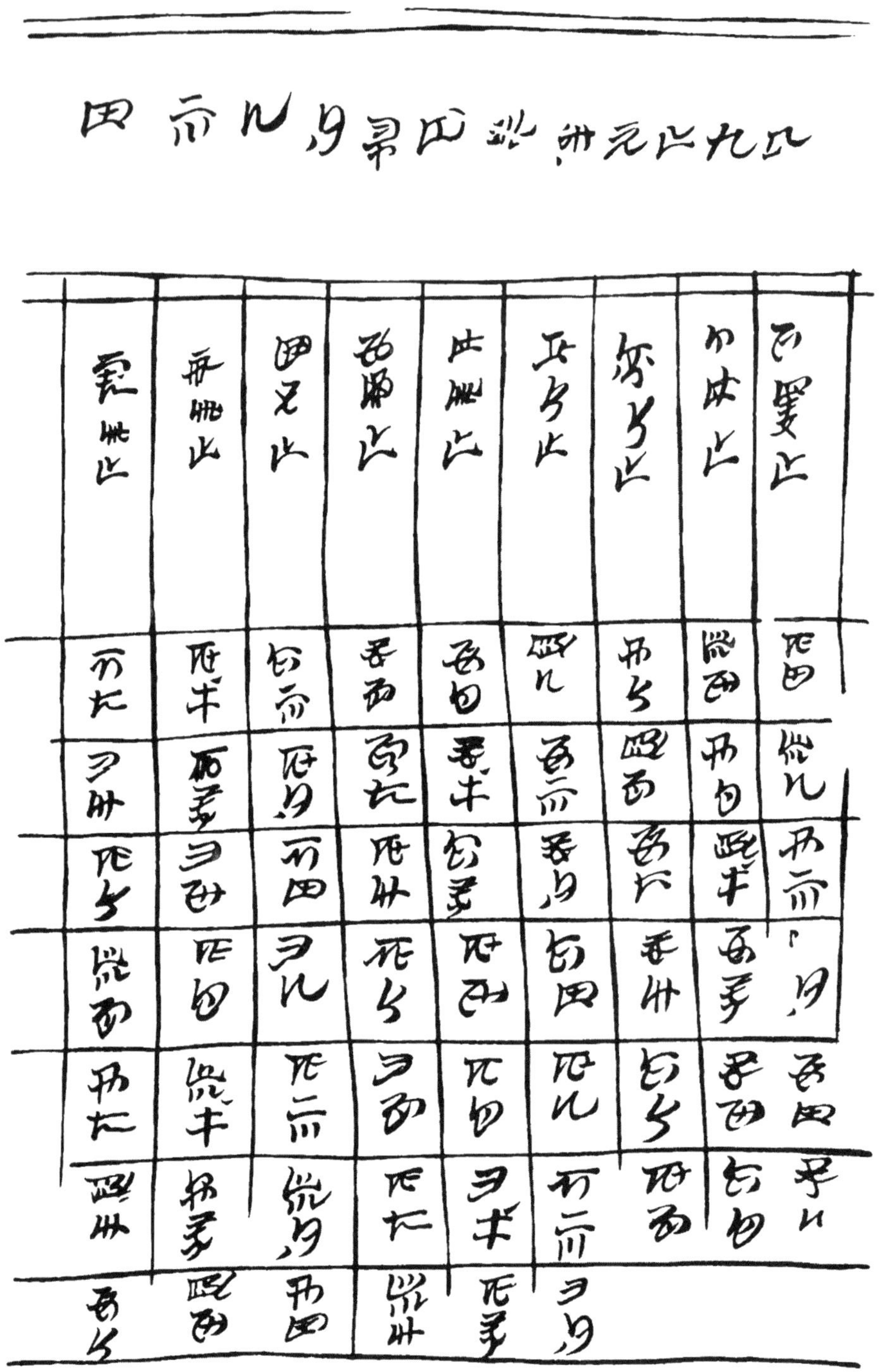

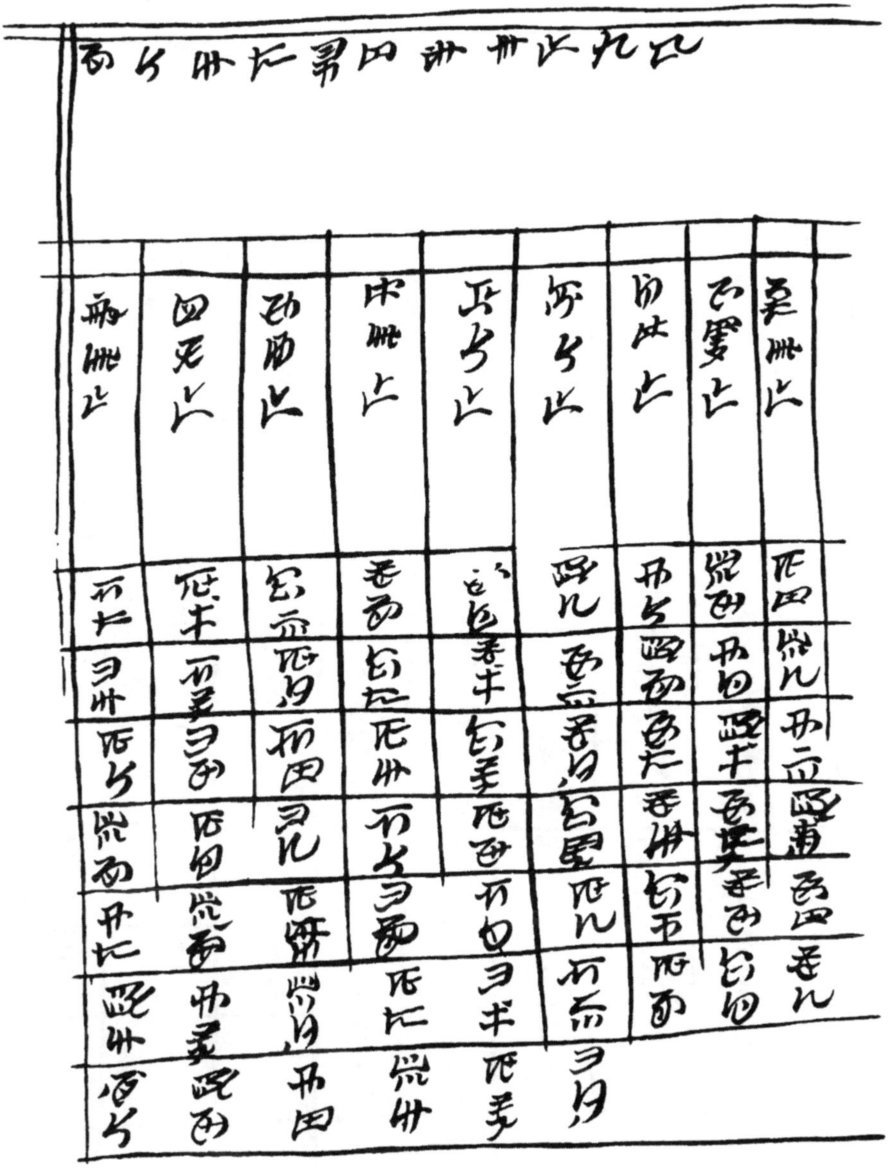

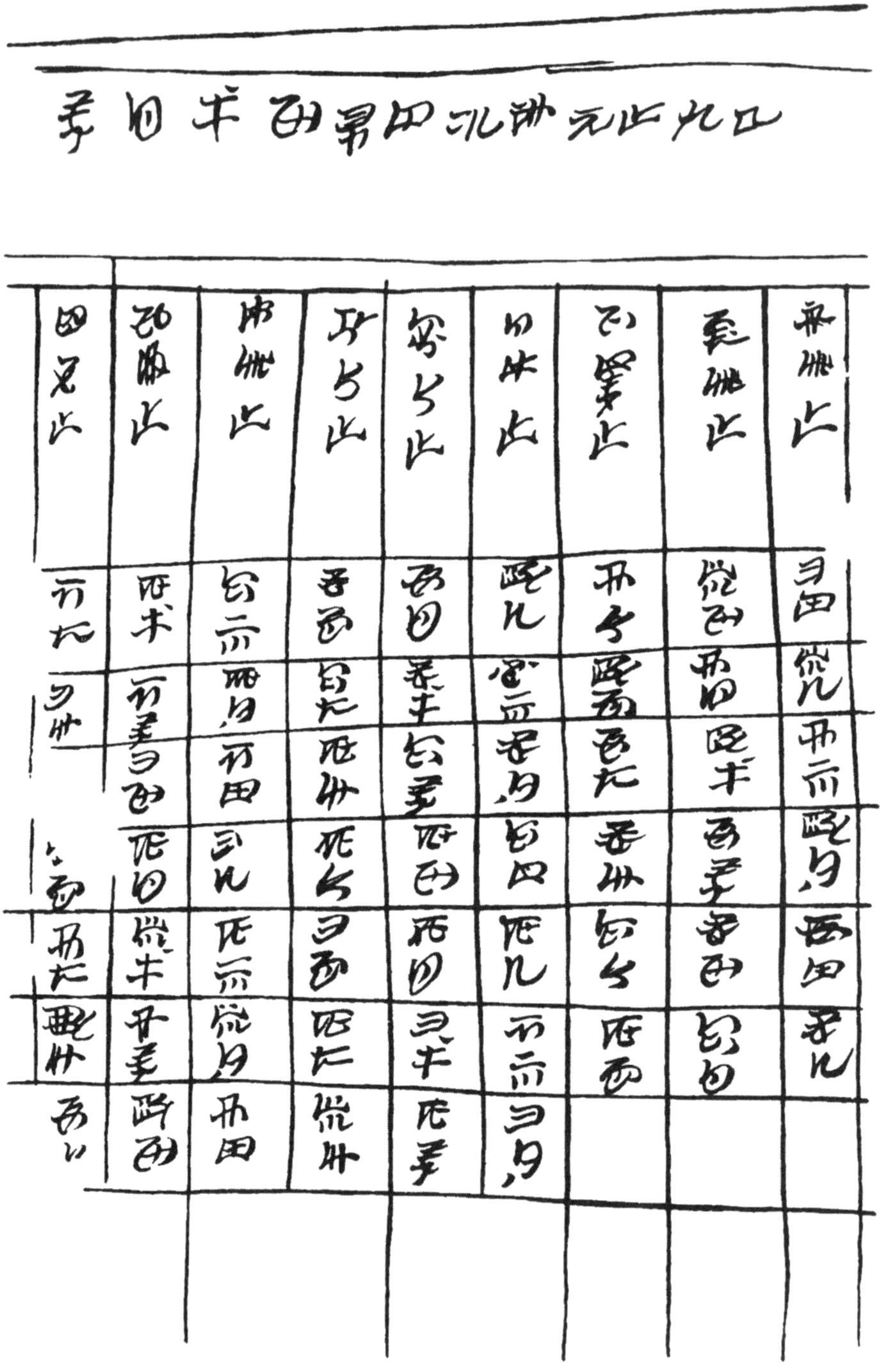

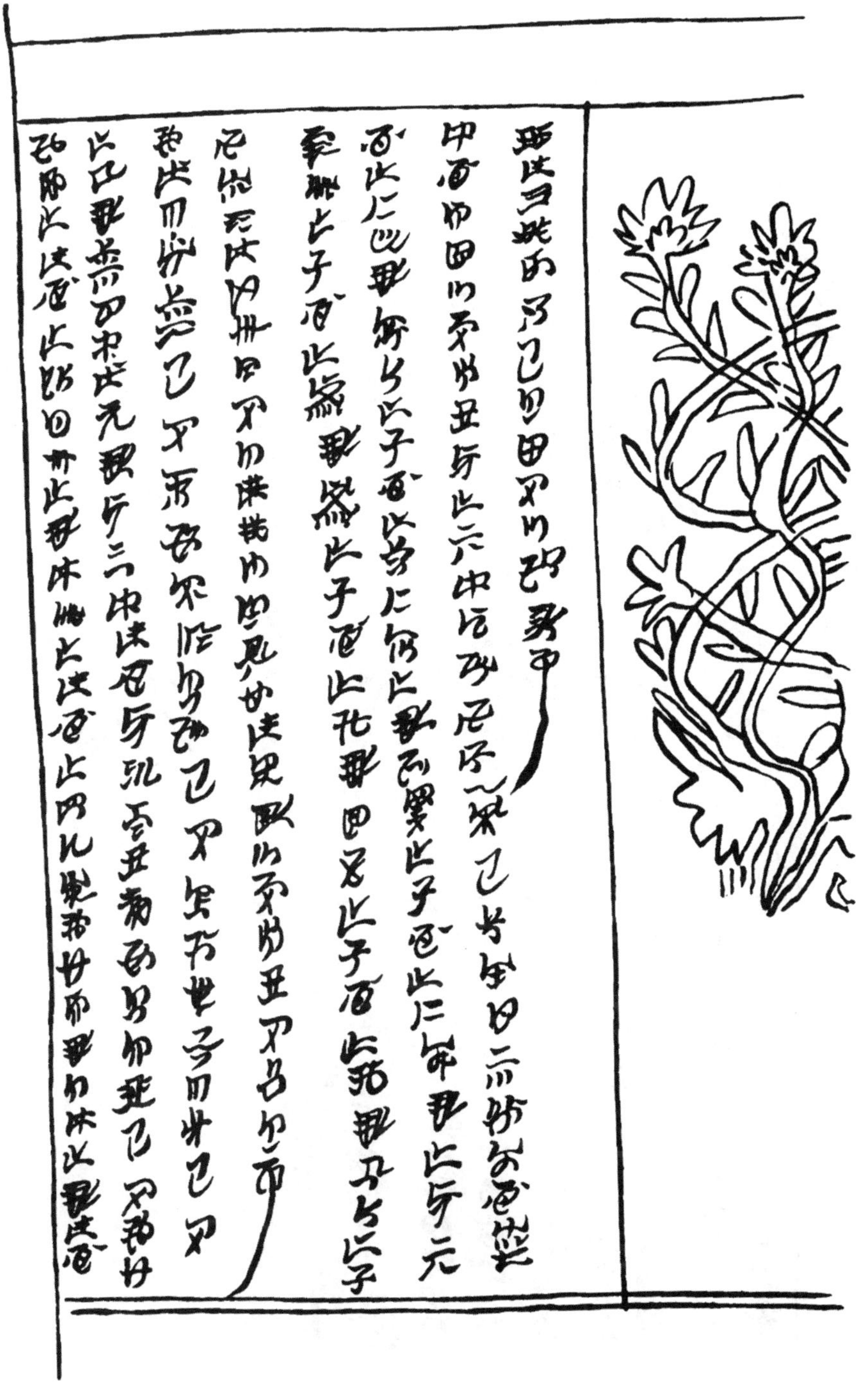

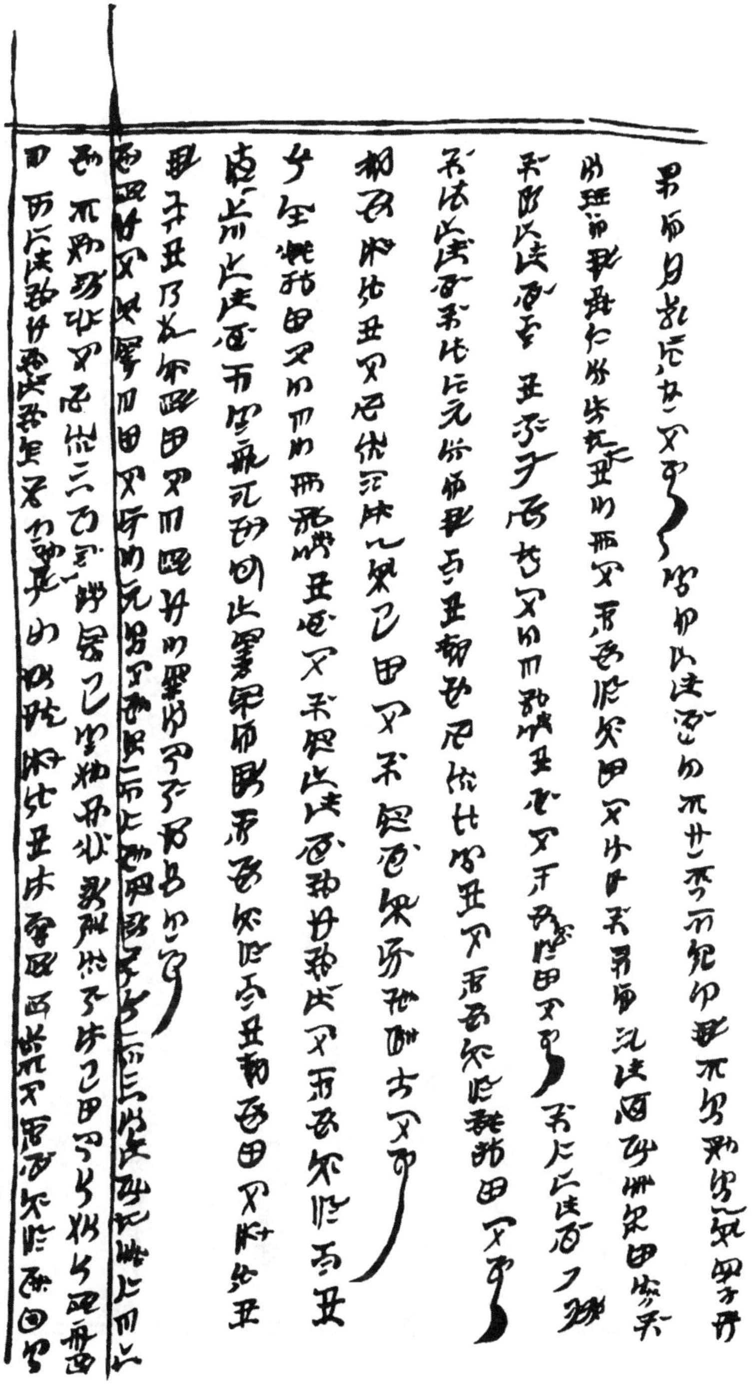

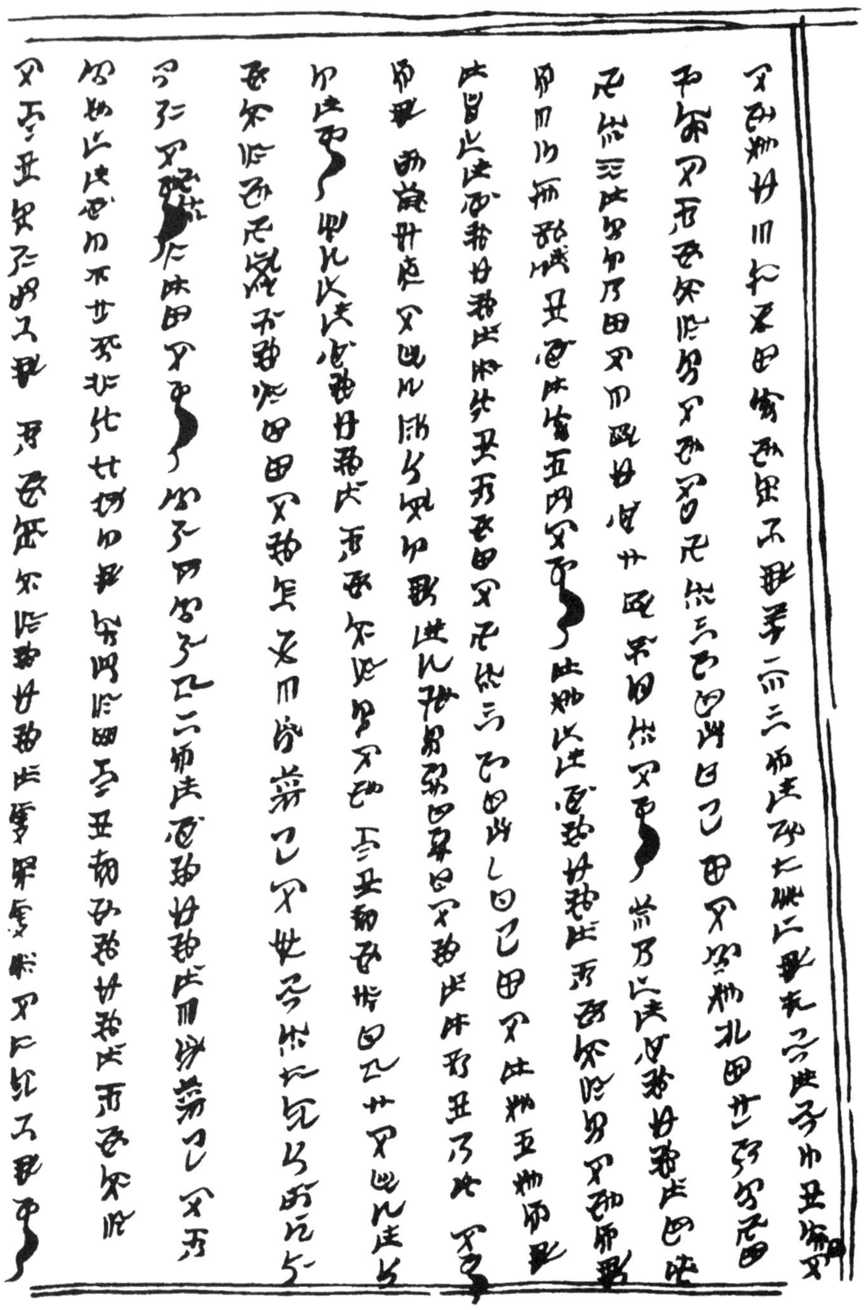

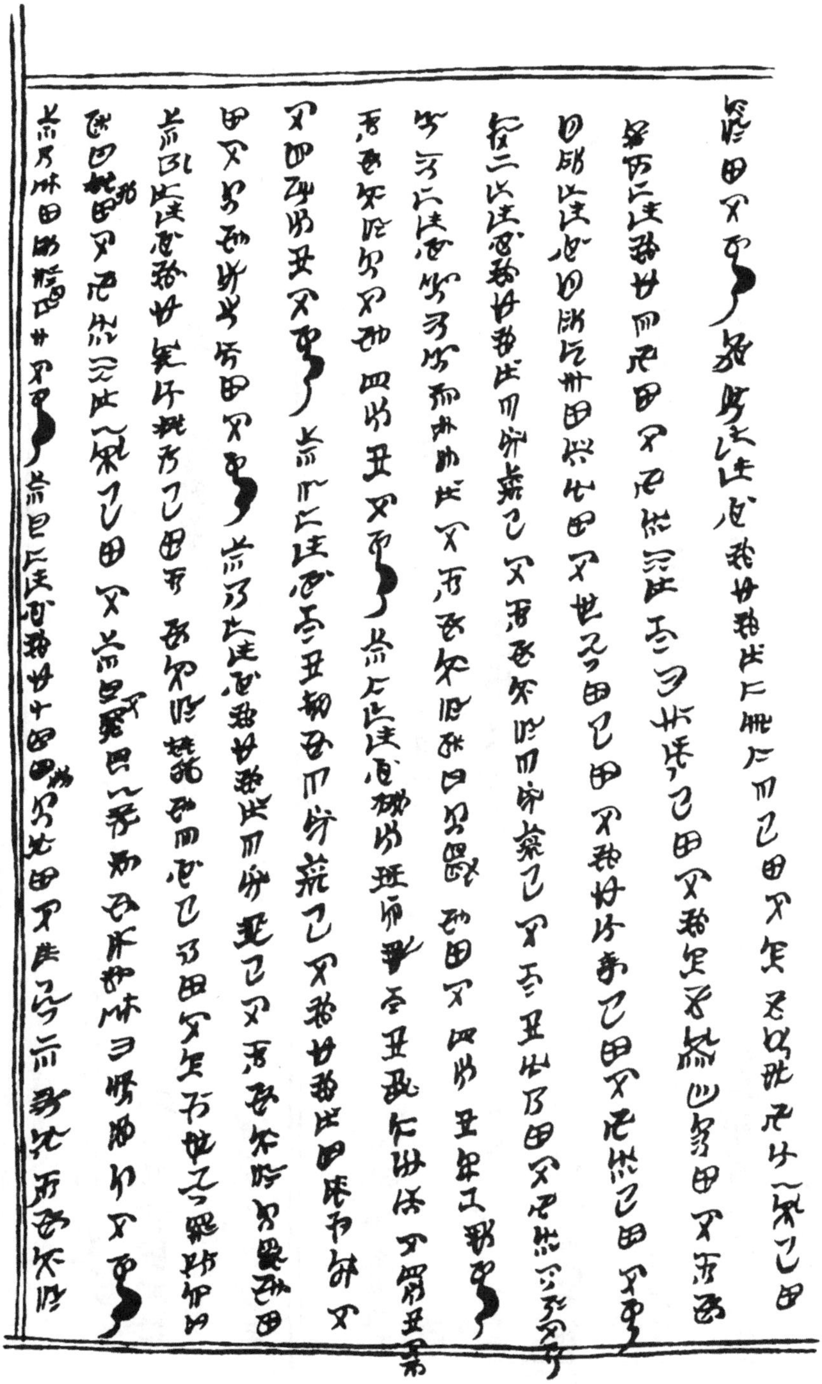

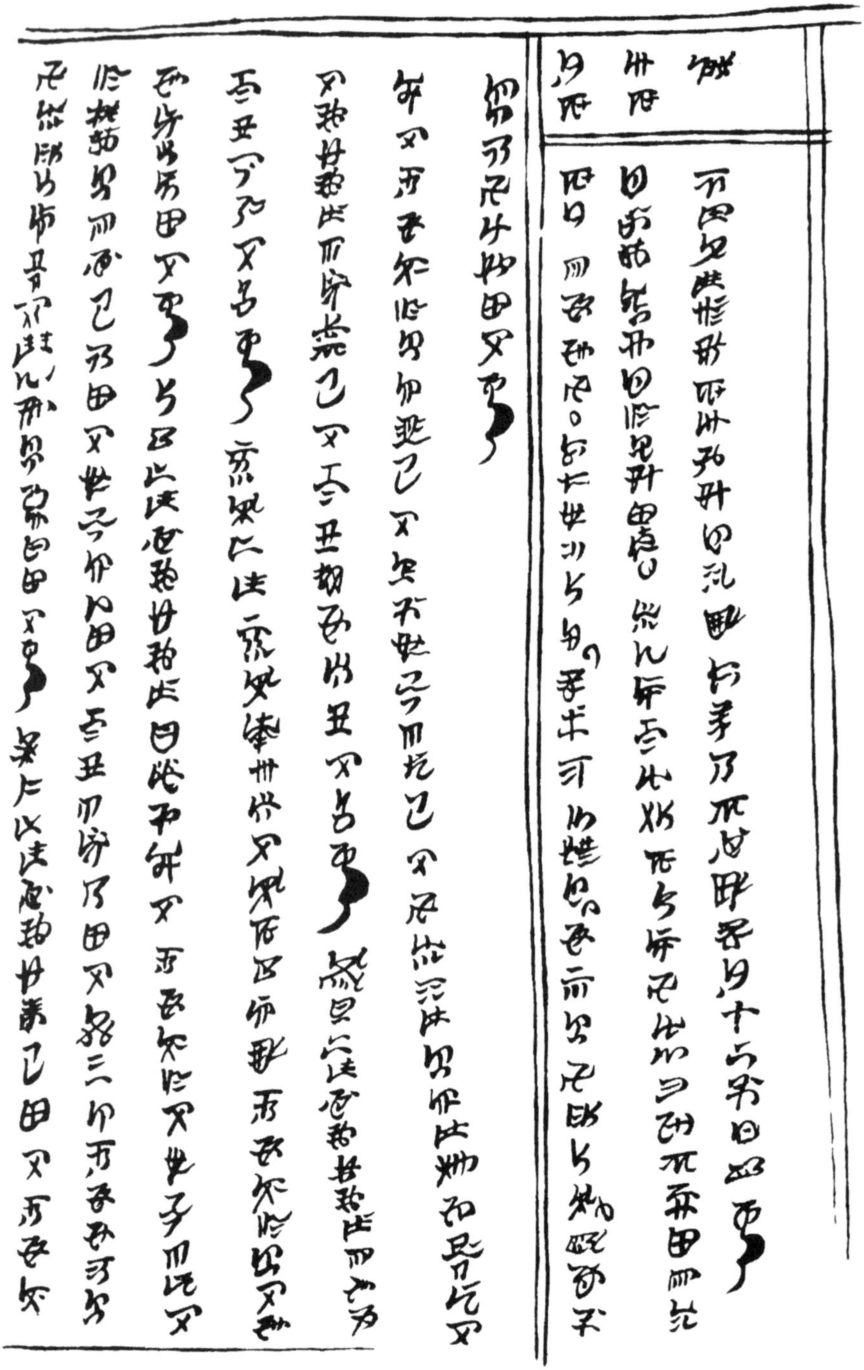

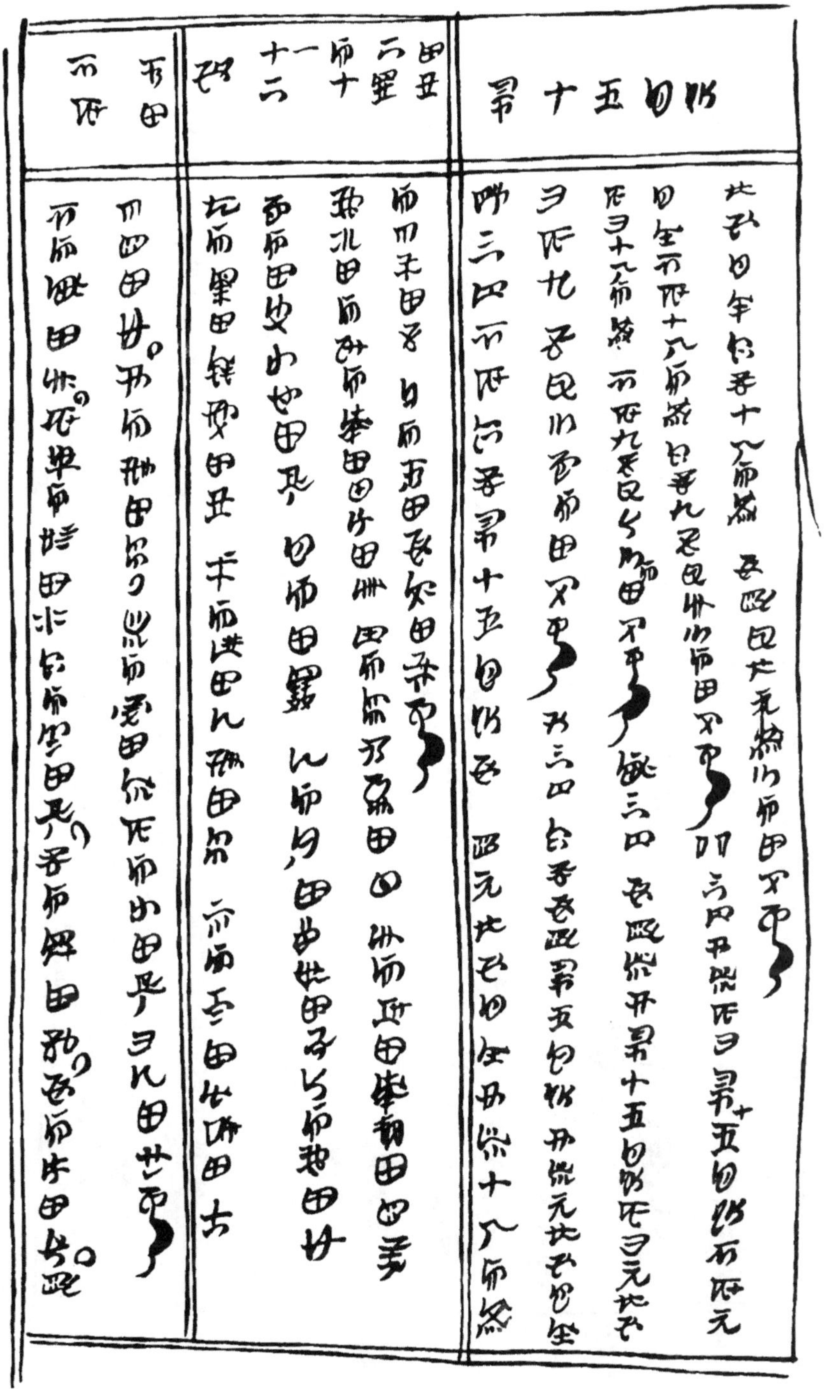

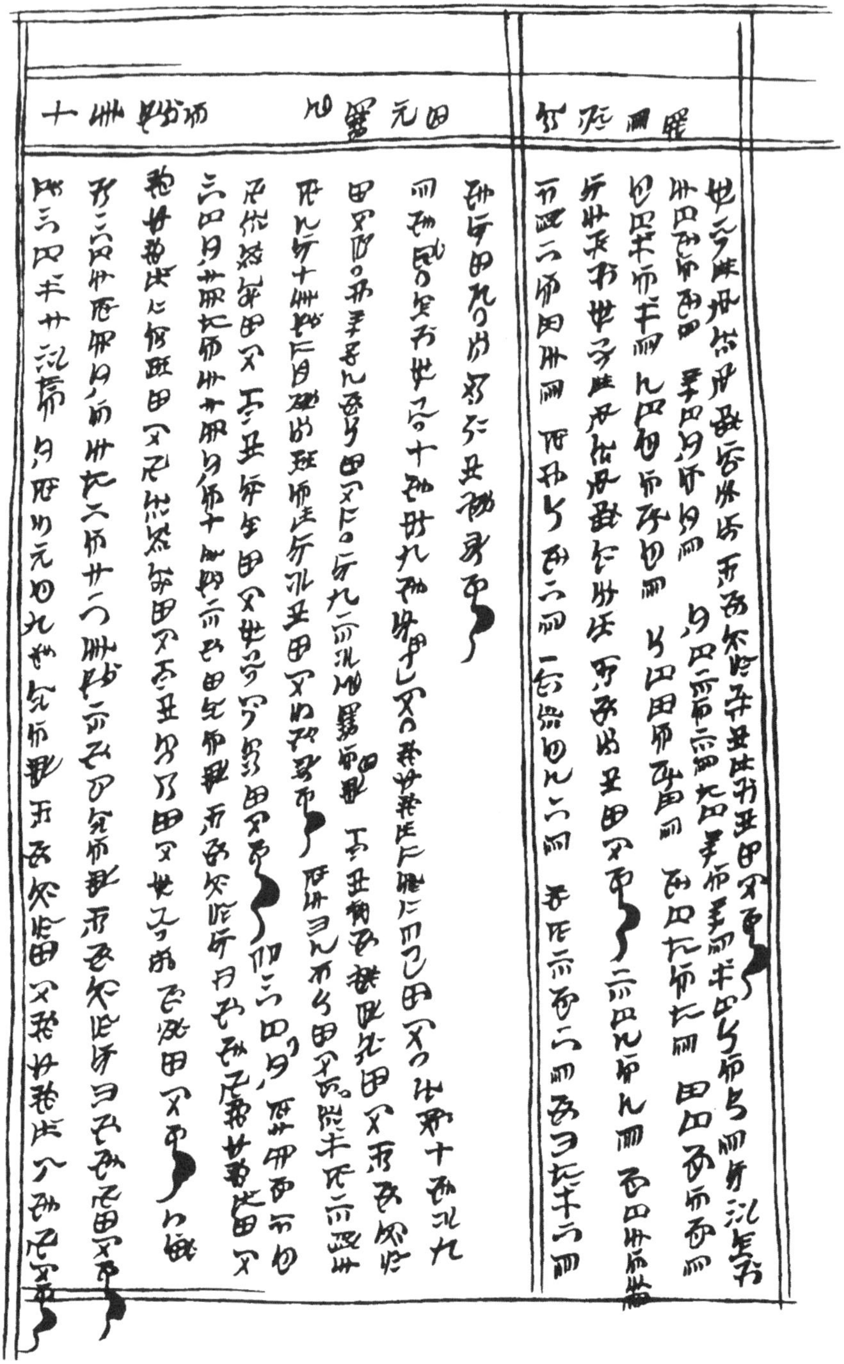

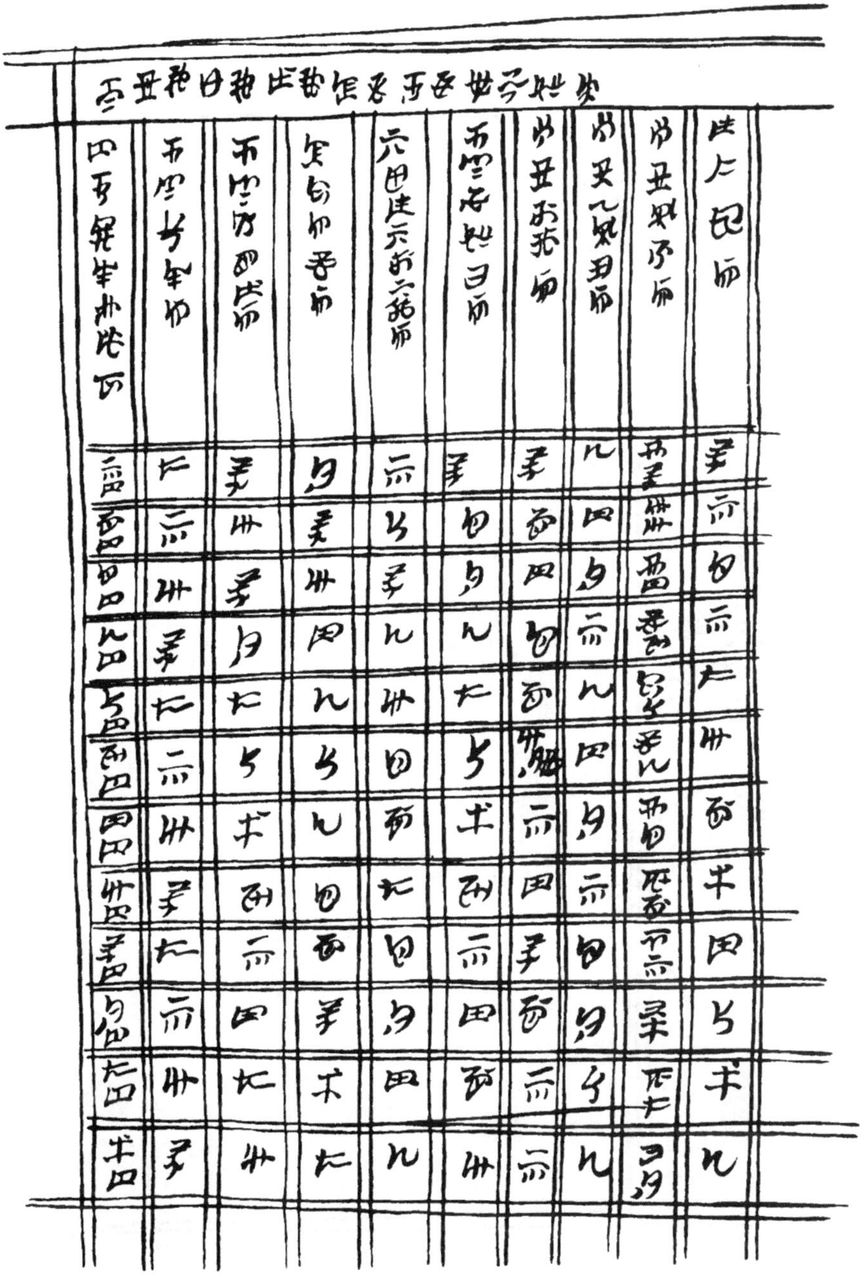

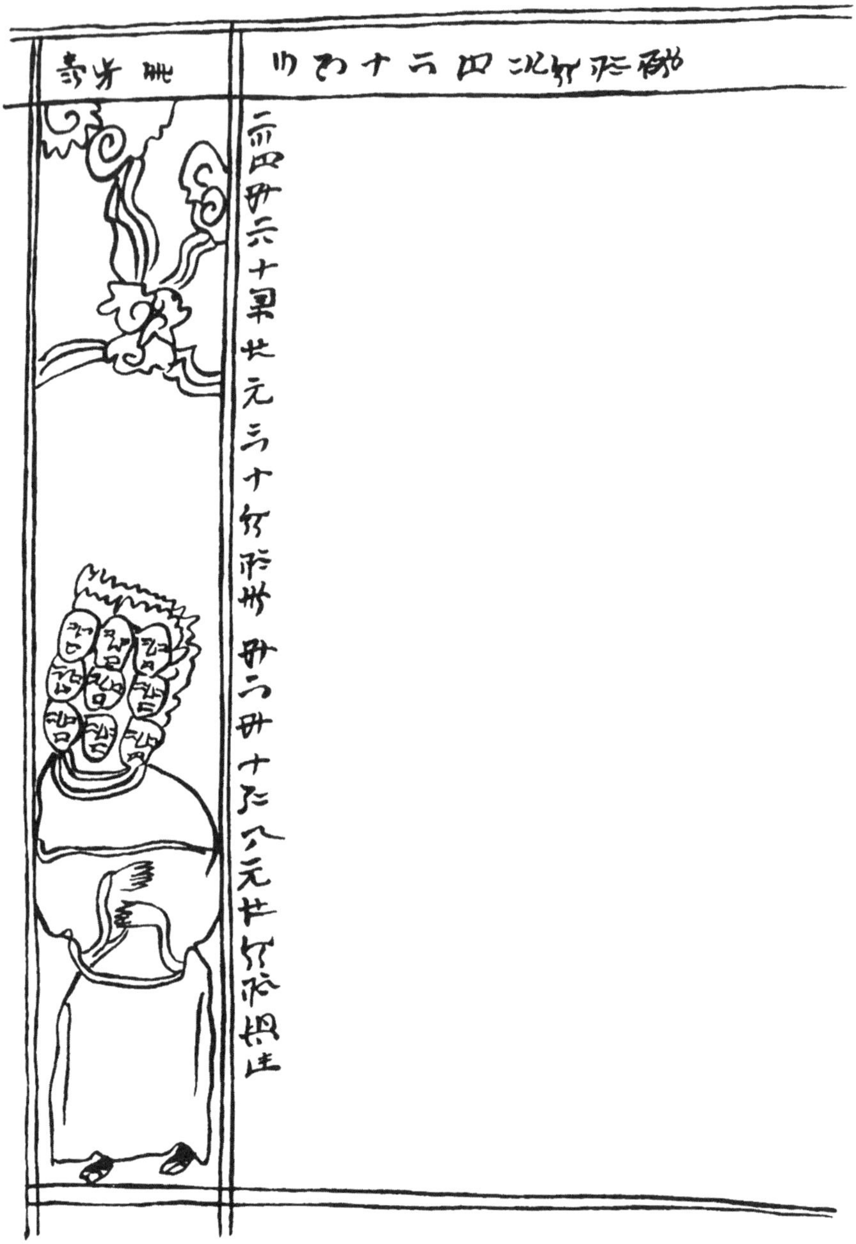

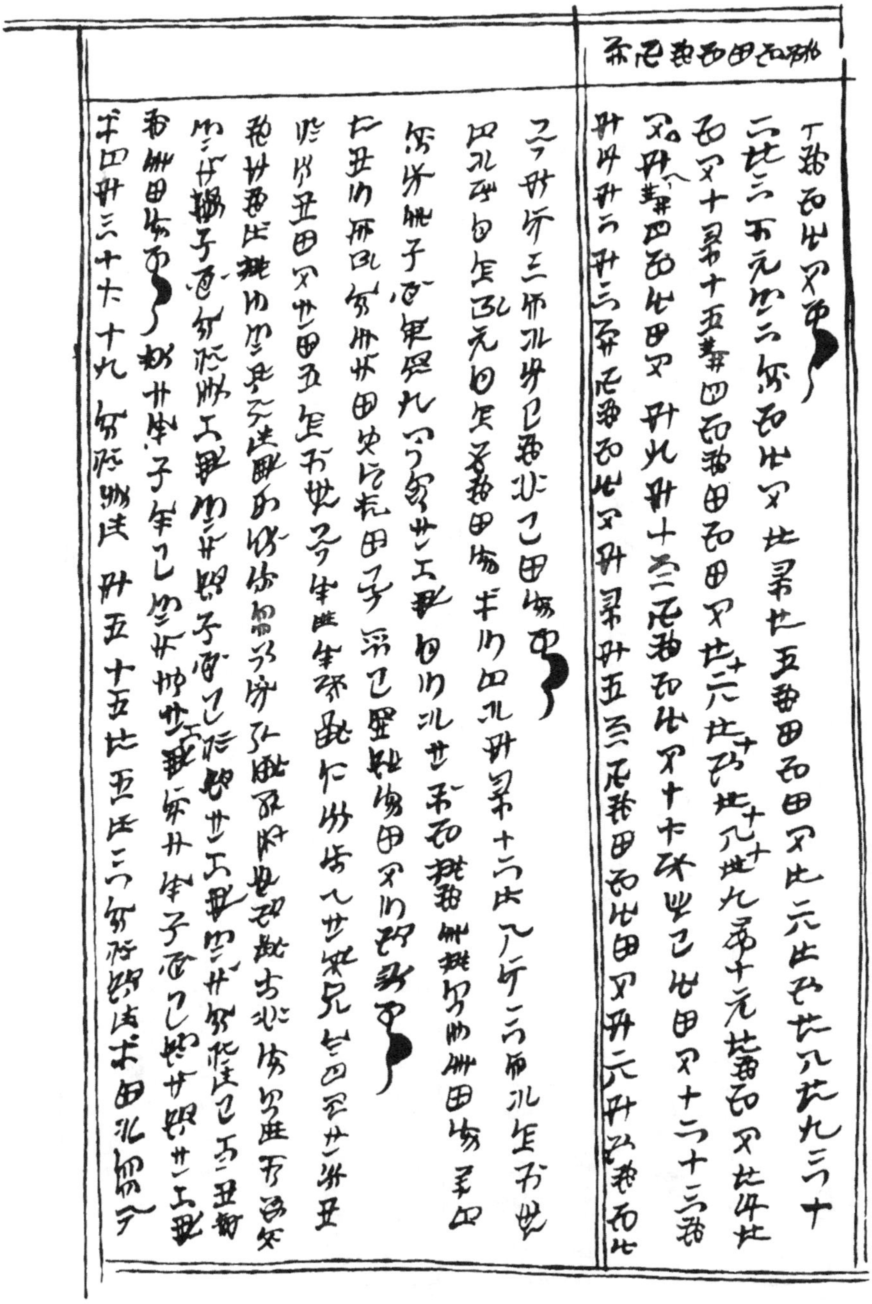

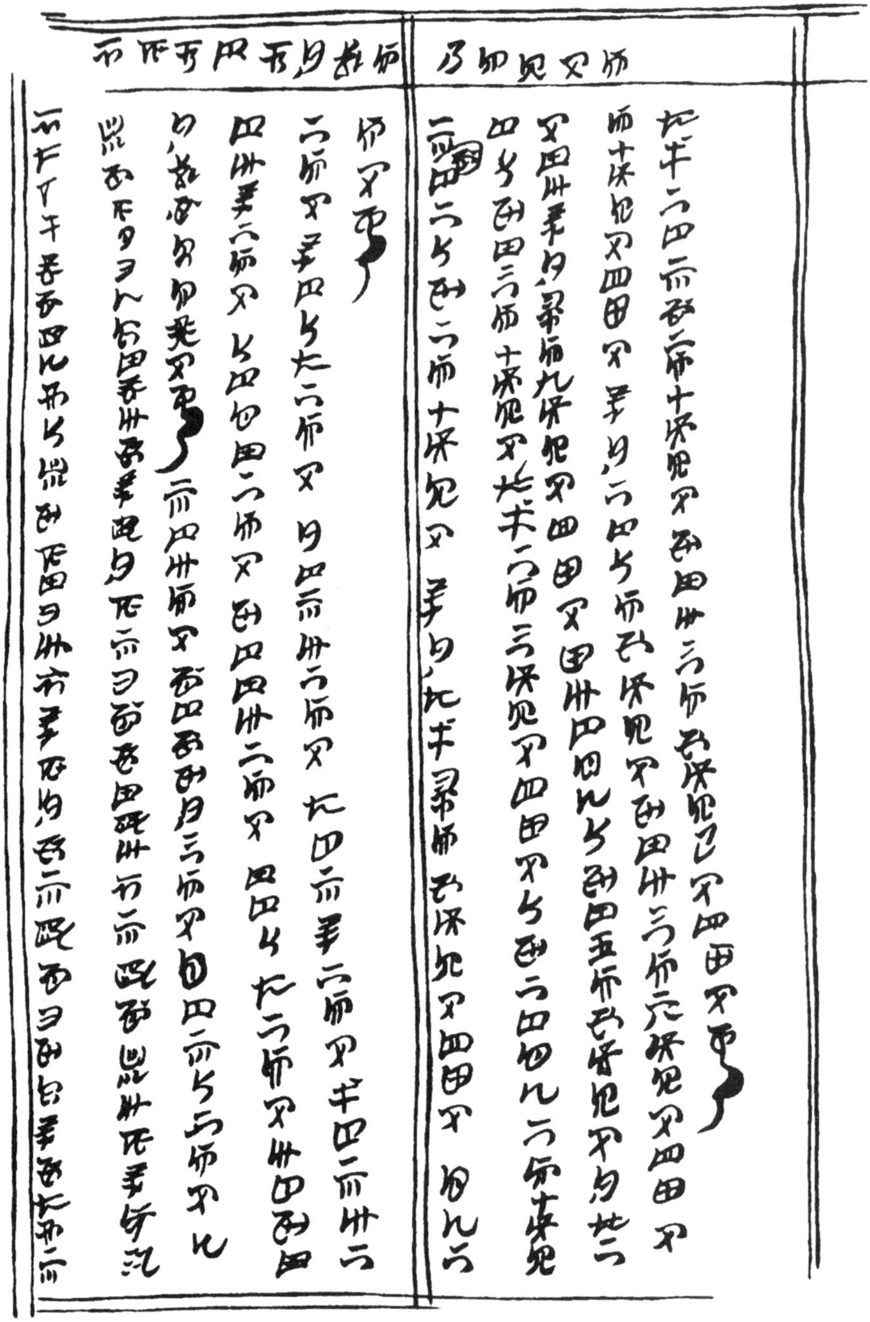

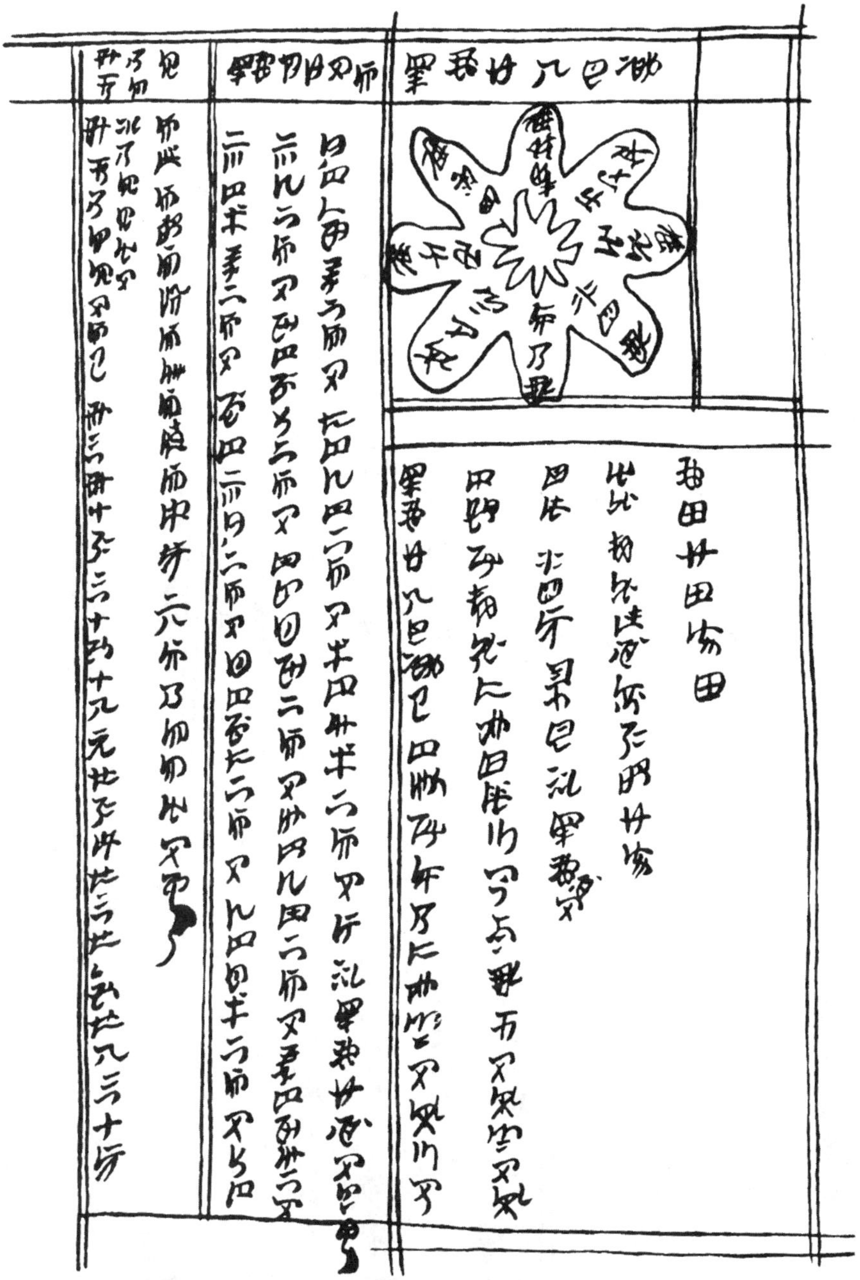

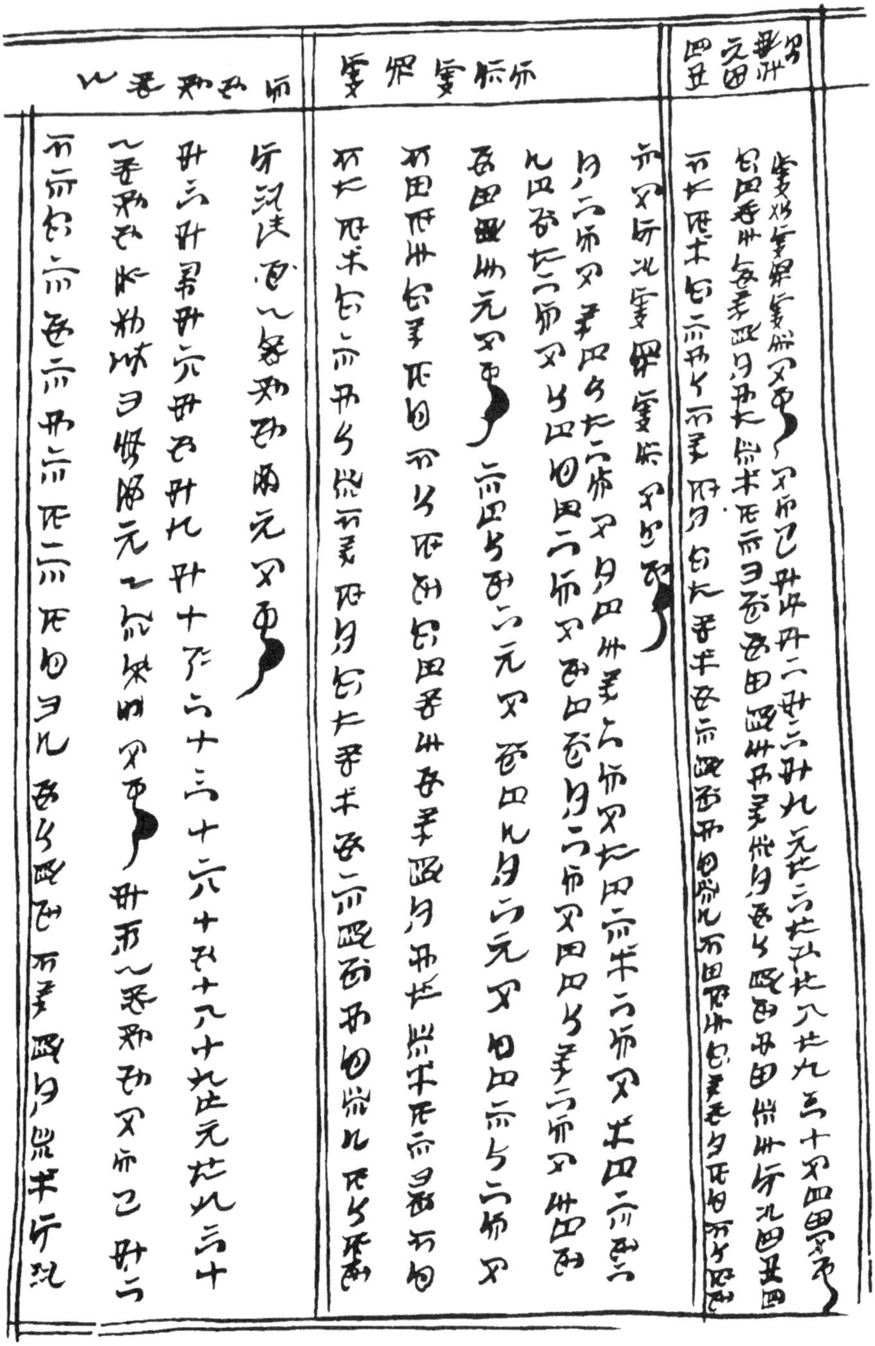

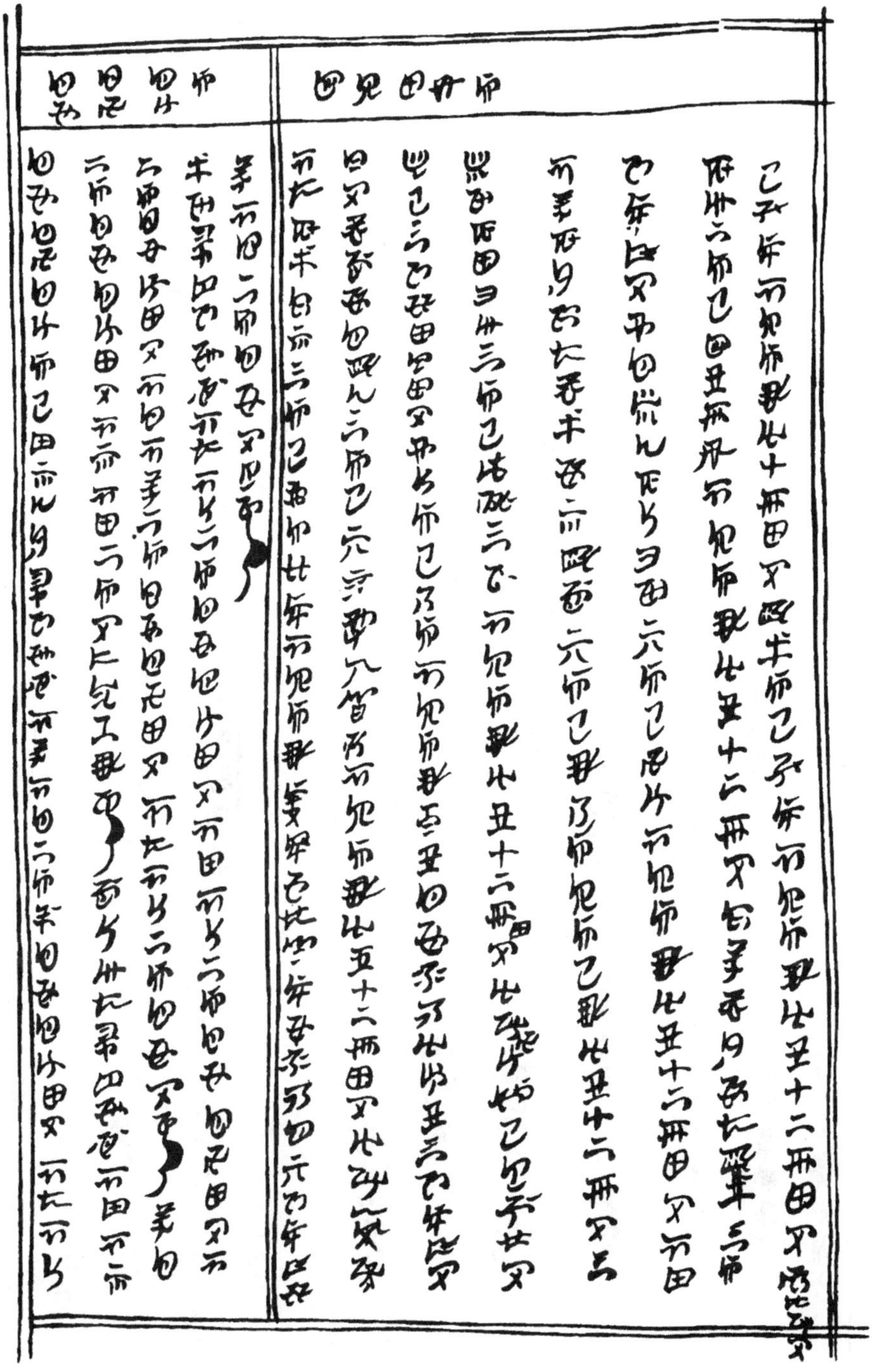

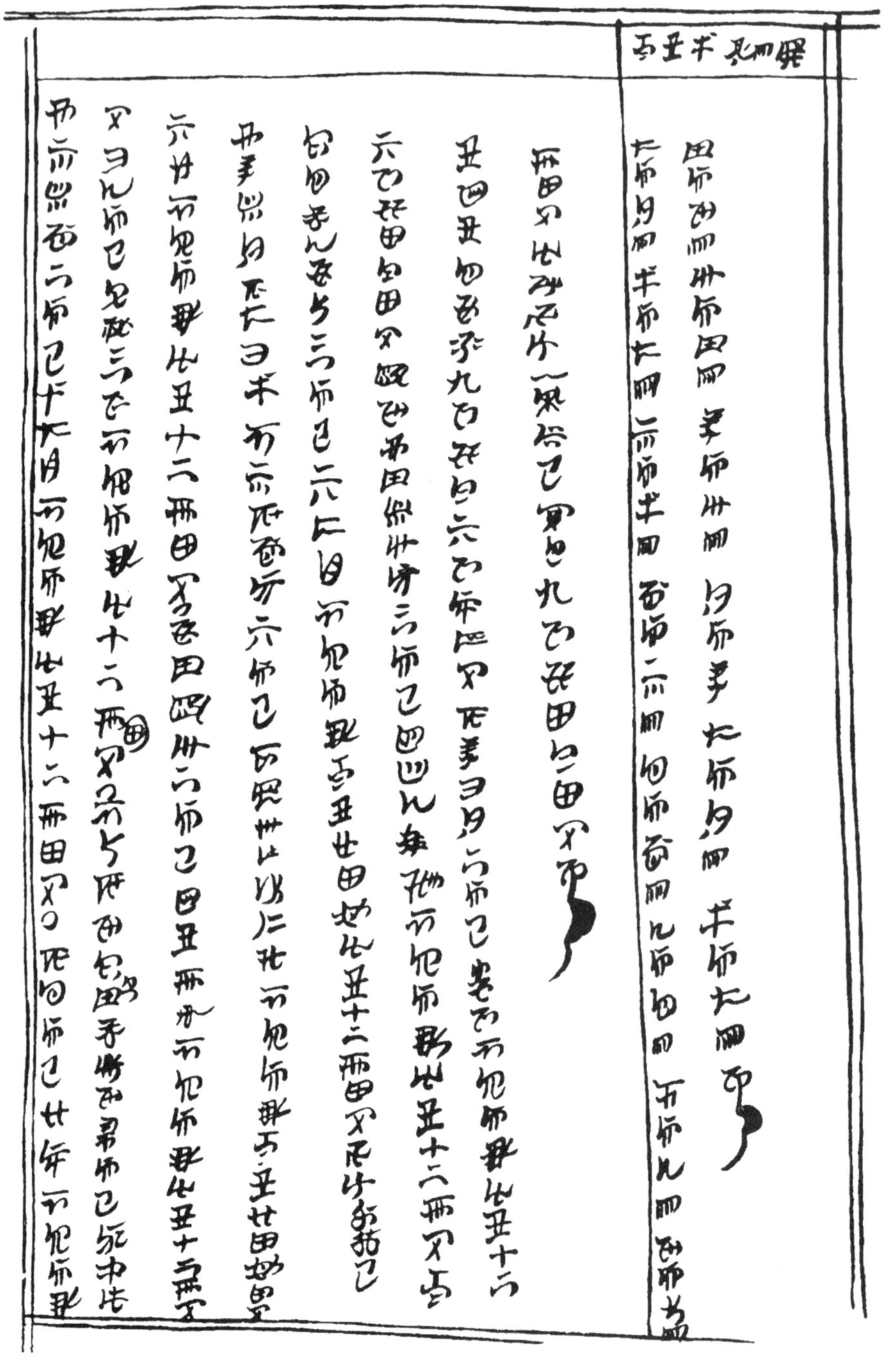

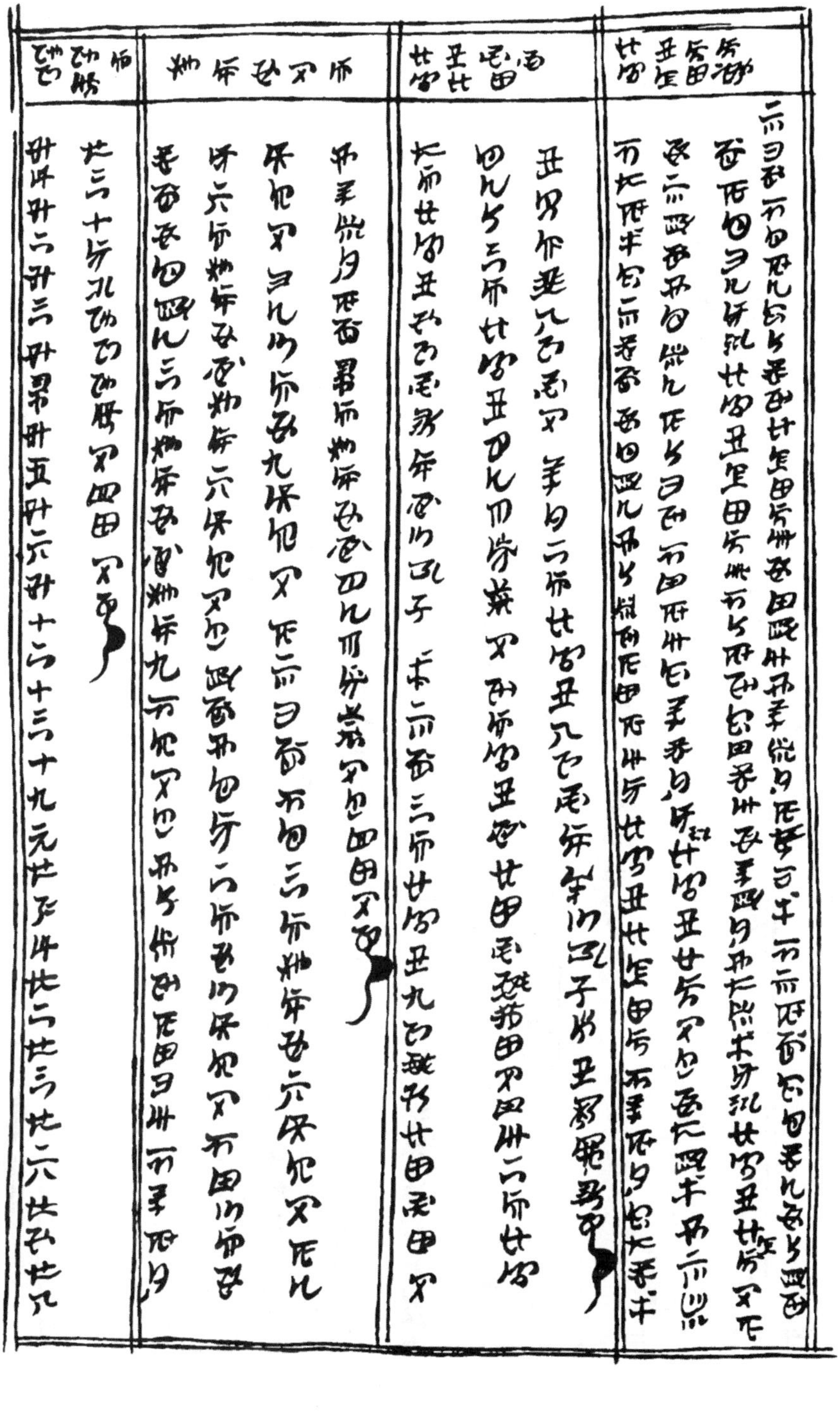

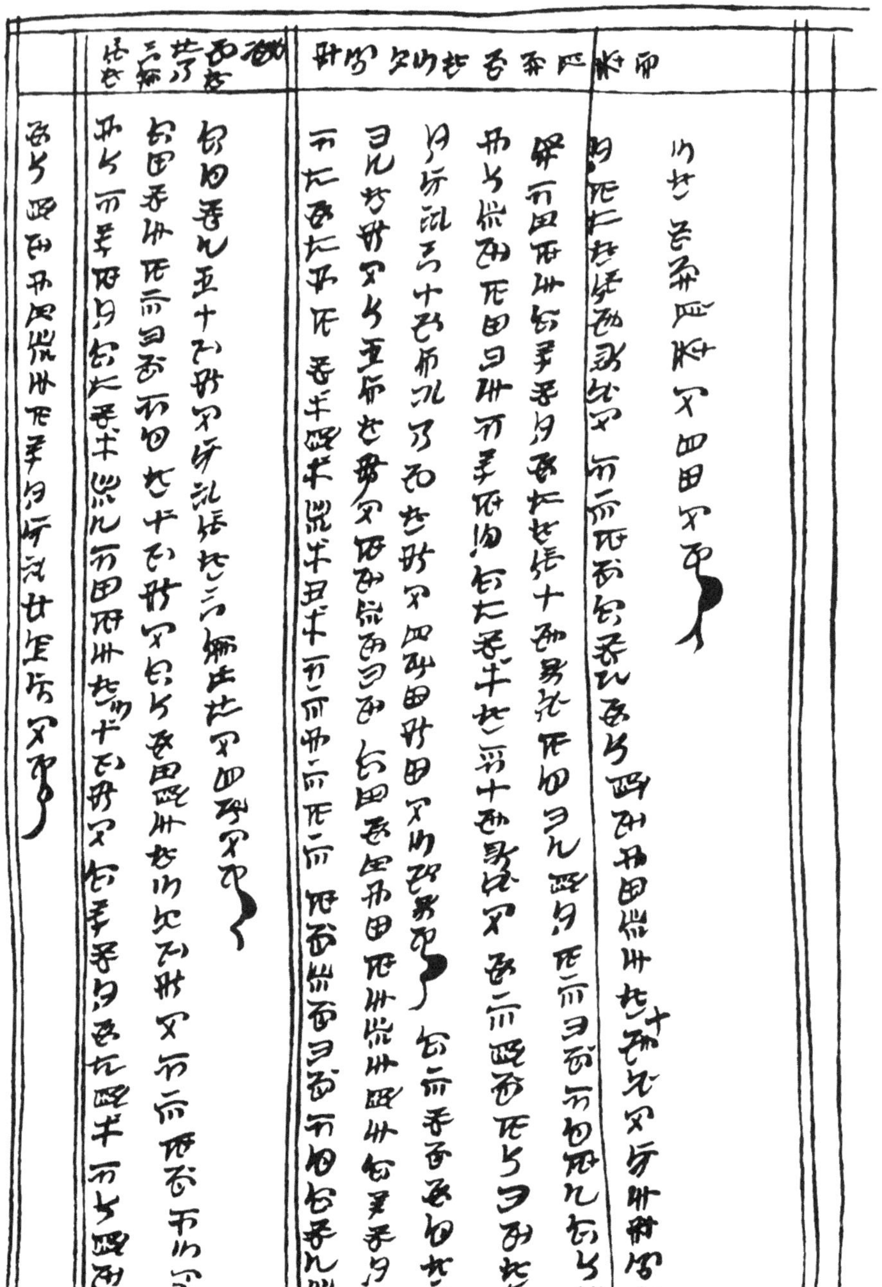

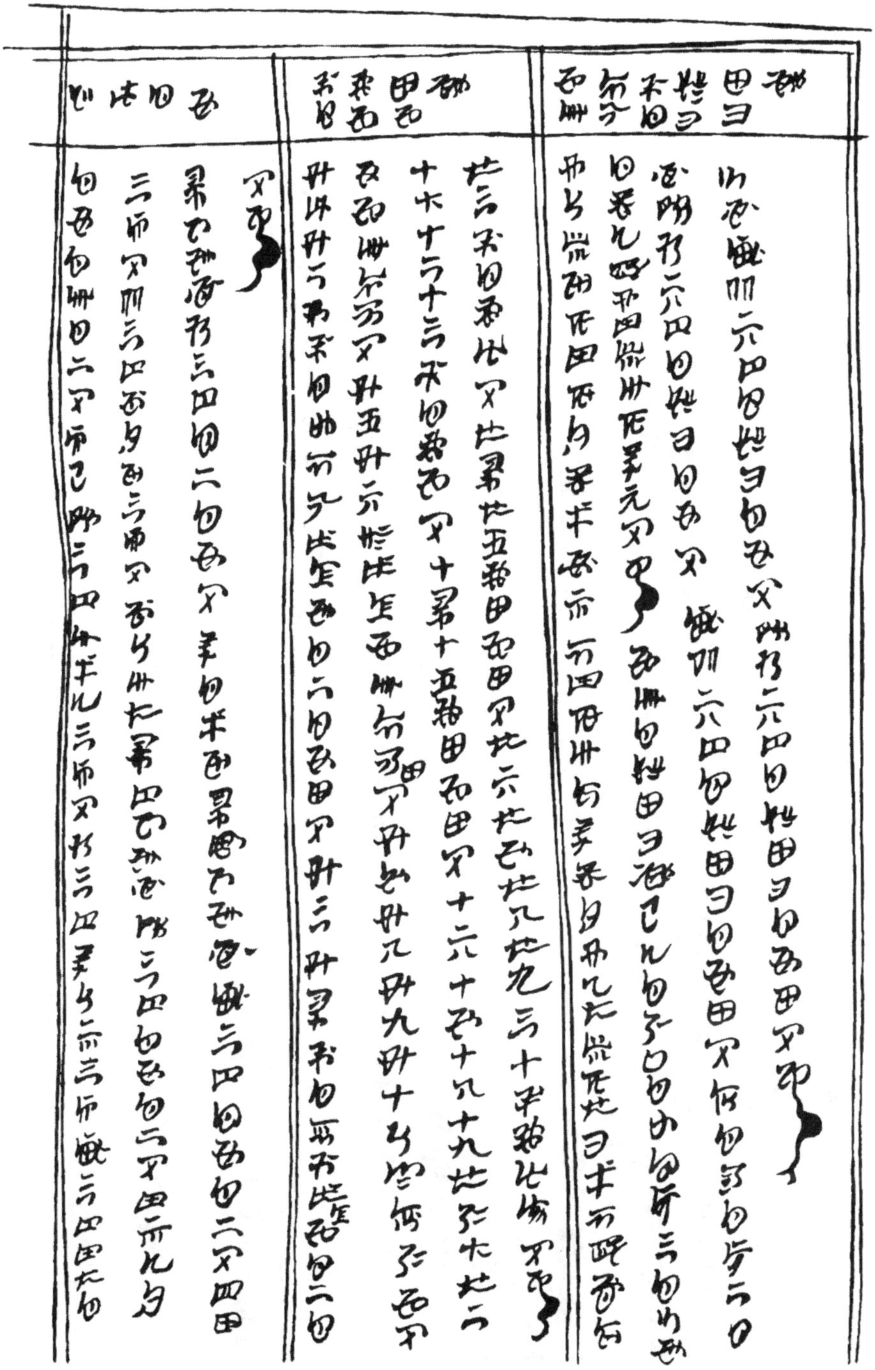

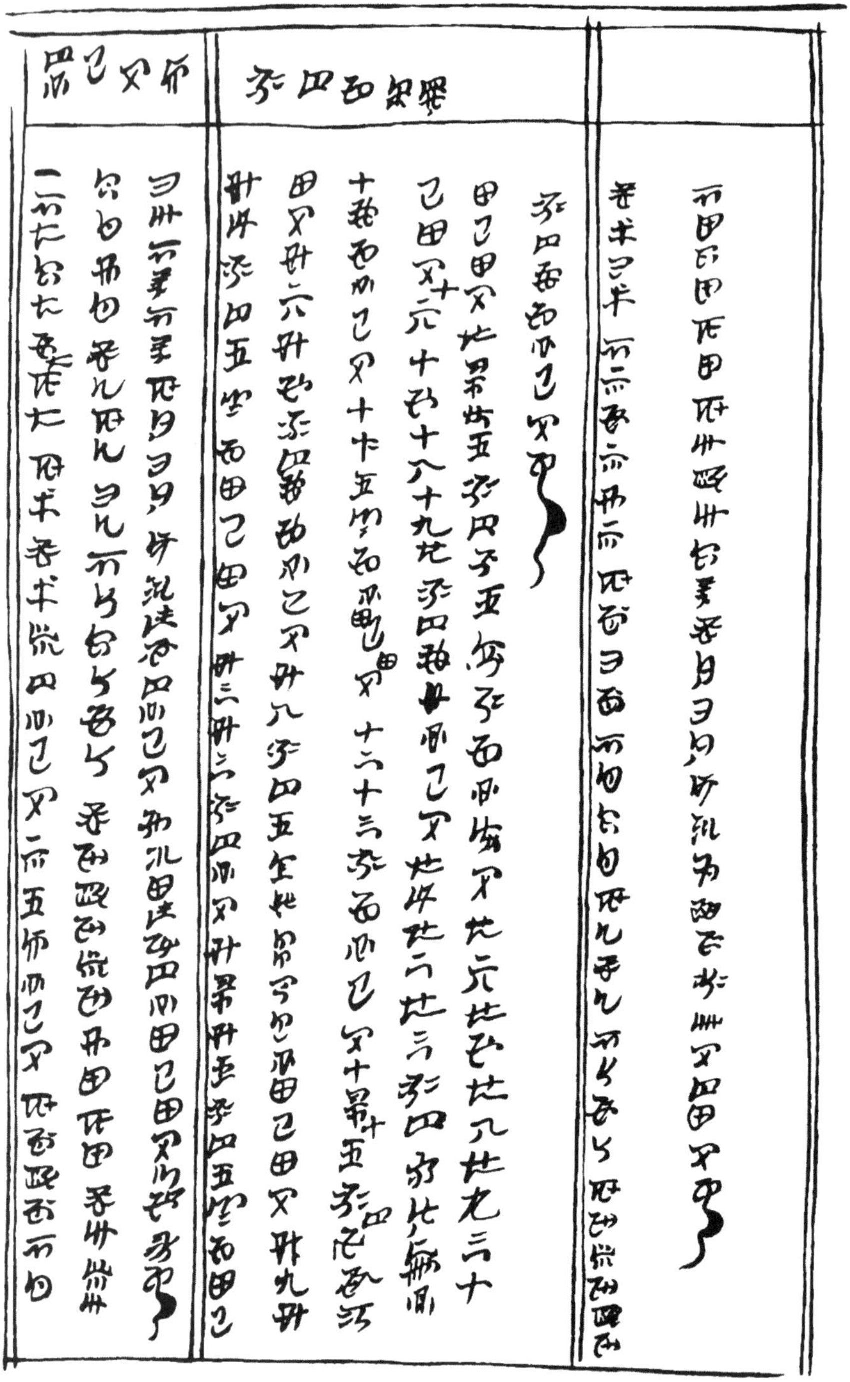

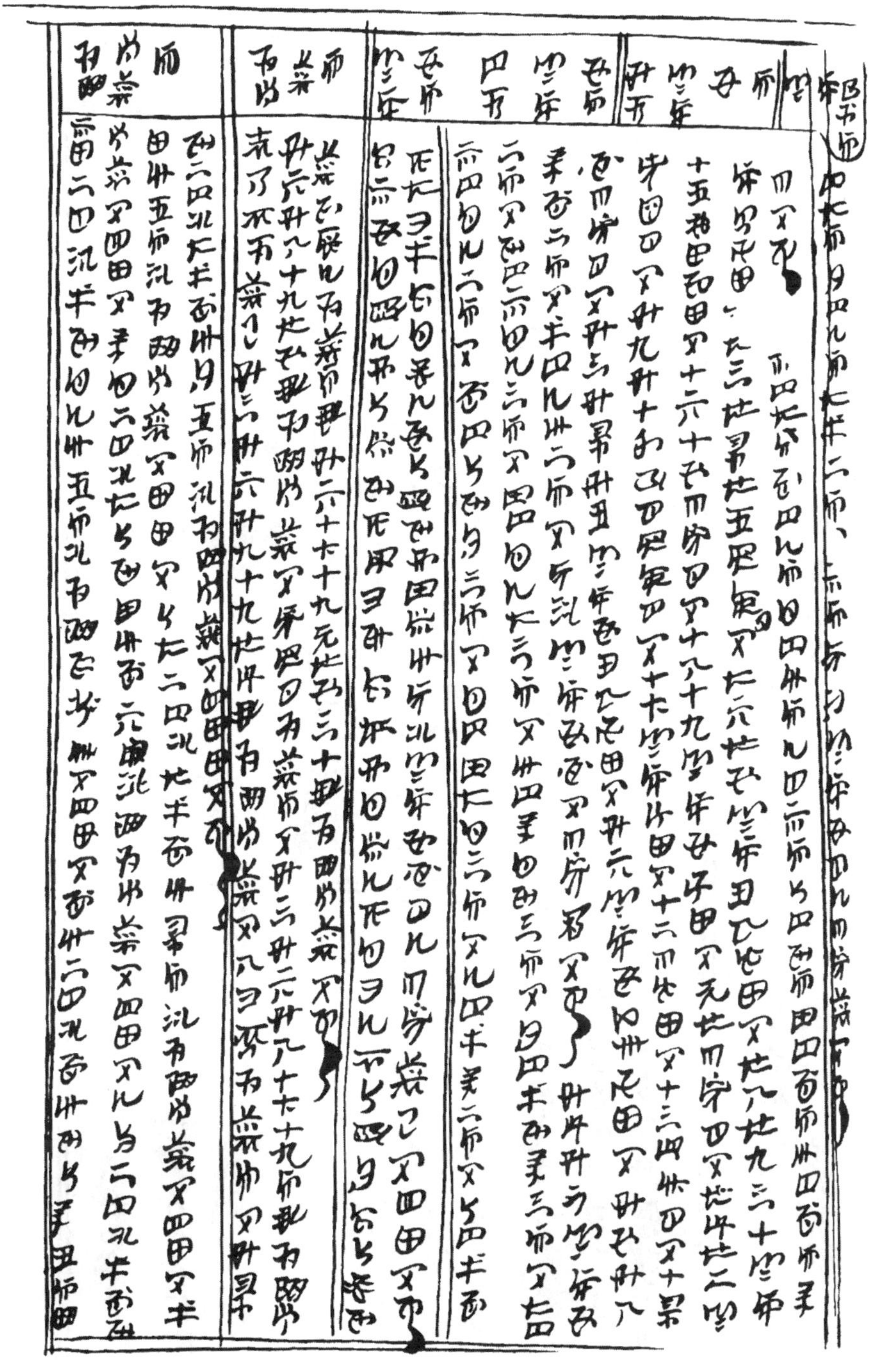

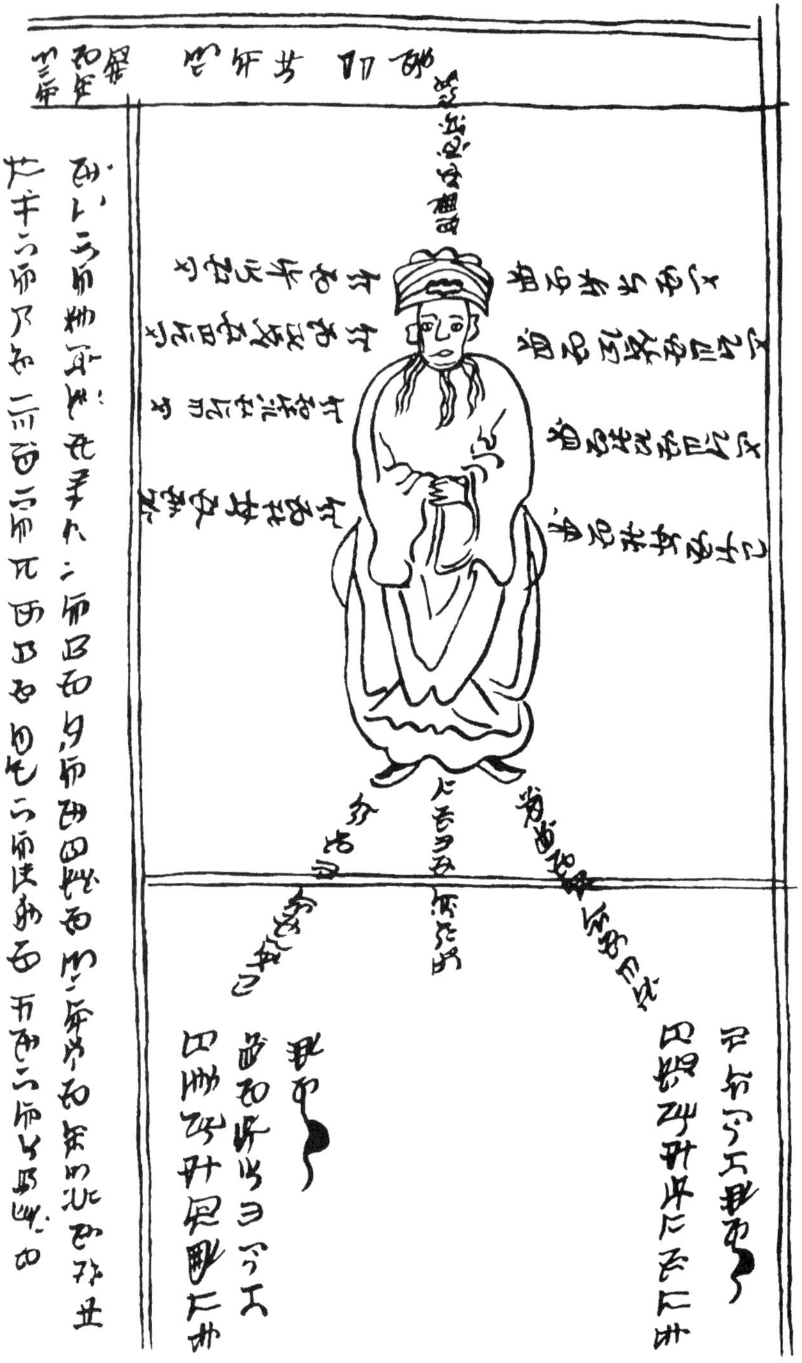

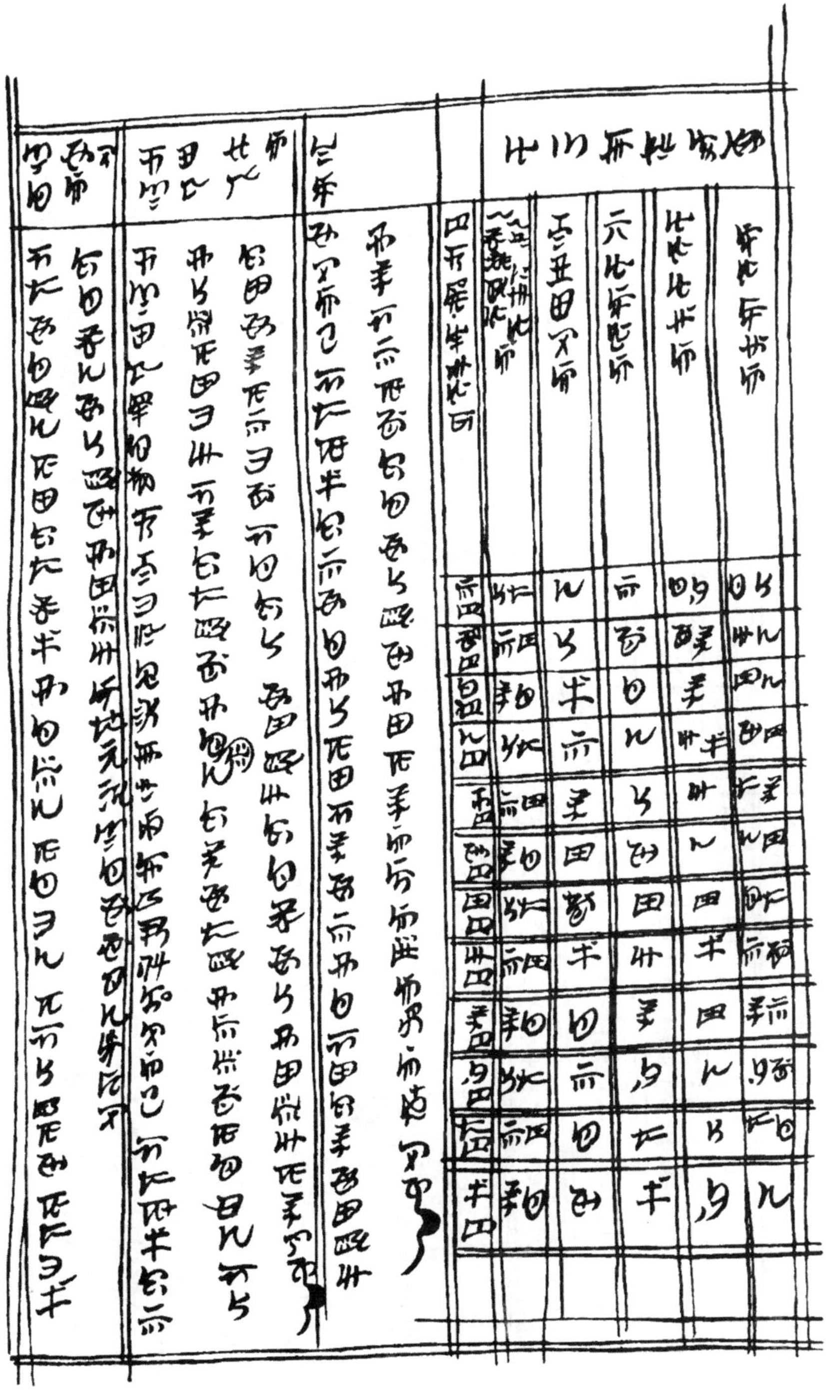

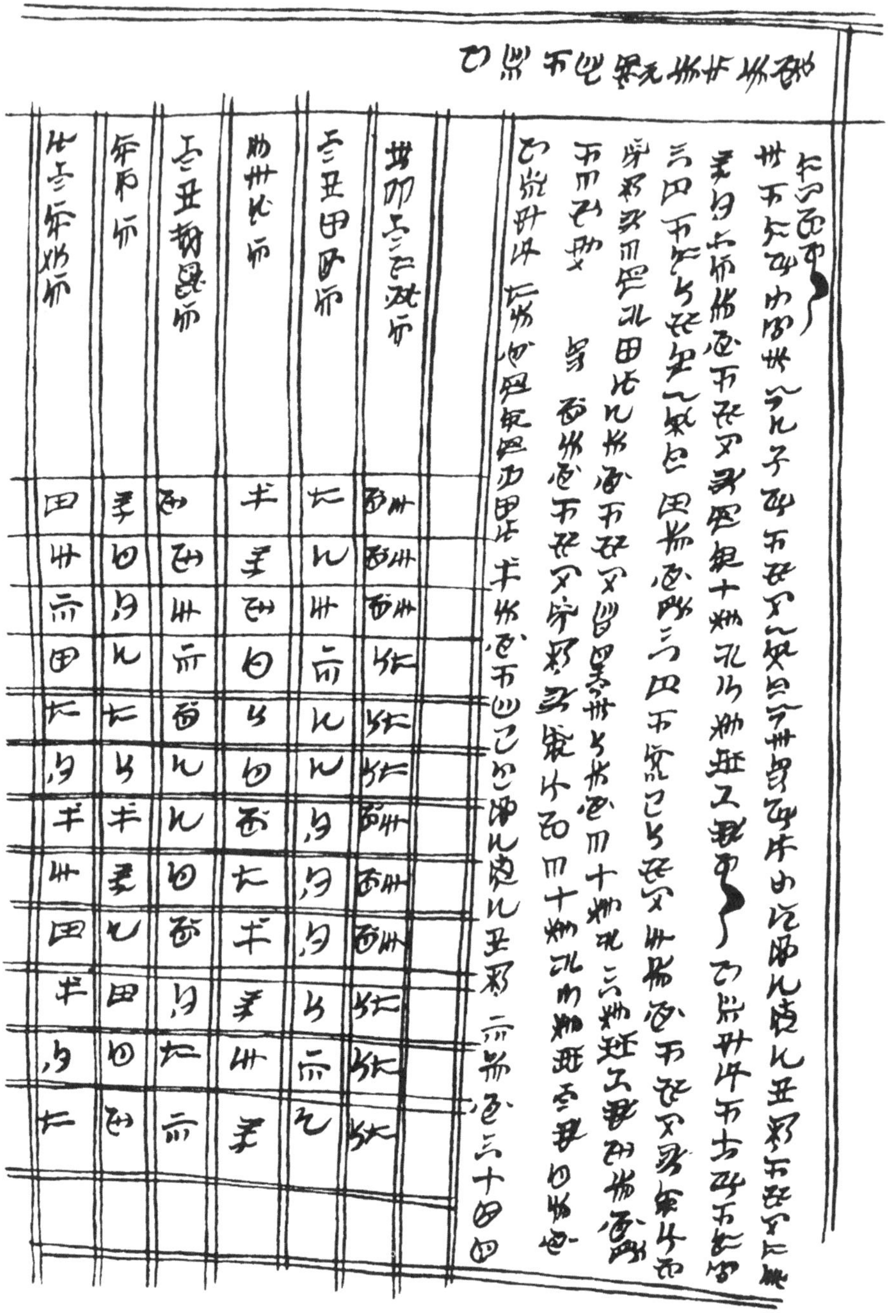

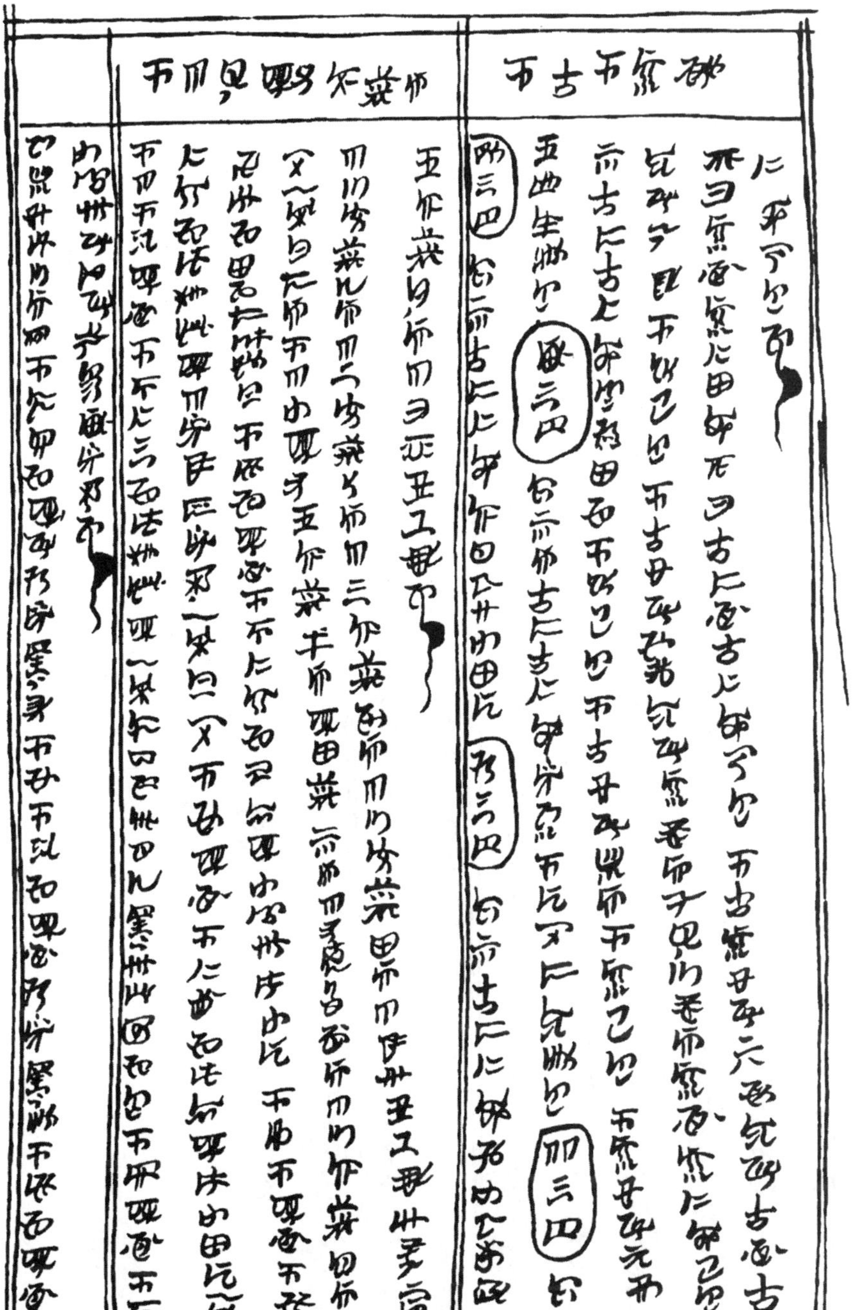

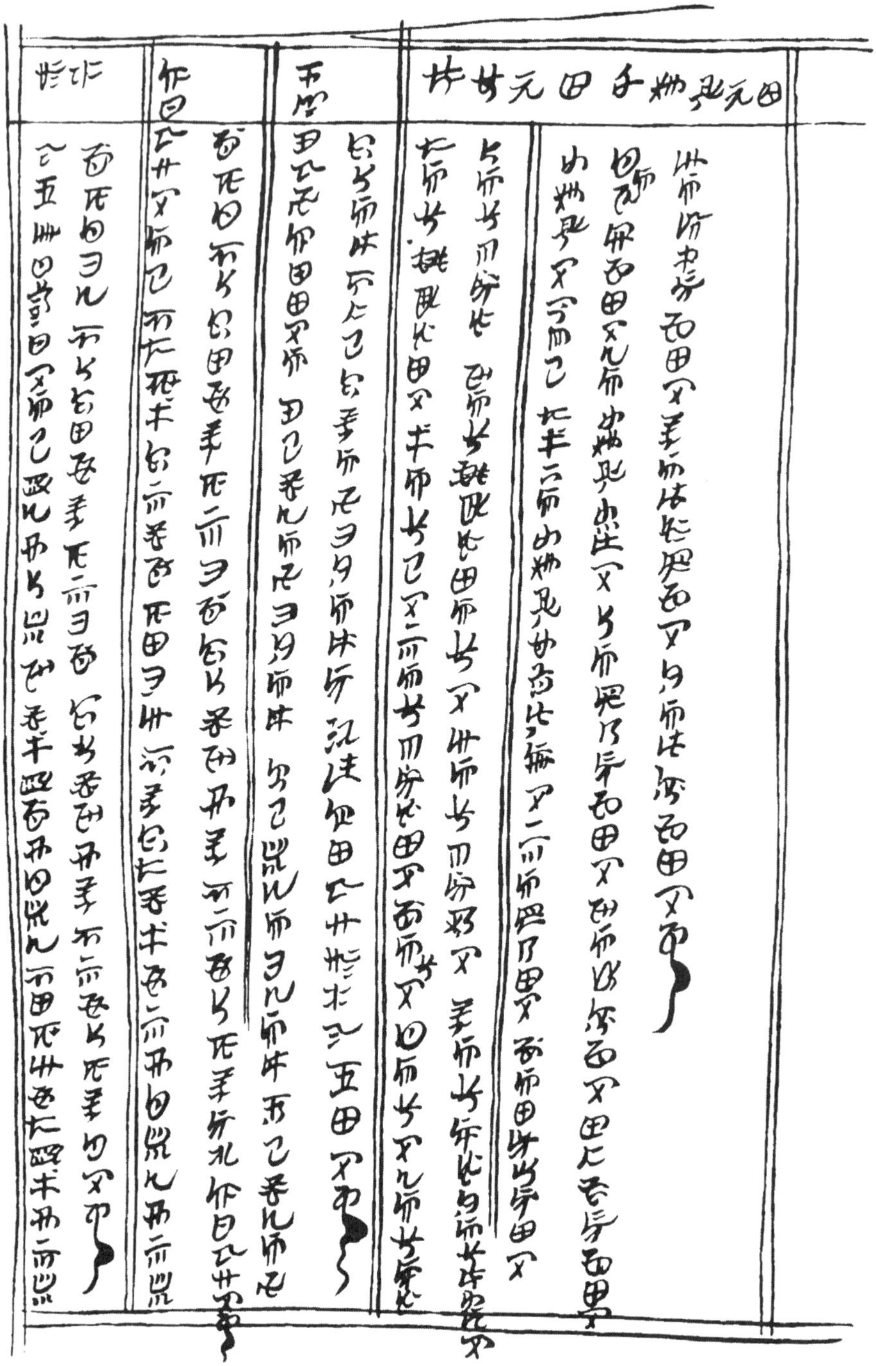

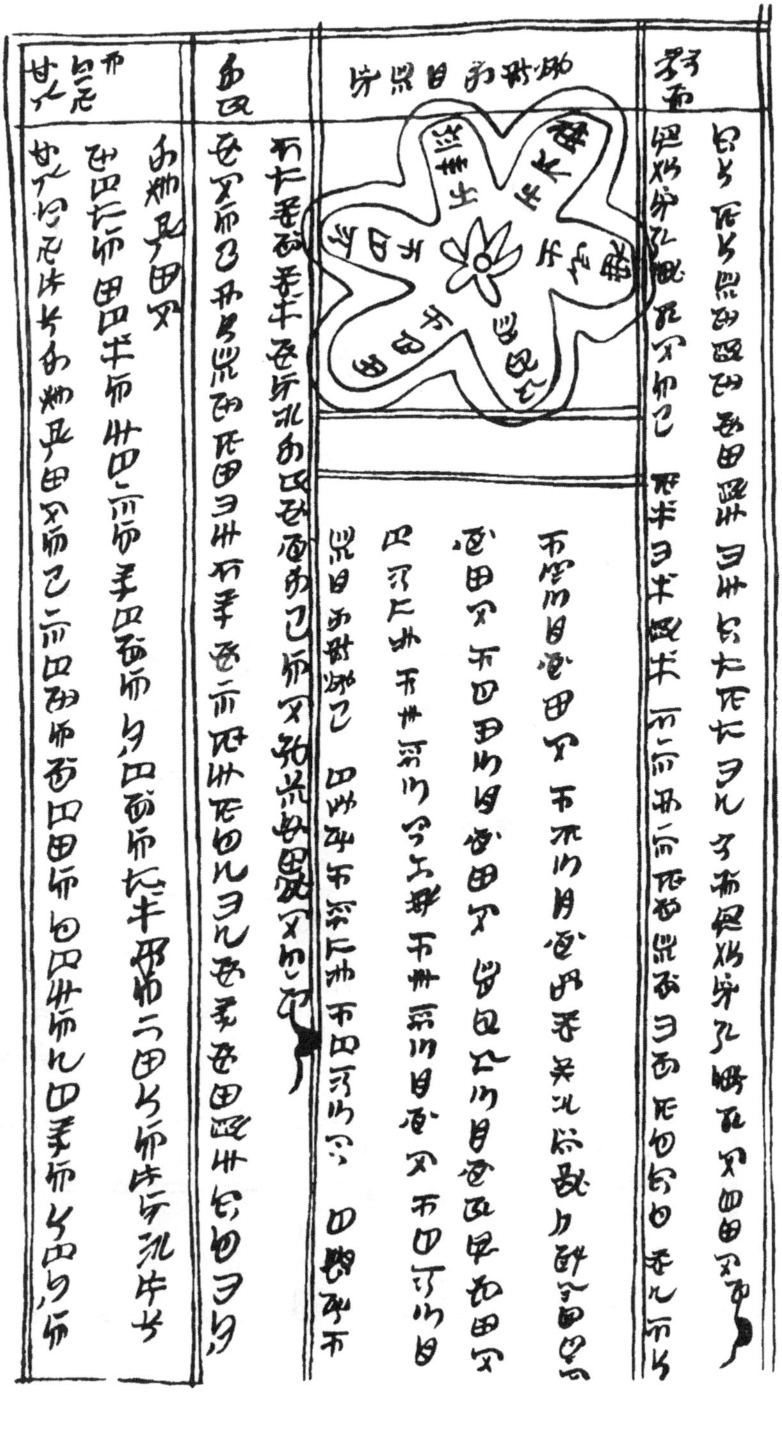

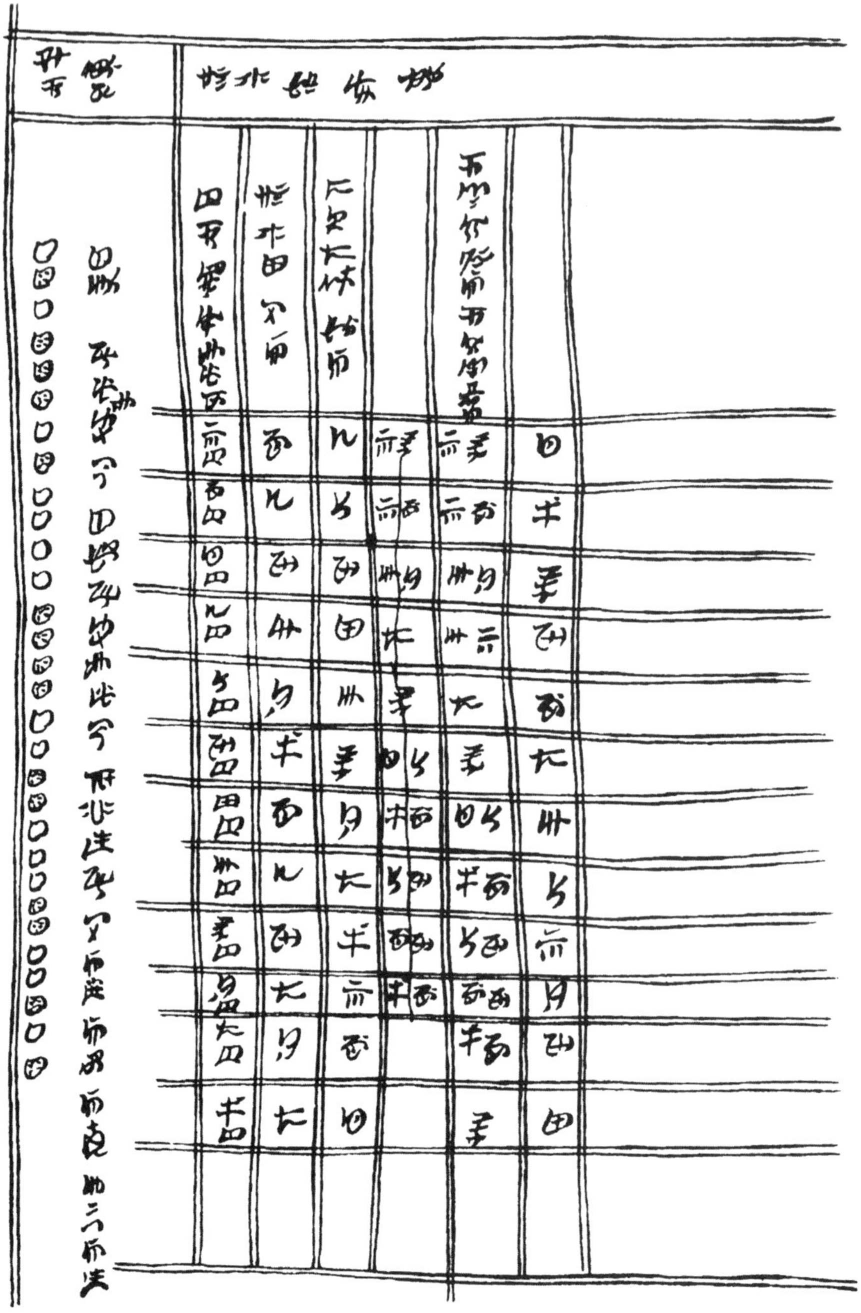

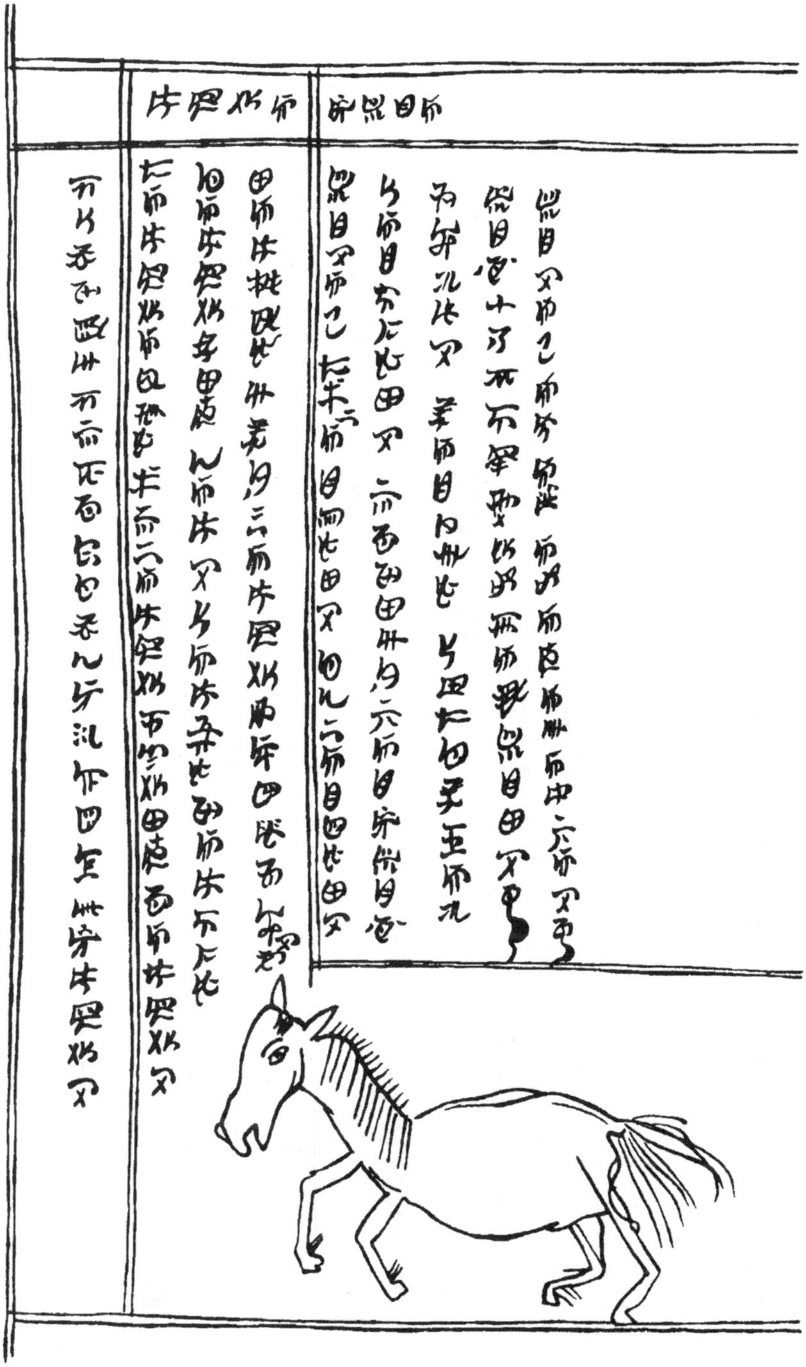

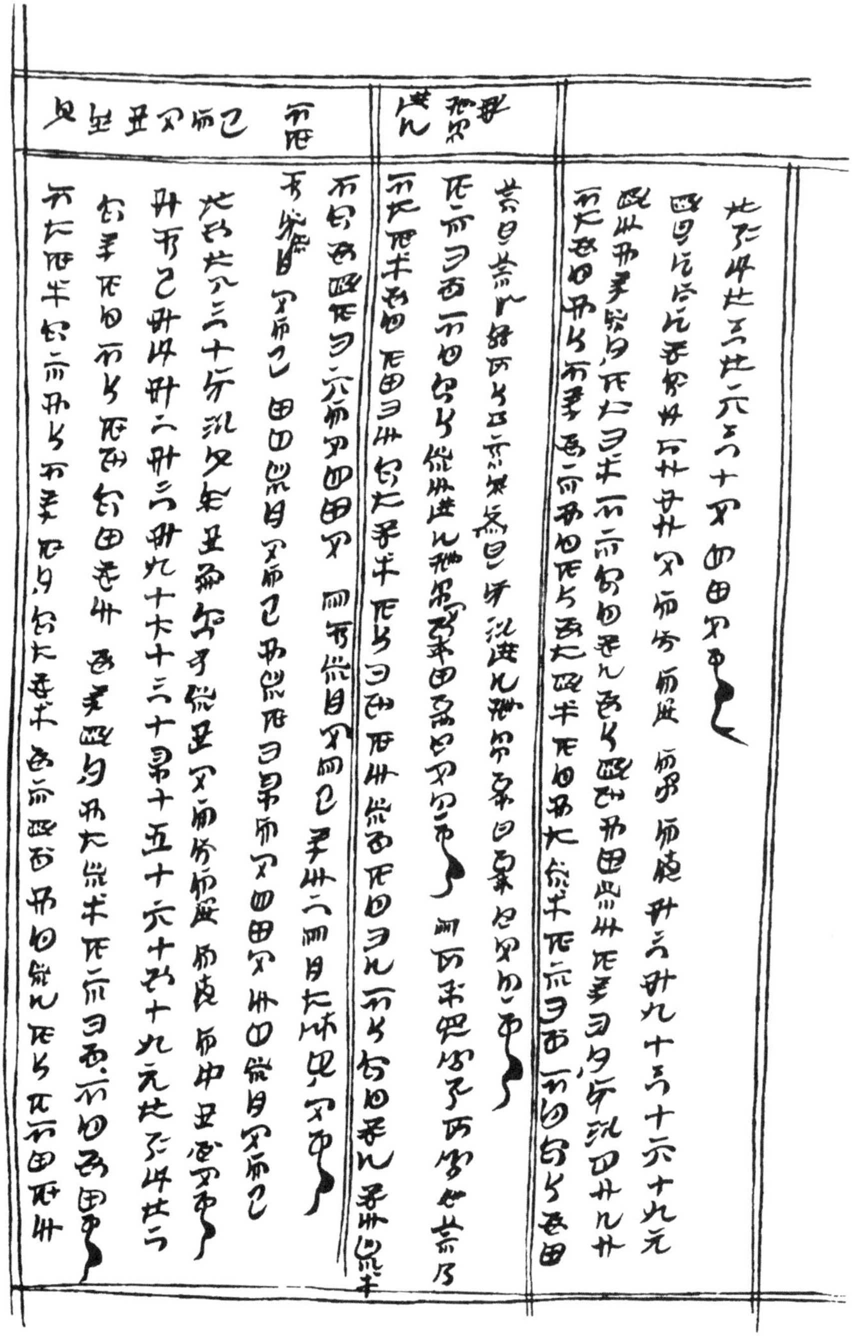

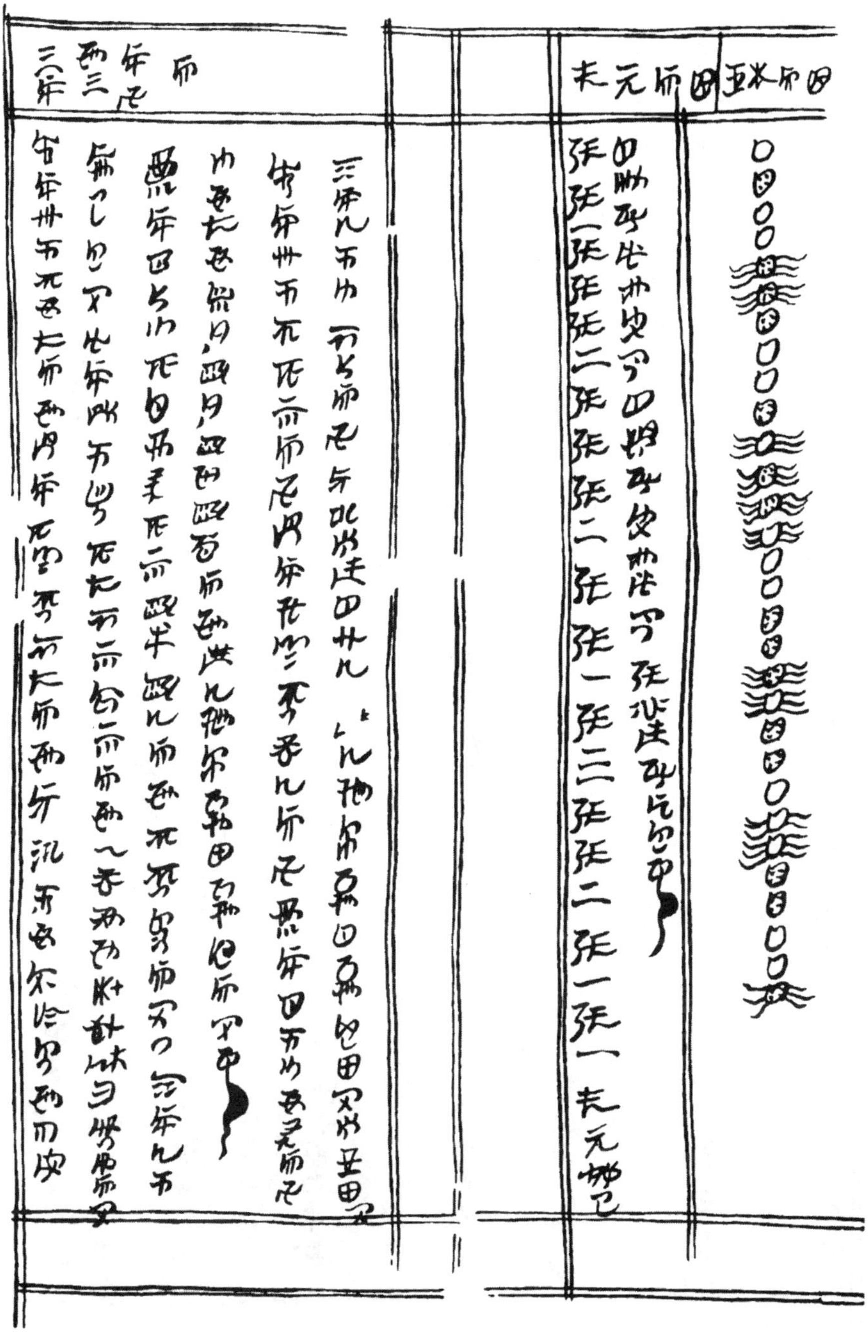

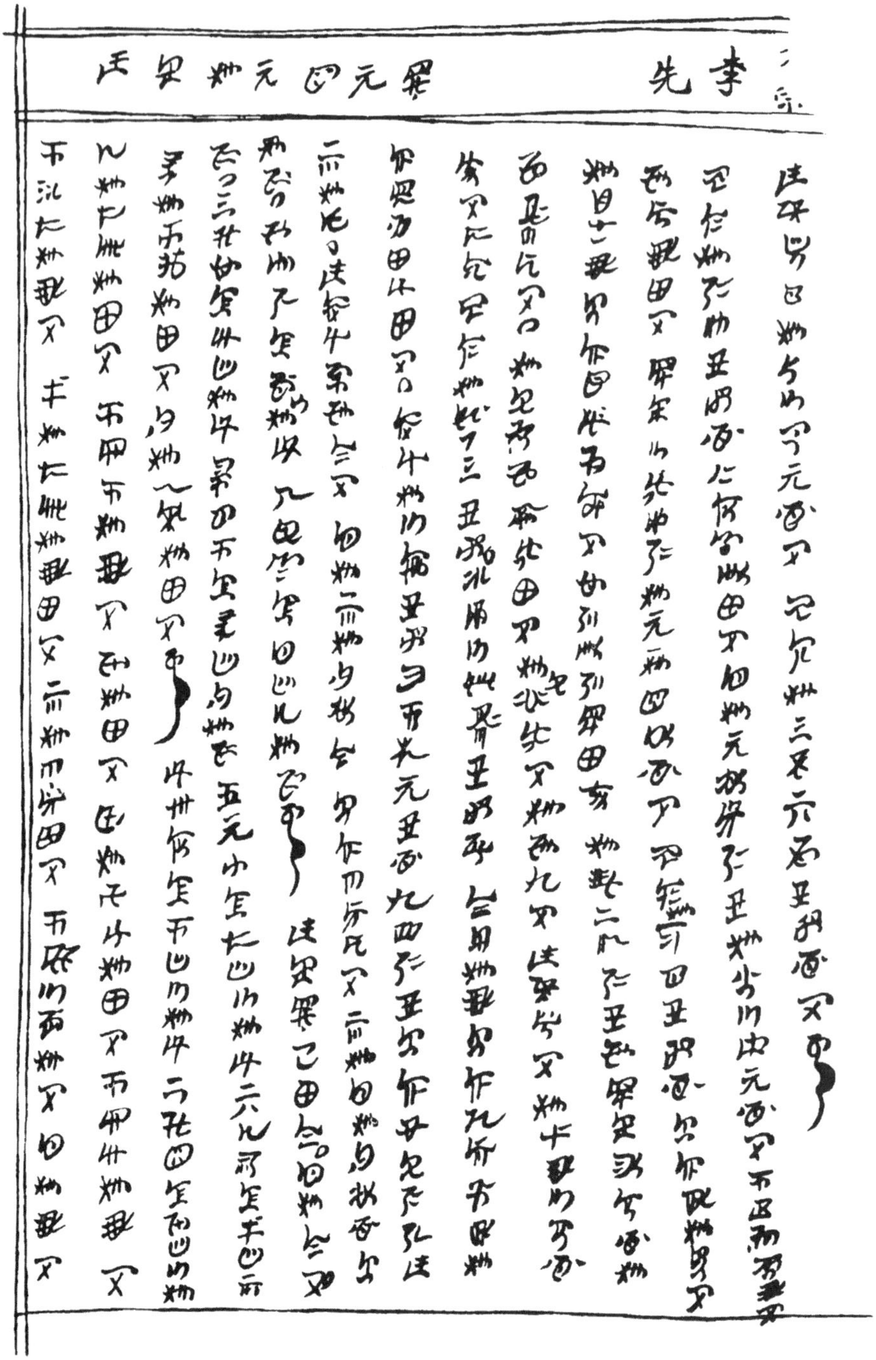

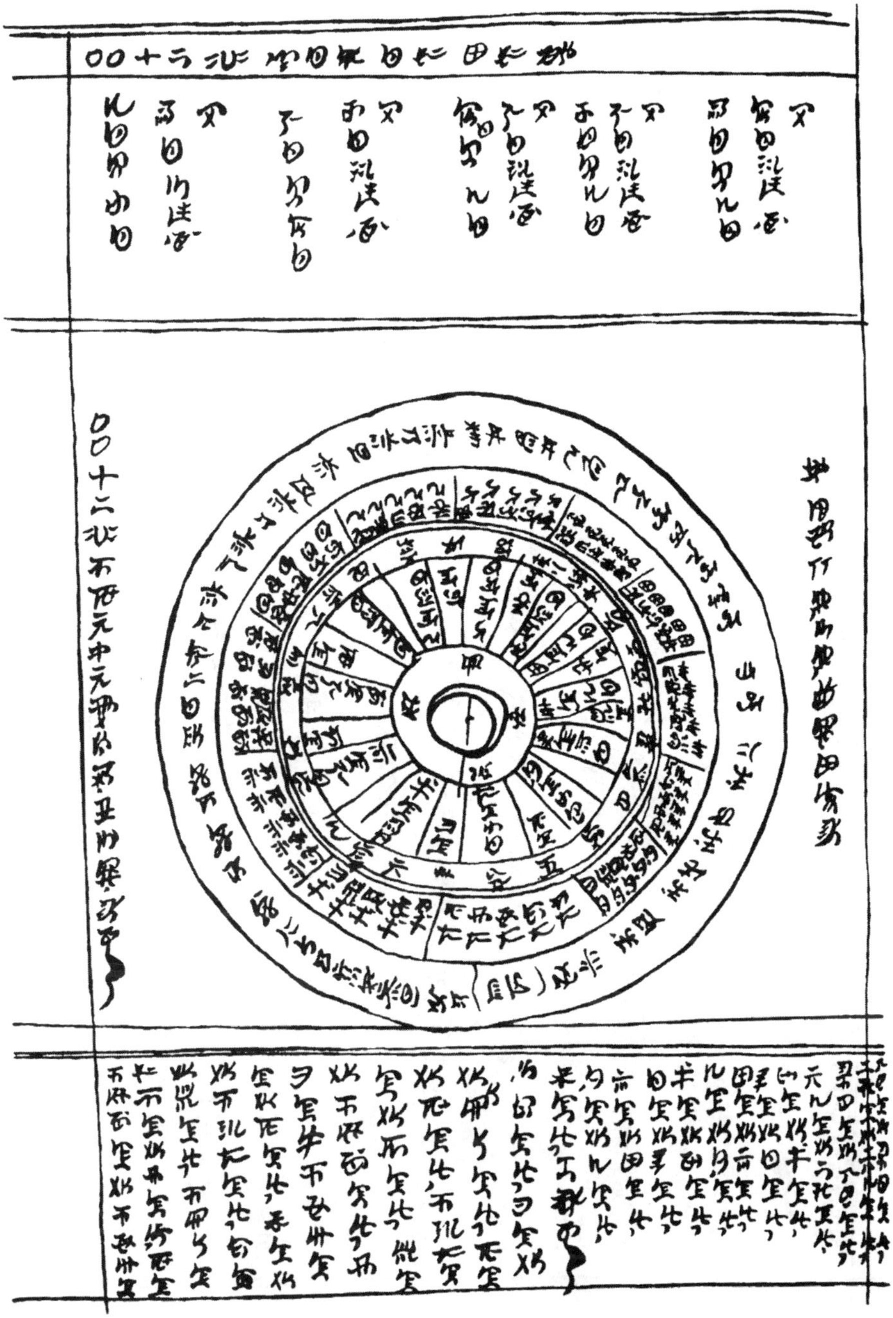

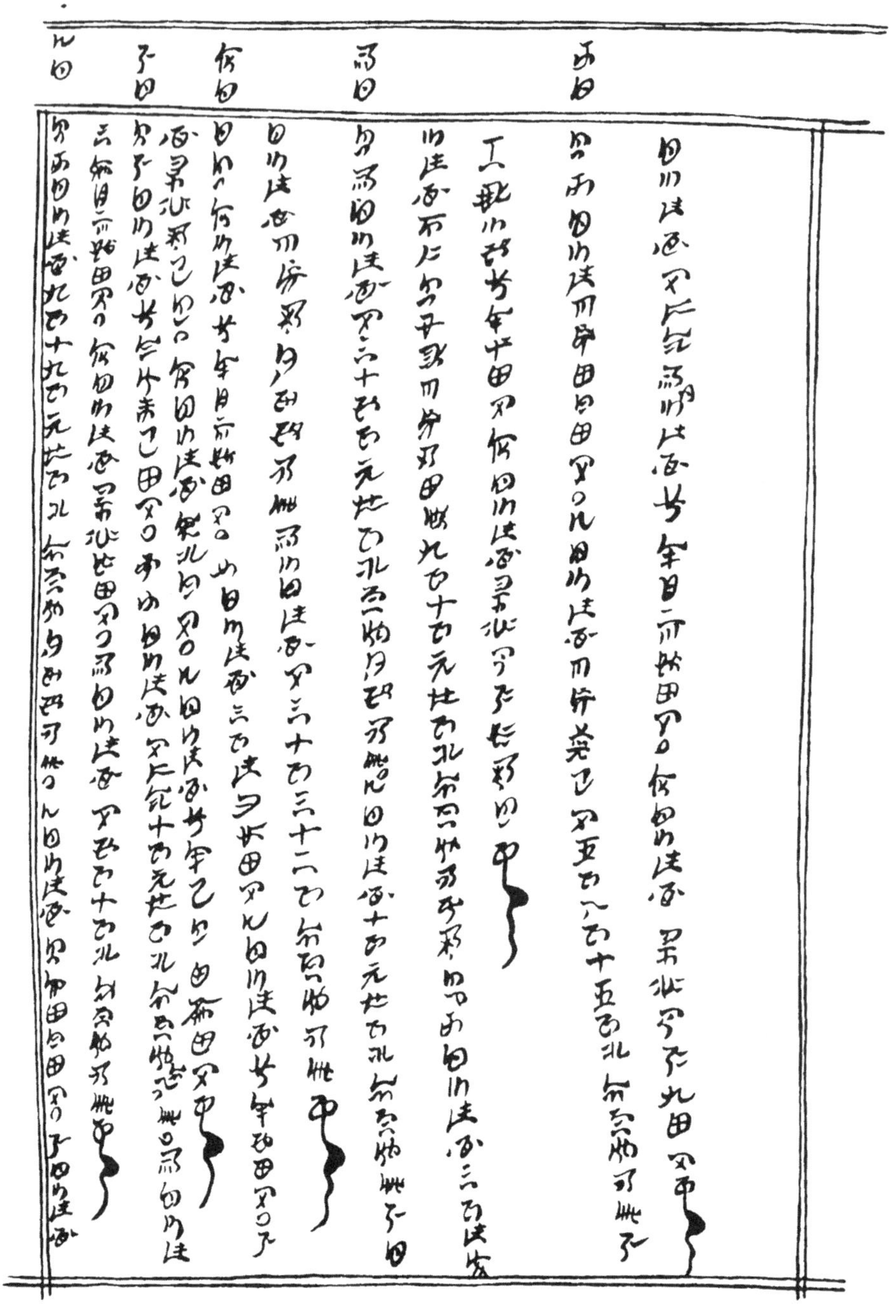

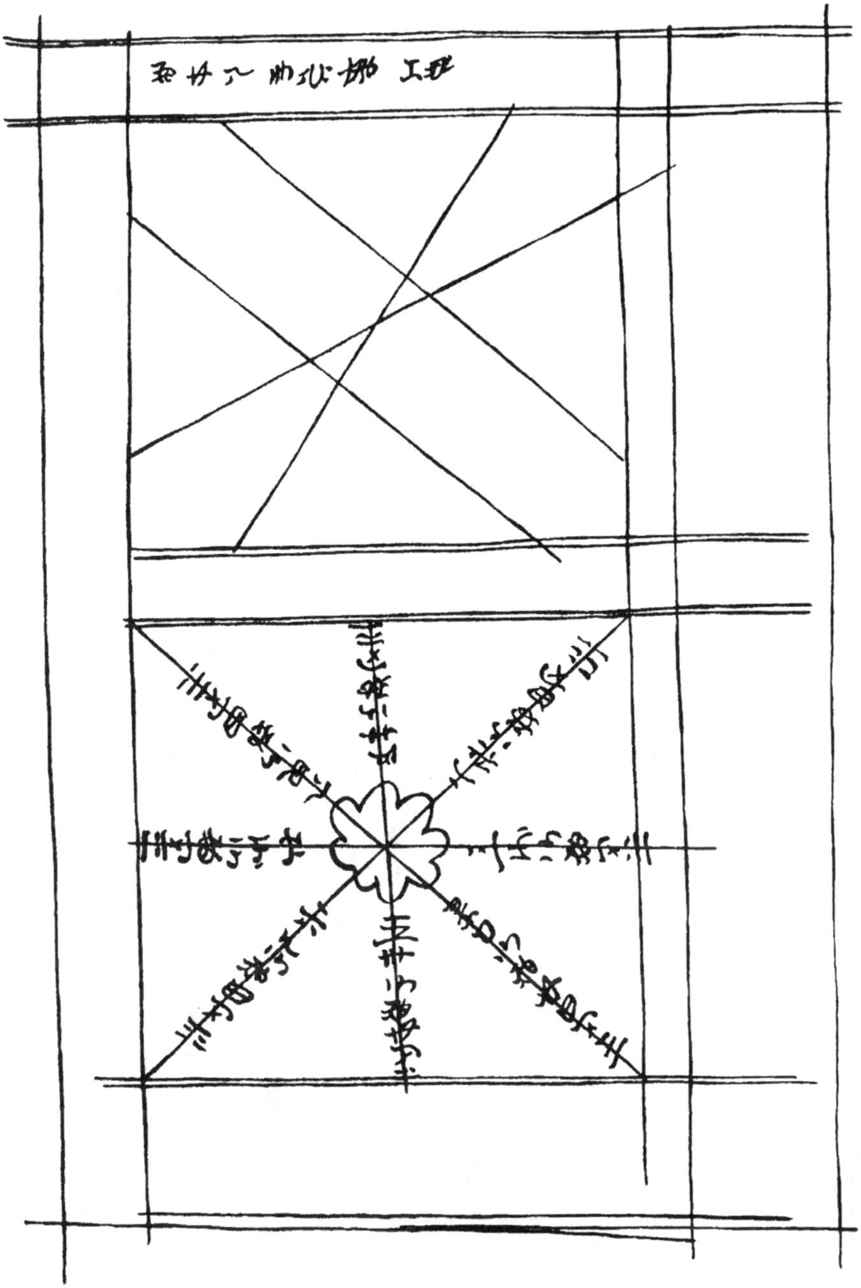

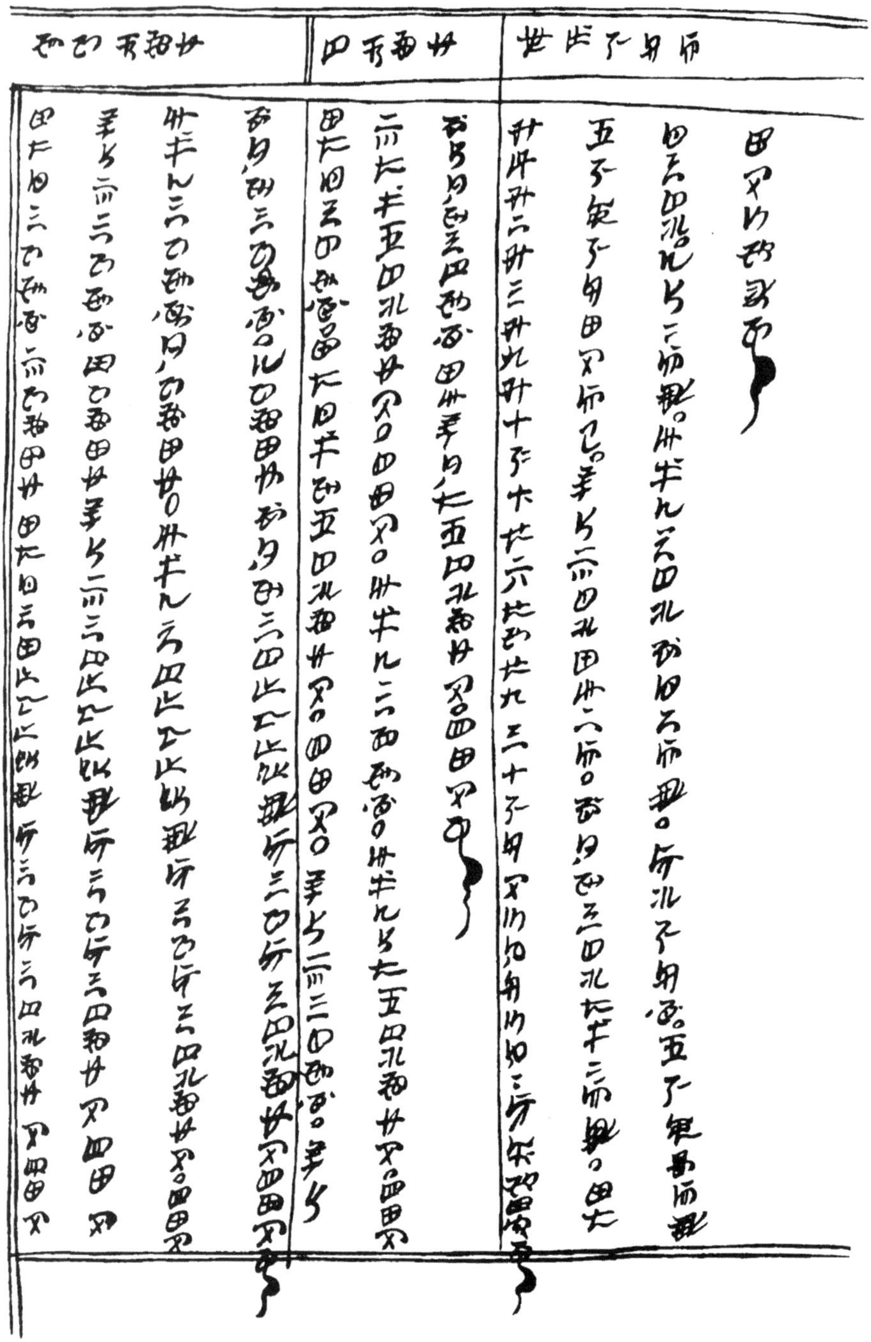

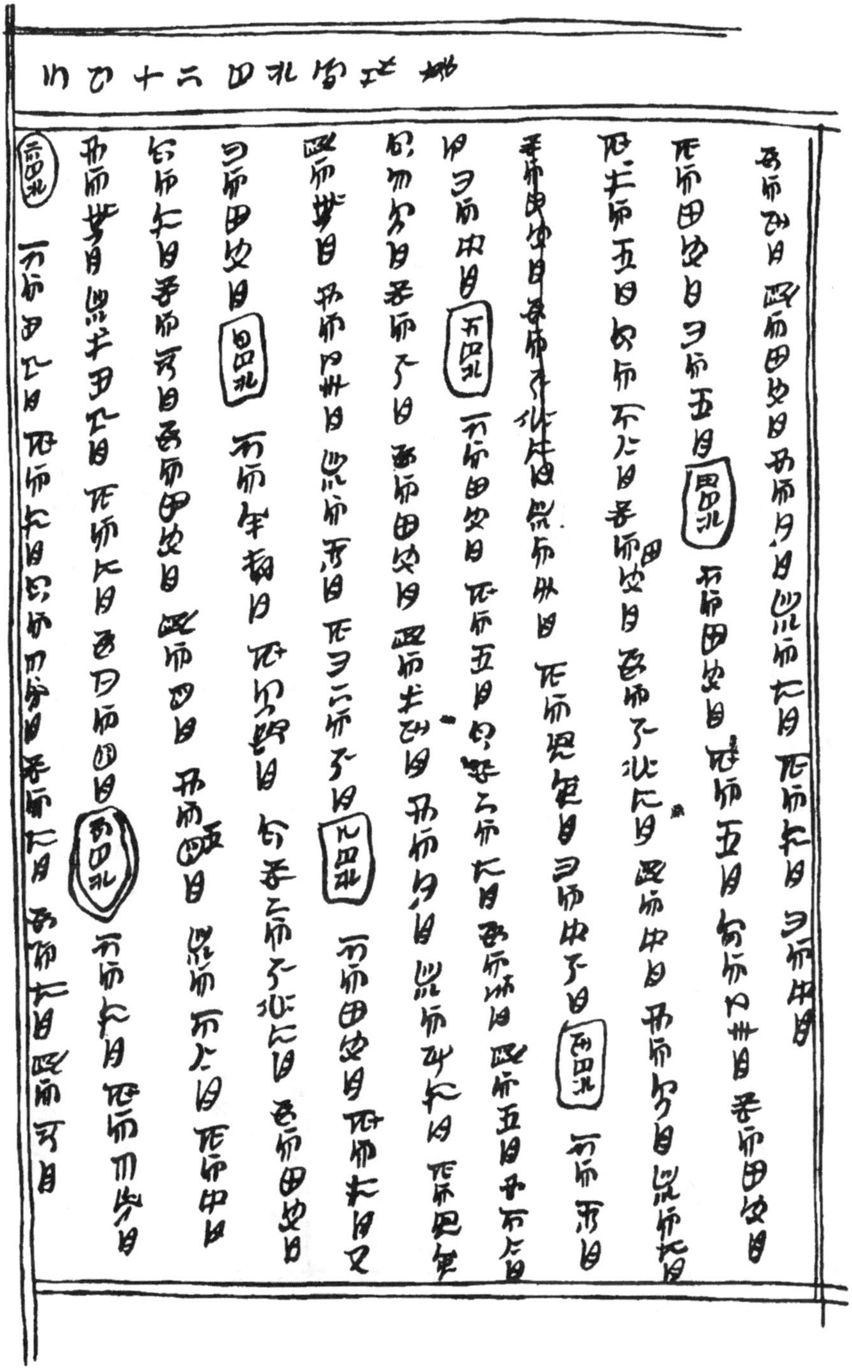

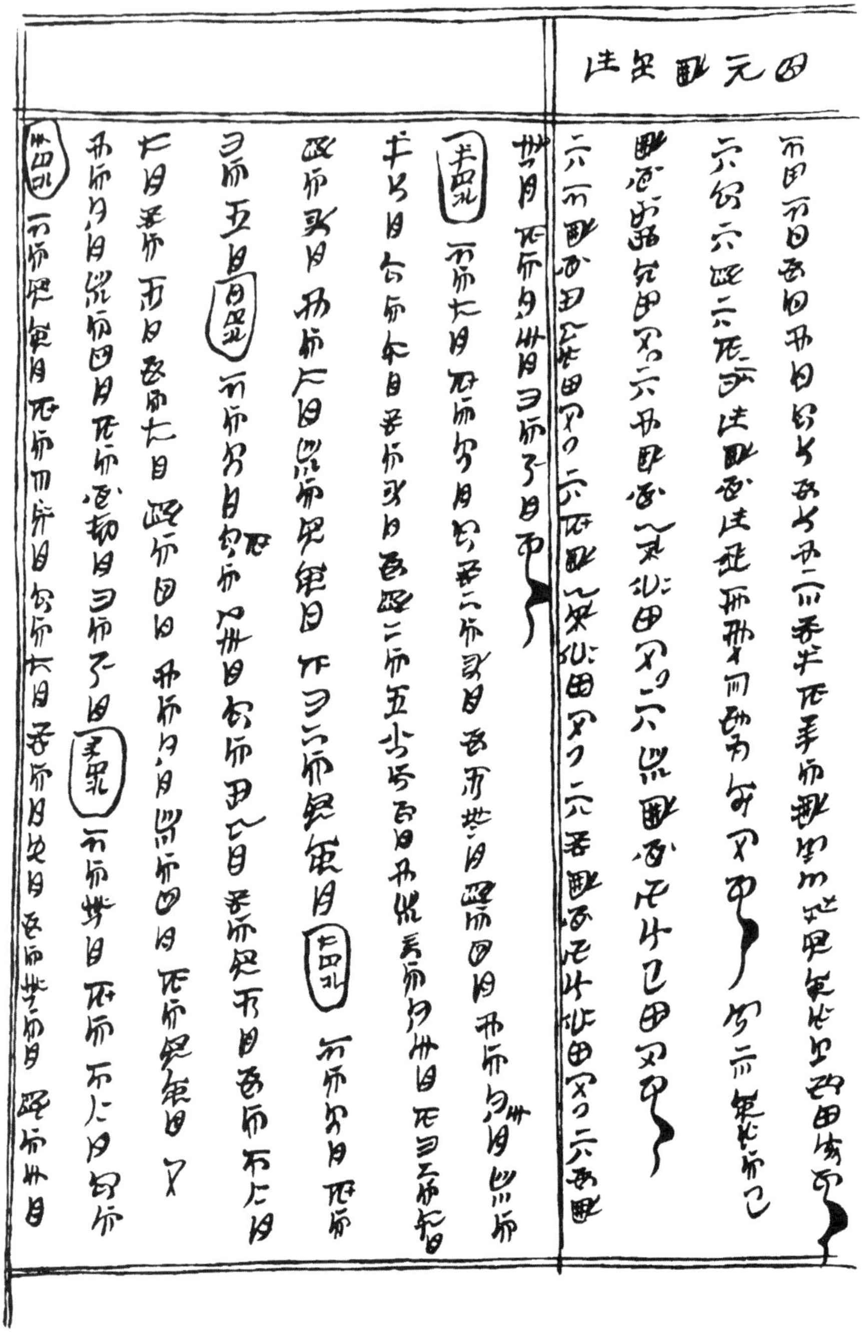

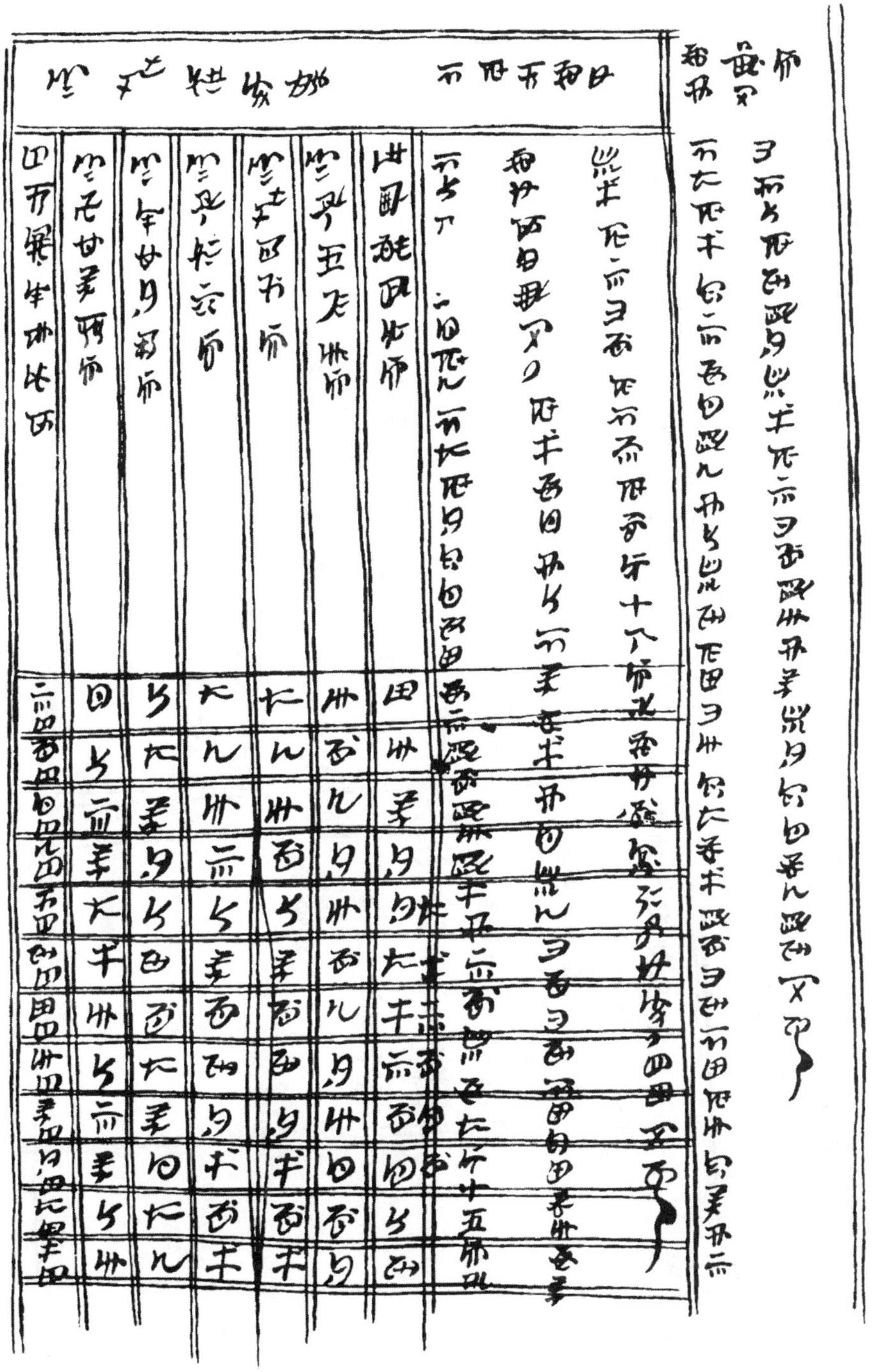

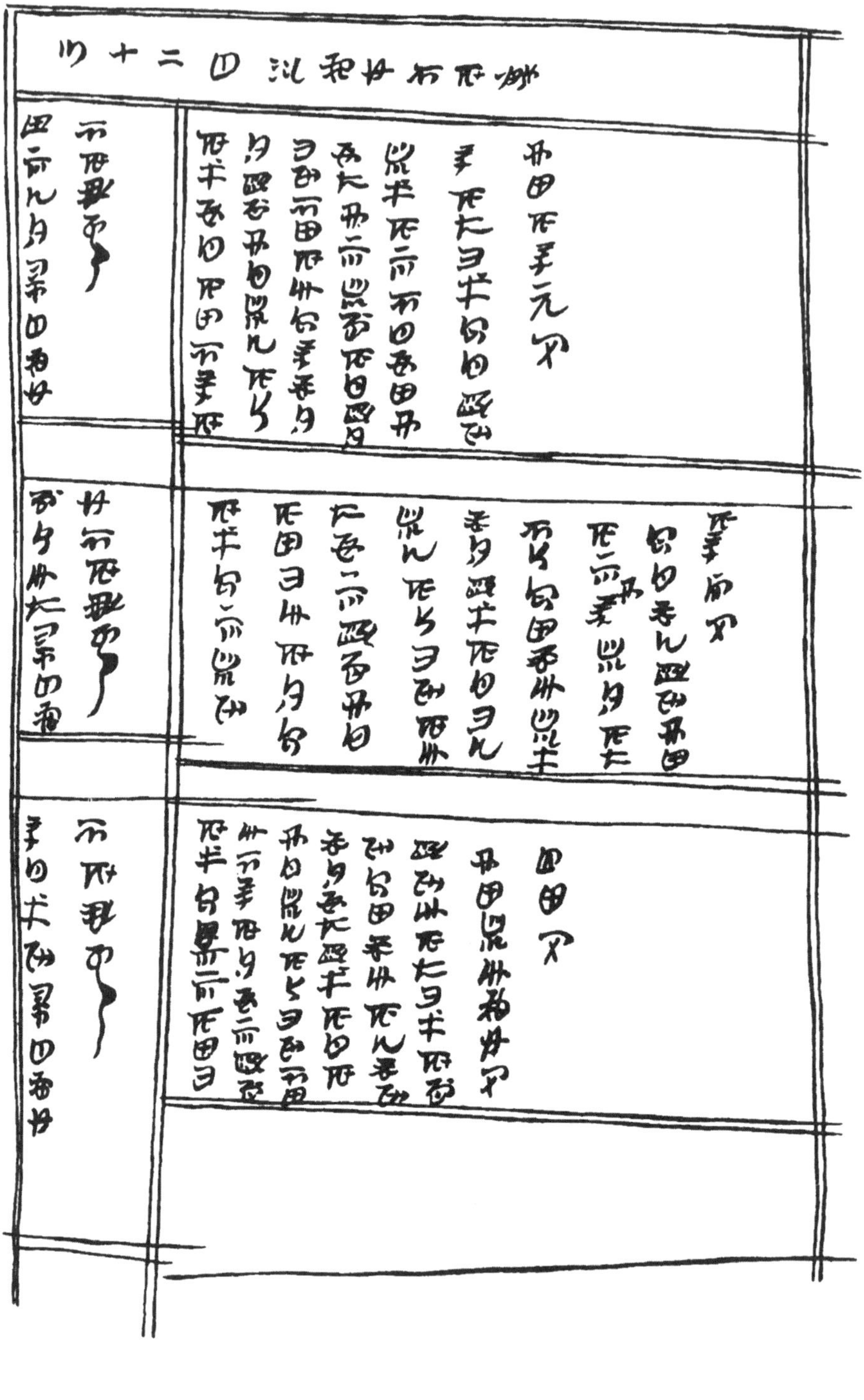

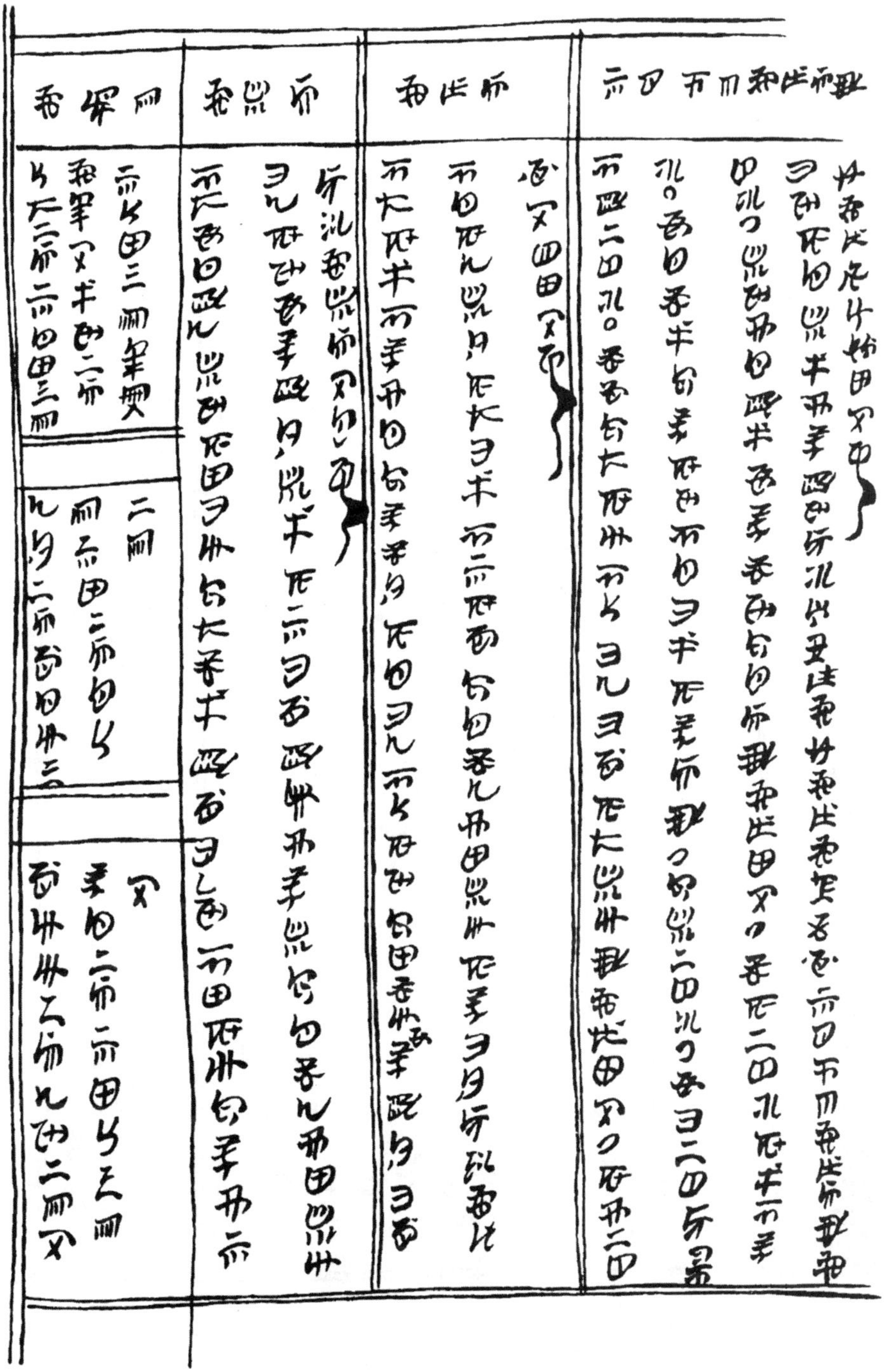

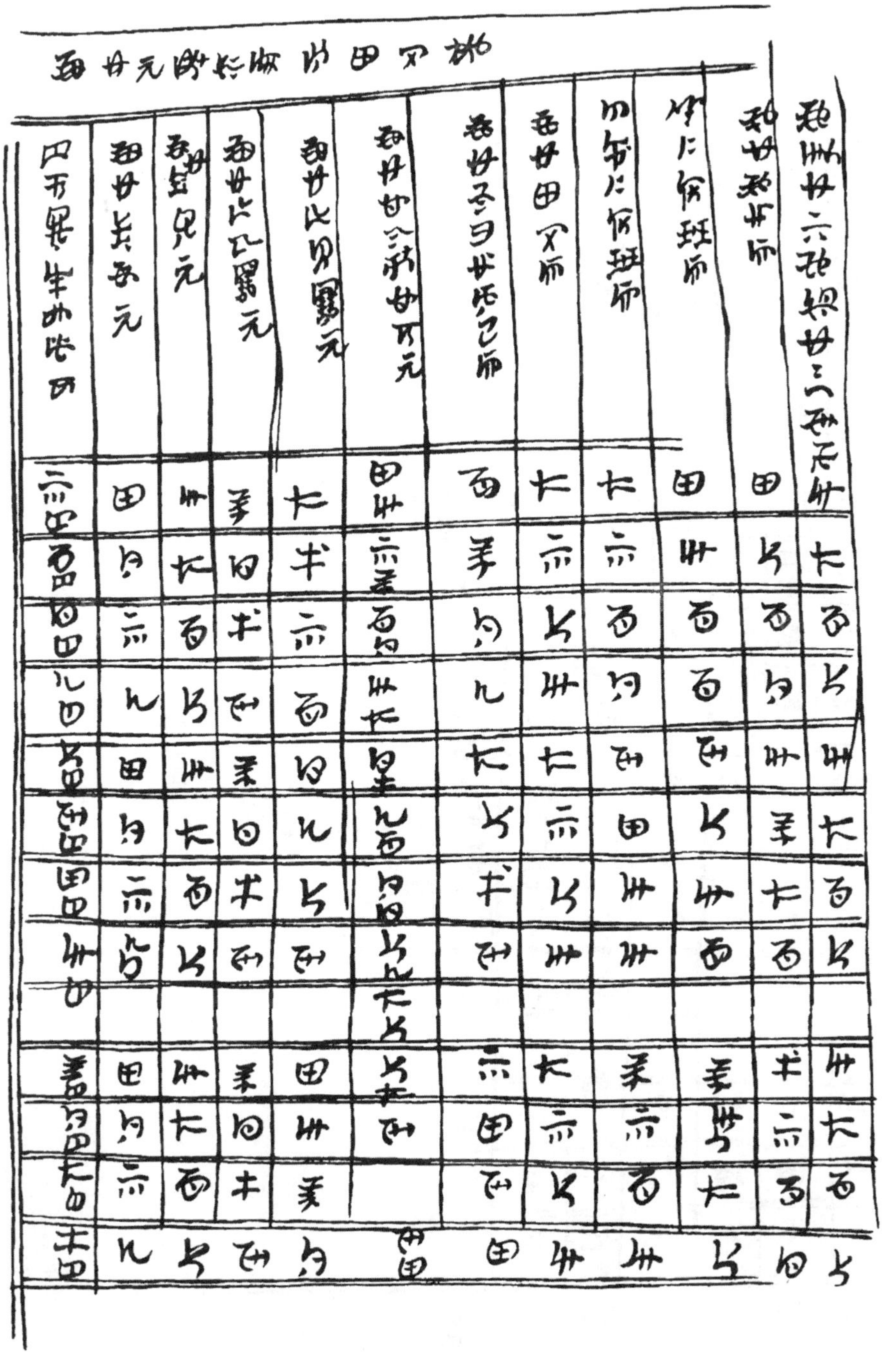

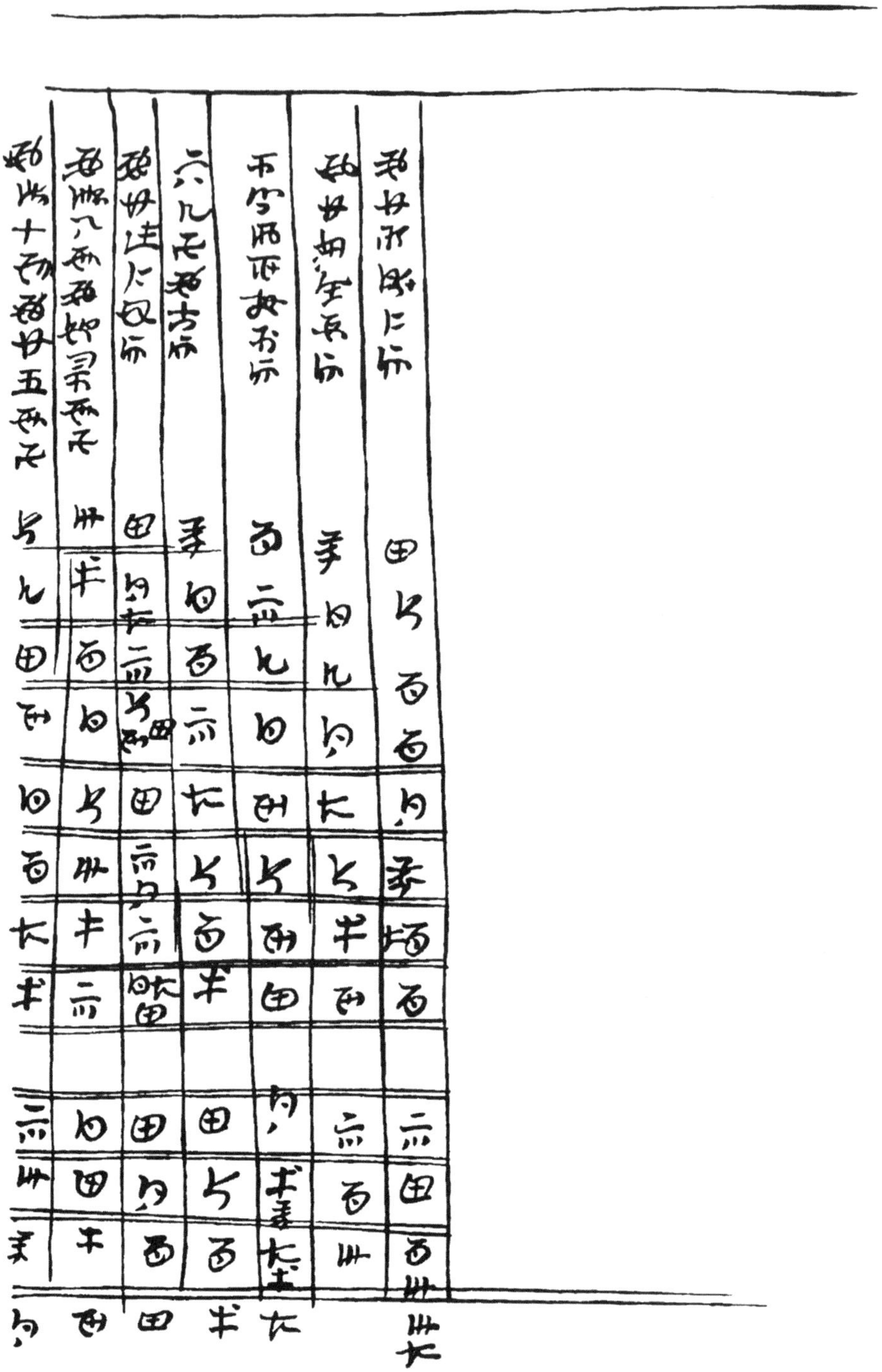

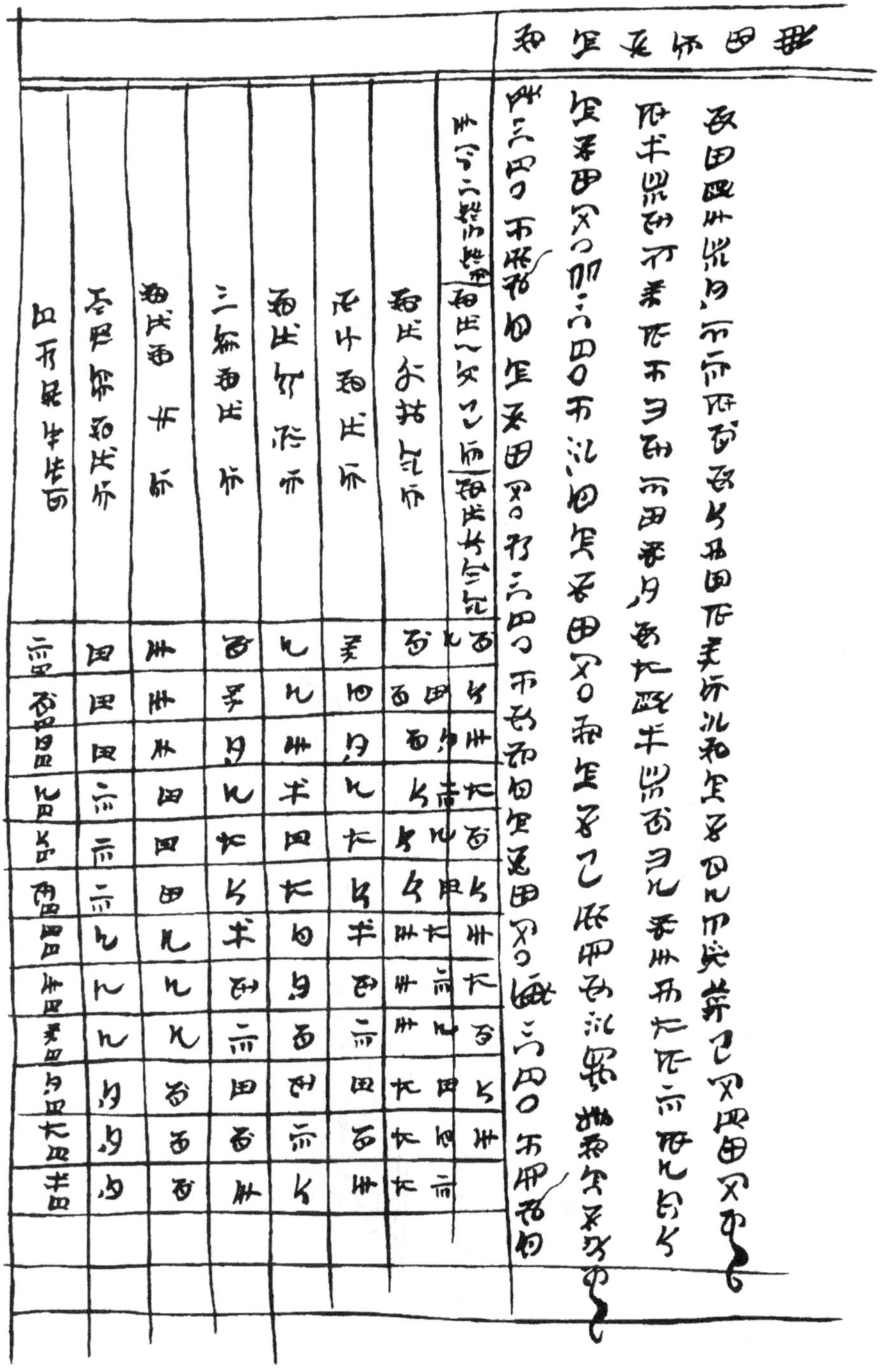

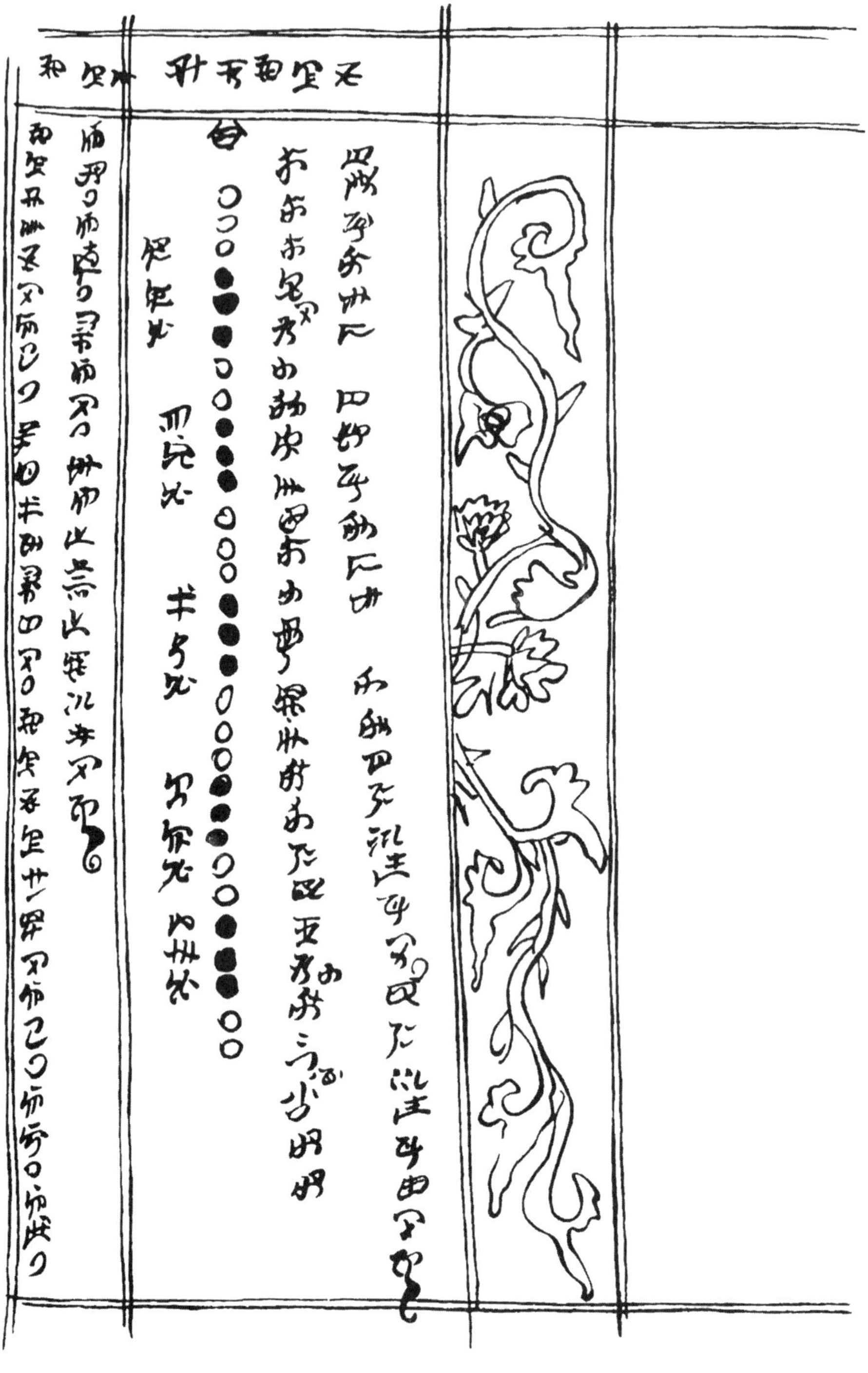

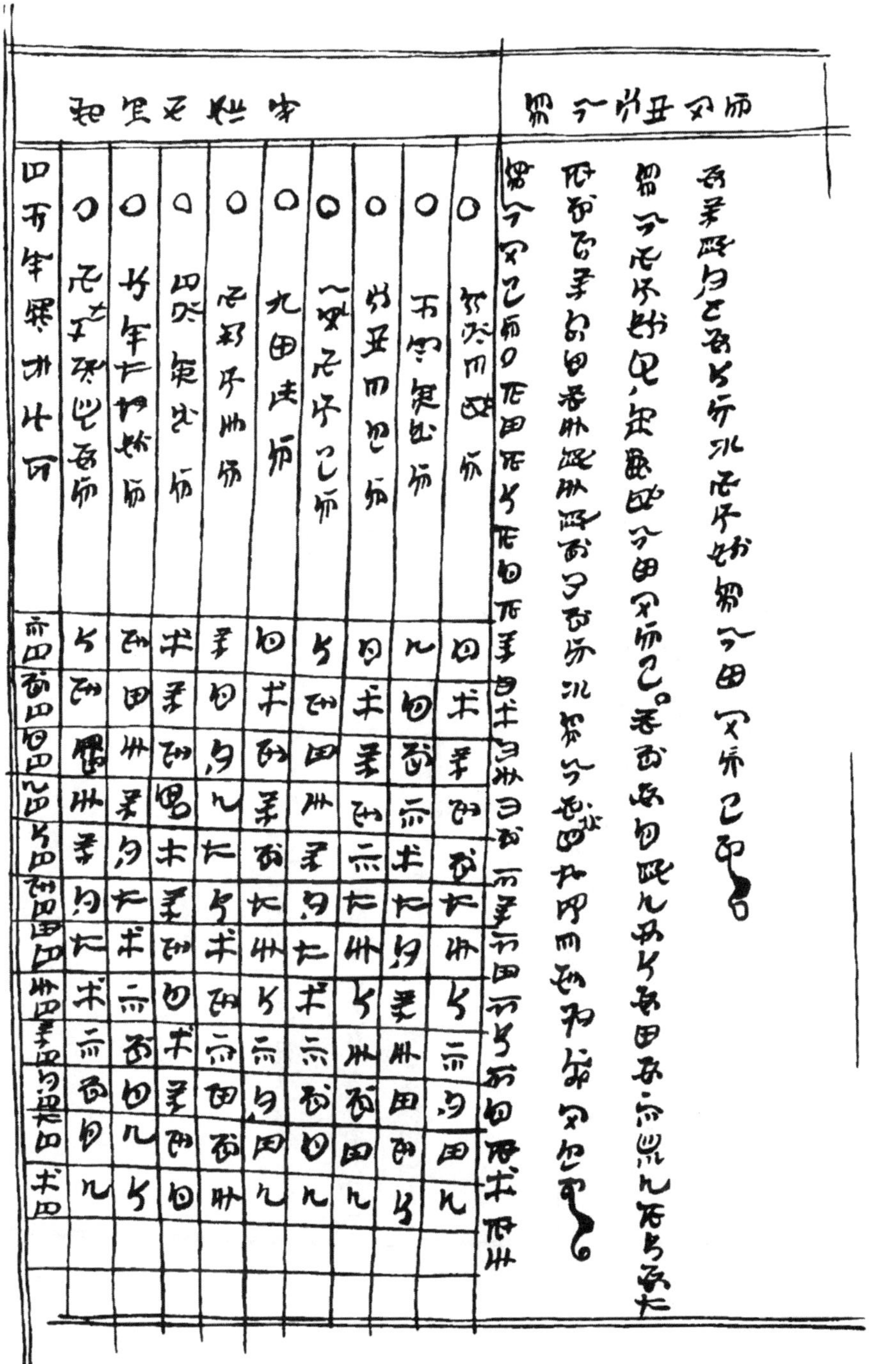

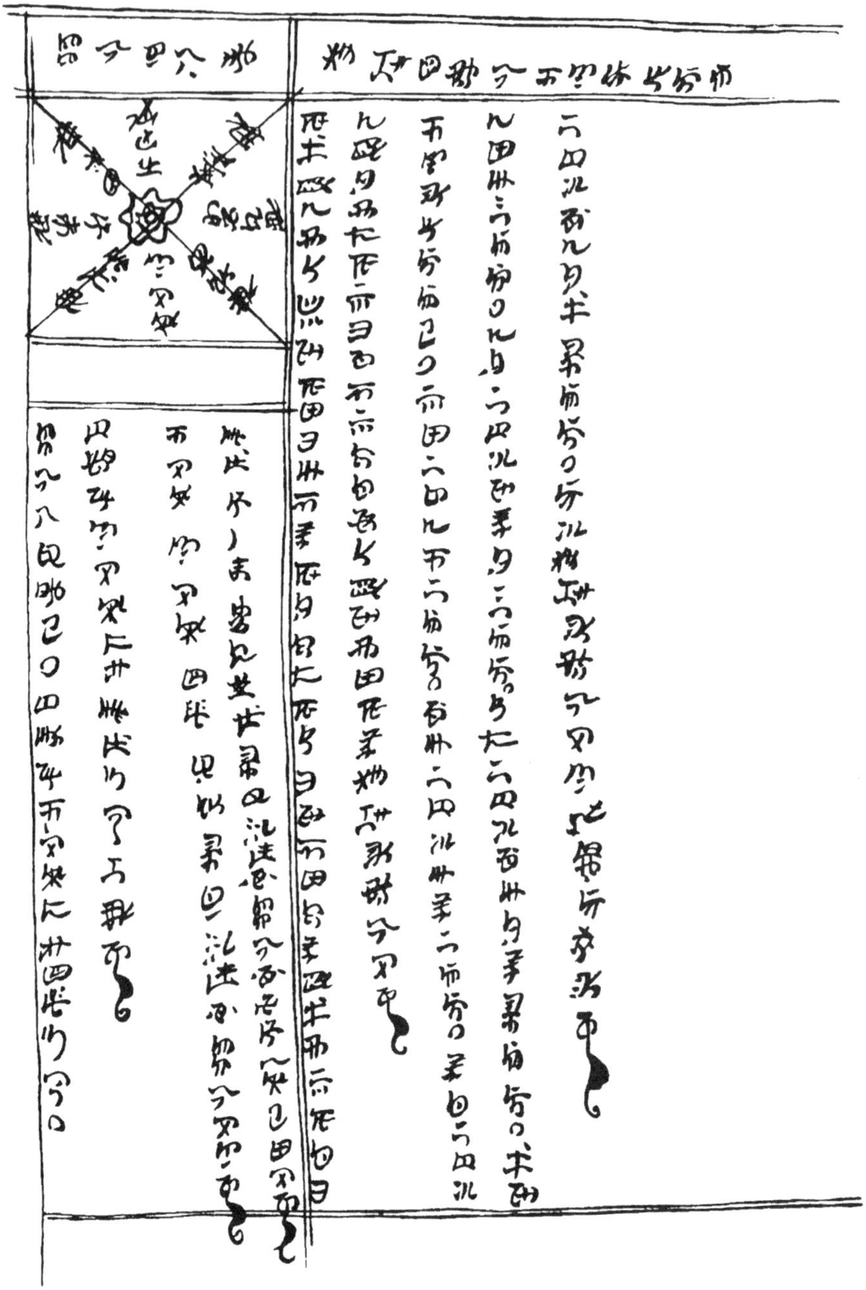

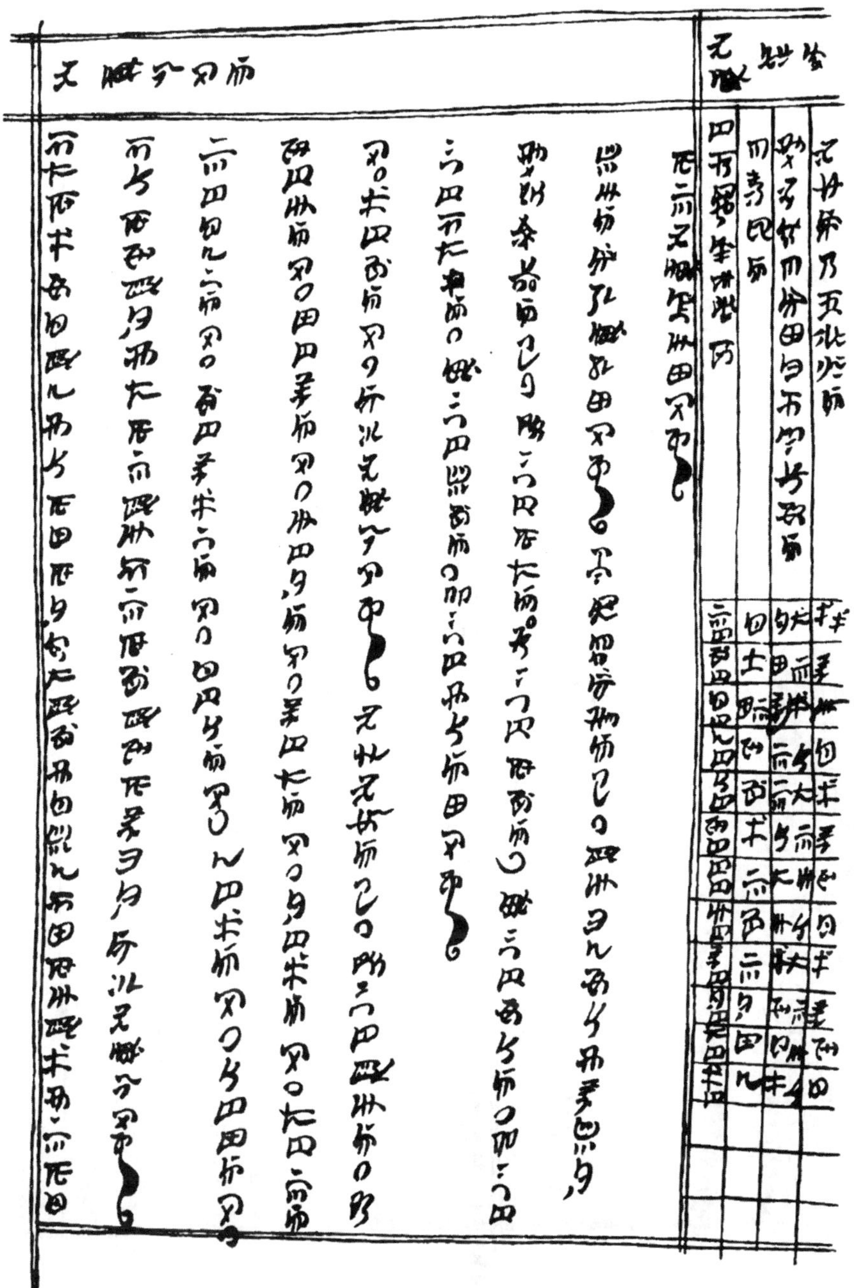

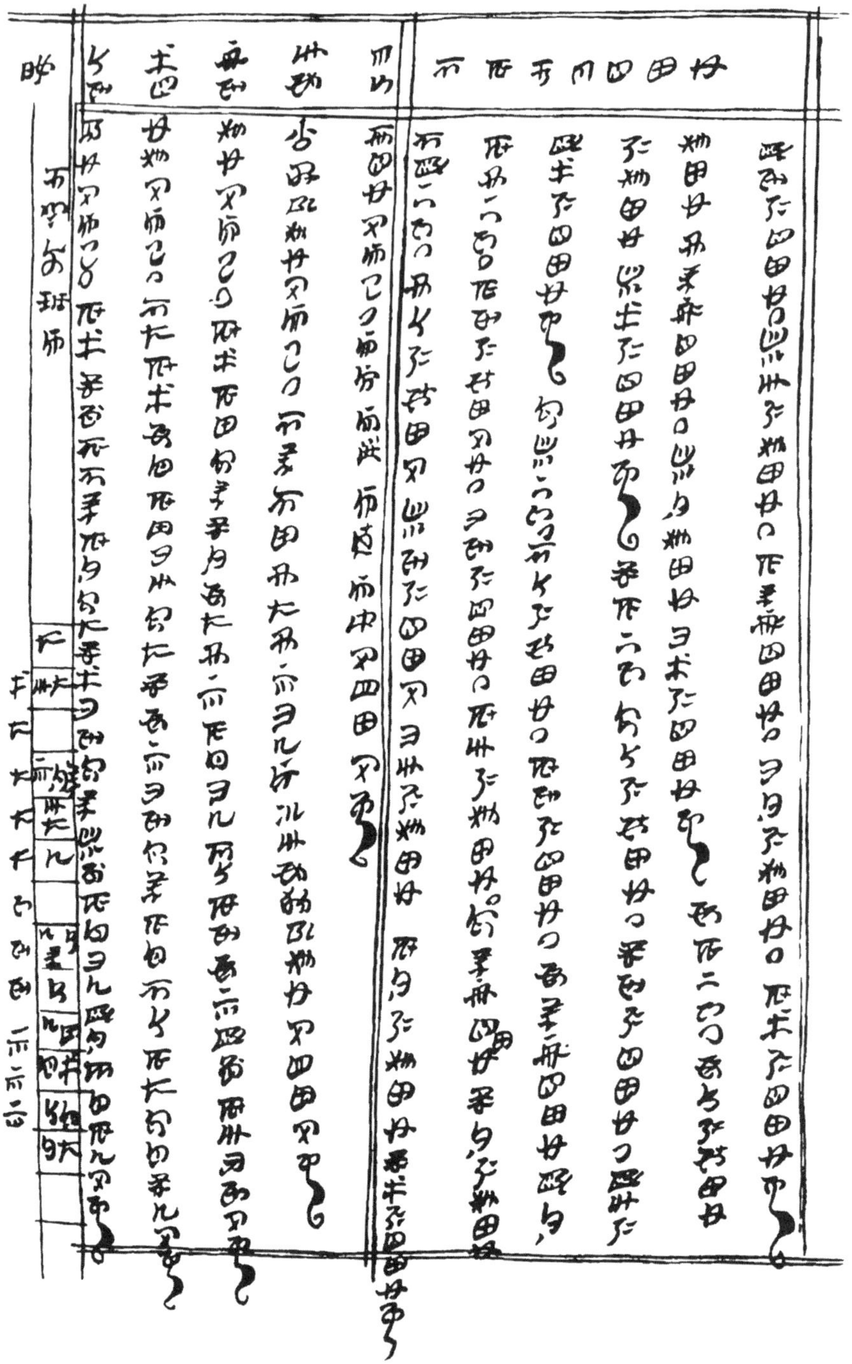

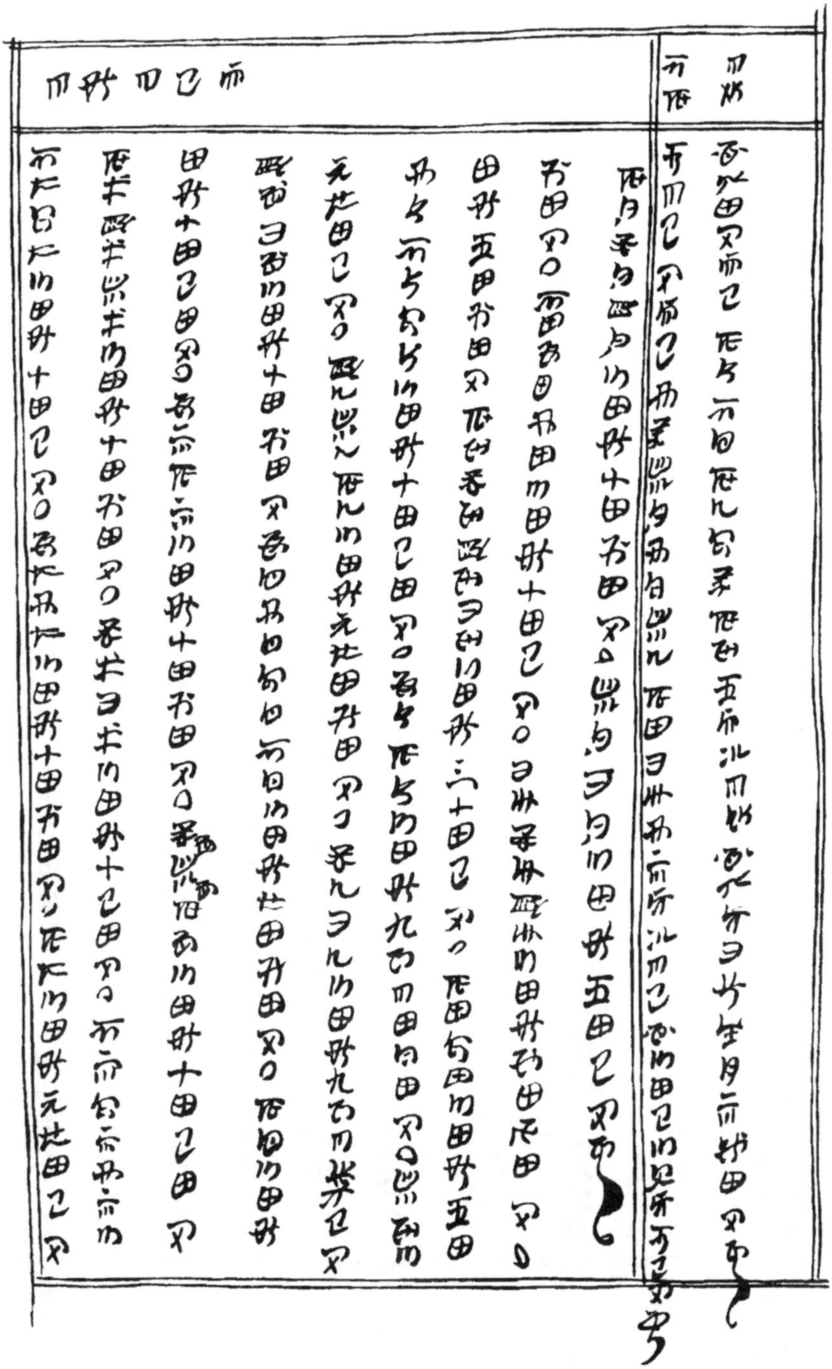

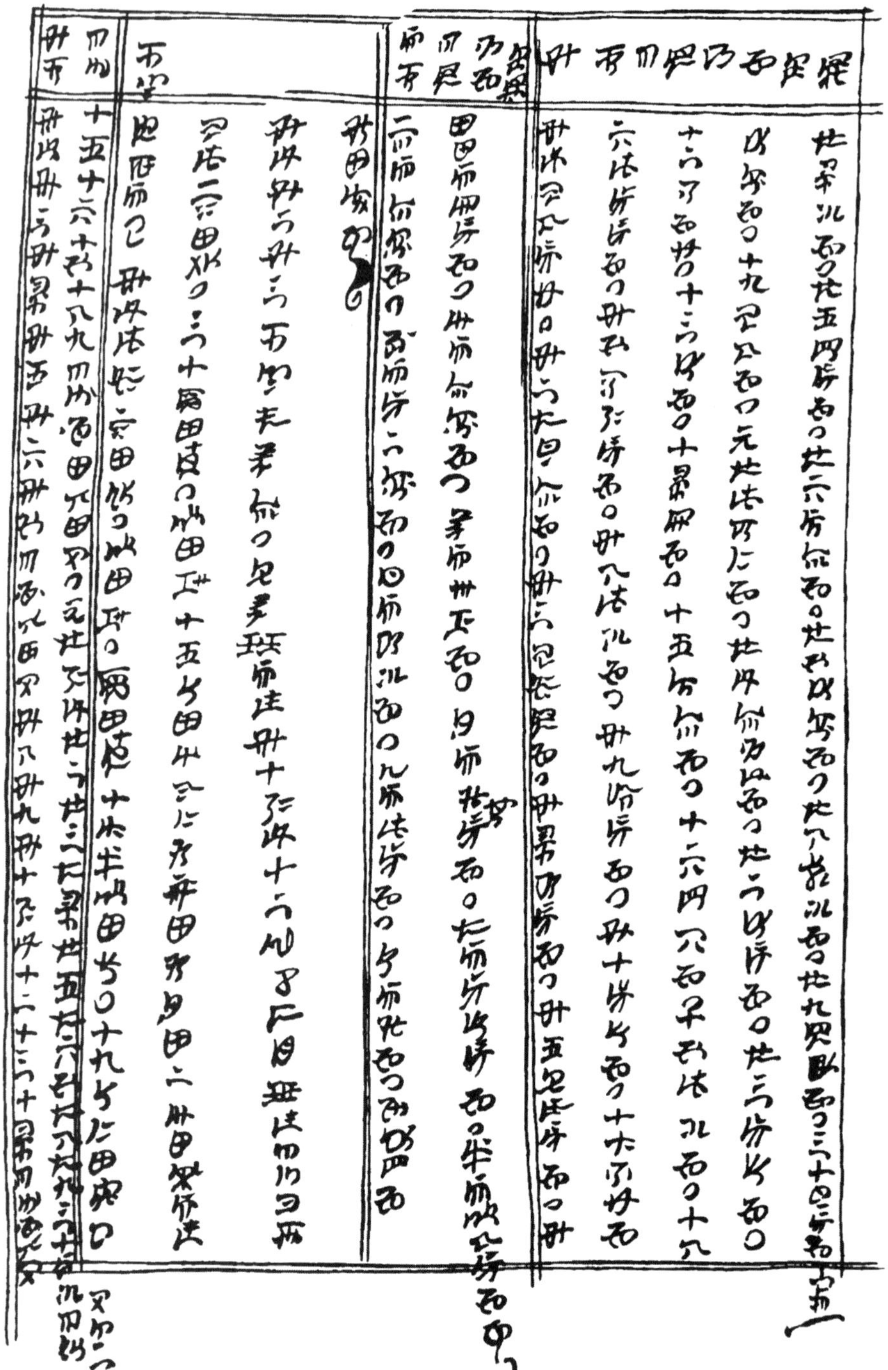

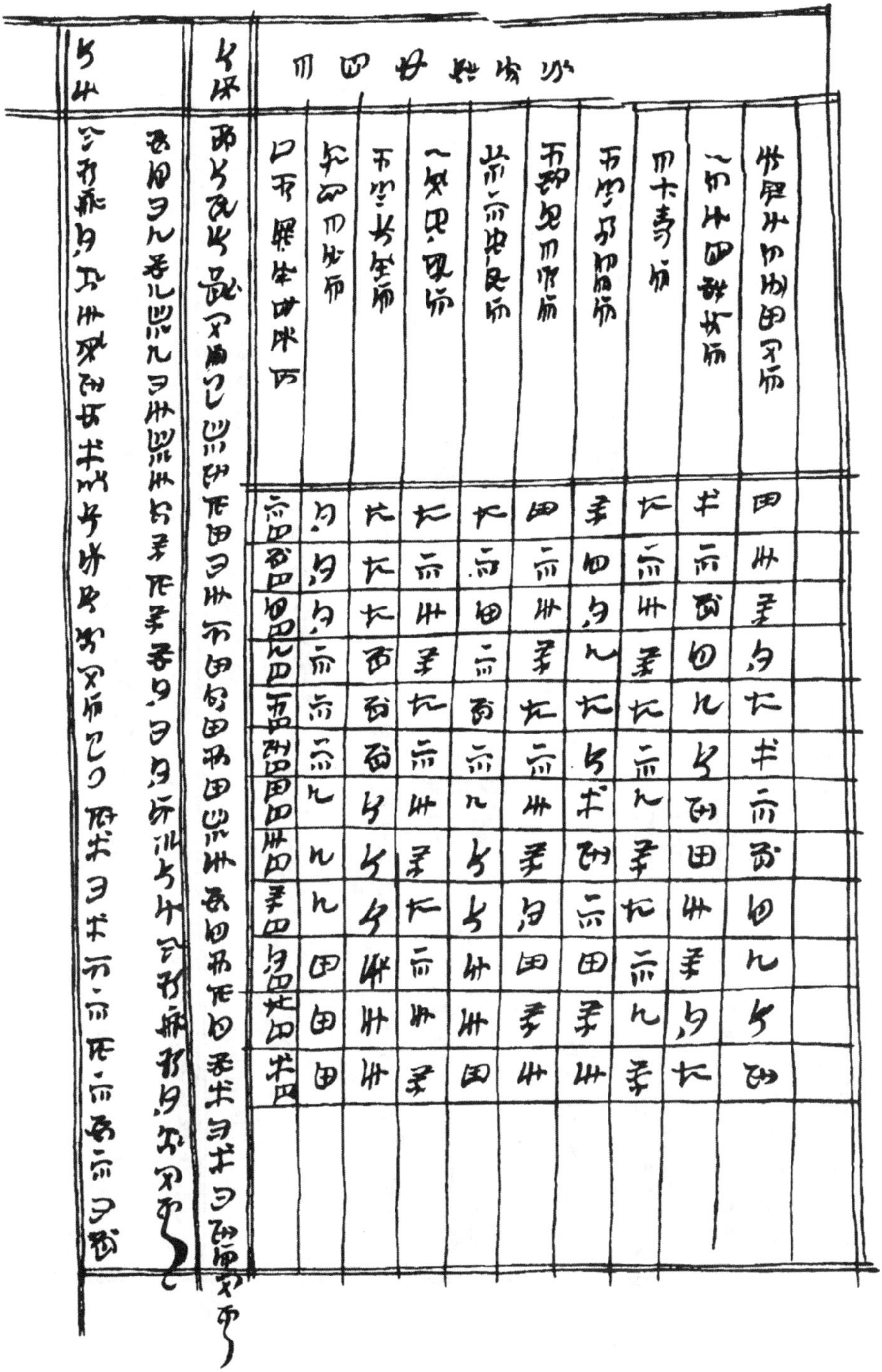

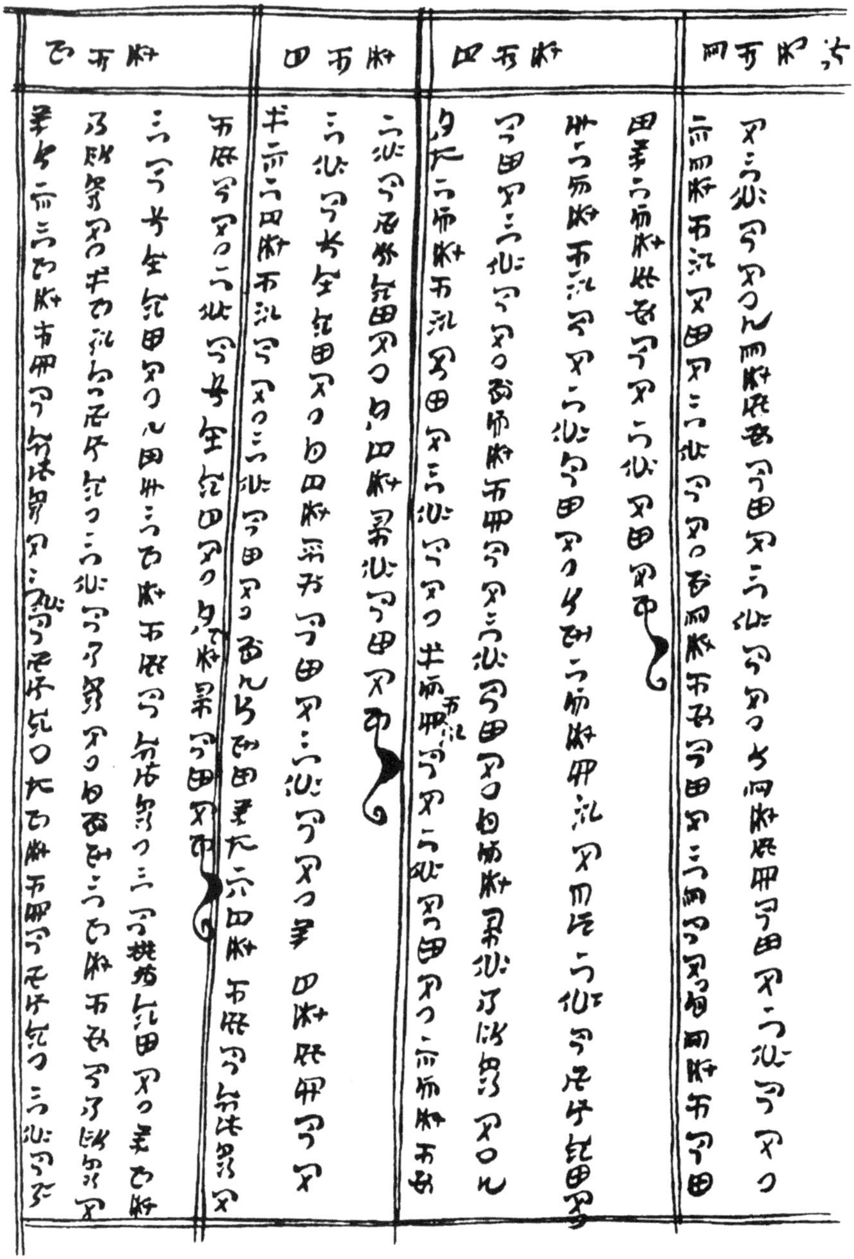

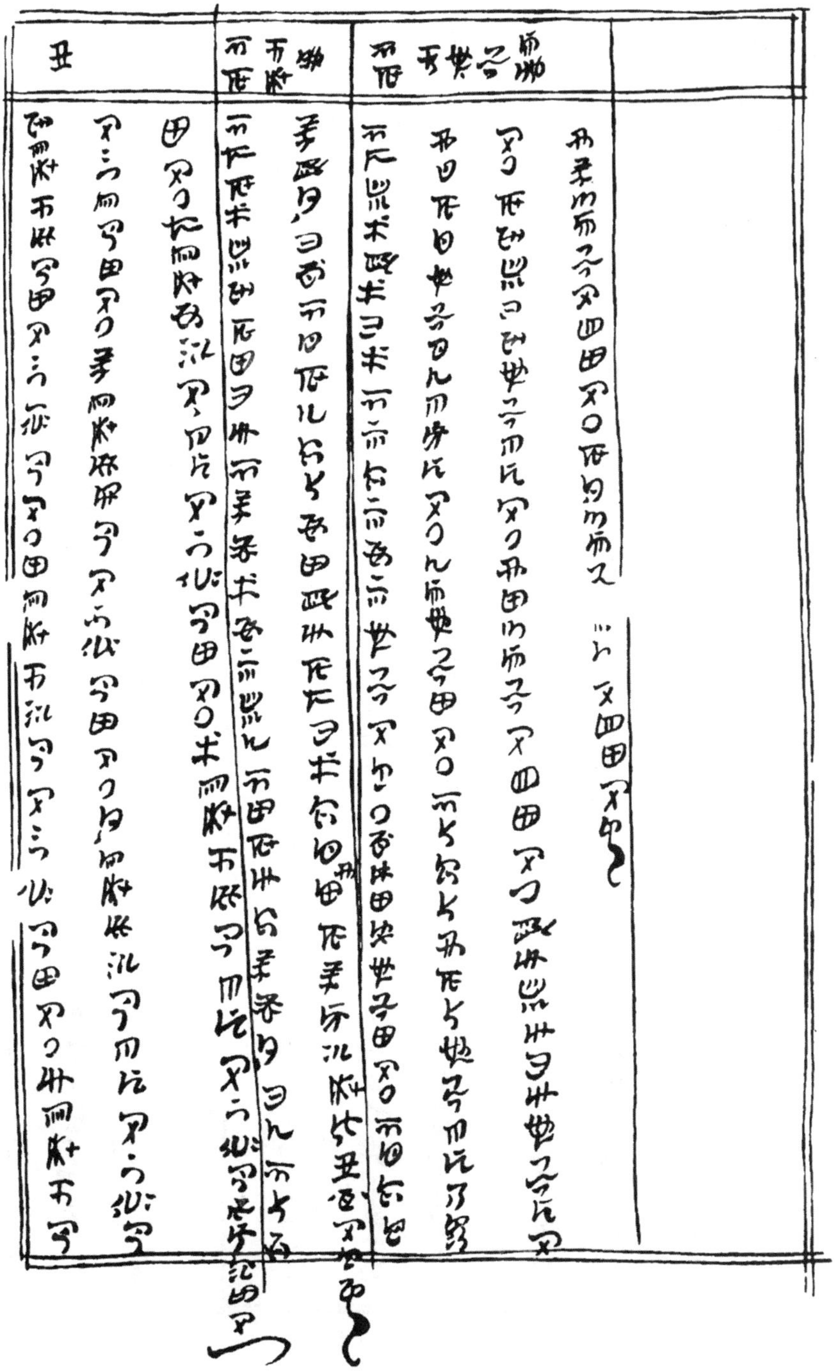

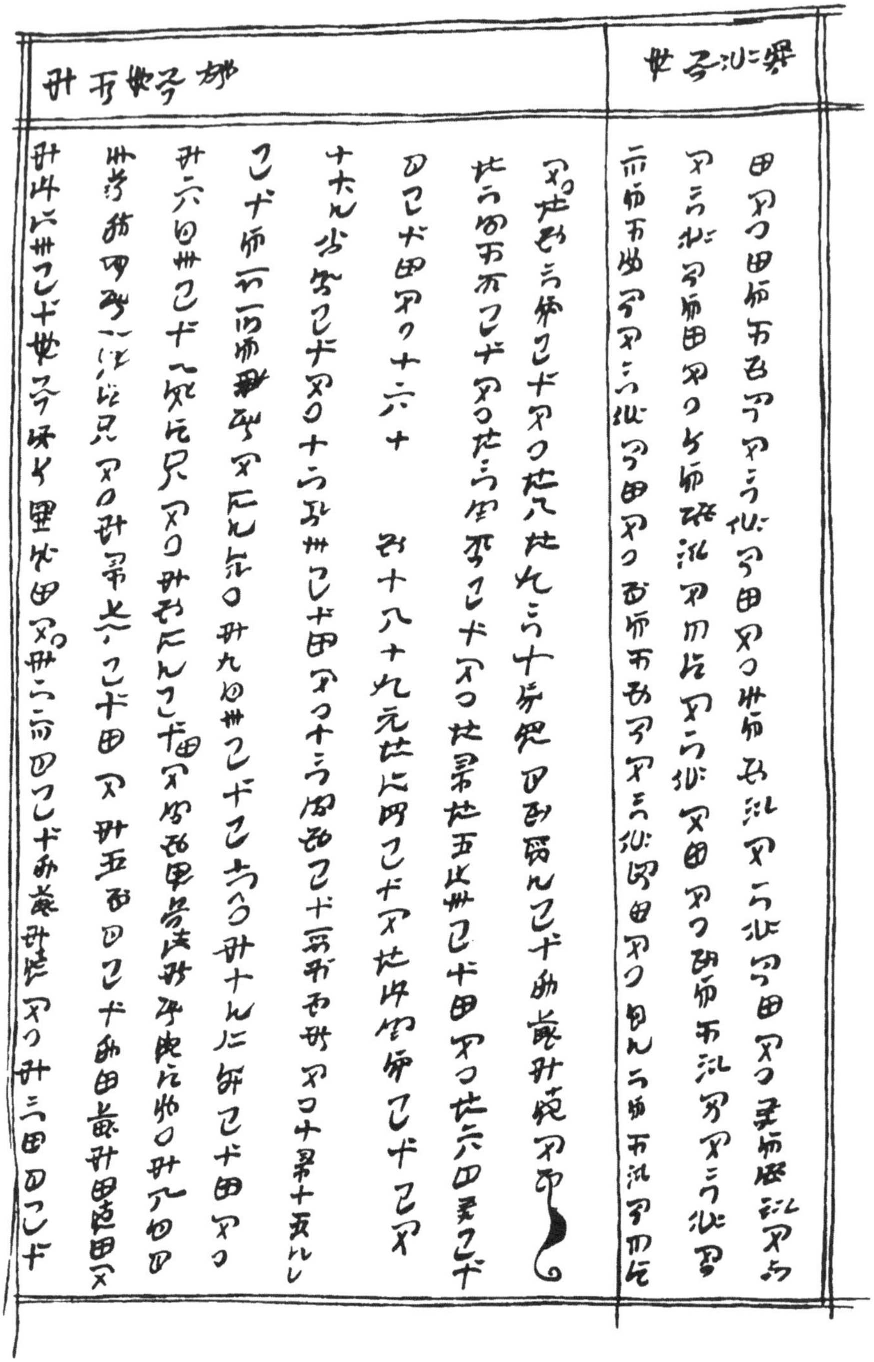

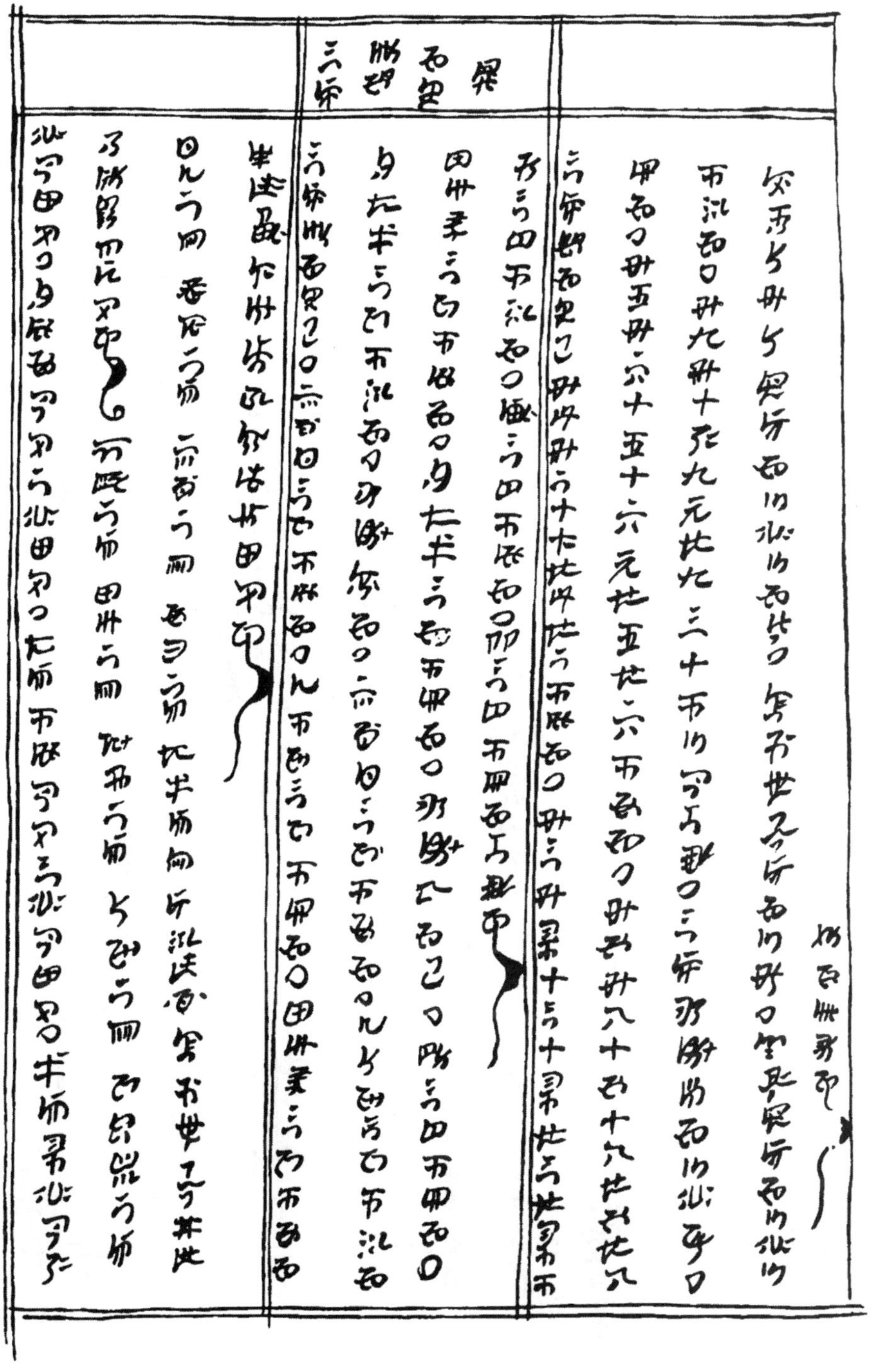

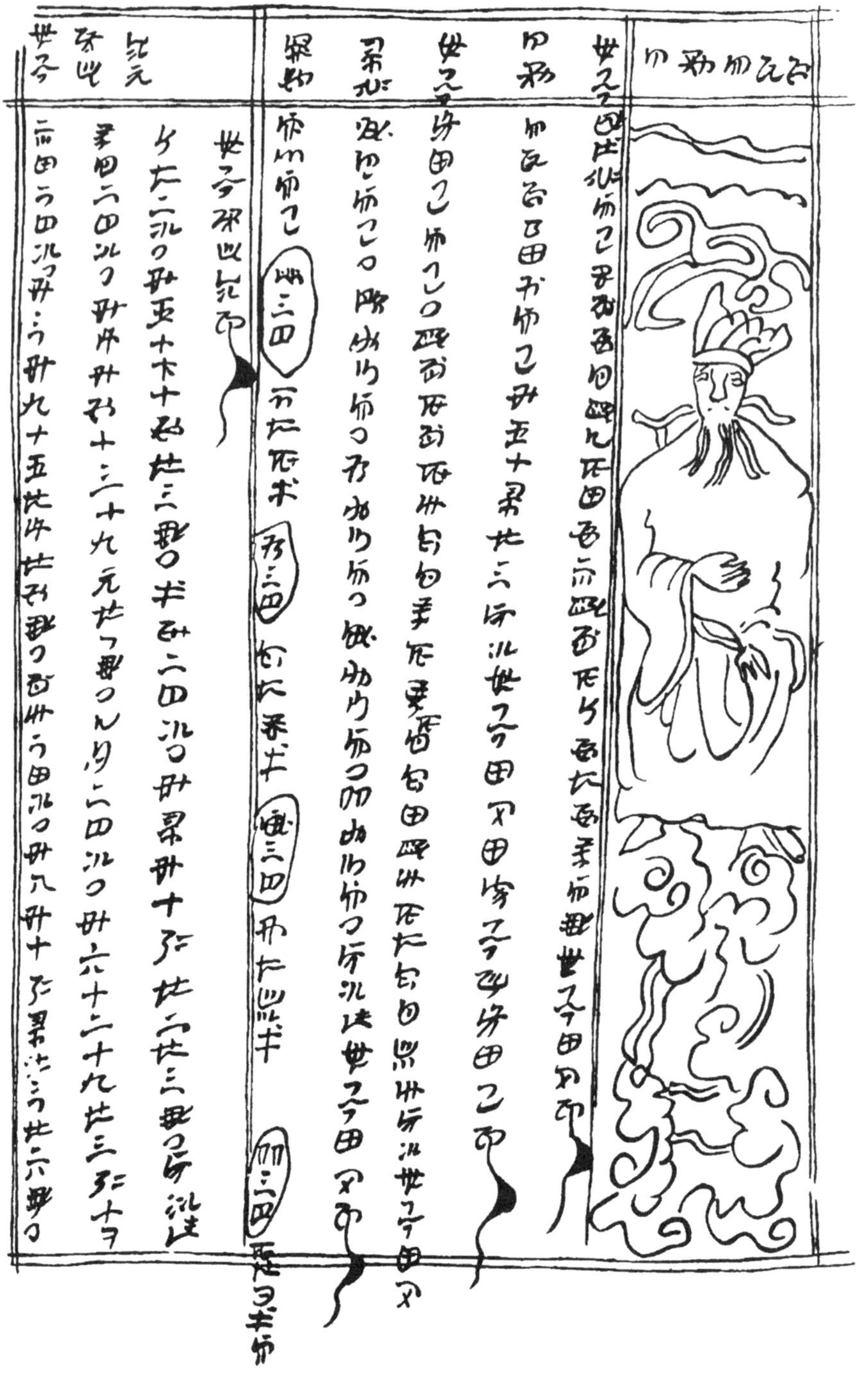

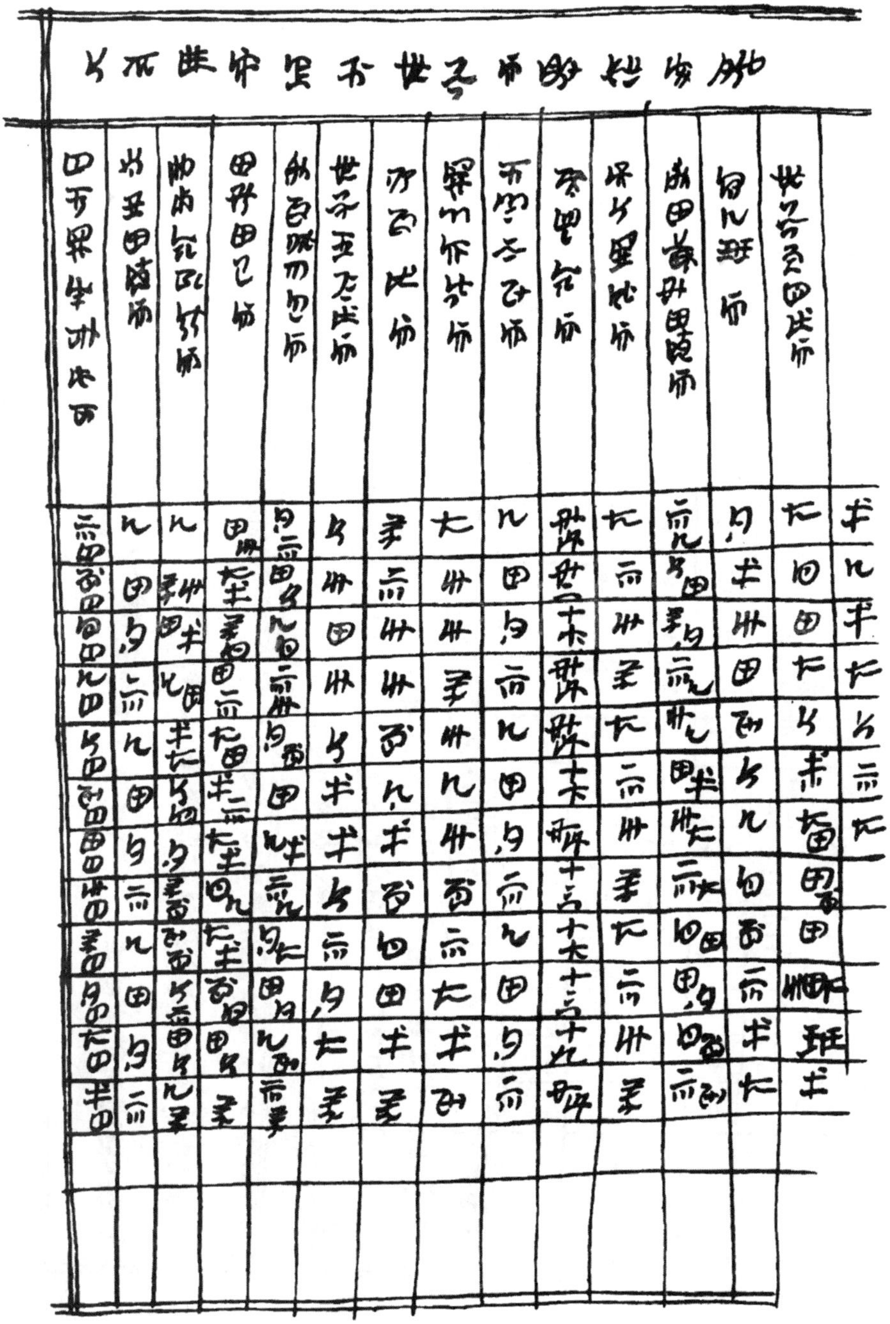

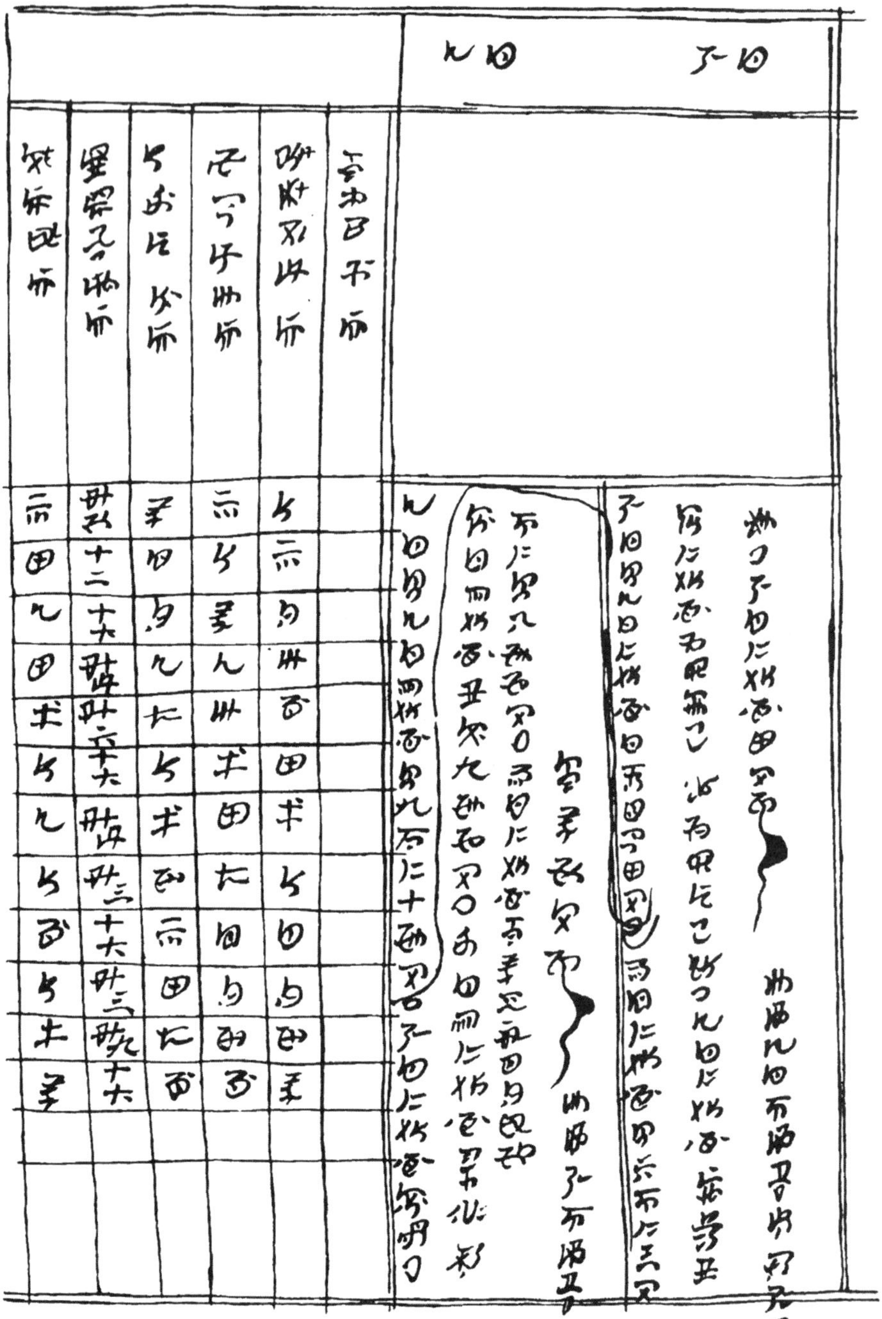

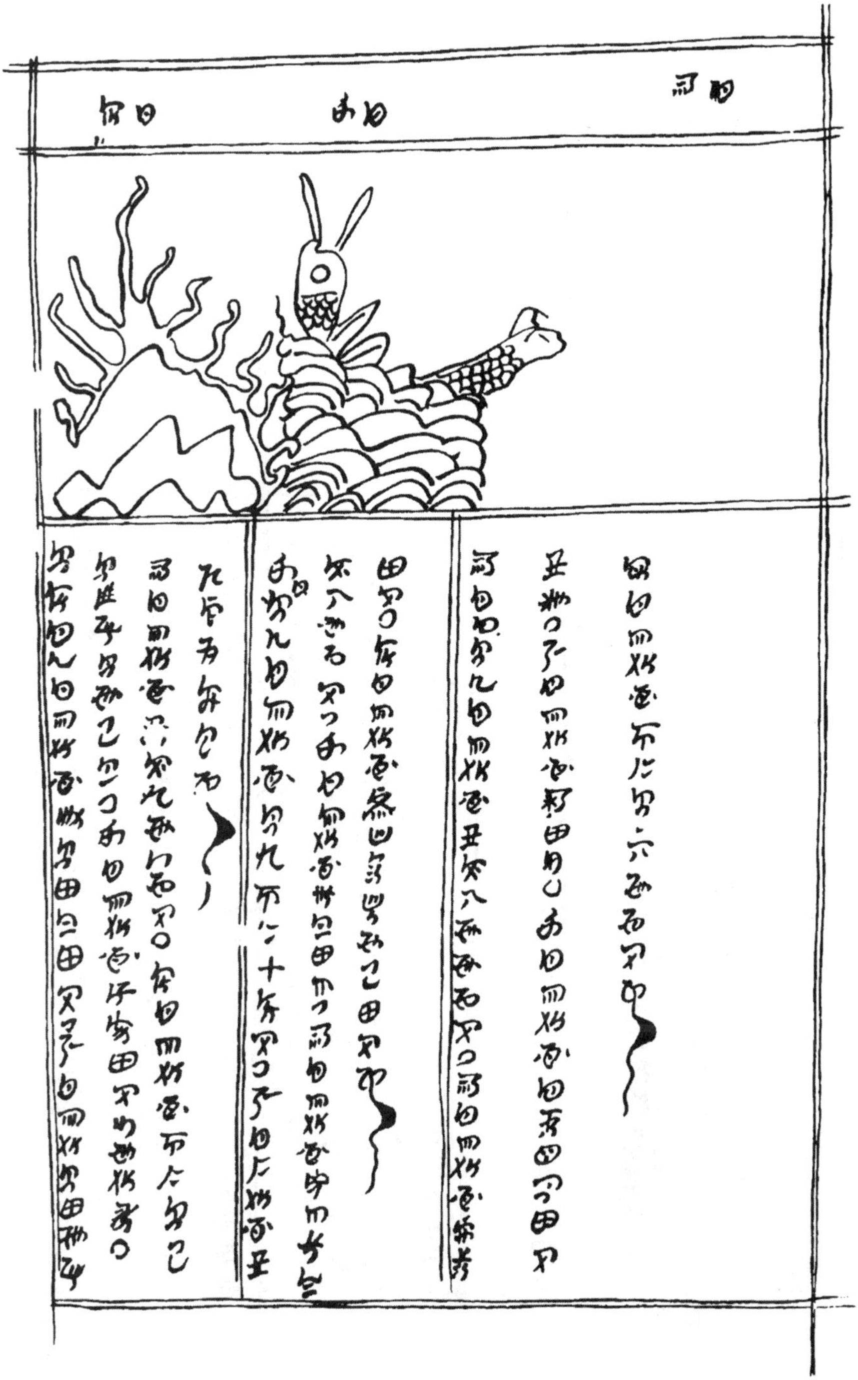

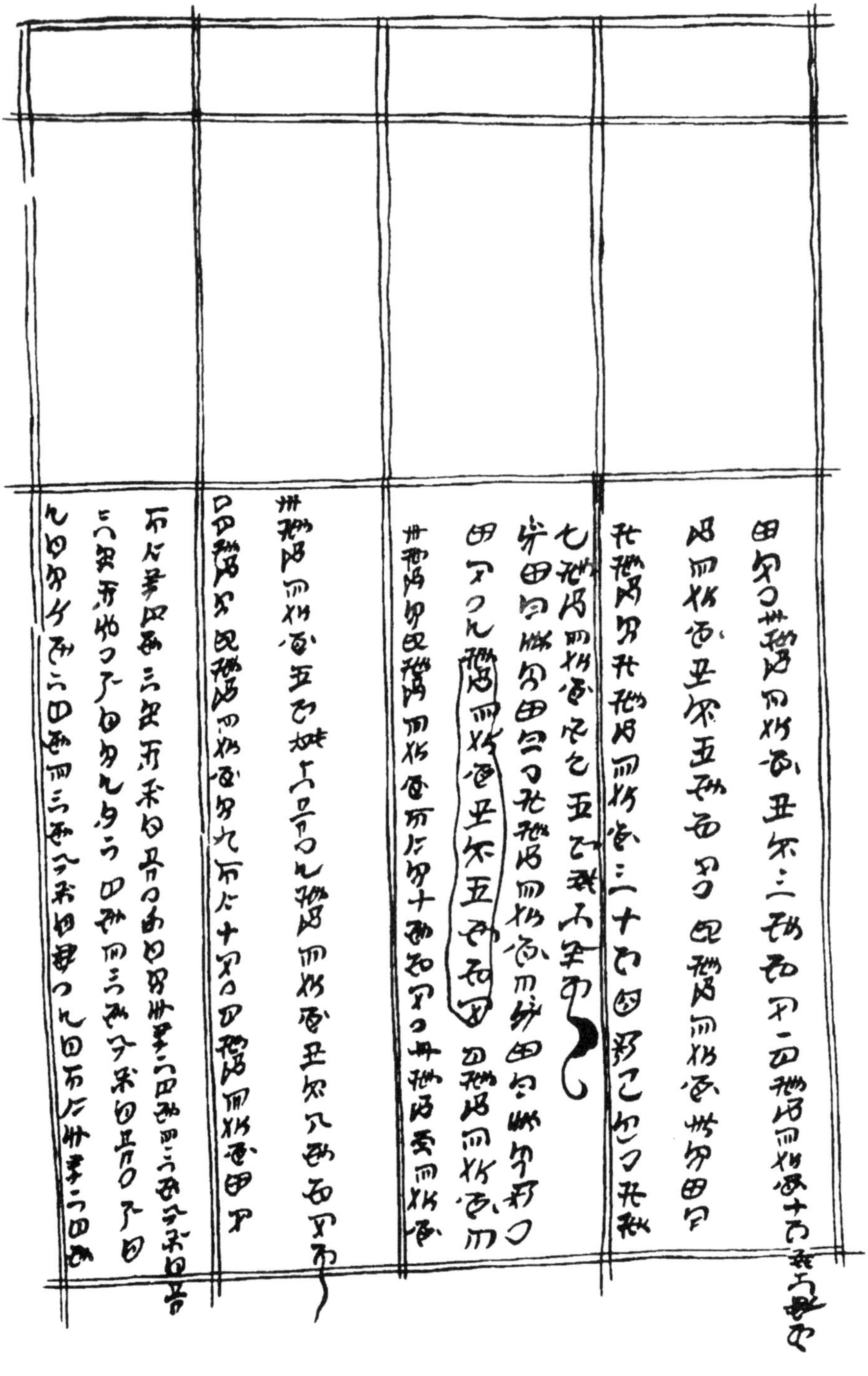

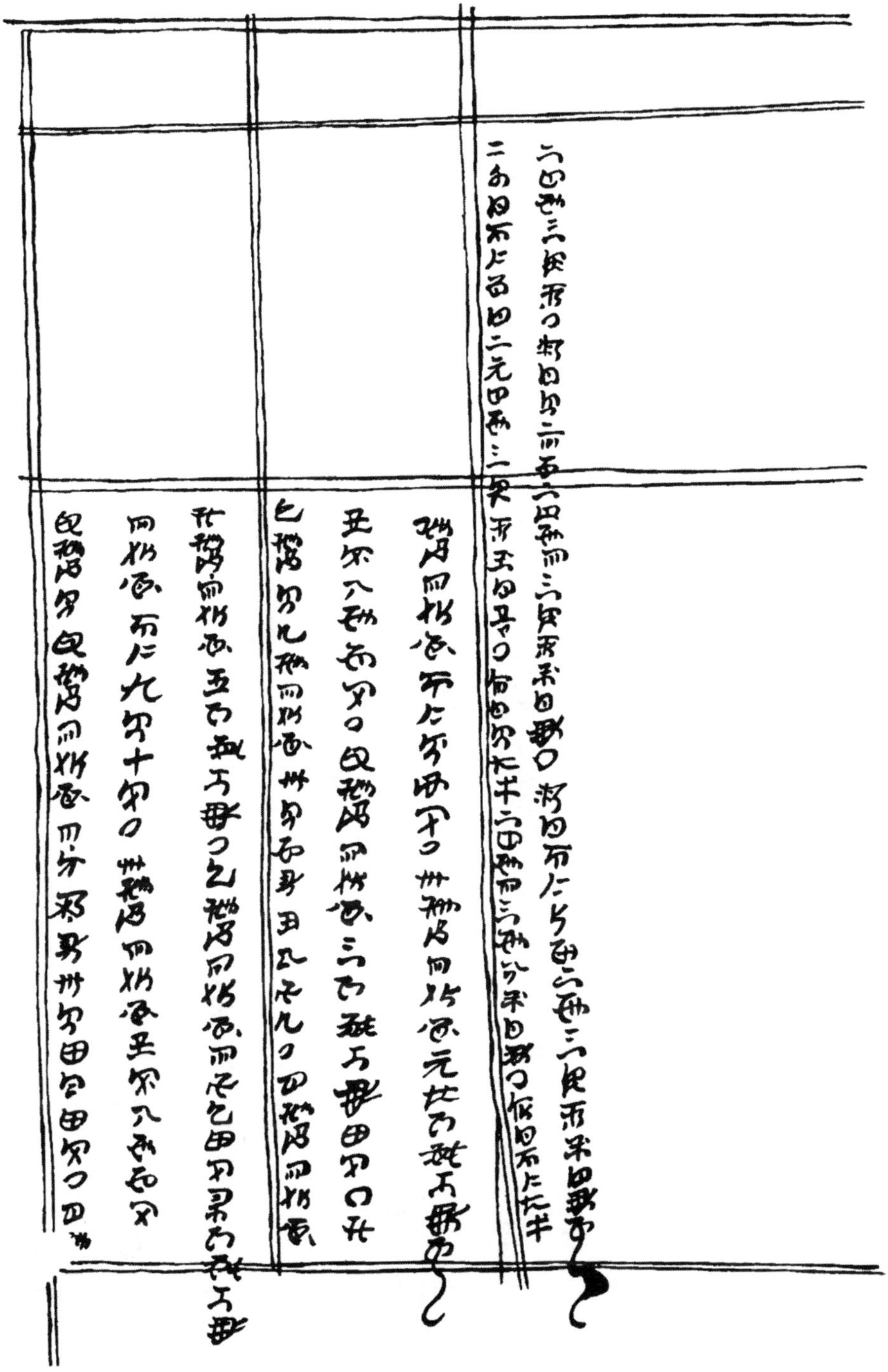

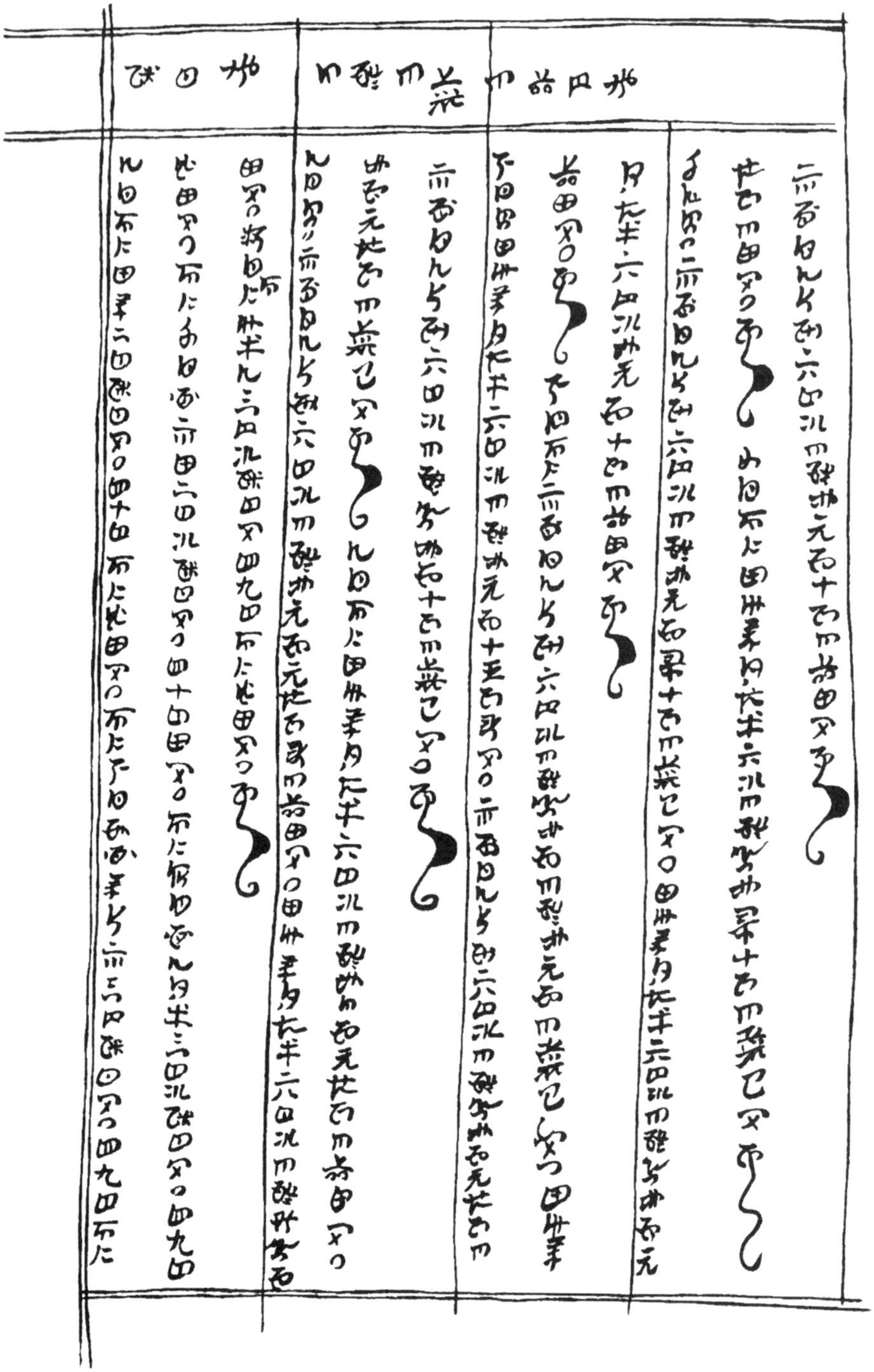

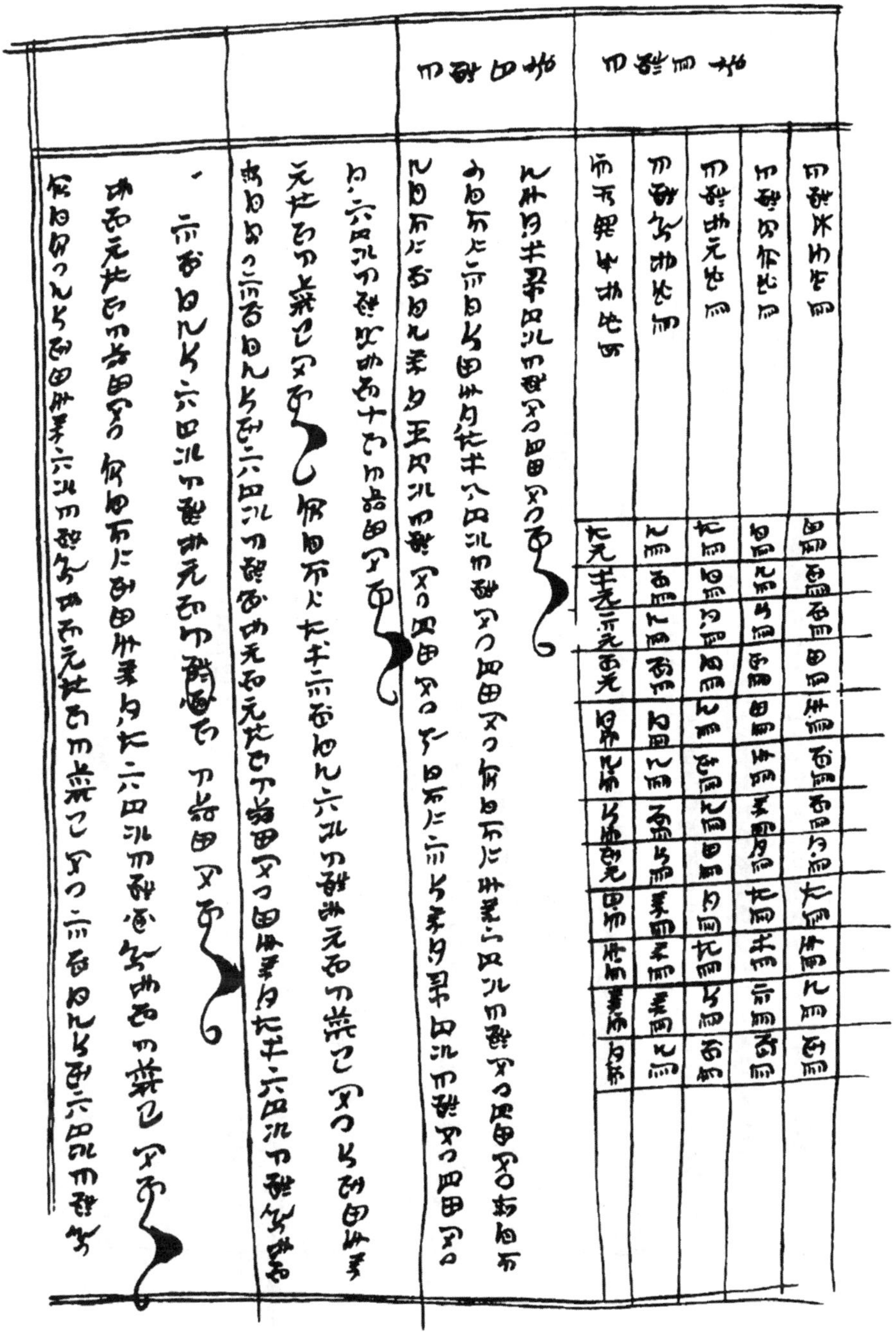

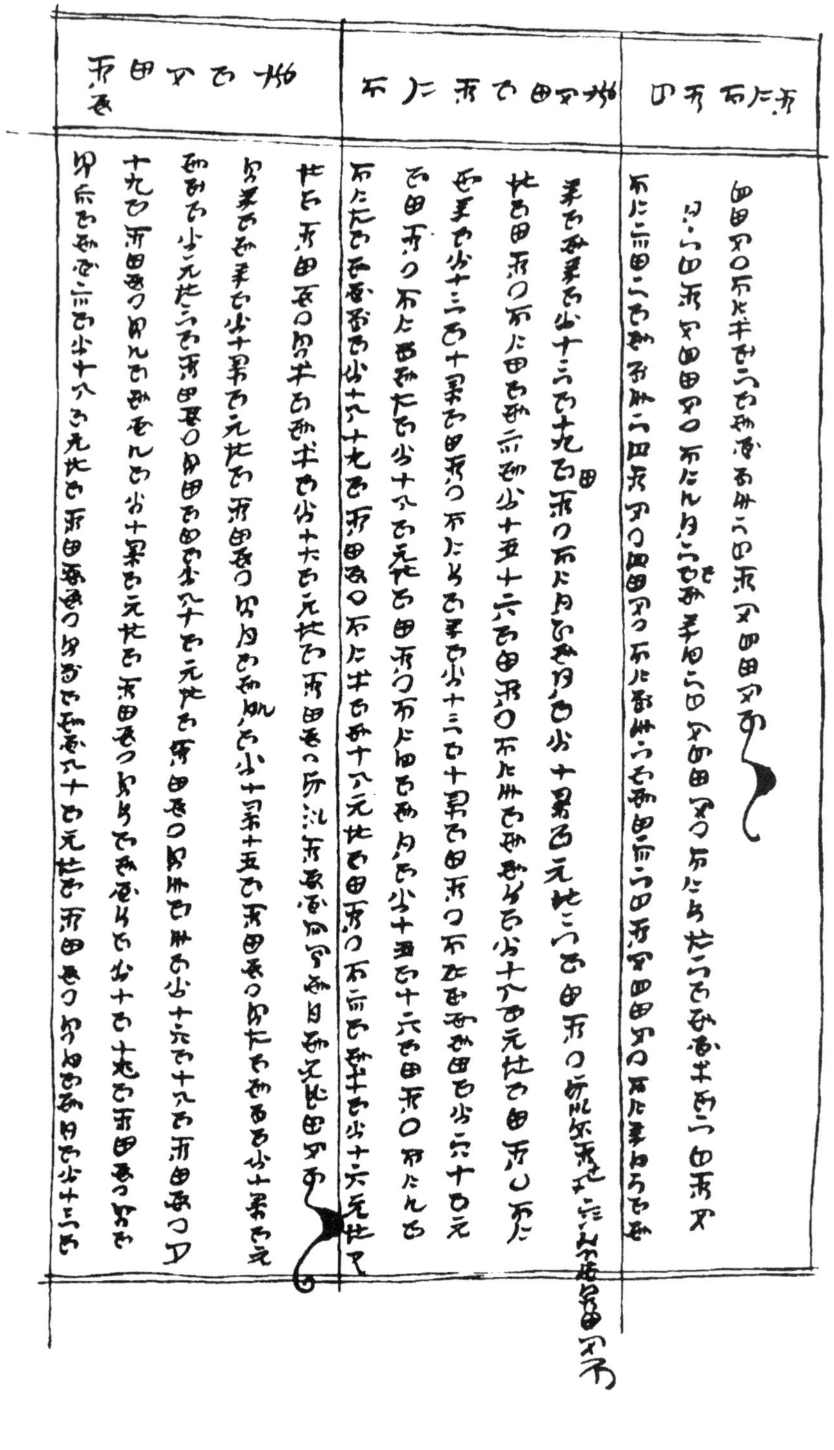

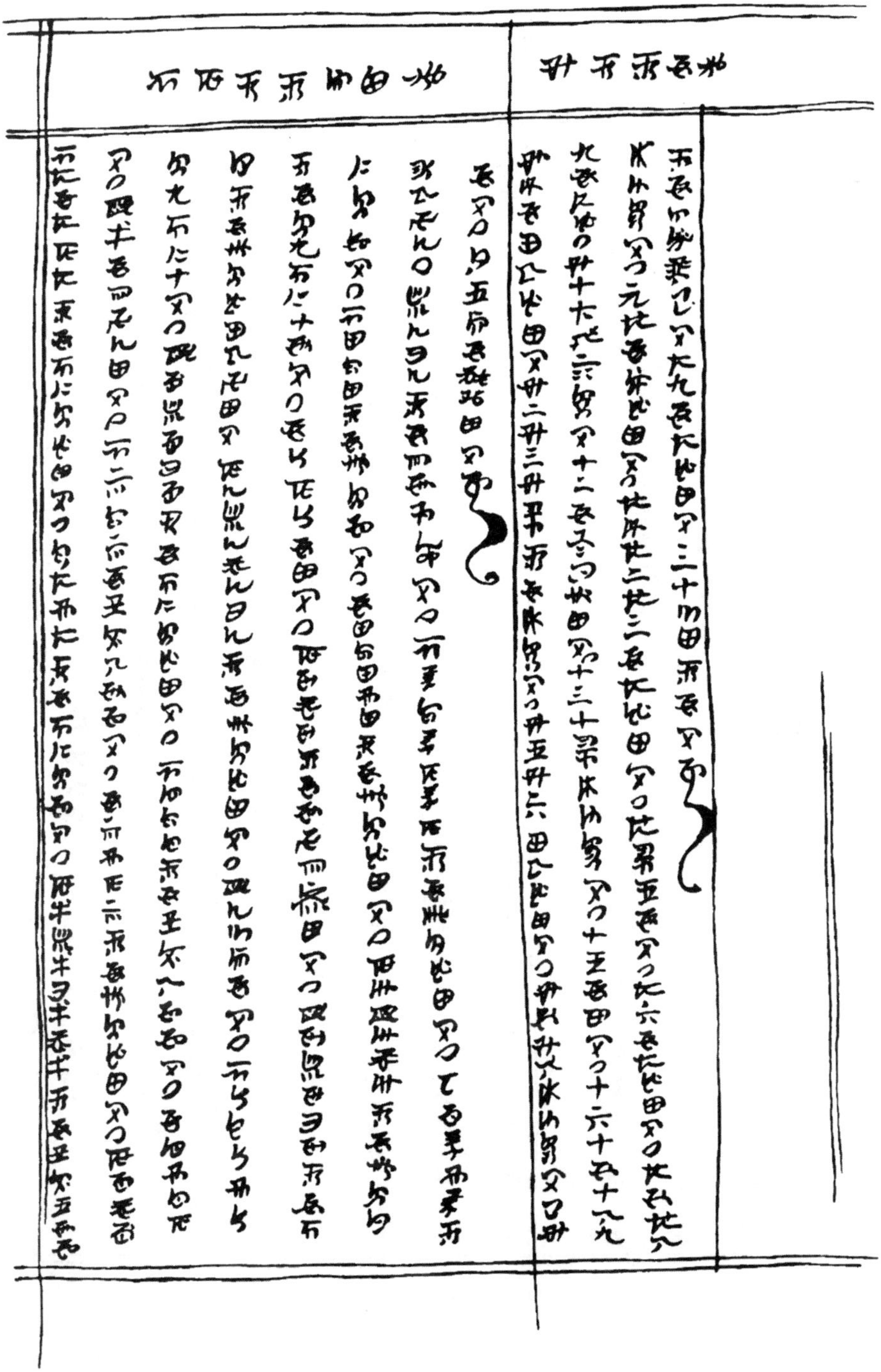

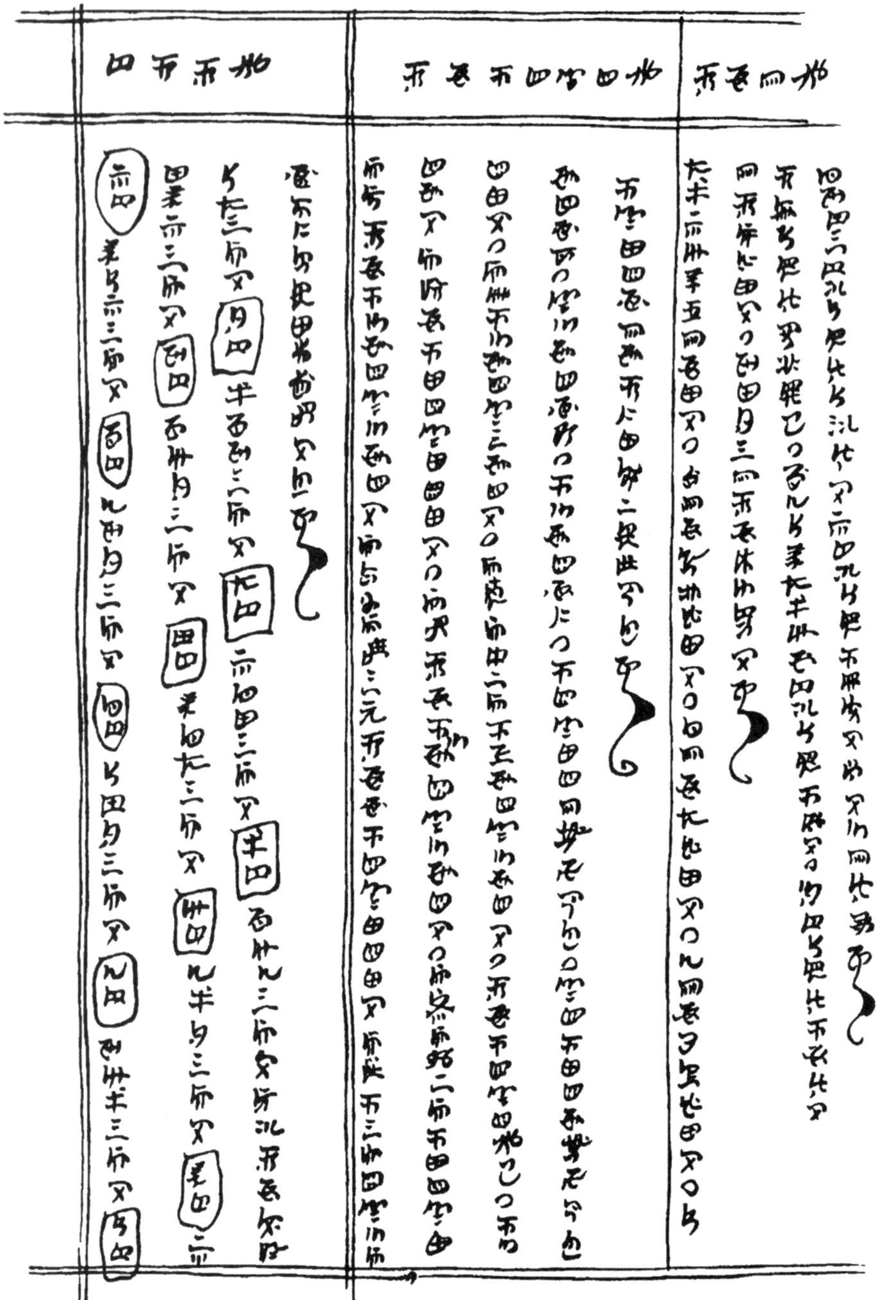

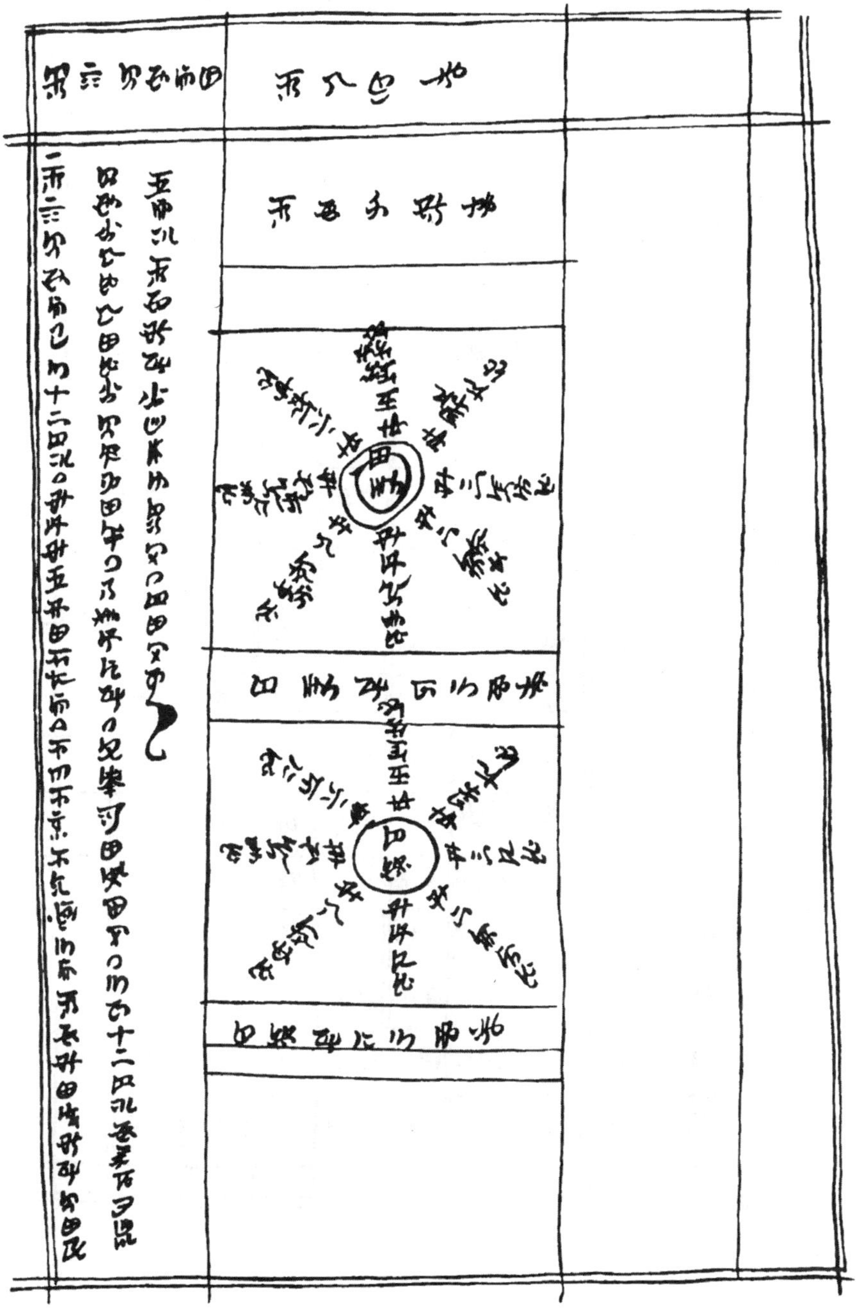

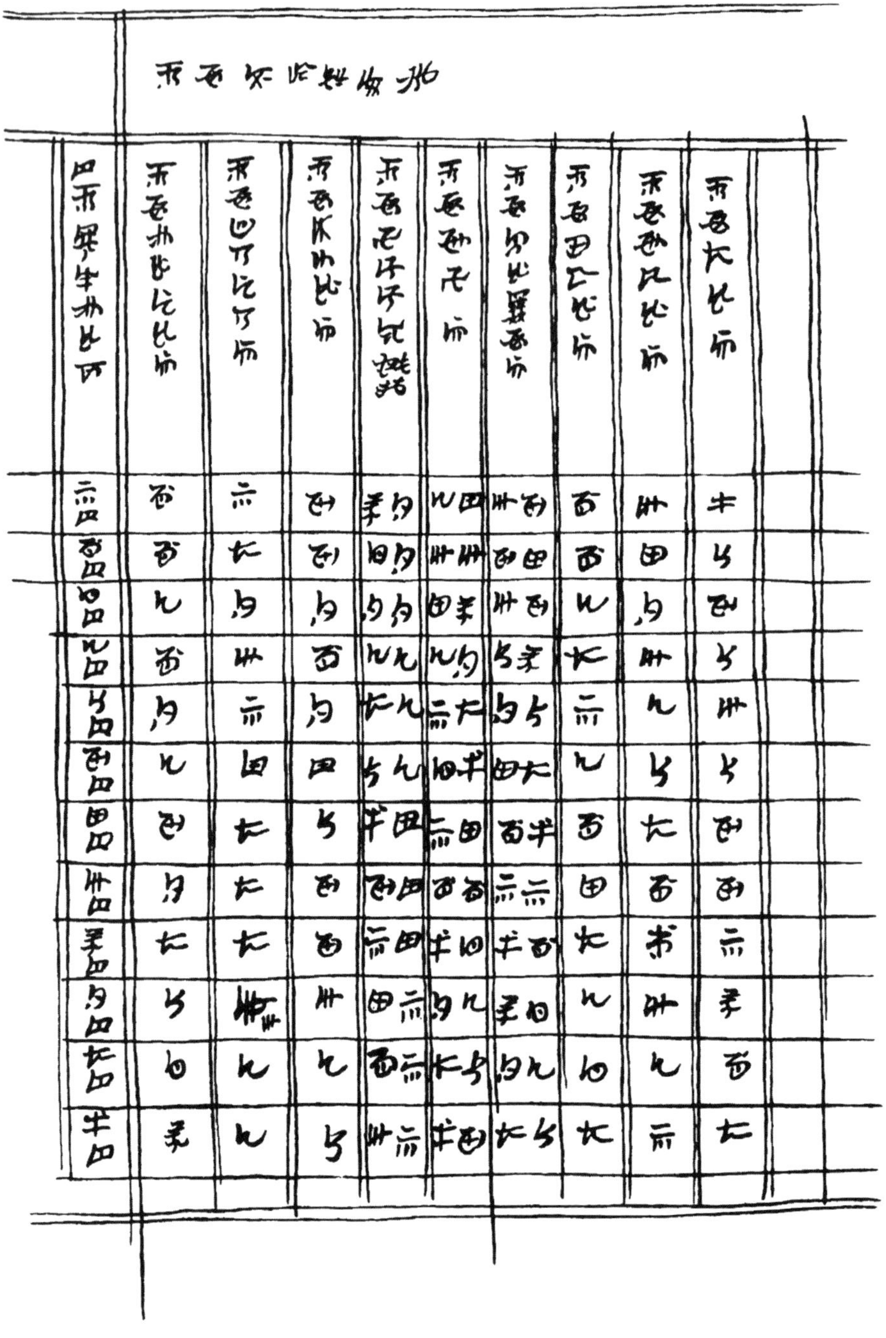

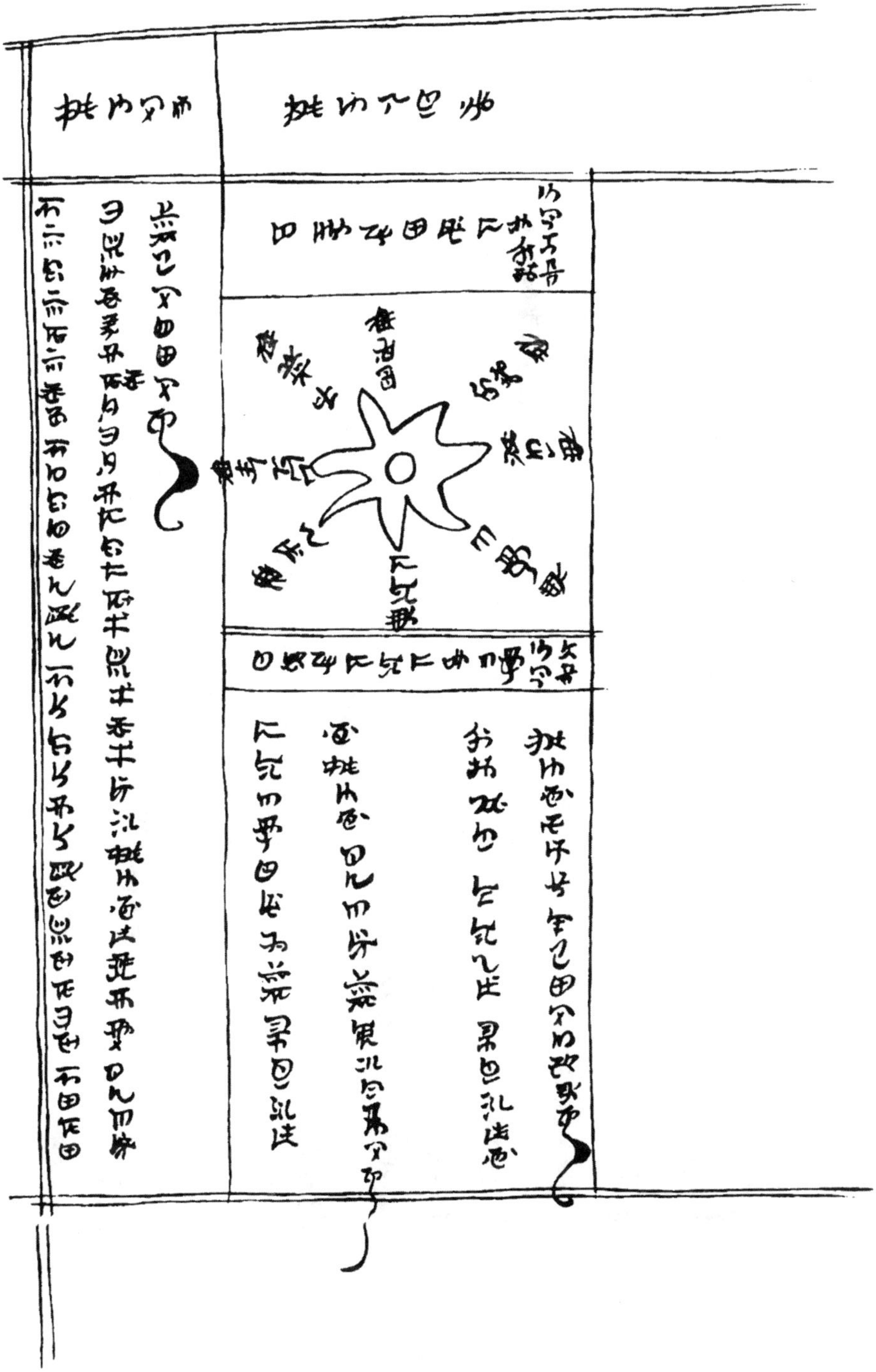

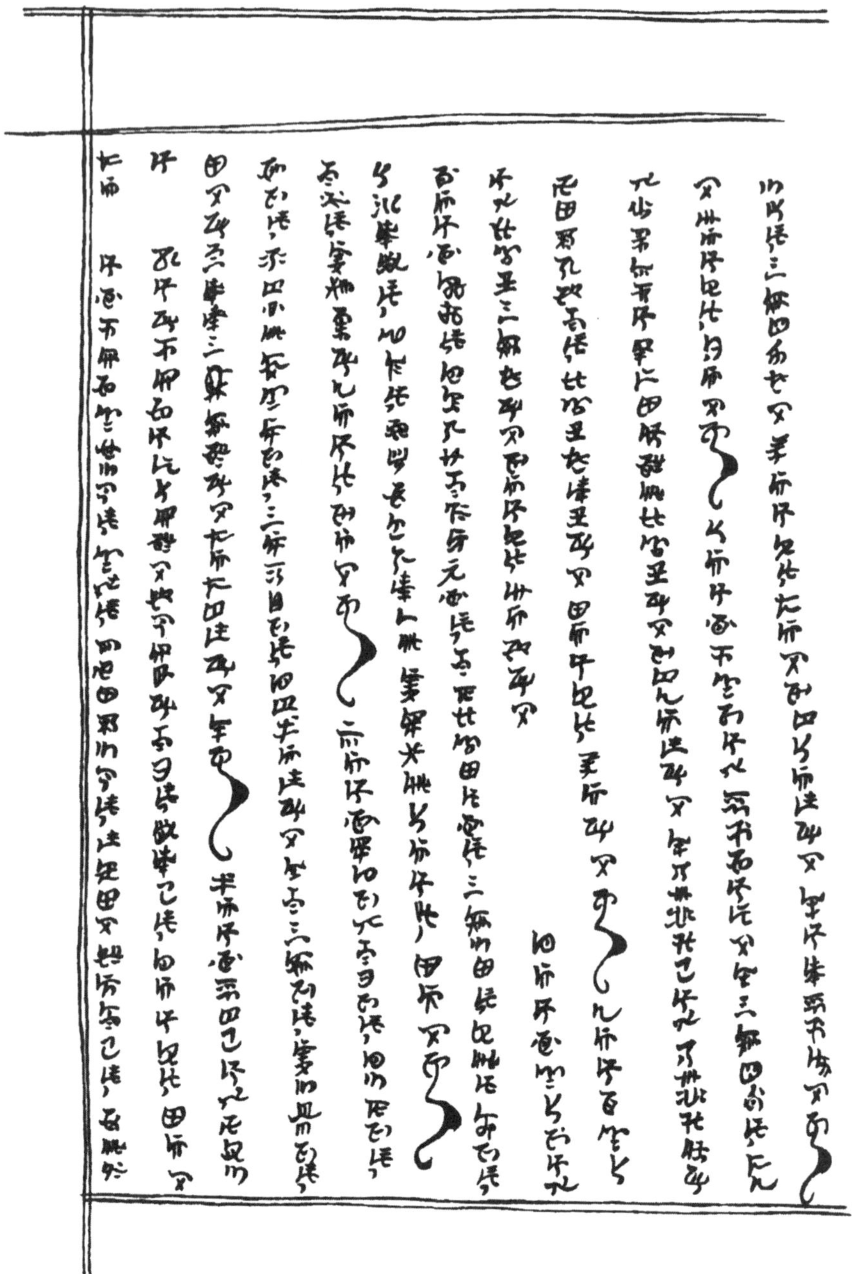

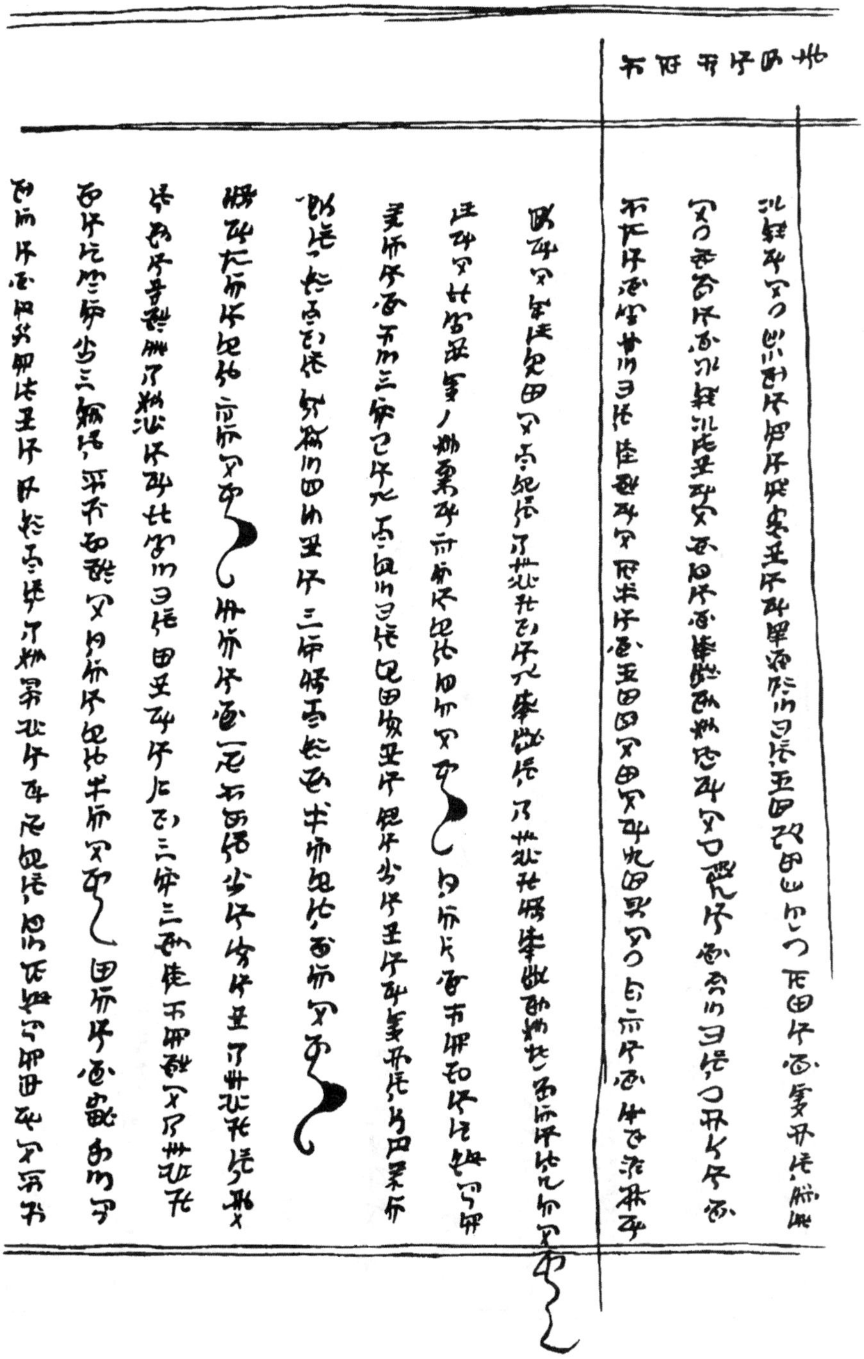

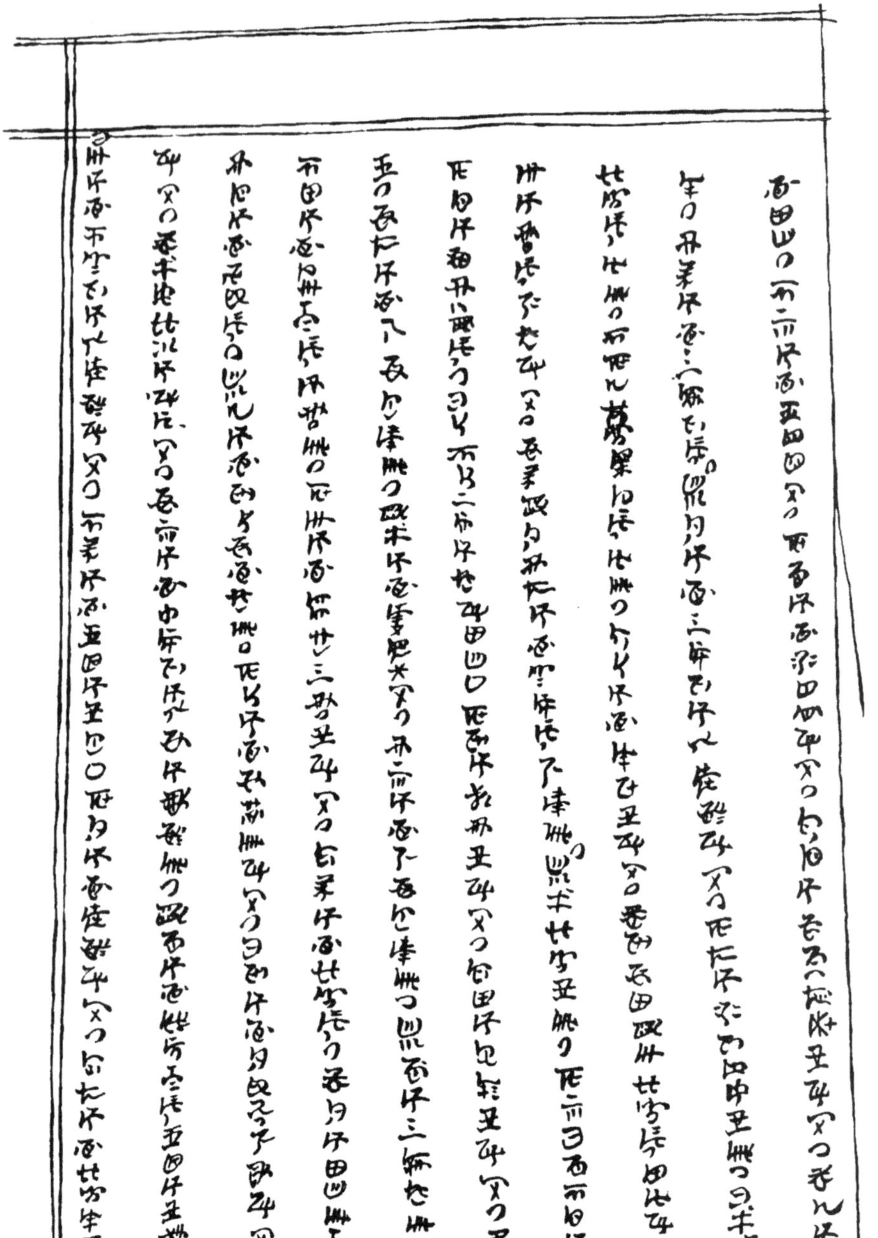

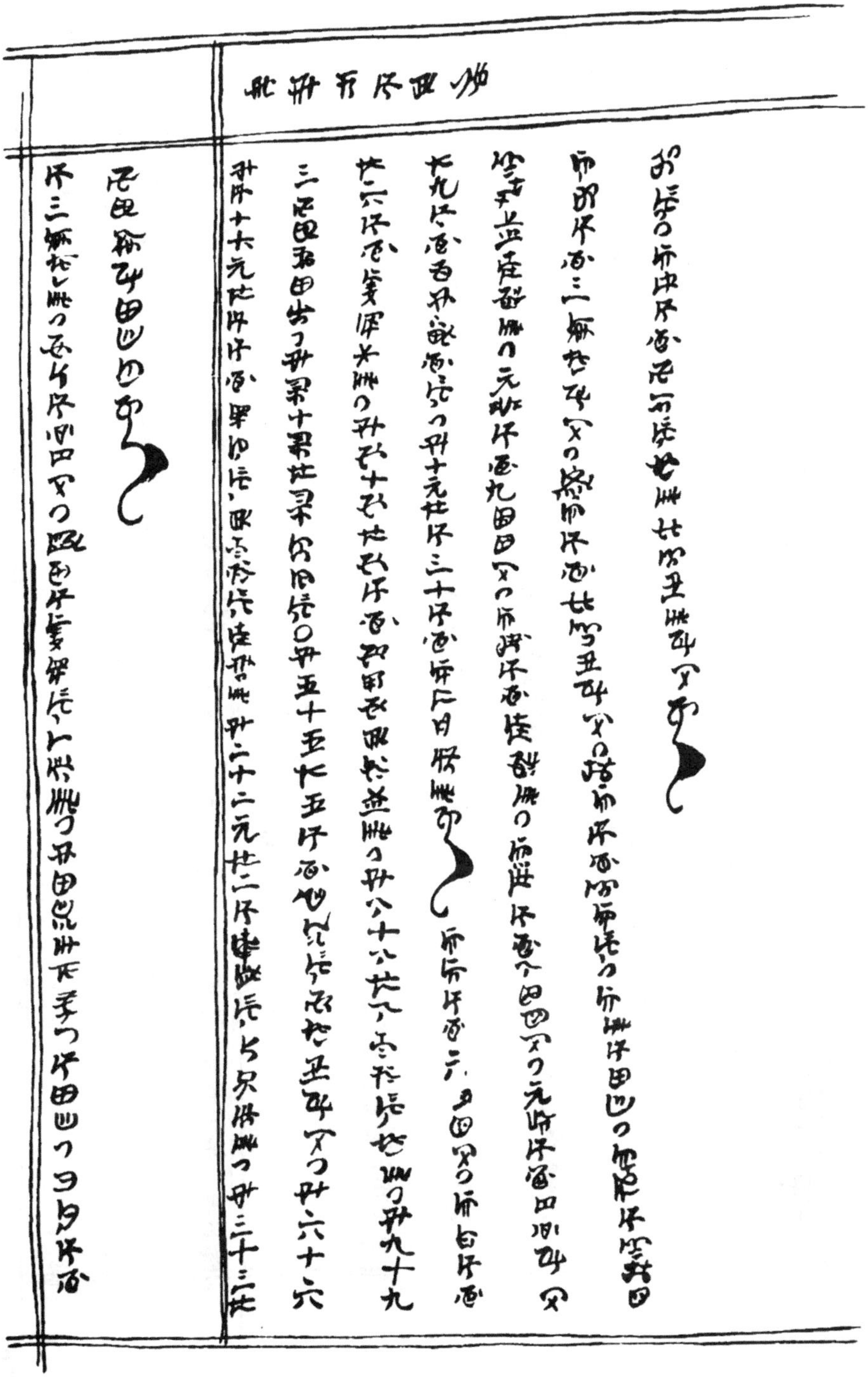

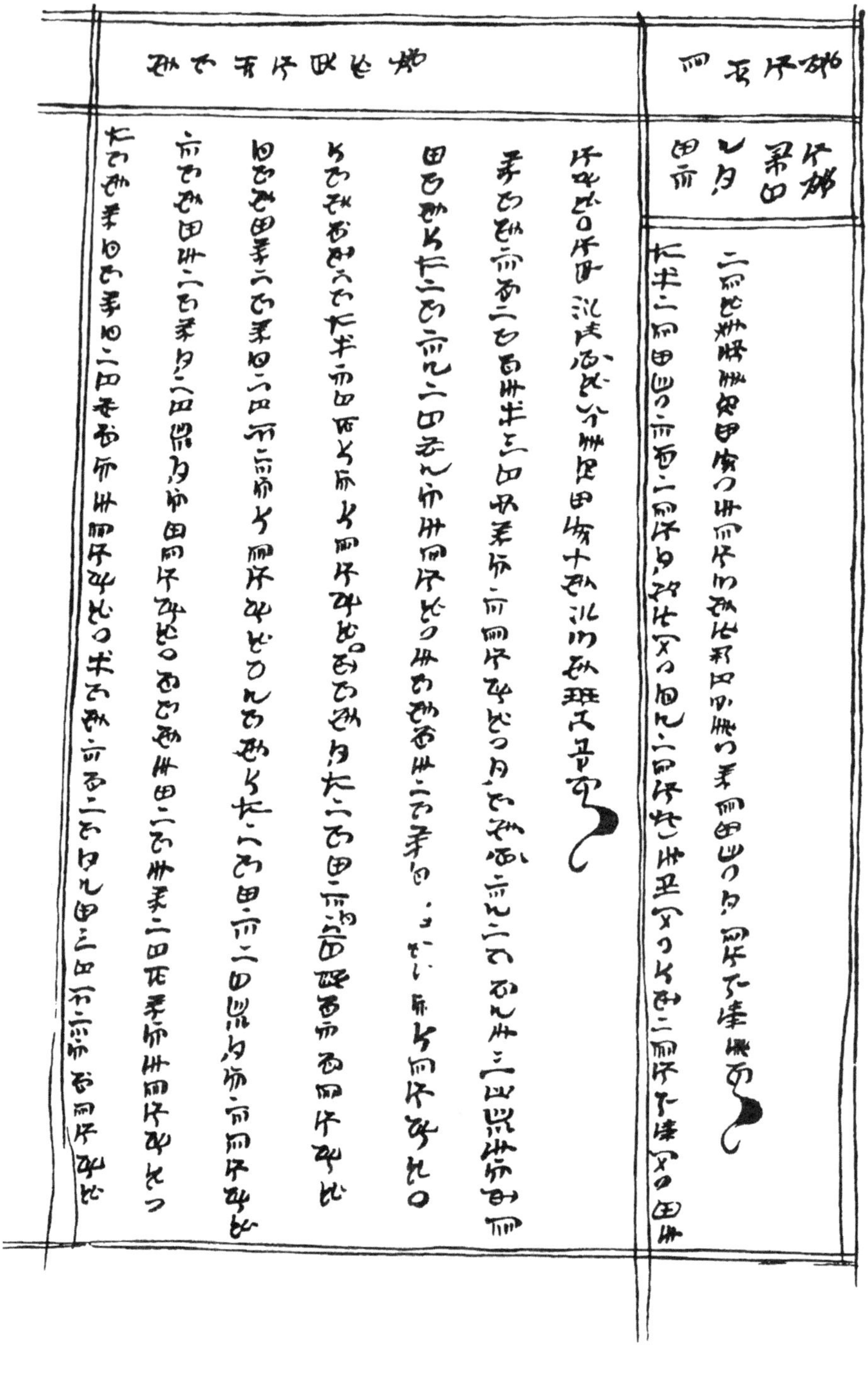

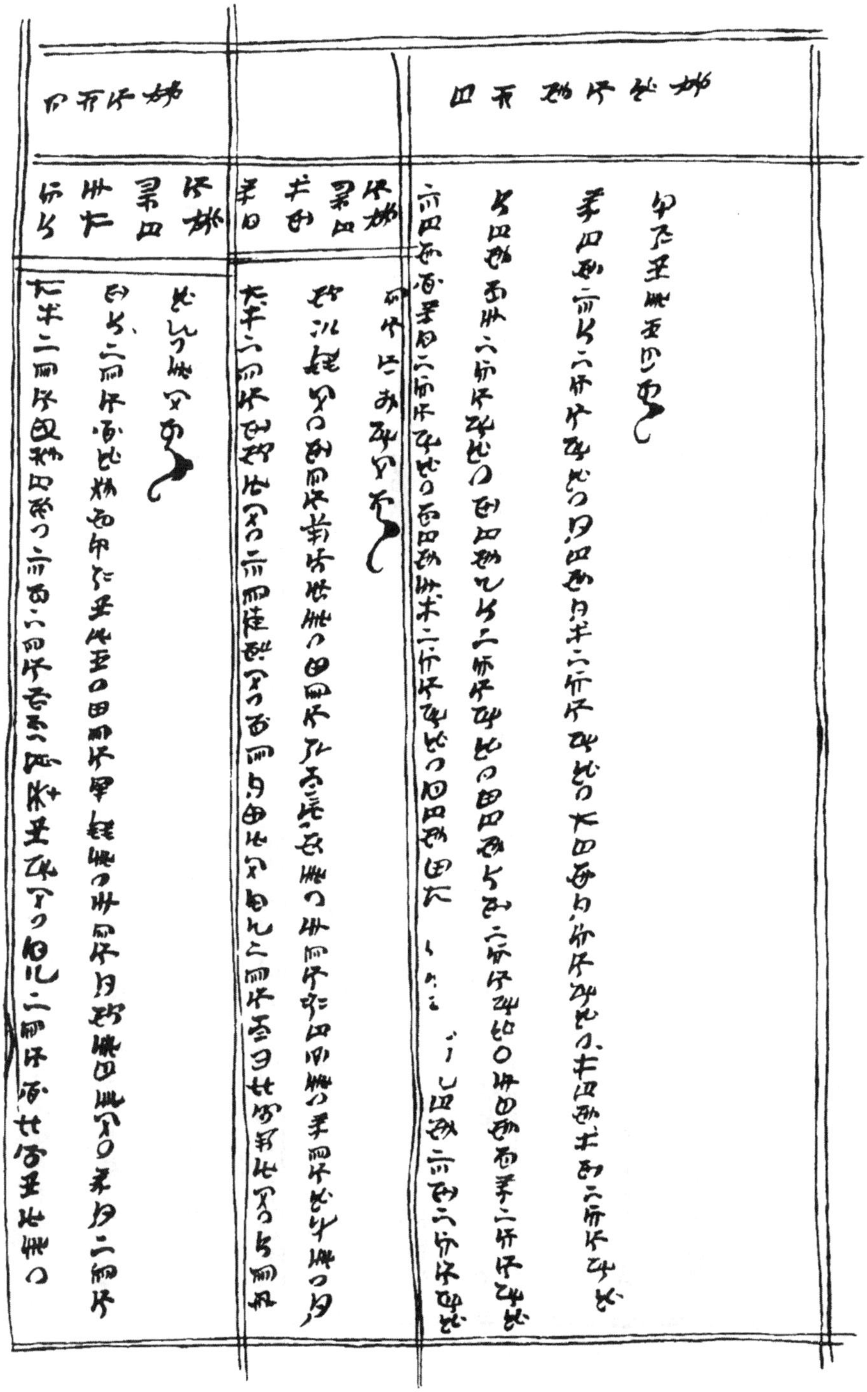

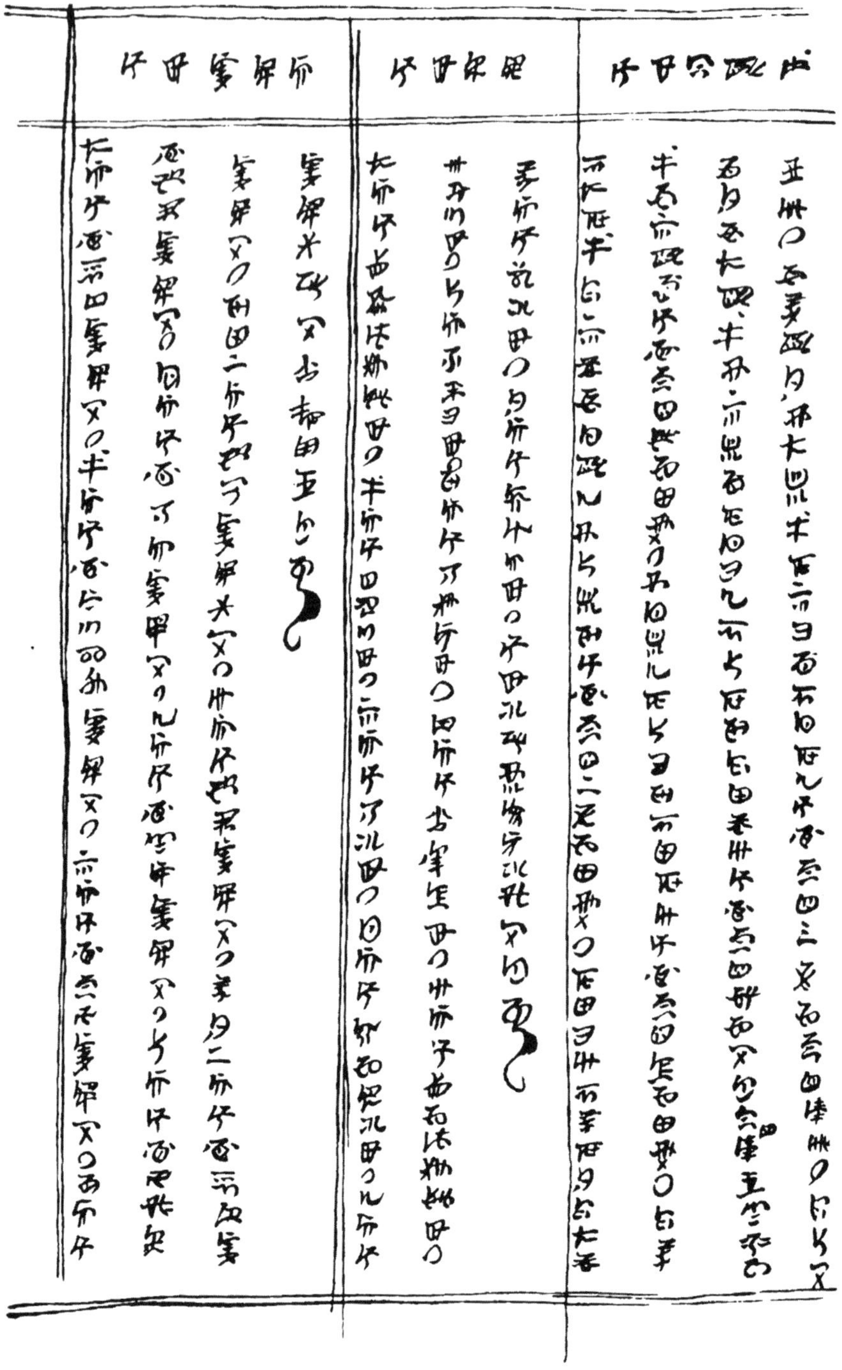

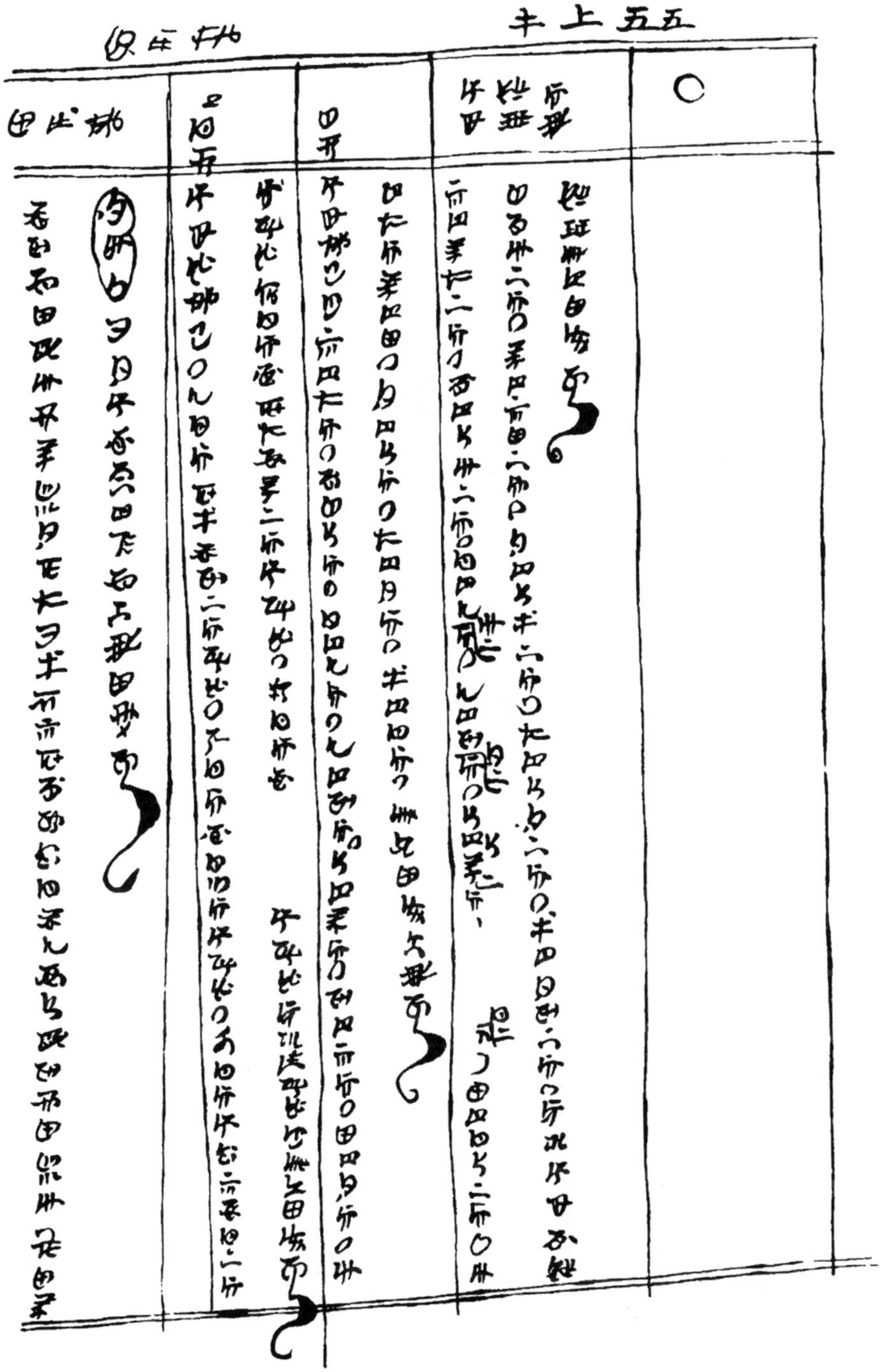

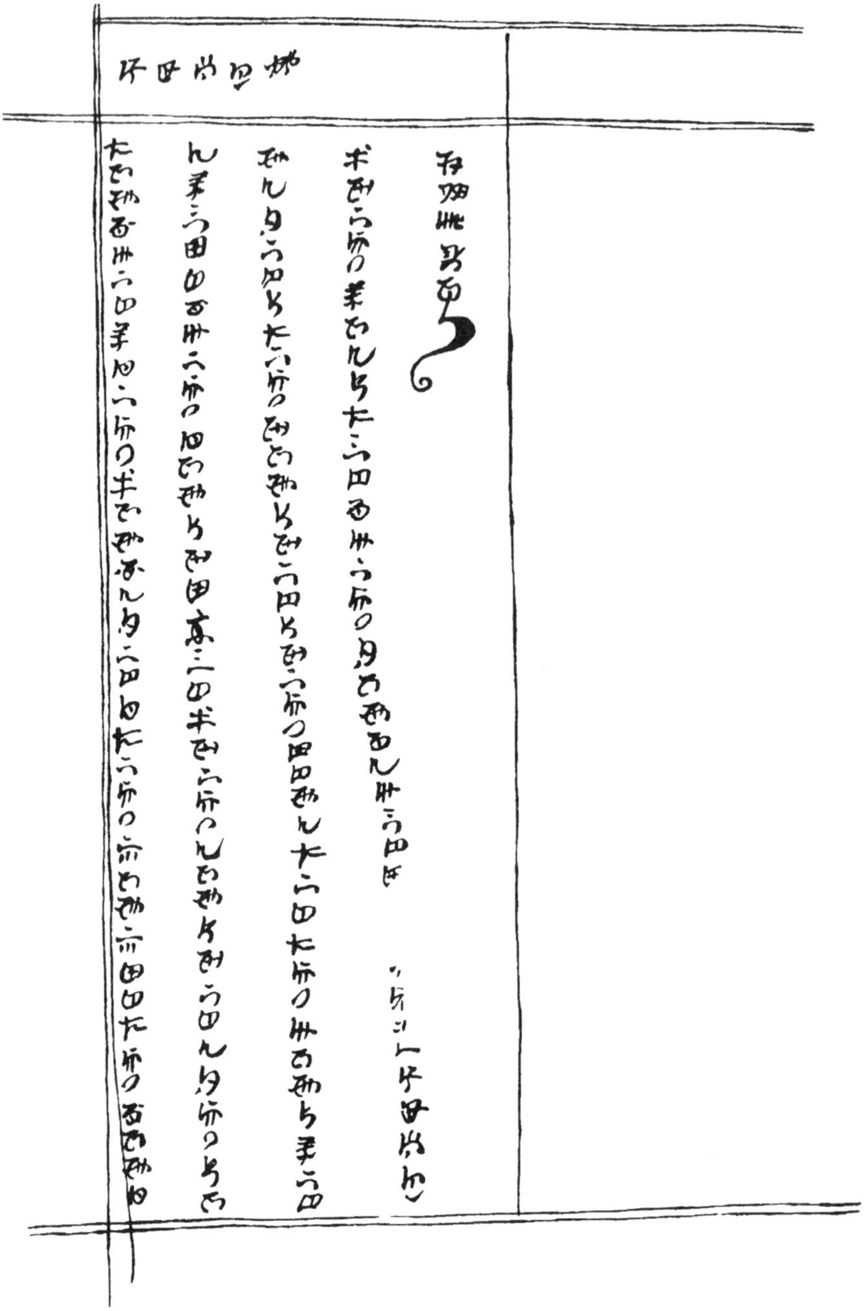

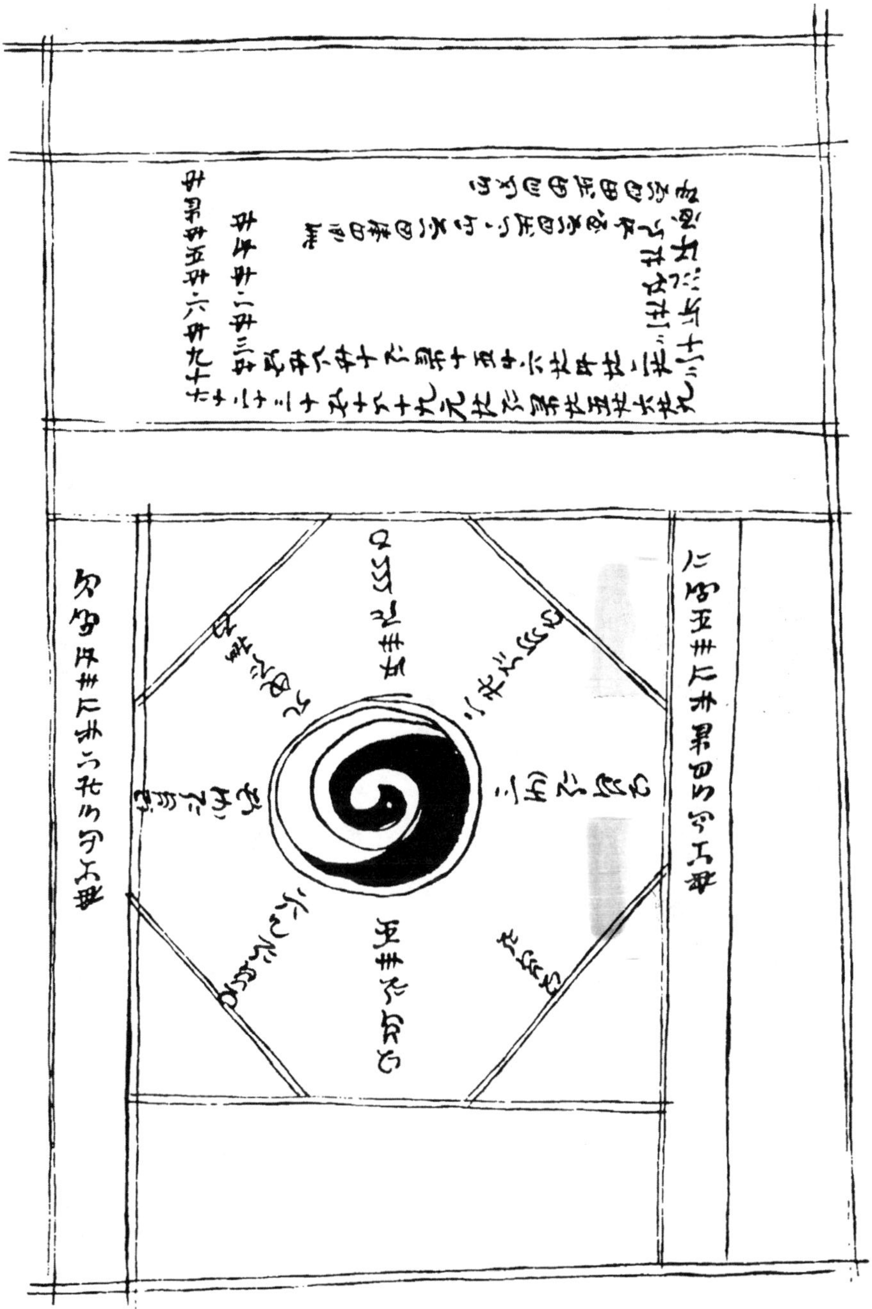

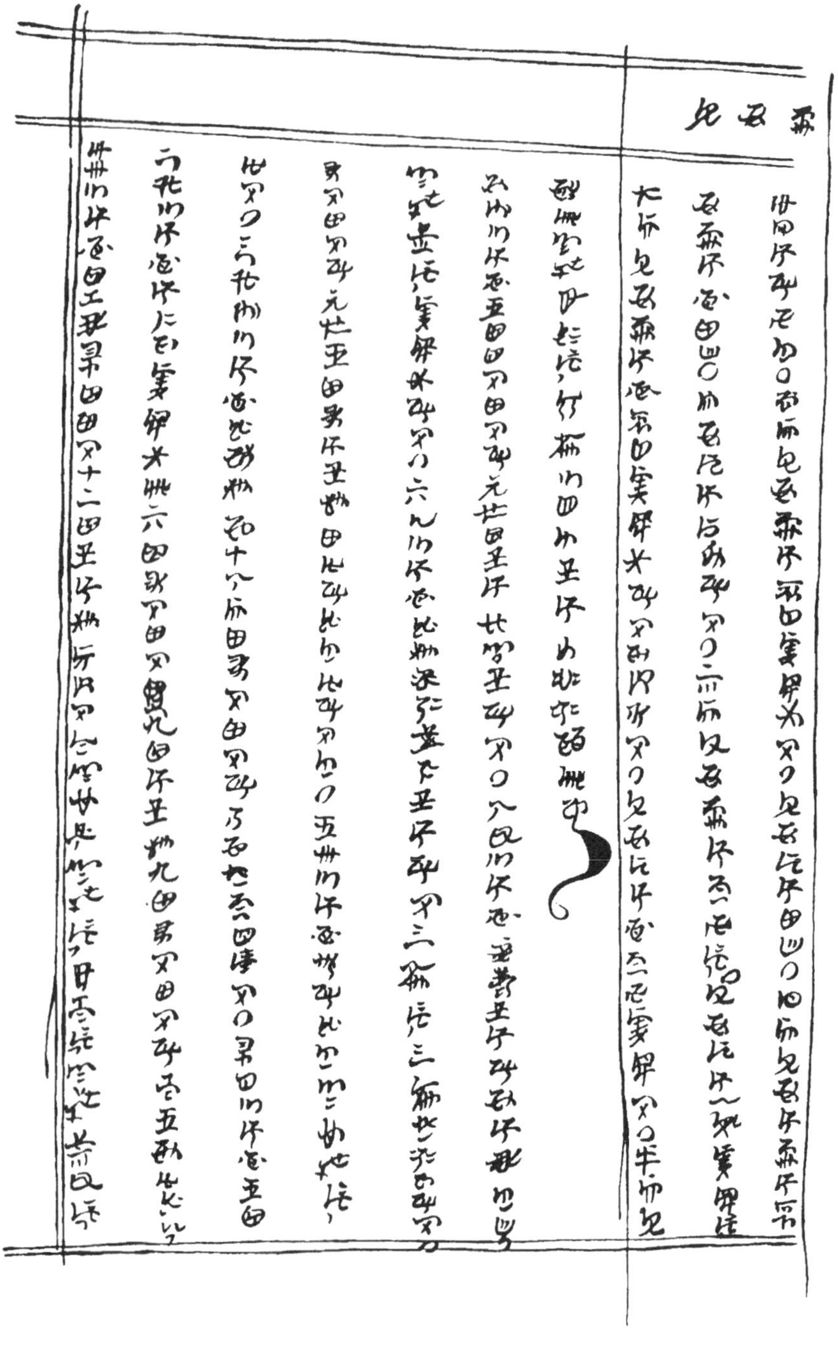

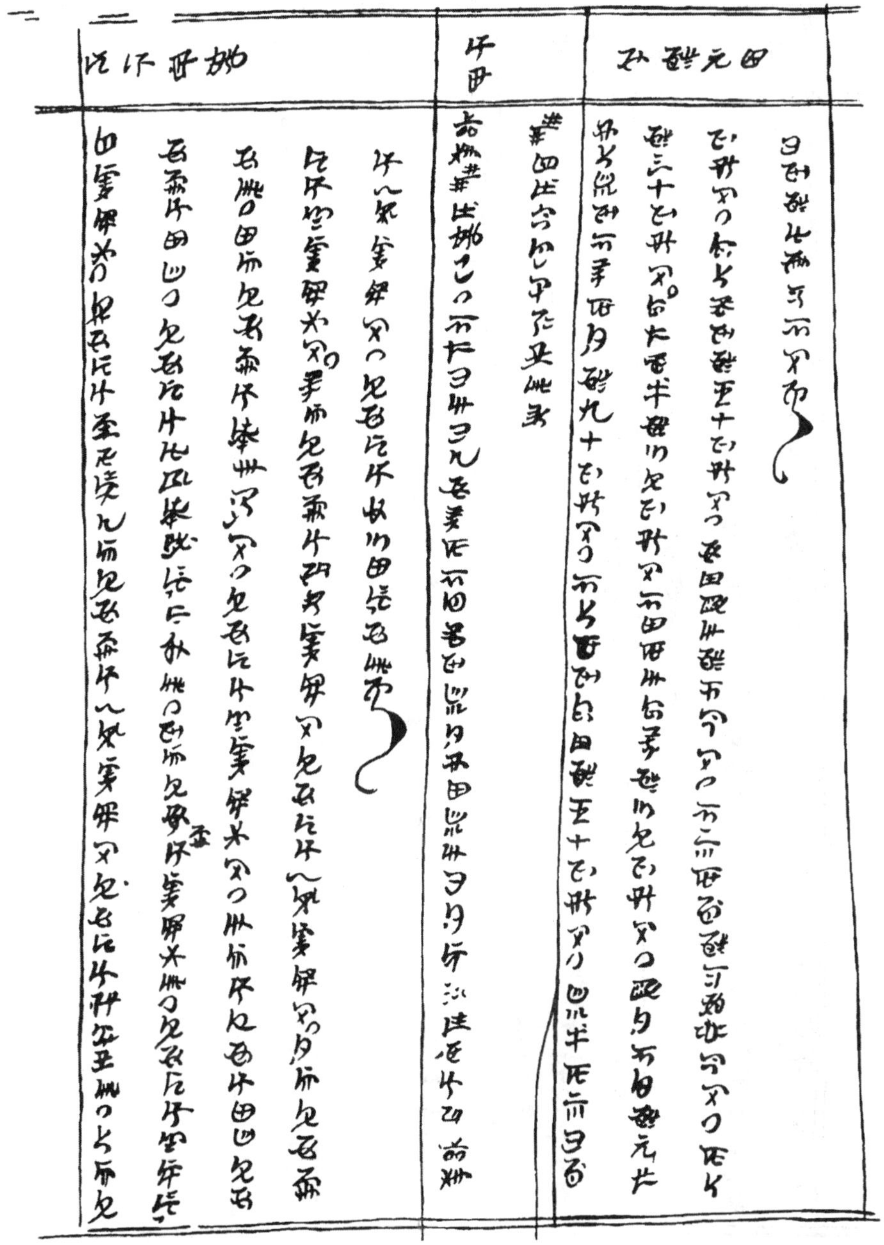

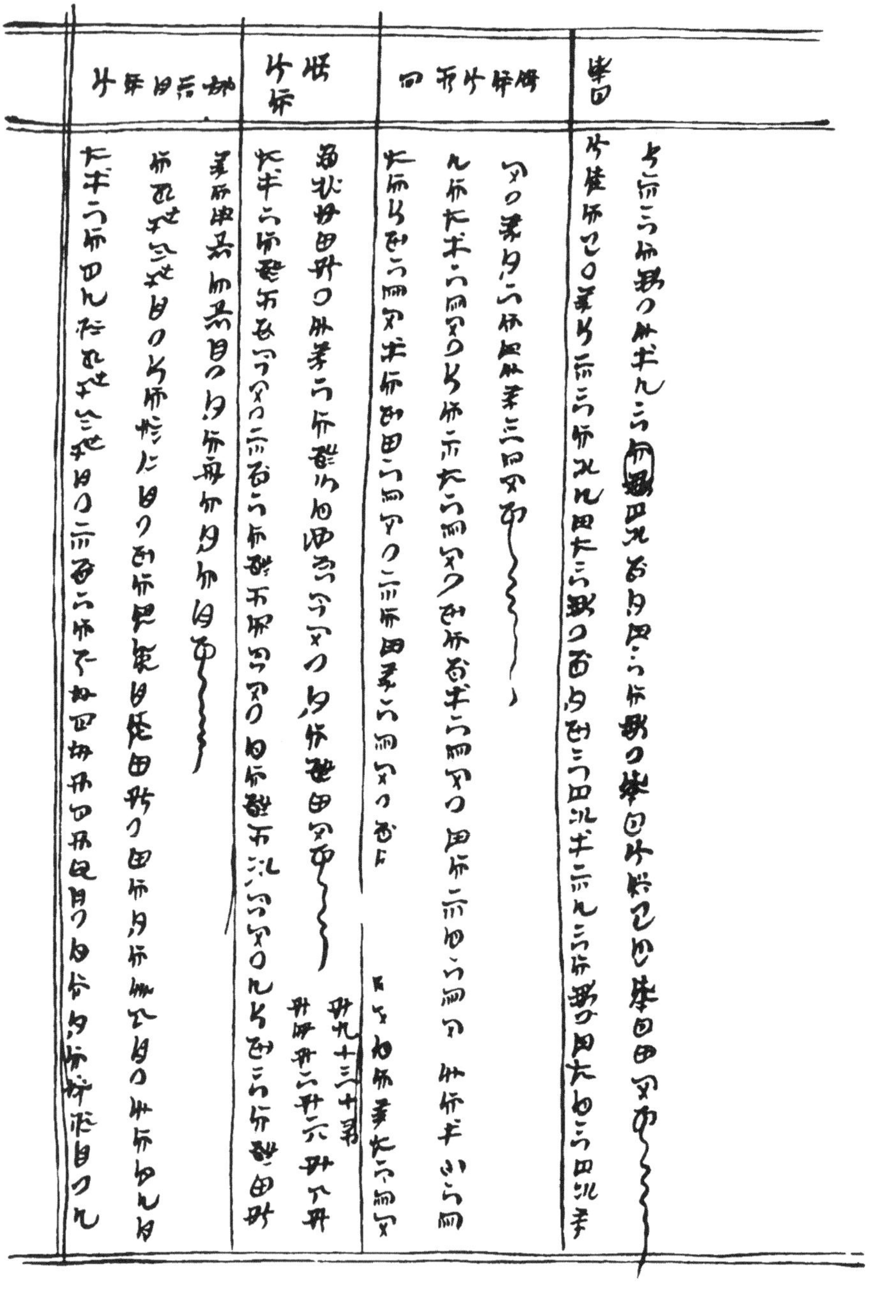

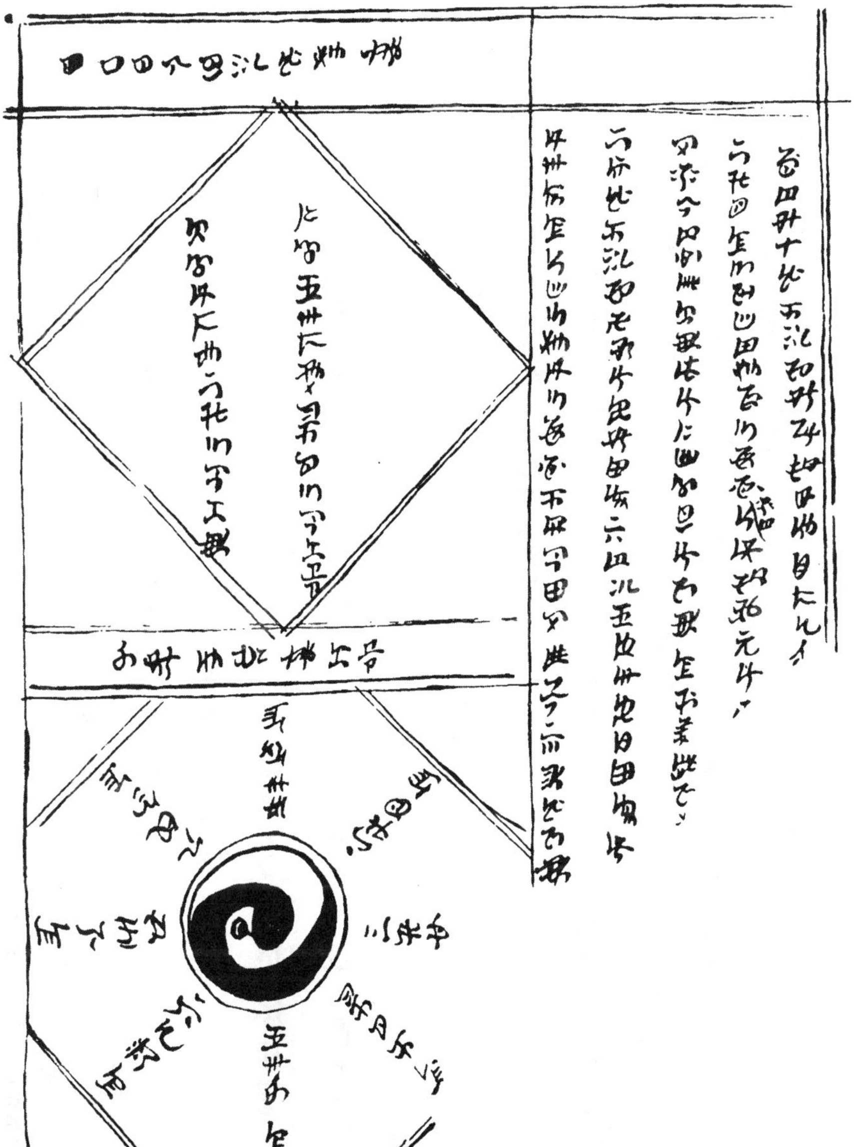

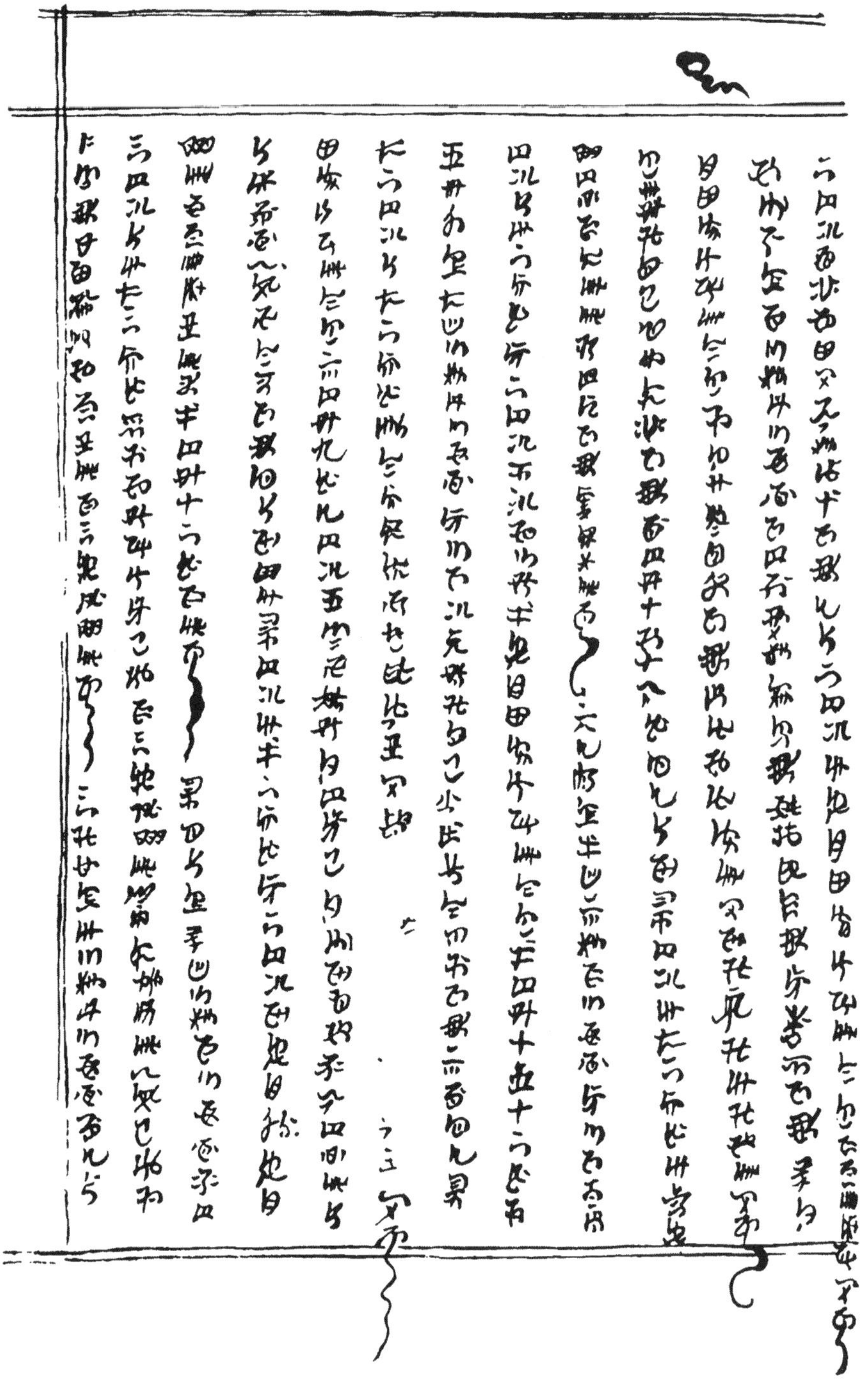

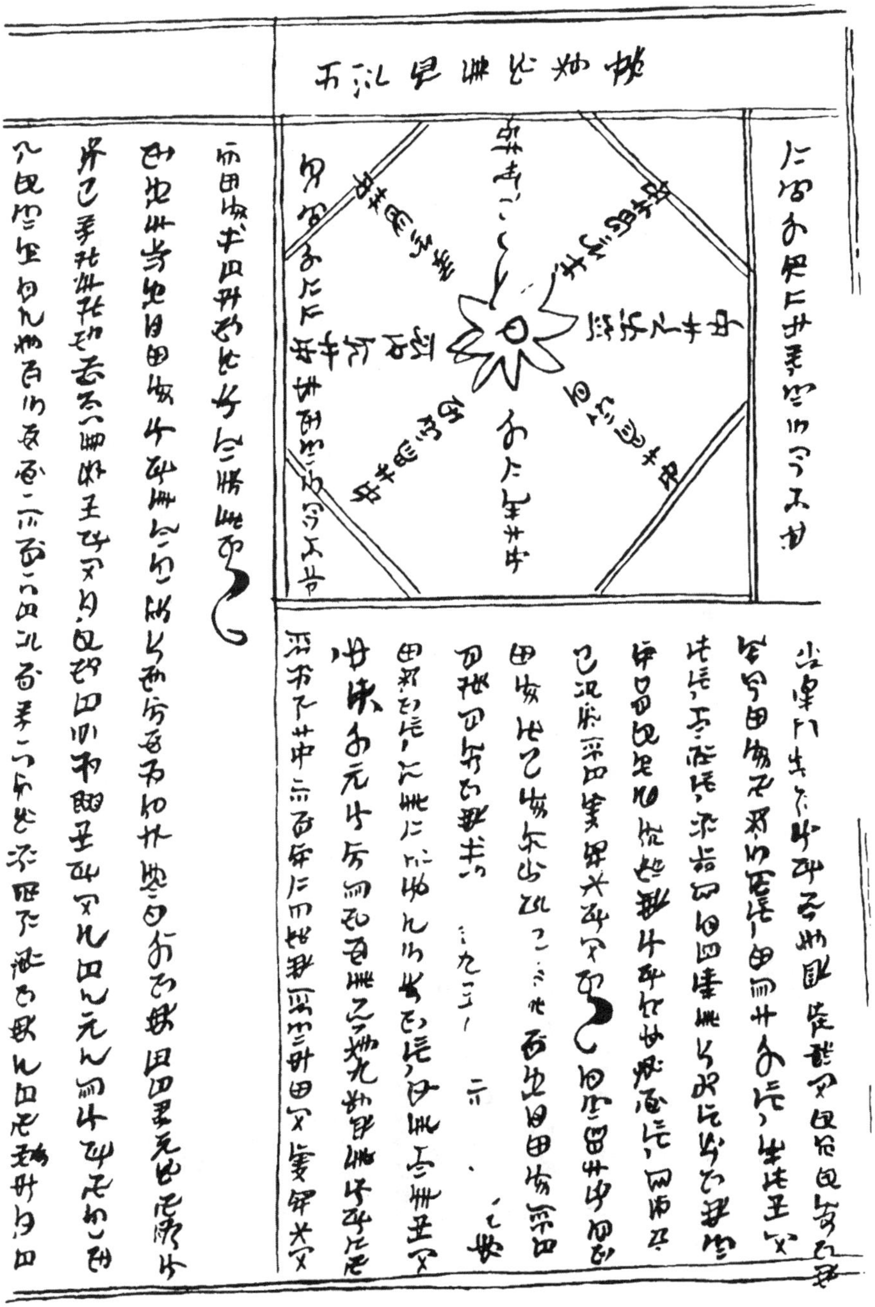

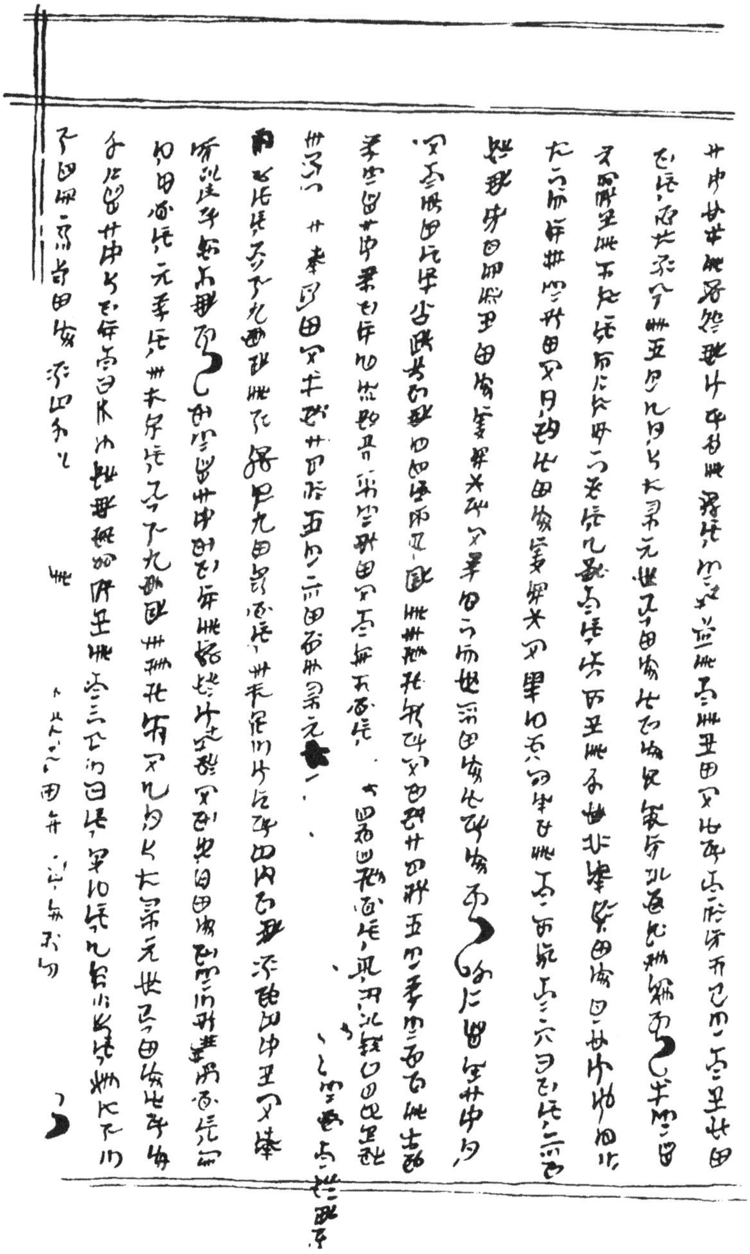

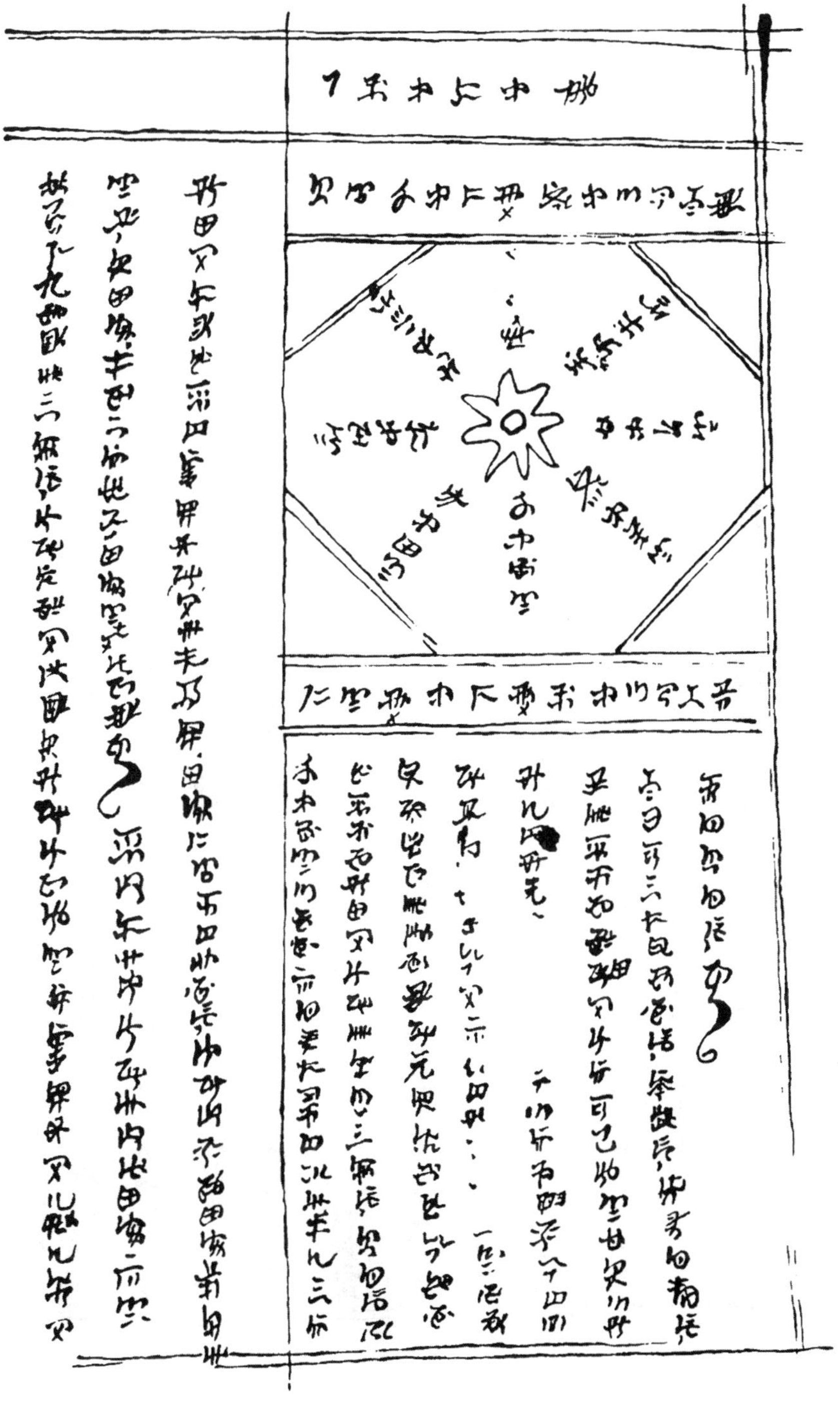

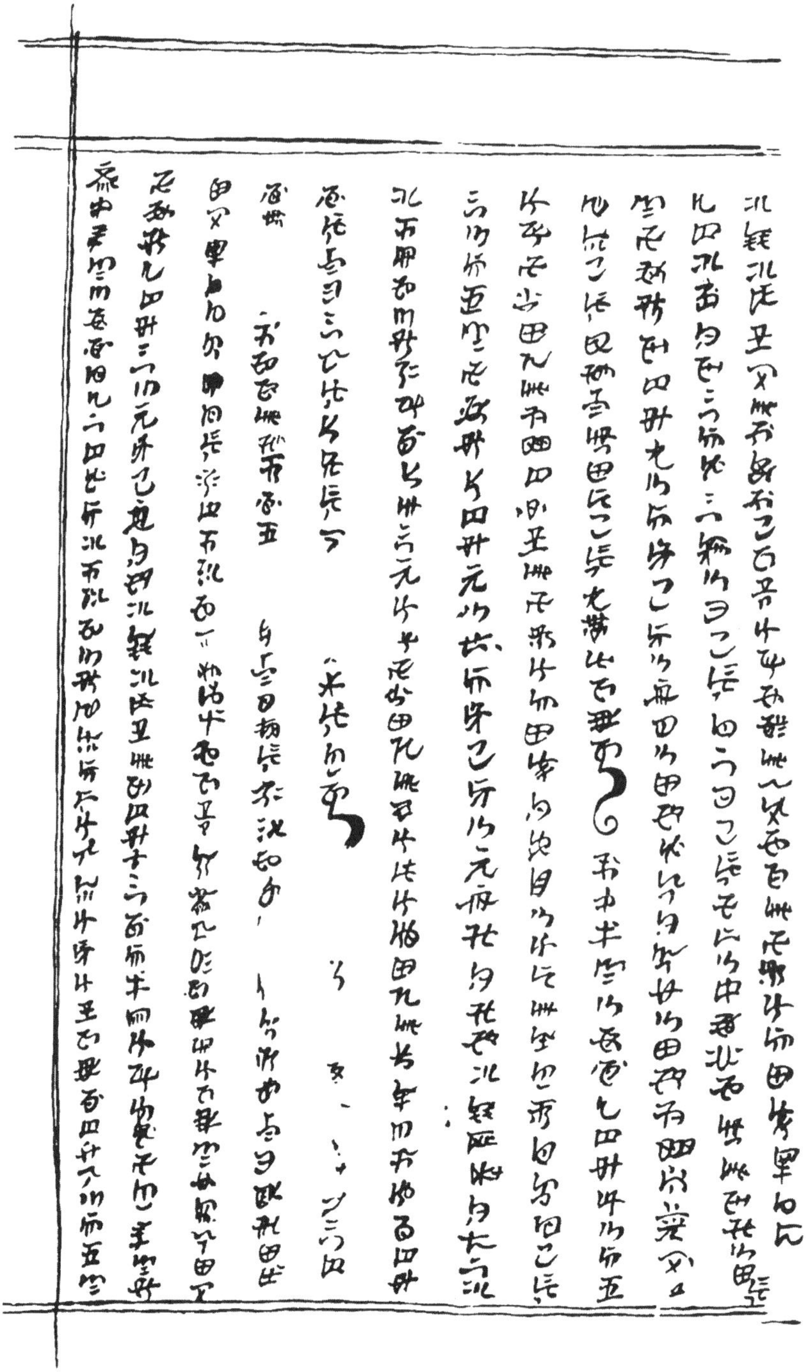

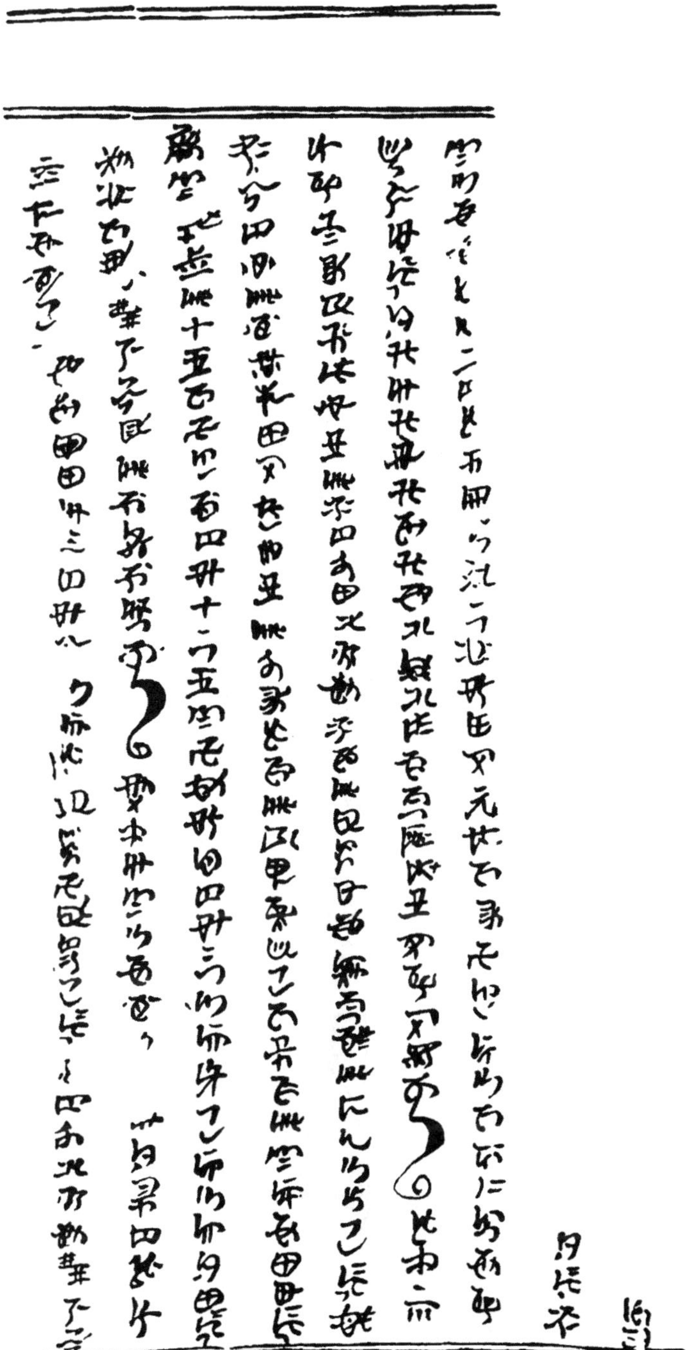

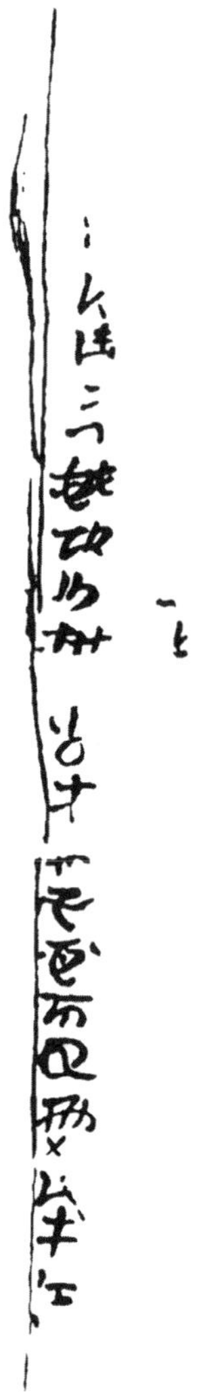

武定罗婺夷占吉凶书

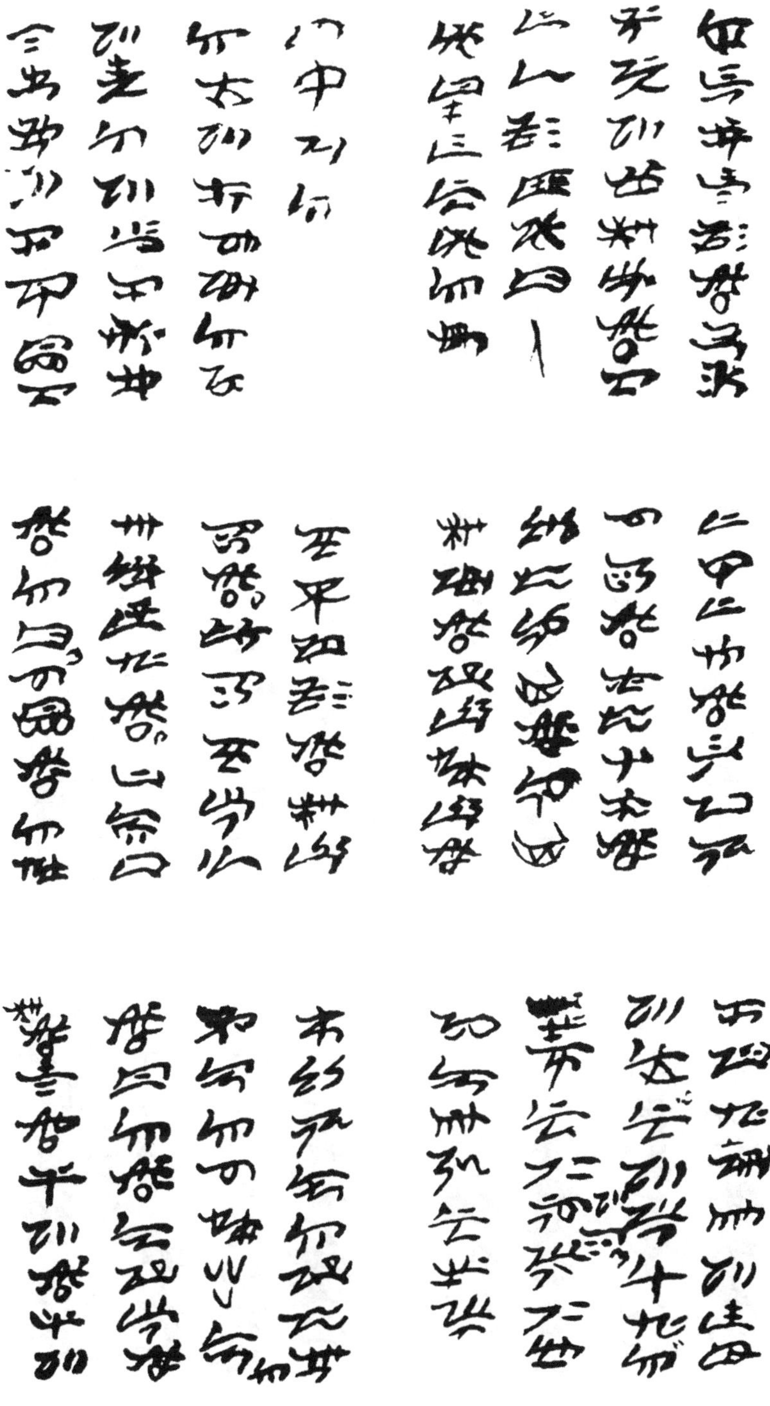

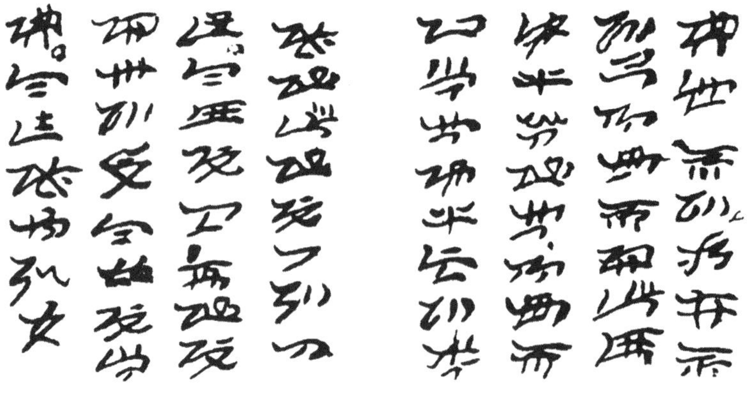

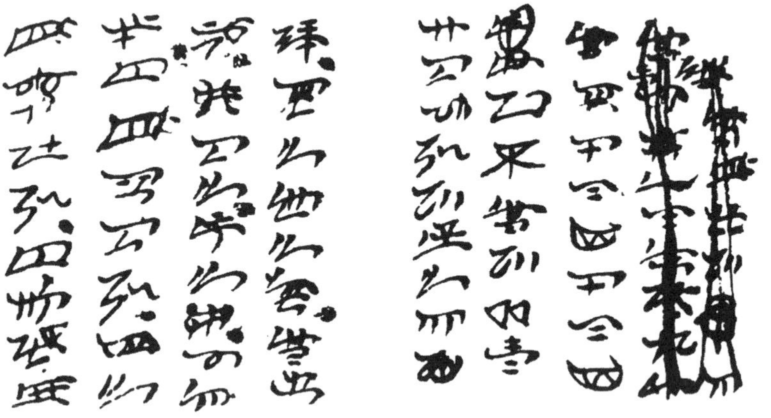

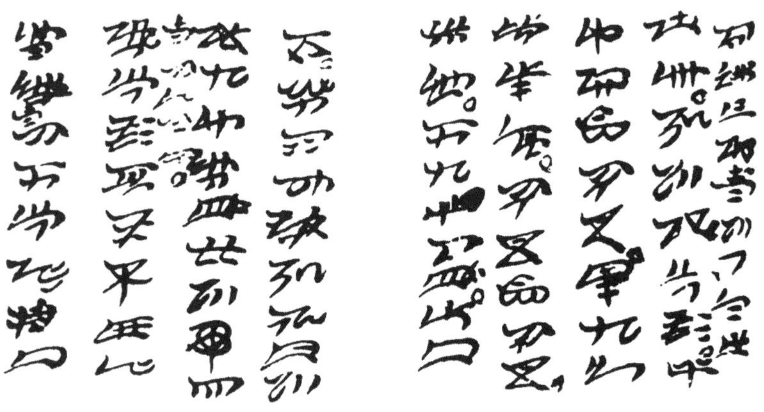

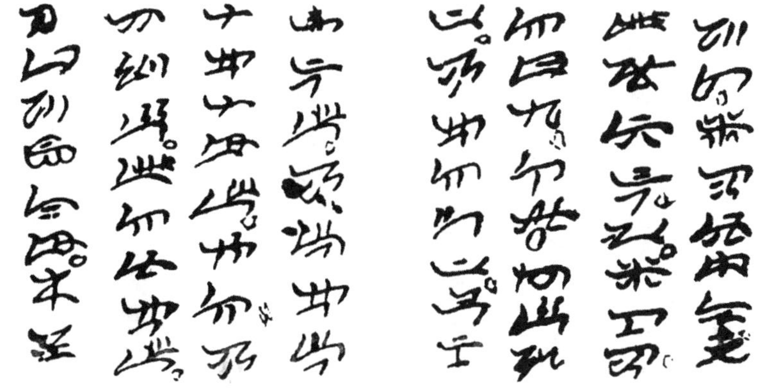

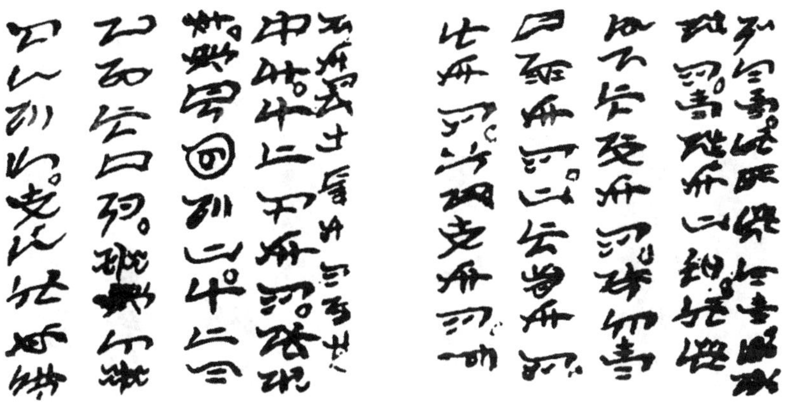

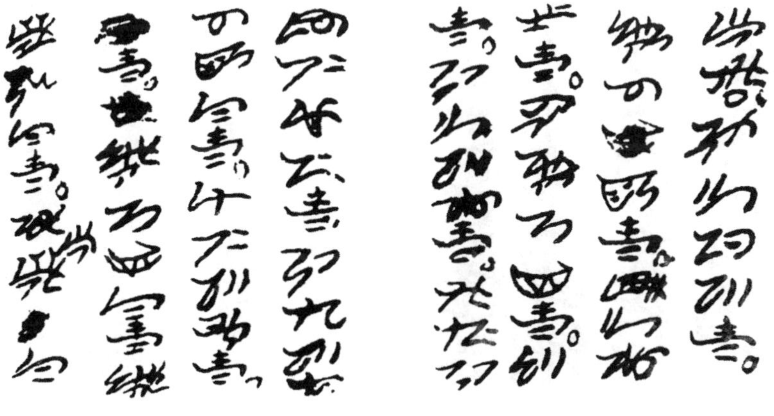

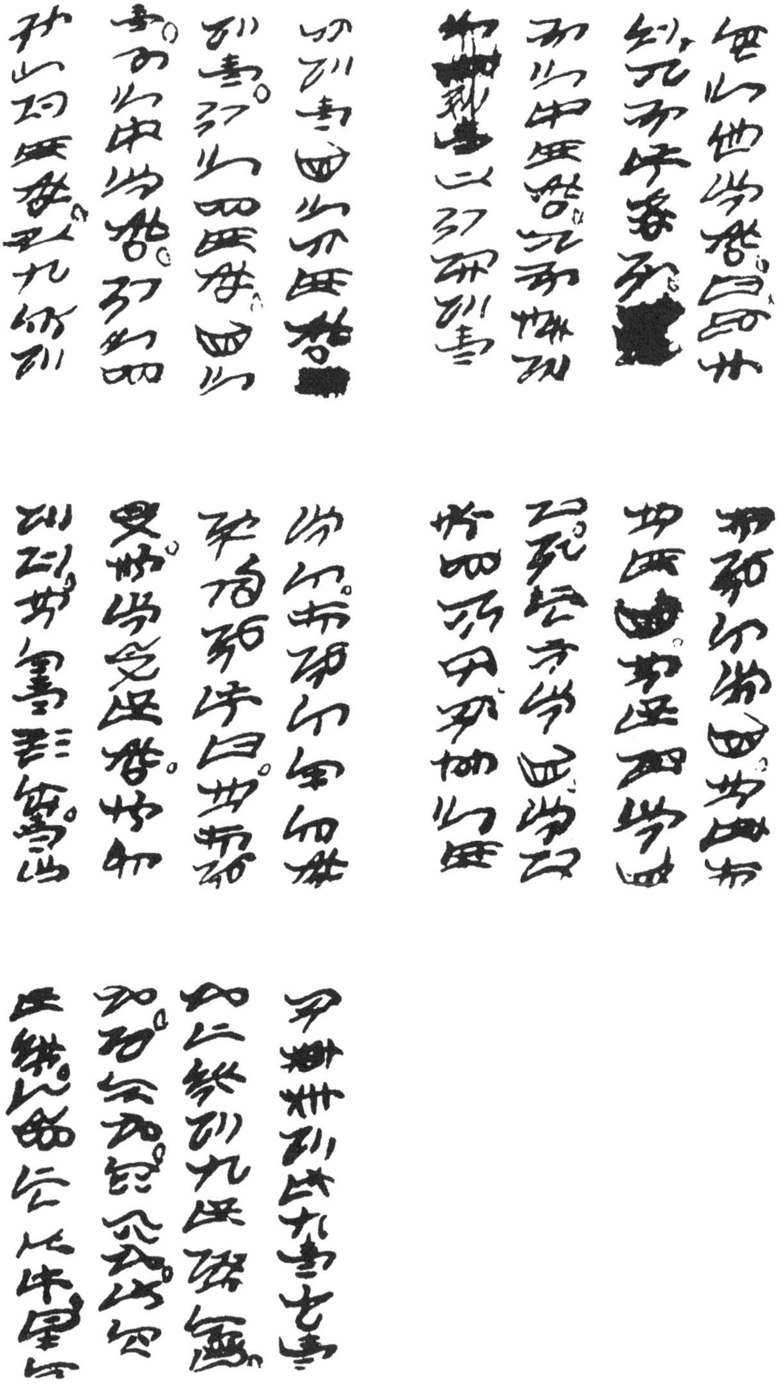

后　记

《爨文丛刻·甲编》是第一部公开出版的彝文古籍丛书，收录了11种价值极高的彝文古籍，并作了精准的翻译，在彝文古籍整理出版史上具有里程碑式的意义，历史地位极高、研究价值很大。

《爨文丛刻研究》是在贵州省民族古籍研究基地课题“《增订〈爨文丛刻〉》经书研究”（合同编号：〔2013〕005号，课题组成员：陈永祥、王继超、王显、王小丰、王明亮、王芳）和“《增订〈爨文丛刻〉》非经书古籍研究”（合同编号：〔2017〕003号，课题组成员：王继超、王显、姜枫、沈小玲、王小丰、王芳）的基础上，不断拓展研究相关领域而形成的成果，历时7年。课题组成员分工协作，搜集整理资料，购买有关文献，开展调查研究，拍摄各种照片，咨询有关专家，撰写研究文章，发表有关成果，整理结题材料，申报结项工作等，最终两个课题都按时、顺利结题，评审专家给予了充分肯定和高度评价，而且均被评为优秀等级。在课题研究期间，四川民族出版社原副社长李世荣编审无偿提供了一套《增订〈爨文丛刻〉》（含上、中、下3册），贵州省毕节市彝文文献翻译研究中心办公室主任熊梅副译审无偿提供了一套《增订〈爨文丛刻〉》（修订本，含上、中、下3册）。此外，也有个别人士提供了部分资料，对课题研究给予了许多帮助。

成果完成后，在贵州大学出版社的支持下，成功申报2017年度“国家民族语言文字资金”项目并获资助出版。民族出版社罗焰编审审读书稿之后，为提升本书的品质，作出了多方面的努力，甚至动用了她宝贵的人脉资源。在《爨文丛刻研究》的项目申报、编写、出版等过程中，还有课题立项评审专家、课题结项评审专家、课题管理相关人员、咨询专家、贵州大学出版社社长助理吴瑕与责任编辑陈丽、任苗苗、李厅等提供了各种各样的支持和帮助。

书稿出版前，中国社会科学院民族学与人类学研究所民族文字文献研究室主任、研究员，中国社会科学院大学教授、博士生导师，中国民族古文字研究会副会长兼秘书长孙伯君教授拨冗为本书撰写了序言，对全书作了概要分析，给予了热情洋溢的推介，充分肯定了本书在丰富中华文化大系、挖掘彝文古籍中蕴含的民族文化交往交流交融的历史、揭示中华文明交流互鉴的实情、铸牢中华民族共同体意识等方面的价值。

所有支持课题研究和本书出版的人们，感谢你们的大力支持和无私奉献，我们将铭记大家的关怀，并继续努力奋斗，作新奉献，出新成果！衷心谢谢大家！

2021年5月10日于罂门台